suhrkamp taschenbuch
wissenschaft 2316

Pierre Bourdieu

Schriften

Herausgegeben von
Franz Schultheis und Stephan Egger

Band 2

Pierre Bourdieus Terminologie hat die Humanwissenschaften der letzten Jahrzehnte mit Begriffen wie »Habitus« oder »Praxis« nachhaltig geprägt. Schon in seinen frühen Studien zur traditionellen algerischen Gesellschaft entwickelt er Grundzüge einer Theorie der praktisch vermittelten Dialektik von »sozialen« und »mentalen« Strukturen, die sämtliche Lebensäußerungen umgreift – und hebt damit den Gegensatz von Subjektivismus und Objektivismus in den »Wissenschaften vom Menschen« spektakulär aus den Angeln.

Pierre Bourdieu (1930-2002) hatte zuletzt einen Lehrstuhl für Soziologie am Collège de France inne. Im Suhrkamp Verlag sind u.a. erschienen: *Über den Staat* (2014) und *Manet. Eine symbolische Revolution* (2015).
In der Reihe Schriften sind bisher erschienen: *Religion* (stw 1975), *Politik* (stw 2056), *Kunst und Kultur. Zur Ökonomie symbolischer Güter* (stw 2106), *Kunst und Kultur. Kunst und künstlerisches Feld* (stw 2126), *Kunst und Kultur. Kultur und kulturelle Praxis* (stw 2146), *Sprache* (stw 2216) und *Bildung* (stw 2236).

Franz Schultheis ist Präsident der Fondation Bourdieu und Professor für Soziologie an der Zeppelin Universität Friedrichshafen.
Stephan Egger ist Research Fellow am Soziologischen Seminar der Universität St. Gallen.

Pierre Bourdieu

Habitus und Praxis

Schriften zur kollektiven Anthropologie 2

Herausgegeben von
Franz Schultheis und Stephan Egger

Aus dem Französischen von
Jürgen Bolder,
Wolfgang Fietkau,
Cordula Pialoux
und Bernd Schwibs

Suhrkamp

In Zusammenarbeit mit der Fondation Bourdieu.

Klimaneutral
Druckprodukt
ClimatePartner.com/14438-2110-1001

2. Auflage 2024

Erste Auflage 2020
suhrkamp taschenbuch wissenschaft 2316

Umschlag nach Entwürfen von Willy Fleckhaus und Rolf Staudt
Druck und Bindung: C. H. Beck, Nördlingen
Printed in Germany
ISBN 978-3-518-29916-6

www.suhrkamp.de

Inhalt

Ehre und Ehrgefühl 7

Das Haus oder die verkehrte Welt 53

Die Verwandtschaft als Vorstellung und Wille 79

Der praktische Sinn 187

Die männliche Herrschaft 289

Der Habitus als Vermittlung zwischen Struktur und Praxis 361

Zur Genese der Begriffe Habitus und Feld 392

Nachweise 408

Editorische Anmerkungen 410

Stephan Egger
Schwerkräfte der Lebenswelt
Habitus und Praxis bei Pierre Bourdieu – Eine epistemologische Annäherung 414

Ehre und Ehrgefühl

> When we discuss the levels of descriptive and explanatory adequacy, questions immediately arise concerning the firmness of the data in terms of which success is to be judged (...). For example, (...) one might ask how we can establish that the two are sentences of different types, or that »John's eagerness to please ...« is wellformed, while »John's easiness to please ...« is not, and so on. There is no very satisfying answer to this question; data of this sort are simply what constitute the subject matter for linguistic theory. We neglect such data at the cost of destroying the subject.
>
> Noam Chomsky, *Current Issues in Linguistic Theory.*

N. hatte immer genug zu essen gehabt, er hatte die anderen für sich arbeiten lassen und, als verfüge er über ein Herrenrecht, von allem, was die anderen auf den Feldern und in den Häusern besaßen, immer das Beste genossen; obwohl es abwärts mit ihm gegangen war, glaubte er, tun und lassen zu können, was er wollte, alles fordern zu dürfen, allein das Wort zu haben, und wenn ihm jemand Widerstand leistete, so beschimpfte oder schlug er ihn sogar. Sicherlich wurde er deshalb für einen *amahbul* gehalten. *Amahbul* – das ist der schamlose und freche Mensch, der die Grenzen des Anstands – der allein gute Beziehungen verbürgt – überschreitet, der eine willkürlich angeeignete Gewalt zu Taten missbraucht, die im Gegensatz zu dem stehen, was die Lebenskunst lehrt. Man geht diesen *imahbal* (Plural von *amahbul*) aus dem Wege, weil man eine Auseinandersetzung mit ihnen lieber vermeidet, weil die Schande ihnen nichts anhaben kann, weil derjenige, der sich mit ihnen einließe, auf alle Fälle verlieren würde, auch wenn er das Recht auf seiner Seite hätte.

Dieser Mann hatte in seinem Garten eine Mauer wiederaufzubauen. Sein Nachbar hatte eine Stützmauer. Der Mann riss die Mauer des Nachbarn ein und trug die Steine zu sich herüber. Dieser Akt der Willkür richtete sich jedoch diesmal nicht gegen einen Schwächeren; das »Opfer« war durchaus in der Lage, sich zu verteidigen. Es handelte sich um einen jungen, starken Mann, der viele Brüder und Verwandte hatte und aus einer großen und mächtigen Familie stammte. Wenn er also die Herausforderung nicht annahm, so ganz offensichtlich nicht deshalb, weil er Angst hatte. Daher konnte die öffentliche Meinung in dieser Ausschreitung keine wirkliche Herausforderung sehen, die die Ehre verletzt hätte.

Ganz im Gegenteil: Die Öffentlichkeit und der Geschädigte gaben sich den Anschein, die Sache zu ignorieren, denn es ist in der Tat absurd, mit einem *amahbul* in Streit zu geraten; sagt man nicht: »Dem *amahbul* geh aus dem Wege«?

Gleichwohl ging der Geschädigte zum Bruder des Schuldigen. Dieser gab dem Kläger recht, fragte sich aber, wie er den *amahbul* zur Vernunft bringen sollte. Er gab seinem Gegenüber zu verstehen, dass dieser besser an Ort und Stelle und mit der gleichen Heftigkeit hätte reagieren sollen, und fügte hinzu: »Für wen hält er sich eigentlich, dieser Nichtsnutz?« Da aber änderte sein Besucher plötzlich seine Haltung und empörte sich: »Oh! Si. M., für wen hältst du mich? Glaubst du, ich wäre bereit, mit Si. N. um ein paar Steine zu streiten? Ich habe dich aufgesucht, weil ich weiß, du bist weise und mit dir kann ich reden, du wirst mich verstehen, aber ich bin doch nicht gekommen, um zu verlangen, dass man mir meine Steine bezahlt (an dieser Stelle schwor er bei allen Heiligen, dass er nie und nimmer eine solche Entschädigung annehmen würde). Denn was Si. N. getan hat, kann nur ein *amahbul* tun, und ich werde mich doch nicht selbst in Schande werfen (*adhbahadlagh ruhiw*[1]) mit einem *amahbul*. Ich wollte nur bemerkt haben, dass man mit solchen Methoden bestimmt kein statthaftes, gerechtes Haus (*akham naṣaḥ*) baut.« Und ganz am Ende des Gesprächs fügte er hinzu: »Wer einen *amahbul* auf seiner Seite hat, der nehme ihn sich als Erster vor, bevor es die anderen tun«; anders gesagt: »Es ist nicht recht, dass du dich vor mir nicht mit deinem Bruder solidarisierst, was natürlich nicht heißt, dass du dich in meiner Abwesenheit nicht an ihn heranmachen und ihm ins Gewissen reden sollst, worum ich dich ausdrücklich bitte«[2] (*Aghbala*). Um die Subtilität dieser Diskussion ganz zu erfassen, muss man wissen, dass sich hier zwei Männer gegenüberstanden, von denen einer die Dialektik von Herausforderung und Erwiderung der Herausforderung bis zur Vollkommenheit beherrschte, während der andere lange Zeit außerhalb von Kabylien gelebt und dadurch den Geist der Tradition verloren hatte: Er sah in dem Zwischenfall nichts anderes als einen bloßen Diebstahl, dessentwegen er seinen Bruder im Namen der Gerechtigkeit und des gesunden Menschenverstands desavouieren konnte, ohne dabei die Regeln der Familiensolidarität zu verletzen; seine Überlegungen wurden nur von materiellen Interessen geleitet: Die Mauer kostet soundso viel, diese Person muss dafür entschädigt werden. Und sein Gesprächspartner war erstaunt, wie ein so gebildeter Mann sich derart über seine wirklichen Absichten hatte täuschen können.

In einem Jahr hatte sich ein Bauer in einem anderen Dorf von seinem Pächter bestehlen lassen. Das war zwar schon oft passiert, in jenem Jahr aber hatte der Pächter es zu weit getrieben. Nachdem man mit Vorwürfen und Drohungen nichts erreicht hatte, kam die Sache vor die Versammlung. Die Tatsachen waren allen bekannt, Beweise zu erbringen war überflüssig, und da seine Sache ihm aussichtslos erschien, war der Pächter bald so weit, um Vergebung zu bitten, wie es die Tradition will, nicht ohne vorher alle möglichen Argumente zu seiner Verteidigung angeführt zu haben: dass er dieses Land seit sehr langer Zeit bearbeite, dass er es wie sein Eigentum betrachte, dass der abwesende Besitzer die Ernte gar nicht nötig habe, dass er ihm, um ihm zu Gefallen zu sein, seine eigenen Feigen gebe, die von besserer Qualität seien, sich allerdings in Bezug auf die Quantität dann wieder entschädige, dass er arm sei, der Grundbesitzer dagegen reich, und reich, »um den Armen zu geben« usw. – lauter Argumente, die dem Grundbesitzer schmeicheln sollten. Er sprach dann die Formel »Gott vergebe mir«, die üblicherweise der Debatte ein (definitives) Ende setzt. Aber er fügte hinzu:

»Wenn ich recht gehandelt habe, sei Gott gelobt
(umso besser),
Wenn ich gefehlt habe, vergebe mir Gott«.

Der Grundbesitzer empörte sich über diese Formel, obwohl sie völlig legitim und auch am Platze war, erinnert sie doch daran, dass ein Mann, selbst wenn er öffentlich Abbitte tut, nicht völlig im Unrecht sein kann, jedenfalls nicht selbst alles Unrecht auf sich nehmen kann, also immer ein wenig recht hat, wie auch der andere immer ein wenig unrecht hat: Er verlangte ein einfaches »Gott vergebe mir«, eine bedingungslose Unterwerfung. Der andere aber rief die Anwesenden als Zeugen an: »Oh Geschöpfe, Freunde der Heiligen! Wie? Ich lobe Gott, und dieser Mann wirft es mir vor!« Und er wiederholte dieselbe Formel zwei- oder dreimal, und jedes Mal erniedrigte er sich mehr und nahm eine immer bescheidenere Haltung an. Angesichts dessen aber empörte sich der Grundbesitzer immer mehr, sodass am Ende das ganze Dorf ihn tadeln musste, so leid es allen tat, da man diesem gebildeten Mann und »Fremden« im Dorf allen Respekt zollte. Nachdem sich die Gemüter beruhigt hatten, bedauerte der Grundbesitzer seine Härte; auf den Rat seiner Frau hin, die besser über die Sitten und Gebräuche informiert war, suchte er den *imam* des Dorfes sowie einige ältere Verwandte auf, um sich für sein Verhalten zu entschuldigen; er gab an, dass er ein Opfer des *elbahadla* (Substantiv zu *bahdel*, vgl. Anm. 1) gewesen sei, was jeder verstanden hatte.

Anderswo hatte sich die Spannung zwischen den beiden »Parteien« (*ṣuf*) durch einen Zwischenfall aufs Höchste gesteigert. Eine der »Parteien«, der Auseinandersetzungen überdrüssig, sandte einen ganzen Botschafterzug zu einem angesehenen Mann der Gegen»partei«, bestehend aus mehreren Marabut des Dorfes (*douar*) und benachbarter Dörfer, dem *imam* des Dorfes, allen *ṭulba* (Plural von *ṭaleb*) einer *thim'amarth* (religiöse Schule) der Nachbarschaft, im Ganzen mehr als vierzig Personen, denen sie Unterkunft, Nahrung und Transport bezahlte. Für alle Leute des Ortes handelte es sich um ein Ritual, außer für den, an den sich die Delegation richtete, einen wenig mit den Sitten vertrauten, entwurzelten Kabylen. Der Brauch schreibt vor, dass man, nachdem man die Verhandlungspartner auf die Stirn geküsst hat, allen ihren Angeboten zustimmt und um Frieden bittet, was einen nicht daran hindert, die Feindseligkeiten unter irgendeinem Vorwand später wieder aufzunehmen, wogegen niemand etwas hat. Die Notabeln verkünden zuerst das Ziel ihres Auftrags: »Die Ath … wollen um Vergebung bitten«. Es ist üblich, dass sie sich zunächst nicht mit der Partei, für die sie sich einsetzen, solidarisch erklären. Dann sprechen mit Würde diejenigen, die »im Interesse aller, vor allem aber der Ärmsten des Dorfes«, um Vergebung bitten: »Sie sind es, die unter unserer Zwietracht leiden; sie wissen nicht, wo sie hingehen sollen, seht nur, wie mitleiderregend sie sind … (lauter Gründe, die helfen sollen, das Gesicht zu wahren). Wir wollen Frieden schließen und das Vergangene vergessen.« Demjenigen, den man in dieser Weise bittet, steht es an zu zögern, Einwände geltend zu machen; auch kann sich, in stillschweigendem Einverständnis aller Beteiligten, ein Teil seiner Partei hart zeigen, während der andere, um nichts endgültig zu zerbrechen, weit mehr Verständnis zeigt. Mitten in der Diskussion greifen dann die Vermittler ein: Sie belasten die Partei, die um Frieden ersucht wird, weisen ihr auch nach, dass sie in manchen Punkten unrecht hat, um das Gleichgewicht wiederherzustellen und um den um Frieden Bittenden eine völlige

Erniedrigung (*elbahadla*) zu ersparen. Denn allein schon die Tatsache, einige Marabut um ihre Vermittlung gebeten, sie gespeist und schließlich begleitet zu haben, ist ein in sich ausreichendes Zugeständnis; weiter kann man in dem Streben nach Ergebenheit nicht gehen. Außerdem stehen die Vermittler durch ihre Funktion natürlich über den Streitenden, und ihr Ansehen zwingt auch dem Gegner seine Zustimmung ab. Sie können es sich also erlauben, den, der sich zu lange bitten lässt, ein wenig zurechtzuweisen: »Sicherlich sind sie im Unrecht, aber du, Si. X., hast dir auch dieses und jenes zuschulden kommen lassen, dieses und jenes hättest du nicht tun dürfen, und heute musst du ihnen verzeihen; übrigens verzeiht ihr euch ja gegenseitig, und wir versprechen, den Frieden, den ihr schließt, feierlich zu bestätigen usw.« Ihre Weisheit gestattet es den Notabeln, in dieser Weise Schuld und Recht gegeneinander abzuwägen. Aber in unserem Falle konnte der, an den man sich wandte, sich mit solchen diplomatischen Subtilitäten offensichtlich nicht abfinden, da er ja die Spielregeln nicht kannte. Er wollte dauernd alles klarstellen und argumentierte in Form des »Entweder-oder«: »Wie? Ihr kommt, um mich zu bitten? Dann sind doch die anderen im Unrecht; die müsst ihr also verurteilen, anstatt mir Vorwürfe zu machen. Aber natürlich kann es auch sein, dass ihr hier zu ihrer Verteidigung sprecht, weil sie euch gespeist und bezahlt haben.« Das war natürlich die schwerste Beleidigung, die man dem Areopag zufügen konnte; seit Menschengedenken geschah es in Kabylien zum ersten Mal, dass es einer Abordnung von so ehrwürdigen Persönlichkeiten nicht gelang, die Einigung beider Parteien zu erreichen, und der hartnäckige Verweigerer konnte mit der schlimmsten aller Verfluchungen rechnen.

Die Dialektik von Herausforderung und Erwiderung der Herausforderung

Man könnte noch viele ähnliche Fälle aufzählen; aber die Analyse dieser drei Erzählungen erlaubt es schon, die Regeln für das Spiel von Herausforderung und Erwiderung der Herausforderung (*défi et riposte*) deutlich werden zu lassen. Damit es zu einer Herausforderung kommt, muss der, der sie ausspricht, seinen Gegner für würdig erachten, sich herausfordern zu lassen, das heißt, fähig zu sein, die Herausforderung anzunehmen – kurz, er muss ihn als einen an Ehre ebenbürtigen Partner anerkennen. Jemanden herausfordern heißt ihm seine Eigenschaft als Mann zuerkennen, und darin besteht die Vorbedingung eines jeden Austauschs und der Ehrenherausforderung, insofern sie das erste Moment eines Austauschs darstellt; das heißt weiterhin ihm die Würde des Ehrenmannes zuerkennen, da ja die Herausforderung ihrer Natur nach eine Erwiderung fordert und sich also an einen Mann wendet, der das Spiel der Ehre zu spielen und gut zu spielen weiß; das setzt zunächst einmal voraus, dass er die Spielregeln kennt, und des Weiteren, dass er die nötigen Tugenden besitzt, um sie respektieren zu können. Das Gefühl der Ebenbürtigkeit in der Ehre, das durchaus mit faktischen Ungleichheiten koexistieren kann, liegt einer großen Anzahl von Verhaltensweisen und Bräuchen zugrunde und manifestiert sich besonders darin, dass man jeglichem Angebertum großen Widerstand entgegensetzt: »Ich habe schließlich *auch* einen Schnurrbart«, pflegt man zu sagen.[3] Der Angeber wird auf der Stelle zur Ordnung gerufen. »Nur der Müllhaufen«, sagt man, »bläht sich auf.« »Sein Kopf reicht auch nur bis zur Chechia (Kopfbedeckung).« »Der Schwarze ist schwarz: Man hat ihn obendrein noch tätowiert!« »Er will wie ein Rebhuhn gehen – dabei hat er den Gang des Huhns vergessen!« Im Dorfe Tizi Hibel, in Großkabylien, hatte eine reiche Familie für die Ihren eine Grabstätte im europäischen Stil – mit Gitter, Grabstein und Inschrift – bauen lassen, damit aber die Regel missachtet, die für alle Gräber Namenlosigkeit und Gleichförmigkeit vorschreibt. Am nächsten Tag waren Gitter und Grabsteine verschwunden.

Aus dem Prinzip, dass jeder den anderen als ihm an Ehre ebenbürtig anerkennt, folgt als erstes Korollar: Die Herausforderung gereicht dem Herausgeforderten zur Ehre. »Der Mann, der keine Feinde hat, ist ein Esel«, sagen die Kabylen, wobei der Akzent nicht auf die Dummheit, sondern auf die Passivität des Esels gelegt wird. Das Schlimmste ist, unbemerkt zu bleiben: Jemanden nicht grüßen heißt ihn wie ein Ding, ein Tier oder eine Frau behandeln. Die Herausforderung dagegen ist »ein Höhepunkt im Leben dessen, an den sie sich richtet« (*El Kalaa*). Sie gibt einem Gelegenheit, seine Existenz als Mann voll zu erleben, seine Eigenschaft als Mann (*thirugza*) den anderen und sich selbst zu beweisen. »Der vollkommene Mann« (*argaz alkamel*) muss immer in höchster Alarmbereitschaft stehen, bereit, die geringste Herausforderung anzunehmen. Er ist der Hüter der Ehre (*amḥajar*), derjenige, der über seine eigene Ehre und über die Ehre seiner Gruppe wacht.

Ein zweites Korollar des Hauptprinzips ist: Wer einen Mann herausfordert, der unfähig ist, die Herausforderung anzunehmen, das heißt, den begonnenen Austausch fortzusetzen, der entehrt sich selbst. So droht *elbahadla*, die einem anderen öffentlich, vor den anderen zugefügte äußerste Erniedrigung, immer auf den zurückzufallen, der sie verursacht hat, das heißt auf den *amahbul*, der die Spielregeln der Ehre nicht zu respektieren weiß: Selbst der, der *elbahadla* verdient, hat eine Ehre (*nif* und *ḥurma*); darum fällt *elbahadla* von einem gewissen Grad an auf den zurück, der sie dem anderen zufügt. Deshalb hütet man sich im Allgemeinen, *elbahadla* auf jemanden zu werfen, und zieht es vor, dass er sich selbst durch sein Verhalten mit Schande bedeckt. Und in diesem Fall ist die Entehrung unwiderruflich. Man sagt: *ibahdal imanis* oder *itsbahdil simanis* (*Aghbala*). Daraus folgt, dass derjenige, der sich in günstiger Stellung befindet, seinen Vorteil nicht zu weit treiben darf und eine gewisse Mäßigung in seinen Anschuldigungen üben muss: »Es ist besser, er entblößt sich selbst, als dass ich ihn entkleide«, sagt das Sprichwort (*Djemâa-Saharidj*). Sein Gegner kann seinerseits immer versuchen, die Situation umzukehren, indem er ihn dazu treibt, die erlaubten Grenzen zu überschreiten, selbst aber öffentlich Abbitte tut, und zwar, wie wir in der zweiten Erzählung gesehen haben, um die öffentliche Meinung für sich zu gewinnen, die dann nicht anders kann, als die Maßlosigkeit des Anklägers zu missbilligen.

Das dritte Korollar steht in Reziprozität zum vorhergehenden: Eine Herausforderung (oder eine Beleidigung) verdient nur dann, angenommen zu werden, wenn sie von einem an Ehre ebenbürtigen Mann ausgesprochen wird – anders gesagt: Damit es zu einer Herausforderung kommt, muss der, gegen den sie sich richtet, seinen Gegner für würdig erachten, ihn herauszufordern. Kommt die Herausforderung von einem Mann, der weniger Ehre besitzt, so fällt sie auf den Anmaßenden zurück. »Der kluge und kundige Mann, *amaḥdhuq*, gibt sich nicht mit *amahbul* ab.« Die kabylische Weisheit lehrt: »Nimm dem *amaḥdhuq* und gib dem *amahbul*« (*Azerou n-chmini*). *Elbahadla* würde auch auf den weisen Mann zurückfallen, wenn er sich darauf einließe, die unsinnige Herausforderung eines *amahbul* anzunehmen; indem er dagegen auf keinerlei Weise reagiert, lässt er den *amahbul* das ganze Gewicht seiner Willkürtaten allein tragen. Ebenso würde die Unehre auch auf den zurückfallen, der sich in einer unwürdigen Rache die Hände schmutzig macht; so kann man es erklären, dass die Kabylen manchmal für eine Rachetat Mörder dingten (*amekri*, Plural *imekryen*, wörtlich: der, dessen Dienste man mietet). Die Natur der Erwiderung also ist es, die der Herausforderung (oder Beleidigung) ihren Sinn und sogar ihre Eigenschaft als Herausforderung oder Beleidigung, im Gegensatz zur bloßen Aggression, gibt.

Die Kabylen verhielten sich den Schwarzen gegenüber in einer Weise, die unsere Ausführungen sehr gut illustriert. Wer auf die Beschimpfungen eines Schwarzen geantwortet oder sich mit ihm geschlagen hätte, hätte sich selbst entehrt, da der Schwarze ein Mann niedrigeren Standes und ohne Ehre war.[4] Nach einer volkstümlichen Überlieferung aus dem Djurdjura geschah es einmal im Verlauf eines Stammeskrieges, dass einer der Stämme seinen Gegnern schwarze Kämpfer entgegenschickte, worauf die gegnerische Partei natürlich die Waffen streckte. Aber die Besiegten bewahrten ihre Ehre, während die Sieger sich durch ihren Sieg selbst entehrten. Man sagt manchmal auch, dass es früher genügte, sich mit einer Familie von Schwarzen zu verbinden, um der Blutrache (*thamgarṭ*, Pl. *thimagruṭ*) zu entgehen. Aber dieses Verhalten war derart ehrenrührig, dass niemand einen so hohen Preis bezahlen wollte, um sein Leben zu retten. Gleichwohl erzählt eine lokale Überlieferung, dass die Fleischer aus Ighil oder Mechedal, die schwarze Familie Ath Chabane, einen Kabylen zum Vorfahren hatten, der Fleischer geworden sei, um der Blutrache zu entgehen, und dessen Nachkommen dann nur noch Schwarze hätten heiraten können (*Ait Hichem*).

Die Spielregeln der Ehre galten auch für die Kämpfe. Jede Person war aus Solidarität dazu verpflichtet, den Verwandten gegen den Nichtverwandten, den Verbündeten gegen den Mann aus einer anderen »Partei« (*ṣuf*), den Dorfbewohner, selbst wenn er einer gegnerischen Partei angehörte, gegen den Fremden, das Mitglied des Stammes gegen das Mitglied eines anderen Stammes zu schützen. Aber ein Kampf von mehreren gegen einen wurde von der Ehre untersagt und mit dem Verlust der Ehre bestraft; so dachte man sich tausend Vorwände und künstliche Argumente aus, um den Streit wieder aufzufrischen und ihn zu der eigenen Sache machen zu können. Die geringsten Streitigkeiten drohten daher immer sich auszuweiten. Die Kriege zwischen den »Parteien«, jenen politischen und kriegerischen Ligen, die in Aktion traten, sowie die Ehre aller in der Ehre eines Einzigen angegriffen wurde, nahmen die Form eines geordneten Wettkampfs an, der, weit davon entfernt, die gesellschaftliche Ordnung zu bedrohen, im Gegenteil zu ihrer Aufrechterhaltung beitrug, indem er dem Wettkampfgeist, dem Ehrgefühl, dem *nif*[5] Gelegenheit gab, sich zu manifestieren, allerdings in vorgeschriebenen und institutionalisierten Formen. Das Gleiche galt für Kriege zwischen verschiedenen Stämmen. Der Kampf nahm bisweilen die Form eines regelrechten Rituals an: Man beschimpfte sich, schlug sich, und dann kamen die Vermittler, die den Kampf beendeten. Während des Kampfes feuerten die Frauen ihre Männer mit Schreien und Gesängen an, die die Ehre und die Macht der Familie priesen. Man suchte den Gegner nicht zu töten oder völlig niederzuwerfen, es ging darum, öffentlich zu zeigen, dass man die Oberhand hatte, und meistens zeigte man das durch einen symbolischen Akt: In Großkabylien war der Kampf zu Ende, heißt es, wenn eins der beiden Lager den Hauptbalken (*thigejdith*) und eine Steinplatte aus der *thajma'th* des Gegners in seinen Besitz gebracht hatte. Manchmal ging die Sache schlecht aus: sei es, dass ein unglücklich geführter Schlag den Tod eines Kämpfers herbeiführte, sei es, dass die stärkere »Partei« der anderen androhte, in ihre Häuser einzudringen, das heißt in die letzte Zufluchtsstätte der Ehre. Dann erst ergriffen die Belagerten ihr Gewehr, was übrigens meist ausreichte, um den Kampf zu beenden. Die Vermittler, Marabut und Weise des Stammes, forderten die Angreifer auf, sich zurückzuziehen, und diese zogen unter dem Schutz des gegebenen Wortes, der *la'naya*,[6] ab. Niemand hätte daran gedacht, ihnen Schaden zuzufügen; das hätte bedeutet, *la'naya* zu brechen, was ein äußerst ehrenrühriges Vergehen gewesen wäre (*Djemâa-Saharidj*). Ein Greis von den Ath Mangellat (Großkabylien) berichtet, dass große Schlachten in den Stammeskämpfen selten waren und nur stattfinden konnten, nachdem die Alten sich beratschlagt und den Tag der Aktion sowie das Angriffsziel für jedes Dorf festgelegt hatten. Jeder kämpfte für sich, aber man rief sich Ratschläge und Ermutigungen zu. Von den umliegenden Dörfern aus schaute man zu und kommentierte den Wagemut und das Geschick der Kämpfer. Wenn die stärkere Partei Stellungen besetzt hatte, von denen aus sie den Gegner vernichtend schlagen konnte, oder sich eines handgreiflichen Siegessymbols bemächtigt hatte, hörte der Kampf auf, und beide Stämme gingen nach Hause. Manchmal machte man auch Gefangene; da diese unter dem Schutz (*la'naya*) dessen standen, der sie gefangen genommen hatte, wurden sie im Allgemeinen gut behandelt. Am Ende des Konflikts schickte man sie mit einer neuen *gandura* (Gewand) bekleidet nach Hause, wodurch man zeigen wollte, dass ein Toter mit seinem Leichenhemd nach Hause zurückkam. Der Kriegszustand (*elfetna*) konnte mehrere Jahre dauern; die Feindseligkeit war, zumindest latent, immer spürbar; der besiegte Stamm wartete nur auf seine Revanche und ergriff die erstbeste Gelegenheit, um die Herden und Hirten des Feindes zu rauben; bei jedem kleinsten Zwischenfall, am allwöchentlichen Markttag zum Beispiel, entfachte sich der Kampf aufs Neue.[7] In einer solchen Atmosphäre war es also äußerst schwierig, zwischen Kriegs- und Friedenszustand zu unterscheiden. Von der Ehre besiegelt und verbürgt, beendete eine Waffenruhe zwischen Dörfern und Stämmen, ein Schutzpakt zwischen Familien jedoch jedes Mal nur provisorisch den Krieg, jenes ernsteste Spiel, das die Ehre je erfand. Konnte das ökonomische Interesse eine Gelegenheit zum Krieg bieten und von ihm profitieren, so glich der Kampf eher einem institutionalisierten und wohlgeregelten Wettkampf als einem wirklichen Krieg, in dem man alle verfügbaren Mittel einsetzt, um einen völligen Sieg davonzutragen. Als Beispiel dafür sei dieser von einem alten Kabylen wiedergegebene Dialog angeführt: »Eines Tages sagt einer zu Mohand Ouqasi: ›Kommst du mit in den Krieg?‹ – ›Was macht man denn dort?‹ – ›Nun, wenn man einen Rumi (muselmanische Bezeichnung für den Christen und, allgemeiner, für den Europäer) sieht, schickt man ihm eine Kugel rüber.‹ – ›Einfach so?‹ – ›Ja, wie denn sonst?‹ – ›Ich dachte, man müsste zuerst diskutieren und dann sich beschimpfen und erst dann sich schlagen!‹ – ›Nichts von alledem! Er schießt auf uns, und wir schießen auf ihn. Das ist alles … Na, wie ist es, kommst du mit?‹ – ›Nein … Ich kann doch nicht auf andere Leute schießen, wenn ich gar nicht zornig auf sie bin!‹«[8]

Aber das Ehrgefühl fand durchaus noch andere Möglichkeiten, um sich zu manifestieren: Es entfachte zum Beispiel die Rivalität zwischen verschiedenen Dörfern, die um die höchste und schönste Moschee, um die am schönsten angelegten und am besten vor Blicken geschützten Brunnen, um die prächtigsten Feste, die saubersten Straßen usw. wetteiferten. Alle möglichen rituellen und institutionalisierten Wettkämpfe waren auch Anlass für Ehrenspiele, wie das Scheibenschießen, das bei allen freudigen Ereignissen (Geburt eines Knaben, Beschneidung, Hochzeit) stattfand. Bei einer Hochzeit gehörte es dazu, dass der aus Männern und Frauen bestehende Zug, der die Braut aus dem Nachbardorf oder -stamm abholen sollte, zunächst einmal auf die Probe gestellt wurde: zuerst die Frauen, zwei bis sechs »Botschafterinnen«, die für ihr Talent bekannt waren, dann die Männer, acht bis zwanzig gute Schützen. Die »Botschafterinnen« hatten mit den Frauen der Familie oder des Dorfes einen poetischen Wettstreit auszutragen, in dem sie natürlich das letzte Wort behalten mussten; die Familie der Braut durfte die Art und die Umstände der Prüfung wählen: zum Beispiel Rätsel oder Dichtwettbewerbe. Die Männer maßen ihr Geschick beim Wettschießen: An dem Morgen, an dem der Zug wieder nach Hause zurückkehrte und während die Frauen die Braut zurechtmachten und der Brautvater allgemein beglückwünscht wurde, mussten die Männer frische Eier (manchmal auch flache Steine) zerschießen, die in ziemlich großer Entfernung in eine Böschung oder einen Baumstamm gesteckt waren; wurden sie besiegt, so zog die Ehrengarde des Bräutigams mit Schande bedeckt davon, nachdem sie zu ihrer Erniedrigung unter dem Packsattel eines Esels hatte durchkriechen und ein Bußgeld zahlen müssen. Diese Spiele hatten auch eine rituelle Funktion, wovon der strenge Formalismus ihres Ablaufs sowie die bei dieser Gelegenheit vollzogenen magischen Handlungen zeugen.[9]

Stellt jede Beleidigung eine Herausforderung dar, so muss, wie wir noch sehen werden, eine Herausforderung nicht unbedingt Beleidigung oder Affront sein. In der Tat kann der Ehrenwettkampf eine Logik aufweisen, die der des Spiels oder der Wette, das heißt einer ritualisierten und institutionalisierten Logik, eng verwandt ist. Auf das Spiel gesetzt wird dabei das Ehrgefühl, der *nif*, der Wille, den anderen in einem Kampf von Mann zu Mann zu übertreffen. Die Theorie dieser Spiele definiert den guten Spieler als den, der immer voraussetzt, dass sein Gegner die beste Strategie entdecken wird, und der sich in seinem Spiel danach richtet; ebenso ist es im Spiel der Ehre, wo sowohl die Herausforderung als auch deren Erwiderung implizit voraussetzen, dass jeder Antagonist die gleiche Bereitschaft hat, das Spiel zu spielen und seine Regeln zu befolgen, und von seinem Gegner das Gleiche erwartet.

Die Herausforderung im eigentlichen Sinne und ebenso die Beleidigung haben die gleiche Voraussetzung wie das Schenken, nämlich die gewählte Entscheidung, ein bestimmtes Spiel nach gewissen Regeln zu spielen. Das Geschenk ist eine Herausforderung, die demjenigen, an den es gerichtet ist, Ehre macht, sein Ehrgefühl (*nif*) dabei aber auf die Probe stellt; daraus folgt, dass derjenige, der ein zu großes Geschenk macht und dadurch die Möglichkeit eines Gegengeschenks ausschließt, sich ebenso entehrt wie der, der einen Mann beleidigt, der unfähig ist, die Herausforderung zu erwidern. Will man die Spielregel einhalten, so muss man in beiden Fällen dem anderen die Gelegenheit zur Erwiderung lassen, das heißt, die Herausforderung muss vernünftig sein. Gleichzeitig aber stellen Geschenk oder Herausforderung eine Provokation dar und provozieren eine Erwiderung: »Es hat ihn beschämt«, sagen, wie Marcy berichtet, die marokkanischen Berber von dem Geschenk in Form einer Herausforderung (*tawsa*), das große Anlässe unterstreichen sollte. Derjenige, der das Geschenk erhalten oder die Beleidigung erlitten hat, wird dadurch in den Mechanismus des Austauschs hineingezogen, und was immer er macht, sein Verhalten stellt stets eine Erwiderung (und sei es auch eine fehlende Erwiderung) auf die Provokation dar, die in dem ursprünglichen Akt des Schenkens oder des Herausforderns liegt.[10] Er hat die Wahl, den Austausch weiterzuführen oder abzubrechen (vgl. Schema unten). Gehorcht er seinem Ehrgefühl und wählt den Austausch, so ist seine Entscheidung identisch mit der ursprünglichen Entscheidung seines Gegners; er ist bereit, das Spiel mitzuspielen, das nun bis ins Unendliche weitergehen kann:[11] Die Reaktion auf die Herausforderung ist ja an sich schon eine neue Herausforderung. So erzählt man, dass früher die ganze Familie, kaum dass die Rache vollzogen war, durch Freudenfeste das Ende der Unehre, *thuqdha an-tsasa*, begrüßte, zugleich aus Erleichterung darüber, dass einem die Beleidigung nicht mehr wie eine Krankheit »auf der Leber lag«, und aus Befriedigung darüber, den Wunsch nach Rache gestillt zu haben. Die Männer gaben Gewehrschüsse ab, die Frauen stießen ihr charakteristisches »Ju-Ju«-Geschrei aus, wodurch verkündet wurde, dass die Rache vollzogen sei; so konnte alle Welt sehen, wie eine ehrenhafte Familie ihr Ansehen unverzüglich wiederherzustellen weiß, und die feindliche Familie wurde über den Grund ihres Unglücks nicht im Zweifel gelassen. Was nützt die Rache, wenn sie anonym bleibt (*Djemâa-Saharidj*)?

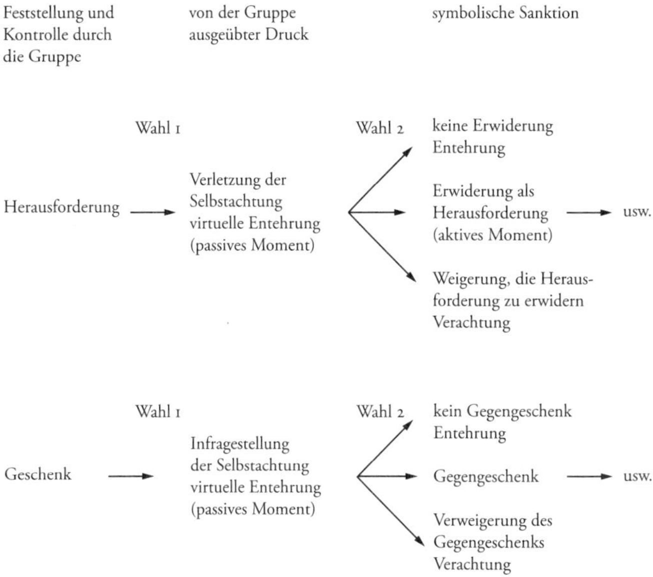

Entscheidet man sich für die andere Seite der Alternative, so kann diese Entscheidung verschiedene und sogar gegensätzliche Bedeutungen annehmen. Der Beleidiger kann durch seine physische Kraft, durch sein Prestige oder durch das Gewicht und die Autorität der Gruppe, der er angehört, dem Beleidigten überlegen, ebenbürtig oder unterlegen sein. Die Logik der Ehre setzt zwar die Anerkennung einer idealen Gleichheit an Ehre voraus, das volkstümliche Bewusstsein jedoch kennt die faktischen Ungleichheiten sehr wohl: Dem, der ausruft: »Ich habe auch einen Schnurrbart!«, antwortet das Sprichwort: »Die Barthaare des Hasen sind nicht so lang wie die des Löwen …« Es entwickelt sich also eine unendlich subtile spontane Kasuistik, die es jetzt zu analysieren gilt. Nehmen wir zuerst den Fall an, wo der Beleidigte zumindest theoretisch die Mittel zur Erwiderung der Hausforderung hat. Erweist er sich als unfähig, die Herausforderung anzunehmen (bei der es sich um ein Geschenk oder eine Beleidigung handeln kann), weicht er aus Furchtsamkeit oder Schwäche der Herausforderung aus und verzichtet auf die Möglichkeit einer Erwiderung, so entscheidet er damit gewissermaßen, sich selbst zu entehren, und diese Entehrung ist dann unwiderruflich (*ibahdal imanis* oder *simanis*). Er gibt sich geschlagen in einem Spiel, das er trotz allem hätte spielen müssen. Das Ausbleiben einer Antwort kann jedoch auch die Verweigerung einer Antwort ausdrücken: Derjenige, an den die Beleidigung gerichtet ist, weigert sich, sie als solche anzuerkennen, und lässt sie durch seine Verachtung (die er dadurch manifestieren kann, dass er die Rache gedungenen Mördern überlässt) auf ihren Urheber zurückfallen, der dadurch entehrt wird.[12] Das Gleiche gilt für das Schenken: Derjenige, an den sich das Geschenk richtet, kann deutlich machen, dass er den weiteren Austausch ablehnt, entweder indem er das Geschenk zurückweist oder indem er auf der Stelle oder nach einer bestimmten Frist ein dem Geschenk völlig identisches Gegengeschenk macht. Auch in diesem Fall ist der Austausch damit zu Ende. In dieser Logik kann allein das Überbieten des anderen, die Herausforderung als Antwort auf die Herausforderung, ausdrücken, dass man bereit ist, das Spiel nach der Regel »Herausforderung als Erwiderung der Herausforderung«, die beide immer wieder erneuert werden, zu spielen.

Nehmen wir jetzt den Fall an, wo der Beleidiger indiskutabel stärker ist als der Beleidigte. Der Ehrenkodex und die öffentliche Meinung, die darüber wacht, dass er respektiert wird, fordern von dem Beleidigten nur, dass er das Spiel mitspielt: Allein der, der sich der Herausforderung nicht stellt, ist zu verurteilen. Im Übrigen braucht der Beleidigte nicht über seinen Beleidiger zu triumphieren, um in den Augen der Öffentlichkeit rehabilitiert zu werden; der Besiegte, der seine Pflicht getan hat, verdient keinen Tadel, denn mag er dem Gesetz des Kampfes nach besiegt worden sein – nach dem Gesetz der Ehre ist er der Sieger. Mehr noch, *elbabadla* fällt auf den Beleidiger zurück, der obendrein noch als Sieger aus der Konfrontation hervorgegangen ist, also seine Überlegenheit doppelt missbraucht hat. Der Beleidigte kann *elbabadla* auch auf seinen Beleidiger zurückfallen lassen, ohne die Herausforderung zu erwidern. Er braucht nur eine sehr demütige Haltung einzunehmen, die, indem sie seine Schwäche betont, die Beleidigung als willkürlichen, maßlosen, zu weit gehenden Akt erscheinen lässt. Er erinnert damit, mehr unbewusst als bewusst, an das zweite Korollar des Prinzips der Ebenbürtigkeit in der Ehre: Wer einen Mann herausfordert, der unfähig ist, die Herausforderung anzunehmen, der entehrt sich selbst.[13] Diese Strategie ist natürlich nur unter der Bedingung zulässig, dass in den Augen der Gruppe kein Zweifel an der Disparität zwischen den beiden Antagonisten besteht; sie wird normalerweise von den Personen angewendet, die von der Gesellschaft als schwach anerkannt werden, von den Klienten (*yadh itsumuthen*, diejenigen, die sich auf jemanden stützen) oder den Mitgliedern einer kleinen Familie (*iṭa'fanen*, die Mageren, Schwachen) (*Aghbala*).

Nehmen wir schließlich den Fall an, in dem der Beleidiger dem Beleidigten unterlegen ist. Dieser kann natürlich die Herausforderung erwidern und damit das dritte Korollar des Prinzips der Ebenbürtigkeit in der Ehre außer Acht lassen; missbraucht er aber seinen Vorteil, so setzt er sich der Gefahr aus, selbst die Unehre zu ernten, die sonst auf den leichtsinnigen und unbedachten Beleidiger, diese verachtete (*amaḥqur*) und anmaßende Person, zurückgefallen wäre. Daher ist es ratsamer für ihn, in keiner Weise auf die Herausforderung zu reagieren und zu tun, was man auf Französisch »le coup du mépris« (den Verächtlichen spielen) nennen würde.[14] Er soll, sagt man, den anderen »bellen lassen, bis er müde wird«, und »sich weigern, mit ihm zu rivalisieren«. Da das Ausbleiben einer Erwiderung nicht seiner Feigheit oder Schwäche zugeschrieben werden kann, fällt die Unehre auf den anmaßenden Beleidiger zurück.

Man könnte jeden dieser Fälle, die hier untersucht wurden, durch eine ganze Reihe von Beobachtungen oder Berichten illustrieren; das hindert aber nicht daran, dass sich für gewöhnlich die Unterschiede nie so klar voneinander abheben, sodass jeder vor der als Richter und Komplize zugleich fungierenden öffentlichen Meinung die Ambiguität seines Verhaltens spielen lassen kann: Ob eine Herausforderung aus Furcht oder zum Zeichen der Verachtung unbeantwortet bleibt – der Abstand zwischen den beiden Motiven ist oft nur gering, und Furchtsamkeit kann sich immer hinter der Maske der Verachtung verstecken. Aber jeder Kabyle ist ein Meister der Kasuistik, und das Tribunal der öffentlichen Meinung ist da, um im Einzelfall zu entscheiden.

Die treibende Kraft der Ehrendialektik ist also der *nif*, der für die Wahl der Reaktion auf die Herausforderung ausschlaggebend ist. Tatsächlich aber – abgesehen davon, dass die kulturelle Tradition dem Einzelnen keinerlei Möglichkeit lässt, den Ehrenkodex zu umgehen – wirkt sich gerade im Moment dieser Wahl der Druck der

Gruppe am stärksten aus: zuerst der Druck der Familienmitglieder, die bereit sind, seine Stelle einzunehmen, falls er versagen sollte, denn wie der Landbesitz ist die Ehre ungeteilt, und die Schande des einen fällt auch auf alle anderen; dann der Druck der Clan- oder Dorfgemeinschaft, die ohne Zögern Feigheit oder Nachsicht verurteilt. Wenn ein Mann gezwungen ist, eine Beleidigung zu rächen, vermeiden es alle um ihn herum sorgfältig, ihn daran zu erinnern. Aber jeder beobachtet ihn und versucht, seine Absichten zu erraten. Eine unbehagliche Stimmung lastet auf seiner Familie bis zu dem Tag, an dem er vor dem Familienrat, der von ihm oder von dem Ältesten einberufen wurde, seine Absichten darlegt. Meist bietet man ihm Hilfe an, entweder in Form von Geld, um einen »Mörder zu dingen«, oder indem man ihn begleiten will, wenn er sich unbedingt mit eigener Hand rächen will. Es ist üblich, dass er diese Hilfe zurückweist und nur darum bittet, dass ein anderer, falls er daran scheitert, an seiner Stelle die Rache fortsetzt. Denn die Ehre fordert, dass alle Mitglieder der Familie, wenn es sein muss, wie die Finger einer Hand, nacheinander, je nach dem Verwandtschaftsgrad, die Erfüllung der Rache übernehmen. Wenn der Beleidigte weniger Entschlossenheit zeigt und, ohne öffentlich auf die Rache zu verzichten, deren Ausführung immer wieder hinausschiebt, werden die Familienmitglieder schließlich ungeduldig; die weisesten unter ihnen beraten sich, und einer von ihnen muss den Säumigen an seine Pflicht erinnern, ihn förmlich auffordern und mahnen, sich nun zu rächen. Wo dieser »Ordnungsruf« wirkungslos bleibt, geht man zur Drohung über: Ein anderer werde die Rache an seiner Stelle ausüben, und er verliere dann in den Augen der Leute seine Ehre, werde aber von der feindlichen Familie darum nicht weniger für verantwortlich gehalten, also seinerseits auch von der *thamgart* (Blutrache) bedroht. Der Betreffende versteht dann, dass er sich den Konsequenzen sowohl seiner Feigheit als auch der Rache aussetzt, und mus sich wohl oder übel (»à reculons«, das heißt rückwärtsgehend) fügen oder aber das Exil wählen[15] (*Ait Hichem*).

Das Gefühl der Ehre wird vor den anderen gelebt. Der *nif* ist vor allem das, was einen dazu treibt, um jeden Preis ein gewisses Bild von sich selbst, das für die anderen bestimmt ist, zu verteidigen. Der ehrbewusste Mann (*argaz el'ali*) muss unablässig auf der Hut sein; er muss aufpassen, was er sagt, denn »das Wort ist wie eine Gewehrkugel: Es kehrt nicht zurück«, und seine Verantwortung ist umso größer, als ja jede seiner Taten und jedes seiner Worte für seine ganze Gruppe verbindlich sind. »Die Tiere bindet man an den Pfoten, die Männer binden sich durch ihre Zunge.« Der ehrvergessene Mann dagegen ist der, von dem man sagt: »*ithatsu*«, »er pflegt zu vergessen«. Er vergisst sein Wort (*awal*), das heißt seine Verbindlichkeiten, seine Ehrenschulden, seine Pflichten. »Ein Mann von den Ilmayen sagte eines Tages, er wünschte, dass sein Hals so lang wäre wie der eines Kamels: Dann hätten seine Worte einen so langen Weg vom Herzen bis zur Zunge, dass er genügend Zeit hätte, sie sich gründlich zu überlegen.« Damit wird die Bedeutung ausgesprochen, die man dem gegebenen Wort und dem Treueschwur beimisst. »Der Mann, der vergisst«, sagt das Sprichwort, »ist kein Mann.« Er vergisst und vergisst sich selbst (*ithatsu imanis*); man sagt auch: »Er isst seinen Schnurrbart auf«; er vergisst seine Vorfahren, die Achtung, die er ihnen schuldet, und die Achtung, die er sich selber schuldet, um ihrer würdig zu sein (*Les Issers*). Der Mann ohne Selbstachtung (*mabla el'ardh, mabla laḥya, mabla erya, mabla elhachma*) ist der, der sein innerstes Ich mit all seinen Affekten und Schwächen nach außen durchscheinen lässt. Der weise Mann dagegen ist der, der ein Geheimnis zu wahren versteht, der in jedem Augenblick Vorsicht und Verschwiegenheit walten lässt (*amesrur, amaḥaruz nessar*, der, der eifersüchtig das Geheimnis wahrt). Eine ständige Selbstkontrolle ist nötig, um jenes fundamentale Gebot der gesellschaftlichen Moral zu befolgen, das darin besteht, jedes Auffallen zu vermeiden, die innerste Persönlichkeit in ihrer Einmaligkeit und Besonderheit so weit wie irgend möglich unter dem Schleier des Schamgefühls und der Zurückhaltung verschwinden zu lassen. »Nur der Teufel (*Chitan*) sagt ›ich‹«; »nur der Teufel beginnt mit sich selbst«; »die Versammlung (*thajma'th*) ist die Versammlung; nur der Jude ist allein.« In all diesen Sprichwörtern kommt der gleiche Imperativ zum Ausdruck, nämlich der, der die Negierung des inneren Ich verlangt und der sowohl in der Selbstverleugnung als Voraussetzung für Solidarität und gegenseitige Hilfe als auch in Zurückhaltung und Schamgefühl, wie sie der Anstand fordert, seine Verwirklichung findet. Im Gegensatz zu dem, der seiner selbst nicht gewachsen ist und Ungeduld oder Zorn offen zeigt, ohne Sinn und Verstand daherredet oder unüberlegt lacht, in Überstürzung oder maßlose Aufregung verfällt, sich beeilt, ohne nachzudenken, tobt, schreit, brüllt (*elḥamaq*) – kurz, im Gegensatz zu dem, der sich zu jeder Gemütsbewegung hinreißen lässt, sich selber nicht treu bleibt, es an Würde, Vornehmheit und Schamgefühl fehlen lässt, die alle drei in dem einen Wort *elḥachma* enthalten sind, definiert sich der Ehrenmann hauptsächlich dadurch, dass er sich selber treu ist und darauf Wert legt, einem gewissen Idealbild von sich selbst würdig zu sein. Ausgeglichen, vorsichtig, zurückhaltend in seiner Sprache, wägt er stets das Für und Wider einer Sache ab (*amiyaz* im Gegensatz zu *aferfer*, der leichte Mann, oder zu *acheṭṭah*, der, der tanzt); er steht klar und offen für sein Wort ein und weicht seiner Verantwortung nicht mit einem »Vielleicht« oder »Wer weiß?« aus, denn diese Antwort ziemt den Frauen, und nur den Frauen. Er ist der, der sein Wort hält und sich selber Wort hält, von dem man sagt: »ein Mann, ein Wort« (*argaz, d'wawal*) (*El Kalaa*). Das Ehrgefühl ist das Fundament einer Moral, in der der Einzelne sich immer unter dem Blick der anderen begreift, wo der Einzelne die anderen braucht, um zu existieren, weil das Bild, das er sich von sich selbst macht, ununterscheidbar ist von dem Bild von sich, das ihm von den anderen zurückgeworfen wird. »Der Mensch [ist Mensch] durch die Menschen; [nur] Gott [ist Gott] durch sich selbst«, sagt das Sprichwort (*Argaz sirgazen, Rabbi imanis*). Der Ehrenmann (*a ardhi*) ist zugleich der tugendhafte Mann und der Mann von gutem Ruf. Die Achtbarkeit als Gegenstück zur Schande ist hauptsächlich durch ihre gesellschaftliche Dimension definiert, muss also vor aller Augen erobert und verteidigt werden; Kühnheit und Großzügigkeit (*elḥanna*) sind die höchsten Werte, das Übel dagegen, das ist Furchtsamkeit, Schwäche, die Tatsache, eine Beleidigung hinzunehmen, ohne Genugtuung dafür zu fordern.

Es ist also hauptsächlich der Druck der öffentlichen Meinung, der der Dynamik des Ehrenaustauschs zugrunde liegt. Wer auf die Rache verzichtet, hört für die anderen auf zu existieren. Darum hat auch der am wenigsten beherzte (*ul*, »das Herz«) Mann immer noch genug *ḥachma* (Scham, Schamgefühl), um sich zu rächen. Bezeichnend ist die Art, wie die Unehre formuliert wird: »Wie soll ich nur den Leuten gegenübertreten (*qabel*)?«, »Ich kann nicht mehr den Mund vor den Leuten aufmachen«, »Die Erde will mich nicht verschlingen«, »Meine Kleider sind mir vom Leibe geglitten«. Die Furcht vor dem Tadel der Gruppe und vor der Schande (*el'ar, laḥya, el'ib ula yer medden*), das heißt dem negativen Gegenstück zum Ehrgefühl, ist so stark, dass sie auch den an Ehrgefühl ärmsten Mann dazu bringt, sich notgedrungen den Forderungen der Ehre zu unterwerfen.[16] In einer Gruppe, wo jeder über jeden Bescheid weiß, wie das im kabylischen Dorf der Fall ist, übt die öffentliche Meinung ihre Kontrolle in jedem Augenblick aus: »Wer sagt, dass die Felder leer (verlassen) sind, der ist selber leer an Verstand.« Eingeschlossen in diesen Mikrokosmos, wo jeder jeden kennt, unwiderruflich dazu verurteilt, mit den anderen, unter dem Blick der anderen zu leben, empfindet der Einzelne eine tiefe Angst vor dem »Wort der Leute« (*wal medden*), das »schwer, grausam und unerbittlich« ist (*Les Issers*). Die allmächtige öffentliche Meinung ist es, die über Realität und Schweregrad einer Beleidigung befindet; sie ist es, die als souveräne Instanz Genugtuung verlangt: Der Dieb, der in ein bewohntes Haus eindringt, setzt sich im Gegensatz zu dem, der draußen Getreide oder Tiere stiehlt, der Blutrache aus, und zwar deshalb, weil die Leute sofort unterstellen könnten, die Ehre der Frauen sei nicht geachtet worden. Dadurch also, dass man alles, was das Verhalten der anderen betrifft, mit faszinierter Aufmerksamkeit verfolgt, gleichzeitig aber von der Angst vor ihrem Urteil verfolgt wird, wird jeder Versuch, sich von den Forderungen der Ehre zu befreien, undenkbar und verachtungswürdig.

Da jeder Austausch eine mehr oder weniger verschleierte Herausforderung in sich trägt, ist die Logik von Herausforderung und Erwiderung der Herausforderung nur die äußerste Grenze, zu der jede Kommunikationshandlung, ganz besonders der Austausch von Geschenken, hintendiert.[17] Aber die Versuchung, den anderen herauszufordern und das letzte Wort haben zu wollen, findet ihr Gegengewicht in der Notwendigkeit, mit den anderen zu kommunizieren. Den anderen gar zu sehr auf die Probe zu stellen bringt das Risiko mit sich, den Austausch dadurch zu unterbrechen. Die Kommunikation vollzieht sich also in dem Kompromiss zwischen Vertrag und Konflikt. Der großzügige Austausch hat immer die Tendenz, in ein gegenseitiges Überbieten an Großzügigkeit auszuarten; das großzügigste Geschenk ist zugleich auch das, das seinen Empfänger am sichersten in Unehre stürzt, indem es jede Möglichkeit eines Gegengeschenks ausschließt. So gibt die *tawsa*, das Geschenk, das die Gäste bei großen Familienfesten überreichen und über das öffentlich gesprochen wird, häufig Anlass dazu, einander an Ehre übertreffen zu wollen, und es kommt vor, dass eine Familie sich ruiniert, um die anderen an Großzügigkeit überbieten zu können. Um das zu verhindern, einigt man sich manchmal auf einen maximalen Wert der Geschenke. Bei einer Hochzeit oder einer Beschneidung legen die Familien ebenfalls ihre Ehre darein, das Fest so prächtig wie möglich zu gestalten, selbst wenn sie sich dabei ruinieren, und zwar ganz besonders in dem Fall, wo man seine Tochter außerhalb des Dorfes verheiratet. Dieser Wetteifer ist sogar unter den Gliedern ein und derselben Familie spürbar, zum Beispiel zwischen den Frauen (Schwägerinnen, Mutter) bei der Hochzeit eines Mädchens. Mir wurde berichtet, dass 1938 ein Mann aus dem Stamm der Ath Waglis bei der ersten Niederkunft seiner Tochter mehr als 3000 Francs für Geschenke ausgegeben hat: 1400 Eier, 15 Hühner, für 300 Francs Hammelfleisch, 20 Kilogramm Pökelfleisch, 20 Kilogramm Fett, Öl, Kaffee, Grieß, 25 Kleidungsstücke usw. Ein anderer Mann aus demselben Stamm hat, um seiner Tochter ebenfalls bei ihrer ersten Niederkunft Ehre zu machen, das einzige Feld verkauft, das ihm noch verblieben war. Trotzdem ist man sich im Allgemeinen darin einig, das »Ehrgefühl des Teufels«, *nif nechiṭan*, oder das unvernünftige Ehrgefühl, *thihuzzith*, zu verurteilen, das dazu führt, sich bei jeder Kleinigkeit gekränkt oder angegriffen zu fühlen, seine Ehre für Lappalien aufs Spiel zu setzen und ohne Sinn für Maß und Grenzen den anderen überbieten zu wollen. »Niemand setzt sich der Schande aus«, sagt man, »wenn er dabei verlieren soll«, das heißt, wenn er sich weigert, sich allein der Eitelkeit wegen zu ruinieren (*urits-sathḥi ḥad galmadharas*). Aber wenn auch der Austausch, weil er das Ehrgefühl aufs Spiel setzt, immer die Virtualität eines Konflikts in sich trägt, so bewahrt doch der Ehrenkonflikt immer noch seinen Charakter des Austauschs, was dadurch bezeugt wird, dass man sehr klar zwischen dem Fremden und dem Feind unterscheidet. Dadurch, dass das Ehrgefühl dem Willen, den anderen zu beherrschen, gern den Vortritt lässt vor dem Willen, mit ihm in Kommunikation zu bleiben, schließt es immer das Risiko eines Abbruchs der Beziehungen in sich; gleichzeitig aber treibt das Ehrgefühl auch wieder dazu, den Austausch fortzusetzen, denn es gilt ja, das letzte Wort zu behalten. Wenn die Beleidigung nicht unbedingt Entehrung bedeutet, so deshalb, weil sie die Möglichkeit einer Erwiderung offenlässt, die durch die Tat der Beleidigung selbst anerkannt und dem anderen zugesprochen wird. Aber die Unehre, die im Stadium des Virtuellen bleibt, solange die Möglichkeit zu einer Erwiderung besteht, wird mehr und mehr zur Realität, je länger die Rache auf sich warten lässt. Daher fordert die Ehre, den Abstand zwischen Beleidigung und Vergeltung so kurz wie möglich zu halten. Eine große Familie hat in der Tat Arme genug und auch genügend Mut, um sich nicht mit einer langen Wartezeit abzufinden; bekannt für ihren *nif*, für ihre Empfindlichkeit in Ehrensachen und ihre Entschlossenheit, ist sie sogar vor Beleidigungen geschützt, denn durch die Drohung, die sie unaufhörlich auf ihren eventuellen Angreifern lasten lässt, erscheint sie den anderen fähig, auf eine Beleidigung zu reagieren, ohne auch nur eine Sekunde zu verlieren. Um die Achtung auszudrücken, die man vor einer guten Familie empfindet, sagt man, dass sie »bei offener Tür schlafen kann« oder dass »ihre Frauen allein, mit einer goldenen Krone auf dem Kopf spazieren gehen können, ohne dass jemand daran dächte, sie anzugreifen«. Der Ehrenmann, der, von dem man sagt, dass er seine »Rolle als Mann« (*thirugza*) erfüllt, ist immer auf der Hut; dadurch ist er auch vor dem unerwartetsten Angriff sicher, und »selbst wenn er nicht zu Hause ist, ist jemand in seinem Haus« (*El Kalaa*). Aber ganz so einfach liegen die Dinge wiederum nicht. So wird berichtet, dass Djeha, eine legendäre Gestalt, auf die Frage, wann er seinen Vater gerächt habe, zur Antwort gab: »Nach hundert Jahren.« Und man erzählt auch die Geschichte vom Löwen, der immer gemessenen Schritts einhergeht: »Ich weiß nicht, wo meine Beute ist«, sagt er. »Ist sie vor mir, so werde ich sie eines Tages schon fangen; ist sie hinter mir, so wird sie mich schon einholen.« Obwohl jede Ehrenangelegenheit, wenn sie von außen und als *fait accompli*, das heißt vom Standpunkt des fremden Beobachters aus, betrachtet wird, wie eine geregelte und absolut notwendige Folge von unerlässlichen Handlungen erscheint und darum wie ein *Ritual* beschrieben werden kann, bleibt doch die Tatsache, dass jedes ihrer Momente, deren Notwendigkeit sich *post festum* enthüllt, in objektivem Sinne Resultat einer Wahl und Ausdruck einer Strategie ist. Was man das Ehrgefühl nennt, ist nichts anderes als die kultivierte Disposition, der *Habitus*, der jedes Individuum in die Lage versetzt, von einer kleinen Anzahl implizit vorhandener Prinzipien aus alle die Verhaltensformen, und nur diese, zu erzeugen, die den Regeln der Logik von Herausforderung und Erwiderung der Herausforderung entsprechen, und zwar dank eines solchen Erfindungsreichtums, wie ihn der stereotype Ablauf eines Rituals keineswegs erfordern würde. Mit anderen Worten: Wenn man auch für jede Wahl zumindest retrospektiv eine Erklärung geben kann, so bedeutet das jedoch nicht, dass jede Verhaltensform voll und ganz voraussehbar wäre, so wie bei einem Ritus die einzelnen Handlungen sich in die völlig stereotypen Sequenzen einfügen müssen. Dies gilt ebenso für den Beobachter wie für die Individuen selbst, die in der relativen Unvorhersehbarkeit der möglichen Erwiderungen Gelegenheit finden, ihre Strategien ins Werk zu setzen. Aber sogar in den am stärksten ritualisierten Austauschbeziehungen, wo alle Handlungsmomente und deren Ablauf völlig im Voraus festgelegt sind, kann eine Konfrontation zwischen verschiedenen Strategien durchaus zulässig sein, und zwar in dem Maße, wie die Individuen über das *Intervall* zwischen den obligaten Momenten selbst verfügen, also auf den Gegner einwirken können, indem sie gegebenenfalls das Tempo des Austauschs zu ihren Gunsten modulieren. Es wurde schon gezeigt, dass die Tatsache, ein Geschenk auf der Stelle zu erwidern, das heißt, das Intervall zwischen Geschenk und Gegengeschenk abzuschaffen, darauf hinausläuft, den Austausch abzubrechen. Ebenso muss man die Lehre ernst nehmen, die in der Parabel vom Löwen und der von Djeha enthalten ist: Die perfekte Beherrschung der *Modelle dafür, wie man die Modelle befolgt*, die die gesellschaftliche Vorbildlichkeit ausmacht, manifestiert sich in dem Spiel mit der Zeit, das den ritualisierten Austausch in eine Konfrontation zwischen verschiedenen Strategien verwandelt. Bei einer Heirat zum Beispiel muss das Familienoberhaupt, bei dem man um die Hand des Mädchens anhält, dann auf der Stelle antworten, wenn er die Heirat ablehnt; beabsichtigt er, den Antrag anzunehmen, so zögert er seine Antwort fast immer hinaus; dadurch versetzt er sich in die Lage, so lange wie möglich den konjunkturellen Vorteil zu perpetuieren (den ihm seine Stellung als »umworbene Partei« verschafft), der oft gleichzeitig mit einer strukturellen Unterlegenheit auftritt (da die umworbene Familie oft von niedrigerem Rang ist als die werbende) und der sich konkret in dem anfänglichen, aber progressiv auf die andere Seite umschlagenden Missverhältnis in den zwischen beiden Familien ausgetauschten Geschenken äußert. Ebenso kann der gewiefte Stratege ein Kapital von ihm zugefügten Provokationen oder vorläufig eingestellten Konflikten und den Möglichkeiten zur Rache, zur Erwiderung oder zu neuen Konflikten, die dieses Kapital enthält, in ein Machtmittel verwandeln, indem er sich die Initiative vorbehält, die Feindseligkeiten wieder aufzunehmen oder sogar zu beenden.

Ehrgefühl und Ehre: *nif* und *ḥurma*

Sind auch gewisse Familien und gewisse Personen vor der Beleidigung als einem beabsichtigten Angriff auf die Ehre geschützt, so ist doch niemand vor einem unbeabsichtigten Angriff auf seine Ehre sicher. Die einfache Herausforderung, die sich an das Ehrgefühl richtet (*thirzi nennif*, jemanden herausfordern; *sennif*, beim *nif*: Ich fordere dich heraus!), ist jedoch keine Beleidigung, die die Ehre antastet (*thuksa nesser, thuksa laqdhar* oder *thirzi laqdhar*, jemandem die Achtung wegnehmen oder zerbrechen, *thirzi el ḥurma*, jemanden in Schande werfen). So macht man sich über den Neureichen lustig, der die Spielregeln der Ehre nicht kennt und als Antwort auf eine Verletzung der *ḥurma* seinen Gegner zu einem Wettrennen herausfordern oder mit ihm wetten will, wer die meisten Tausend-Francs-Scheine vor sich auf dem Boden ausbreiten kann. Das zeigt nämlich, dass hier zwei völlig getrennte Systeme miteinander verwechselt werden, nämlich das System der Herausforderung einerseits und das der Beleidigung andererseits, in dem die heiligsten Werte aufs Spiel gesetzt werden und das nach den fundamentalsten Kategorien der Kultur aufgebaut ist, denen, die die Ordnung des mythisch-rituellen Systems ausmachen.

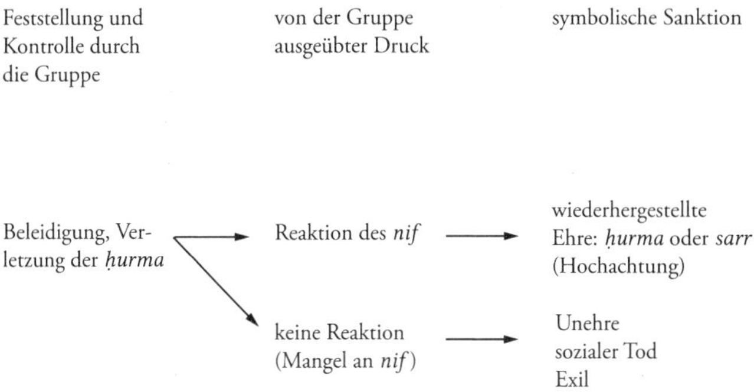

Die Ehre, das, wodurch die Gruppe nach außen hin verwundbar ist, steht dem Ehrgefühl gegenüber, das heißt dem, wodurch die Gruppe auf die Beleidigung reagieren kann. Man macht einen sehr scharfen Unterschied zwischen dem *nif*, dem Ehrgefühl, und der *ḥurma*, der Ehre und all dem, was *ḥaram*, das heißt verboten ist, kurz, dem Sakralen. Was also die Gruppe am meisten gefährdet, ist das, was ihr heiligster Besitz ist. Während die Herausforderung nur das Ehrgefühl angreift, ist die Beleidigung eine Übertretung der Gebote, ein Frevel. Daher schließt die Verletzung der *ḥurma* jegliches Arrangement oder Ausweichen aus. Im Allgemeinen wies man früher empört die *diya* zurück, das heißt die Entschädigungssumme, die die Familie des Mörders der Familie des Opfers zahlt. Von dem, der sie annimmt, sagt man: »Er war bereit, das Blut seines Bruders zu essen; er denkt nur an seinen Bauch!« (*Ain Aghbel*). Die *diya* wird nur dann angenommen, wenn es sich um Angelegenheiten handelt, bei denen die *ḥurma* nicht betroffen ist. Weiterhin unterscheidet sich der Mechanismus von Beleidigung und Rache von der Dialektik von Herausforderung und deren Erwiderung durch die unerbittliche Strenge, mit der er sich den Individuen aufdrängt. Die öffentliche Meinung, Zeuge und Richter zugleich, entscheidet als höchste Instanz über die Schwere der Beleidigung und die ihr angemessene Rache. Im Falle einer Verletzung der *ḥurma*, und sei sie auch indirekt oder aus Versehen begangen worden,[18] ist der Druck der öffentlichen Meinung so stark, dass eine andere Lösung als die Rache völlig ausgeschlossen ist; übt einer sie nicht aus, so gibt es für den Feigling, der nicht genug *nif* hat, nur die Unehre oder das Exil. Lässt sich die *ḥurma* als etwas Verlierbares, Zerbrechliches definieren (*thuksa elḥurma, thirzi elḥurma*, die *ḥurma* wegnehmen oder zerbrechen), kurz, als virtuelle Entehrung, so erlaubt der *nif*, ohne jedoch die *ḥurma* vor jeglicher Verletzung zu sichern, ihre Integrität wiederherzustellen. Die Integrität der *ḥurma* ist also Funktion der Integrität des *nif*; allein die überempfindliche und aktive Wachsamkeit des *Ehrgefühls* (*nif*) kann Garant für die Integrität der *Ehre* (*ḥurma*) sein – die durch ihre Natur als Sakrales der sakrilegischen Beleidigung ausgesetzt ist – und zugleich das *Ansehen* und die *Achtbarkeit* garantieren, die die Gesellschaft dem gewährt, der genug Ehrgefühl besitzt, um seine Ehre vor Beleidigungen zu bewahren.

Die Ehre im Sinne von Achtung wird *sar* genannt: *essar*, das heißt Geheimnis, Ansehen, Ausstrahlung, »Glorie« eines Menschen. Man sagt von ihm, dass »*essar* ihm folgt und von ihm ausstrahlt« oder dass er »von dem Schutzwall des *essar*« (*zarb nessar*) geschützt wird: *Essar* bewahrt den, der es besitzt, vor der Herausforderung und lähmt den eventuellen Angreifer durch seinen geheimnisvollen Einfluss, durch die Furcht (*alhiba*), die es verbreitet. Jemandem Schande bereiten heißt »ihm das *essar* wegnehmen« (man sagt auch: »ihm *laḥya*, den Respekt, wegnehmen«): *Essar*, dieses »gewisse Etwas«, das den Ehrenmann ausmacht, ist ebenso empfindlich und verletzlich wie unwägbar. »Der Burnus des *essar*«, sagen die Kabylen, »ist nicht festgemacht, er liegt nur ganz leicht auf den Schultern«[19] (*Azerou n-chmini*).

Die *ḥurma* im Sinne von »heilig« (*ḥaram*), der *nif*, die *ḥurma* im Sinne von Achtbarkeit sind untrennbar voneinander. Je verwundbarer also eine Familie ist, desto mehr *nif* braucht sie, um ihre heiligen Werte zu verteidigen, und desto größer ist dann das Verdienst und die Achtung, die die öffentliche Meinung ihr zuerkennt. Von hier aus kann man auch verstehen, dass Armut ganz und gar nicht im Widerspruch zur Achtbarkeit steht oder diese ausschließt, sondern im Gegenteil das Verdienst dessen, der besonders stark der Gefahr der Beleidigung ausgesetzt ist und sich trotz allem Respekt zu verschaffen weiß, nur noch vergrößert.[20] Umgekehrt hat das Ehrgefühl nur für den eine Bedeutung und Funktion, für den es heilige Dinge gibt, das heißt Dinge, die es verdienen, verteidigt zu werden. Ein Mensch, der dieses Sakrale nicht hätte, brauchte eigentlich gar kein Ehrgefühl, weil er in gewisser Hinsicht unverwundbar wäre.[21] Kurz gesagt: Existiert das Sakrale (*ḥurma-ḥaram*) nur durch das Ehrgefühl (*nif*), von dem es verteidigt wird, so findet das Gefühl für Ehre seine Daseinsberechtigung erst in dem Gefühl für das Sakrale.

Wie lässt sich das Sakrale (*ḥurma-ḥaram*), das die Ehre verteidigen und schützen soll, definieren? Die Antwort darauf gibt das kabylische Sprichwort: »Das Haus, die Frau, die Gewehre.« Die Polarität der Geschlechter, die in dieser Gesellschaft mit patrilinearer Filiation so stark akzentuiert ist, kommt in der Aufteilung des Vorstellungs- und Wertsystems in zwei komplementäre und zugleich antagonistische Prinzipien zum Ausdruck.[22] *Haram* (genau: Tabu), das ist hauptsächlich das linke Sakrale, das heißt das Drinnen und, genauer, die weibliche Welt, die Welt des Geheimnisses, der geschlossene Raum des Hauses im Gegensatz zum Draußen, zu der offenen Welt des Versammlungsplatzes (*thajma'th*), die den Männern vorbehalten ist. Das rechte Sakrale, das sind hauptsächlich »die Gewehre«, das heißt die Gruppe der Agnaten, der »Söhne des väterlichen Onkels«, die Gruppe derjenigen, deren Tod bis aufs Blut gerächt werden muss, und all derer, die die Blutrache ausführen müssen. Das Gewehr ist die symbolische Verkörperung des *nif* der agnatischen Gruppe, wobei der *nif* als das verstanden wird, was herausgefordert werden kann und es der Gruppe erlaubt, die Herausforderung anzunehmen.[23] Es besteht also ein Gegensatz zwischen der Passivität der *ḥurma,* weiblicher Natur, und der aktiven Reizbarkeit des *nif,* männlicher Natur. Identifiziert sich die *ḥurma* mit dem linken Sakralen, das heißt hauptsächlich mit dem Weiblichen, so ist der *nif* die virile Tugend *par excellence.*

Aber der Gegensatz zwischen dem rechten Sakralen und dem linken Sakralen – wie der zwischen *ḥaram* und *nif* – schließt die Komplementarität zwischen beiden keineswegs aus; die Achtung vor dem rechten Sakralen, vor dem Namen und Ruf der agnatischen Familie, ist es ja, die dazu treibt, jede Beleidigung gegen das linke Sakrale zu erwidern. Die *ḥurma* ist nicht nur das, was einem teuer und kostbar ist, was geschätzt und gehegt wird (*el'azz*), sondern darüber hinaus das, was kostbarer ist als alles, woran man hängt: Der sakrale Wert hebt sich von dem affektiven Wert ab. Die Pflicht, das Sakrale zu verteidigen, drängt sich dem Einzelnen auf wie ein kategorischer Imperativ, gleichgültig, ob es sich um das rechte Sakrale handelt, zum Beispiel um ein männliches Mitglied der Gruppe, oder um das linke Sakrale, das heißt um die Frau, jenes schwache, unreine und unheilvolle Wesen. Der Ehrenmann führt die Rache durch und tilgt den ihm zugefügten Affront, ohne sich von seinen Gefühlen beeinflussen zu lassen, und erhält dafür die volle Billigung der Gruppe. So wird die Haltung jenes Vaters, eines gewissen Sidi Cherif, Oberhaupt der großen Marabutfamilie der 'Amrawa, der seine schuldige Tochter getötet hatte, gerühmt und als beispielhaft ausgegeben, und man sagt noch heute: »Er hat *nif* wie Sidi Cherif.« Die Achtung vor dem rechten Sakralen, das heißt der agnatischen Ehre, gibt den Anstoß dazu, die Beleidigung zu rächen, die das linke Sakrale, den schwachen, verwundbaren Teil der Gruppe, angetastet hat.

Der *nif* ist also Treue gegenüber der agnatischen Ehre, der *ḥurma* im Sinne von Achtbarkeit und Hochachtung, dem Namen der Vorfahren und dem Ruf, der mit ihm verbunden ist, der Sippe, die rein und unbefleckt bleiben und vor Beleidigung und Mesalliancen geschützt werden muss. Der *nif* ist die Kardinaltugend, das Fundament des gesamten patrilinearen Systems, und bedeutet hauptsächlich die Achtung gegenüber der Sippe, deren man sich würdig erweisen will. Je tapferer und tugendhafter die Vorfahren waren, desto mehr ist man berechtigt, stolz auf sie zu sein, desto stärker ist man infolgedessen verpflichtet, es in Sachen der Ehre sehr genau zu nehmen, um ihnen an Wert und Tugend gleichzukommen. Infolgedessen verleiht die Geburt, so bedeutend sie auch sein mag, dem Einzelnen nicht unbedingt seinen Adel; dieser kann auch durch Tugend und Verdienst erworben werden. Die Ehrbarkeit und Reinheit der Sippe bringen eher Pflichten als Vorrechte mit sich. Für diejenigen, die einen Namen haben, für die Leute von guter Abstammung (*ath la'radh*) gibt es keine Entschuldigung.

Der Gegensatz zwischen *ḥaram* und *nif*, dem rechten Sakralen und dem linken Sakralen, kommt in verschiedenen proportionalen Gegensätzen zum Ausdruck: Gegensatz zwischen der Frau, auf der unheilvolle und unreine, zerstörende und zu fürchtende Kräfte lasten, und dem Mann, dem wohltuende, befruchtende und schützende Tugenden verliehen wurden; Gegensatz zwischen der Magie, die ausschließlich Sache der Frauen ist und vor den Männern geheim gehalten wird, und der Religion, die im Wesentlichen männlich ist; Gegensatz zwischen der weiblichen Sexualität, die als Schuld und Schande gelebt wird, und der Virilität als Symbol für Kraft und Prestige.[24] Der Gegensatz zwischen drinnen und draußen als Modus des Gegensatzes zwischen dem rechten und dem linken Sakralen kommt konkret in der scharfen Unterscheidung zum Ausdruck, die zwischen dem weiblichen Raum, dem Haus und seinem Garten, das heißt dem Ort des *ḥaram* überhaupt[25] als einem abgeschlossenen, geheimnisvollen, vor Eindringlingen und Blicken geschützten Raum einerseits, und dem männlichen Raum, der *thajma'th*, dem Ort der Versammlung, der Moschee, dem Café, den Feldern oder dem Markt andererseits,[26] gemacht wird. Auf der einen Seite das Geheimnis der Intimität, die durch das Schamgefühl verschleiert wird, auf der anderen Seite der offene Raum der gesellschaftlichen Beziehungen, des politischen und religiösen Lebens; auf der einen Seite die Sinne und das Gefühlsleben, auf der anderen Seite die Beziehungen von Mann zu Mann, der Dialog, die Austauschbeziehungen. Während in der städtischen Welt, wo männlicher und weiblicher Raum sich überlagern, der Schutz der Intimität durch den Schleier und das Gebot strenger Zurückgezogenheit garantiert wird, sind diese beiden Räume im kabylischen Dorf, wo das Tragen des Schleiers der Tradition nach nicht bekannt ist,[27] sehr deutlich voneinander getrennt. Der Weg, der zum Brunnen führt, weicht dem Bereich der Männer aus: Meist hat jeder Clan (*thakharrubth* oder *adhrum*) seinen eigenen Brunnen, der in seinem Viertel oder im Bereich seines Viertels liegt, sodass die Frauen dorthin gehen können, ohne dass sie von einem nicht zu ihrer Gruppe gehörenden Mann gesehen werden könnten[28] (*Ait Hichem*); wenn das nicht der Fall ist, wird die Funktion, die sonst dem räumlichen Gegensatz zufällt, einem zeitlichen Rhythmus übertragen, und die Frauen gehen zu bestimmten Zeiten an den Brunnen, bei Einbruch der Nacht zum Beispiel, wobei es für einen Mann verpönt ist, sie heimlich zu beobachten. Der Brunnen ist für die Frauen, was die *thajma'th* für die Männer bedeutet: Dort werden Nachrichten ausgetauscht, dort wird miteinander geschwatzt, und zwar hauptsächlich über alle intimen Angelegenheiten, von denen die Männer untereinander niemals sprechen würden, ohne sich zu entehren, von denen sie also durch ihre Frauen erfahren. Der Platz des Mannes ist draußen, auf den Feldern oder in der Versammlung, unter Männern; schon der kleine Knabe muss das lernen. Wer tagsüber zu oft oder zu lange zu Hause bleibt, macht sich verdächtig. Der achtbare Mann muss sich zeigen, sich ständig dem Blick der anderen stellen, ihnen gegenübertreten (*qabel*). Daher kann man auch verstehen, dass die Frauen, um anzudeuten, dass der Mann nicht viel von dem weiß, was im Hause vor sich geht, zu sagen pflegen: »Oh du armer, unglücklicher Mann, den ganzen Tag auf dem Felde wie das Maultier auf der Weide!« (*Ait Hichem*). Den gesamten Bereich der Intimität zu verschleiern ist oberstes Gebot: interne Streitigkeiten, Misserfolge, Mängel dürfen in keinem Fall vor einem Fremden ausgebreitet werden. Es gibt ebenso viele ineinandergefügte Gruppen wie konzentrische Geheimnisbereiche: Das Haus ist der innerste Geheimnisbereich innerhalb des engeren oder weiteren Clans; dieser ist seinerseits der Geheimnisbereich innerhalb des Dorfes, das wiederum eine Geheimniszone gegenüber den anderen Dörfern bildet. Diese Logik lässt es natürlich erscheinen, dass die Moral der Frau als Mittelpunkt der abgeschlossenen Welt hauptsächlich aus negativen Imperativen besteht: »Dein Grab ist dein Haus«, sagt das Gebot. »Die Frau muss ihrem Mann die Treue halten; ihr Haushalt muss ordentlich geführt sein; sie muss für eine gute Erziehung ihrer Kinder sorgen. Vor allem aber muss sie das Geheimnis der Familienintimität wahren; niemals darf sie ihren Mann herabsetzen oder beschämen (selbst wenn sie allen Grund dazu und alle Beweise dafür hat), weder im engsten Kreis noch vor Fremden; er wäre dadurch gezwungen, sie zu verstoßen. Sie muss Zufriedenheit zeigen, selbst wenn zum Beispiel ihr Mann mit leeren Händen vom Markt zurückkommt, weil er zu arm ist, um etwas zu kaufen; sie darf sich nicht in die Gespräche der Männer einmischen. Sie muss ihrem Mann Vertrauen schenken, sich davor hüten, an ihm zu zweifeln oder Vorwürfe gegen ihn zu suchen« (*El Kalaa*). Kurz, da die Frau immer »die Tochter von X« oder »die Frau von X« ist, ist ihre Ehre nichts anderes als die Ehre der agnatischen Gruppe, der sie angehört. Daher muss sie dafür sorgen, das Ansehen und den Ruf der Gruppe durch ihr Verhalten in keiner Weise zu schmälern.[29] Sie ist die Hüterin des *essar.*

ḤURMA – ḤARAM	NIF
DAS LINKE SAKRALE	DAS RECHTE SAKRALE
weiblich, Feminität die über unheilvolle und unreine Kräfte verfügende Frau links, krumm Verwundbarkeit Nacktheit	männlich, Virilität der über wohltuende und schützende Kräfte verfügende Mann rechts, gerade Schutz Bekleidung, Schutzwall
DRINNEN	DRAUSSEN
Bereich der Frauen: Haus, Garten Welt des intimen Lebens, abgeschlossen und geheim: Nahrung, Sexualität	Bereich der Männer: Versammlung, Moschee, Bäder offene Welt des öffentlichen Lebens, der sozialen und politischen Tätigkeiten: Austauschbeziehungen
NATUR	KULTUR
FEUCHT, WASSER	TROCKEN, FEUER
usw.	usw.

Der Mann muss seinerseits vor allem das Geheimnis seines Hauses und seiner Intimität schützen und verschleiern. Die Intimität, das ist an erster Stelle die Gattin, die man niemals bei ihrem Namen, geschweige denn bei ihrem Vornamen nennt, sondern immer mithilfe von Umschreibungen, wie: »Die Tochter von X«, »die Mutter meiner Kinder« oder »mein Haus«. Innerhalb des Hauses wendet der Mann sich in Gegenwart anderer nie ausdrücklich an sie; er ruft sie durch ein Zeichen, ein Brummen oder aber beim Namen ihrer ältesten Tochter und äußert in keiner Weise seine Zuneigung, vor allem dann nicht, wenn sein eigener Vater oder sein ältester Bruder anwesend sind. Den Namen seiner Frau öffentlich auszusprechen würde eine Entehrung bedeuten: Es wird oft erzählt, dass die Männer, die ein neugeborenes Kind beim Standesamt anmelden wollten, sich hartnäckig weigerten, den Namen ihrer Gattin anzugeben; ebenso nannten kleine Schuljungen zwar bereitwillig den Namen ihres Vaters, aber nur mit großem Widerwillen den Namen ihrer Mutter; sicherlich fürchteten sie, sich dadurch Beschimpfungen auszusetzen (jemanden beim Namen seiner Mutter nennen heißt ihn als Bastard bezeichnen) oder einem Zauber anheimzufallen (bekanntlich wird bei magischen Handlungen der Name der Mutter gebraucht). Der Anstand verbietet es, einem Mann gegenüber seine Frau oder seine Schwester zu erwähnen, weil die Frau zu den Dingen gehört, deren man sich schämt (die Araber sagen *lamra'ara*, »die Frau ist die Schande«), von denen man nicht spricht, ohne sich zu entschuldigen oder *ḥachak*, »mit Verlaub«, hinzuzufügen. Aber auch darum, weil die Frau für den Mann von allen Dingen das heiligste ist, wie die üblichen Ausdrücke, die in Schwüren gebraucht werden, es bezeugen: »Meine Frau möge mir unerlaubt sein« (*thaḥram ethmaṭṭuthiw*) oder: »mein Haus möge mir untersagt werden« (*iḥram ukhamiw*), wenn ich dies oder jenes nicht tue!

Zur Intimität gehört alles, was zur Natur gehört, der Körper und alle organischen Funktionen, das Ich und alle seine Gefühle und Affekte. Die Ehre gebietet, alle diese Dinge zu verschleiern. Jegliche Anspielung darauf, besonders auf das eigene Sexualleben, ist nicht nur untersagt, sondern so gut wie undenkbar. Mehrere Tage lang vor und nach seiner Heirat flüchtet der junge Mann sich in völlige Abgeschiedenheit, um nicht mit seinem Vater zusammen sein zu müssen, was für beide unerträglich peinlich wäre. Ebenso schnürt das junge Mädchen, sowie es in die Pubertät gekommen ist, ihre Brust eng in ein geknöpftes und gefüttertes Mieder ein; außerdem hält sie in Gegenwart ihres Vaters und ihrer älteren Brüder die Arme über der Brust gekreuzt[30] (*Azerou n-Chmini*). Ein Mann könnte gar nicht mit seinem Vater oder seinem ältesten Bruder über ein junges Mädchen oder eine Frau, die nicht zur Familie gehört, sprechen; daher bittet der Vater einen Verwandten oder einen Freund um ihre Vermittlung, wenn er die Heiratspläne für seinen Sohn mit diesem erörtern will. Man vermeidet es, in ein Café einzutreten, wo man seinen Vater oder seinen ältesten Bruder vorfindet (und umgekehrt), und natürlich vermeidet man erst recht, in ihrer Gegenwart einem jener wandernden Sänger zuzuhören, die schlüpfrige Gedichte vortragen.

Ebenso darf man nicht vom Essen sprechen. Man wünscht dem anderen nicht guten Appetit, man wünscht ihm nur, satt zu werden. Die Höflichkeit verlangt, dass der Gastgeber seinen Gast immer wieder auffordert, sich zu bedienen, während dieser so diskret wie möglich essen muss. Auf der Straße essen ist unanständig und schamlos. Will man auf dem Markt zu Mittag essen, so zieht man sich in eine Ecke zurück. Wenn man Fleisch mit nach Hause bringt, versteckt man es in einer Tasche oder unter dem Burnus. In Bezug auf die Mahlzeit selber wird der Akzent nicht darauf gelegt, dass man sich ernährt, sondern, dass man gemeinsam isst, dass man Brot und Salz, die Symbole des Bündnisses, miteinander teilt. Ein äußerstes Schamgefühl waltet auch im Ausdruck der Gefühle, und immer, sogar innerhalb der engsten Familie, zwischen Mann und Frau, zwischen Eltern und Kindern, ist man darin äußerst zurückhaltend und reserviert. Die *ḥachma* (oder auch *laḥya*), das Schamgefühl, das alle Beziehungen, sogar die der engsten Familie, beherrscht, bedeutet hauptsächlich Schutz des *ḥaram*, des Sakralen und des Geheimnisses (*essar*). Wer von sich spricht, benimmt sich ungehörig oder angeberisch; er ist unfähig, sich der Anonymität der Gruppe unterzuordnen, das heißt, das wichtigste Gebot des Anstands zu befolgen, das darin besteht, die Höflichkeitsform »wir« oder eine unpersönliche Form zu benutzen und nur durch den Kontext zu verstehen zu geben, dass es sich um einen selbst handelt.

Andere Korrelate der fundamentalen Gegensätze sind diejenigen Prinzipien, die die Arbeitsteilung der Geschlechter, genauer gesagt, die Aufteilung der als ehrenhaft und unehrenhaft angesehenen Verhaltensformen zwischen Männern und Frauen, bestimmen. Im Allgemeinen gelten für den Mann alle die Arbeiten als entehrend, die die mythisch-rituelle Einteilung der Lebewesen, Dinge und Handlungen der Frau zuschreibt. Die Berber des Chenoua dürfen in Gegenwart nicht zur Familie gehörender Personen keine Eier oder Hühner berühren. Sie dürfen sie auch nicht auf den Markt tragen, um sie zu verkaufen, denn das ist Sache der Kinder oder Frauen. Einen Achenwi zu fragen, ob er Eier zu verkaufen hat, würde eine Beleidigung darstellen. Die Männer dürfen zwar Hühner schlachten und Eier essen, aber nur innerhalb ihrer Familie.[31] Die gleichen Sitten findet man in mehr oder weniger abgeänderter Form auch in Kabylien vor. Ebenso darf die Frau auf einem Maultier reiten, das ihr Mann am Zügel hält; auf einem Esel reiten bedeutet dagegen Schande. Die Mädchen, die ihre Familie entehrt hatten, wurden manchmal öffentlich auf einem Esel durch das Dorf geführt. Ein anderes Beispiel: Für einen Mann ist es entehrend, Dung zu transportieren, denn das ist Aufgabe der Frauen. Ebenso gehört es zur Arbeit der Frauen, das Wasser in Tonkrügen sowie das Brennholz heranzuschaffen. Alle diese Imperative der Ehrenmoral, die völlig arbiträr erscheinen, wenn man sie einzeln betrachtet, erweisen sich im Gegenteil als notwendig, wenn man sie wieder in das Gesamtgefüge des mythisch-rituellen Systems einsetzt, dessen fundamentaler Gegensatz zwischen dem Männlichen und dem Weiblichen in den Gegensatzpaaren: rechtes Sakrales – linkes Sakrales; drinnen – draußen; Wasser – Feuer; feucht – trocken besondere Ausdrucksweisen findet.

Das gleiche Wertesystem beherrscht auch die ganze Primärerziehung. Sobald der Knabe einen Namen trägt, wird er als verantwortlicher Vertreter der Gruppe betrachtet und muss sich auch selbst als solcher betrachten. Mir wurde berichtet, dass in einem Dorf in Großkabylien ein etwa zehnjähriger Junge als letzter männlicher Spross der Familie an allen Begräbnissen, auch in entfernten Dörfern, teilnahm und bei allen Zeremonien mitten unter den Erwachsenen saß (*Tizi Hibel*). Das ganze Verhalten der Erwachsenen, alle Zeremonien und alle Initiations- und Übergangsriten zielen darauf ab, den Knaben auf seine Eigenschaft als Mann, zugleich aber auch auf die damit verbundenen Verantwortungen und Pflichten hinzuweisen. Die kindlichen Handlungen werden schon sehr früh nach den Kriterien des Ehrenideals eingeschätzt. Die Erziehung des Vaters oder des väterlichen Onkels zielt darauf ab, in dem Kind den *nif* und alle zum *nif* gehörenden virilen Tugenden zu entwickeln: Kampfgeist, Kühnheit, Kraft, Ausdauer. Bei dieser Erziehung, die von Männern gegeben wird und Männer heranbilden soll, wird der

Akzent auf die väterliche Linie gelegt, auf die Werte, die von den männlichen Vorfahren überkommen sind und die jedes männliche Mitglied der Gruppe garantieren und verteidigen muss.

Zweifellos könnte man feststellen, dass die gleichen mythisch-rituellen Kategorien wenn nicht der Logik der matrimonialen Tauschbeziehungen, so doch zumindest der Idealvorstellung, die sich die Individuen von ihnen machen, zugrunde liegen. Man versteht besser, warum die Mädchen so jung verheiratet werden, wenn man daran denkt, dass die von Natur aus schlechte Frau so früh wie möglich unter den wohltuenden Schutz des Mannes gestellt werden muss. »Die Schande«, sagt man, »ist das junge Mädchen« (*al'ar thaqchichth*), und der Schwiegersohn wird *seṭṭar la'yub*, »Schleier der Schande«, genannt. Die algerischen Araber nennen die Frauen manchmal »Satanskühe« oder »Netze des Dämons«, wodurch ausgedrückt wird, dass ihnen die Initiative des Bösen zukommt: »Selbst noch die geradeste, ›rechteste‹«, sagt das Sprichwort, »ist krumm wie eine Sichel.« Wie ein junger Trieb, der nach links wächst, kann die Frau nicht »recht«, nicht gerade sein, sondern nur durch den wohltuenden Schutz des Mannes geradegerichtet werden.[32] Ohne dass hier die objektive Logik der matrimonialen Tauschbeziehungen erfasst werden sollte, kann man doch anmerken, dass die Normen, die sie bestimmen, und die Rationalisierungen, die meist zur Rechtfertigung ihrer »idealen« Form, das heißt der Heirat mit der parallelen Kusine, gebraucht werden, in einer Sprache formuliert sind, die nach mythisch-rituellen Kategorien strukturiert ist. So wird die Sorge um die Reinheit des Blutes und die Unbeflecktheit der Familienehre am häufigsten als Grund angegeben, um die Heirat mit der parallelen Kusine zu rechtfertigen. Von dem jungen Mann, der seine parallele Kusine geheiratet hat, sagt man: »Er hat sie beschützt«, er hat so gehandelt, dass das Geheimnis der Familienintimität gewahrt geblieben ist. Wer innerhalb seiner eigenen Familie heiratet, kann sicher sein, so wird oft gesagt, dass seine Frau alles tut, um die Ehre ihres Mannes zu bewahren, dass sie familiäre Konflikte geheim hält und sich nicht bei ihren Eltern beklagt. »Eine Frau, die fremd in deiner Familie ist, wird dich verachten. Sie wird ihre Familie für edler halten als deine. Deine Kusine dagegen, die den gleichen väterlichen Großvater hat wie du, wird nichts Schlechtes über deine Ahnen sagen« (*Ain Aghbel*). Die Heirat mit einer Fremden wird gefürchtet, als handle es sich um einen Eindringling, denn sie schlägt eine Bresche in den Schutzwall, mit dem sich die Familienintimität umgibt: »Es ist besser«, sagt man, »seinen *nif* zu schützen, als ihn den anderen auszuliefern.«

Das Ethos der Ehre

Das Wertesystem der Ehre wird eher »praktiziert« als gedacht, und die Grammatik der Ehre kann den Handlungen Form geben, ohne selbst formuliert werden zu müssen. Wenn die Kabylen zum Beispiel spontan diese oder jene Verhaltensform als entehrend oder lächerlich erfassen, sind sie in der gleichen Situation wie jemand, der einen Sprachfehler verbessert, ohne aber das syntaktische System, das dabei missachtet wurde, zu beherrschen. Dadurch, dass die Normen in dem Kategoriensystem der mythischen Wahrnehmung der Welt wurzeln, ist es äußerst schwer und vielleicht sogar unnütz, zwischen dem direkt und klar vom Bewusstsein erfassten Bereich und dem tief im Unbewussten verborgenen Bereich unterscheiden zu wollen. Ein Beispiel dafür: Der Ehrenmann ist der, der den anderen gegenübertritt (*qabel*), der sich ihrem Blick stellt und ihnen ins Gesicht blickt; *qabel* heißt auch, einen Gast empfangen und gut empfangen, ihm Ehre erweisen. Aus dem gleichen Stamm leitet man bisweilen durch eine immerhin bezeichnende Volksetymologie das Wort *laqbayel* (Maskulinum Plural) ab, das die Kabylen bezeichnet.[33] *Thaqbaylith*, Femininum des Substantivs *aqbayli*, »ein Kabyle«, bezeichnet die kabylische Frau, die kabylische Sprache und, wenn man so sagen darf, die Quiddität des Kabylen, das, was den Kabylen zum Kabylen macht, das, was er nicht aufgeben könnte, ohne gleichzeitig aufzuhören, Kabyle zu sein, das heißt die kabylische Ehre, den kabylischen Stolz. *Qabel* heißt aber auch sich dem Osten (*elqibla*) und der Zukunft (*qabel*) zuwenden. In dem mythisch-rituellen System der Kabylen besteht eine Homologbeziehung zwischen dem Osten und dem Oben, dem Zukünftigen, dem Tag, dem Männlichen, dem Guten, dem Rechten, dem Trockenen usw., zugleich aber eine Gegensatzbeziehung, die dem Osten den Westen und damit das Niedrige, das Vergangene, die Nacht, das Weibliche, das Böse, das Linke, das Feuchte usw. gegenüberstellt. Alle Informanten geben spontan als wichtigste

Eigenschaft des Ehrenmannes die Tatsache an, dass er den anderen gegenübertritt (*qabel*); daraus geht hervor, dass die expliziten Verhaltensnormen mit den tief unter der Oberfläche bleibenden Prinzipien des mythisch-rituellen Systems zusammentreffen und sich mit ihnen decken.

Das Ethos der Ehre widersetzt sich schon seinem Prinzip nach einer universalen und formalen Moral, die allen Menschen ein gleiches Maß an Würde und demzufolge die gleichen Rechte und Pflichten zuspricht. So sind die für die Männer verbindlichen Regeln anders als die, die für die Frauen gelten, und die Pflichten den Männern gegenüber unterscheiden sich von den Pflichten, die man den Frauen gegenüber hat; vor allem aber können die Gebote der Ehre, die jedes Mal direkt auf den Einzelfall angewendet werden und je nach der Situation verschieden sind, in gar keinem Fall universale Gültigkeit erhalten. Ein und derselbe Ehrenkodex diktiert Verhaltensformen, die je nach dem gesellschaftlichen Feld völlig entgegengesetzt sein können: einerseits die Regeln, die den Beziehungen zwischen Verwandten zugrunde liegen und, im weiteren Sinne, allen gesellschaftlichen Beziehungen, die sich nach dem Modell der Verwandtschaftsbeziehungen richten (»Hilf den Deinen, egal, ob sie recht oder unrecht haben«), andererseits die Regeln, die für die Beziehungen mit Fremden gelten. Diese Dualität in den Einstellungen ergibt sich logischerweise aus dem oben aufgestellten fundamentalen Prinzip, das den Einzelnen zu einem von der Ehre diktierten Verhalten nur denjenigen gegenüber verpflichtet, die dessen würdig sind. Wenn die Imperative der Gruppe ge- und beachtet werden, so deshalb, weil sie auf der Selbstachtung, das heißt auf dem Ehrgefühl des Einzelnen, fußen. Anders als ein Tribunal im Sinne eines Organs, das eigens dazu geschaffen wäre, gemäß einem System rationaler und expliziter juristischer Normen Entscheidungen zu fällen, ist die Clan- oder Dorfversammlung in Wirklichkeit eher ein Schlichtungsausschuss oder sogar ein Familienrat. Die kollektive Meinung ist Gesetz, Tribunal und vollstreckende Instanz zugleich. Die *thaj'math*, in der alle Familien vertreten sind, verkörpert die öffentliche Meinung, deren Gefühle und Werte sie empfindet und ausdrückt und von der sie ihre ganze moralische Macht erhält. Die am meisten gefürchtete Strafe ist die Ächtung oder die Verbannung: Die davon Betroffenen werden von der kollektiven (rituellen) Fleischverteilung, der Versammlung und allen kollektiven Tätigkeiten ausgeschlossen – kurz, zu einer Art von symbolischem Tod verurteilt. Der *qanun*, eine Sammlung der jedem Dorf eigenen Gebräuche, besteht hauptsächlich aus der Aufzählung von einzelnen Vergehen und deren Bestrafung. So enthält zum Beispiel der *qanun* von Agouni-n-Tesellent, einem Dorf der Ath Akbil, im Ganzen 249 Artikel: Davon sind 219 »repressive« Gesetze (im Durkheim'schen Sinne), das heißt 88 Prozent, gegenüber 25 »restitutiven« Gesetzen, das heißt 10 Prozent, und nur 5 Artikel betreffen die Grundlagen des politischen Systems. Die Regel des Gebrauchsrechts erwächst aus einer Rechtsprechung, die direkt auf den Einzelnen angewendet wird, und nicht aus der Anwendung einer universalen Regel auf den Einzelnen; sie besteht, bevor sie formuliert wird. Denn die Justiz beruht nicht auf einem formalen, rationalen und expliziten Kodex, sondern auf dem »Sinn« für Ehre und Gerechtigkeit. Das Wichtigste bleibt implizit, da es unbestritten und unbestreitbar ist; das Wichtigste, das heißt die Gesamtheit der Werte und Prinzipien, die die Gruppe durch ihre Existenz selbst bestätigt und die der Rechtsprechung in der Praxis zugrunde liegen. »Was die Ehre verteidigt«, sagte Montesquieu, »wird besser verteidigt, wenn die Gesetze es nicht verteidigen, und was sie vorschreibt, wird noch stärker gefordert, wenn die Gesetze es nicht fordern.«

Ebenso werden auch die ökonomischen Beziehungen nicht als solche erfasst und konstituiert, das heißt als Beziehungen, die vom Gesetz des Interesses geprägt werden, sondern sie bleiben immer wie unter dem Schleier der von Prestige und Ehre geprägten Beziehungen verborgen. Es ist, als ob diese Gesellschaft sich weigerte, sich der ökonomischen Realität zu stellen, sie als eine Realität zu erfassen, die anderen Gesetzen unterliegt als denen, die für die Familienbeziehungen gelten. Daher erklärt sich auch die strukturelle Ambiguität jeder Austauschbeziehung: Man spielt immer auf zwei Ebenen zugleich, der des Interesses, die uneingestanden bleibt, und der der Ehre, die proklamiert wird. Und ist die Logik des Schenkens nicht eine Form, den rechnerischen Charakter des Interesses zu überwinden oder zu verschleiern? Wenn das Schenken, wie der Kredit, auch die Pflicht nach sich zieht, mehr zu schenken beziehungsweise zurückzugeben, so bleibt diese Ehrenverpflichtung, so zwingend sie sein mag, doch unausgesprochen und geheim. Zielt nicht der großzügige Austausch, da das Gegengeschenk immer in einem gewissen *zeitlichen Abstand* gemacht wird, im Gegensatz zu dem von der Devise »Gibst du mir, so geb ich dir« beherrschten Austausch darauf ab, die vom Interesse diktierte Transaktion, die nicht wagt, sich in dem Augenblick des Austauschs als solche zu enthüllen, zu verschleiern, indem er sie im zeitlichen Nacheinander entfaltet und an die Stelle einer kontinuierlichen Reihe von Geschenken und Gegengeschenken eine diskontinuierliche Reihe von Geschenken setzt, die scheinbar unerwidert bleiben? Oder, falls dieses Beispiel nicht genügen sollte: Es ist üblich, dass der Verkäufer bei Abschluss eines größeren Geschäfts, zum Beispiel beim Verkauf eines Ochsen, dem Käufer einen Teil der Summe, die er gerade bekommen hat, ostentativ zurückgibt, »damit dieser Fleisch für seine Kinder kaufen kann«. Und der Vater der Braut handelte ebenso, wenn er, meist nach erbittertem »Feilschen«, das Wittum erhielt (*Ait Hichem*): Je größer der zurückgegebene Teil war, desto mehr Ehre erwarb man sich, als wollte man dadurch, dass man die Transaktion durch eine großzügige Geste krönt, das Feilschen in einen Ehrenaustausch verwandeln; und dieser Handel konnte wiederum nur darum so offen als erbittertes Feilschen erscheinen, weil das Streben nach dem größtmöglichen materiellen Profit sich dabei unter dem Mantel des Ehrenwettstreits, das heißt dem Streben nach dem größtmöglichen symbolischen Profit, verbarg.[34]

Paris, Januar 1960

DAS VOKABULAR DER EHRE						
EHRE			UNEHRE			DAS SAKRALE
EHRGEFÜHL	EHRE	ACHTBARKEIT	ENTEHRUNG (AKTION)	UNEHRE (ZUSTAND)	VERBRECHEN GEGEN DIE EHRE	
nif	*el'ardh*	*essar*	*bahdel*	*ḥachma*	*el'ar*	*elḥurma*
if	*laḥya*	*nur*	*'ayer*	*thibhadlith*	*ar'ib*	*elḥaram*
anzaren	*riya*	*thaqbaylith*	*achuwah*	*thim'ayrith*	*elkhazzwa*	
thirzi nennif	*elḥachma*	*thizugza*	*ḥachchem*	*chuha*	*tikhzi*	
	amesrur (adj.)	*thirajla*	*afdhaḥ*	*elfadhḥa*	*laḥram*	
	amaḥruz nessar	*chi'a*		*itswa'ayer* (adj.)		
	el'ali		Substantive der Aktion:	*inah cham*		
			abahdel			
			elbahadla			
			aḥachchem			
			thuksa nessar			
			thuksa laqdhar			
			thirzi laqdhar			
			thirsi el ḥurma			

1 *Bahdel* heißt: in Schande werfen, entehren, jemanden völlig beherrschen, ihn vollständig schlagen, ihn lächerlich machen, kurz, in seinem Sieg über die vernünftigen Grenzen hinausgehen. *Bahdel* ist mehr oder weniger tadelnswert, je nach dem Gegner und je nachdem, was ihm vorgeworfen wird. Wenn man von *amahbul* spricht, sagt man nicht: »Ich habe Angst, dass er mich lächerlich macht« *(bahdel)* (Verb), sondern: »Ich will mich (meinen Geist, mich selbst) nicht mit ihm lächerlich machen.« *Chemmeth* hat ungefähr die gleiche Bedeutung und die gleiche Verwendung (*ichemmeth iman-is*, er entehrt sich).

2 »Wer seinen Bruder bloßstellt«, sagt das Sprichwort, »der stellt sich selber bloß.« »Er beleidigt sich selbst (das heißt seinen Bruder oder seine Familie), der Esel ist mehr wert als er« (*Its'ayar imanis, daghyul akhiris*).

3 Der Schnurrbart, als deskriptiver Ausdruck verwandt, um das Alter eines Mannes anzugeben (»sein Bart sprießt, sein Schnurrbart sprießt«), ist ein Symbol der Männlichkeit und eine grundlegende Komponente des *nif*, ebenso wie der Bart, besonders in früheren Zeiten. Um eine schwere Kränkung auszudrücken, sagte man: »Er hat mir den Bart (oder den Schnurrbart) abrasiert.«

4 Von einem Mann, der wenig auf seine Ehre bedacht ist, sagt man: »Er ist ein Schwarzer.« Die Schwarzen haben keine Ehre und brauchen auch keine zu haben. Sie waren von allen öffentlichen Geschäften ausgeschlossen, und wenn sie auch an gewissen kollektiven Arbeiten teilnehmen konnten, so durften sie in der Versammlung doch nie das Wort ergreifen; an manchen Orten durften sie noch nicht einmal an der Versammlung teilnehmen. Man hätte sich ja mit Schande bedeckt – in den Augen der anderen Stämme –, wenn man die Ansichten eines »Schwarzen« angehört hätte. Von der Dorfgemeinschaft abgesondert oder als Klienten der großen Familien, übten sie als »gemein« bezeichnete Berufe wie Fleischer, Fellhändler oder Wandermusikant aus (*Ait Hichem*).

5 Der *nif* ist seinem Wortsinn nach »die Nase« und bedeutet dann »das Ehrgefühl«, »die Selbstachtung«; in der gleichen Bedeutung sagt man auch *thinzarin* (oder in manchen Gegenden *anzaren*), Plural von *thinzerth*, das Nasenloch, die Nase (vgl. auch Anm. 9).

6 Man sieht hier die gesellschaftliche Funktion der Marabut. Sie sorgen für einen Ausgang, eine »Tür« (*thabburth*), wie die Kabylen sagen, und erlauben es, den Kampf zu beenden, ohne dass sich die eine oder andere Partei mit Schande und Unehre bedeckt. Durch eine Art Unredlichkeit, die zweifellos für die Aufrechterhaltung ihrer Existenz nötig ist, liefert die Gesellschaft zugleich die Imperative der Ehre und die krummen Wege, auf denen man sie umgehen kann, ohne sie, zumindest dem Schein nach, zu übertreten.

7 Ein Greis aus dem Dorf Ain Aghbel, in der Gegend von Collo, gab

uns gelegentlich (im Sommer 1959) eine völlig damit übereinstimmende Beschreibung.

8 »Souvenirs d'un vieux Kabyle« – »Lorsqu'on se battait en Kabylie«, *Bulletin de l'Enseignement des Indigènes de l'Académie d'Alger*, Jan.-Dez. 1934, S. 12 f.

9 Die alten Zauberinnen hatten verschiedene Methoden, um die Eier zu verzaubern, damit sie »jungfräulich« blieben. Um den Zauber zu brechen, stach man eine Nadel in das Ei (vgl. Slimane Rahmani, Le tir à la cible et le *nif* en Kabylie, *Revue Africaine*, Bd. XCIII, 1. und 2. Trimester 1949, S. 126-132). In der Logik des rituellen Systems gehören das Gewehr, der Gewehrschuss (auch die Nadel) zur männlichen Sexualität. Alles deutet darauf hin, dass – wie in zahlreichen anderen Gesellschaften (vgl. zum Beispiel G. Bateson, *Naven*, Stanford U. P. 1936, S. 163) – die Nase (*nif*), Symbol der Virilität, auch ein Phallussymbol ist.

10 G. Marcy, Les vestiges de la parenté maternelle en droit coutumier berbère et le régime des successions touarègues, *Revue Africaine*, Nr. 85, 1941, S. 187-211. Eins der Paradoxa der Kommunikation liegt darin, dass man sie auch dann noch braucht, wenn man die Verweigerung jeglicher Kommunikation mitteilen will, und jede Zivilisation verfügt über eine Symbolik der Nichtkommunikation. Bei den Kabylen besteht diese im Wesentlichen in der Tatsache, jemandem den Rücken zu kehren – im Gegensatz dazu, jemandem Auge in Auge gegenüberzutreten (*qabel*), wie es der Haltung eines Ehrenmannes entspricht – oder sich zu weigern, mit dem anderen zu sprechen (»Sie sprechen nicht miteinander: Sie sind wie Hund und Katze«). Um eine symbolische Aggression oder eine Provokation auszudrücken, sagt man: »Ich pisse auf dich« (*a k bachegh*); »ich pisse dir auf den Weg«. Von dem, der sich nicht um die Ehre seiner Familie kümmert, sagt man: »Er macht sich auf den Hemdzipfel.« Mit noch stärkerer Bedeutung sagt man auch *edfi*, beschmutzen (im eigentlichen Sinne: Kuhmist auf die Knospen der Pflanzen streichen, um sie vor den Tieren zu schützen). Unter Frauen wird die Herausforderung oder Beschimpfung dadurch ausgedrückt, dass man »seinen Rock hochhebt« (*chemmer*).

11 In Djemâa-Saharidj bewahrt man die Erinnerung an eine *thamgarṭ* (Blutrache) in dem Stamm der Ath Khellili (Ath Zellal), die von circa 1931 bis 1945 dauerte. »Und zwar begann die Sache so: Zwei Brüder hatten zwei Brüder einer anderen Familie getötet Um vorzutäuschen, dass sie angegriffen worden seien, hatte einer der beiden Brüder den anderen verletzt. Einer wurde zu acht Jahren Gefängnis, der andere zu etwas weniger verurteilt. Als der zweite aus dem Gefängnis kam (er war der einflussreichste der Familie), drehte er sich bei jedem Schritt um, spähte unaufhörlich nach allen Seiten, war immer auf der Hut. Er wurde von einem gedungenen Mörder niedergeschossen. Ein dritter Bruder, der Soldat war, zerschmetterte einem

Mitglied der anderen Familie mit einem Stein den Kopf. Beide Familien drohten sich gegenseitig auszurotten. Schon waren acht Opfer zu verzeichnen (vier davon wurden erwähnt). Die Marabut wurden beauftragt, alles zu versuchen, um den Konflikt zu schlichten. Sie hatten alles erschöpft, was sie an Beschwichtigungen vorzubringen hatten, und der dritte Bruder, der Soldat, bestand darauf, den Kampf fortzusetzen. Man bat einen Würdenträger aus einem Nachbarstamm, der Kaid gewesen war und allgemein geachtet wurde, um seine Vermittlung. Dieser suchte den Trotzigen auf und redete ihm ins Gewissen: ›Dein Kopf steckt schon im *delu* (Trichter, durch den das Korn auf den Mühlstein fällt); bei der nächsten Gelegenheit wird dein Kopf auf den Mühlstein rutschen.‹ Da hat der junge Mann so etwas wie eine Krise erlebt; er war bereit, mit seinem Kopf zu bezahlen. Er musste feierlich erklären, dass er damit einverstanden war, der gegenseitigen Vernichtung ein Ende zu setzen. Die *fatiha* wurde gebetet. In Gegenwart des ganzen Dorfes wurde ein Ochse geopfert. Der junge Soldat überreichte den Marabut Geld. Und gemeinsam aßen alle den Couscous« (Bericht eines der Protagonisten). Wie man sieht, wird das Eingreifen der Gruppe notwendig, wenn die Untergruppen sich zu vernichten drohen. Da die Logik von Herausforderung und Erwiderung der Herausforderung die unendliche Weiterführung des Konflikts nach sich ziehen würde, ist es wichtig, auf alle Fälle einen ehrenvollen Ausweg zu finden, der keine der beiden Parteien entehrt und der, ohne die Forderungen der Ehre infrage zu stellen, sie der Umstände halber außer Kraft zu setzen erlaubt. Die Aufgabe, beide Parteien zu versöhnen, fiel immer der größeren, die antagonistischen Gruppen einschließenden Gruppe oder aber »neutralen« Gruppen zu, das heißt Fremden oder Marabutfamilien. Solange also die Auseinandersetzung im Rahmen der großen Familie bleibt, bestimmen die Weisen die jeweilige Verhaltensweise und schlichten den Konflikt. Manchmal erlegen sie dem, der ihrem Rat trotzt, eine Geldstrafe auf. Wenn der Konflikt zwischen zwei großen Familien entsteht, versuchen die anderen Familien desselben *adhrum*, ihn zu schlichten. Kurz, die Logik der Versöhnung ist identisch mit der Logik des Konflikts zwischen verschiedenen Teilgruppen der Sippe, deren erstes Prinzip in dem Sprichwort enthalten ist: »Ich hasse meinen Bruder, aber ich hasse den, der ihn hasst.« Wenn eins der beiden Lager aus einer Marabutfamilie stammte, kamen fremde Marabut, um Frieden zu stiften. Die Kriege zwischen den beiden »Parteien« unterlagen der gleichen Logik wie die Rache. Das erklärt sich aus der Tatsache, dass diese ja niemals nur Sache eines Individuums ist, sondern dass der, der die Rache ausübt, immer von der Untergruppe, der er angehört, beauftragt ist. Der Konflikt konnte sich manchmal über mehrere Jahrzehnte hinziehen. »Meine Großmutter erzählte mir«, so berichtet ein Informant aus Djemâa-Saharidj, etwa sechzig Jahre alt, »dass die *ṣuff ufella* (die obere Partei) zweiundzwanzig Jahre außerhalb ihres Dorfes, im Tal von Hamrawa, verbracht hat. In der Tat kam es vor, dass die besiegte *ṣuff* (Partei) mit Frauen und Kindern das Weite suchen musste. Im Allgemeinen war die Opposition zwischen den ›Parteien‹ so starr und streng, dass Heiraten zwischen ihnen unmöglich waren. Manchmal jedoch, um den Frieden zwischen zwei Familien oder zwei ›Parteien‹ zu besiegeln, bekräftigte man das Ende des Kampfes durch eine Heirat zwischen zwei einflussreichen Familien. In diesem Falle war das nicht entehrend. Um nach einem Konflikt den Frieden zu besiegeln, versammelten sich beide ›Parteien‹. Die Oberhäupter der beiden Lager brachten ein wenig Pulver mit; man schüttete es in Schilfrohre, die man austauschte. Dann war *aman*, Frieden.«

12 Vgl. das erste der berichteten Beispiele. »Eine Familie ist verloren«, sagt man, »wenn sie nicht mindestens einen Strolch zu den Ihren zählt.« Da der Ehrenmann sich unmöglich dazu herablassen kann, einem unwürdigen Menschen seine Beschimpfungen zurückzugeben, da er andererseits aber auch nicht vor seinen Beleidigungen sicher ist, vor allem in der Stadt, braucht er schon einen »Strolch«, damit die Sache »unter Strolchen« abgemacht wird.

13 Vgl. das zweite Beispiel.

14 Auch wenn alle in diesem Aufsatz unternommenen Analysen den abendländischen Leser immer wieder auf seine eigene kulturelle Tradition verweisen, dürfen die Unterschiede doch nicht bagatellisiert werden. Darum haben wir uns zur Regel gemacht, es nach Möglichkeit zu vermeiden – außer in Fällen, wo es sich, wie hier, geradezu anbietet –, irgendwelche Vergleiche zu suggerieren, um den Leser nicht zu ethnozentrischen, auf oberflächlichen Analogien beruhenden Identifizierungen zu verleiten.

15 Der Vetter eines allzu nachsichtigen Ehemanns (*radhi*, der Zustimmende, oder *multa'lem*, der, der weiß) sagte eines Tages zu einem anderen: »Was willst du machen, wenn du einen Bruder ohne *nif* hast, du kannst ihm doch keinen *nif* aus Ton ankleben!« Und er fuhr fort: »Wenn mein Vetter ein Krüppel wäre, würde ich ihn selbstverständlich rächen; wenn er kein Geld hätte, würde ich zahlen, um seine Ehre zu rächen. Aber er scheffelt das Geld und pfeift auf seine Ehre. Ich werde doch nicht nach Cayenne (franz. Strafkolonie) gehen oder mich für ihn ruinieren!« (*El Kalaa*). Die Furcht vor der französischen Justiz, die Schwächung des familiären Solidaritätsgefühls und die Berührung mit einem anderen Wertesystem haben dazu beigetragen, dass die Kabylen oft auf ihren traditionellen Ehrenkodex verzichten. In der traditionellen Gesellschaft war die Ehre ungeteilt wie der Grund und Boden. Parallel zu der Tendenz, die Ungeteiltheit des Familienbesitzes zu brechen, wie sie sich seit etwa zwanzig Jahren in immer stärkerem Maße durchsetzt, hat sich auch das Gefühl entwickelt, das die Verteidigung der Ehre als eine rein persönliche Angelegenheit ansieht.

16 Von einem, der säumt, seine Pflicht zu erfüllen, sagt man im Béarn: »Irgendwann wird er es schon tun müssen, der Schande wegen, wenn nicht der Ehre wegen«; anders gesagt: Die Furcht vor Schande wird ihn schon dazu treiben, wenn sein Sinn für Ehre es nicht vermag.
17 Wollte man Phänomene wie die Dialektik von Herausforderung und Erwiderung der Herausforderung und, allgemeiner, den Austausch von Geschenken, Worten oder Frauen auf ihre Kommunikationsfunktion reduzieren – und sei es nur durch die Übertragung von Konzepten und Schemata, die aus der Linguistik oder der Kommunikationstheorie stammen –, so würde man damit die strukturelle Ambivalenz ignorieren, die sie dazu geeignet macht, eine politische Herrschaftsfunktion zu erfüllen, und zwar indem sie und dadurch dass sie ihre Kommunikationsfunktion erfüllen.
18 Da die *ḥurma* unter einem gewissen Aspekt mit dem *ḥaram*, dem objektiven Sakralen, gleichgesetzt werden kann, kann sie aus Versehen verletzt werden. So wurde zum Beispiel gezeigt, dass der Diebstahl in einem bewohnten Haus besonders schwerwiegend ist und Rache verlangt, weil er eine Verletzung der *ḥurma* darstellt; Diebstahl und Betrug auf dem Markt stellen lediglich eine Herausforderung und eine Verletzung des Selbstgefühls für den dar, an dem sie begangen werden. Auch das Dorf hat seine *ḥurma*, die verletzt werden kann, wenn zum Beispiel ein Fremder im Dorf Aufsehen und Anstoß erregt.
19 Oder auch: »*Essar* ist wie das Samenkorn der weißen Rübe.« Dieses Samenkorn ist winzig klein, rund und äußerst labil. *Essar* bezeichnet auch die Grazie einer Frau oder eines jungen Mädchens.
20 Folgendermaßen schildert ein alter Kabyle aus den Aith'idel das Porträt des Ehrenmannes, und zwar so, wie er es von seinem Vater gehört hat (da seine Schilderung in allen Zügen mit dem Porträt übereinstimmt, das mir ein Mann aus dem Stamm der Issers gegeben hat, kann man darauf schließen, dass es sich um eine mythische, exemplarische Persönlichkeit handelt, deren Abenteuer jeweils in den für die Individuen vertrauten Kontext versetzt werden): »Es war einmal ein Mann, der Belcacem oder Aissa hieß und der trotz seiner Armut wegen seiner Weisheit und Tugend geachtet wurde. Seine Ausstrahlungskraft reichte über mehrere Stämme. Jedes Mal, wenn ein Streit oder ein Kampf ausbrach, diente er als Vermittler und schlichtete den Konflikt. Die Ben Ali Cherif, eine große Familie der gleichen Gegend, waren eifersüchtig auf seinen Einfluss und sein Ansehen, und das umso mehr, als er sich weigerte, sich vor ihnen zu beugen. Eines Tages unternahmen die Leute des Stammes den Versuch, die beiden Familien zu versöhnen. Sie luden den Ältesten aus der Familie der Ben Ali Cherif ein, mit Belcacem (oder Aissa) zusammenzutreffen. Als dieser eintrat, sagte der Greis, der schon Platz genommen hatte, ironisch zu ihm: »Was für schöne *arkasen* (Plural von *arkas*, derber Schuh des Landmanns)

du hast!« Belcacem antwortete: »Der Brauch will, dass die Männer den anderen Männern gerade ins Gesicht sehen, nicht auf die Füße. Auf das Gesicht, die Ehre des Mannes, kommt es an.« Auf die Frage von Fremden, wie er seinen Einfluss über die Gegend erworben habe, antwortete Belcacem: »Zuerst habe ich die Achtung meiner Frau erworben, dann die meiner Kinder, dann die meiner Brüder, meiner Verwandten, dann die meines Viertels, meines Dorfes; alles Weitere kam von allein.«

21 Aus dieser Logik heraus versteht man die Missbilligung, die den Junggesellen allgemein trifft. So entspricht der Gleichheit in der Ehre eine Art Gleichheit an Verwundbarkeit der Ehre, die zum Beispiel in der Formel zum Ausdruck kommt, mit der man den Anmaßenden zur Ordnung ruft: »Deine Mutter ist auch nicht mehr wert als meine.« (Diese ironische Formel darf jedoch nicht mit der Beleidigung verwechselt werden: »Meine Mutter ist mehr wert als deine«, das heißt, ich übertreffe dich in allem, denn ich übertreffe dich sogar in diesem Punkt, wo doch sonst eine Frau wie die andere ist.)

22 Diese Zweiteilung, die in der Tat als eine der fundamentalen Kategorien des kabylischen Denkens und insbesondere des mythisch-rituellen Systems erscheint, liefert die Postulate (unreine Natur der Frau zum Beispiel), die dem Wertesystem zur Entwicklung seiner eigenen Logik zugrunde liegen. Wir müssen uns an dieser Stelle damit begnügen, nur diejenigen Bedeutungen zu nennen, deren Kenntnis unentbehrlich ist, um das Wertesystem, dem sie zugrunde liegen, zu verstehen.

23 In einigen Gegenden Großkabyliens zwang die *thajma'th* (Versammlung) früher die Männer des Stammes bei Strafe dazu, ein Gewehr zu kaufen, um in der Lage zu sein, ihre Ehre und die Ehre der Gruppe zu verteidigen. Wer sich trotz der Strafe nicht fügte, wurde geächtet, von allen verachtet und »wie eine Frau« betrachtet.

24 Die Verbindung zwischen *nif* und Virilität ist besonders deutlich in den rituellen Spielen wie zum Beispiel dem Scheibenschießen, das bei der Geburt eines *Knaben*, bei Beschneidungen und Hochzeiten veranstaltet wird (vgl. Anm. 9).

25 Die Schwelle als der Punkt, auf dem sich zwei antagonistische Welten begegnen, ist der Ort zahlreicher Riten und wird völlig von Tabus umgeben. In gewissen Gegenden Kabyliens dürfen nur die Verwandten die Schwelle überschreiten. Auf jeden Fall würde man es nie tun, ohne dazu aufgefordert zu sein. Der Besucher kündigt sich an, indem er ruft (wie in Südfrankreich) oder hustet oder mit den Füßen scharrt. In einigen Gegenden (*El Kseur, Sidi Aich*) ist es Brauch, dass der entfernte Verwandte oder der über die Frauen Verwandte (zum Beispiel der Bruder der Frau) eine symbolische Gabe, »der Blick« (*thizri*) genannt, überreicht, wenn er zum ersten Mal in das Haus eingeführt wird. Auch das Dorf ist ein sakraler Raum: Man betritt es nur zu Fuß.

26 Es wird erzählt, das die Frauen früher allein auf den Markt gingen; aber durch ihre Schwatzhaftigkeit zog sich der Markt bis zum Markttag der nächsten Woche hin. Da rückten die Männer eines Tages mit Stöcken an und setzten den Palavern ihrer Frauen ein Ende ... Man sieht, dass der »Mythos« die heutige Raum- und Arbeitsteilung »erklärt«, indem er die »schlechte Natur« der Frauen geltend macht. Wenn man ausdrücken will, dass die Welt »auf dem Kopf steht«, sagt man: »Die Frauen gehen auf den Markt.«

27 Der Tradition nach gilt das Gebot des Schleiers und strenger Zurückgezogenheit (*laḥdjubia*) nur in einigen Fällen, nämlich im Falle des Scheichs der Dorfmoschee (das Dorf sorgt neben anderen Dienstleistungen für seinen Holzvorrat und den Unterhalt der *thanayamts*, die den Wassertransport für ihn übernimmt), für einige Marabutfamilien, die nicht auf einem *azib* (das heißt in einem kleinen, nur wenige Häuser zählenden Dorf) wohnen, und für einige bedeutende Familien, in denen das Oberhaupt eine der Frauen des Hauses (meist die jüngste seiner Frauen) auszeichnet und sie zur *thanaḥdjabth* macht.

28 Jede Linie bildet, sogar auf dem niedrigsten Niveau, eine virtuelle gesellschaftliche Einheit. Im Konfliktfall definiert sich die politische Organisation der Gruppe neu nach der jeweiligen Stellung, die die betroffenen Individuen in der Genealogie einnehmen. Die gleiche Logik kann also sowohl sehr weite Gruppen versammeln, das heißt alle Nachkommen eines Ahnen der vierten oder fünften Generation oder sogar eines mythischen Ahnen, des Ahnherrn eines Stammes zum Beispiel, wie andererseits auch sehr enge Gruppen, die weitere Familie zum Beispiel oder sogar die Familie im engeren Sinn. Die *thakharrubth* oder der *adhrum* können als Gesamtheit aller Personen definiert werden, die sich untereinander Blutrache schulden, unter denen es aber keine Blutrache gibt, oder die im Konfliktfall in demselben Lager sind.

29 Alles hat den Anschein, als ob die Frau die Ehre der Agnaten nicht wirklich vermehren, sondern nur durch ihr gutes Betragen und ihre Achtbarkeit intakt halten oder aber durch ihr schlechtes Betragen ruinieren könne (*ekkes el'ardh*, den Ruf wegnehmen). Was die Ehre der Gruppe vermehren kann, ist lediglich das Bündnis – durch Heirat – mit den männlichen Verwandten der Frau.

30 Das Tabu der Nacktheit ist absolut, sogar für die sexuellen Beziehungen. Andererseits wurde gezeigt, dass die Entehrung wie eine Entblößung dargestellt wird (»Er hat mich entkleidet, er hat mir meine Kleider ausgezogen, er hat mich entblößt«).

31 Vgl. E. Laoust, *Etude sur le dialecte berbère du Chenoua comparé avec celui des Beni Menacer et des Beni Salah*, Paris 1912, S. 15.

32 »Die Würde des Mädchens«, sagt ein arabisches Sprichwort, »existiert nur dann, wenn sie mit ihrem Vater zusammen ist.«

33 Vgl. A. Picard, *Textes berbères dans le parler des Irjen* (Kabylien, Algerien, Typo-litho 1961), der diese Etymologie übernimmt.

34 Diese Analysen finden ihre Bestätigung in der Tatsache, dass man, je mehr sich der Geldverkehr und, korrelativ dazu, ein gewisser kalkulierender Geist durchsetzt, jenen »Feilschen-Ehrenwettstreit« um das Wittum als eine Schande, als lächerlich empfindet, da man den Austausch, der ja von materiellen Interessen bestimmt wird, nun auch als solchen konstituiert, wobei man die strukturelle Ambiguität des traditionellen Austauschs zerstört.

Das Haus
oder die verkehrte Welt

»Der Mann ist die Lampe, die draußen leuchtet, die Frau ist die Lampe, die drinnen scheint.«

Das Innere des kabylischen Hauses weist die Form eines Rechtecks auf, das eine kleine, durchbrochene, halbhohe Wand in zwei Teile teilt, von denen der kleinere ein Drittel der Länge ausmacht: Der größere, dessen Boden um circa fünfzig Zentimeter aufgeschüttet und mit einem Belag aus schwarzem Ton und Kuhmist bedeckt ist, den die Frauen mit einem flachen Stein blankreiben, wird nur von den Menschen bewohnt, während der schmalere, mit Fliesen bedeckte Teil für die Tiere bestimmt ist. Eine zweiteilige Tür führt zu beiden Räumen. Auf dem Trennmäuerchen stehen an einem Ende die kleinen irdenen Krüge oder die Körbe aus Alfagras, in denen man die zum sofortigen Gebrauch bestimmten Lebensmittel – Feigen, Mehl, Hülsenfrüchte – aufbewahrt, und an dem anderen, zur Tür hin, sind die Wasserkrüge aufgereiht. Über dem Stall befindet sich ein Hängeboden, wo neben Geräten aller Art Stroh und Heu für die Tiere aufgespeichert sind und wo meistens, besonders im Winter, die Frauen und Kinder schlafen.[1] An der Giebelwand, auch »obere Wand« (oder, genauer gesagt, »Seite«) oder »Wand des *kanun*« genannt, ist ein gemauerter Aufbau errichtet, der, mit ausgesparten Nischen und Löchern versehen, dazu dient, Küchengeräte (Kelle, Kessel, flache Pfanne und andere irdene, vom Feuer geschwärzte Gegenstände) aufzubewahren, und der auf beiden Seiten von großen, mit Korn gefüllten Krügen eingerahmt ist; davor befindet sich die Feuerstelle, eine runde, in der Mitte einige

1 Der Ort, der für den Schlaf und den Geschlechtsverkehr bestimmt ist, scheint nicht streng festgelegt zu sein (er befindet sich allerdings immer innerhalb des »dunklen Teils« des Hauses); die ganze Familie kann auf dem Hängeboden schlafen, vor allem im Winter, oder aber nur die alleinstehenden Frauen (Witwen, Geschiedene usw.) und die Kinder, das Lager kann sich an der »Wand der Dunkelheit« befinden oder auch auf dem oberen Teil der Trennmauer für den Mann, während die Frau auf dem unteren Teil der Trennmauer, an der Türseite, schläft und erst im Dunkeln ihren Gatten aufsucht.

Zentimeter tiefe Mulde, um die herum drei große Steine zum Abstellen der Kochgeräte im Dreieck angeordnet sind.[2]

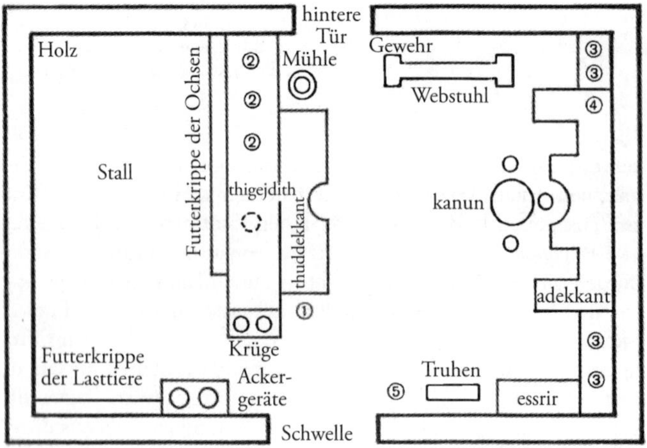

1. Netz für Grünfutter
2. Krüge für Hülsenfrüchte und Feigen
3. Krüge für das Korn
4. Lampe, Geschirr, Sieb
5. großer Krug für den Wasservorrat

2 Alle Beschreibungen des Berberhauses, selbst die, die mit größter Genauigkeit und Planmäßigkeit vorgehen (wie die von R. Maunier, »Le culte domestique en Kabylie« und »Les rites de la construction en Kabylie«, in: *Mélanges de sociologie nord-africaine*, Paris 1930, S. 120-177), oder die, die den größten Reichtum an Aufzeichnungen über die innere Gliederung des Raumes aufweisen (wie die von E. Laoust, *Mots et choses berbères*, Paris 1920, S. 50-53, und *Etudes sur le dialecte berbère du Chenoua*, Paris 1912, S. 12-15, oder die von H. Genevoix, *L'habitation kabyle*, Fort-National, berberischer Dokumentenkatalog Nr. 46, 1955), weisen in ihrer peinlichen Sorgfalt systematische Lücken auf, insbesondere für alles, was die Orts- und Richtungsbestimmungen der Dinge und Betätigungen im Raum angeht, da sie die Gegenstände und Handlungen niemals als Teile eines symbolischen Systems erfassen. Allein das Postulat, dass jedes der beobachteten Phänomene seinen Sinn und seine Notwendigkeit aus seiner Beziehung mit allen anderen Phänomenen erhält, konnte eine Beobachtung und eine Fragestellung ermöglichen, die durch ihre systematische Zielsetzung diejenigen Fakten zutage fördern, die dem nicht theoretisch gewappneten Beobachter entgehen und die ein Beobachter nicht spontan geben kann, weil sie ihm ganz selbstverständlich erscheinen. Dieses Postulat wird in seiner

Vor der Wand, die der Tür gegenüber ist und die meist den gleichen Namen trägt wie die hofseitige Außenwand, das heißt *tasga*[3] oder auch »Wand des Webstuhls« oder »Wand des Gegenüber« (man befindet sich ihr gegenüber, wenn man ins Haus tritt), steht der Webstuhl. Die entgegengesetzte Wand, das heißt die der Tür, heißt »Wand der Dunkelheit«, »Wand des Schlafes«, »Wand des Mädchens«, »Wand des Grabes«;[4] an sie lehnt sich eine Bank, deren Breite eine Schlafmatte aufnehmen kann; unter ihr finden das Kälbchen oder das Festschaf, mitunter auch das Holz oder der Wasserkrug ihren Platz. Kleider, Matten und Decken hängen tagsüber an einem Pflock oder einem Querbalken aus Holz an der »Wand der Dunkelheit« oder liegen unter der Trennbank. Zwischen der »Wand des *kanun*« und dem Stall besteht also ein Gegensatz wie zwischen oben und unten (*adaynin*, Stall, kommt aus dem Wortstamm *ada*, unten), die »Wand des Webstuhls« und die »Wand der Tür« stehen einander gegenüber wie Licht und Finsternis: Man könnte versucht sein, diesen Gegensätzen eine rein technische Erklärung zu unterlegen, denn natürlich ist die »Wand des Webstuhls« die hellste, sie liegt doch der Tür gegenüber, die nach Osten hinausgeht, während andererseits der Stall im Verhältnis zu den anderen Teilen des Hauses tatsächlich tiefer liegt (das kabylische Haus wird meist lotrecht zur Höhenschichtlinie gebaut, um das Abfließen von Jauche und Abwässern zu erleichtern); zahlreiche Anzeichen lassen jedoch darauf schließen, dass diese Gegensätze zugleich den Brennpunkt paralleler Gegensatzgruppen bilden,

Gültigkeit durch die Ergebnisse ebender Forschung bestätigt, die es begründet: Die besondere Stellung, die das Haus innerhalb des Systems der magischen Vorstellungen und rituellen Praktiken einnimmt, rechtfertigt das abstrahierende Vorgehen, durch das wir das Haus zuerst jenem weitläufigeren System entrissen haben, um es als System zu behandeln.

3 Von dieser Ausnahme abgesehen, werden die Wände verschieden bezeichnet, je nachdem, ob sie von außen oder von innen betrachtet werden. Die Außenwände werden von den Männern mit der Kelle verputzt, während das Innere von den Frauen mit der Hand geweißt und ausgeschmückt wird. Dieser Gegensatz zwischen den beiden Ausgangspunkten außen und innen ist, wie wir sehen werden, von grundlegender Bedeutung.

4 Von einem Vater, der viele Töchter hat, sagt man: »Ihn erwarten noch böse Tage«; man sagt auch: »Das junge Mädchen ist die Dämmerung« oder »Das junge Mädchen ist die ›Wand der Dunkelheit‹«.

die niemals allein auf technische Anforderungen und funktionelle Notwendigkeiten zurückzuführen sind.[5]

Der untere, dunkle und nächtliche Teil des Hauses, Ort der feuchten, grünen, rohen Gegenstände – Wasserkrüge auf den Bänken zu beiden Seiten des Stalleingangs oder an der »Wand der Dunkelheit«, Holz, Grünfutter –, Ort der »natürlichen« Lebewesen – Ochsen, Kühe, Esel, Maultiere –, der natürlichen Tätigkeiten – des Schlafes, des Beischlafs, der Niederkunft, Ort auch des Todes –, steht, wie die Natur zur Kultur, im Gegensatz zu dem oberen, lichten, edlen Teil, Ort der Menschen und insbesondere des Gastes, des Feuers und der vom Feuer geschaffenen Gegenstände, der Lampe, der Küchengeräte und des Gewehrs – Symbol des männlichen Ehrgefühls (*ennif*), das die weibliche Ehre (*ḥurma*) beschützt –, des Webstuhls – Symbol jeglichen Schutzes –, Ort auch der beiden eigentlichen kulturellen Tätigkeiten, die im Innenraum des Hauses ausgeübt werden: Kochen und Weben. Diese Gegensatzbeziehungen manifestieren sich durch ein ganzes Gefüge konvergierender Zeichen hindurch und finden in diesen Zeichen ihre Grundlage, geben ihnen aber zugleich ihren vollen Sinn. So lässt man den zu ehrenden Gast vor dem Webstuhl Platz nehmen, wobei das Verb *qabel*, »den Gast ehren«, auch »gegenüberstehen«, »dem Osten zugewandt sein« bedeutet.[6] Wenn man schlecht empfangen

5 Diese Lage des Hauses im geographischen und im gesellschaftlichen Raum sowie seine innere Gliederung gehören zu den »Orten«, wo die symbolische oder gesellschaftliche und die technische Notwendigkeit sich ineinanderfügen. Man könnte sagen, dass gerade in einem Fall wie diesem, wo die Prinzipien einer symbolischen Strukturierung der Welt sich nicht völlig frei anwenden lassen, sondern gewissermaßen äußeren Zwängen Rechnung tragen müssen (den technischen Zwängen zum Beispiel, denen zufolge das Haus lotrecht zur Höhenschichtlinie und nach Osten ausgerichtet gebaut werden muss, oder, in anderen Fällen, den Zwängen der gesellschaftlichen Struktur, der zufolge jedes neue Haus in einem besonderen, durch die genealogischen Zusammenhänge bestimmten Viertel gebaut werden muss), das symbolische System seine spezifische Fähigkeit voll entfaltet, die Größen und Fakten, die ihm von anderen Systemen vorgegeben werden, in der ihm eigenen Logik neu zu interpretieren. Ohne eine äußerst komplexe Diskussion weiterverfolgen zu wollen, möchten wir hier nur andeuten, dass die Abhängigkeit des mythisch-rituellen Systems gegenüber den anderen Systemen nicht in jeder Gesellschaft die gleiche Stärke und die gleiche Form besitzt.

6 Der Gegensatz zwischen dem »offiziellen« Teil (das heißt, wo man Besuch empfängt) und dem privaten, intimen Teil (den man auch im Nomadenzelt findet, wo eine Zeltplane den für die Frauen bestimmten Teil von dem dem Gast offenste-

worden ist, pflegt man zu sagen: »Er hat mich vor seine ›Wand der Dunkelheit‹ gesetzt wie in ein Grab.« Die »Wand der Dunkelheit« wird auch »Wand des Kranken« genannt, und der Ausdruck »die Wand hüten« bedeutet »krank sein« und, im weiteren Sinne, »müßiggehen«: Dort nämlich schlägt man, besonders im Winter, das Lager für den Kranken auf. Der Zusammenhang zwischen dem dunklen Teil des Hauses und dem Tod offenbart sich auch durch die Tatsache, dass man gerade am Stalleingang die Totenwäsche vornimmt.[7] Man pflegt zu sagen, dass der ganz aus Holz bestehende Hängeboden vom Stall getragen wird wie der Leichnam von den Totenträgern, wobei *tha'richth* zugleich den Hängeboden und die Totenbahre bezeichnet. Es wird hiermit klar, dass man einem Gast nicht, ohne ihn zu beleidigen, zumuten kann, auf dem Hängeboden zu schlafen, steht dieser doch im gleichen Gegensatz zur »Wand des Webstuhls« wie die »Wand des Grabes«.

Vor die »Wand des Webstuhls«, der Tür gegenüber, ins volle Tageslicht, setzt man auch die junge Braut am Tage ihrer Hochzeit, oder, besser gesagt, man »stellt sie aus« wie jene bemalten Teller, die an dieser Wand hängen. Die Funktion magischen Schutzes, die dem

henden abtrennt) kommt zum Beispiel in Riten wie diesem zum Ausdruck, die die Zukunft voraussagen: Wenn eine Katze – ein glückbringendes Tier – mit einer Feder oder einem weißen Wollfädchen auf dem Rücken ins Haus kommt und auf die Feuerstelle zugeht, kündigt sie die Ankunft von Gästen an, denen man eine Fleischmahlzeit vorsetzen wird; geht sie auf den Stall zu, so heißt das, dass man, wenn gerade Frühling ist, eine Kuh, wenn man gerade bei der Feldbestellung ist, einen Ochsen kaufen wird.

7 Die Entsprechung zwischen Schlaf und Tod wird ausdrücklich formuliert, indem eine Regel vorschreibt, sich zum Schlaf erst auf die rechte Seite, dann auf die linke Seite zu legen, weil der Tote im Grab auf der rechten Seite liegt. Die Totengesänge stellen das Grab, »das Haus unter der Erde«, wie ein umgekehrtes Haus dar (weiß / dunkel; hoch / niedrig; mit Malereien geschmückt / grob in die Erde gehauen) und benutzen dabei gern homonyme Wörter, die sich auf formal ähnliche Dinge beziehen: »Ich habe Leute gefunden, die ein Grab gruben, / mit der Hacke bearbeiteten sie die Wände, / sie bauten Bänke (*thiddukanin*) in die Wände ein / mit einem Mörtel schlechter als Schlamm«, sagt ein bei der Totenwache gesungenes Lied (vgl. H. Genevoix, *L'habitation kabyle*, S. 27). *Thaddukant* (Plural *thiddukanin*) bezeichnet zugleich die Bank an der Trennmauer, die der gegenübersteht, die die Giebelwand entlangläuft (*addukan*), und die Bank aus Erde, auf der der Kopf des Mannes im Grabe ruht (die kleine Mulde, in die man den Kopf der Frau legt, heißt dagegen *thakwath*, wie die in die Wände des Hauses eingelassenen Nischen, in denen man kleine Gegenstände aufbewahrt).

Webstuhl zukommt, wird deutlich, wenn man weiß, dass die Nabelschnur des kleinen Mädchens hinter dem Webstuhl eingegraben wird und dass man das junge Mädchen, um seine Jungfräulichkeit zu schützen, durch die Kettfäden des Webstuhls schlüpfen lässt, und zwar von der Tür zur »Wand des Webstuhls« hin.[8] Tatsächlich lässt sich das ganze Leben des Mädchens – vom Standpunkt seiner männlichen Verwandten aus gesehen – gewissermaßen in den verschiedenen Stellungen zusammenfassen, die sie nacheinander symbolisch zum Webstuhl einnimmt, jenem Symbol des männlichen Schutzes:[9] Vor ihrer Heirat befindet sie sich hinter dem Webstuhl, in seinem Schatten, unter seinem Schutz, wie sie unter dem Schutz des Vaters und der Brüder steht; an ihrem Hochzeitstag sitzt sie vor dem Webstuhl, mit dem Rücken zu ihm, im vollen Tageslicht; später setzt sie sich dann zum Weben hinter den Webstuhl mit dem Rücken zur »Wand des Lichtes«: Nicht von ungefähr wird der Schwiegersohn der »Schleier der Schande« genannt. Das Ehrgefühl des Mannes stellt ja den einzigen Schutz für die weibliche Ehre dar, oder besser den einzigen »Schutzwall« gegen die Schande, die jede Frau als potentielle Bedrohung in sich trägt (»Die Schande ist das junge Mädchen«).[10]

Der Gegensatz zwischen dem unteren, dunklen Teil und dem oberen Teil entspricht auch dem zwischen männlich und weiblich: Abgesehen davon, dass die Arbeitsteilung zwischen den Geschlechtern (die auf dem gleichen Teilungsprinzip beruht wie die Gliederung des Raumes) der Frau die Verantwortung für die meisten dem dunklen Teil des Hauses zugeordneten Dinge überträgt, das Wasser-, Holz- oder Misttragen zum Beispiel, reproduziert der Gegensatz zwischen oben und unten im Innern des häuslichen

8 Um den magischen Ritus zu vollziehen, der, wie ein Keuschheitsschutz, die Frau für den Geschlechtsverkehr unfähig machen soll, lässt man bei den Arabern die Frau durch die lose gehaltenen Kettfäden des Webstuhls schlüpfen, von außen nach innen, das heißt von der Mitte des Zimmers zur Wand hin, an der die Weberinnen arbeiten; in umgekehrter Richtung ausgeführt, zerstört die Prozedur den magischen Keuschheitsschutz wieder (vgl. W. Marçais, A. Guiga, *Textes arabes de Takrouna*, Paris 1925, S. 395).

9 E. Laoust leitet von der Wurzel *zett* (weben) das Wort *tazettat* ab, das bei den marokkanischen Berbern den Schutz bezeichnet, den man jeder in fremdem Land reisenden Person gewährt, und auch die Entlohnung, die der Beschützer für seinen Schutz erhält (E. Laoust, *Mots et choses berbères*, S. 120).

10 Vgl. weiter oben.

Raumes denjenigen, der sich zwischen drinnen und draußen, zwischen weiblichem Raum – dem Haus und seinem Garten, dem Ort des *ḥaram*, des Sakralen und Verbotenen – und männlichem Raum aufstellen lässt.[11] Der untere Teil des Hauses ist der Ort des intimsten Geheimnisses innerhalb der Welt des Intimen, das heißt alles dessen, was zur Sexualität und Zeugung gehört. Tagsüber, wo sich jede Art von – ausschließlich weiblicher – Betätigung um die Feuerstelle herum abspielt, ist der untere Teil so gut wie leer, nachts dagegen ist er voll, voll von Menschen, voll auch von Tieren, da ja die Ochsen im Unterschied zu den Maultieren und Eseln niemals die Nacht über draußen bleiben, und niemals (wenn man so sagen darf) ist er so voll wie in der Regenzeit, wenn die Männer drinnen schlafen und die Ochsen im Stall gefüttert werden. Hier lässt sich besonders direkt die Beziehung aufzeigen, die die Fruchtbarkeit der Menschen und des Feldes mit dem dunklen Teil des Hauses verbindet, und sie scheint uns ein besonders deutliches Beispiel für die Entsprechung zwischen der Fruchtbarkeit und dem Dunklen, dem Vollen (oder Schwellenden) und dem Feuchten, die wir im gesamten mythisch-rituellen System wiederfinden. So wird das zum Verzehr bestimmte Korn, wie wir gesehen haben, in den großen Tonkrügen an der Giebelwand, zu beiden Seiten der Feuerstelle aufbewahrt – das zur Aussaat bestimmte Korn dagegen im dunklen Teil, in Hammelbälgen oder Truhen am Fuße der »Wand der Dunkelheit«, oder aber in hölzernen Truhen, die unter die Bank neben der halbhohen Trennwand geschoben werden, dort wo die Frau, normalerweise unten am Eingang des Stalles schlafend, ihren Gatten nachts aufsucht. Man muss wissen, dass Geburt immer Wiedergeburt des Ahnen bedeutet, wobei sich der Lebenskreis (den man besser *Generationszyklus* nennen sollte) nach jeder dritten Generation in sich schließt (diese Behauptung kann an dieser Stelle nicht bewiesen werden), um zu verstehen, dass der dunkle Teil des Hauses gleichzeitig und widerspruchslos Ort des Todes und Ort der Zeugung oder der Geburt als Auferstehung sein kann.[12]

11 Bei seinem ersten Eintritt in den Stall wird das neue Ochsengespann von der Hausfrau empfangen und geführt.

12 Der Bau eines Hauses, der immer dann stattfindet, wenn ein Sohn heiratet, und der die Geburt einer neuen Familie symbolisiert, ist wie die Heirat im Mai verboten. Das Tragen der Balken (die, wie später gezeigt wird, mit dem Hausherrn gleichgesetzt werden) heißt *tha'richth*, wie der Hängeboden und wie die Bahre,

Mehr noch: Eben in der Mitte der Trennwand, genau zwischen dem »Haus der Menschen« und dem »Haus der Tiere«, befindet sich der Mittelpfeiler, der den Hauptbalken und den ganzen Dachstuhl des Hauses trägt. Nun wird der Hauptbalken, der die Giebel miteinander verbindet und seinen Schutz von dem männlichen Teil des Hauses auf den weiblichen ausdehnt (*asalas alemmas* ist ein männlicher Begriff), ausdrücklich mit dem Hausherrn identifiziert, während der Mittelpfeiler, ein sich nach oben hin gabelnder Baumstamm (*thigejdith* ist ein weiblicher Begriff), auf dem der Hauptbalken ruht, mit der Gattin gleichgesetzt wird (die Beni Khellili nennen ihn *Mas'uda*, das ist ein weiblicher Vorname, der »die Glückliche« bedeutet), das Ineinanderruhen der beiden verkörpert die Paarung (die auf den Wandmalereien, wie die Vereinigung von Balken und Pfeiler, durch zwei übereinanderliegende Gabeln dargestellt wird).[13] Der Hauptbalken, der das Dach trägt, wird mit dem Beschützer der Familienehre gleichgesetzt; oft ehrt man ihn mit Opfergaben, und um ihn windet sich, in Höhe der Feuerstelle, die Schlange, die »Hüterin« des Hauses: Sie ist das Symbol der männlichen Zeugungskraft ebenso wie das des Todes, auf den die Auferstehung folgt, und man findet sie mitunter (in der Gegend von Collo zum Beispiel) auf den von den Frauen getöpferten irdenen Krügen, die das Saatkorn enthalten. Man sagt auch, dass die Schlange bisweilen ins Haus hinabsteigt, in den Schoß der Unfruchtbaren, die sie Mutter nennt, oder dass sie sich um den Mittelpfeiler windet und sich, jedes Mal wenn die Mut-

auf der man den Toten trägt oder das verletzte Tier, um es weit vom Hause entfernt zu töten, und ist Anlass zu einer gesellschaftlichen Zeremonie, die in ihrer Bedeutung der des Begräbnisses völlig gleicht. Durch ihren unbedingt zwingenden Charakter, durch ihre feierliche Form und durch die Anzahl von Mitgliedern der Gruppe, die sie beansprucht, kann diese kollektive Arbeit (*thiwizi*) nur mit dem Begräbnis angemessen verglichen werden: Die Männer begeben sich an den Ort, wo die Stämme gefällt werden, nachdem vom Turm der Moschee herab der Ruf dazu ertönt ist, ganz wie beim Begräbnis. Von der Beteiligung am Balkentragen als einem religiösen Akt, den man immer ohne Gegenleistung ausführt, erwartet man sich ebenso viel *ḥassana* (Verdienst) wie von der Beteiligung an den mit dem Begräbnis verbundenen kollektiven Handlungen (das Grab graben, Steinplatten hauen oder herbeischaffen, den Sarg tragen helfen oder am Begräbnis teilnehmen).

13 M. Dewulder, Peintures murales et pratiques dans la tribu des Ouadhias, *Revue africaine*, 1914, S. 14 f.

ter ihr Kind gestillt hat, um eine Windung verlängert.[14] In Darna, so berichtet René Maunier, befestigt die unfruchtbare Frau ihren Gürtel an dem Hauptbalken; an den Hauptbalken hängt man auch die Vorhaut des beschnittenen Knaben und den Schilfhalm, der zur Beschneidung gedient hat; wenn man diesen Balken knarren hört, sagt man eilig: »Möge es zum Guten gereichen«, denn solch ein Knarren sagt den Tod des Familienoberhauptes voraus. Bei der Geburt eines Knaben spricht man den Wunsch aus, »er möge der Hauptbalken des Hauses werden«, und wenn er sein erstes rituelles Fasten beendet hat, nimmt er die erste Mahlzeit auf dem Dach, das heißt auf dem Hauptbalken, ein (damit er auch Balken tragen könne, sagt man).

Zahlreiche Rätsel und Sprichwörter setzen ausdrücklich die Frau mit dem Mittelpfeiler gleich: »Die Frau ist der Mittelpfeiler.« Der jungen Braut sagt man: »Gott mache dich zum festen Pfeiler in der Mitte des Hauses.« Ein Rätsel sagt: »Sie steht und hat doch keine Füße.« Nach oben geöffnet und nicht auf den Füßen stehend, ist diese Gabel die weibliche Natur, fruchtbar oder, besser gesagt, der Befruchtung geöffnet.[15] Gegen diesen Mittelpfeiler werden die mit Korn gefüllten Hammelbälge (*hiji*) gelehnt, hier wird auch die Ehe vollzogen.[16] So fasst die Vereinigung von *asalas* und *thigejdith*, ihren

14 Am Tage des *tharurith wazal* (8. April des julianischen Kalenders), dem entscheidenden Wendepunkt im Agrarjahr zwischen Trocken- und Regenzeit, macht sich der Hirte sehr früh am Morgen auf, um Wasser zu schöpfen, und besprengt damit den Hauptbalken; bei der Kornernte wird die letzte Garbe (oder eine doppelte Ähre) nach besonderem Ritus zugeschnitten und für das ganze Jahr am Hauptbalken aufgehängt.

15 Von der Jungvermählten, die sich gut im neuen Haus einlebt, sagt man *tha'mmar*, das heißt, neben anderen Bedeutungen, »sie ist voll«, »sie füllt an«.

16 Bei den Berbern des Aurès-Gebirges wird die Ehe immer am Montag, Donnerstag oder Sonnabend, das heißt an den Glückstagen, vollzogen. Am Vorabend sind die jungen Mädchen von der Seite des Bräutigams damit beschäftigt, sechs Hammelbälge (*hiji*), rot, grün, gelb und lila (die Braut darstellend), und einen siebenten, weißen (den Bräutigam), alle mit Korn gefüllt, am Hauptpfeiler aufzuschichten. Am Fuße der *hiji* streut eine Alte Salz aus, um die bösen Geister zu vertreiben, pickt eine Nadel in den Boden, die die Männlichkeit des Bräutigams steigern soll, und legt eine nach Osten ausgerichtete Matte auf den Boden, die eine Woche lang das Lager der Jungvermählten sein wird. Die Frauen aus der Verwandtschaft des Bräutigams besprengen *hiji* mit duftenden Essenzen, während seine Mutter, wie das auch bei der Feldbestellung üblich ist, einen Dattelregen für die Kinder ausstreut, die sich darum raufen. Am nächsten Tag wird

befruchtenden Schutz auf jede menschliche Ehe ausdehnend, die Symbolik des Hauses in sich und ist gewissermaßen die Ur-Hochzeit, die Hochzeit der Ahnen, die wiederum, wie das Pflügen, die Hochzeit zwischen Himmel und Erde ist. »Die Frau ist das Fundament, der Mann der Hauptbalken«, sagt ein anderes Sprichwort. *Asalas*, den ein Rätsel als »in der Erde geboren und im Himmel begraben« definiert, befruchtet *thigejdith*, die in die Erde gepflanzt ist, in den Ort der Ahnen also, der Herren über die Fruchtbarkeit, und die sich dem Himmel öffnet.[17]

So ist der Raum des Hauses nach einem Gefüge homologer Gegensätze aufgebaut: Feuer : Wasser :: gekocht : roh :: oben : unten :: Licht : Schatten :: Tag : Nacht :: männlich : weiblich :: *nif* : *ḥurma* :: befruchtend : zur Befruchtung bereit :: Kultur : Natur. Tatsächlich aber bestehen dieselben Gegensätze zwischen dem Haus als Ganzem und der übrigen Welt. Betrachtet man es in seiner Beziehung zur Außenwelt, der eigentlich männlichen Welt des öffentlichen Lebens und Ackerbaus, so ist das Haus als Lebensbereich der Frauen, als Welt des Intimen und des Geheimen, *ḥaram*, das heißt zugleich heilig und verboten für jeden Mann, der nicht zu ihr gehört (daher kommt der in den Eidesleistungen gebrauchte Ausdruck »Meine Frau – oder mein Haus – möge mir untersagt werden – *ḥaram* –, wenn ...). Als Ort des linken Sakralen, der *ḥurma*, an die alle mit dem dunklen Teil des Hauses verbundenen Eigenschaften geknüpft sind, steht das Haus unter der Obhut des männlichen Ehrgefühls (*nif*), wie der dunkle Teil des Hauses unter dem Schutz des Hauptbalkens steht. Jede Verletzung des sakralen Raumes nimmt infolgedessen die soziale Bedeutung eines Frevels an. So wird der Diebstahl in einem bewohnten Haus in dem überlieferten Rechtskodex als ein schweres Vergehen behandelt, bedeutet er doch eine Beleidigung für den *nif* des Familienoberhauptes und eine Verletzung der *ḥurma* des Hauses und daher der ganzen Gemeinschaft.[18]

die Braut von einem nahen Angehörigen des Bräutigams an die *hiji* getragen, an deren Fuß die Mutter erneut Mehl, Datteln, Weizenkörner, Zucker und Honig ausstreut.

17 In manchen Gegenden wird die Pflugschar in die Gabelung des Hauptpfeilers gehängt, und zwar mit der Spitze zur Tür.

18 So ist bekannt, dass der Gast der Hausfrau eine Geldsumme übergibt, »der Blick« genannt, und zwar nicht nur, wenn er zum ersten Mal in einem Haus

Die Behauptung, dass die Frau im Hause eingeschlossen sei, ist nur dann begründet, wenn man zugleich feststellt, dass der Mann, wenigstens tagsüber, vom Hause ausgeschlossen ist.[19] Gleich nach Sonnenaufgang muss er sich im Sommer auf dem Feld oder im Versammlungshaus aufhalten und im Winter, wenn nicht auf dem Feld, so in der Versammlung oder auf den Bänken im Schutze des Vordachs, das über der Eingangstür des Hofes angebracht ist. Selbst nachts, wenigstens während der Trockenzeit, schlafen die Männer, sowie die Knaben vom Tag ihrer Beschneidung an, im Freien, entweder neben den Mahlsteinen auf der Tenne, bei Esel und Maultier, die an den Füßen zusammengebunden sind, oder auf dem Lattenboden, wo die Feigen trocknen, oder aber mitten auf dem Feld und seltener in der *thajma'th*.[20] Wer tagsüber zu oft und zu lange zu Hause bleibt, macht sich verdächtig oder lächerlich: Er ist »der Mann im Hause«, wie man den Störenfried nennt, der unter den Frauen bleibt und »zu Hause brütet wie die Glucke im Nest«. Der Mann, der auf sich hält, muss sich zeigen, sich ständig dem Blick der anderen stellen, ihnen die Stirn bieten, ihnen gegenübertreten (*qabel*). Er ist Mann unter Männern (*argaz yer irgazen*).[21] Daher auch kommt allen »Ehrenspielen« große Bedeutung zu, das heißt den Handlungen, bei denen die Ehre im Spiel ist und die gewissermaßen eine theatralische Leistung darstellen, ausgeführt vor den anderen, den Zuschauern, die als Kenner mit dem Text und allen Formen der Gestik vertraut sind und die kleinsten Varianten ein- oder abzuschätzen wissen. Man versteht, dass alle biologischen

eingeladen ist, sondern auch, wenn er am dritten Tag der Hochzeitsfeier der Familie der Braut einen Besuch abstattet.

19 Um anzudeuten, dass die Männer nicht viel von dem wissen, was im Hause vor sich geht, sagen die Frauen: »O du armer, unglücklicher Mann, den ganzen Tag auf dem Feld wie das Maultier auf der Weide.«

20 Die Dualität im Lebensrhythmus, die mit der Trennung des Jahres in Trockenzeit und Regenzeit verbunden ist, äußert sich unter anderem im häuslichen Bereich; so wandelt sich der Gegensatz zwischen unterem und oberem Teil des Hauses im Sommer ab in einen Gegensatz zwischen dem Haus im engen Sinne, in das sich Frauen und Kinder zum Schlaf zurückziehen und in dem man die Vorräte aufbewahrt, und dem Hof, in dem man die Feuerstelle und die Handmühle aufbaut, wo man die Mahlzeiten einnimmt und sich bei Festen und Feiern aufhält.

21 Unter Männern müssen Beziehungen draußen angeknüpft werden: »Die Freunde sind die Freunde von draußen, nicht die des *kanun*.«

Betätigungen: Essen, Schlaf, Zeugung, aus dem eigentlich kulturellen Kreis verbannt und in die Geborgenheit des Intimen und der Naturgeheimnisse zurückverwiesen werden, das heißt in das Haus,[22] in die Welt der Frau, die als Verwalterin der Natur vom öffentlichen Leben ausgeschlossen ist. Im Gegensatz zu der draußen ausgeführten Arbeit des Mannes ist die Arbeit der Frau dazu bestimmt, dunkel und verborgen zu bleiben (»Gott versteckt ihre Arbeit«, heißt es): »Drinnen ist sie ohne Rast, sie tummelt sich wie die Fliege in der Molke; draußen (droben) aber ist nichts von ihrer Arbeit zu sehen.« Zwei sehr ähnliche Sprichwörter definieren die Lage der Frau, für die es keinen anderen Aufenthaltsort geben kann als das überirdische Grab des Hauses und das unterirdische Haus des Grabes: »Dein Haus ist dein Grab«; »Die Frau hat nur zwei Wohnstätten: das Haus und das Grab.«

Der Gegensatz zwischen dem Haus und der Männerversammlung, zwischen Privatleben und öffentlichem Leben oder, wenn man so will, zwischen dem vollen Tageslicht und dem Geheimnis der Nacht deckt sich sehr genau mit dem Gegensatz zwischen dem unteren, dunklen und nächtlichen Teil des Hauses und dem oberen, edlen und lichten Teil.[23] Der Gegensatz, der sich zwischen der Außenwelt und dem Haus aufstellen lässt, erhält seine volle Bedeutung erst dann, wenn man sich klarmacht, dass eins der Glieder dieser Beziehung, nämlich das Haus, selbst noch nach denselben Prinzipien geteilt ist, die es zu dem anderen Glied in Gegensatz stellen. Es ist also zugleich richtig und falsch, wenn man sagt, dass die Außenwelt zum Haus den gleichen Gegensatz bildet wie männlich zu weiblich, Tag zu Nacht, Feuer zu Wasser usw., da ja das zweite Glied dieser Gegensatzpaare sich jedes Mal in sich selbst und sein Gegenteil aufteilt.[24]

22 »Das Huhn«, sagt man, »legt seine Eier nicht auf dem Markt.«

23 Der Gegensatz zwischen dem Haus und der *thajma'th* tritt deutlich im unterschiedlichen Grundriss der beiden Gebäude zutage: Die Öffnung des Hauses stellt die Haupttür an der Vorderseite dar, das Versammlungshaus dagegen hat die Form eines langen überdachten Ganges, dessen beide Giebelwände völlig offen sind und den man so von einem Ende zum andern durchschreiten kann.

24 Diese Struktur ist in anderen Bereichen des mythisch-rituellen Systems wiederzufinden; so zerfällt ein Tagesablauf (24 Stunden) in Tag und Nacht, aber der Tag zerfällt wiederum in einen »Tages-Tages«-Teil (den Morgen) und einen »Tages-Nacht«-Teil (den Abend); ebenso zerfällt der Jahresablauf in Trockenzeit und Regenzeit, wobei die Trockenzeit in einen »Trocken-Trocken«-Teil und ei-

Kurz, der augenfälligste Gegensatz: männlich (oder Tag, Feuer usw.) / weiblich (oder Nacht, Wasser usw.) kann leicht den Gegensatz: männlich / [weiblich-männlich / weiblich-weiblich] verdecken, und damit auch die Homologie männlich / weiblich :: weiblich-männlich / weiblich-weiblich. Hieraus ersieht man, dass der erste Gegensatz nichts anderes ist als eine Transformation des zweiten, die einen Wechsel des Bezugssystems voraussetzt; demzufolge betrachtet man nicht mehr den Gegensatz: weiblich-weiblich / weiblich-männlich, sondern stellt ihn als Ganzes in Gegensatz zu einem dritten Glied: weiblich-männlich / weiblich-weiblich → weiblich (= weiblich-männlich + weiblich-weiblich) / männlich.

Als Mikrokosmos, der nach denselben Gegensätzen und denselben Homologien aufgebaut ist wie die, die für das ganze Universum gelten, unterhält das Haus eine Homologbeziehung mit dem übrigen Universum; aber von einem anderen Standpunkt aus gesehen steht die Welt des Hauses als Ganzes zur übrigen Welt in einer Gegensatzbeziehung, deren Prinzipien ebenjene sind, die sowohl den Innenraum des Hauses als auch die übrige Welt und überhaupt alle Lebensbereiche gliedern. So beruht der Gegensatz zwischen der Welt des weiblichen Lebens und der Welt des öffentlichen Lebens der Männer auf denselben Prinzipien wie die beiden Gegensatzsysteme, die er einander gegenüberstellt. Die Anwendung auf einander entgegengesetzte Bereiche dieses *principium divisionis*, das ja gerade ihren Gegensatz bildet, stellt folgerichtig die sparsamste Lösung dar, und sie garantiert gleichzeitig auch eine größere Kohärenz des Systems, ohne dagegen ein Verschwimmen dieser Bereiche nach sich zu ziehen. Eine Struktur wie diese: a : b :: b1 : b2 ist zweifellos eine der einfachsten und zugleich machtvollsten, deren sich ein mythisch-rituelles System bedienen kann, da sie ja nicht entgegensetzen kann, ohne gleichzeitig zu einen, wobei sie in eine einzige Ordnung eine unbegrenzte Anzahl bekannter Größen zu integrieren imstande ist, und zwar durch die einfache, unendlich wiederholbare Anwendung des gleichen Teilungsprinzips. Daraus folgt weiterhin, dass jeder der beiden Teile des Hauses (und damit auch alle Gegenstände, die sich darin befinden, und alle Betäti-

nen »Trocken-Regen«-Teil zerfällt. Zu untersuchen wäre ebenfalls die Beziehung zwischen dieser Struktur und der, die der politisch-gesellschaftlichen Ordnung zugrunde liegt und die in dem Sprichwort zum Ausdruck kommt: »Mein Bruder ist mein Feind, der Feind meines Bruders ist mein Feind.«

gungen, die darin ausgeführt werden) in gewissem Sinne auf zwei Ebenen eingestuft wird, und zwar erstens als weiblich, insofern er an der Welt des Hauses teilhat, und zweitens als weiblich oder männlich, je nachdem, ob er dem einen oder dem anderen Teilungsbereich dieser Welt angehört. Wenn zum Beispiel das Sprichwort sagt: »Der Mann ist die Lampe, die draußen leuchtet, die Frau ist die Lampe, die drinnen scheint«, so muss man verstehen, dass der Mann das wahre Licht, das Licht des Tages ist, die Frau aber das Licht der Dunkelheit, die dunkle Helle; und andererseits, dass die Frau sich zum Mond verhält wie der Mann zur Sonne. Ebenso stellt die Frau durch die Be- und Verarbeitung der Wolle den segensvollen Schutz des Gewebes her, dessen Weiß ein Symbol des Glücks ist;[25] gegen Osten aufgestellt wie der Pflug, der eine entsprechende Rolle einnimmt, ist der Webstuhl, als *das* Werkzeug der weiblichen Betätigung schlechthin, gleichzeitig der Osten des Innenraums, trägt also innerhalb des Haussystems einen männlichen Wert, nämlich als Symbol des Schutzes. Ebenso ist auch die Feuerstelle Nabel des Hauses (dieses wird wiederum mit dem Schoße der Mutter identifiziert), wo die Glut, das heimliche, versteckte, weibliche Feuer, schwelt, der Bereich der Frau, die mit gänzlicher Verfügungsgewalt über alles, was die Küche und die Verwaltung der Vorräte angeht, ausgestattet ist;[26] neben der Feuerstelle nimmt sie auch ihre Mahlzeiten ein, während der Mann, nach draußen gewendet, in der Mitte des Raums oder im Hof isst. Dennoch ziehen die Feuerstelle und die sie begrenzenden Steine in allen Riten, an denen sie beteiligt sind, ihre magische Wirksamkeit – vor dem bösen Blick oder vor Krankheit zu schützen, schönes Wetter herbeizuführen – aus ihrer Zugehörigkeit zu dem Bereich des Feuers, des Trockenen und der Sonnenwärme.[27] Das Haus selbst besitzt

25 »Die weißen Tage« bezeichnen die glücklichen Tage. Funktion der Hochzeitsriten ist es unter anderem, die Frau »weiß zu machen« (durch Bespritzen mit Milch usw.).

26 Daher die doppeldeutige Stellung des Schmiedes und der von ihm hergestellten Geräte: Meister des – männlichen – Feuers, ist er andererseits der Mann, der wie die Frau den ganzen Tag drinnen zubringt.

27 Die Feuerstelle als Stätte einer gewissen Anzahl von Riten und als Gegenstand von Verboten wird durch diese zum Gegensatz des dunklen Teils des Hauses. Es ist zum Beispiel verboten, nachts die Asche zu berühren, ins Feuer zu spucken, Wasser tropfen zu lassen oder Tränen zu vergießen (siehe Maunier, »Le culte domestique en Kabylie« und »Les rites de la construction en Kabylie«). Ebenso

eine zweifache Bedeutung: Es unterhält zwar zur öffentlichen Welt denselben Gegensatz wie die Natur zur Kultur, doch ist es unter einem anderen Blickwinkel gesehen auch Kultur; sagt man nicht vom Schakal, der die wilde Natur verkörpert, dass er kein Haus baue?

Das Haus und, im weiteren Sinne, das Dorf,[28] das volle Land (*la'mmara* oder *thamurth i'amaran*), das bewohnte Dorfgebiet, stehen in gewisser Hinsicht in Gegensatz zu den menschenleeren Feldern, dem *lakhla*, das heißt dem leeren und unfruchtbaren Raum; so glaubten, berichtet Maunier, die Einwohner von Taddertel-Djeddid, dass eine Familie Gefahr läuft auszusterben, wenn sie sich außerhalb des Dorfgebietes niederlässt; diesen Glauben findet man andernorts wieder, und nur der Garten, auch wenn er weit vom Haus entfernt ist (*thabḥirth*), der Obstgarten (*thamazirth*) und das Gestell, auf dem die Feigen trocknen (*ṭarḥa*), bilden eine Ausnahme als Orte, die gewissermaßen am Dorf und an dessen Fruchtbarkeit teilhaben. Dieser Gegensatz jedoch schließt die Entsprechung zwischen Fruchtbarkeit der Menschen und Fruchtbarkeit des Ackers nicht aus, stammen doch beide aus der Vereinigung des männlichen Prinzips mit dem weiblichen, des Sonnenfeuers mit der Feuchtigkeit der Erde. Diese Entsprechung ist es dann auch, die den meisten Fruchtbarkeitsriten für die Menschen und für die Erde zugrunde liegt: Sie gilt zunächst für die Küche, die streng den Gegensätzen, auf denen das Agrarjahr beruht, und damit dem Rhythmus des Agrarkalenders gehorcht, aber auch für die Erneuerungsriten für die Feuerstelle und die Steine (*iniyen*), die den Übergang von der Trockenzeit zur Regenzeit oder den Jahreswechsel begleiten, und, noch allgemeiner gesprochen, für alle Riten, die

bedient man sich bei den Riten, die einen Wetterumschlag herbeiführen sollen und auf dem Prinzip der Verkehrung beruhen, des Gegensatzes zwischen trockenem und feuchtem Teil des Hauses; so legt man zum Beispiel einen Kamm zum Zusammendrücken der Wolle (das ist ein vom Feuer hergestellter und mit dem Weben verbundener Gegenstand) und ein glühendes Holzscheit die Nacht über auf die Schwelle, um den Übergang vom Feuchten zum Trockenen zu bewirken; im umgekehrten Fall, wenn es sich um den Übergang vom Trockenen zum Feuchten handelt, legt man den oben erwähnten Kamm und einen Krempelkamm die Nacht über auf die Schwelle und benetzt sie mit Wasser.

28 Auch das Dorf hat seine *ḥurma*, die jeder Besucher achten muss. So wie man die Schuhe auszieht, wenn man ein Haus, eine Moschee, eine Tenne betritt, so muss man vom Pferd absitzen, wenn man in ein Dorf kommt.

innerhalb des Hauses ausgeführt werden, wobei das Haus eine Art Miniaturbild des Topokosmos darstellt: Wenn die Frauen an den eigentlichen Agrarriten beteiligt sind, so ist es wiederum die Entsprechung zwischen Fruchtbarkeit des Bodens und menschlicher Fruchtbarkeit, als Modell der Fruchtbarkeit überhaupt, die ihre rituellen Handlungen begründet und ihnen ihre magische Wirksamkeit verleiht. Unzählig sind die im Hause ausgeführten Riten, die nur den Schein des häuslichen Ritus tragen, in denen tatsächlich aber beides, Fruchtbarkeit des Feldes und Fruchtbarkeit des Hauses, unlöslich miteinander verbunden ist. So muss das Haus voll sein, damit das Feld voll werde, und die Frau trägt zum Gedeihen des Feldes bei, indem sie unter anderem die Güter, die der Mann produziert, anhäuft, spart und aufbewahrt und damit gewissermaßen alles Gut, was nur ins Haus hineingeht, darin festhält. »Der Mann«, sagt man, »ist wie die Rinne, die Frau ist wie das Becken«, er schafft herbei, sie hält und bewahrt. Der Mann ist »der Haken, an dem die Körbe hängen«, der Versorger, wie der Käfer, die Spinne oder die Biene. Was der Mann herbeigeschafft hat, ordnet, schützt und spart die Frau. Die Frau sagt: »Verwalte dein Gut wie ein brennendes Scheit. Heute ist ein Tag, aber denk an morgen, denk an das Grab; Gott vergibt dem, der übrig lässt, aber nicht dem, der alles aufzehrt.« So sagt man auch: »Besser eine sparsame Frau als ein Ochsengespann beim Pflügen.« Wie das »volle Land« sich von dem »leeren Raum« (*lakhla*) abhebt, so hebt sich »die Fülle des Hauses« (*la'mmara ukham*), das heißt meist die sparende und anhäufende »Alte«, von der »Leere des Hauses« (*lakhla ukham*), das heißt meist von der Schwiegertochter, ab.[29] Im Sommer muss die Haustür den ganzen Tag offen bleiben, damit das befruchtende Licht der Sonne und mit ihm das Gedeihen eindringen kann. Die geschlossene Tür bedeutet Hungersnot und Unfruchtbarkeit; sich auf die Schwelle setzen bedeutet, dem Glück und der Fülle den Weg versperren. Will man jemandem Glück und Wohlstand wünschen, so sagt man: »Möge deine Tür offen bleiben«, oder: »Möge dein Haus offen stehen wie eine Moschee.« Von dem reichen und freigebigen

29 *'Ammar*, das ist, wenn es sich um eine Frau handelt, sparsam und tüchtig im Haushalt sein, es heißt auch, eine Familie gründen und »voll sein«. Im Gegensatz zu *'ammar* steht der, den man *ikhla* nennt, der verschwenderische, aber auch unfruchtbare, einsame Mann, oder *enger*, ledig und unfruchtbar, das heißt in gewissem Sinne wild, wie der Schakal unfähig, einen Haushalt zu gründen.

Mann sagt man: »Sein Haus ist wie eine Moschee, es steht allen, Armen und Reichen, offen, es ist aus Fladen und Couscous, es ist voll« (*tha'mmar*); Freigebigkeit ist Ausdruck des Wohlstands, sichert aber gleichzeitig den Wohlstand.[30] Den meisten technischen und rituellen Tätigkeiten, die in den Bereich der Frau gehören, liegt objektiv das Ziel zugrunde, aus dem Haus das Sammelbecken für den Wohlstand zu machen, der ihm von außen zufällt (nach dem Beispiel von *thigejdith*, die sich *asalas alemmas* wie eine Gabel öffnet), oder es zum Schoße zu machen, der, der Erde gleich, den Samen empfängt, den das männliche Element in ihn senkt – umgekehrt aber dem Wirken aller zentrifugalen Kräfte entgegenzuarbeiten, die das Haus um den ihm anvertrauten Schatz bringen könnten. So ist es zum Beispiel verboten, am Tag der Geburt eines Kindes oder eines Kälbchens oder auch in den ersten Tagen der Feldbestellung jemandem Feuer zu geben;[31] am Ende des Korndreschens lässt man nichts aus dem Hause, und die Frau holt alle ausgeliehenen Gegenstände wieder zurück; nach dem Kalben darf drei Tage lang keine Milch aus dem Haus; die Braut darf vor dem siebenten Tag nach der Hochzeit die Schwelle nicht überschreiten; die Wöchnerin darf vor dem vierzigsten Tag nach der Entbindung das Haus nicht verlassen; der Säugling darf vor Aïd Seghir (Fest, das das Ende der Fastenzeit feiert) nicht nach draußen; die Handmühle darf nicht verliehen werden, und sie leerstehen lassen heißt das Haus mit Hungersnot bedrohen; ein Gewebe darf nicht aus dem Haus, bevor es fertig ist; so wie man während der ersten vier Tage der Feldbestellung kein Feuer leihen darf, darf man auch nicht fegen, weil das einen Akt des Ausstoßens bedeuten würde; der »Ausgang« des Toten wird »erleichtert«, damit er nicht den Wohlstand mit sich davontrage;[32] der »erste Ausgang«, zum Beispiel der der

30 Hier wird wiederum deutlich, dass das moralische Wertesystem seine grundlegenden Prinzipien aus dem mythisch-rituellen System zieht.

31 Umgekehrt aber bedeutet das Hereinbringen der neuen Steine für die Feuerstelle an bestimmten Einweihungstagen Fülle, Hereintragen des Guten in das Haus; so werden die Vorzeichen, die an diesen Tagen auftreten können, als Zeichen von Gedeihen und Fruchtbarkeit ausgelegt: Findet man einen weißen Wurm unter einem der Steine, kündet das eine Geburt für das gleiche Jahr an; ein grüner Grashalm bedeutet eine gute Ernte; Ameisen eine vergrößerte Herde; ein Käfer neue Vieherwerbungen.

32 Um jemanden zu trösten, sagt man: »Er hinterlässt euch ja die *baraka*« (göttliche Gunst, die dem Menschen Glück bringt), wenn es sich um einen Erwachsenen

Kuh vier Tage nach dem Kalben oder der der Molke, wird von Opferhandlungen begleitet.[33] Die »Leere« kann durch einen Akt des Ausstoßens hervorgerufen werden; sie kann aber auch mit gewissen Gegenständen ins Haus eindringen, so zum Beispiel mit dem Pflug, der zur Zeit der Feldbestellung abends nicht ins Haus zurückgebracht werden darf, oder mit den Schuhen des Pflügenden (*arkassen*), Gegenständen also, zu denen eine Assoziation mit *lakhla*, dem leeren Raum, besteht, oder auch mit gewissen Personen, wie alten Weibern, weil diese Trägerinnen der Unfruchtbarkeit sind (*lakhla*); ihretwegen musste so manches Haus verkauft werden oder wurde von Dieben heimgesucht. Dagegen zielen viele rituelle Handlungen darauf ab, das Haus zu »füllen«: So wirft man zum Beispiel bei der Grundsteinlegung, nachdem man das Blut eines Tieres auf den ersten Stein gegossen hat, auch die Scherben einer Hochzeitslampe darauf (deren Form den Akt der Paarung darstellt und die in den meisten Fruchtbarkeitsriten eine Rolle spielt), oder man setzt die Braut bei ihrem ersten Eintritt in das Haus auf einen mit Korn gefüllten Schafsbalg. Jeder erste Eintritt in das Haus bedeutet eine Bedrohung für die Fülle des Innenraums, die durch die Riten der Schwellenüberschreitung, sühnend und vorbeugend zugleich, gebannt werden soll: Ein neues Ochsengespann wird von der Hausherrin (*thamgarth ukham*), das heißt, wie wir gesehen haben, der »Fülle des Hauses« (*la'mmara ukham*), in Empfang genommen, indem sie ein Schaffell auf der Schwelle ausbreitet, auf das die Handmühle gestellt und das Mehl (*alamsir*, auch »Tür der Nahrungsmittel«, *bab errazq*) gestreut wird. Die meisten Fruchtbarkeitsriten, die auf den Stall und damit auch auf das Haus gerichtet sind (»Ein Haus ohne Kuh«, sagt man, »ist ein leeres Haus«), sollen magisch die strukturelle Beziehung verstärken, die die Milch, das Grün (*azegzaw*, das auch das Rohe, *thizegzawth*, bedeutet – *azeg-*

handelt, oder: »Die *baraka* ist ja nicht aus dem Haus gegangen« bei einem Kind. Der Tote wird dicht an der Tür, mit dem Kopf zur Tür, aufgebahrt; man wärmt das Wasser auf der Stallseite und wäscht den Toten am Stalleingang; die Asche und die verkohlten Scheite dieses Feuers werden außerhalb des Hauses verstreut; das Brett, das zur Totenwäsche gedient hat, bleibt drei Tage lang vor der Tür; nach dem Begräbnis schlägt man vom Freitag bis zum darauffolgenden Sonnabend drei Nägel in die Tür.

33 Die Kuh muss auf der Schwelle niedergelegte dicke Bohnen und ein Messer überschreiten; die Feuerstelle und die Schwelle werden mit Milch benetzt.

zaw wörtlich: »grün-blau-grau«), das Gras, den Frühling, die Kindheit der Natur- und Menschenwelt miteinander verbindet: Am Tage der Frühjahrs-Tagundnachtgleiche, zu Beginn der warmen Jahreszeit (*azal*, das ist der erste Tag, an dem die Herde wegen der Mittagshitze vormittags nach Hause zurückkehrt), pflückt der junge Hirt – den sein Alter und seine Funktion zweifach am Wachstum des Felds und des Viehs teilhaben lassen – einen Strauß »von allem, was der Wind auf dem Feld durchweht« (mit Ausnahme des Oleanders, der meist zu prophylaktischen Zwecken und in den Austreibungsriten verwendet wird, und der Scilla, die die Grenze zwischen zwei Feldern bildet), und dieser Strauß wird an der oberen Türschwelle aufgehängt; oder man gräbt ein Leinensäckchen mit Kümmel, Benzoe und Indigo an der Schwelle des Stalles ein mit den Worten: »O Grün (*azegzaw*), mach, dass die Butter nicht alle werde!« An das Butterfass hängt man frischgepflückte Pflanzen an, mit denen man auch die Behälter für die Milch einreibt.[34] Der Eintritt der jungen Braut ist mehr als alle anderen folgenschwer für die Fruchtbarkeit und die Fülle des Hauses: Noch auf dem Maultier sitzend, das sie vom Haus ihres Vaters hergeführt hat, werden ihr Wasser, Weizenkörner, Feigen, Nüsse, harte Eier oder Fettgebackenes gereicht, das heißt lauter Dinge (die örtlich variieren können), die meist mit der Fruchtbarkeit der Frau und der Erde verbunden sind, und die Braut wirft diese Dinge zum Hause hin, damit die Fruchtbarkeit und Fülle, die sie ja dem Haus zutragen soll, ihrer Ankunft gewissermaßen vorausgehen.[35] Sie überschreitet die Schwelle auf dem Rücken eines Verwandten des Bräutigams oder mitunter, nach Maunier, auf dem Rücken eines Schwarzen (jedenfalls nie auf dem Rücken des Bräutigams), und dieser hält dadurch, dass er sich zwischen sie und die Schwelle stellt, die bösen Mächte von ihr ab, die ihre Fruchtbarkeit bedrohen könnten, denn die Schwelle, als Berührungspunkt der entgegengesetzten Welten, ist der Sitz ebendieser bösen Mächte: Eine Frau darf sich mit ihrem Kind auf dem Arm nie auf die Schwelle setzen; das kleine Kind und

34 Manchmal legt man in das Milchgefäß einen Stein, den der junge Hirt beim ersten Schrei des Kuckucks im Jahr aufgehoben und auf seinen Kopf gelegt hat. Es kommt auch vor, dass man beim Melken die Milch durch den Ring der Hacke fließen lässt oder dass man eine Fingerspitze Erde ins Milchgefäß wirft.

35 Manchmal wird sie auch mit Wasser besprengt, oder man gibt ihr Milch und Wasser zu trinken.

die Jungvermählte dürfen sie nicht zu oft überschreiten. Die Frau, durch die die Fruchtbarkeit ins Haus kommt, trägt also ihrerseits zur Fruchtbarkeit der Agrarwelt bei; der Welt des Innen verhaftet, wirkt sie auch auf das Außen ein, und zwar, indem sie die Fülle im Inneren garantiert und, als Hüterin der Schwelle, jenen einseitigen Austausch überwacht, den allein eine magische Logik zu erfassen vermag und durch den jeder Teil des Universums vom anderen nur das Volle zu empfangen gewillt ist, ihm aber nur das Leere bietet.[36]

Das eine oder das andere der beiden Gegensatzgefüge, die das Haus entweder in seiner inneren Strukturierung oder in seinem Verhältnis zur Außenwelt definieren, rückt in den Vordergrund, je nachdem, ob man das Haus vom männlichen oder vom weiblichen Standpunkt aus betrachtet; ist das Haus für den Mann weniger ein Ort, den man betritt, als vielmehr ein Ort, den man verlässt, so kann die Frau diesen beiden Bewegungen und den damit zusammenhängenden, verschiedenen Definitionen des Hauses nur die umgekehrte Bedeutung und Wichtigkeit zumessen, da ja die Bewegung nach außen für sie hauptsächlich einen Akt des Ausstoßens bedeutet, während die Bewegung nach innen, das heißt von der Schwelle zur Feuerstelle hin, ihr als die ihr spezifische zugehört. Nirgends wird die Bedeutung der Bewegung nach außen so klar wie in dem Ritus, den die Mutter am siebenten Tag nach der Geburt vollzieht, »damit ihr Sohn mutig werde«: Die Schwelle überschreitend, tritt sie mit dem rechten Fuß auf den Kamm zum Wollekrempeln und simuliert einen Kampf mit dem ersten Knaben, der ihr begegnet. Der Ausgang ist die eigentlich männliche Bewegung, die den Mann den anderen Männern, aber auch den Gefahren und Prüfungen entgegenführt, vor denen er bestehen muss als ein Mann, der, wenn es um die Ehre geht, so unnachgiebig und rau sein muss wie die Zinken des Krempelkamms.[37] Hinaustreten oder, genauer gesagt, öffnen, eröffnen (*fataḥ*) ist gleichbe-

36 An der Tür hängen verschiedene Gegenstände, die alle die doppelte Funktion der Schwelle deutlich machen, die wie eine bedingt durchlässige Sperre den Durchgang kontrolliert, das Leere und Böse aufhält, aber das Volle und Gute einlässt und alles, was sie nach außen hin überquert, zur Fruchtbarkeit und zum Gedeihen hin lenkt.

37 Bei der Geburt wird das kleine Mädchen in ein weiches Seidentuch gehüllt, der kleine Junge dagegen wird in trockene und raue Bänder gewickelt, die sonst dazu dienen, die Garben zusammenzubinden.

deutend mit »am Morgen aller Dinge stehen« (*sebaḥ*). Der Mann, der auf sich hält, muss bei Tagesanbruch das Haus verlassen, ist doch der Morgen der »Tag des Tages« und das morgendliche Verlassen des Hauses eine Geburt; daher erklärt sich auch die große Bedeutung der Dinge oder Menschen, die einem unterwegs begegnen und die das Schicksal für den ganzen Tag voraussagen, sodass es bei unheilvollen Begegnungen (Schmied, Frau mit einem leeren Hammelbalg, Geschrei oder Zank, missgestaltetes Wesen) besser ist, »seinen Morgen noch einmal zu begehen« oder seinen Ausgang zu wiederholen. Jetzt versteht man auch, welche Bedeutung der Ausrichtung des Hauses zukommt: Die Fassade des Hauptgebäudes, in dem das Familienoberhaupt wohnt und in dem ein Stall untergebracht ist, ist fast immer nach Osten ausgerichtet, und der Haupteingang – im Gegensatz zu der engen und niedrigen Hoftür an der Hinterseite des Hauses, die den Frauen vorbehalten ist – wird gewöhnlich »Tür des Ostens« (*thabburth thacherqith*) oder »Tür der Straße«, obere Tür, große Tür genannt.[38] Da die Dörfer alle die gleiche Ausrichtung aufweisen und der Stall jeweils den unteren Teil des Hauses einnimmt, befindet sich folgerichtig der obere Teil des Hauses mit der Feuerstelle im Norden, der Stall im Süden und die »Wand des Webstuhls« im Westen. Man bewegt sich also, um in das Haus einzutreten, von Osten nach Westen und schlägt, um es zu verlassen, die umgekehrte Richtung ein, das heißt *die* Richtung überhaupt: nach Osten, nach oben, zum Licht, zum Guten. Der Landmann stellt seine Ochsen gegen Osten auf, um sie an- und auszuspannen, er pflügt zuerst von Westen nach Osten; ebenso arbeiten die Schnitter mit dem Blick nach der *qibla*, und der zum Opfer bestimmte Ochse wird nach Osten hin geschlachtet. Unzählig sind die Handlungen, bei denen diese Hauptrichtung respektiert wird: alle diejenigen nämlich, bei denen es um die Frucht-

38 Natürlich ist die umgekehrte Ausrichtung (das heißt die, die sich ergibt, wenn man den Grundriss des Hauses »gegen das Licht« betrachtet) möglich, wenn auch selten. Man sagt ausdrücklich, dass alles, was von Westen kommt, Unglück bringt, und eine nach Westen ausgerichtete Tür kann gar nichts anderes als Dunkelheit und Unfruchtbarkeit einlassen. Wenn die genaue Umkehrung des »idealen« Grundrisses selten vorkommt, so aber hauptsächlich deswegen, weil die Nebengebäude, wenn sie sich rechtwinklig um den Hof gruppieren, oft einfache Wohnräume ohne Küche und Stall sind und weil der Hof meist auf der dem Hauptgebäude gegenüberliegenden Seite von der Rückseite des Nachbarhauses geschlossen wird, das seinerseits nach Osten ausgerichtet ist.

barkeit und das Wohlergehen der Gruppe geht.[39] Man braucht nur darauf hinzuweisen, dass das Verb *qabel* nicht nur bedeutet, dem anderen ehrenhaft zu begegnen, ihm die Stirn zu bieten, ihn würdig zu empfangen, sondern auch, dem Osten (*lqibla*) und der Zukunft (*qabel*) zugewandt zu sein.

Kommt man jetzt zur inneren Anordnung des Hauses zurück, so stellt man fest, dass seine Ausrichtung der des äußeren Raumes genau entgegengesetzt ist, so als wäre sie das Ergebnis einer halben Drehung um die Vorderfront des Hauses oder um die Schwelle als angenommene Achse. Die Wand des Webstuhls, der man gegenübersteht, sobald man die Schwelle überschritten hat, und die direkt von der Morgensonne beleuchtet wird, ist das Licht von innen (wie die Frau die Lampe ist, die drinnen scheint), das heißt der Osten des Inneren und so symmetrisch zum äußeren Osten, von dem er seine Helligkeit borgt.[40] Die innere und dunkle Seite der Vorderfront stellt den Westen des Hauses dar, Ort des Schlafes, den man hinter sich lässt, wenn man sich von der Tür aus dem *kanun* nähert, wobei die Tür symbolisch der »Jahrestür«, der Eröffnung der Regenzeit und des Agrarjahres, entspricht. Ebenso erhalten die beiden Giebelwände, die Wand des Stalls und die Wand der Feuerstelle, zwei entgegengesetzte Bedeutungen, je nach dem Standort, von dem aus man sie betrachtet: Dem äußeren Norden entspricht der Süden (der Sommer) des Inneren, das heißt die Seite des Hauses, die man vor sich und zu seiner Rechten hat, wenn man dem Webstuhl gegenüber ins Haus tritt; dem äußeren Süden entspricht der Norden (der Winter) des Inneren, das heißt der Stall, den man hinter sich und zu seiner Linken hat, wenn man von der Tür auf die

39 Es ist bekannt, dass die beiden *ṣuff-s*, politische und kriegerische Ligen, die in Aktion traten, sowie ein Zwischenfall eintrat (und die mit den auf Verwandtschaftszusammengehörigkeit beruhenden gesellschaftlichen Einheiten sehr veränderliche Beziehungen unterhielten, die von Deckungsgleichheit bis zu völliger Diskrepanz reichen konnten), obere (*ufella*) und untere (*buadda*) *ṣuff*, oder rechte (*ayafus*) und linke (*azelmadh*) *ṣuff*, oder östliche (*acherqi*) und westliche (*aghurbi*) *ṣuff* genannt werden; letztere, eine weniger gebräuchliche Bezeichnung, hat sich erhalten, um bei den rituellen Spielen die beiden Lager zu kennzeichnen (von denen die traditionellen Kämpfe zwischen den *ṣuff-s* übrigens ihre innere Gesetzmäßigkeit bezogen), und lebt heute im Wortschatz der Kinderspiele weiter.

40 Man weiß, dass der Hausherr seinen Gast am Webstuhl empfängt (*qabel*), das heißt im edlen Teil des Hauses.

Feuerstelle zugeht.[41] Die Einteilung des Hauses in einen dunklen Teil (West- und Nordseite) und einen lichtvollen Teil (Ost- und Südseite) entspricht der Einteilung des Jahres in Regenzeit und Trockenzeit. Kurz, jeder Außenseite der Hauswände (*essur*) entspricht eine Gegend des Innenraums (die Kabylen bezeichnen diese mit dem Wort *tharkunt*, das bedeutet grosso modo »die Seite«), die in dem System der inneren Gegensätze eine zugleich symmetrische und umgekehrte Bedeutung besitzt; jeder der beiden Räume kann also als die Klasse der Bewegungen definiert werden, denen gemeinsam ist, ein und dieselbe Verschiebung, das heißt eine halbe Drehung gegenüber dem anderen Raum, zu vollziehen, wobei die Schwelle die Rotationsachse bildet.[42] Das Gewicht und den symbolischen Wert der Schwelle in diesem System kann man nur dann völlig verstehen, wenn man sich klarmacht, dass ihre Funktion als magische Grenze darauf beruht, dass sie der Ort einer logischen Verkehrung ist und dass sie als zwangsläufiger Durchgangs- und Treffpunkt zwischen den beiden Räumen, die sich durch Körperbewegungen und gesellschaftlich bestimmte Fortbewegung der Individuen[43] innerhalb dieser Räume definieren lassen, logischerweise der Ort ist, wo die Welt sich in ihr Gegenteil verkehrt.[44]

So hat jedes Universum seinen Osten, und daher können die beiden Bewegungen, die im magischen Bereich am bedeutungs- und folgenschwersten erscheinen, nämlich einerseits die Bewegung von der Schwelle zur Feuerstelle hin – deren Bestimmung es ist, die

41 Die vier Himmelsrichtungen und die vier Jahreszeiten müssen also der oben eingeführten Reihe von Gegensätzen und Homologien hinzugefügt werden (ihre Zugehörigkeit zum mythisch-rituellen System und ihre Stimmigkeit innerhalb dieses Systems ließe sich leicht nachweisen): ... Kultur : Natur :: Osten : Westen :: Süden : Norden :: Frühling : Herbst :: Sommer : Winter.

42 Die Tatsache, dass die Regeln für diese räumliche Verkehrung auf Körperbewegungen zurückzuführen sind, soll an anderer Stelle auf ihre theoretischen Implikationen hin untersucht werden.

43 In manchen Gegenden lässt man die junge Braut und einen (bei derselben Feier) beschnittenen Knaben sich auf der Schwelle begegnen.

44 Hieraus wird verständlich, dass die Schwelle direkt oder indirekt mit den Riten in Verbindung gesetzt wird, die darauf abzielen, den Lauf der Dinge diametral zu verändern, und zwar durch eine Verkehrung der Grundgegensätze: Riten zum Beispiel, durch die man Regen oder schönes Wetter herbeiführen will, oder Riten an einer Zeitschwelle (so zum Beispiel in der Nacht vor *En-nayer*, dem ersten Tag des Sonnenjahres, in der man Amulette an der Türschwelle vergräbt).

Fülle ins Haus zu bringen, und deren Ausführung und rituelle Überwachung der Frau zukommt – und andererseits die Bewegung von der Schwelle zur Außenwelt hin – die durch ihren Einweihungs- und Eröffnungscharakter alles Künftige in sich birgt, insbesondere die Zukunft der Agrararbeit –, in der günstigen Richtung vollzogen werden, nämlich von Westen nach Osten.[45] Die doppelte Ausrichtung des häuslichen Raumes ermöglicht es, mit dem rechten Fuß zugleich hinein- und hinauszugehen (im eigentlichen und übertragenen Sinne) und damit den magischen Gewinn gänzlich zu erhalten, der mit diesem Ritus verbunden ist, ohne jemals die Beziehung zu zerstören, die zwischen rechts und dem Oberen, dem Licht und dem Guten besteht. Die halbe Drehung des Raumes um die Schwelle garantiert also die größtmögliche Steigerung des magischen Gewinns, da die zentripetale und zentrifugale Bewegung sich in einem Raum vollziehen, den man dank seiner Anordnung dem Lichte zugewendet betritt und auch verlässt.[46]

Diese beiden Räume, die in zugleich symmetrischem und umgekehrtem Verhältnis zueinander stehen, sind nicht beliebig auswechselbar, sondern einer dem anderen untergeordnet; so ist der Innenraum nichts anderes als eben das umgekehrte, das Spiegelbild des männlichen Raumes.[47] Nicht zufällig ist allein die Ausrichtung

45 Die Entsprechung zwischen den vier Seiten des Hauses und den vier Himmelsrichtungen tritt in gewissen Versöhnungsriten des Aurès-Gebirges deutlich zutage; am Tage der Erneuerung des Feuers, das heißt am Neujahrstag, backt die Chaouïa-Frau das dort übliche Fettgebäck, teilt den ersten garen Kuchen in vier Teile und wirft diese in die vier Richtungen des Hauses. Ebenso macht sie es auch mit dem rituellen Gericht des ersten Frühlingstages (vgl. M. Gaudry, *La femme chaouia de l'Aurès*, Paris 1928, S. 58 f.).

46 Wir werden an anderer Stelle darzulegen versuchen, dass sich dieselbe Struktur in der Zeitordnung wiederfinden lässt. Aber um zu zeigen, dass es sich hierbei zweifellos um eine sehr allgemeine Form des magischen Denkens handelt, soll hier nur ein anderes, dem oben Gesagten sehr ähnliches Beispiel angeführt werden: Die Araber des Maghreb, so berichtet Ben Cheneb, hielten es für ein gutes Zeichen, wenn der rechte Vorderfuß und der linke Hinterfuß eines Pferdes weiß sind; der Herr eines solchen Pferdes kann gar nicht anders als glücklich sein, steigt er doch »zum Weiß hin« auf und ebenso »zum Weiß hin« ab (bekanntlich steigen die arabischen Reiter auf der rechten Seite auf und auf der linken Seite ab) (vgl. Ben Cheneb, *Proverbes arabes d'Alger et du Maghreb*, Bd. 3, Paris 1905-1907, S. 312).

47 Der Spiegel spielt eine große Rolle in den Verkehrungsriten, insbesondere in denen, die schönes Wetter herbeiführen sollen.

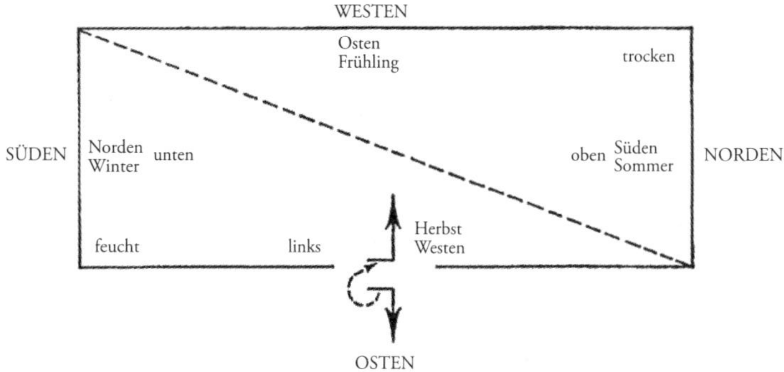

der Tür nach Osten vorgeschrieben, während die innere Strukturierung des Raums von den Individuen niemals bewusst erfasst wird, geschweige denn beabsichtigt ist.[48] Das Haus, dessen Ausrichtung vorab von außen her bestimmt ist, das heißt vom Standpunkt der Männer aus und, wenn man so sagen darf, von den Männern und für die Männer, erweist sich so ursprünglich als der Ort, den die Männer beim Ausgehen hinter sich lassen. »Das Haus blüht und gedeiht durch die Frau; doch von außen schmückt es der Mann.« Das Haus ist ein Reich innerhalb eines Reiches, bleibt jedoch immer untergeordnet, denn mag es auch alle Eigenschaften und alle Beziehungen aufweisen, die die archetypische Welt definieren, es bleibt eine »verkehrte Welt«, ein Spiegelbild.[49] »Der Mann ist die Lampe, die draußen leuchtet, die Frau ist die Lampe, die drinnen scheint.« Der Anschein von Symmetrie darf nicht irreführen: Die Lampe des Tages wird nur scheinbar in Bezug auf die Lampe der Nacht definiert; in Wirklichkeit aber bleibt das nächtliche Licht als weibliches Männliches dem Tageslicht, das heißt der Lampe des Tages, dem Tag des Tages, zu- und untergeordnet. »Der Mann vertraut auf Gott; die Frau erwartet alles vom Manne«, »die Frau«, sagt

48 Deshalb auch sind selbst die aufmerksamsten Beobachter bisher einfach an ihr vorbeigegangen.

49 Auch im Innenraum sind die beiden entgegengesetzten Teile einer dem anderen übergeordnet; so, neben den schon zitierten Anhaltspunkten dafür, das Sprichwort: »Besser ein Haus voller Männer als ein Haus voller Güter (*el mal*)«, das heißt voll Vieh.

man auch, »ist krumm wie eine Sichel«; selbst noch die geradeste, sozusagen »rechteste« dieser krummen, »linken« Kreaturen ist immer bloß »gerade gerichtet«. Die verheiratete Frau findet zwar auch ihren Osten, nämlich im Inneren des Hauses ihres Mannes, aber er ist in Wirklichkeit die Umkehrung eines Westens; sagt man nicht: »Das junge Mädchen ist der Westen«? Die Vorrangstellung der Bewegung nach außen hin, durch die der Mann sich als Mann behauptet, indem er dem Haus den Rücken kehrt, um den Männern gegenüberzutreten und so seine Schritte gegen den »Osten der Welt« zu lenken, ist nichts anderes als eine kategorische Absage an die Natur, den Ursprung und Ausgangspunkt jener Bewegung, die sich unweigerlich von ihr entfernen muss.

Paris, 1963-1964

Die Verwandtschaft als Vorstellung und Wille

In den ersten Frühlingstagen spielen die Knaben *Qochra.* Mit einem am Ende gekrümmten Stock bewaffnet, bilden sie einen Kreis um eine Korkkugel und losen zuerst einmal aus, wer die Kugel bekommt und deren »Vater« ist: Dieser stellt sich neben die Kugel, »seine Tochter«, die er verteidigen muss, indem er mit allen Mitteln verhindert, dass sie aus dem Kreis, dem »Haus«, hinausrollt. Die anderen Spieler aber versuchen gerade, mit ihren Stöcken die Kugel aus dem Kreis zu stoßen. Wenn die »Tochter« einen Spieler berührt oder wenn es dem »Vater« gelingt, mit den Worten: »Das ist deine Tochter«, einen Spieler mit seinem Stock zu berühren, wird dieser Spieler seinerseits der »Vater« der Kugel und befreit den ersten Spieler aus seiner Rolle. Am geschicktesten ist der, der die verirrte »Tochter« erobert und sie zur »Frau« nimmt. Gelingt es dem »Vater« nicht, seine »Tochter« ins »Haus« zurückzuholen, so heißt es, er sei alt geworden, und man macht sich über seine Schwäche lustig und singt: »Er ist so alt geworden, er ist so alt geworden, er ist nach Beni Kelleb gestiegen, er hat einen ganzen Fladen aufgegessen und dazu eine Flasche Molke getrunken.« Es kommt auch vor, dass man dem Verlierer die Kugel unters Hemd steckt und er dann aussieht wie ein Mädchen, dem jemand ein Kind gemacht hat. Manchmal kommen dem erniedrigten »Vater« sogar die Tränen.

Rituelles Spiel aus Ain Aghbel

Die Heirat mit der parallelen patrilinearen Kusine (*bent'amm*, die Tochter des Bruders des Vaters)[1] kann nur denjenigen »wie eine Art Skandal«[2] erscheinen, um mit Claude Lévi-Strauss zu sprechen, deren Geist nach den Denkkategorien strukturiert ist, die diese Heirat aus der Fassung bringt. Ein solcher legitimer Quasi-Inzest trotzt ebenso den Theorien der Unifiliationsgruppen wie der Theorie der exogamen Heirat (*théorie de l'alliance de mariage*); denn indem er an den Begriff der *Exogamie* rührt, die ja der Reproduktion getrennter Linien zugrunde liegt und die Permanenz und die Identifizierung der Geschlechterfolgen ermöglicht, stellt er den Begriff der Unifiliation infrage (*unilineal descent*), das heißt die Möglichkeit, die Stellung einer Person von der Stellung ihrer Vorfahren entweder väterlicherseits oder mütterlicherseits aus zu definieren, und erschüttert auch die Theorie von der Heirat als Austausch einer Frau gegen eine andere, die auf dem Inzesttabu, also auf dem Gebot des

Austauschs, beruht. Während die Regel der Exogamie säuberlich zwischen den Gruppen der Verschwägerten und denen der Blutsverwandten unterscheidet, die per definitionem nicht zusammenfallen können, und dadurch die Abstammungslinie deutlich macht, da ja Macht, Vorrechte und Pflichten entweder in der mütterlichen oder in der väterlichen Linie weitergegeben werden, bewirkt die Endogamie eine Verwischung zwischen beiden Linien. So könnte es im Grenzfall eines tatsächlich auf der Heirat mit der parallelen Kusine beruhenden Systems dazu kommen, dass ein und dieselbe Person ihre Abstammung von dem Großvater väterlicherseits sowohl über ihren Vater wie über ihre Mutter herleitet. Andererseits aber würde sich eine Gruppe durch die Wahl, die parallele Kusine, die Quasi-Schwester, in der Sippe zu behalten, gleichzeitig darum bringen, Frauen von außen aufzunehmen und damit Bündnisse zu schließen. Ist es ausreichend, in diesem Heiratstypus die Ausnahme (oder völlige »Abirrung«) zu sehen, die die Regel bestätigt, oder die Wahrnehmungskategorien, die ihn aufgespürt haben, so anzuordnen, dass er darin einen Platz und damit auch einen Namen finden kann? Oder muss man nicht vielmehr die Denkkategorien radikal in Zweifel ziehen, die dieses *Undenkbare* hervorbringen?

Das Dementi, das die arabische und die berberische Tradition den heute verfügbaren Theorien entgegensetzen, hat wenigstens das Verdienst, den »Regionalcharakter«, im geographischen wie auch im epistemologischen Sinne des Wortes, hervorzuheben, der – wie Louis Dumont nachweist – der Theorie der Unifiliationsgruppen und der Theorie der exogamen Heirat auch dann anhaftet, wenn sie sich den Anstrich allgemeingültiger Theorien geben.[3] Zwar ist es selbstverständlich, dass die Kritik gewisser Grundideen dieser Theorien, zu der die besonderen Eigenschaften einer Kulturtradition ermutigen oder sogar zwingen, ebenso wenig Anspruch auf Allgemeingültigkeit erheben kann; sie kann jedoch auf dem Wege zu einer von jeglichem – im geographischen wie epistemologischen Sinne – Regionalcharakter befreiten Theorie weiterhelfen, indem sie die allgemeingültigen Fragen formuliert, die die Eigentümlichkeiten gewisser Forschungsgegenstände mit besonderem Nachdruck aufwerfen: Reicht es aus, um ein Beispiel zu nennen, zu bemerken, dass der Gebrauch des Begriffs »Heiratspräferenz«, durchaus legitim im Falle einer aus exogamen Gruppen gebildeten und streng zwischen parallelen und gekreuzten Verwandten unterscheidenden Gesellschaft, sich im Fall einer Gesellschaft ohne exogame Gruppen nicht mehr rechtfertigen lässt; oder muss diese Ausnahme nicht Anlass dazu geben, nicht nur den Begriff der Vorschrift oder der Präferenz selber, sondern sogar die beiden Schlüsselbegriffe, nämlich den der genealogisch definierten Gruppe als Einheit, deren soziale Identität ebenso unveränderlich und eindeutig wäre wie die Kriterien ihrer Abgrenzung und die jedem ihrer Glieder eine ebenfalls deutlich unterschiedene, ein für alle Mal festgelegte soziale Identität verliehe, und den der *Regel* und der *von Regeln beherrschten Verhaltensweise*, und zwar im doppelten Sinne von (objektiv) regelmäßig und durch die Befolgung von Regeln bestimmt, infrage zu stellen?

Die Tatsache, dass die Rede von Vorschrift und Regel im Fall der patrilinearen Heirat unangemessen ist, fällt derart auf, dass man sich zwangsläufig die Frage stellt, die Rodney Needham über die – vielleicht nie erfüllten – Gültigkeitsbedingungen einer solchen Rede formuliert hat, die nichts anderes ist als die des Rechts.[4] Befragt man sich aber über den epistemologischen Status von so gebräuchlichen und allgemeingültigen Konzepten wie dem der Regel, der Vorschrift oder der Präferenz, so rührt man unweigerlich auch an die *Theorie der Praxis*, die sie implizit voraussetzen; denn kann man, und sei es nur implizit, die »Algebra der Verwandtschaft«, um mit Malinowski zu sprechen, für eine Theorie der Verwandtschaftspraktiken und der »praktischen« Verwandtschaft ausgeben, ohne stillschweigend zu postulieren, dass es eine deduktive Beziehung zwischen den Verwandtschaftsbenennungen und den »Verwandtschaftshaltungen« gibt? Kann man weiterhin dieser Beziehung eine anthropologische Bedeutung zumessen, ohne zu postulieren, dass die geregelten und regelmäßigen Beziehungen zwischen Verwandten das Produkt einer Befolgung von Regeln sind, die, obwohl man sie dank eines letzten Durkheim'schen Skrupels eher als »jural« denn als »juristisch« oder »legal« bezeichnet, angeblich die Praxis genau wie Rechtsregeln beherrschen?[5] Kann man schließlich die genealogische Definition der Gruppen zum einzigen Prinzip der Zergliederung gesellschaftlicher Einheiten und der Zuordnung der Individuen zu diesen Gruppen machen, ohne implizit zu postulieren, dass die Individuen in jeder Beziehung und ein für alle Mal durch ihre Zugehörigkeit zur Gruppe definiert sind und dass, um es kurz zu sagen, die Individuen und ihre Interessen eher von einer

Gruppe – *der* Gruppe – definiert werden, als dass die Individuen ihren Interessen gemäß *Gruppen* definieren?

Verwandtschaftsrepräsentation und Repräsentationsverwandtschaft

Alle Theorien von der Heirat mit der parallelen Kusine, besonders die jüngeren Datums, so Fredrik Barth[6] und Robert Murphy und Leonard Kasdan,[7] stimmen darin überein, dass sie *Funktionen* ins Spiel bringen, die die strukturalistische Theorie nicht kennt oder aber ausklammert, wobei es sich um ökonomische Funktionen wie die Bewahrung des Patrimoniums innerhalb der Linie oder um politische Funktionen wie die Verstärkung der Sippenintegration handeln kann. Und was bliebe ihnen auch anderes übrig, wenn sie nicht einen Heiratstypus, der die Tausch- und Bündnisfunktion offensichtlich nicht erfüllt, die der Heirat mit der Kreuzkusine gemeinhin zugesprochen wird, schlicht als absurd erklären wollen? So nahm die Mehrzahl der älteren Forscher die Erklärung der Eingeborenen auf, die endogame Heirat habe die Funktion, das Eigentum innerhalb der Familie zu bewahren,[8] wobei sie mit Recht die Verbindung zwischen Heirat und Erbfolgesitten unterstrichen. Dagegen wenden Murphy und Kasdan sehr richtig ein, das koranische Recht, das der Frau die Hälfte des Erbteils eines Knaben zuteilt, werde nur selten eingehalten und die Familie könne in jedem Fall mit dem von angeheirateten Frauen in die Familie gebrachten Erbe rechnen. Barth betont seinerseits nachdrücklich, dass die endogame Heirat »entscheidend dazu beiträgt«, die engste Sippeneinheit zu verstärken und sie zu einer festen Gruppe im Parteienkampf zu machen. Murphy wirft Barth vor, die Institution Heirat »durch die von den handelnden Individuen bewusst verfolgten Ziele« zu erklären, genauer gesagt, durch das Interesse, das das Sippenoberhaupt daran habe, seine an virtuellen Segmentierungspunkten der Linien sich befindenden Neffen an sich zu binden, und führt diesen Heiratstypus auf seine »strukturale Funktion« zurück, nämlich die, »zur äußersten Spaltung der agnatischen Linien und, durch seinen endogamen Charakter, zur Isolierung und Abkapselung der Linien beizutragen«. Claude Lévi-Strauss hat völlig recht, wenn er sagt, die beiden einander entgegengesetzten Positionen liefen letztlich auf das Gleiche hinaus: Indem Barth aus diesem Heiratstypus ein Mittel macht, um die Einheit der Linie zu verstärken und ihre Neigung zur Zersplitterung in Grenzen zu halten, und indem Murphy in dieser Heirat das Prinzip einer Suche nach Integration in immer weitere Einheiten sieht, die letzten Endes alle Araber umfassen könnten und auf der Berufung auf einen gemeinsamen Ursprung fußen, sind sich beide Theorien darüber einig, dass die Heirat mit der parallelen Kusine aus der reinen Logik des matrimonialen Tausches heraus nicht erklärt werden kann und notwendigerweise auf externe, ökonomische oder politische Funktionen verweist.

Jean Cuisenier zieht schließlich nur die Konsequenzen aus dieser Feststellung, wenn er versucht, die schon von allen Beobachtern bemerkte Diskrepanz zwischen dem »Modell« und den verschiedenen Praxisformen[9] sowie die externen Funktionen, zumindest ökonomischer Art, des matrimonialen Tausches darzulegen; seine Konstruktion nähert sich der Realität der Praxis so weit, wie das in den Grenzen des strukturalistischen Objektivismus und der Praxistheorie, die dieser impliziert, überhaupt der Fall sein kann.

Das Eingeborenendenken selbst bildet den Ansatzpunkt für ein explizierendes Modell: In seiner Darstellung der in einer Gruppe geschlossenen Ehebündnisse geht es von einem fundamentalen Gegensatz zwischen zwei Brüdern aus, von denen der erste eine Ehe mit endogamem Charakter schließen muss, um den Zusammenhalt der Gruppe zu garantieren, und der zweite eine Ehe mit exogamem Charakter, um der Gruppe Bündnisse zu verschaffen. Diesen Gegensatz zwischen den beiden Brüdern findet man auf allen Ebenen der agnatischen Gruppe; in der dem arabischen Denken vertrauten Sprache der Genealogie drückt er eine Alternative aus, die man nach dem Schema einer ›Teilordnung‹ darstellen kann, in der der Zahlenwert von *a* und *b* ⅓ beziehungsweise ⅔ beträgt. Ist *a* die Wahl der Endogamie und *b* die Wahl der Exogamie, und verfolgt man die Verzweigung des dichotomen Stammbaums von der Wurzel an, so ist die Wahl *a* auf der oberflächlichsten Ebene der genealogischen Kreise die Wahl der parallelen Kusine (ein Drittel der Fälle) […]. Dieses äußerst einfache Modell […] liefert eine Hypothese, die das regelmäßige Auftreten der Endogamie in agnatischer Linie ebenso wie das der anderen typischen Formen der tatsächlichen Heiratspraxis bei den Völkern arabisch-islamischer Kultur erklären könnte.[10]

Man könnte versucht sein, diesem Modell zugutezuhalten, dass es sich wie die Übertragung einer der Vorstellungen, die die Individuen selbst von ihren Heiratsstrategien haben, auf die objektive und kollektive Ebene gibt und sich bemüht, die statistischen Gegebenheiten in seine Erklärung miteinzubeziehen, im Gegensatz zu den traditionellen Theorien der »Präferenzheirat«, die sich mit der Feststellung begnügen, dass zwischen der »Norm« (oder »Regel«) und der Praxis Divergenzen bestehen, die untergeordneten Faktoren, zum Beispiel demographischen, zugeschrieben werden;[11] dadurch aber würde man sich durch den Schein wissenschaftlicher Strenge täuschen lassen, den die Verbindung von Empirismus und Formalismus letzten Endes mühelos hervorruft: Die ostentative Verschwendung an äußeren Zeichen von »Wissenschaftlichkeit« wie obskuren Diagrammen und dunklen Berechnungen können tatsächlich nur die eine Funktion haben, zu verschleiern, was bei der Konstruktion des Forschungsgegenstandes und der Aufstellung der Tatsachen alles eingespart wurde. Wenn man bemerkt, dass es genügt hätte, das Spiel der genealogischen Schrift, das jegliche Heirat innerhalb der Linie[12] mit der Heirat mit der parallelen Kusine gleichzusetzen gestattet, mehr oder weniger weit zu treiben, um auf der einen oder anderen Seite von jenem unverhofft glücklichen Prozentsatz (36 Prozent = ⅓?) abzuweichen, der, gepaart mit ein paar Eingeborenenzitaten, einem »theoretischen Modell« das Leben schenkt, so braucht man nicht erst die epistemologische Kritik zu bemühen, um klarzumachen, dass das Modell nur deshalb den Tatsachen so vollkommen angepasst ist, weil es auf sie zugeschnitten wurde, das heißt, weil es ad hoc erfunden wurde, um einem statistischen Artefakt Rechnung zu tragen, und nicht von einer Theorie der der Produktion von Praxis und Praktiken zugrunde liegenden Prinzipien ausgehend erarbeitet wurde.[13] Es gibt, sagte Leibniz, für die Kurve eines jeden Gesichts eine Gleichung. Und so wie die Dinge heute liegen, wird immer ein Mathematiker zu finden sein, der beweist, dass zwei Kusinen, die einer dritten parallel sind, auch untereinander parallel sind …

Jedoch, die der logischen Folgerichtigkeit entbehrenden Resultate jener der Form nach logischen Absicht, die Genealogien einer statistischen Analyse zu unterziehen, haben zumindest eine Tugend, nämlich die, die grundlegenden Eigenschaften der Genealogie aufzudecken, die als Werkzeug der Analyse nie selbst zum Gegenstand der Analyse genommen wird. Von vornherein fällt einem auf, dass es doch etwas seltsam ist, Endogamiequoten berechnen zu wollen in einem Fall, wo, wie hier, der Begriff *»endogame Gruppe«* selbst, das heißt die Basis der Berechnung, infrage steht.[14] Muss man sich mit Einteilungen begnügen, die abstrakt, *auf dem Papier*, vorgenommen werden, das heißt aufgrund von Genealogien, die so weit reichen wie das Gedächtnis der Gruppe, das in seiner Struktur und seiner Reichweite wiederum von den *Funktionen* abhängt, die die Gruppe denen überträgt, die sie im Gedächtnis bewahrt oder vergisst? E. L. Peters[15] sieht im Schema der Geschlechterfolge eine ideologische Vorstellung, auf die die Beduinen zurückgreifen, um sich ein »unmittelbares Verständnis« für ihre gegenwärtigen Beziehungen untereinander zu verschaffen, und er bemerkt, dass dieses Schema die tatsächlichen Machtverhältnisse zwischen genealogisch gleichwertigen Segmenten unbeachtet lässt, die Frauen vergisst und die grundlegenden ökologischen, demographischen und politischen Faktoren wie einfache »Zufallserscheinungen« behandelt. Und tatsächlich weisen selbst die sehr genau überprüften Genealogien die systematischen Lücken auf, die typisch für das kollektive Gedächtnis sind.[16] Oder ist es richtig, die Einteilungen zu übernehmen, die die Individuen selbst vornehmen, aber nicht unbedingt nach genealogischen Kriterien? Das bringt einen jedoch nur zu der Feststellung, dass die Wahrscheinlichkeit, mit der eine Person eine gesellschaftlich der Heirat mit der Tochter seines *'amm* gleichzusetzende Heirat schließt, von der Größe der (praktisch mobilisierbaren) Gebrauchsverwandtschaft (und damit auch der Zahl der potentiellen Partner) sowie von der Stärke des auf sie ausgeübten Drucks und der Dringlichkeit, die sie dazu veranlassen oder gar zwingen kann, sich innerhalb der Linie zu verheiraten, abhängt. Wenn das Prinzip des ungeteilten Eigentums gebrochen ist und nichts mehr an die genealogische Beziehung erinnert oder sie pflegt, kann es durchaus vorkommen, dass die Tochter des Bruders des Vaters im praktisch erfassten gesellschaftlichen Raum einem nicht näher steht als irgendeine andere patrilineare (oder gar matrilineare) Kusine; andererseits kann eine im genealogischen Raum entfernter stehende Kusine praktisch die Rolle einer *bent'amm* einnehmen, wenn Vetter und Kusine zu demselben, eng zusammengeschlossenen, in völliger Ungeteiltheit unter der Führung eines Alten lebenden »Haus« gehören. Und wenn die Informanten mit großem Nachdruck wiederholen, dass heute viel weniger innerhalb der Linie geheiratet wird als früher, so unterliegen sie vielleicht ganz einfach einer Täuschung, die durch den Verfall der großen ungeteilten Familien hervorgerufen wird.

Es reicht also auch nicht aus, vorsichtig von dem Begriff der Präferenzheirat mit der parallelen Kusine zu dem Begriff der »Sippenendogamie« überzugehen und damit in ebenso vagen wie vornehmen Formulierungen den Problemen aus dem Wege zu gehen, die der Begriff der Endogamie stellt, genauer gesagt denen, die das allzu vertraute Konzept der *Gruppe* beinhaltet. Man kann zuerst die Frage stellen, was dabei impliziert wird, wenn eine Gruppe einzig und allein durch die genealogische Beziehung zwischen den einzelnen Gliedern der Gruppe definiert wird, das heißt, wenn – implizit – die Verwandtschaft als notwendige und ausreichende Bedingung für die Einheit einer Gruppe angesehen wird. Man könnte leicht versucht sein, das Problem dadurch abzutun, dass man beide Positionen einander entgegensetzt, nämlich einerseits diejenigen, die zumindest implizit postulieren, dass das System der Verwandtschafts*benennungen*, das zur Benennung und Zuordnung der Individuen und ihrer Beziehungen zueinander dient, tatsächlich die Praxis diktiert oder, anders gesprochen, die Strukturen und strukturellen Mechanismen ausdrückt, die die Praxis effektiv beherrschen können, und andererseits diejenigen, die als Reaktion gegen diese Form von *Idealismus* in dem Benennungssystem und, allgemeiner, in den genealogischen Vorstellungen nichts anderes sehen als ein System, in dem gesellschaftliche Strukturen rationalisiert werden, die jedoch auf ganz anderen Prinzipien beruhen. Am besten weist man vielleicht diese Alternative zurück, um sich zu fragen, ob die Verwandtschaftsstrukturen nicht gerade als Mittel zur Kenntnis und zum Aufbau der gesellschaftlichen Welt eine politische Funktion besitzen (in dem gleichen Sinn wie die Religion und jede andere Ideologie). Ohne Zweifel gibt die Sprache der Verwandtschaft Aufschluss über die Prinzipien, nach denen die Repräsentation der gesellschaftlichen Welt strukturiert ist, und dadurch über eins der fundamentalen Prinzipien jeder gesellschaftlichen Praxis: Was sind die Anrede- und Bezugsformeln anderes als *Verwandtschaftskategorien*, im etymologischen Sinne von kollektiven und öffentlichen Imputationen (*katègoreisthai* bedeutet ursprünglich »öffentlich anklagen«, »jemanden vor allen einer Sache bezichtigen«), die von der Gruppe als selbstverständlich und notwendig anerkannt und bezeugt werden? Die »Worte des Stammes« sind Worte der Ordnung, Anordnungen in Befehlsform, wenn sie auch im Indikativ gesprochen werden, da sie ja nichts anderes als die Weltordnung schlechthin ausdrücken. Sagt man von einem Menschen: »Das ist ein Mensch«, so wird damit weit mehr und anderes ausgesagt als seine bloße Zugehörigkeit zum menschlichen Geschlecht, und alle Aussagen »dies ist das« sind Petitiones Principii, wenn sie unter dem Schein, das Seiende auszusagen, dazu beitragen, das Sein, das sie aussagen, werden zu lassen. Um die konstituierende Macht der Verwandtschaftsbenennungen zu ermessen, die als kognitiv-praktische Bezeichnungen eine ganze Welt von Geboten und Verboten in sich tragen, braucht man nur daran zu denken, wie viel in einem Ausdruck wie »Das ist deine Schwester« liegt, der, *Indikativ und Imperativ zugleich*, die einzige praktische Formulierung des Inzesttabus ist. Zwar gibt es sicherlich keine gesellschaftliche Beziehung ohne eine nach den Verwandtschaftskategorien strukturierte Repräsentation der gesellschaftlichen Welt; es wäre jedoch naiv zu glauben, dass die gesellschaftliche Praxis, und sei es in den Beziehungen zwischen Verwandten, implizit in ihrer genealogischen Definition enthalten wäre. Das genealogische Schema der Verwandtschaftsbeziehungen, das der Ethnologe aufstellt, reproduziert nur die *offizielle* Darstellung der Gesellschaftsstrukturen, die durch die Anwendung des *in bestimmter Hinsicht*, das heißt in bestimmten Situationen und für bestimmte Funktionen, *herrschenden* Strukturierungsprinzips zustande kommt und öffentlich proklamiert wird, im Gegensatz zu den privaten, bestimmten Fraktionen eigenen Darstellungen.

Sobald man explizit die Frage nach den *Funktionen* der Verwandtschaftsbeziehungen stellt oder, direkter, nach dem Nutzen der Verwandtschaftsbeziehungen – eine Frage, die die Verwandtschaftstheoretiker wohlweislich als geklärt ansehen, vielleicht, weil sie die Sprache des Interesses ins Spiel bringen würde, während man lieber die dezentere Sprache der Regel spricht –, stellt man zwangsläufig fest, dass der sozusagen genealogische Gebrauch der Verwandtschaft offiziellen Situationen vorbehalten ist, in denen er die Funktion erfüllt, die gesellschaftliche Welt zu ordnen und diese Ordnung zu legitimieren; dadurch hebt er sich gegen andere Arten von praktischem Gebrauch der Verwandtschaftsbeziehungen ab, die wiederum ein besonderer Fall innerhalb der Verwendung von *Beziehungen* überhaupt sind (Beziehungen, von denen man sagt, dass man sie *hat* und *pflegt*). Am Beispiel der Heirat kann man besonders gut beobachten, was in der Praxis die offizielle Verwandtschaft von der Gebrauchsverwandtschaft trennt: Die offizielle Verwandtschaft ist ein unveränderliches Ganzes, ein für alle Mal durch die protokollarischen Normen der Genealogie festgesetzt; die Grenzen und Definitionen der Gebrauchsverwandtschaft dagegen sind ebenso zahlreich und wechselnd wie die Personen, die sie gebrauchen, und die Anlässe, bei denen sie gebraucht wird. Die Gebrauchsverwandtschaft stiftet die Heiraten; die offizielle Verwandtschaft feiert die Hochzeiten. Bei gewöhnlichen Heiraten werden die Kontakte, die dem offiziellen Antrag (*akḥtab*) vorausgehen, und die Verhandlungen, die das Licht der Öffentlichkeit scheuen und die die offizielle Ideologie lieber ignoriert, zum Beispiel über die ökonomischen Bedingungen der Heirat, die Stellung der Frau im Hause ihres Mannes oder das Verhältnis zur Mutter des Mannes, solchen Personen überlassen, die am wenigsten dazu geeignet sind, die Gruppe zu vertreten und zu binden, die man infolgedessen jederzeit desavouieren kann, so zum Beispiel einer alten Frau, die diese geheimen Verhandlungen meist »berufsmäßig« führt, oft einer Hebamme oder auf alle Fälle einer Frau, die für gewöhnlich von Dorf zu Dorf zieht. Bei schwierigen Verhandlungen zwischen entfernten Gruppen wird die Erklärung der Heiratsabsichten von einem bekannten und angesehenen Mann übernommen, der einer Einheit angehört, die von der werbenden Gruppe weit genug entfernt und verschieden ist, um als *neutral* zu erscheinen und im Einverständnis mit einem anderen Mann verhandeln zu können, der in der umworbenen Gruppe die gleiche Stellung einnimmt (und zwar eher mit ihr befreundet oder verschwägert als verwandt ist); der mit den Verhandlungen Beauftragte vermeidet jedoch, ausdrücklich hierfür Schritte zu unternehmen, und nutzt lieber eine passende Gelegenheit, um einen Vertreter aus der »Gruppe des Mädchens« zu treffen und ihm die Absichten der an der Heirat interessierten Familie zu eröffnen. Wenn offiziell um die Hand des Mädchens angehalten wird, so von dem, der von allen für die Heirat Verantwortlichen die geringste Verantwortung trägt, das heißt von dem ältesten Bruder und nicht vom Vater, vom Onkel väterlicherseits und nicht vom Großvater usw., der, vor allem wenn er jung ist, von einem Verwandten aus einem anderen Familienzweig begleitet wird. In der Vermittlungsphase, *aḥallal*, wird die Bewerbung von immer näher mit dem Bräutigam verwandten und immer einflussreicheren Männern vorgebracht (das sind zum Beispiel zunächst der älteste Bruder und der mütterliche Onkel, dann der väterliche Onkel und einer der Notabeln der Gruppe; in der nächsten Phase werden diese von mehreren angesehenen Männern der Gruppe und des Dorfes sowie vom *taleb* begleitet, und später schließen sich ihnen noch die Marabuts des Dorfes an, schließlich dann der Vater, begleitet von den Persönlichkeiten benachbarter Dörfer und sogar des Nachbarstammes usw.), deren Verhandlungspartner auf der Seite der Braut genealogisch und räumlich immer weiter von ihr entfernt sind. Am Ende sind es die einflussreichsten und entferntesten Verwandten des Mädchens, die sich im Auftrag der nächsten und angesehensten Verwandten des jungen Mannes auf deren Bitte hin bei den Eltern des Mädchens für den jungen Mann einsetzen. Die Annahme des Heiratsantrags wird schließlich vor einer möglichst großen Anzahl von Männern verkündet und dann dem bedeutendsten Verwandten des jungen Mannes von dem bedeutendsten Verwandten des jungen Mädchens – und zwar von dem, den man um Unterstützung des Antrags gebeten hatte – feierlich mitgeteilt. In dem Maße, wie die Verhandlungen fortschreiten, kann die usuelle Verwandtschaft der offiziellen Verwandtschaft Platz machen, da ja unter dem Gesichtspunkt der *Nützlichkeit* die Verwandtschaftshierarchie ungefähr das genaue Gegenteil von dem darstellt, was sie unter dem Gesichtspunkt der genealogischen Legitimität ist: zunächst deshalb, weil es nicht im Interesse der Beteiligten liegt, von vornherein Verwandte in die Verhandlungen »hineinzuziehen«, die durch ihre genealogische und gesellschaftliche Stellung ihre Mandanten zu fest binden würden – dies besonders im Fall einer konjunkturbedingten Unterlegenheit, die oft mit einer strukturellen Überlegenheit verbunden ist (der Mann heiratet eher »von oben nach unten«); weiterhin deshalb, weil man nicht ohne Weiteres von jemandem verlangen kann, die Rolle des Bittstellers anzunehmen und sich damit einer abschlägigen Antwort auszusetzen, geschweige denn, sich in für beide Parteien wenig rühmliche, oft peinliche, manchmal sogar entehrende Verhandlungen einzulassen (wie der *thaj'alts* genannte Brauch, der darin besteht, durch eine Geldsumme gewisse Verwandte des umworbenen Mädchens so weit zu bringen, dass sie sich bei den für die Zustimmung Verantwortlichen für den Bewerber einsetzen); schließlich deshalb, weil man in der *nützlichen* Phase der Verhandlungen, in der eine maximale Wirksamkeit angestrebt wird, lieber Persönlichkeiten auswählt, die für ihr Geschick oder ihre besondere Autorität der betreffenden Familie gegenüber bekannt sind oder für ihre guten Beziehungen zu einer für die Angelegenheit entscheidenden Person. Es versteht sich von selbst, dass sich diejenigen, die die Heirat tatsächlich »gemacht« haben, in der offiziellen Phase mit dem Platz begnügen müssen, der ihnen nicht ihrer Nützlichkeit nach, sondern ihrer genealogischen Stellung nach zukommt; sie haben also nur die »Nebenrollen« (*les utilités*) zu spielen und müssen die Hauptrollen anderen überlassen. Schematisch gesehen verhält sich also die Repräsentationsverwandtschaft zur usuellen Verwandtschaft wie das Offizielle zum Nichtoffiziellen (das vom Offiziösen bis hin zum Anstößigen alles einschließt); wie das Kollektive zum Einzelnen (das ist das am wenigsten Kollektive); wie das Öffentliche, das in magischem oder quasi-juristischem Formalismus ausdrücklich kodifiziert ist, zum Privaten, das unausgesprochen, ja versteckt bleibt; wie das Rituelle, als subjektlose, von beliebig auswechselbaren, da von der Gruppe beauftragten Individuen ausführbare Praxis, zur Strategie, deren Ziel die Befriedigung praktischer Interessen des Einzelnen oder einer Gruppe ist. Die abstrakten Einheiten, die durch einfache theoretische Einteilung zustande kommen, wie hier die Unifiliationslinie (oder in anderen Fällen die Altersklassen), und die für alle Funktionen – aber für keine besonders – verfügbar sind, finden ihre praktische Entsprechung nur in dem *offiziellsten* Gebrauch der Verwandtschaft: Die Vorstellungsverwandtschaft ist nichts anderes als die Vorstellung, die die Gruppe sich von sich selber macht, und die quasi theatralische Vorstellung, die sie sich von sich selbst gibt, indem sie der Vorstellung, die sie von sich selbst hat, gemäß handelt. Im Gegensatz dazu existieren die Gebrauchsgruppen nur durch und für die besonderen Funktionen, für die sie *tatsächlich mobilisiert* werden, und wenn sie danach noch weiterbestehen, so nur deshalb, weil sie eben durch ihre Benutzung und durch eine regelrechte Pflege (zu der auch die matrimonialen Tauschbeziehungen gehören, die durch sie ja ermöglicht werden) in Gang gehalten werden und weil sie auf Dispositionen (Habitus) und Interessen beruhen, die der Gruppe gemeinsam sind, wie zum Beispiel der Ungeteiltheit des materiellen und symbolischen Erbgutes.

Nützlichkeit, Konformität und Nützlichkeit der Konformität

Die Verwandtschaftsbeziehungen als etwas behandeln, was man macht und woraus man etwas macht, das heißt nicht nur, wie man den geltenden Taxonomien nach glauben könnte, eine »strukturalistische« Interpretation durch eine »funktionalistische« ersetzen; das bedeutet ebenso, dass man im Namen einer Theorie der Praxis als Praxis die implizite Theorie der Praxis infrage stellt, die die ethnologische Tradition dazu führt, die Verwandtschaftsbeziehungen »in der Form eines Objekts oder einer Anschauung«, wie Marx sagt, zu erfassen und nicht als Praxisformen, von denen sie unter Berufung auf zwangsläufig praktische Funktionen produziert, reproduziert oder benutzt werden.[17] Was für die Filiationsbeziehungen gilt, gilt umso mehr für die Affinitätsbeziehungen; denn nur wenn man diese Beziehungen *post festum* als *vollendete Tatsache* verzeichnet, wie der Ethnologe eine Genealogie registriert, nur dann kann man vergessen, dass sie das Produkt (bewusster oder unbewusster) Strategien sind, die auf Befriedigung materieller und symbolischer Interessen abzielen und in ihrer Art von einem bestimmten Typus ökonomischer und gesellschaftlicher Bedingungen geprägt sind. Wenn man sich nur an die vollendeten Tatsachen, an bereits vollzogene Strategien hält (wenn nicht an die von der Eingeborenenideologie als exemplarisch betrachteten, wie die Heirat mit der patrilinearen parallelen Kusine) und dabei nichts anderes zur Verfügung hat als genealogische Angaben (das heißt die Verwandtschaftsbeziehung zwischen den Ehegatten), so muss man zwangsläufig die Theorie der Praxis unbewusst wieder aufnehmen, die sich einem aufdrängt, sobald man aus dem fertigen Produkt das Prinzip seiner Produktion, aus dem *opus operatum* den *modus operandi* freilegen will. Durch einen Fehlschluss, der jedem »Diskurs über die Methode« zugrunde liegt, tut man, als wäre der zurückgelegte Weg im Voraus, vorsätzlich abgesteckt und vorgezeichnet, als wäre das mit Regeln versehene Produkt nach Regeln produziert worden (wobei Akademismus und Methodologie eigentlich nur die Konsequenzen aus dieser logischen Inkonsequenz ziehen, wenn sie die Produktion von Regeln abhängig machen wollen, die sie erst nachträglich aus dem Produkt hergeleitet haben).

Die Vergabe der Vornamen von einer Generation auf die andere mit ihren Konflikten und Konkurrenzen lässt ganz besonders deutlich die praktischen und politischen Funktionen der Vornamen als genealogische *markers* hervortreten: Die Inbesitznahme dieser Indizes der genealogischen Stellung (X Sohn von Y, Sohn von Z), die zugleich *Embleme* sind und als solche das ganze in der Linie angesammelte symbolische Kapital versinnbildlichen, bedeutet, sich gewissermaßen eines *Titels* zu bemächtigen, der seinem Träger Vorrechte über das Patrimonium der Gruppe verschafft. *Thaymats*, der Stand der Kräfte- und Autoritätsverhältnisse zwischen gleichzeitig lebenden Verwandten, bestimmt das Werden von *thadjadith*, der Geschichte der Gruppe; aber eine solche symbolische Projizierung der Kräfteverhältnisse zwischen in Konkurrenz stehenden Individuen und Gruppen verstärkt diese Kräfteverhältnisse noch, indem sie den Herrschenden das Recht gibt, in das kollektive Gedächtnis diejenige Version der Vergangenheit einzuschreiben, die am besten ihre gegenwärtigen Interessen legitimiert. Einem Neugeborenen den Namen eines bedeutenden Vorfahren geben ist nicht nur ein Akt der Sohnesliebe, sondern soll das Kind gewissermaßen dazu vorherbestimmen, den namenverleihenden Vorfahren »wiederaufleben« zu lassen (*isakrad djedi-s*, er hat seinen Großvater »auferstehen« lassen), das heißt, in seinen Pflichten und Gewalten seine Nachfolge anzutreten. Infolgedessen werden die ruhmvollen Vornamen, ebenso wie der wertvollste Boden, zum Gegenstand einer geregelten Konkurrenz, und das »Recht«, sich den begehrtesten Vornamen anzueignen – den, der ununterbrochen die genealogische Beziehung mit dem großen Vorfahren proklamiert, dessen Andenken von der Gruppe und außerhalb der Gruppe bewahrt wird –, wird nach einer bestimmten Ordnung vergeben, entsprechend der, die die Ehrenpflichten bei einem Racheakt oder die Ansprüche auf einen Teil des Erbguts bei einem Landverkauf regelt. Da der Vorname in direkter patrilinearer Linie vererbt wird, darf also der Vater seinem Kind den Namen des eigenen *'amm* oder des eigenen Bruders (*'amm* des Kindes) dann nicht geben, wenn diese bereits verheiratete Söhne hinterlassen haben, die den Namen ihres Vaters einem ihrer Söhne oder Enkel geben könnten.[18] Wie überall darf man sich hier durch die Sprache der Norm und Pflicht (»er muss«, »er darf nicht« usw.), die durch ihre Kürze bequemer ist, nicht täuschen lassen; so ist es zum Beispiel vorgekommen, dass ein jüngerer Bruder ein günstiges Kräfteverhältnis in der Sippe ausnutzte, um seinem Sohn den Namen eines angesehenen älteren Bruders zu geben, der bei seinem Tod noch sehr kleine Kinder hinterlassen hatte; diese wiederum setzten später ihre Ehre darein, den bewussten Vornamen »zurückzuerobern«, sogar auf die Gefahr von Namensverwechslungen hin, da sie sich als die legitimen Verwalter dieses Namens betrachteten. Besonders auffällig ist diese Konkurrenzsituation, wenn mehrere Brüder den Vornamen ihres Vaters für ihre Kinder reservieren wollen: Zwar muss man im Allgemeinen dafür sorgen, einen Namen nicht verwaisen und die hinterlassene Lücke nicht fortbestehen zu lassen, und gibt deshalb den Namen dem ersten Knaben, der nach dem Tod des Namensträgers geboren wird. Aber der älteste Bruder kann die Vergabe des Namens auch aufschieben und ihn einem seiner Enkel geben, anstatt ihn dem Sohn eines seiner jüngeren Brüder zu überlassen, wobei der Name dann eine Generationsstufe überspringt. Umgekehrt kann es aber auch vorkommen, dass ein Name, wenn keine männlichen Nachkommen vorhanden sind, der Gefahr ausgesetzt ist, keinen Nachfolger zu finden; in diesem Fall fällt die Verpflichtung, ihn »wiederaufleben« zu lassen, zuerst den kollateralen Verwandten zu und dann, im weiteren Sinne, der ganzen Gruppe, die dadurch öffentlich bezeugt, dass ihr Zusammenhalt und ihr Kapital an Männern sie befähigen, die Namen aller direkten Vorfahren wieder aufzunehmen und darüber hinaus auch die anderswo entstandenen Lücken auszufüllen (die Heirat mit der Tochter des *'amm* dient u. a. dazu, den Namen des *'amm*, wenn dieser ohne männliche Nachkommen stirbt, durch die Tochter vor dem Aussterben zu bewahren).

Der Ethnologe kann ganz besonders schlecht den Unterschied zwischen offizieller und usueller Verwandtschaft erfassen: Er selbst hat ja mit der Verwandtschaft, es sei denn zu kognitiven Zwecken, nichts zu tun (jedenfalls nicht mit der Verwandtschaft der anderen, die er, wie man so schön sagt, zum Gegenstand seiner Forschung nimmt, das heißt als Objekt betrachtet) und ist bereit, die offiziellen Aussagen für bare Münze zu nehmen, die die Informanten ihm so lange anbieten, wie sie sich als Sprachrohr der Gruppe fühlen, damit beauftragt, offiziell für die Gruppe und über sie zu sprechen. An legalistischem Formalismus gibt der Ethnologe dem Informanten nichts nach; und wenn der Beobachter sich zum Genealogen macht, so hat er keinerlei Grund zu vermuten, dass er sich die *offizielle Definition* der gesellschaftlichen Realität vorschreiben lässt, die als solche alle anderen Definitionen beherrscht oder verdrängt. Die Tatsache, dass mehrere Ethnologengenerationen sich vergebens abgemüht haben, die Existenz der »Präferenzheirat« mit der parallelen Kusine zu bestätigen oder zu dementieren, ist das beste Beispiel dafür. Gibt man dem Problem eine ausschließlich genealogische Formulierung, wie es die Informanten unablässig tun, indem sie die Heirat mit der *bent'amm* zitieren, so ist das Spiel bereits gemacht oder, genauer gesagt, sind die Grenzen des Spiels schon abgesteckt: Alle Lösungen des gestellten Problems werden angenommen, vorausgesetzt, dass sie in der Sprache der Genealogie formuliert sind ... Der Ethnologe könnte dieses Verhältnis stillschweigenden Einvernehmens mit der offiziellen Ideologie seiner Informanten (die ihrerseits meist ihrer »Kompetenz« wegen von der Gruppe »bevollmächtigte« Wortführer sind, das heißt in diesem Fall *Männer*, und Männer von *Alter* und *Einfluss*) nur dann lösen und mit all den Voraussetzungen brechen, die allein schon in der Tatsache liegen, ein Diagramm der Filiations-, Verschwägerungs- und Verschwisterungsbeziehungen aufzustellen – was man eben Genealogie nennt –, wenn er dieser sehr besonderen Art von Verwandtschaftsgebrauch einen Platz innerhalb der verschiedenen anderen Gebrauchsmöglichkeiten einräumt: Wenn er die Verwandtschaftsterminologie der Eingeborenen als ein abgeschlossenes und zusammenhängendes System rein logischer Beziehungen behandelt, die ein für alle Mal, wie durch Konstruktion in einer Kulturtradition und durch die implizite Axiomatik einer solchen Kulturtradition, festgelegt sind, untersagt er sich damit, die verschiedenen praktischen Funktionen der Verwandtschaftsbezeichnungen und -beziehungen wahrzunehmen, die er unwissentlich ausklammert; zugleich untersagt er sich, den epistemologischen Status einer Praxis zu erfassen, die, wie seine eigene, die Neutralisierung der praktischen Funktionen jener Bezeichnungen und Beziehungen voraussetzt und sanktioniert. Ohne sich darüber klar zu sein, was der Ethnologe macht, wenn er einen Stammbaum aufstellt, das heißt ein räumliches Schema, das *uno intuito* erfasst und von einem beliebigen Punkt aus in alle Richtungen hin abgelesen werden kann und das imstande ist, dem vollständigen Netz der Verwandtschaftsbeziehungen durch mehrere Generationen hindurch eine Existenzform zu geben, die eben den theoretischen Objekten eigen ist: *Tota simul,* total in Gleichzeitigkeit existierend, so kann man die Praxis *als Praxis,* das heißt in diesem Fall den gesellschaftlichen Gebrauch, den die Individuen praktisch von ihren Verwandtschaftsbeziehungen machen, überhaupt nicht verstehen.[19] So erfüllt die genealogische Berechnung, deren sich die Individuen (mit oder ohne Hilfe von Fachleuten) bei offiziellen Anlässen bedienen, um den Verwandtschafts»grad« zwischen zwei Personen bis zum gemeinsamen Vorfahren hin festzustellen oder um eine »Vorrangs«ordnung aufzustellen, direkt praktische Funktionen, ganz zu schweigen von der ideologischen Funktion, die schon in der Tatsache enthalten ist, dass man Beziehungen als ausschließlich genealogische Filiations- oder Verschwägerungsbeziehungen ausgibt, die genauso gut anders (zum Beispiel als Verschwisterungsbeziehungen) gedeutet werden könnten und die in jedem Fall *auch* auf anderen Grundlagen, zum Beispiel ökonomischen oder politischen, beruhen; dieses Verfahren wird immer dann bemüht, wenn es gilt, in vergangenen, rückwirkend nur zu diesem Zweck rekonstruierten Beziehungen die Daseinsberechtigung für gegenwärtige Beziehungen zu suchen, die in Wirklichkeit ganz anderen Prinzipien unterliegen. Andererseits verhalten sich die logischen Beziehungen, die der Ethnologe aufstellt, zu den Gebrauchsbeziehungen, das heißt den (im doppelten Sinne des Wortes) »praktischen« Beziehungen – sie werden fortlaufend praktiziert und, wie man sagt, unterhalten und gepflegt –, wie der geometrische Raum einer Landkarte als imaginäre Darstellung aller theoretisch möglichen Straßen und Wegstrecken zu dem Netz der tatsächlich instand gehaltenen, begangenen, gebahnten und darum leicht einzuschlagenden Wege. Werden die offiziellen Beziehungen nicht ständig instand gehalten, auch dann, wenn sie nicht ständig benutzt werden, so können sie leicht zu dem werden, was sie für den Genealogen schon sind, nämlich theoretische Beziehungen, verödete Landstraßen auf einer veralteten Karte; so gesehen, sind die wichtigsten Tauschbeziehungen nicht die, die durch ihren ostentativen und außerordentlichen Charakter die Aufmerksamkeit der Ethnologen auf sich ziehen und die, da sie der Logik der Herausforderung unterstehen, das Risiko des Abbruchs der Beziehungen in sich tragen, sondern die, die unbemerkt bleiben, jene kleinen Geschenke zum Beispiel, die alle möglichen Gelegenheiten des gewöhnlichen Lebens begleiten und die *Beständigkeit* der Gebrauchsbeziehungen garantieren. Kurz, die logischen Verwandtschaftsbeziehungen, denen die strukturalistische Tradition eine fast vollständige Unabhängigkeit von wirtschaftlichen Faktoren und, korrelativ dazu, eine fast vollkommene innere Kohärenz zuschreibt, bestehen praktisch nur durch und für den offiziellen und offiziösen Gebrauch, den die Individuen davon machen; diese sind umso mehr darum bemüht, sie instand zu halten und sie intensiv – und damit, durch die wiederholte Benutzung, auch immer leichter – zu benutzen, als sie aktuell oder virtuell unentbehrliche Funktionen erfüllen oder, eindeutiger gesagt, lebenswichtige (materielle oder symbolische) *Interessen* befriedigen oder befriedigen können.

Im Gegensatz zu den Beziehungen ohne Geschichte, wie sie den gelehrten und halbgelehrten Genealogen geläufig sind, erhalten die usuellen Beziehungen ihre Definition durch die Geschichte, deren Produkt sie sind, und zwar sowohl die Geschichte des ökonomischen und symbolischen Austauschs, den die usuellen Beziehungen gestatten und durch den sie reproduziert werden, als auch die Geschichte der Gelegenheiten, bei denen sie in Aktion treten: besonders bei Mord-, Landverkaufs- und Heiratsfällen. Will man nicht Gefahr laufen, willkürliche Einteilungen vorzunehmen und dabei abstrakt, einzig und allein nach genealogischen Kriterien vorzugehen, so muss man sich also außer dem genealogischen Wissen eine vollständige Kenntnis vom Stand der Transaktionen zwischen allen von der genealogischen Seite her erfassten Personen verschaffen, das heißt sich die ganze Geschichte der materiellen und symbolischen Tauschhandlungen aneignen, die ja das Fundament der unvermeidbaren Solidarität bilden, in Unehre wie in Ehre, im Reichtum wie im Elend. Als Beispiel sei eine *akham* La'la genannte Gruppe genannt, die gesamte Nachkommenschaft von La'la (V) ben Mohand Said (IV) ben Messaoud (III) ben Abbas (II) ben Djoudi (I) Nath Eldjoudi von den Ait-Messaoud. Alles trägt dazu bei, die von der genealogischen Deutung angebotene Vorstellung von der Sippe aufzudrängen: Die Äußerungen der Individuen selbst, die sich mit Vorliebe auf die »Blutsgemeinschaft« zwischen allen Gliedern von *akham* La'la berufen, die Bezeichnungen, die die direkte (A Sohn von B) oder entfernte (Y Sohn von X … *n* La'la) Abstammung kennzeichnen, die bewusst genealogische Symbolik der Vornamenvergabe, die es ermöglicht, die Kontinuität der Linie zu behaupten, indem sie den Vater, Großvater oder Onkel – und damit auch ihre Macht – in einem dazu ausersehenen Nachfolger reproduzieren (in unserem Beispiel nimmt Amara La'la – XI^{1} – den Namen seines Urgroßvaters Amara n La'la – VI^{3} – wieder auf; Mohand Ameziane La'la – IX^{2} – nimmt den Namen seines Urgroßonkels – VI^{1} – auf, der ohne Nachkommen starb; Larbi La'la – VIII^{4} – den seines Onkels – VII^{3} –; Salah La'la – VIII^{1} – den seines Großvaters – VI^{2} –). Aber ganz so einfach liegen die Dinge nicht, und die scheinbaren Bestätigungen, die der Ethnologe im ideologischen Gebrauch der Verwandtschaft finden kann, können durchaus nicht über die Zeichen hinwegtäuschen, durch die die Gruppe zu verstehen gibt, dass nicht die ganze Nachkommenschaft von La'la wie die Glieder ein und derselben Familie behandelt wird: So kommt es vor, dass Verwandte und Nichtverwandte den Bezug auf den entferntesten und angesehensten Vorfahren aufgeben, nicht nur, um jeden Einzelnen mit größerer Genauigkeit zu identifizieren, sondern auch, um die ideologische Mystifizierung, die von dem genealogischen »Annexions«streben bewirkt wird, in einem genau entgegengesetzten Effekt zu zerstören, und sie appellieren dann eher an die genealogische Beziehung, die jedem Einzelnen eigen ist und ihn von allen anderen unterscheidet: So zum Beispiel wird La'la La'la – VIII^{3} –, zurzeit Oberhaupt der größeren der beiden von La'la abstammenden Familien, La'la Amara genannt (mit Bezug auf seinen Großvater, da sein Vater Larbi früh gestorben ist), oder Akli – VII^{4} – wird als Akli n Amara bezeichnet. Das gilt selbst dann, wenn der Landbesitz ungeteilt geblieben ist; so kann man durchaus sagen: »Dieses Land gehört dem Haus X«, während die Männer als »Söhne von Y und Z« bezeichnet werden. Die Individuen richten sich in ihrer Praxis nach der praktischen Kenntnis der nützlichen Einteilungen, und sie benutzen die genealogische Vorstellung als Mittel zur Legitimierung der gesellschaftlichen Ordnung; der Theoretiker dagegen behandelt die genealogische Repräsentation als theoretisches Modell der gesellschaftlichen Realität, da er die nicht genealogischen Einigungs- und Teilungsprinzipien nicht kennt, die allein die ökonomische und soziale Geschichte der Gruppe ihm erschließen könnte. In diesem Fall hat sich die genealogische Einheit, auf die sich die Individuen, besonders in einer so offiziellen Beziehung wie der zum Ethnologen, berufen können, in Wirklichkeit in zwei »Häuser« gespalten: das von Akli n Amara (VII^{4}) und das von La'la (VIII^{3}), nach dem Namen des jeweiligen Oberhauptes; diese Spaltung erfolgte nach einer Krise, die man strukturell nennen kann, da sie zu Lebzeiten des letzten Sohnes von La'la (VI^3) ausbrach, bei der Gewaltenübertragung von einer Generation auf die andere: Amara n La'la (VI^3) übergab die Gewalt, die er über die gesamte Sippe besaß, seinem Enkel La'la (VIII^3), der nicht zufällig schon den Namen des Ahnen trug, und schloss damit Akli n Amara (VII^4) von der Nachfolge aus, obwohl dieser durch sein Alter (er ist der älteste aller männlichen Nachkommen La'las) und seine verwandtschaftliche Stellung zu dem damaligen Oberhaupt (er ist der Sohn von Amara) zum rechtmäßigen Erben bestimmt zu sein schien. La'la n Amara, den man den »Sohn seines Großvaters« nennt (im Gegensatz zu Akli, der nur der »Sohn seines Vaters« ist), hat von diesem nicht nur das Privileg erhalten, seine Nachfolge anzutreten, wovon der Name nur das auffälligste Zeichen ist, sondern wurde darüber hinaus in die Verantwortungen des »Hausoberhauptes« (*aqaruy ukham*) besonders eingeweiht: Von Kind auf wurde er von der Feldarbeit befreit und durfte an dem teilnehmen, was man die »Außenpolitik« der Familie nennen könnte, das heißt an ihrem Außenhandel, um die Mechanismen der Marktwirtschaft zu beherrschen; ebenso wurde er an den Entscheidungen beteiligt, die die Beziehungen zu anderen Gruppen betrafen, und hat dabei, besonders sprachlich und rhetorisch, die Kompetenz erworben, die den »Mann der Versammlungen« (*argaz ladjma'*) auszeichnet, und die mit dieser Rolle verbundene Autorität. In dem Maße, wie das symbolische Kapital und besonders die Kenntnis der politischen und ökonomischen Spielregeln für den Zugang zur politischen Macht, zumindest innerhalb der Linie, ausschlaggebend sind, stellt die differentielle Vergabe dieses Kapitals, die hier wie überall weitaus schwieriger zu kontrollieren ist als die des ökonomischen Kapitals, eins der Mittel dar, um die mit der genealogischen Rangordnung verbundenen Rechte zu umgehen.

Dieser doch äußerst einfache Fall illustriert den grundsätzlich problematischen Charakter der Beziehung zwischen offiziellen und usuellen Beziehungen, zwischen den offiziellen, öffentlichen Einheiten und den usuellen Einheiten, die in Ausnahmefällen zusammenfallen können. Von Endogamie sprechen und, in der löblichen Absicht, wissenschaftliche Strenge walten zu lassen, sogar Endogamiequoten berechnen wollen bedeutet, so zu tun, als gäbe es eine rein genealogische Definition der Sippe, während doch jeder männliche Erwachsene an jedem beliebigen Ort des Stamm-

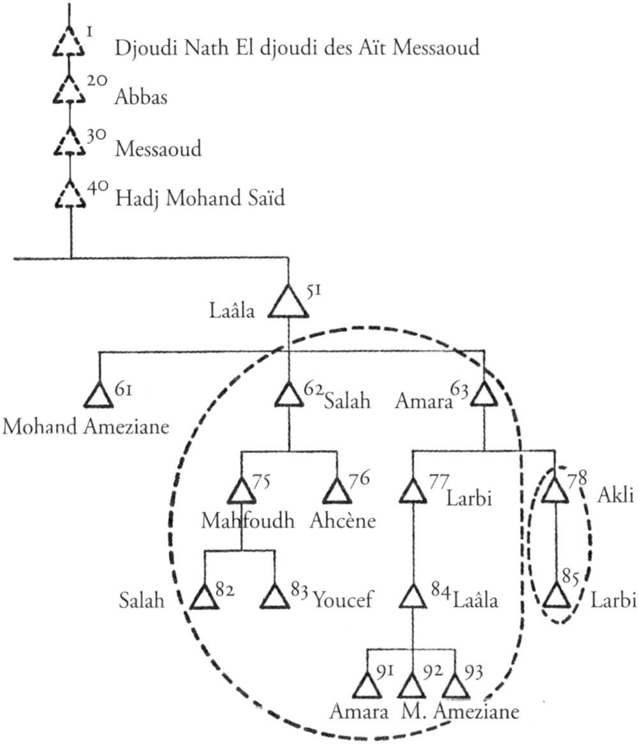

baums einen virtuellen Segmentierungspunkt darstellt, der, wenn eine bestimmte gesellschaftliche Situation es erfordert, tatsächlich aktualisiert werden kann. Je weiter man den Ausgangspunkt in der Zeit und im genealogischen *Raum* zurückverlegt – und nichts hindert einen daran, in diesem abstrakten Raum bis ins Unendliche zurückzugehen –, je weiter man also die *Grenzen* der Sippe zurückverlegt, desto größer wird die *Assimilationsfähigkeit* der genealogischen Ideologie, wenn auch auf Kosten ihres *Unterscheidungsvermögens*, das seinerseits größer wird, je näher man den gemeinsamen Ursprung ansetzt; so folgt der Gebrauch des Ausdrucks *ath* (die Nachkommen von ...) einer relativistischen oder besser stellungsbedingten Logik, die der sehr ähnlich sieht, die nach Evans-Pritchard den unterschiedlichen Gebrauch des Wortes *cieng* charakterisiert: Ein und dieselbe Person kann sich, je nach der Assimilations- und Unterscheidungs*funktion* des Namens, Mitglied der Ath Abba (das Haus, *akham*) oder der Ath Isa'd (*thakharrubth*) oder der Ath Ousseb'a (*adhrum*) oder der Ath Yahia (*'arch*) nennen. Der unumschränkte Relativismus, der den Individuen gestatten würde, ihre eigene gesellschaftliche Identität oder die ihrer Gegner oder Partner, die sie in die Gruppe aufnehmen oder im Gegenteil ausschließen wollen, bis ins Grenzenlose zu manipulieren, indem sie die Grenzen der Klasse manipulieren, zu der diese und jene gehören, hätte wenigstens das Verdienst, mit dem naiven Realismus derjenigen zu brechen, die eine Gruppe nicht anders charakterisieren können denn als eine durch direkt sichtbare Grenzen definierte Anzahl von Menschen. Wenn man jedoch in der genealogischen Logik befangen bleibt, kann man leicht an der Tatsache vorbeigehen, dass die Struktur einer Gruppe (und damit die gesellschaftliche Identität ihrer Mitglieder) von der Funktion abhängt, die ihrer Zusammensetzung und ihrer Organisation zugrunde liegt. Das vergessen auch die, die der genealogischen Abstraktion zu entgehen versuchen, indem sie die Unifiliationslinie (*descent line*), die man mit Louis Dumont lieber »diagrammatische Linie« nennen sollte, da sie ja nur in den Diagrammen existiert, der lokalen Linie (*local line*) oder lokalen diagrammatischen Linie (*local descent group*) entgegensetzen als Teilgruppe einer größeren Unifiliationseinheit, die der gemeinsame Wohnort dazu berechtigt, als Gruppe kollektiv zu handeln.[20]

Man fällt dem Realismus aber auch dann zum Opfer, wenn man die Tatsache übersieht, dass die verschiedenen Auswirkungen der räumlichen Entfernung von der Funktion abhängen, die eine gesellschaftliche Beziehung erfüllen soll; so kann man zwar annehmen, dass die potentielle Nützlichkeit eines Partners mit zunehmender Entfernung geringer wird; diese Annahme trifft jedoch immer dann nicht mehr zu, wenn – wie im Falle der Prestigeheirat – der symbolische Gewinn umso größer wird, je weiter voneinander entfernt sich die Personen befinden, die diese Beziehung aufnehmen; ebenso trägt der gemeinsame Wohnsitz zwar zur Einheit der Gruppe bei, eine gemeinsame Aufgabe jedoch kann die Gruppe genauso gut zusammenschließen und die räumliche Entfernung verringern. Kurz, obwohl man zwar theoretisch der Ansicht sein kann, dass es ebenso viele mögliche Gruppen wie zu erfüllende Funktionen gibt, so kann man sich doch nicht (wir haben das am Fall der Heirat gezeigt) an jeden beliebigen bei jeder beliebigen Gelegenheit wenden, ebenso wenig wie man seine Dienste nicht jedem beliebigen zu jedem beliebigen Zweck anbietet. Daher kann man, um jeglichen Relativismus zu vermeiden, den Grundsatz aufstellen, dass die Konstanten im Felde der potentiell nützlichen Partner – nützlich im Sinne von tatsächlich benutzbar, da räumlich nah, und nutzbringend, da gesellschaftlich einflussreich – es bewirken, dass jede Gruppe von Individuen durch eine unablässige »Instandhaltungsarbeit« ein privilegiertes Netz von Gebrauchsbeziehungen aufrechtzuerhalten bestrebt ist, das nicht nur die gesamten »instand gehaltenen« genealogischen Beziehungen (hier Gebrauchs- oder usuelle Verwandtschaft genannt) umfasst, sondern auch alle nicht genealogischen Beziehungen, die für die gewöhnlichen Bedürfnisse des Lebens herangezogen werden können (hier Gebrauchs- oder usuelle Beziehungen genannt).[21]

Es kann zwar vorkommen, dass die offizielle Gesamtheit der Individuen, die durch dieselbe Beziehung zu demselben, auf derselben (beliebigen) Stufe des Stammbaums stehenden Vorfahren definiert werden können, eine usuelle Gruppe bildet; aber doch nur deshalb, weil sich in diesem Fall die genealogischen Einteilungen mit auf anderen Grundlagen beruhenden Einheiten: ökologischen (Nachbarschaft), ökonomischen (Ungeteiltheit) und politischen, decken und überdecken. Ist der *deskriptive* Wert des genealogischen Kriteriums auch desto größer, je näher man die gemeinsame Herkunft rückt und je mehr man die soziale Einheit einschränkt, so bedeutet das doch noch lange nicht, dass seine *Einigungskraft* im gleichen Maße wächst: Wie wir später noch sehen werden, ist die genealogisch engste Beziehung – die zwischen Brüdern – auch die, in der die stärksten Spannungen herrschen, und nur eine ununterbrochene »Ausgleichsarbeit« vermag es, die Interessengemeinschaft aufrechtzuerhalten. Kurz, die bloße genealogische Beziehung reicht niemals aus, um aus sich heraus die Beziehung zwischen den Personen, die sie verbindet, vollständig zu bestimmen, und sie erhält nur dann einen solchen prädizierenden Wert, wenn sie mit der Interessengemeinschaft verbunden ist, die durch den gemeinsamen Besitz eines materiellen oder symbolischen Erbguts zustande kommt, wobei das Eigentum, aber auch die Gefährdung von außen von allen geteilt wird. Das Ausmaß der usuellen Verwandtschaft, die gleichsam die Schnittmenge zwischen den offiziellen Verwandtschaftsbeziehungen und den usuellen Beziehungen darstellt, hängt davon ab, inwieweit es den Gliedern der offiziellen Einheit gelingt, die Spannungen zu meistern, die durch die Interessenkonkurrenz innerhalb dieses ungeteilten Produktions- und Verbrauchsunternehmens hervorgerufen werden, und inwieweit sie imstande sind, praktische Beziehungen zu unterhalten, die der offiziellen Vorstellung jeder Gruppe, die sich als einheitliche Gruppe versteht, gemäß sind (das heißt, inwieweit es gelingt, »sich seinen Bruder zum Freund zu machen«, um einen dem kollektiven Bewusstsein sehr vertrauten Gegensatz aufzunehmen), also inwieweit sie sich die Vorteile, die jede praktische Beziehung verschafft, und dazu den symbolischen Gewinn, den die gesellschaftliche Billigung der mit der offiziellen Vorstellung übereinstimmenden Praxis garantiert, gleichzeitig aneignen können.

Es handelt sich hier um die Dialektik zwischen Offiziellem und Usuellem, die zweifellos allen sozialen Interaktionen letztlich zugrunde liegt. Das Zusammenfallen von Gebrauchscharakter und offiziellem Charakter stellt in der Tat nichts anderes dar als einen besonderen Stand der Beziehungen zwischen jenen beiden Aspekten jeglicher sozialen Interaktion, wenn auch einen privilegierten Stand, da dieses Zusammenfallen, wie schon gezeigt wurde, zugleich und kumulativ aus der Nützlichkeit Profit und aus der Konformität Gewinn zu ziehen erlaubt; so kann man es verstehen, dass unter den Strategien zweiter Ordnung, die zugleich mit den anderen Strategien in Aktion treten (und diese verschleiern), eine der häufigsten darin besteht, diese Koinzidenz vorzutäuschen. Die Ethnologen hätten sicherlich weniger naiv von Regel und Vorschrift gesprochen, das heißt in der Sprache, in der die Individuen von ihrer Praxis sprechen, wenn ihnen die Idee gekommen wäre, dass der objektive Sinn der Praxis auf symbolischer Ebene manipuliert werden kann; diese Manipulationen erlauben es, sich »vorschriftsmäßig« zu verhalten, verraten aber auch, dass die Praxis nicht von der Vorschrift bestimmt wird …[22] Die Ethnologie gewönne zweifellos dabei, wenn sie für ihre Praxis die Regel beherzigen würde, dass man eine Regel nur insofern befolgt (wenn sie als solche besteht), als man bedeutend mehr Interesse daran hat, sie zu befolgen, als daran, sie außer Acht zu lassen. Aber auch wenn sich die Ethnologen zu dem radikalsten Materialismus bekennen, sind sie nur allzu bereit, sich durch die sorgfältig unterhaltene Zweideutigkeit täuschen zu lassen, durch die jede Gruppe ihr spiritualistisches Ehrgefühl behauptet und auf die sie ihre Einheit ideologisch begründet, indem sie sich selber und den anderen die tatsächlich ihre Praxis beherrschenden Faktoren zu verschleiern sucht, oder besser gesagt, indem sie zu verschleiern sucht, dass ihre Praxis von Determinismen und besonders von materiellen und symbolischen *Interessen* bestimmt wird: Von *Regel und Vorschrift* sprechen heißt glauben und anderen glaubhaft machen, dass man kein anderes Gesetz kennt als das, was man sich selbst vorgeschrieben hat; das heißt, sich und den anderen von seinen Beweggründen die ehrenvollste Vorstellung zu geben, die nämlich, die dem am nächsten kommt, was sich die Gruppe unter ehrenhaften Beweggründen vorstellt: geeignet, offiziell dargestellt und öffentlich vorgestellt zu werden.

Jedoch sind die Strategien, die darauf abzielen, eine *vorschriftsmäßige Praxis* zu schaffen, selbst nur ein Sonderfall in einer ganzen Klasse von *Offizialisierungsstrategien*, deren Ziel es ist, »egoistische«, private, individuelle Beweggründe und Interessen (diese immer relativ bleibenden Begriffe können nur in der Beziehung zwischen einer Einheit und der umfassenderen Einheit höheren Ranges definiert werden) in uneigennützige, kollektive, öffentlich vertretbare, kurzum: legitime Beweggründe und Interessen zu verwandeln. In einer Gesellschaft, die keine konstituierten politischen Instanzen mit de facto alleinigem Verfügungsrecht über legitime Gewalt besitzt, setzt eine eigentlich politische Aktion, die sich durch den Offizialisierungseffekt durchführen lässt, immer die *Kompetenz* (im Sinne von: *einer öffentlichen Autorität kollektiv zuerkannte Befähigung*) voraus, die unerlässlich ist, um die Definition der Lage so zu manipulieren, dass sie sich der offiziellen Definition annähert, und somit die breiteste Gruppe für die Aktion zu gewinnen – die entgegengesetzte Strategie dagegen kann gerade darauf abzielen, die gleiche Situation auf eine rein private Angelegenheit zu reduzieren.[23] Besitzt man das notwendige Kapital an Autorität, um seine eigene Definition der Lage durchzusetzen, insbesondere in Krisenfällen, wo das Urteil der Gruppe schwankend ist, so ist man in der Lage, sowohl die ganze Gruppe zu mobilisieren, indem man einem privaten Zwischenfall förmlichen und offiziellen Charakter gibt und ihn so zur Sache der ganzen Gruppe macht (zum Beispiel, wenn man die an eine einzelne Frau gerichtete Beleidigung als eine die *ḥurma* der ganzen Gruppe antastende Verletzung darstellt), als auch die Gruppe auszuschalten, indem man den direkt betroffenen Einzelnen (oder die Gruppe) desavouiert und ihn dadurch in den Stand einer einfachen Privatperson verweist, sodass er als unverständig (griech. *idiôtès*, kabylisch *amahbul*) erscheinen muss, weil er seine privaten Beweggründe durchsetzen wollte. In Wirklichkeit verlangen die Gruppen weitaus weniger, als der legalistische Formalismus vermuten lässt, aber weitaus mehr, als die »Spielverderber« ihnen zugestehen wollen. Zwischen dem *Verantwortungsvollen*, der dazu vorherbestimmt ist, die Stellung des von der Gruppe bevollmächtigten Wortführers einzunehmen, weil seine Praxis, in jeder Hinsicht vorbildlich, unmittelbar der offiziellen Vorschrift konform ist, da sie das Produkt eines vorschriftsmäßigen Habitus ist, und dem *Verantwortungslosen*, der sich nicht damit begnügt, die Spielregeln zu missachten, sondern auch deren Legitimität öffentlich anficht und sich anmaßt, seine eigenen Regeln durchzusetzen, räumen sie dem *»Übertreter guten Willens«* einen Platz ein, der, indem er sich an Vorschrift und Regel anpasst, obwohl er sie weder befolgen noch zurückweisen kann, ihnen aber wenigstens den Anschein oder die Absicht der Konformität zugesteht, das heißt sie *anerkennt*, zu ihrer rein offiziellen Existenz beiträgt. Es versteht sich von selbst, dass die Dialektik zwischen Offiziellem und Usuellem in der Politik einen besonders geeigneten Schauplatz findet: In der Tat können die Individuen, die um die politische Macht kämpfen, in ihren Bestrebungen, die Delegation der Gruppe auf sich zu ziehen und sie so allen Konkurrenten zu entreißen, einander nur rituelle Strategien und strategische Riten, als Produkte der symbolischen Kollektivierung von Privatinteressen und der symbolischen Inbesitznahme von offiziellen Interessen, entgegensetzen.

Jedoch darf man über dem Kampf um das Monopol der legitimen Anwendung der Gewalt (das heißt, in einer Gesellschaft ohne ökonomische Akkumulation, der Kampf um die Akkumulation des symbolischen Kapitals als eines kollektiv anerkannten *Kredits*), in dessen Mittelpunkt der Gegensatz zwischen kollektiver und privater Raison, zwischen dem von der Gruppe bevollmächtigten und ihre Achtung genießenden Verantwortungsvollen und dem Verantwortungslosen ohne Achtung, den zwangsläufig unterirdischen Gegensatz zwischen offiziell und offiziös nicht vergessen. Die Struktur des Systems der kollektiven Denkkategorien setzt als Axiom, dass eine Konkurrenz um die offizielle Macht nur zwischen Männern stattfinden kann, während für die Frauen nur die Konkurrenz um eine per definitionem *offiziös* oder sogar geheim und verborgen bleibende Macht infrage kommt. In der Tat findet man im politischen Bereich die gleiche Arbeitsteilung wieder, die auch für die Religion gilt und den Männern die öffentliche, feierliche, kollektive Religion überträgt, den Frauen dagegen die heimliche und geheime, private Magie. In diesem Konkurrenzkampf verfügen die Männer über alle offiziellen Mittel, angefangen bei den mythisch-rituellen Repräsentationen und den Verwandtschaftsrepräsentationen, die den Gegensatz zwischen Offiziellem und Privatem auf den Gegensatz zwischen draußen und drinnen, also zwischen männlich und weiblich reduzieren und so eine systematische hierarchische Ordnung aufstellen, die die weibliche Praxis, und was aus ihr hervorgeht, zu einer schamvollen, geheimen und bestenfalls offiziösen Existenz verurteilt: Sogar wenn die Frauen die tatsächliche Macht besitzen, was zumindest in Heiratsangelegenheiten der Fall ist, können sie sie nur dann voll ausüben, wenn sie den Männern den Schein der Macht, ihre offiziellen Zeichen überlassen und sich mit der offiziösen Macht der »grauen Eminenz« begnügen, einer *beherrschten Macht* also, die sich sowohl von der offiziellen Macht als auch von der subversiven Weigerung des »Spielverderbers« unterscheidet, insofern sie einerseits nur im Auftrag einer offiziellen Autorität, gleichsam nur per procura ausgeübt werden kann, andererseits aber noch der Autorität dient, deren sie sich bedient.

Die wahre Stellung und Bedeutung der Verwandtschaftsbeziehungen, die als Strukturierungsprinzipien der gesellschaftlichen Welt immer eine politische Funktion erfüllen, lässt sich nirgends besser wahrnehmen als in dem unterschiedlichen Gebrauch, den Männer und Frauen vom gleichen Feld genealogischer Beziehungen machen können, und ganz besonders in den unterschiedlichen »Lesarten« von genealogisch vieldeutigen Verwandtschaftsbeziehungen (die man relativ häufig findet, da ja das Heirats»feld« relativ eingeschränkt ist).[24] Die offizielle Lesart drängt sich dem Ethnologen auf, wenn er – wozu ihn die Informanten natürlich ermutigen – der Heirat zwischen parallelen Vettern und Kusinen die Beziehung gleichstellt, die zum Beispiel patrilineare Vettern und Kusi-

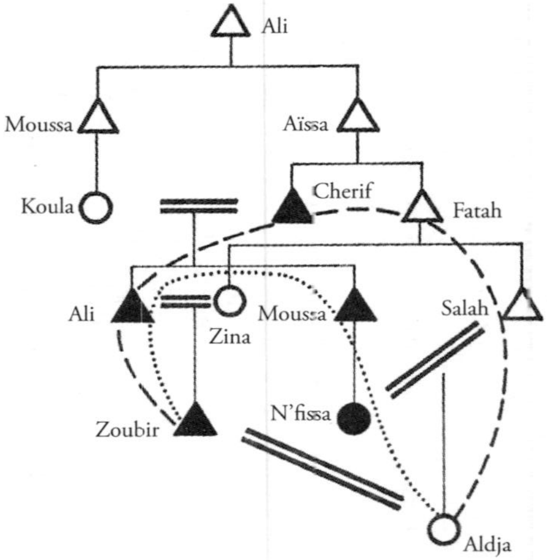
Ali
Moussa
Aïssa
Koula
Cherif
Fatah
Ali
Zina
Moussa
Salah
Zoubir
N'fissa
Aldja

Fall 1

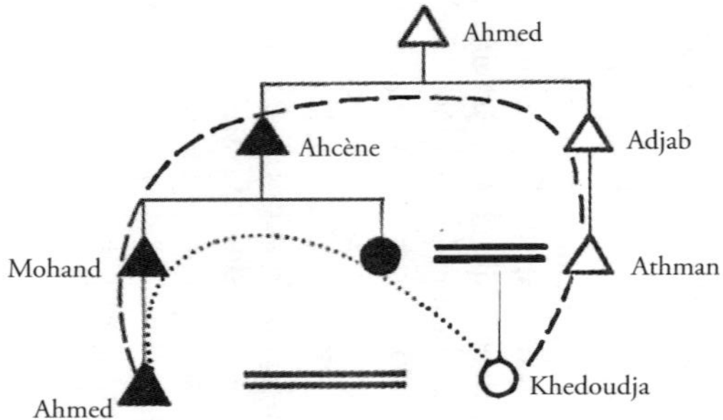
Ahmed
Ahcène
Adjab
Mohand
Athman
Ahmed
Khedoudja

Fall 2

nen zweiten Grades miteinander verbindet, wenn einer der beiden selbst aus der Ehe mit einer parallelen Kusine hervorgegangen ist und, mehr noch, wenn beide aus Ehen solchen Typs stammen (wie es zum Beispiel bei einem Frauentausch zwischen den Söhnen zweier Brüder der Fall ist, wo einer die Schwester des anderen heiratet: *labdil* oder arabisch *ras-b-ras*, Kopf um Kopf). Die männliche, das heißt herrschende Lesart, die sich mit besonderem Nachdruck überall dort aufdrängt, wo es sich um öffentliche, offizielle Situationen »von Mann zu Mann« handelt, kurz, um alle Ehrenbeziehungen »von Ehrenmann zu Ehrenmann«, privilegiert immer den vornehmsten Aspekt – den, der öffentlich proklamiert werden kann – einer vielgestaltigen Beziehung, indem sie das Beziehungsfeld der betreffenden Personen durch ihre patrilinearen Vorfahren definiert und, weitergehend, durch die patrilinearen Vorfahren, die mehreren Personen gemeinsam sind. Den anderen möglichen Weg, den, der manchmal direkter, oft praktisch leichter begehbar wäre, lässt sie im Bereich des Ungedachten, verdrängt sie ins Undenkbare, das heißt ins Unnennbare: den Weg über die Frauen. So hat, vom Standpunkt der genealogischen »Schicklichkeit« aus gesehen, Zoubir in Aldja die Tochter des Sohns des Bruders des Vaters oder aber die Tochter der Tochter des Bruders seines Vaters geheiratet und nicht die Tochter des Bruders seiner Mutter, auch wenn, wie es hier der Fall ist, ebendiese Beziehung der Heirat zugrunde liegt (Fall I); oder, um einen anderen Fall aus der gleichen Genealogie zu zitieren, die genealogische »Schicklichkeit« sicht in Khedoudja die Tochter des Sohns des Bruders des Vaters des Vaters ihres Mannes Ahmed, anstatt sie als eine Kreuzkusine (Tochter der Schwester des Vaters) zu betrachten, was sie doch genauso gut ist (Fall II). Die nicht»orthodoxe« Lesart, die den vom offiziellen Diskurs ausgeschlossenen Beziehungen durch die Frauen den Vorrang gibt, ist privaten Angelegenheiten vorbehalten oder sogar der Magie, die, genau wie die Beleidigung, den ihrem unheilvollen Zauber ausgesetzten Mann als »Sohn seiner Mutter« und nicht als »Sohn seines Vaters« bezeichnet; eine Verwandtschaftsbeziehung über die Frauen kann wohl von Männern und sogar vor Männern erfasst und ausgesprochen werden, aber nie bei öffentlichen Anlässen, sondern nur im engsten häuslichen Kreis; abgesehen von den Fällen, wo die Sprache der Frauenverwandtschaft sich als ganz selbstverständlich aufdrängt, nämlich da, wo Frauen über die Verwandtschaftsbeziehungen einer Frau zu anderen Frauen sprechen, kann sie auch im engsten Familienkreis gebraucht werden, in den Gesprächen einer Frau mit ihrem Vater und ihren Brüdern oder mit ihrem Mann, ihren Söhnen und sogar mit dem Bruder ihres Mannes, wodurch die enge Verbindung der Gesprächspartner zueinander und zugleich die zumindest symbolische Zugehörigkeit des derart Genannten zu diesem engsten Kreis betont wird. Letzten Endes ist der Ethnologe wohl der Einzige, der sich der »reinen«, uneigennützigen Erforschung aller theoretisch möglichen Strecken zwischen zwei Punkten im genealogischen Raum widmet: In der Praxis hängt die Wahl des einen oder des anderen Weges, des »männlichen« oder des »weiblichen«, der die Heirat zu der einen oder zu der anderen Linie hinlenkt, vom Kräfteverhältnis innerhalb der häuslichen Gemeinschaft ab und zielt darauf ab, dasjenige Kräfteverhältnis, das schließlich für die Heirat ausschlaggebend war, zu legitimieren und dadurch zu verstärken.

Kollektivglaube und fromme Lügen

Nichts ist schwieriger zu definieren als die Stellung, die die Heirat mit der parallelen Kusine einnimmt, und die Ethnologen wären voll und ganz berechtigt, mit den verschiedenen Bedeutungen des Wortes »Regel« zu spielen, wenn sie sich darüber klar wären, dass sie, indem sie anscheinend die Theorie der Eingeborenenpraxis aufstellen, in Wirklichkeit nichts anderes tun, als eines der vollkommensten Produkte der Dialektik zwischen Offiziellem und Usuellem ganz einfach zu reproduzieren: Stellt die Heirat mit der parallelen Kusine das praktisch so gut wie nie verwirklichte Ideal der perfekten Heirat dar oder eine ethische Norm (in diesem Fall eine Ehrenpflicht), die jedem heiratsfähigen Individuum vorgeschrieben ist, deren Missachtung aber (im Falle höherer Gewalt zum Beispiel) nicht unvorstellbar ist, oder aber eine Norm, die unbedingt verpflichtend ist, aber nur unter bestimmten Bedingungen, oder ist sie nichts anderes als ein in gewissen Situationen vorteilhafter »Coup«? In Wirklichkeit ist sie alles das zugleich und wird so zu einem privilegierten Manipulationsgegenstand. Die offiziellen Strategien, die darauf abzielen, ebendie Strategien und Interessen zu verschleiern, die sie verfolgen, während sie sich dem Anschein nach an die Regel halten, beruhen im Falle der Heirat auf der Doppeldeutigkeit einer Praxis, die objektiv eine zweifache Lesart zulässt: die genealogische, die immer in den Vordergrund gerückt wird, und die ökonomisch-politische, die erst gar nicht in den Hintergrund gerückt zu werden braucht – für den Ethnologen jedenfalls nicht –, da sie ja eine gründliche Kenntnis der Austauschbeziehungen zwischen den betreffenden Gruppen als notwendig voraussetzt. Die ideologische Falle aber hat einen doppelten Boden, und das Entmystifizierungsstreben fällt hier wie überall, um im Bilde zu bleiben, in die selbst gegrabene Grube der Mystifikation, wenn es sich von seinem Eifer hinreißen lässt: Nimmt man die Äußerungen der Eingeborenen allzu ernst, so läuft man Gefahr, einen bloßen ideologischen Schleier für die die Praxis bestimmende Norm oder Regel auszugeben; steht man ihnen allzu misstrauisch gegenüber, so läuft man Gefahr, die gesellschaftliche Funktion der von der Gesellschaft vorgesehenen und geförderten Lüge zu übersehen, die für die Individuen eins der Mittel darstellt, um die Auswirkungen der von der Notwendigkeit diktierten Strategien zu »korrigieren«, allein durch die Gewandtheit, die ihnen die perfekte Beherrschung der symbolischen Strategien verleiht.[25]

Ohne Zweifel verdankt die Heirat mit der parallelen Kusine ihren hervorragenden Platz im Diskurs der Eingeborenen und folglich auch in dem Diskurs des Ethnologen der Tatsache, dass sie am vollkommensten der mythisch-rituellen Vorstellung von der Arbeitsteilung unter den Geschlechtern entspricht und insbesondere der spezifischen Funktion von Mann und Frau in den Beziehungen zwischen den Gruppen. Und zwar zunächst deshalb, weil sie am radikalsten die Weigerung ausdrückt, die Verschwägerungsbeziehung als solche anzuerkennen, das heißt, wenn diese sich nicht als bloße *Verdoppelung* der Filiationsbeziehung ausgibt: Mit Vorliebe wird die spezifische Wirkung der Heirat mit der parallelen Kusine gepriesen, die darin besteht, dass die aus ihr hervorgegangenen Kinder (»ihre Abstammung ist ungemischt, ihr Blut ist rein«, *maḥd*) ihre Abstammung von demselben Vorfahren sowohl über den Vater als auch über die Mutter herleiten (»Wo er verwurzelt war, hat er seine mütterlichen Onkel gefunden« – *ichathel, ikhawel* – oder auf Arabisch: »Sein mütterlicher Onkel ist sein väterlicher Onkel« – *khalu'ammu*). Andererseits braucht man nur daran zu denken, dass der Mann (theoretisch) die Freiheit hat, seine Gattin zu verstoßen, dass die exogame Frau sich quasi in der Situation einer Fremden befindet, solange sie keinen männlichen Nachkommen geboren hat (und manchmal selbst dann noch), und endlich an den ambivalenten Charakter der Beziehung zwischen Neffen und mütterlichem Onkel (*khal*): »Wer keine Feinde hat, der warte nur auf den Sohn seiner Schwester« (nämlich denjenigen, der jederzeit, unter Missachtung der Ehre, seinen Anteil am Erbe seiner Mutter beanspruchen kann). Gleichwohl wird die Weigerung, die Verschwägerungsbeziehung anzuerkennen (»Die Frau eint nicht und trennt nicht«, *thamattuth ur thazeddi ur theferreq*), durch die mythische Repräsentation der Frau verstärkt, wenn nicht begründet, wonach Unreinheit und Schande eben durch die Frau in die Sippe einzudringen drohen. Von der Frau ist nichts völlig Gutes zu erwarten; sie vermag nur das *Übel* oder das *kleinere Übel* mit sich zu bringen, und ihre Bosheit wird nur durch ihre Schwäche ausgeglichen (»Gott weiß, was er an dem Esel geschaffen hat; er hat ihm keine Hörner gegeben«). Das kleinere Übel, das Gute im Übel empfängt die Frau immer durch den Mann, durch seine korrigierende und schützende Hand. Das bedeutet, dass die Frau immer nur so viel gilt wie die Männer ihrer Linie. Das bedeutet weiterhin, dass die beste – oder am wenigsten schlechte – Frau diejenige ist, die von den Männern der Linie abstammt, nämlich die parallele patrilineare Kusine, die männlichste aller Frauen, die in der Gestalt der dem *Kopf* ihres Vaters Zeus entsprungenen Athene, jenem unmöglichen Produkt einer typisch patriarchalischen Vorstellungswelt, ihre äußerste Steigerung findet. »Heirate die Tochter deines *'ramm*: Kaut sie dich auch, so wird sie dich doch nicht verschlucken.« Die parallele patrilineare Kusine steht als kultivierte, »geradegerichtete« Frau der parallelen matrilinearen Kusine, das heißt der natürlichen, »krummen«, unheilbringenden und unreinen Frau, gegenüber wie das *Weiblich-Männliche* dem *Weiblich-Weiblichen*; dieses Gegensatzpaar besitzt also die gleiche Struktur (a : b :: b1 : b2), die auch dem mythischen Raum des Hauses oder dem Agrarkalender zugrunde liegt. Von hier aus wird klar, dass man eine Frau, die sich nicht durch einen männlichen Vorfahren an die Linie angliedern und so der parallelen Kusine gleichstellen lässt, lieber ganz als Fremde, als »Tochter von X« betrachtet. (Um auszudrücken, dass keinerlei genealogische Beziehung vorhanden ist, sagt man: »Was bist du denn für mich? Noch nicht einmal der

Sohn der Tochter der Schwester meiner Mutter«, *mis illis khalti.*)[26] Weiterhin wird klar, dass die Heirat mit der Tochter des Bruders des Vaters bei Weitem die ist, die den meisten Segen von der Gruppe erhält und ihr am besten Glück und Segen zu verschaffen vermag. So gab man ihr die Rolle eines Eröffnungsritus zu Beginn der Heiratssaison, vergleichbar dem entsprechenden Ritus zu Beginn der Feldarbeiten, dessen Durchführung in jedem Dorf einer für ihre Tugend und *baraka* bekannten Familie zukam, mit der in beiden Fällen identischen Funktion, die Gefahr zu bannen, die die unvermeidlich frevelhafte Berührung des Männlichen mit dem Weiblichen, des Feuers mit dem Wasser, der Pflugschar mit der Furche in sich birgt.[27]

Dadurch, dass Kategorien des mythischen Denkens in die Verwandtschaftsbeziehungen hineinprojiziert werden, entstehen Gegensätze, die relativ irreal wären, entsprächen nicht die Spaltungen, die sie nach sich ziehen, einer fundamentalen Spaltung der Hauspolitik: Den Interessen der Mutter, die ihre Stellung im Hause ihres Mannes zu verstärken sucht, indem sie eine »weiblich-weibliche« Frau aus ihrer eigenen Linie in die Familie einführt, stehen die Interessen des Vaters gegenüber, der, indem er als Mann mit seinen männlichen Verwandten, seinem eigenen Bruder oder einem anderen Verwandten väterlicherseits, die Heirat seines Sohnes abschließt, die agnatische Einheit und gleichzeitig auch seine Stellung in der häuslichen Einheit verstärkt; je nachdem, ob die in die Linie eingeführte Frau (*thislith*) mit dem Vater ihres Mannes – und zwar entweder durch ihren Vater und, allgemeiner gesehen, durch einen Mann oder aber durch ihre Mutter – oder mit der Mutter ihres Mannes verwandt ist, verfügt sie über ein sehr unterschiedliches Gewicht im Machtverhältnis zur Mutter ihres Mannes (*thamgarth*), wobei dieses Verhältnis natürlich auch von der genealogischen Beziehung der *thamgarth* zu den Männern der Linie (zum Beispiel zum Vater ihres Gatten) beeinflusst wird. So befindet sich die parallele patrilineare Kusine von vornherein in einer starken Position, wenn sie einer in der Linie fremden »Alten« gegenübersteht; dagegen kann die Stellung der »Alten« in ihrem Verhältnis zu *thislith*, indirekt aber auch zu ihrem eigenen Mann, erheblich stärker werden, wenn *thislith* die Tochter ihrer eigenen Schwester oder, mehr noch, ihres eigenen Bruders ist. Da der Vater und die Mutter in gewisser Hinsicht strukturell gegensätzliche Interessen vertreten, kommt es bei der Heirat des Sohns zu einem Konflikt zwischen ihnen, der zwangsläufig versteckt bleiben muss, da ja die Frau keine offizielle Strategie haben darf: Der Vater ist vor allem an der Heirat innerhalb der Linie interessiert, die die mythische Vorstellung, das heißt die ideologische Legitimierung, der männlichen Herrschaft als die beste ausgibt; die Mutter ihrerseits lenkt ihre heimlichen Schritte eher auf ihre eigene Linie, und der Vater wird dann zu passender Zeit aufgefordert, die Ergebnisse ihrer Verhandlungen offiziell zu sanktionieren. Die Frauen würden sicherlich nicht so viel Einfallsreichtum und Mühe in der Erforschung aller Heiratsmöglichkeiten aufwenden, die ihnen die Arbeitsteilung zwischen den Geschlechtern zumindest bis zu dem Zeitpunkt überlässt, an dem der offizielle Dialog zwischen Männern ansetzt, wenn die Heirat ihrer Söhne nicht eine Gefahr der Unterhöhlung ihrer Macht in sich schlösse und dadurch eine Krise in der häuslichen Wirtschaft herbeiführen könnte, die dazu führte, dass man mehr verbraucht (*lakhla ukham*, die Leere des Hauses) als spart (*la'mara ukham*, die Fülle des Hauses), und die letzten Endes auf den Bruch der Ungeteiltheit hinauslaufen würde. Die Interessen des »Alten« (*amghar*) und der »Alten« (*thamgarth*) sind übrigens nicht unbedingt antagonistisch: Da *amghar* sich sehr wohl des Vorteils bewusst ist, den er durch die Wahl einer jungen, *thamgarth* völlig ergebenen Braut (*thislith*) hat (wobei natürlich *thamgarth* selbst der Linie treu ergeben ist), ist er klug genug, *thamgarth* zu gestatten, in ihrer eigenen Linie ein fügsames Mädchen auszusuchen; mehr noch, da die Gesamtstruktur der praktischen Beziehungen zwischen Verwandten in jeder einzelnen Beziehung mitspielt, kann er absichtlich die Tochter seiner eigenen Schwester (patrilineare Kreuzkusine) für seinen Sohn auswählen oder sogar »unter der Hand« seine Frau dazu bewegen, den Sohn mit der Tochter ihres Bruders (matrilineare Kreuzkusine) zu verheiraten, anstatt die Tochter eines seiner Brüder (patrilineare parallele Kusine) für seinen Sohn zu nehmen und damit die Macht dieses schon (durch sein Alter oder sein Prestige) mächtigen Bruders noch zu verstärken.

Die Heirat mit der parallelen Kusine kann manchmal notwendig sein, ohne dass es sich um eine von der genealogischen Vorschrift diktierte Notwendigkeit handelt. In der Praxis ist diese ideale Heirat oft genug eine *Zwangswahl*, die man als ideale Wahl auszugeben bemüht ist, um so aus der Not eine Tugend zu machen. Die »Theorie« der Eingeborenen, die eifrig von denen wieder aufgenommen wird, die in ihrem legalistischen Formalismus jedem Individuum eine Art »Vorkaufsrecht« auf seine parallele Kusine zuschreiben, ist zweifellos nichts weiter als ein anderer Ausdruck der Ideologie der Männlichkeit, die dem Mann die Überlegenheit und daher die Initiative in allen Beziehungen zwischen den Geschlechtern, besonders in der Ehe, zuerkennt. Man braucht nur an die wirklichen Situationen in der Praxis heranzugehen, um festzustellen, dass die Heirat mit der parallelen Kusine oft viel mehr eine Pflicht als ein Recht bedeutet: »Es ist nicht Sitte, die Tochter des *'amm* dem zu verweigern, der um sie wirbt. Aber es schadet der Ehre der Familie, wenn ein Mädchen allzu lange auf einen Mann warten muss. Wartet sie allzu lange, muss ihr Vetter seine Pflicht erfüllen, wie es das Sprichwort will« (Ait Hichem). »Man muss die Tochter des väterlichen Onkels heiraten, auch wenn sie im Stich gelassen wurde« (Ain Aghbel). Und zahlreiche Sprichwörter sagen das Gleiche: »Folge dem Weg, auch wenn er abbiegt. Heirate die Tochter deines *'amm*, auch wenn keiner sie will (wenn sie ›brachliegt‹).« Oder Variationen dazu: »Geh den Weg, auch wenn er Umwege macht; nimm die Tochter deines *'amm*, auch wenn keiner sie will.« »Die Tochter des *'amm*, auch wenn sie im Stich gelassen wurde, (ist) der Weg des Friedens (der sichere Weg), auch wenn er Umwege macht.« Wie aus der Metapher hervorgeht (der *krumme* Weg im Gegensatz zur *geraden* Straße), wird die Heirat mit der parallelen Kusine meist als ein auferlegtes Opfer empfunden (ebenso wie die Heirat mit der Witwe des Bruders), das man tunlichst in frei gewählten Gehorsam gegenüber einer Ehrenpflicht verwandelt: »Wenn du die Tochter deines *'amm* nicht heiratest, wer wird sie dann heiraten? Du wirst sie zur Frau nehmen, ob du nun willst oder nicht.« »Und wenn sie auch hässlich und ein Nichts wäre, ihr väterlicher Onkel muss sie für seinen Sohn nehmen; holt er eine Fremde für seinen Sohn und lässt die Tochter seines Bruders, so spotten die Leute über ihn und sagen: ›Er hat eine Fremde geholt und die Tochter seines Bruders im Stich gelassen.‹« Und in der Tat erhält die Heirat mit der parallelen Kusine in der Praxis ihre ideale Bedeutung und Funktion, die der offizielle Diskurs ihr beimisst, nur in den Familien, deren Zusammenhalt stark genug ist, um noch dessen Verstärkung zu wünschen; sie wird nur dann zur unabweisbaren Notwendigkeit, wenn es sich um »höhere Gewalt« handelt: Ein Beispiel dafür ist die Tochter des *amengur,* dessen, der »versagt« hat, weil er keinen männlichen Erben hinterlässt. In diesem Fall ist die Heirat mit der parallelen Kusine von Pflicht und Interesse gleichermaßen geboten, da der Bruder des *amengur* ja ohnehin nicht nur das Haus und Land des »Versagers« erben wird, sondern auch die Verpflichtungen den Töchtern des *amengur* gegenüber (besonders wenn sie verwitwet sind oder verstoßen werden), andererseits aber auch, weil diese Heirat das einzige Mittel ist, die Gefahr abzuwenden, der die Ehre der Gruppe, vielleicht auch ihr Erbgut, durch die Heirat mit einem Fremden (*awrith*) ausgesetzt wäre. Die Heirat zwischen Vetter und Kusine ist auch dann dringend geboten, wenn es ein »spätes Mädchen« zu verheiraten gilt. »Wer eine Tochter hat und sie nicht verheiratet, der muss die Schmach dafür auf sich nehmen.« »Weh dem, dessen Tochter heranwächst und keinen Mann findet, es wäre ihm besser, dass er stürbe« (Ain Aghbel). Anhand solcher Äußerungen, die in allen Gesprächen über die Heirat zwischen Vetter und Kusine mit fast zwanghafter Häufigkeit wiederkehren, kann man sehen, dass auch hier die Pflicht des Bruders des Vaters und seines Sohnes – die Ehre, und die Schande also auch, ist ungeteiltes Eigentum – mit ihren Interessen zusammenfällt. Das heißt, dass man nicht einmal in Grenzfällen, wo die Wahl der parallelen Kusine unbedingt geboten ist, die ethische oder juristische Regel zu bemühen braucht, um einer Praxis gerecht zu werden, die nichts anderes ist als das Produkt von Strategien, deren bewusstes oder unbewusstes Ziel die Befriedigung einer bestimmten Art von materiellen oder symbolischen Interessen ist. Die Moral der Ehre ist nichts anderes als die Moral der Interessen der Gesellschaftsformationen, der Gruppen oder Klassen, deren gemeinsames Erbgut dem symbolischen Kapital einen wichtigen Platz einräumt; es zeugt wirklich von völliger Ahnungslosigkeit hinsichtlich dessen, welchen furchtbaren und nachhaltigen Verlust es für eine Gruppe bedeutet, die Ehre ihrer Frauen verletzt zu sehen, wenn man das Prinzip der Handlungen, die eine Beleidigung verhindern, verheimlichen oder vergelten sollen, auf die Befolgung ethischer oder juristischer Regeln zurückführt.

Sogar in den äußersten Fällen, wo die fundamentalsten Prinzipien der Praxis überschritten zu werden drohen, drängt sich die strategische Bestimmung der Lage und der angemessenen Erwiderung der Herausforderung nie mit der absoluten Notwendigkeit eines ethischen Imperativs auf. Es reicht schon, dass eine durch eine adäquate Praxistheorie gelenkte Fragestellung die Struktur des Verhältnisses zwischen Ethnologen und Informanten bricht, das die Informanten dazu veranlasst, den hypothetischen Imperativen der Strategie die Form von kategorischen Imperativen der Moral zu geben und von *Regeln* und »*Coups*« zu berichten, als wolle man einem Laien die Anfangsgründe eines Spiels beibringen – und schon kommen Ausflüchte und Kniffe zum Vorschein, die nicht weniger institutionalisiert sind als die entsprechenden »Regeln«: »Einige fliehen, um einer erzwungenen Heirat zu entgehen, manchmal mit dem mehr oder weniger offenen Einverständnis der Eltern, die dann die Heirat zurückweisen (oder ihr Versprechen zurücknehmen) können, ohne gegen die Prinzipien zu verstoßen: ›Siehst du, unser Sohn ist fortgelaufen. Wir können doch nicht unseren Sohn verlieren, um unseren Bruder zu behalten‹ (oder: ›Lieber ihn – den Bruder, dem man verpflichtet ist – als meinen Sohn‹).«

Heiraten, die ihren genealogischen Kriterien nach identisch aussehen, können ganz verschiedene, wenn nicht entgegengesetzte Bedeutungen und Funktionen haben, je nach den Strategien, in die sie sich einfügen und die man allein durch eine Rekonstituierung des vollständigen Systems der Beziehungen zwischen den beiden durch die Heirat verschwägerten Gruppen und des Standes dieser Beziehungen zu einem bestimmten Zeitpunkt erfassen kann. Sobald man darauf verzichtet, sich an die schon vollzogenen Heiraten zu halten, die der Genealoge aufzählt und einordnet, um seine Aufmerksamkeit den bewussten und unbewussten Strategien und den objektiven Bedingungen, die sie möglich und notwendig gemacht haben, das heißt den von ihnen erfüllten individuellen und kollektiven Funktionen, zuzuwenden, so kann man nicht umhin festzustellen, dass zwei Heiraten mit der parallelen Kusine sehr wohl nicht die geringste Ähnlichkeit miteinander aufweisen können; dies hängt zum Beispiel davon ab, ob diese Heiraten zu Lebzeiten des gemeinsamen Großvaters väterlicherseits und eventuell durch ihn geschlossen wurden (mit Zustimmung der beiden Väter oder »über ihre Köpfe hinweg«) oder im Gegenteil durch direktes Einvernehmen der beiden Brüder; ob sie, in letzterem Fall, geschlossen wurden, als die zukünftigen Gatten noch Kinder oder, im Gegenteil, als sie schon im heiratsfähigen Alter waren (ganz zu schweigen von dem Fall, wo das Mädchen das heiratsfähige Alter schon überschritten hat); ob die beiden Brüder getrennt leben und arbeiten oder ob sie die völlige Ungeteiltheit der Bewirtschaftung von Land, Vieh und anderen Gütern und der häuslichen Wirtschaft (»gemeinsamer Kochtopf«) aufrechterhalten haben, ganz zu schweigen von dem Fall, wo nur der Schein der Ungeteiltheit gewahrt wird; ob der ältere Bruder (*dadda*) seine Tochter dem jüngeren gibt oder, umgekehrt, dessen Tochter nimmt, wobei der Altersunterschied und vor allem der Geburtsrang mit Unterschieden im gesellschaftlichen Rang und Ansehen verbunden sein können; ob der Bruder, der seine Tochter gibt, einen männlichen Erben hat oder *amengur* ist; ob beide Brüder zur Zeit der Eheschließung am Leben sind oder nur einer von beiden und, genauer gesagt, ob der Überlebende der Vater des Knaben, also von Rechts wegen der Beschützer des Mädchens ist, das er für seinen Sohn nimmt (besonders wenn sie keinen erwachsenen Bruder hat), oder ob im Gegenteil der Vater des Mädchens der Überlebende ist, der dann seine Vorrangstellung ausnutzen kann, um sich den Schwiegersohn gewissermaßen »einzufangen«. Und als sollte die Vieldeutigkeit dieser Heirat, die allein die selbstgefällige Blindheit für die Imponderabilien der fremden Lebenskunst als klar und eindeutig ausgibt, noch verstärkt werden, kommt es nicht selten vor, dass die Pflicht, sich als »Schleier der Schande« aufzuopfern und das »problematische«, vom Schicksal stiefmütterlich behandelte Mädchen zu beschützen, einem Mann aus dem ärmsten Zweig der Linie zufällt, wobei es dann natürlich leicht, aber auch vorteilhaft ist, den Eifer zu loben, mit dem er der Tochter seines ʻ*amm* gegenüber seine Ehrenpflicht erfüllt oder sogar sein Recht als männliches Mitglied der Linie ausübt.[28]

Die Informanten erinnern durch ihre Widersprüche und Inkohärenzen selbst immer wieder daran, dass sich eine Heirat nie völlig durch genealogische Termini definieren lässt und dass sie verschiedene, ja entgegengesetzte Bedeutungen und Funktionen annehmen kann, je nachdem, wie die Umstände sind, die sie bedingen; weiterhin, dass die Heirat mit der parallelen Kusine die schlechteste oder die beste aller Heiraten sein kann, je nachdem, ob sie als Wahl- oder als Zwangsheirat aufgefasst wird, das heißt in erster Linie je nach der Stellung, die die Familien jeweils in der gesellschaftlichen Struktur einnehmen. Sie kann die beste aller Heiraten sein (»Die Tochter des ʻ*amm* heiraten ist süß wie Honig im Munde«), und dies nicht nur von einem mythischen Gesichtspunkt aus, sondern auch im Bereich des praktischen Gewinns, da sie ja wirtschaftlich und gesellschaftlich gesehen die am wenigsten kostspielige – Verhandlungen, Transaktionen, materieller und symbolischer Aufwand werden auf ein Mindestmaß reduziert – und zugleich sicherste Heirat ist; um die nahe Heirat der entfernten entgegenzusetzen, benutzt man genau die gleichen Ausdrücke wie für die Gegenüberstellung von bäuerlichem Warenaustausch und Transaktionen auf dem Markt;[29] sie kann aber ebenso die schlimmste aller Verbindungen sein (»Die Heirat der ›väterlichen Onkel‹ – *azwaj el la'mum* – ist meinem Herzen so bitter; ich bitte dich, o mein Gott, bewahre mich vor diesem Unglück!«[30]) und zugleich die, die am wenigsten Prestige beweist, wenn sie als Lösung erscheint, mit der man sich wohl oder übel abfinden muss (»Freunde sind gekommen, die dir überlegen sind, und du bleibst stehen, du, der du schwarz bist«), das heißt immer dann, wenn sie sich als das einzige Mittel erweist, um das Aussterben einer Linie zu verhindern oder bedrohte Familienbeziehungen aufrechtzuerhalten, oder wenn die betreffenden Familien arm an Männern oder an Land sind. Kurz, die scheinbare Inkohärenz in dem Diskurs der Informanten, in denen ein überheblicher Objektivismus nichts als ein fundamentales Charakteristikum der Vorstellung sehen würde, die jedes Individuum von seiner eigenen Praxis hat, weist in Wirklichkeit auf die funktionale Zweideutigkeit einer *genealogisch* (das heißt ideologisch) *eindeutigen Heirat* hin, zugleich aber auf die Manipulation der objektiven Bedeutung von Praxis und deren Produkt, die durch die Koppelung von Zweideutigkeit und Eindeutigkeit zugelassen, ja gefördert wird.

Einziges Opfer dieser Manipulationen ist zweifellos der Ethnologe, denn indem er alle Heiraten mit der patrilinearen parallelen Kusine (und die, die ihnen gleichgestellt werden) in ein und dieselbe Kategorie einordnet, ohne Rücksicht auf die verschiedenen Funktionen, die sie für die Individuen oder Gruppen, die diese Heirat schließen, haben können, stellt er verschiedene Formen der Praxis einfach gleich, die sich doch in allen Aspekten, von denen das genealogische Modell absieht, voneinander unterscheiden können. Ein Beispiel soll genügen, um andeutungsweise die ökonomischen und symbolischen Ungleichheiten aufzuzeigen, die sich hinter der genealogischen Beziehung zwischen klassifikatorischen parallelen Vettern und Kusinen (Tochter des Sohns des Bruders des Vaters des Vaters) verbergen können, und um die eigentlich *politi-*

schen Strategien an den Tag zu legen, die hinter der Legitimität dieser Beziehung stecken. Beide Gatten gehören zum »Haus des Belaid«, das heißt zur Nachkommenschaft des Belaid n Ahmed u Belaid (V_I), einer großen, in Ungeteiltheit lebenden Familie, die sowohl ihrem Umfang wie ihrem wirtschaftlichen Kapital nach zu den größten Familien des Dorfes zählt.[31] Da ja das Prinzip der Ungeteiltheit immer nur Verneinung und Ablehnung des Teilungsprinzips ist, werden die Ungleichheiten in den »Kapitaleinlagen« und den virtuellen Erbanteilen der verschiedenen Familienzweige stark empfunden; so ist der Zweig der Nachkommen von Ahmed, aus dem der junge Mann stammt, weit reicher an Männern als der Zweig Youcefs, aus dem das Mädchen stammt, aber dieser ist entsprechend reicher an Landbesitz: Im Falle einer Erbteilung bekämen die drei Söhne von Amar (VII_2) ein Zwölftel des gemeinsamen Erbguts (das heißt theoretisch 1/36 für jeden von ihnen), während auf der gleichen genealogischen Stufe Youcef ein Drittel erben würde. Mit dem Reichtum an Männern, die als Reproduktionskraft einen noch vermehrten Reichtum versprechen können, hängt folgerichtig eine ganze Reihe von Vorteilen zusammen, vorausgesetzt, dass man dieses Kapital richtig zu verwerten weiß: Der wichtigste Vorteil ist der, in der Führung der inneren und äußeren Angelegenheiten des Hauses die maßgebende Rolle zu spielen. »Das Haus der Männer«, sagt man, »ist dem Haus der Ochsen überlegen« (*akham irgazen if akham izgaren*). Die Vorrangstellung dieser Linie wird daran erkennbar, dass sie klug und fähig genug war, die Namen der Vorfahren wieder aufzunehmen, das heißt abgesehen von Ahmed und Belaid, die von einer Generation zur anderen abwechseln, den Namen des ältesten, etwas in Vergessenheit geratenen Vorfahren Amar (VII_2). Man sieht also, dass die politische Macht sich auf andere Prinzipien als den ökonomischen Reichtum stützen kann, auf den Reichtum an Männern oder auf jene besondere Art von Kapital, die in der perfekten Beherrschung der politischen Strategien besteht: In ebendieser Linie ist es zum Beispiel der dritte Bruder (VI_3), der die Gruppe in allen großen auswärtigen Begegnungen, Konflikten oder Feierlichkeiten vertritt, während der Älteste (VI_I) die Rolle des »Weisen« spielt, der durch seine Vermittlung und seinen Rat die innere Einheit der Gruppe garantiert. Das Oberhaupt des dritten Zweiges (VII_5) wird völlig von der Machtausübung ausgeschlossen, und zwar nicht so sehr wegen des Altersunterschiedes zu seinen Onkeln (die Söhne von Ahmed – VI_1 – werden an den Entscheidungen beteiligt, obwohl sie viel jünger sind als er), sondern vielmehr, weil er sich selbst von dem Konkurrenzkampf der Männer, von allen außergewöhnlichen Beteiligungen und in gewisser Hinsicht sogar von der Landarbeit ausgeschlossen hat; es scheint, als habe die Tatsache, als einziger Sohn und noch dazu ohne Vater aufgewachsen zu sein (dieser starb kurz vor seiner Geburt), als »Witwensohn«, wie man sagt, als die einzige Hoffnung der Linie, von einer ganzen Schar von Frauen (Mutter, Tanten usw.) gehätschelt und getätschelt, den Spielen und Beschäftigungen der anderen Kinder entzogen, um in die Schule zu gehen, ihn geradewegs dazu veranlagt und veranlasst, sein Leben lang eine Außenseiterstellung einzunehmen: Nachdem er eine Zeit lang in der Armee gedient und dann als Landarbeiter im Ausland gearbeitet hat, nützt er bei seiner Rückkehr ins Dorf die vorteilhafte Stellung aus, die ihm der Besitz eines im Hinblick auf die kleine Anzahl der zu ernährenden Personen beträchtlichen Erbanteils verschafft, um sich darauf zu beschränken, Beaufsichtigungs-, Garten- und Wartungsarbeiten (der Mühlen, der Gärten und der Feigengestelle) zu übernehmen, die Arbeiten also, die am wenigsten Initiative und Verantwortung erfordern, kurz, die unmännlichsten aller männlichen Arbeiten. Diese Tatsachen muss man neben anderen berücksichtigen, um die innen- und außenpolitische Funktion der Heirat zwischen Belaid (VIII_5), dem jüngsten Sohn von Amar (VII_2), und seiner Kusine Yamina, der Tochter von Youcef (VII_5), zu verstehen. Durch diese Heirat, die die tatsächlichen Führer Ahmed und Ahcène geschlossen haben, wie gewöhnlich ohne Youcef zu Rate zu ziehen und ohne den vergeblichen Protest seiner Frau gegen eine so ungünstige Ehe zu beachten, verstärkt die herrschende Linie der Familie ihre Stellung, indem sie ihre Bande mit der an Land reichen Linie enger knüpft, ohne dabei aber ihr äußeres Prestige aufs Spiel zu setzen, da ja die Struktur der Machtverhältnisse innerhalb des Hauses nie nach außen hin bekannt wird und noch der Ärmste aller zur Sippe Gehörenden an ihrer Ausstrahlung teilhat. So lässt sich die vollständige Wahrheit dieser Heirat nur in ihrer doppelten Wahrheit erfassen, die eine Art doppeltes Bewusstsein voraussetzt, das der Gruppe erlaubt, sich mit der offiziellen Wahrheit zu begnügen, die sie selbst und für sich selbst vorgibt: Das offizielle Bild einer Heirat zwischen parallelen Vettern und Kusinen aus einer bedeutenden Familie, der daran gelegen ist, ihren Zusammenhalt durch eine wohlgelungene Ehe zu demonstrieren, um diesen Zusammenhalt noch zu verstärken und gleichzeitig ihren Willen zu bezeugen, an der heiligsten aller Traditionen festzuhalten, existiert neben der Kenntnis der objektiven Wahrheit einer Ehe, die nichts anderes ist als die Bestätigung des gezwungenermaßen geschlossenen *Bündnisses* zweier sozialer Einheiten, die einander im negativen Sinne, »in guten und in schlechten Zeiten«, das heißt im genealogischen Sinne, so stark verbunden sind, dass sie gezwungen sind, ihre sich ergänzenden Reichtümer auf diese Art zusammenzulegen; beide Wahrheiten koexistieren, ohne je in Widerspruch zueinander zu geraten, sogar in den Augen der Personen, die der Gruppe fremd gegenüberstehen, die aber in dieser Welt, wo jeder über jeden Bescheid weiß, immer informiert genug sind, um sich nie durch die ihnen gebotenen Repräsentationen täuschen zu lassen. Man könnte eine Unzahl von Beispielen anführen, wo die Gruppe wie hier das doppelte Spiel der kollektiven Doppelzüngigkeit spielt. In einem anderen Fall zum Beispiel gibt man als einstimmig gepriesene Heirat mit der parallelen Kusine eine Verbindung aus, die vom Oberhaupt der herrschenden Fraktion (Mhamed) zwischen einem jungen Mann (Abderrezaq) aus einem armen Zweig und einer relativ entfernten Verwandten (Tochter des Sohns des Sohns des Bruders des Vaters des Vaters) geschlossen wurde; da der Vater des Mädchens, das aus einem anderen armen Zweig der Familie stammt, vor ihrer Heirat ohne männliche Nachkommen gestorben ist, steht sie unter dem Schutz der herrschenden Fraktion, und diese ist damit moralisch verpflichtet, ihr einen Mann zu suchen: Indem sie den armen Verwandten dazu auffordert, er solle den schon lange ihr gegenüber bestehenden Verpflichtungen nachkommen, rettet die herrschende Linie ihre Ehre unter dem geringsten Aufwand, denn sie erspart es einem ihrer eigenen Männer, sich »aufopfern« zu müssen, und sie spart auch den Preis einer exogamen Heirat ein, gleichzeitig bindet sie einen Mann an sich, der von seiner verwitweten, unter dem Schutz des Bruders ihres Mannes stehenden Mutter aufgezogen worden ist, dem zentrifugalen Einfluss der mütterlichen Familie aber immer noch stark ausgesetzt ist, zumal sein ältester Bruder eine Frau aus der gleichen Familie geheiratet hat. Man versteht, das angesichts solcher Meisterwerke in der Kunst, Interessen und Verpflichtungen hinter Ausdrücken zu ver-

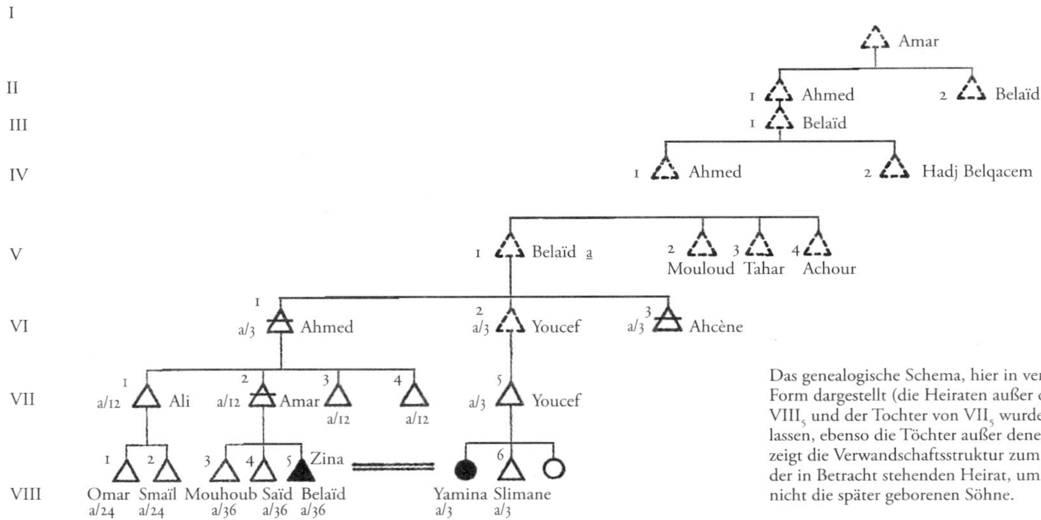

Das genealogische Schema, hier in vereinfachter Form dargestellt (die Heiraten außer der zwischen VIII_5 und der Tochter von VII_5 wurden fortgelassen, ebenso die Töchter außer denen von VII_5), zeigt die Verwandschaftsstruktur zum Zeitpunkt der in Betracht stehenden Heirat, umfasst also nicht die später geborenen Söhne.

hüllen, die die spontane Hermeneutik auf weniger wirkliche, dafür aber leichter eingestehbare Beweggründe hin ablenken, solche der Pflicht und der Moral, das Urteil der Gruppe schwankend wird.

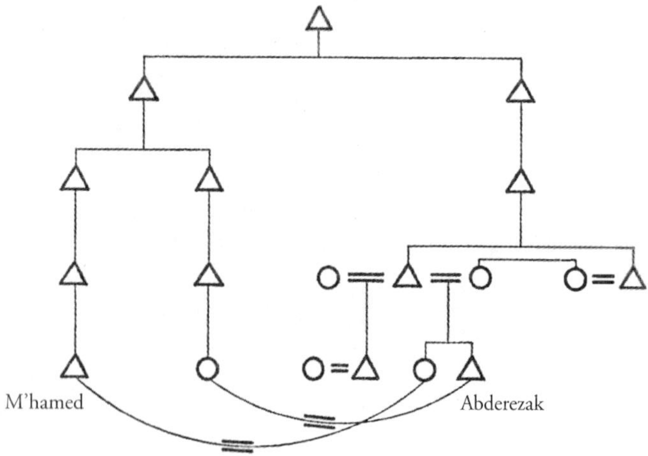

Nirgendwo ist die objektive Bedeutung einer Heirat derart ausgeprägt, dass kein Platz mehr für die symbolische Verkleidung übrig bliebe. So trifft man zum Beispiel die Heirat des *mechrut* (»der, der unter Bedingung steht«), bei der ein Mann ohne männliche Nachkommen seine Tochter einem »Erben« (*awrith*) zur Frau gibt, unter der Bedingung, dass dieser unter sein Dach zieht, nur in Märchen oder ethnographischen Büchern an, in Form eines »Schwiegersohnkaufs« – der Schwiegersohn wird wegen seiner Produktions- und Reproduktionskraft angeworben –, den allein eine mechanistische Anwendung der Prinzipien der kabylischen Weltsicht als solchen anzusehen vermag.[32] Und die Leute, die, in welcher Gegend auch immer, davon sprechen, sagen mit Recht, dass dieser Heiratstyp bei ihnen unbekannt und nur in anderen Gegenden anzutreffen sei; in der Tat kann die aufmerksamste Untersuchung der Genealogien und Familiengeschichten keinen einzigen Fall entdecken, der der Definition der Eingeborenen ganz und gar entspräche (»Ich gebe dir meine Tochter, dafür kommst du in mein Haus«). Hingegen kann man mit ebenso viel Recht behaupten, dass es keine Familie gibt, die nicht mindestens einen *awrith* hätte, dieser *awrith* aber wird hinter dem offiziellen Bild des »Partners« oder »Adoptivsohns« versteckt: Ist nicht das Wort *awrith*, »Erbe«, letzten Endes ein offizieller Euphemismus, um dem einen Namen geben zu können, für den es keinen anständigen Namen gibt, das heißt für den, der in dem Haus, das ihn aufnimmt, nichts anderes ist als der »Mann seiner Frau«? Es versteht sich von selbst, dass der mit den Sitten vertraute Ehrenmann in seiner eigenen Gruppe auf wohlwollendes Einverständnis trifft, wenn er als eine Adoption auszugeben sich bemüht, was in Wahrheit eine Verbindung ist, die in der zynischen Form des Vertrags das Gegenstück zu allen ehrbaren Formen der Heirat darstellt und die als solche ebenso der Ehre des *awrith* abträglich ist (»Er spielt die Rolle der Braut«, sagt man) wie der Ehre der Eltern schadet, die genug Interesse daran haben, einen Schwiegersohn aufzutreiben, um ihre Tochter diesem »Knecht ohne Lohn« zu geben. Und was könnte die Gruppe anderes tun, als sich eifrig an dem Spiel der allzu zweckdienlichen Lügen zu beteiligen, um nicht zugeben zu müssen, dass sie kein ehrenhaftes Mittel finden konnte, um dem *amengur* diesen äußersten Schritt zu ersparen, der den »Bankrott« seiner Familie wiedergutmachen soll. Aber die Genealogien weisen auch Fälle auf, bei denen ein solches stillschweigendes Einverständnis kaum begreiflich ist. So findet man zum Beispiel in der sozialen Geschichte einer sehr angesehenen Linie eine ganze Reihe von Fällen, wo Schwiegersöhne »eingefangen« werden, die als *mechrut* weder betrachtet noch ausgegeben werden, obwohl ihre Eingliederung in die Familie nicht von der Notwendigkeit diktiert ist, sondern – was eigentlich ein verstärktes Gefühl der Entrüstung auslösen müsste – von der fast systematischen Bemühung, ihr Kapital an Männern zu vergrößern. Zweifellos trug im Falle des ersten Schwiegersohns seine Eigenschaft als Marabut dazu bei, dass er als »Adoptivsohn« anerkannt wurde, und das, obwohl er sich selbst in die Lage des *awrith* gebracht hatte, indem er in das Haus seiner Frau beziehungsweise von deren Familie gezogen war (dies zeigt den Einfluss, den diese auf ihn hatte), nachdem er einige Monate lang bei seiner eigenen Familie gelebt hatte (wozu man ihn gezwungen hatte, um nach außen hin den Schein zu wahren). Trotzdem aber wendete man verschiedene Kunstgriffe an, um das Problem zu lösen, das durch seine Gegenwart im Hause entstand: Zuerst betraute man ihn mit der Arbeit des Müllers, wodurch er vom Hause ferngehalten wurde; wie man in solchen Fällen zu tun pflegt, brachte man ihm das Essen auf die Mühle (Sommermühle und Wintermühle), sodass er das Haus nur als Fremder betrat. Dann wurde er von den Führern der Linie diskret aufgefordert, sich auswärts eine Arbeit zu suchen, was insofern eine geschickte Lösung war, als sie zugleich erlaubte, den Gewinn seiner Arbeit einzustecken und die peinliche Situation zu beenden, die durch seine Gegenwart im Hause seiner Frau entstanden war. Und wenn der Sohn ebendieser Frau aus zweiter Ehe (nach dem Tod ihres ersten Mannes hatte sie wieder geheiratet), den sie nach dem Tod ihres zweiten Mannes in ihre Sippe zurückgebracht hatte, ebenso wenig als *awrith* erscheint, als seine Onkel mütterlicherseits ihn mit einem verwaisten – und unter ihrem Schutz stehenden – Mädchen verheiraten, so nur deshalb, weil sie diesen »Quasi-Sohn« (der sie übrigens immer noch *khal* und nicht *dadda* nennt und der, nach dem Dorf seines Vaters, immer noch Ahmed u Agouni genannt wird) »wie ihren Sohn« erzogen und ihm eine »Quasi-Tochter« zur Frau gegeben, damit also hinreichend bewiesen haben, wie sehr sie mit der offiziellen Vorstellung vom *awrith* als »Erben« und »Adoptivsohn« übereinstimmen, um dann auch seine Anerkennung durch die Gruppe durchzusetzen. Die Strategien zweiter Ordnung, die alle darauf abzielen, usuelle Beziehungen in offizielle Beziehungen umzuwandeln, also den Eindruck zu erwecken, als würden sich bestimmte Praktiken, die in Wirklichkeit ganz anderen Prinzipien unterliegen, von der genealogischen Definition ableiten, erreichen also darüber hinaus noch einen anderen, nicht vorhergesehenen Zweck: Sie geben nämlich eine Repräsentation der Praxis, die wie dazu geschaffen ist, die Repräsentation zu bestätigen, die der strukturalistische Ethnologe sich von der Praxis macht.

Das Gewöhnliche und das Außergewöhnliche

Eine Eheschließung erfolgt also bei Weitem nicht nach einer festgelegten Regel, die unter allen Mitgliedern der offiziellen Verwandtschaft den jeweiligen Ehepartner verbindlich bestimmen würde, sondern sie hängt im Gegenteil direkt vom Stand der Beziehungen innerhalb der usuellen Verwandtschaft ab, der Beziehungen in männlicher Linie (die von den Männern beansprucht werden können) oder in weiblicher Linie (die von den Frauen beansprucht werden können), und vom Stand der Machtverhältnisse innerhalb des »Hauses« (das heißt zwischen den Linien, die durch Heirat in der vorhergehenden Generation vereinigt wurden), die über die Pflege dieses oder jenes Beziehungsfeldes entscheiden.

Nimmt man an, dass eine der wichtigsten Funktionen der Heirat darin besteht, die gesellschaftlichen Beziehungen, deren Produkt sie ist, zu reproduzieren, so versteht man sofort, dass die verschiedenen Heiratstypen – und zwar kann man diese sowohl nach objektiven Kriterien der durch die Heirat vereinigten Gruppen (ihre Stellung in der gesellschaftlichen Hierarchie, ihre räumliche Entfernung voneinander usw.) unterscheiden als auch nach der Art der Zeremonie selbst, besonders nach deren Maß an förmlicher Feierlichkeit – in ihren Charakteristika sehr genau den verschiedenen Formen gesellschaftlicher Beziehungen entsprechen, durch welche die jeweilige Heirat ermöglicht wurde und die die Heirat jeweils zu reproduzieren strebt. Die offizielle Verwandtschaft, öffentlich zitiert und gesellschaftlich anerkannt, macht die offiziellen Heiraten möglich und notwendig, denn sie findet hier ihre einzige Gelegenheit, praktisch als Gruppe aufzutreten und dadurch ihren Zusammenhalt zu behaupten, der allerdings ebenso förmlich und künstlich ist wie die Gelegenheiten, bei denen er zelebriert wird. Die Gebrauchsverwandtschaft dagegen, die alltäglich gepflegt und beansprucht wird, ist der Boden, auf dem die gewöhnlichen Heiraten zustande kommen, diejenigen, die schon durch ihre Häufigkeit in den Bereich des Bedeutungslos-Irrelevanten, Alltäglich-Banalen verwiesen werden; diese Gebrauchsbeziehungen können unmöglich von allein fortbestehen, es sei denn in der etwas irrealen und künstlichen Weise der offiziellen Beziehungen, sie müssen daher ständig benutzt und dadurch zu weiterem Gebrauch lebendig erhalten werden. Und es ist durchaus logisch, dass eine Gruppe einen desto größeren Teil ihrer Arbeit an der Reproduktion der gesellschaftlichen Beziehungen auf die Reproduktion der offiziellen Beziehungen verwendet, je höher sie in der gesellschaftlichen Hierarchie steht, je reicher sie damit an offiziellen Beziehungen ist; im Gegensatz dazu können sich die ärmsten Gruppen, die »armen Verwandten«, kaum sehr viele Feierlichkeiten leisten und begnügen sich mit den gewöhnlichen Heiraten, die die Gebrauchsverwandtschaft denen bietet, die arm an offiziellen Verwandten sind.

		Heiraten innerhalb der ungeteilten Familie	gewöhnliche Heiraten innerhalb			Außergewöhnliche Heiraten
			der praktischen Verwandschaft	der nahen praktischen Beziehungen	der entfernten praktischen Beziehungen (angebahnte Beziehungen)	
Erkundungsphase	1 – *Aqualab*	-	-	-	+	-
	2 – *Anqadh*	-	-	-	-	+
Verhandlungsphase	3 – *Assiwaṭ wawal*	-	-	-	+	-
	4 – *Akhṭab*	-	+	++	+++	++++
	5 – *Ahallal*	-	-	+	++	+++
	6 – *Aqbal*	-	+	+	+	++
Verlöbnisphase	7 – *Asarus af thislith*	-	-	-	+	++
	8 – *Elḥaq n'thislith*	-	-	+	++	+++
	9 – *Amlak thislith*	O	O	+	++	+++
	10 – *Ahayi*	+	+	++	+++	++++
	11 – *Aghrum*	+	+	++	+++	++++
die Hochzeit selbst	12 – *Aquffi*	-	-	+	++	+++
	13 – *Awran*	-	-	+	++	+++
	14 – *Imensi*	+	+	+	++	+++
	15 – *Aṭbal*	-	+	+	+	++
	16 – *El barudh*	+	+	+	++	+++
	17 – *El ghart*	-	-	+	++	+++
	18 – *A'arut*	+	+	++	+++	++++
	19 – *Achachchi*	+	+	++	+++	++++
	20 – *El khir*	+	+	++	+++	++++
	21 – *Lahdiyath*	-	-	+	++	++++

Heiratstypen und Form der Hochzeitsfeier

Die Übersichtstafel auf S. 126 ordnet jeder der matrimonialen Strategien die für sie relevanten Charakteristika der Hochzeitszeremonie zu; dabei darf aber nicht vergessen werden, dass die Strategien der zweiten Ordnung prinzipiell darauf abzielen, der Hochzeitsfeier eines bestimmten Heiratstyps zumindest einige der Charakteristika zu geben, die eigentlich einem höher gestellten und daher feierlicheren Heiratstyp vorbehalten sind.

1. *Aqalab:* Die Brautsuche
Ausschließlich eine Angelegenheit der Frauen (es sei denn, es handelt sich um eine zu strategischen Zwecken fingierte Suche).

2. *Anqadh:* Die Brautprüfung
Die »Prüfung« der Braut, die einer der Familie nahestehenden Alten obliegt, wird dann durchgeführt, wenn man nichts von der Familie weiß oder wenn man sich nicht indirekt über sie informieren kann. Bietet man der »Prüferin« zu trinken an und nimmt sie das Angebot an, so kann man schon darin ein Zeichen dafür sehen, dass die Frauen der geplanten Heirat wohlwollend gegenüberstehen.

3. *Assiwaṭ wawal:* Die »Absichtserklärung«
Man kann in dem Schritt, der unternommen wird, um »das Wort hinzutragen«, den Anfang der Verhandlungen bei entfernten Heiraten sehen. Wird die Antwort nicht auf der Stelle gegeben, so kann sie nicht mehr negativ sein, ohne eine Beleidigung darzustellen. Abgesehen von diesen Fällen ist dieser erste Akt schon ein kaum noch verschleierter Antrag.

4. *Akhṭab:* Der offizielle Antrag
In der praktischen Verwandtschaft in Form einer sehr diskreten, kaum merkbaren Anspielung, manchmal in scherzhaftem Ton; ausdrücklich und direkt von dem für die Heirat Verantwortlichen selbst ausgesprochen, was den Raum der praktischen Beziehungen betrifft; im Fall der außergewöhnlichen Heiraten gehen ihm lange, geheim gehaltene Verhandlungen voraus.

5. *Ahallal:* Das Eingreifen der Mittler (*inattafen*)
Außerhalb der Verwandtschaft muss mit Ehrenbezeigungen und Aufmerksamkeiten »bezahlt« werden (und zwar von Mittlern, die zunehmend höher in der Rangordnung der genealogischen Beziehungen und der allgemeinen Achtung stehen).

6. *Aqbal:* Die Zusage
Sie ist desto feierlicher, je länger sie auf sich warten lässt.

7. *Asarus af thislith:* Das Verlöbnis der Braut
Diese Zeremonie findet nur dann statt, wenn keine Verwandtschaftsbeziehungen vorliegen und wenn die Hochzeit verschoben werden muss; bei den außergewöhnlichen Heiraten wird sie zu einer Art »kleiner Hochzeit«.

8. *Elḥaq n'thislith:* Der »Anteil« der Braut (die Brautgabe)
In den Beziehungen zwischen entfernten Gruppen ist dieses Geschenk obligatorisch, feierlich (in eigenem Interesse und auch wegen der großen jährlichen Feste, bei denen man an die Braut *denken* muss) und kostspielig; bescheiden, dafür aber häufiger im Bereich der praktischen Beziehungen (Ring, Gürtel usw.), wo es sich kaum von den vielen Geschenken unterscheidet, die die Frauen für gewöhnlich austauschen (vor allem Nahrungsmittel).

9. *Amlak thislith:* Die »versprochene« Braut
Zeitspanne von der Zusage bis zur Hochzeitsfeier. Bei entfernten Heiraten zieht die Familie der Braut diese Zeit so lange wie irgend möglich hin, um dadurch den Vorteil, den sie gegenüber der anderen Familie hat, möglichst lange zu perpetuieren.

10. *Ahayi:* Die Vorbereitungen
Weniger wichtig in gewöhnlichen Heiraten; es handelt sich hier um weibliche Feierlichkeiten und Riten mit Versöhnungscharakter (wie zur ersten Feldbestellung: Gericht aus Korn und dicken Bohnen; die Ankunft der Aussteuer und des Opfertiers werden gefeiert); sie verkünden zum ersten Mal offiziell die Heirat innerhalb des »Hauses« oder der nahen Verwandtschaft.

11. *Aghrum:* Der »Fladen«
Mahlzeit, zu der die Gruppe der Verwandten die Familie des jungen Mannes einlädt, mit all den Personen, die am Hochzeitszug teilnehmen sollen (*iqafafen*).

12. *Aquffi:* Der Hochzeitszug
Der Zug, der die Braut abholt, ist desto länger und besteht aus desto bedeutenderen Männern, je außergewöhnlicher die Heirat ist.

13. *Awran:* Die Geschenke (»das Mehl«)
Bei den großen Hochzeiten führt eine Abordnung der »Alten vom Mehl« (*imgharen wuren*), deren Teilnehmer, besonders die Frauen, sorgfältig ausgewählt wurden, mit viel Gepränge ein Maultier von dannen, das gut sichtbar alle Geschenke auf dem Rücken trägt.

14. *Imensi:* Das Abendessen
Essen, bei dem sich beide Gruppen vollzählig treffen und das Wittum aus-

tauschen. Bei den gewöhnlichen Heiraten eine einfache Begegnung zwischen Verwandten und Nahestehenden, Austausch eines relativ kleinen, wenn nicht symbolischen Wittums (bei einer Heirat in der ungeteilten Familie). Bei den Prestigeheiraten dagegen ist *imensi* ein regelrechter Ehrenwettstreit, und das Wittum kann sich auf eine sehr hohe Summe belaufen.

15. *Atbal:* Die bezahlten Musikanten
Die größte Feierlichkeit, die es bei einer Hochzeit geben kann; aber ausgeschlossen oder streng verurteilt im Fall einer Heirat zwischen zwei verwandten Familien.

16. *El barudh:* Das Schießpulver, die Gewehrschüsse
Sehr verbreitete Sitte, auch dann, wenn es keinen Hochzeitszug gibt.

17. *El ghart:* Das Scheibenschießen
In den Begegnungen mit fremden Gruppen ist es eine regelrechte Ehrensache, die Scheibe zu treffen, die wie eine Herausforderung auf dem Weg des männlichen Hochzeitszuges aufgestellt wurde. Bei den gewöhnlichen Heiraten wird *el ghart* ein bloßes Spiel zwischen Verwandten und Freunden.

18. *A'arut:* Die Einladungen

19. *Achachchi:* Die Verteilung der »Teller«
Bei den gewöhnlichen Heiraten auf die Verwandtschaft beschränkt.

20. *El khir:* Die Geldgeschenke
(die man der Braut und dem Bräutigam überreicht)

21. *Lahdiyath:* Die Geschenke
(für die Frauen der Familie der Braut)

Die Rolle, die die Frauen bei den Feierlichkeiten spielen (*urar*, Gesänge und Tänze, mit denen sie die Braut feiern, das Auftragen von Henna und die verschiedenen Vorbereitungen der Braut in ihrem Haus, das Auftragen von Henna im Haus des Bräutigams) ist im Großen und Ganzen die gleiche, egal ob es sich um eine sehr feierliche Hochzeit handelt oder nicht.

Von den Mängeln, die der spontanen Ethnologie der Informanten unwillkürlich anhaften, ist der irreführendste zweifellos der, dass sie den außergewöhnlichen Heiraten, die sich von den gewöhnlichen in positivem oder negativem Sinne abheben, einen unverhältnismäßig großen Platz einräumt. Abgesehen von den Raritäten, die dem Ethnologen oft von wohlmeinenden Informanten angeboten werden, wie zum Beispiel der Tauschehe (*abdal*, besteht darin, dass zwei Männer untereinander ihre Schwestern »austauschen«), der

Ergänzungsehe (*thirni*, zwei Brüder heiraten zwei Schwestern, die zweite ergänzt die erste, oder der Sohn heiratet die Schwester oder sogar die Tochter der zweiten Frau seines Vaters) oder der Leviratsehe, die ein Sonderfall der »Entschädigungsehe« ist (*thiririth*, von *err*, zurück-, wiedergeben oder zurück-, wieder-, übernehmen), weisen die Eingeborenen in ihren Aussagen auf die Extremfälle hin: die Heirat mit der parallelen Kusine, vom mythischen Standpunkt aus die vollendetste, und die Heirat zwischen zwei angesehenen Personen verschiedener Stämme oder Clans, vom politischen Standpunkt aus die vollendetste.[33] Diesen offiziellen Repräsentationen zum Trotz, die die ethnographische Tradition noch fördert, indem sie einzig und allein die auffallenden Fälle beschreibt, nämlich die, die zur Entfaltung des – um mit Weber zu sprechen – außergewöhnlichsten Zeremoniells Anlass geben, kann man anhand von Statistiken und genauer Beobachtung feststellen, dass die große Mehrheit der Heiraten in allen von der Untersuchung erfassten Gruppen zur Kategorie der gewöhnlichen Heiraten gehört, die meist auf die Initiative der Frauen hin zustande kommen, im Bereich der usuellen Verwandtschaft oder der usuellen Beziehungen, die diese Heiraten ermöglichen und durch sie verstärkt werden.[34] Die Ehen, die in diesem Bereich und zwischen Familien geschlossen werden, die schon lange und häufig, gleichsam auf längst gebahnten und durch Generationen hindurch ständig instand gehaltenen Wegen, miteinander verkehren, sind ebendie, über die es ebenso wenig zu sagen gibt wie über alles, was schon immer so gewesen ist, und sie scheinen keine andere Funktion zu erfüllen, abgesehen von der biologischen Reproduktion, als die Reproduktion der gesellschaftlichen Beziehungen, durch die sie zustande kommen.[35] Diese Heiraten, die im Allgemeinen ohne Zeremonie gefeiert werden, verhalten sich zu den außergewöhnlichen Heiraten, die von den Männern zwischen verschiedenen Dörfern oder Stämmen oder einfach außerhalb der Gebrauchsverwandtschaft geschlossen werden und darum immer in aller Form besiegelt werden, wie die Tauschhandlungen des gewöhnlichen Lebens, die kleinen Geschenke (*thuntichin*), die die Frauen untereinander austauschen und die »die Freundschaftsbande enger knüpfen«, zu dem außergewöhnlichen Austausch von Geschenken bei außergewöhnlichen Anlässen, Geschenken mit feierlichem Charakter, die in aller Form proklamiert werden (*lkhir*) und zu denen die Vorstellungsverwandtschaft verpflichtet ist. Die außergewöhnlichen Heiraten und die Heirat mit der parallelen Kusine haben einen gemeinsamen Punkt (dadurch und nur dadurch[36] unterscheidet sich letztere von den gewöhnlichen Heiraten): Beide kommen ohne die Frauen zustande, während die gewöhnlichen Heiraten so gut wie immer ihre Mitwirkung voraussetzen. Im Gegensatz zu der Heirat, die unter Brüdern oder unter den Männern der Sippe, mit Zustimmung des Patriarchen, beschlossen wird, versteht sich die entfernte Heirat offiziell als politisch: Sie wird außerhalb des Feldes der usuellen Beziehungen geschlossen und mit Zeremonien gefeiert, die umfangreiche Gruppen mobilisieren, lässt sich also nicht anders rechtfertigen als durch politische Zwecke, wie man im Extremfall jener Heiraten sehen kann, die einen Friedensschluss oder ein Bündnis zwischen den Oberhäuptern zweier Stämme besiegeln sollen.[37] Allgemeiner könnte man diesen Heiratstyp als Heirat des Marktes definieren; auf dem Markt nämlich als neutralem Ort, von dem die Frauen ausgeschlossen sind, treffen sich die Clans, Linien und Stämme, ist jeder hellhörig für alles, was passiert. Und es ist kein Zufall, dass dieser Heiratstyp von dem Ausrufer (*berraḥ*) öffentlich »aufgeboten« wird, im Gegensatz zu den anderen Heiraten, bei denen sich nur die Verwandten treffen und die darum jede offizielle Einladung ausschließen. Bei einer solchen Heirat wird die Frau als politisches Werkzeug, als eine Art Pfand oder »Tauschwährung« behandelt, aus der man symbolischen Profit ziehen kann. Als Anlass dazu, das symbolische Kapital öffentlich und offiziell, also durchaus legitimerweise, zur Schau zu stellen, sozusagen eine *Vorstellung* von der Verwandtschaft zu geben und dadurch dieses Kapital – gegen beträchtliche (materielle) Kosten – zu vermehren, erstrebt eine solche Heirat auf jeder Stufe ihrer Verwirklichung eine Akkumulation des symbolischen Kapitals.[38] So wird zum Beispiel die Heirat mit einem Fremden, der isoliert von seiner Familie lebt und in das Dorf geflüchtet ist, sehr geringschätzig betrachtet; die Heirat mit einem Fremden dagegen, der in der Ferne wohnt, verschafft Prestige, weil sie von der Ausstrahlungskraft der Sippe zeugt; ebenso dürfen und können politische Heiraten nicht zweimal hintereinander vorkommen (im Gegensatz zu den gewöhnlichen Heiraten, die die gebahnten »Wege« immer wieder einschlagen), weil eine solche Heirat an Wert verlöre, wenn sie gewöhnlich, also banal würde. In diesem Sinne hat die politische Heirat auch grundlegend männlichen Charakter und wird oft Anlass zum Streit zwischen den Eltern der Braut, da die Mutter sich wenig für den symbolischen Profit interessiert, den eine solche Heirat einbringen kann, und dafür den Nachteilen größere Bedeutung beimisst, da ihre Tochter in die Situation einer Fremden versetzt wird (*thaghribth*, die in das Exil, in den Westen verschlagen wurde).[39] In dem Maße, in dem die politische Heirat durch die Vermittlung der direkt betroffenen Familien oder Linien große Gruppen, Clans oder Stämme miteinander in Verbindung setzt, ist sie durch und durch offiziell, und alles in ihrer Hochzeitsfeier ist streng befolgter Ritus und magisches Stereotyp, sicherlich deshalb, weil hier allzu viel auf dem Spiel steht, weil die Gefahren eines Bruchs in den Beziehungen so zahlreich und groß sind, dass man sich nicht auf das improvisierte und doch wohlgeregelte Zusammenspiel der verschiedenen Habitusformen verlassen kann und sich bei jeder Aktion streng an das Abspielen der Partitur halten muss.

Der Gegensatz zwischen sehr naher und sehr entfernter Heirat lässt einen anderen Gegensatz im Dunkeln, der jedoch zum zweideutigen Charakter der Heirat mit der parallelen Kusine beiträgt. Die entferntesten Heiraten sind frei von jeglicher Zweideutigkeit, da es – bis vor kurzer Zeit jedenfalls – ausgeschlossen war, sich aus negativen Gründen (zum Beispiel weil man in der Nähe keinen passenden Ehepartner fand) »in die Ferne« zu verheiraten; wie alle nahen Heiraten kann aber die Heirat mit der parallelen Kusine, die als einzige der gewöhnlichen Heiraten als positiv und offiziell *gekennzeichnet* ist, entgegengesetzte Bedeutungen annehmen, je nachdem, ob es sich um eine Wahl- oder Zwangsheirat handelt. Trifft man diesen Heiratstypus mitunter in Fällen an, in denen sich die Heirat durch positive und elektive Merkmale auszeichnet, so findet man ihn ebenso in den ärmsten Sippen sowie in den ärmsten Zweigen der herrschenden Sippen (den Klienten), die durch diese weitaus sparsamste Heirat die Gruppe auf dem bequemsten Weg (und sei es nur, um dadurch Mesalliancen zu verhindern) von der Verpflichtung entheben, zwei auf dem Heiratsmarkt besonders benachteiligte Mitglieder zu verheiraten. Da sie die objektive Wirkung hat, den Zusammenhalt der minimalen Einheit und, korrelativ dazu, den Unterschied zu den anderen Einheiten zu verstärken, wird sie hauptsächlich von Gruppen gewählt, die sich dadurch hervorheben, dass sie ihre negative Inte-

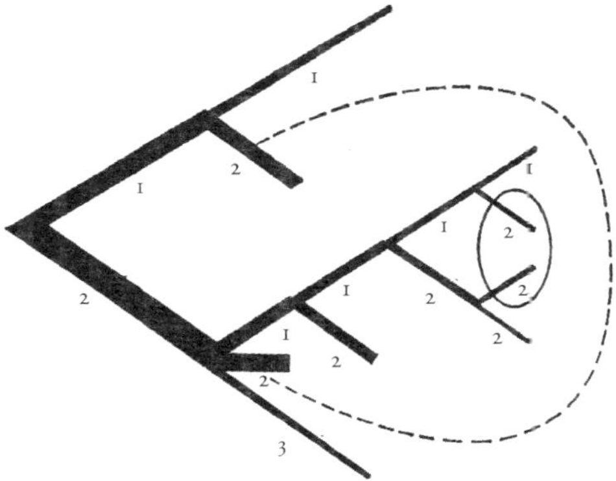

1 – entfernte Heiraten (34)
- 1. außer-gewöhnliche Heiraten (8)
- 2. Heiraten innerhalb der Bekanntschaft (26)

2 – räumlich nahe Heiraten (66)
- 1. Heiraten in der praktischen Verwandtschaft (23)
  - 1. Heiraten innerhalb der Linie (6)
    - 1. Heiraten in der *ungeteilten* Familie (3)
      - 1. mit der Kusine, die nicht die Tochter des Bruders des Vaters ist (1)
      - 2. mit der Tochter des Bruders des Vaters (2)
    - 2. Heiraten in der *geteilten* Familie (3)
      - 1. mit der Tochter des Bruders des Vaters (2)
      - 2. mit einer anderen Kusine (1)
  - 2. Heiraten in den anderen Linien der Genealogie (17)
- 2. Heiraten im Bereich der praktischen Beziehungen (39)

3 – Heiraten zwischen antagonistischen Clans (4)

In diesem die verschiedenen Heiratsformen darstellenden Schema entspricht die Strichstärke dem jeweiligen Prozentsatz der Heiraten (z. B. 1.2. Heiraten innerhalb der Bekanntschaft 26 %, siehe in Klammern stehende Zahlen der Schemaerläuterung).

Die durchgezogene Linie bezeichnet das Feld der Heiraten mit der parallelen Kusine (um klar herauszustellen, dass sie relativ wenig ins Gewicht fällt), die gestrichelte Linie gibt das Feld aller gewöhnlichen Heiraten an.

grierung, das heißt ihre *Distinktion,* behaupten. Vielleicht ist sie durch ihre funktionale Zweideutigkeit dazu bestimmt, die Rolle der vorteilhaften Armeleuteheirat zu spielen: Das würde erklären, warum sie vor allem von den Gruppen gewählt wird, die, etwa in der Art des ruinierten Adligen, der nur noch auf symbolischem Boden standesgemäß auftreten kann, durch einen übertriebenen Rigorismus ihre Distinktion zu behaupten suchen, auch wenn dies eine Art doppelter Negation nach sich zieht; so befindet sich zum Beispiel eine Linie von ihrer Ursprungsgruppe getrennt, ist aber darum bemüht, ihre Originalität zu wahren, oder eine Familie will die distinguierenden Züge ihrer Linie durch ein Übermaß an Rigorismus behaupten (was fast immer in Marabutgruppen für eine bestimmte Familie zutrifft), oder ein Clan ist bestrebt, sich von dem gegnerischen Clan durch noch strengeres Einhalten der Traditionen abzuheben (wie es für die Ait Madhi in Ait Hichem der Fall ist) usw. Insofern sie als die heiligste Heirat und, unter gewissen Bedingungen, als die »distinguierteste« angesehen werden kann, ist sie unter den außergewöhnlichen die am wenigsten kostspielige: Man kann sie sich ohne großen Aufwand an Zeremonien leisten, braucht sich nicht in komplizierte Verhandlungen zu stürzen und hat kein allzu großes Wittum aufzubringen; diese Heirat stellt also das gelungenste Mittel dar, aus der Not eine Tugend zu machen, sich vorschriftsmäßig, das heißt im Einklang mit der Regel, zu verhalten, nichts zu tun, um den Eindruck zu trüben, dass hier die Regel der Aktion zugrunde liegt.

Jede Heirat jedoch, welche Form sie auch annehmen mag, erhält ihren Sinn erst im Vergleich zur Gesamtheit aller ebenfalls möglichen Heiraten (konkreter gesagt: zum Feld der potentiellen Ehepartner); mit anderen Worten: Jede Heirat hat ihren Stellenwert auf einer kontinuierlichen Ebene, die von der Heirat mit der parallelen Kusine bis zur Heirat zwischen Gliedern verschiedener Stämme, das heißt der risikoreichsten, aber auch prestigevollsten, reicht, lässt sich also notwendigerweise nach zwei Gesichtspunkten charakterisieren, nämlich inwieweit sie den Gruppenzusammenhalt verstärkt und inwieweit sie die Familienbündnisse erweitert. Diese beiden Heiratstypen markieren die beiden maximalen Intensitätspunkte jener Werte, die jede Heirat maximal anstrebt: einerseits den Zusammenhalt der engsten Familieneinheit und die damit verbundene Sicherheit, andererseits Bündnis und Prestige, das heißt die Öffnung nach außen, zu den fremden Gruppen. Die Alternative zwischen Spaltung und Fusion, zwischen drinnen und draußen, zwischen gemeinschaftlicher Teilung der gemeinsamen Güter (*mutualité*) und dem Austausch verschiedener, aber gleichwertiger Güter (*réciprocité*), zwischen Sicherheit und Abenteuer stellt sich zwangsläufig vor jeder Heirat; so garantiert die Heirat mit der parallelen Kusine zwar der engsten Familieneinheit ein Höchstmaß an Zusammenhalt, andererseits aber tut sie nichts anderes, als die Filiationsbeziehung zu verdoppeln, das heißt, sie ein zweites Mal, als Verschwägerungsbeziehung, herzustellen; sie verschwendet also durch diese Art pleonastischer Wiederholung die durch eine Heirat gegebene Möglichkeit, neue Bündnisse zu schließen; im Gegensatz dazu kann die entfernte Heirat prestigevolle Bündnisse nur dadurch einbringen, dass sie den Sippenzusammenhalt und die Beziehung zwischen Brüdern, und damit das Fundament der agnatischen Einheit, aufopfert. Das wird von den Eingeborenen immer wieder, wie eine fixe Idee, zur Sprache gebracht. Die zentripetale Bewegung, das heißt die Glorifikation des Drinnen, der Sicherheit, der Autarkie, der Reinheit des Blutes, der agnatischen Solidarität, verlangt immer – allein schon, um sich von ihr abzuheben – nach der zentrifugalen Bewegung, der Verherrlichung des Prestigebündnisses. Hinter der Fassade des kategorischen Imperativs verbirgt sich stets ein genaues Kalkulieren von Maximum und Minimum, um herauszufinden, welche Bündnischancen man maximal wahrnehmen kann, ohne dabei den Zusammenhalt unter Brüdern zu gefährden oder zu schwächen. Das geht schon aus der Syntax des Eingeborenendiskurses hervor, wenn diese jedes Mal die Idee der *Präferenz* ausdrückt: »Es ist besser, sein *Ehrgefühl* zu verstecken, als es den anderen zu enthüllen.« »Ich will *adhrum* (die Sippe) nicht *aghrum* (dem Fladen) aufopfern.« »Das Drinnen ist besser als das Draußen.« »Die erste Tollheit (Kühnheit, Wagnis): die Tochter des *'amm* anderen Männern zu geben; die zweite: mit leeren Händen auf den Markt zu gehen; die dritte: mit den Löwen auf dem Gipfel der Berge in Wettstreit zu treten.« Das letzte Sprichwort ist am bedeutungsvollsten: Die entfernte Heirat scheinbar völlig verdammend, erkennt es ausdrücklich die Logik an, die diese Heirat als heldische, mutige Tat, als Prestigegewinn charakterisiert. Man braucht schon ein tolles Ansehen und Tollkühnheit, um sich ohne Geld auf den Markt zu wagen und doch etwas einkaufen zu wollen, einen ebenso tollen Mut braucht man aber auch, um sich den mutigen Fremden, den Löwen, zu stellen, denen, wie die alten Sagen erzählen, die legendären Stadtgründer die Frauen entreißen mussten.

Heiratsstrategien und gesellschaftliche Reproduktion

Die Charakteristika einer Heirat, insbesondere die Stelle, die sie jeweils auf der kontinuierlichen Linie zwischen der politischen Heirat und der Heirat mit der parallelen Kusine einnimmt, hängen davon ab, welches Ziel – als Integral aller mit der Heirat verbundenen Zielsetzungen – die Strategie der Gruppe durch diese Heirat anstrebt und welche Mittel die verschiedenen an der Heirat Beteiligten dieser Strategie zur Verfügung stellen können; genauer gesagt: Da die Zielsetzungen selbst eng von den verfügbaren Mitteln abhängen, muss die Analyse der vor den verschiedenen Heiraten unternommenen Schritte auf die Analyse der Bedingungen verweisen, die zu erfüllen waren, um diese Heiraten möglich, das heißt denkbar und realisierbar zu machen. Wie bei einem Kartenspiel, dessen Ergebnis einerseits von den gegebenen Karten abhängt (deren Wert wiederum von den Spielregeln, die für die betreffende gesellschaftliche Gruppe gelten, festgesetzt wird), andererseits aber auch vom Geschick der Spieler, so hängen auch bei den Heiratsstrategien deren Logik und Wirksamkeit einerseits vom materiellen und symbolischen Kapital der Familie ab, das heißt von ihrem Reichtum an Produktionsmitteln und an Männern – wobei diese zugleich als Produktions- und als Reproduktionskraft, als politische und dadurch auch als symbolische Kraft gelten – und andererseits von der Kompetenz der für die Heiratsstrategien Verantwortlichen, von ihrem Geschick, den größtmöglichen Profit aus einer vorteilhaften Anlage dieses Kapitals zu ziehen, das heißt von der praktischen Beherrschung der implizit in einer bestimmten Produktionsweise enthaltenen ökonomischen Axiomatik (im weitesten Sinne verstanden), die die Produktion der von der Gruppe als »vernünftig« betrachteten und von den objektiven Gesetzen des Marktes (der materiellen *und* symbolischen Güter) in positivem Sinne sanktionierten Praxisformen und Praktiken bedingt. Die kollektive

Strategie, die zu diesem oder jenem »Coup« führt (im Falle einer Heirat oder in jedem anderen Bereich der Praxis), ist nichts anderes als das Produkt einer Kombination der von allen Beteiligten verfolgten Strategien, und das Gewicht, das deren jeweilige Interessen dabei erhalten, entspricht der Stellung, die sie zu dem betreffenden Zeitpunkt in der Struktur des häuslichen Kräfteverhältnisses einnehmen. So ist es bemerkenswert, dass die Heiratsverhandlungen tatsächlich Sache der ganzen Gruppe sind, wobei jeder zu seiner Zeit seine Rolle spielt und dadurch zum Gelingen oder Misslingen des Vorhabens beitragen kann: Die ersten Kontakte, die nur offiziösen Charakter haben und jederzeit widerrufen werden können, werden von den Frauen aufgenommen, die dadurch die Aufnahme halboffizieller, diesmal von Männern geführten Verhandlungen ermöglichen, ohne dass diese in erniedrigender Weise abgewiesen werden können; dann schickt die Gruppe die für die Repräsentationsverwandtschaft am repräsentativsten erscheinenden Persönlichkeiten aus, damit sie als ausdrücklich von der Gruppe eingesetzte und *bevollmächtigte* Vertreter und Wortführer vermittelnd in die Verhandlungen eingreifen, zugleich aber auch mit Glanz demonstrieren, was für einflussreiche Männer diese Familie einzusetzen imstande ist, wie reich sie also an symbolischem Kapital ist. Letzten Endes aber greift die gesamte Gruppe in die Entscheidung ein, indem die Heiratspläne selber, die Berichte darüber, wie die Vorschläge der Abgesandten aufgenommen wurden, und die Frage, in welche Richtung die zukünftigen Verhandlungen gelenkt werden sollen, von der ganzen Gruppe leidenschaftlich diskutiert werden. Nebenbei sei vermerkt (und dies dürfte die Ethnologen interessieren, die sich mit einer rein genealogischen Definition einer Heirat voll und ganz zufriedengeben), dass sich hinter der quasi theatralischen Vorstellung, die die Repräsentationsverwandtschaft bei einer Heirat gibt, eine regelrechte systematische Untersuchung verbirgt, die beide Gruppen vornehmen, um über alle charakteristischen Variablen der beiden Ehegatten auf dem Laufenden zu sein (Alter und vor allem Altersunterschied, vorherige Familiensituation und eventuell frühere Ehen, Geburtsrang, theoretisches und praktisches Verwandtschaftsverhältnis zum Oberhaupt der Familie usw.), aber auch, um über das ganze Feld der für ihre Gruppe wichtigen Charakteristika Bescheid zu wissen: über die ökonomische und soziale Geschichte der sich durch die Heirat verbindenden Familien und der weiteren Gruppen, denen diese angehören, über das symbolische Patrimonium der Familien, vor allem ihr Kapital an Ehre und an Ehrenmännern, über das Bündnisnetz, mit dem die Familien im Notfall rechnen können, sowie über die Gruppen, denen sie traditionellerweise feindlich gegenüberstehen, über die Stellung der Familie innerhalb ihrer Linie – besonders wichtig, denn eine Familie, die ihre angesehenen Verwandten besonders zur Schau stellt, kann in Wirklichkeit eine untergeordnete Stellung in einer bedeutenden Gruppe einnehmen – und über den Stand der Beziehungen, die die Familie zu den anderen Familien ihrer Linie unterhält, das heißt den Grad des Familienzusammenhalts (Ungeteiltheit usw.), über die Struktur des Kräfte- und Machtverhältnisses innerhalb des häuslichen Bereichs (und, insbesondere wenn eine Tochter verheiratet werden soll, innerhalb des weiblichen Kreises) usw.

Die Praxis einer Gesellschaftsformation, die nach einfacher Reproduktion alles dessen ausgerichtet ist, was ihr zugrunde liegt, das heißt nach der biologischen Reproduktion der Gruppe und der Produktion der für ihr Überleben und ihre Reproduktion notwendigen Güter, aber auch – unlöslich damit verbunden – nach der Reproduktion der Struktur der gesellschaftlichen und ideologischen Bedingungen, in denen und durch die sich die Produktionstätigkeit vollzieht und legitimiert, kann als das Produkt der (bewussten oder unbewussten) Strategien definiert werden, durch welche die Individuen oder Gruppen ihre an den Besitz eines materiellen und symbolischen Patrimoniums gebundenen materiellen und symbolischen Interessen zu befriedigen streben, wobei sie gleichzeitig die Reproduktion dieses Patrimoniums und dadurch der Sozialstruktur garantieren wollen. Genauer gesagt: Das Prinzip, das den Strategien der verschiedenen Kategorien von Individuen zugrunde liegt – ihre Interessen können innerhalb der Familieneinheit einander entgegengesetzt sein, wie zum Beispiel bei Gelegenheit einer Heirat –, wird jeweils von den Interessensystemen bestimmt, die ihnen von der Natur und dem Wert des Patrimoniums, über das sie verfügen, objektiv zugewiesen werden, das heißt von dem System der eine bestimmte *Produktionsweise* konstituierenden Prinzipien, die die Fruchtbarkeit, die Filiation, den Wohnort, die Erbfolge und die Heirat regeln und die, da sie dieselbe Funktion, nämlich die biologische und soziale Reproduktion der Gruppe, zu erfüllen beitragen, objektiv aufeinander abgestimmt sind.[40]

In einer Wirtschaftsform, die sich durch relativ gleichmäßige Verteilung der Produktionsmittel (meist ungeteiltes Eigentum der Linie) und durch Schwäche und Stabilität der Produktivkräfte auszeichnet, was eine größere Surplusproduktion und -akkumulation ausschließt und damit verhindert, dass sich deutlich sichtbare ökonomische Unterschiede herausbilden (obwohl man in der geforderten Ableistung von Arbeit, wie sie zum Beispiel in Form der zu gegenseitiger Hilfe geleisteten »freiwilligen Fronarbeiten« – »corvées-entraide« – existiert, eine verschleierte Form des Verkaufs der Arbeitskraft sehen kann), hat der Familienbetrieb für den Unterhalt und die Reproduktion der Familie zu sorgen und nicht nur für die Produktion von Werten.[41] In einem solchen Kontext bedeutete ein Reichtum an Männern sicherlich eine zusätzliche Last, wenn man in ihnen von einem rein ökonomischen Standpunkt aus nicht nur »Arme«, sondern auch »Bäuche« sehen würde (und das umso mehr, als Kabylien von jeher fluktuierende Gruppen mittelloser Arbeitskräfte gekannt hat, die in den Hauptzeiten der Feldarbeit als Arbeitstrupps von Dorf zu Dorf zogen). Tatsächlich lässt sich die Valorisierung der Männer als »Gewehre«, das heißt nicht nur als Arbeitskraft, sondern auch als kriegerische Macht, zweifellos durch die politische Unsicherheit erklären, die sich selbst perpetuiert, indem sie die Dispositionen erzeugt, die eine prompte Erwiderung im Falle eines Krieges, einer Schlägerei, eines Diebstahls oder eines Racheakts (*reqba*) erfordert: Der Boden erhält seinen Wert nur durch die Männer, die ihn bearbeiten, aber auch verteidigen. Wenn das Patrimonium der Linie, dessen Symbol der Name ist, sich nicht nur durch den Besitz des Bodens und des Hauses, das heißt kostbarer, aber darum auch gefährdeter Güter, definieren lässt, sondern auch durch den Besitz der Mittel zu deren Verteidigung, das heißt den Besitz an Männern, so deshalb, weil sowohl der Boden als auch die Frauen nie auf den Stand eines einfachen Produktions- oder Reproduktionsinstruments, geschweige denn auf den Stand einer Ware oder eines »Eigentums« reduziert werden: Ein Angriff gegen den Boden, das Haus oder die Frauen ist ein Angriff gegen ihren Herrn, gegen dessen *nif*, das heißt gegen sein *Sein*, wie die Gruppe es definiert, und nicht nur gegen seine Habe. Ein veräußertes Stück Land, eine Vergewaltigung oder ein ungerächter Mord sind nur verschiedene Formen ein und derselben Beleidigung, und alle erfordern die gleiche prompte Erwiderung des verletzten Ehrgefühls; so wie man einen Mord »zurückkauft«, das heißt vergilt, aber dadurch, dass man ihn auf symbolischer Ebene noch »überbietet«, indem man nach Möglichkeit die dem Mörder am nächsten stehende Person oder die für seine Gruppe repräsentativste Persönlichkeit zum Ziel des Gegenschlags wählt, so muss man auch *um jeden Preis* ein Land, das von alters her der Sippe gehört hatte, selbst wenn es nicht sehr fruchtbar ist, »zurückkaufen«, um diese gegen das Ehrgefühl der Gruppe gerichtete ständige Herausforderung zu tilgen;[42] ebenso wie in der Logik der Herausforderung, egal ob es sich um den Herausforderer oder den Herausgeforderten handelt, der zugleich technisch und symbolisch beste Boden derjenige ist, der eins der festesten Bestandteile des Patrimoniums bildet, so ist auch der Mann, in dem man die Gruppe am förmlichsten, das heißt am grausamsten, treffen kann, zugleich derjenige, der sie am besten repräsentiert.

Da die Männer eine politische und symbolische Kraft darstellen, die die Bedingung für den Schutz und die Vermehrung des Erbguts, für den Schutz gegen gewaltsame Übergriffe gegen die Gruppe, zugleich aber auch für die Durchsetzung ihrer politischen Vorherrschaft und die Befriedigung ihrer Interessen ist, und da die Macht der Gruppe als einzige Bedrohung – von der Unfruchtbarkeit der Frauen abgesehen – die Zwietracht unter den Männern und damit die Zersplitterung des materiellen und symbolischen Erbguts zu befürchten hat, tragen die Fruchtbarkeitsstrategien, die darauf abzielen, so viele Männer wie möglich und – durch frühzeitige Heirat – so schnell wie möglich zu »produzieren«, und die Erziehungsstrategien, die die Individuen zu begeisterten Anhängern und Verteidigern ihrer Sippe und der mit der Ehre verbundenen Werte machen sollen (wobei dieses pädagogische Ziel der ideologisch verklärte Ausdruck des objektiven Verhältnisses zwischen den Individuen und einem äußerst gefährdeten und ständig bedrohten materiellen und symbolischen Patrimonium ist), dazu bei, den Zusammenhalt der Linie zu verstärken und eventuelle aggressive Verhaltensformen nach außen hin abzulenken: »Das Land ist Kupfer (*neḥas*), die Arme sind Silber.« Gerade die Zweideutigkeit dieses Sprichworts – *neḥas* bedeutet außerdem »Eifersucht« – weist auf das Prinzip des Widerspruchs hin, der dadurch entsteht, dass die Erbfolgesitte die Männer an den Boden *bindet.* Obwohl die Erbfolgestrategien also objektiv die gleichen Ziele verfolgen wie die anderen, indem sie die größtmögliche Anzahl von Männern an das Patrimonium zu binden streben, ihnen Erbgleichheit garantieren und die Einheit des Patrimoniums durch Enterbung der Frauen wahren, bringen sie einen unvermeidlichen Widerspruch mit sich, und zwar nicht nur dadurch, dass sie im Fall einer gleichmäßigen Aufteilung unter zahlreichen Erben das Land der Ahnen mit völliger Zerstückelung bedrohen, sondern auch dadurch, dass sie in das Zentrum des Systems das Prinzip eines Wettkampfs um die Macht über die Wirtschaft und Politik der Familie einführen: Konkurrenz und Konflikt zwischen dem Vater und den Söhnen, die diese Art der Machtübergabe dazu verurteilt, jeglicher Verantwortung beraubt zu bleiben, solange der Patriarch noch lebt (zahlreiche Heiraten mit der parallelen Kusine werden von dem »Alten« geschlossen, ohne dass die Väter auch nur gefragt würden); Konkurrenz und Konflikt ebenso unter den Brüdern oder Vettern, die, spätestens wenn sie selber Väter werden, unweigerlich antagonistische Interessen verfolgen müssen.[43] Die Strategien der Agnaten werden vom Gegensatz zwischen symbolischem und materiellem Gewinn beherrscht; wird der symbolische Gewinn durch die politische Einheit und die sie erst garantierende ökonomische Ungeteiltheit erzielt, so entsteht der materielle Gewinn im Gegenteil aus dem Bruch von Einheit und Ungeteiltheit; dieser wird immer wieder von dem kalkulierenden Geist hervorgehoben, der besonders bei den Frauen offen zum Ausdruck kommen kann (bei den Männern wird er verdrängt), da sie strukturell dazu veranlagt sind, dem symbolischen, durch die politische Einheit erzielten Gewinn wenig Bedeutung beizumessen und die eigentlich ökonomischen Praxisformen und Praktiken vorzuziehen.[44] Die symbolischen und politischen Interessen, die auf Einheit des Grundbesitzes, auf Ausdehnung der Bündnisse und auf materielle symbolische Stärke der agnatischen Gruppe sowie auf Ehre und Prestige bedacht sind, jene Werte, die *akham amoqrane*, das »große Haus«, ausmachen, treten also für die Verstärkung des Gruppenzusammenhalts ein; im Gegensatz dazu drängen die (im engeren Sinne) *ökonomischen* Interessen und besonders die, die den Konsum betreffen, zum Bruch der Ungeteiltheit; das wird schon dadurch deutlich, dass der Bruch der Ungeteiltheit immer häufiger vorkommt, je mehr sich der Geldverkehr und, korrelativ dazu, ein gewisser kalkulierender Geist durchsetzt.[45]

Sogar in dem Fall, wo das Familienoberhaupt lange im Voraus

für seine Nachfolge gesorgt hat, indem es die Ansprüche eines jeden geschickt zu manipulieren und jeden der Brüder auf sein »Fach«, das ihm in der Teilung der Hausarbeit zukommen soll, hinzulenken wusste, ist der Machtkampf um die erste Stellung in der Familie so gut wie unvermeidlich, und dieser Konkurrenzkampf kann sich, besonders dort, wo der älteste Bruder nicht ausdrücklich zum Oberhaupt des Hauses ernannt worden ist, nur unter der Bedingung in die sublimere Form des Ehrenwettstreits verwandeln, dass sich die Männer einer ständigen Selbstkontrolle sowie einer Kontrolle vonseiten der Gruppe unterziehen; aber die Kohäsionskräfte, die auf der Ungeteiltheit des Grundbesitzes und auf dem Zusammenhalt der Familie fußen – Institutionen, die sich gegenseitig verstärken –, stoßen immer wieder auf Spaltungskräfte wie die »Eifersucht«, die durch eine unterschiedliche Beteiligung der einen und der anderen an der Produktion und am Konsum geweckt wird (»Die Arbeit des Tüchtigen wird von dem verzehrt, der sich an die Wand lehnt«).[46] Im Allgemeinen fällt die maßgebende Rolle auf politischem und auf ökonomischem Gebiet, das heißt in der Verteilung der Arbeit, in der Kontrolle der Ausgaben und in der Verwaltung des Erbguts, de facto oder de jure einem Mann allein zu, und diese Autorität berechtigt ihn zu dem alleinigen Anspruch auf den symbolischen Profit, den alle öffentlichen Schritte ihm verschaffen: Marktgang, Anwesenheit bei Clanversammlungen oder außergewöhnlichen Treffen der Stammesnotabeln, Einladungen, die für gewöhnlich an den gerichtet werden, der als der Verantwortlichste und Repräsentativste des Hauses gilt usw.; ganz zu schweigen davon, dass diese Aufgaben den für sie Verantwortlichen von den alltäglichen Arbeiten befreien, denen nämlich, die keinen Aufschub dulden, die also am unedelsten sind.

Objektiv gesehen sind die Brüder für böse, wenn nicht für gute Zeiten miteinander verbunden, subjektiv jedoch ist ihr Verhältnis bis in die gegenseitige Solidarität hinein gespalten: »Mein Bruder«, sagt ein Informant, »würde meine Ehre verteidigen, wenn mein Ehrgefühl versagen sollte; er würde mich vor Schande retten, mich aber dabei beschämen und vor den anderen bloßstellen.« »Mein Bruder«, sagt ein anderer mit den Worten eines seiner Bekannten, »das ist der, der nach meinem Tod meine Frau heiraten dürfte und dafür gelobt würde.« Die Homogenität in der Produktionsweise der verschiedenen Habitusformen (das heißt der materiellen Lebensbedingungen und der pädagogischen Aktion) ruft eine Homogenisierung der Dispositionen und Interessen hervor, die weit davon entfernt ist, die Konkurrenz aufzuheben, sondern sie in manchen Fällen erst entstehen lässt; die Individuen als Produkt derselben Produktionsbedingungen neigen demzufolge dazu, dieselben Güter anzuerkennen und sich anzueignen, deren Seltenheitswert durch ebendiese Konkurrenz bedingt ist. Als monopolistischer Zusammenschluss, der sich nach Max Weber durch die exklusive Aneignung einer bestimmten Art von Gütern (Grund und Boden, Namen usw.) auszeichnet, wird die Familieneinheit zum Schauplatz eines Konkurrenzkampfes um dieses Kapital oder, besser, um die Macht über dieses Kapital. Es ist bezeichnend, dass der überlieferte Rechtskodex, der sich sonst nur ausnahmsweise mit häuslichen Angelegenheiten befasst, ausdrücklich die Ungeteiltheit (*thidukli bukham* oder *zeddi*) befürwortet: »Die Leute, die im Familienzusammenschluss wohnen, zahlen keine Geldstrafe, wenn sie einander schlagen. Trennen sie sich aber, so müssen sie zahlen wie die anderen.«[47]

Einerseits Eckpfeiler der Familienstruktur, ist jedoch die Beziehung zwischen Brüdern andererseits auch deren schwächste Stelle, auf deren Unterstützung und Verstärkung eine ganze Reihe von Mechanismen abzielen, angefangen bei der Heirat mit der parallelen Kusine als ideologischer – sich in gewissen Fällen in die Praxis umsetzender – Auflösung des dieser Reproduktionsweise eigenen Widerspruchs. Alles deutet darauf hin, dass diese Gesellschaftsformation sich dazu gezwungen sah, sich diese von den meisten Gesellschaften als inzestuös abgelehnte Möglichkeit offiziell zu gestatten, um die Spannung, die ihr zentral innewohnt, ideologisch zu lösen. Die Verherrlichung der Heirat mit der *ben'amm* hätte man sicher besser verstanden, wenn man berücksichtigt hätte, dass *ben'amm* letzten Endes »Feind« oder zumindest »naher Feind« heißt und dass die Feindschaft als *thaben'ammts*, »die der Kinder des väterlichen Onkels«, bezeichnet wird. Tatsächlich finden die ideologischen Kohäsionskräfte ihren Wirkungspunkt in der Person des Ältesten, *djedd*, dessen Autorität auf dem Enterbungsrecht und dem Recht, eventuell ein Familienmitglied zu verfluchen, vor allem aber auf den von allen anerkannten und von *thadjadith* symbolisierten Werten beruht; seine Autorität vermag das Gleichgewicht zwischen den Brüdern aber nur dadurch zu erhalten, dass er unter ihnen (und ihren Frauen) die strengste Gleichheit in der Arbeit (die Frauen wechseln sich zum Beispiel bei der Hausarbeit, dem Essenkochen, Wassertragen usw. ab) und im Konsum walten lässt. Solange diese Autorität als positiver Kohäsionsfaktor zum Zusammenhalt der Gruppe beiträgt – mit dem Tod des Vaters kann sie plötzlich schwinden, wenn seine Söhne zwar im Mannesalter sind, aber keiner von ihnen über die notwendige, auf Altersunterschied oder anderen Prinzipien beruhende Autorität verfügt –, verlegt sich die Spannung in den Beziehungen zwischen Brüdern auf die Beziehung zwischen Vater und Söhnen. Diesen Gegensatz zwischen einem autoritären und positiven Integrationsprinzip (das auf *djedd* oder *thadjadith* beruht) und einer egalitären Konkurrenz- und Wettkampfbeziehung zwischen Gliedern der gleichen Generation trifft man auf allen Stufen der gesellschaftlichen Struktur an: Die relative, äußerst variable Stärke der Einigungs- und Spaltungskräfte hängt grundsätzlich, und zwar für die Familieneinheit ebenso wie für größere Einheiten wie Clans oder Stämme, vom Verhältnis zwischen der Gruppe und den fremden Gruppen ab, wobei die Unsicherheit ein negatives Kohäsionsprinzip ist, das dem Mangel an positiven Einigungsfaktoren abhelfen kann.[48] »Ich hasse meinen Bruder, aber ich hasse den, der ihn hasst.« Die negative, zwangsläufige Solidarität, die dadurch entsteht, dass jede Gefährdung des Patrimoniums jeden Einzelnen betrifft und trifft, und die immer dann verstärkt wird, wenn eine solche Gefährdung eintritt, beruht letzten Endes auf dem gleichen Prinzip wie die Tendenz zur Spaltung, dem sie zunächst entgegenarbeitet, nämlich dem der Konkurrenz zwischen den Agnaten, sodass von der ungeteilten Familie an bis hin zu den weitesten politischen Einheiten der Zusammenhalt der Gruppe zwar immer wieder von der mythischen und genealogischen Ideologie angepriesen wird, tatsächlich aber kaum länger anhält als das Kräfteverhältnis, das die persönlichen Interessen zu bändigen imstande ist. »Trennt sie, damit der Hass sie nicht trennt«, oder: »Die Trennung trennt auch die Gründe zum Hass.«

Damit wurden die Prinzipien dargelegt, die die Interessensysteme der verschiedenen Kategorien von Individuen bestimmen, die in jene familiären Kräfteverhältnisse verwickelt sind, die schließlich für die Heiratsstrategie der Gruppe ausschlaggebend sind; es genügt jetzt, den Satz aufzustellen, dass die Individuen zum Funktionieren des Systems desto lieber beitragen, je vollkommener das

System zur Verwirklichung ihrer Interessen beiträgt, um die grundlegenden Prinzipien der Strategien zu verstehen, die im Falle einer Heirat aufeinanderstoßen.[49] Zwar ist es zutreffend, dass die Heirat eine der wichtigsten Gelegenheiten ist, um das durch einen starken Familienzusammenhalt erworbene Kapital an Autorität und das durch ein weitreichendes Bündnisnetz (*nesba*) geschaffene Kapital an Prestige zu bewahren, zu vermehren oder (durch Mesalliancen) zu vermindern; das ändert aber nichts an der Tatsache, dass sich die persönlichen Interessen der an der Eheschließung beteiligten Mitglieder der Familieneinheit längst nicht alle in dem gleichen Maße mit den kollektiven Interessen der Linie decken.[50] Die Erbfolgesitten, die die Frau von der Erbfolge ausschließen; die mythische Weltsicht, die ihr nur eine verminderte Existenz zugesteht und ihr nie die uneingeschränkte Beteiligung am symbolischen Kapital der Linie ihres Mannes gestattet; die Arbeitsteilung, die die Rolle der Frau auf die häuslichen Arbeiten beschränkt, dem Mann aber die Repräsentationsfunktionen überlässt – alles das trägt dazu bei, die Interessen der Männer mit den materiellen und vor allem den symbolischen Interessen der Sippe zu identifizieren, und diese Identifizierung ist desto vollständiger, je größer die Autorität ist, über die sie innerhalb der Agnatengruppe verfügen. Und tatsächlich bezeugen die »Männerheiraten« (wie die Heirat mit der parallelen Kusine und die politische Heirat) unmissverständlich, dass die Interessen der Männer sich unmittelbarer mit den offiziellen Interessen der Sippe decken und dass ihre Strategien unmittelbarer darauf ausgerichtet sind, den Zusammenhalt der Familieneinheit und das Bündnisnetz der Familie zu verstärken, in beiden Fällen also, das symbolische Kapital der Linie zu vermehren.[51] Andererseits ist es sicher kein Zufall, wenn die von Frauen geschlossenen Heiraten zur Klasse der gewöhnlichen Heiraten gehören oder, besser gesagt, wenn man ihnen nur für Heiraten ohne Probleme und ohne Zeremonie die Verantwortung überlässt.[52] Da sie von der Repräsentationsverwandtschaft ausgeschlossen sind, sind sie auf die Gebrauchsverwandtschaft und auf den nützlichen Gebrauch der Verwandtschaft angewiesen und wenden bei der Suche nach einer vorteilhaften Heirat für ihren Sohn oder ihre Tochter viel mehr ökonomischen Realismus (im engeren Sinne des Wortes) auf als die Männer.[53] Die männlichen die und weiblichen Interessen gehen zweifellos dann am weitesten auseinander, wenn es darum geht, eine Tochter zu verheiraten: Einerseits schenkt die Mutter der »Familienraison« viel weniger Beachtung als der Vater, der darum eher dazu neigt, seine Tochter als *Instrument* zur Verstärkung der Gruppenintegration oder als symbolische »Tauschwährung« zu behandeln, um prestigevolle Bündnisse mit fremden Gruppen zu schließen; darüber hinaus aber strebt die Mutter danach, ihre Stellung in der häuslichen Einheit zu verstärken, indem sie ihre Tochter in ihrer eigenen Linie zu verheiraten und damit die Tauschbeziehungen zwischen beiden Gruppen zu intensivieren sucht. Die Heirat eines Sohns stellt die Mutter und Hausherrin vor allem vor die Frage, wie sie ihre Herrschaft über die häusliche Wirtschaft bewahren kann, und ihr persönliches Interesse entspricht dem der Sippe nur im negativen Sinn, das heißt in dem Maße, in dem sie den von der Sippe vorgezeichneten Weg geht und die Schwiegertochter dort auswählt, woher sie selber kommt, vor allem aber in dem Maße, in dem ein Konflikt zwischen den Frauen aufgrund einer schlechten Brautwahl letztlich die Einheit der agnatischen Gruppe gefährden könnte.

Das Interesse der Männer, das offiziell immer, in Wirklichkeit zumindest tendenziell dominierend ist, setzt sich desto vollständiger durch, je stärker der Zusammenhalt der agnatischen Gruppe ist (indirekt wird darauf hingewiesen, wenn man unter den Argumenten, die für die Ungeteiltheit sprechen, die Tatsache erwähnt, dass sie eine bessere Bewachung der Frauen ermöglicht); dazu kommt, dass die Linie des Vaters im Vergleich zu der der Mutter gesellschaftlich zumindest in gleicher Rangordnung stehen muss. Man könnte fast sagen, dass bei jedem Heiratsplan die ganze matrimoniale Geschichte der Gruppe für die internen Verhandlungen und Unternehmungen ins Gewicht fällt: Das Interesse der Linie, das heißt das Interesse der Männer, untersagt es im Allgemeinen, einen Mann in eine untergeordnete Stellung zu versetzen, indem man ihn mit einem gesellschaftlich weit über ihm stehenden Mädchen verheiratet (der Mann, sagt man, kann seine Frau erhöhen, aber nicht umgekehrt; man gibt seine Tochter einem Mann höheren oder gleichen Standes – man nimmt die Tochter eines Mannes von niedrigerem Stand); es kann sich also umso besser durchsetzen, als der für die Heirat (zumindest offiziell) Verantwortliche selbst nicht über seinen Stand hinaus verheiratet ist.[54] Die Struktur der objektiven Beziehungen zwischen den für die Entscheidung verantwortlichen Verwandten in ihrer Funktion als Mann oder Frau oder als Mitglied dieser oder jener Linie trägt also dazu bei, die Struktur der Beziehung zwischen den durch die geplante Heirat verbundenen Linien zu definieren.[55] Oder richtiger gesagt: Die entscheidende Beziehung – nämlich die Beziehung zwischen der Linie der zu verheiratenden Person und der des möglichen Partners – wird immer durch die Struktur der familiären Machtverhältnisse vermittelt. Um die multidimensionale und multifunktionale Beziehung zwischen den beiden Gruppen, die sich ja keineswegs auf die bloße Verwandtschaftsbeziehung reduzieren lässt, vollständig zu erfassen, reicht es nicht aus, die räumliche und die ökonomische und soziale Entfernung zu messen, die sich zwischen den Gruppen zum Zeitpunkt der Heirat auf der Ebene des ökonomischen, aber auch des symbolischen Kapitals bildet (Zahl der Männer und der Ehrenmänner, mehr oder weniger große Familienintegration usw.),[56] sondern man muss auch berücksichtigen, wie der Stand der materiellen und symbolischen Tauschbeziehungen zwischen den beiden Gruppen zum gegebenen Zeitpunkt ist, welche offiziellen und außergewöhnlichen, von den Männern herbeigeführten oder zumindest besiegelten Austauschaktionen in der Geschichte ihrer Beziehungen zu verbuchen sind, wie zum Beispiel die Heiraten; aber auch die offiziösen und gewöhnlichen Austauschbeziehungen müssen dazugerechnet werden, die nämlich, die ständig von den Frauen – in stillschweigendem Einvernehmen mit den Männern oder auch ohne deren Wissen durchgeführt werden und durch deren Vermittlung die objektiven Beziehungen vorbereitet und verwirklicht werden, die dann zu einer Verbindung der beiden Gruppen führen können.

Die strukturellen Charakteristika, die den Wert der Produkte einer Linie auf dem Markt des matrimonialen Tausches generisch bestimmen, werden natürlich durch zweitrangige Charakteristika – Familienstand des zu Verheiratenden, sein Alter usw. – spezifiziert. So sind die Heiratsstrategien der Gruppe und die dann eventuell geschlossene Heirat von Grund auf verschieden, je nachdem, ob der zu verheiratende Mann ledig und »im heiratsfähigen Alter« ist oder ob er dieses Alter schon überschritten hat, ob er ein schon verheirateter Mann ist, der zu der ersten noch eine zweite Frau sucht, oder ob er als Witwer oder Geschiedener wieder heiraten will (wobei es wiederum darauf ankommt, ob er Kinder aus erster Ehe hat oder nicht).[57] Für eine Tochter gilt grundsätzlich das Gleiche, doch wird ihr *Wert* unvergleichlich stärker durch vorherige Heiraten *herabgesetzt*[58] (da die Jungfräulichkeit eines der wichtigsten Kriterien ist und obwohl für einen Mann der Ruf, »seine Frauen zu verstoßen«, mindestens ebenso abträglich ist wie für die Frau der Ruf, »eine zu verstoßende Frau« zu sein).[59] Noch eine andere Tatsache gilt es zu berücksichtigen, entgegen der Auffassung, jede Heirat sei eine in sich abgeschlossene Einheit, nämlich die, dass die Heirat (im aktiven Sinne von »Verheiratung«, die darin besteht, die Individuen auf dem Heiratsmarkt »abzusetzen«) eines jeden aus der gleichen Familieneinheit stammenden Kindes (das heißt der Kinder desselben Vaters beziehungsweise der Enkelkinder desselben Großvaters) von der Heirat aller anderen Kinder abhängt und infolgedessen verschieden ausfallen muss, je nachdem, welche *Stellung* jedes der Kinder innerhalb der durch ihre Anzahl und ihr Geschlecht strukturierten besonderen *Konfiguration* aller heiratsfähigen Kinder einnimmt. So ist für einen Mann zum Beispiel die Situation desto günstiger, je enger seine verwandtschaftliche Beziehung zu der für Heiratsfragen zuständigen Autoritätsperson ist (dabei kann es sich um die Beziehung zwischen Sohn und Vater, zwischen jüngstem und ältestem Bruder und sogar um die zwischen entfernten Vettern handeln). Darüber hinaus trägt alles dazu bei, den Ältesten gegenüber seinen jüngeren Brüdern zu bevorteilen, und das, obwohl ihm offiziell keine besonderen Vorrechte zuerkannt werden: Man legt Wert darauf, ihn als Ersten und so günstig wie möglich, das heißt eher mit einer fremden Gruppe, zu verheiraten, während die jüngeren Brüder eher für die *Produktion* als für den *Austausch* auf dem Markt oder in der Versammlung, das heißt eher für die Feldarbeit als für die »Außenpolitik« des Hauses, bestimmt sind. Jedoch ist die Situation des Ältesten wiederum sehr verschieden, je nachdem, ob er der Älteste mehrerer Söhne oder der einzige Sohn oder der älteste Bruder mehrerer Töchter ist und als solcher alle Hoffnungen der Familie in sich trägt.[60] Eine Familie mit vielen Töchtern, vor allem, wenn diese schlecht »beschützt« sind (das heißt keine oder nur wenige Brüder haben) und dadurch nicht sehr hoch eingeschätzt werden, da sie nur wenige Verbündete einbringen können und jeder Gefahr ausgeliefert sind, befindet sich in einer ungünstigen Stellung und sieht sich gezwungen, bei den Familien, die ihre Töchter nehmen, Schulden zu machen; eine Familie, die viele Söhne besitzt, verfügt dagegen über einen sehr großen Handlungsspielraum: Sie hat die Wahl, jeden der Söhne jeweils der Konjunktur nach verschieden zu verheiraten; durch einen Sohn zum Beispiel ihre Bündnisse zu erweitern, durch einen anderen die Familienintegration zu verstärken, ja sogar einen nur mit Töchtern versehenen Vetter verpflichtend an sich zu binden, indem sie ihm für einen dritten Sohn eine seiner Töchter abnimmt.[61] In diesem Fall kann sich die Geschicklichkeit des für die Heirat Verantwortlichen unbeschränkt entfalten und zwei so unvereinbare Ziele wie die Verstärkung der Sippenintegration und die Erweiterung ihrer Bündnisse fast spielerisch vereinbaren. Derjenige aber, der nur Töchter oder zu viele Töchter hat, ist zwangsläufig auf *negative* Strategien angewiesen, und seine Geschicklichkeit muss sich darauf beschränken, den »Absatzmarkt« für seine Töchter so geschickt wie möglich zu erweitern, indem er die Beziehung zwischen dem Feld der potentiellen Partner und dem Feld der potentiellen Konkurrenten zu manipulieren versteht, die Nähe und die Ferne, den Antrag des nahen Bewerbers und den des Fremden gegeneinander auszuspielen weiß (um ihn ohne Beleidigung abzuschlagen oder auch nur um Zeit zu gewinnen) und sich damit die Möglichkeit zu lassen, die beste Wahl zu treffen, das heißt den edelsten Bewerber auszuwählen.

Es ist sicher deutlich geworden, wie künstlich die Unterscheidung zwischen Mitteln und Zielen der kollektiven Heiratsstrategien eigentlich ist: Objektiv auf die Verstärkung oder Vergrößerung des Zusammenhalts ausgerichtet – aber in dem Maße, in dem gleichzeitig die Ausdehnung der Bündnisse beibehalten werden kann (oder *umgekehrt*, je nachdem, auf welche Richtung der Hauptakzent gelegt wird) –, hängen diese Strategien zugleich allem Anschein nach in ihrer Logik und ihrer Wirksamkeit von dem materiellen und symbolischen Kapital der betreffenden gesellschaftlichen Einheit ab, das heißt nicht nur vom Wert ihres materiellen Erbguts, sondern auch vom Wert des symbolischen Erbguts, der seinerseits von dem Umfang und dem Zusammenhalt der agnatischen Gruppe abhängt (sichtbar unter anderem an der Ungeteiltheit in Produktion und Konsum der materiellen Güter) sowie von dem Bündniskapital, über das die Gruppe verfügt, und natürlich hängen beide Formen des symbolischen Kapitals von der gesamten matrimonialen Geschichte der Linie ab. Daraus folgt, dass jede Heirat *die Tendenz hat*, die Bedingungen zu reproduzieren, unter denen sie entstanden ist.[62] Objektiv auf die Erhaltung oder Vermehrung des von einer mehr oder weniger umfangreichen Gruppe gemeinschaftlich besessenen materiellen und symbolischen Kapitals ausgerichtet, gehören die Heiratsstrategien zu dem System der Reproduktionsstrategien, die als Summe aller der Strategien zu verstehen sind, durch die Individuen oder Gruppen objektiv danach streben, die mit einer bestimmten Produktionsweise verbundenen Produktionsverhältnisse zu reproduzieren, indem sie alles tun, um ihre Stellung in der Sozialstruktur zu reproduzieren oder zu verbessern.[63] Wir sind hier weit entfernt von jener reinen, da so unendlich beschränkten Welt der »Heiratsregeln« und der »Elementarstrukturen der Verwandtschaft«. Nachdem nun das System der Prinzipien definiert wurde, von denen aus die Individuen eine geregelte und regelmäßige Heiratspraxis produzieren und die Heiratspraxis anderer Individuen praktisch erfassen, könnte man anhand einer statistischen Untersuchung der dem Gegenstand dienlichen Informationen das Gewicht der strukturellen oder individuellen Variablen bestimmen, die diesen Prinzipien objektiv zuzuordnen sind. Vor allem aber ist dies wichtig: Die Praxis der Individuen wird verständlich, wenn man das System derjenigen Prinzipien – und der Gesetze, nach denen sie kombiniert werden können – aufstellen kann (man könnte auch von dem System der Variablen und Operatoren sprechen), die die Individuen immer dann in die Praxis umsetzen, wenn sie spontan und unmittelbar die Personen ausmachen, die bei einer gegebenen Konjunktur des Heiratsmarktes soziologisch zueinander passen könnten; oder genauer gesagt: wenn sie zum Beispiel für einen bestimmten Mann alle die Frauen nennen, die ihm innerhalb der praktischen Verwandtschaft sozusagen *versprochen* sind, und die, die ihm im äußersten Fall noch *gestattet* werden können; dies geschieht auf so eindeutige und unbestreitbare Weise, dass jegliche Abweichung von der als die wahrscheinlichste vorgezeichneten Kurve – in einen fremden Stamm einheiraten zum Beispiel – von der betreffenden Familie, aber auch von der ganzen Gruppe als Herausforderung empfunden wird.

1 Wenn es uns sinnvoll erscheint, hier die einzelnen Etappen der Forschung, die zu der vorliegenden Arbeit geführt haben, noch einmal aufzuzeichnen, so deshalb, weil die Geschichte der aufeinanderfolgenden Irrtümer Bestandteil einer wissenschaftlichen Kenntnis ist, die im Wesentlichen nur durch eine Reflexion über diese Irrtümer zustande gekommen ist. Die vorliegende Abhandlung ist das Ergebnis einer Forschungsarbeit, die sich, von anderen Arbeiten unterbrochen, über zehn Jahre, von 1960 bis 1970, erstreckt hat. Im Rahmen einer zuerst in verschiedenen Dörfern Kabyliens, dann in der Gegend von Collo, schließlich im Tal des Chelif und im Ouarsenis geführten Untersuchung der ökonomischen und sozialen Strukturen wurden Genealogien erfasst, die sich von dem bei den Ethnologen als traditionell geltenden Modell nur insofern unterschieden, als sie versuchten, die relative ökonomische Stellung der durch Heirat verbundenen Gruppen grosso modo zu bestimmen. Durch die statistische Analyse dieser Genealogien, die zwischen 1962 und 1964 durchgeführt wurde, konnten einige unbestreitbare und sofort ins Auge fallende Beziehungen aufgestellt werden, wie die häufiger auftretende Endogamie in Marabutfamilien oder die Asymmetrie der matrimonialen Tauschbeziehungen zwischen Gruppen, die sich durch ökonomische Ungleichheit unterscheiden. Sobald jedoch Häufigkeitsquoten der Heirat mit der parallelen Kusine berechnet werden sollten, spürte man unweigerlich, wie künstlich und abstrakt die zu diesem Zweck vorgenommenen Einteilungen und Gruppierungen eigentlich waren (nebenbei sei bemerkt, dass die an Jean Cuisenier gerichtete Kritik eine retrospektive Selbstkritik darstellt). Daher kam es, dass wir, obwohl unsere Forschungsarbeit sich durch eine genaue Untersuchung der Erklärungen, die die Informanten beim Zusammenstellen der Genealogien oder in Gesprächen spontan lieferten, immer mehr einer Theorie der Heirat mit der parallelen Kusine zuwandte, welche die diesem Heiratstypus bewusst oder unbewusst zufallenden ökonomischen und politischen Funktionen berücksichtigen wollte, auf unser Unternehmen schließlich verzichteten, da es uns nur Erfahrungen ausschließlich negativer Art einbrachte. Nachdem wir also die Untersuchung der Genealogien zugunsten einer Analyse des Rituals und besonders der Übergangsriten aufgegeben hatten, wurde uns sehr schnell klar, dass die *Variationen*, die im Ablauf der Übergangsriten auftreten und die zuerst als einfache »Varianten« behandelt wurden, im Fall der Heirat mit strukturellen und funktionalen Unterschieden zwischen den einzelnen Verbindungen zusammenfielen, wobei das Ritual, das sich im Falle von Heiraten zwischen großen Familien verschiedener Stämme in all seinem Reichtum entfaltet, auf seine einfachste Form reduziert wird, wenn es sich um die Heirat mit der parallelen Kusine handelt; so erschien jede Heirat (und damit jede Form des Ritus) als Moment einer Strategie, die ihr Prinzip in einem bestimmten Typ objektiver Bedingungen hat und nicht in

einer explizit aufgestellten und befolgten Norm oder in einem unbewussten »Modell«. Man konnte den matrimonialen Tauschbeziehungen also nur dann gerecht werden, wenn man – abgesehen von der rein genealogischen Beziehung zwischen den Ehegatten – die objektive Beziehung zwischen der jeweiligen Stellung der durch die Heirat vereinigten Gruppen in der Sozialstruktur, die Geschichte der zwischen beiden Gruppen vollzogenen Transaktionen und deren Stand zum Zeitpunkt der Heiratsverhandlungen, die Geschichte dieser Verhandlungen, ihre zeitliche Bedeutung im Leben der Ehegatten (Kindheit oder Jugendalter), ihre Dauer, die Individuen, die für sie verantwortlich sind, die Tauschhandlungen, zu denen sie Anlass geben, und ganz besonders die Höhe des Wittums genau bestimmte. Das heißt, dass die Untersuchung der matrimonialen Tauschbeziehungen mit der ökonomischen und sozialen Geschichte der Familien zusammenfällt, von der das genealogische Schema nur das »Skelett« wiedergeben kann. Darum wurde der Versuch unternommen, die soziale Geschichte einer Familie zu schreiben, ohne dieses Unternehmen jedoch bis zum Ende durchführen zu können, das, selbst wenn man sich strikt an die nur für die Heiraten wichtigen Informationen hält, wirklich unerschöpflich ist: Diese Arbeit, durch die man konkret ermessen kann, was der »normale« Genealoge alles beiseitelässt, hat darüber hinaus die meisten konkreten Beispiele für die hier vorliegenden theoretischen Analysen geliefert. Selbstverständlich sind in diese Arbeit die Ergebnisse anderer Forschungsarbeiten eingegangen, die auf anderen Gebieten und an scheinbar völlig verschiedenen Gegenständen durchgeführt wurden, wie die Arbeiten über die Ehelosigkeit der Bauern im Béarn und über die Strategien der Eltern in Erziehungsfragen. Für die Analyse des Gruppenbegriffs schließlich waren uns die Deutung von Luc Boltanski und die mit ihm geführten Diskussionen anlässlich einer Untersuchung über die Politik wertvoll.

2 Vgl. C. Lévi-Strauss, »Le problème des relations de parenté«, *Systèmes de parenté*, Beitrag zu den interdisziplinären Gesprächen über islamische Gesellschaften, Paris 1959, S. 13 f.

3 »Die Anthropologie wird sich immer deutlicher der Schwierigkeit bewusst, von halbabstrakten, oft auf einzelne Regionalkulturen bezogenen Theorien auf eine Universaltheorie überzugehen, die jene einschließt. Man hat die relativ genaue Beziehung zwischen der Theorie der Unifiliationsgruppen und den afrikanischen Gesellschaften, oder jedenfalls einigen von ihnen, bemerkt; ebenso ist die Theorie der exogamen Heirat (*théorie de l'alliance de mariage*) zweifellos unabdingbar für die Gesellschaften Südostasiens. Im Gegensatz dazu jedoch findet sie keine Verwendung bei den arabischen Gesellschaften, in denen die Heirat mit der patrilinearen parallelen Kusine üblich ist. Und beide Theorien erweisen sich als untauglich angesichts der sogenannten kognatischen oder indifferenzierten Systeme,

von denen man, um Lévi-Strauss selbst paraphrastisch zu zitieren, sagen kann, dass sich die Verwandtschaft nicht von der Beziehung zum Boden trennen lässt, und die also darauf hinweisen, dass man infolgedessen beide Beziehungen zusammen nehmen muss, um ein wirkliches ›System‹ daraus abzusondern. Letzten Endes stehen wir noch, wie man sagt, auf einer recht niedrigen Abstraktionsstufe, und die interessantesten Theorien, über die wir verfügen, lassen sich jeweils nur auf einen Gesellschaftstypus oder auf ein besonderes System anwenden« (L. Dumont, *Introduction à deux théories d'anthropologie sociale*, Paris 1971, S. 119).

4 R. Needham, The Formal Analysis of Prescriptive Patrilateral Cross-Cousin Marriage, *Southwestern Journal of Anthropology*, Bd. 14, 1958, S. 199-219.

5 Über die deduktive Beziehung, die die Verwandtschaftsbenennungen oder Benennungssysteme mit den Verwandtschaftshaltungen verbindet, vgl. A. R. Radcliffe-Brown, *Structure and Function in Primitive Society*, London 1952, S. 62; *African Systems of Kinship and Marriage*, 1960, Einleitung S. 25; C. Lévi-Strauss, *Strukturale Anthropologie*, Frankfurt/M. 1967, S. 52. Über den Begriff *»jural«* und seinen Gebrauch bei Radcliffe-Brown vgl. L. Dumont, *Introduction à deux théories d'anthropologie sociale,* S. 41: Die »juralen« Beziehungen sind die, »welche Gegenstand genauer, formaler Vorschriften sind, im Bezug auf Personen oder Dinge«.

6 F. Barth, »Principles of Social Organization in Southern Kurdistan«, *Universitets Ethnografiske Museum Bulletin*, Nr. 7, Oslo 1953.

7 R. F. Murphy, L. Kasdan, The Structure of Parallel Cousin Marriage, *American Anthropologist*, Bd. 61, Febr. 1959, S. 17-29.

8 H. Granqvist, Marriage Conditions in a Palestinian Village, *Commentationes Humanarum, Societas Scientiarum Fennica*, Bd. 3, 1931, H. Rosenfield, An Analysis of Marriage Statistics for a Moslem and Christian Arab Village, *International Archives of Etnography*, 48, 1957, S. 32-62.

9 Murphy bemerkt, dass man trotz sehr wenigen statistischen Materials seit langer Zeit wusste, dass die Heirat mit der parallelen Kusine keine »konstante Praxis« darstellt und dass »sie nur für die ersten Heiraten gilt«, obwohl sie »die *bevorzugte* und *normative* Heiratsform« ist.

10 J. Cuisenier, Endogamie et exogamie dans le mariage arabe, *L'Homme*, II, 2, Mai-August 1962, S. 80-105.

11 »Es ist seit langem bekannt, und die von K. Kundstadter und seinem Team unternommenen Simulationen auf dem Computer haben es hinlänglich bewiesen, daß die Gesellschaften, die die Heirat zwischen gewissen Verwandten befürworten, nur in einer geringen Anzahl von Fällen tatsächlich der Norm zu entsprechen vermögen. Die Fruchtbarkeits- und Reproduktionsquoten, das demographische Gleichgewicht der Geschlechter, die Alterspyramide weisen niemals die schöne Harmonie und die Regelmäßig-

keit auf, die notwendig wären, um in dem vorgeschriebenen Grad jedem Individuum einen geeigneten Ehepartner zum Zeitpunkt der Heirat zu garantieren, selbst wenn die Verwandtschaftsnomenklatur so extensiv ist, daß sie ähnliche, aber in ihrer Entfernung unterschiedliche Verwandtschaftsgrade – was so weit gehen kann, daß die Idee einer gemeinsamen Abstammung rein theoretisch wird – gleichstellt.« C. Lévi-Strauss, *Les structures élémentaires de la parenté*, Vorwort zur zweiten Auflage, Paris 1968, S. XVII [*Die elementaren Strukturen der Verwandtschaft*, Frankfurt/M. 1993, S. 21).

12 Jean Cuisenier, der hierin Claude Lévi-Strauss folgt, wenn dieser bemerkt, dass »man vom strukturellen Standpunkt aus die Heirat mit der Tochter des Bruders des Vaters und die Heirat mit der Tochter des Sohns des Vaters als gleichwertig betrachten kann« (C. Lévi-Strauss, »Le problème des relations de parenté«, *Les structures élémentaires de la parenté,* S. 55), schreibt: »... es kann im Gegenteil passieren, dass Ego die Enkeltochter seines Onkels väterlicherseits oder die Tochter des Großonkels väterlicherseits heiratet. Vom strukturellen Standpunkt aus können diese Ehen der Heirat mit der Tochter des Onkels väterlicherseits beziehungsweise der Heirat mit der Enkelin des Großonkels väterlicherseits angeglichen werden« (vgl. J. Cuisenier, Endogamie et exogamie dans le mariage arabe, S. 84). Wenn der Ethnologe den Nominalismus des Genealogismus, der die Kohärenz des Benennungssystems für die praktische Logik der Dispositionen und Praktiken hält, mit dem Formalismus einer auf abstrakten Einteilungen gegründeten Statistik kombiniert, wird er geradewegs dazu gebracht, genealogische Manipulationen vorzunehmen, die in der Praxis dem Verfahren entsprechen, durch das die Individuen die Diskrepanz zwischen ihrer matrimonialen Praxis und der idealen Vorstellung davon oder dem offiziellen Bild, das sie davon geben wollen, verhüllen; so können sie, wenn es sein muss, unter die Bezeichnung »parallele Kusine« nicht nur die Tochter des väterlichen Onkels, sondern darüber hinaus die patrilinearen Kusinen zweiten oder sogar dritten Grades, wie zum Beispiel die Tochter des Sohns des Bruders des Vaters oder die Tochter des Bruders des Vaters des Vaters usw. subsumieren (vgl. auch die Manipulationen des Verwandtschaftsvokabulars, wenn sie zum Beispiel den Begriff » *'amm*« als Höflichkeitsformel verwenden, die an jeden älteren patrilinearen Verwandten gerichtet werden kann).

13 Zum Unterschied zwischen mimetischen Modellen und analogischen Modellen siehe P. Bourdieu, J. C. Passeron, J. C. Chamboredon, *Le métier de sociologue*, Paris 1968, S. 82 f.

14 Die Berechnung von »Endogamiequoten« auf jeder genealogischen Stufe, jener irreellen Schnittmenge abstrakter »Kategorien«, führt dazu, durch eine Abstraktion zweiten Grades Individuen als identisch zu behandeln, die, obwohl sie sich auf der gleichen Stufe des Stammbaums befin-

den, sehr verschieden alt sein können und deren Heiraten aus ebendiesem Grund je nach dem unterschiedlichen Stand des Heiratsmarktes in verschiedenen Konjunkturen geschlossen werden konnten, oder aber sie führt dazu, genealogisch getrennte, aber chronologisch gleichzeitige Heiraten als unterschiedlich zu betrachten: So kann ein Mann zum Beispiel zur gleichen Zeit wie einer seiner Onkel heiraten.

15 E. L. Peters, Some Structural Aspects of the Feud among the Camelherding Bedouin of Cyrenaica, *Africa*, Bd. XXXVII, Nr. 3, Juli 1967, S. 261-282. Murphy sagt das Gleiche, ohne aber die Konsequenzen daraus zu ziehen, wenn er bemerkt, dass die Genealogien und die Manipulation der Genealogien hauptsächlich die Funktion haben, den vertikalen Zusammenhang gesellschaftlicher Einheiten zu verstärken, die die Heirat mit der parallelen Kusine zu teilen und in sich selbst abzuschließen strebt.

16 Da die Macht der Erinnerung dem Wert entspricht, den die Gruppe jedem Individuum beim Zusammenstellen der Genealogien zuerkennt, verzeichnen die Genealogien die Männer (und deren Heiraten) vollständiger, vor allem, wenn sie eine zahlreiche männliche Nachkommenschaft haben, als die Frauen (eine Ausnahme bilden die Frauen, die innerhalb ihrer Linie geheiratet haben); ebenso verzeichnen sie nahe Heiraten besser als entfernte, eine einzige Heirat eher als alle Heiraten eines Mannes, der mehrmals verheiratet war (Polygamie, mehrfache Wiederheirat nach Scheidung oder Tod der Frau). Und allem Anschein nach können ganze Linien von den Informanten verschwiegen werden, wenn ihr letzter Vertreter ohne Nachkommen oder, was auf das Gleiche hinausläuft, ohne männliche Nachkommen gestorben ist. Auf allen genealogischen Stufen, vor allem aber, je weiter man in der Genealogie zurückgeht, sind die Heiraten der Frauen immer sehr viel weniger zahlreich als die der Männer, und dieser Unterschied lässt sich auch weder dadurch erklären, dass es dem Mann theoretisch freisteht, mehrere Frauen zu haben und seine Frau ohne Gefahr für seinen Ruf zu verstoßen – während das materielle und symbolische Interesse der Frau, ihre »Erfüllung« (*thachbaḥth*, die Schönheit) in einer beständigen und dauerhaften Heirat liegt, die sowohl ihre Verwandten als die Familie ihres Mannes zufriedenstellt –, noch dadurch, dass der Witwer verpflichtet ist, wieder zu heiraten, während selbst eine junge Witwe vom Heiratsmarkt ausgeschlossen ist, weil sie als Mutter das Kind ihres Mannes großziehen muss (dies gilt natürlich nur für die Mutter eines Knaben; »eine Frau kann nicht für eine andere Frau Witwe bleiben«, sagt man von der Witwe, die nur Töchter hat und der man rät, wieder zu heiraten; eine Mutter von Knaben dagegen wird für ihre aufopfernde Haltung gelobt, umso mehr, wenn sie jung ist und als Fremde unter den Schwestern ihres verstorbenen Mannes und den Frauen seiner Brüder im Allgemeinen einen schweren Stand hat). An dieser Stelle soll weder das gesamte von

uns zusammengestellte Material (mehr als dreißig Genealogien von Bergbewohnerfamilien aus dem Collo-Massiv, Groß- und Kleinkabylien, dem Ouarsenis sowie einiger in den Höfen des Chéliftals niedergelassener Landarbeiter usw.) noch die gesamte Aufbereitung dieses Materials angeführt werden (Anzahl der von den Männern und den Frauen geschlossenen Heiraten auf den verschiedenen genealogischen Stufen; Aufgliederung dieser Heiraten in die verschiedenen Heiratstypen: Heiraten mit der parallelen Kusine *stricto sensu* und mit jeder anderen patrilinearen Kusine, endogame Heiraten innerhalb der erweiterten Verwandtschaft, Heiraten mit einer matrilinearen Kreuzkusine – wobei diese zugleich patrilineare Kusine zweiten Grades sein kann oder nicht – usw.; Berechnung der Endogamiequoten, ausgehend von der engsten Endogamie – Heiraten mit der Tochter des Bruders des Vaters – bis hin zur Endogamie im weitesten Sinne – Heiraten innerhalb der Gruppe, deren Mitglieder sich als untereinander verwandt betrachten, auch wenn keine genealogische Verbindung und keine Namensgemeinschaft zwischen ihnen besteht; Prozentsatz der Polygamie für die Männer; Prozentsatz der Wiederheiraten nach Scheidung oder Tod des Ehepartners für Männer und Frauen usw.); als Beispiel seien hier nur zwei Genealogien aufgeführt, die eine aus dem Collo-Massiv, die andere aus Kleinkabylien: Zählt man die Heiraten auf allen genealogischen Stufen aus, so kann man feststellen, dass der zahlenmäßige Unterschied zwischen den Männerheiraten und den Frauenheiraten desto größer wird, je weiter man in der Genealogie zurückgeht. Erst von der sechsten Generation an werden die Frauen in ungefähr gleichem Verhältnis wie die Männer genannt; noch in der fünften Generation stellt die Anzahl der in der Genealogie erwähnten Frauen nur ein Drittel von der Anzahl der Männer dar. Auf allen Stufen des Stammbaums bleibt die Anzahl der Frauen hinter der der Männer zurück, wenn der Abstand sich auch verkleinert, je näher man der jüngsten Generation kommt (in der Genealogie aus Collo kommen 57 Frauen auf 102 Männer, in der aus Kleinkabylien 97 Frauen auf 121 Männer). Der Prozentsatz vergessener Heiraten (bis zur fünften Generation) beläuft sich auf 25 für die Männer (12 von 47 beziehungsweise 7 von 28) und auf 33 für die Frauen (5 von 13 beziehungsweise 3 von 8).

genealogische Stufe	MÄNNER						FRAUEN					
	I. Genealogie			II. Genealogie			I. Genealogie			II. Genealogie		
I	(1)	(2)	(3)	(1)	(2)	(3)	(1)	(2)	(3)	(1)	(2)	(3)
II	1	0	0	1	0	0	0	0	0	0	0	0
III	3	0	0	2	0	0	0	0	0	0	0	0
IV	9	5	7	2	1	1	2	0	0	0	0	0
V	15	13	18	6	5	6	3	1	2	2	0	0
VI	19	17	21	17	15	18	8	7	9	6	5	7
VII	17	17	19	29	29	42	15	14	14	24	20	23
VIII	21	19	23	49	49	59	15	13	14	47	46	55
IX	17	14	20	15	15	16	13	13	13	17	17	17
							1	1	1	1	1	1
Insgesamt	102	85	108	121	114	142	57	49	53	97	89	103

I. Genealogie: Familie aus dem Collo-Massiv
II. Genealogie: Familie aus Kleinkabylien
(1) Zahl der von den Genealogien verzeichneten Männer bzw. Frauen
(2) Zahl der Männer bzw. Frauen, deren Heirat (oder zumindest eine von ihnen, wenn sie mehrmals verheiratet waren) in der Genealogie vermerkt ist.
(3) Zahl der Heiraten, die die Genealogie für die Männer bzw. die Frauen vermerkt hat. Diese Zahl ist größer als die unter (2) vermerkte Anzahl der verheirateten Personen, da viele von ihnen mehrmals geheiratet haben: mehrere aufeinanderfolgende Wiederheiraten für Männer und Frauen nach Scheidung oder Tod des Gatten, dazu kommen für Männer polygame Heiraten.

17 Selbstverständlich hat *die theoretische Erkenntnis der Praxis als Praxis* nichts mit *der praktischen Erkenntnis* zu tun, vor allem nicht in der Form, wie sie von den Spontaneitäts- und populistischen Ideologien begriffen wird, wenn diese ihr die magischen Tugenden eines initiierenden Erlebnisses zuschreiben, oder auch von den Ideologien der teilnehmenden Beobachtung und sogar von einigen Formen mystischer Begeisterung für das »Forschungsfeld«. Die Theorie der Praxis als Praxis ist das einzige Mittel, um der Alternative zwischen Materialismus und Idealismus zu entgehen, indem sie dem positivistischen Materialismus entgegenhält, dass ihre Gegenstände *konstruiert* sind, dem intellektualistischen Idealismus dagegen, dass das Prinzip dieser Konstruktion die praktische, auf praktische Funktionen ausgerichtete Tätigkeit ist.

18 Verständlicherweise vermeidet man es, dem Neugeborenen den Namen eines noch lebenden Verwandten zu geben: Das hieße, ihn »wiederauferstehen« zu lassen, bevor er überhaupt tot ist, bedeutete also eine beleidigende Herausforderung und, schlimmer noch, einen Fluch (dass bei

der Namensgebung magische Komponenten mitspielen, sieht man unter anderem daran, dass man einen Namen, auf dem der Fluch der Unfruchtbarkeit lastet, leicht abändert, um diese Bedrohung aufzuheben). Das ist auch dann der Fall, wenn der Bruch der Ungeteiltheit in aller Form durch die Teilung des Patrimoniums vollzogen wurde oder wenn die Familie dadurch aufgesplittert wurde, dass einige ihrer Mitglieder in die Stadt oder nach Frankreich emigrierten. Die gleiche Logik erklärt auch, warum ein Vater seinem Sohn seinen Namen nicht geben kann; wenn ein Sohn den Namen seines Vaters trägt, so ist er kurz nach dessen Tod geboren: »Der Vater hat ihn im Schoß der Mutter zurückgelassen.« Aber hier wie anderswo fehlt es nicht an Ausflüchten und geschickten Kunstgriffen. Manchmal ändert man den ursprünglichen Namen des Kindes, um ihm den durch den Tod seines Vaters oder Großvaters freigewordenen Namen zu geben (der ursprüngliche Name wird von der Mutter und den Frauen weiterhin benutzt, bleibt aber dem privaten Gebrauch vorbehalten). Manchmal wird der gleiche Vorname in leicht veränderter Form mehreren Kindern gegeben, indem man etwas hinzufügt oder weglässt (zum Beispiel Mohand Ourabah anstatt Rabah oder umgekehrt; Akli anstatt Mohand Akli oder umgekehrt), indem man ihn etwas abändert (Beza anstatt Mohand Ameziane, Hamimi oder Dahmane anstatt Ahmed, Ouali oder Alilou anstatt Ali oder arabisierte Formen wie Seghir oder Mohand Seghir für Meziane oder Mohand Ameziane). Ebenso ist es sehr beliebt, selbst wenn man einem Kind nicht gern den Namen seines älteren Bruders gibt, gewisse einander sehr ähnliche oder von dem gleichen Namen abgeleitete Namensverbindungen auszuwählen, vor allem natürlich, wenn einer dieser Namen der eines Vorfahren ist.

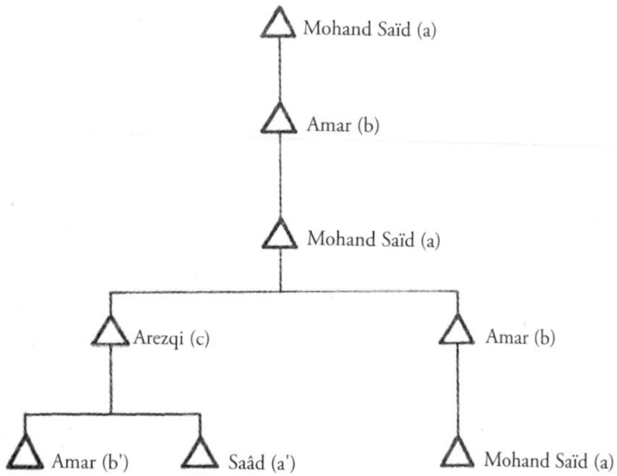

Mohand Said (III_a) hat den Namen seines Großvaters Ia bekommen; er hat seinem ersten Sohn einen neuen Namen, Arezqi, und seinem zweiten Sohn den Namen seines Vaters Amar (IV_b) gegeben. Arezqi wollte seinem ältesten Sohn den Namen seines Großvaters (Amar) geben; da sein Bruder aber noch lebt, konnte er ihn nicht so nennen, denn es hätte Verwechslungen geben können, vor allem jedoch wäre die Sache seinem Bruder gegenüber unhöflich, ja feindselig erschienen, denn magisch-rituelle Interpretationen sind bei der Namensgebung immer im Spiel. Es bleibt ihm also nichts anderes übrig, als eine Variante von Amar (IV_b) auszuwählen: *Amara* (V_b). Ebenso greift er für seinen zweiten Sohn auf eine Variante von Mohand Saïd zurück: Saâd (V_a), da dieser durch den Tod des Vaters (III_a) freigewordene Name von Amar (IV_b) für dessen Sohn (V_a) zuerst wieder aufgenommen worden ist.

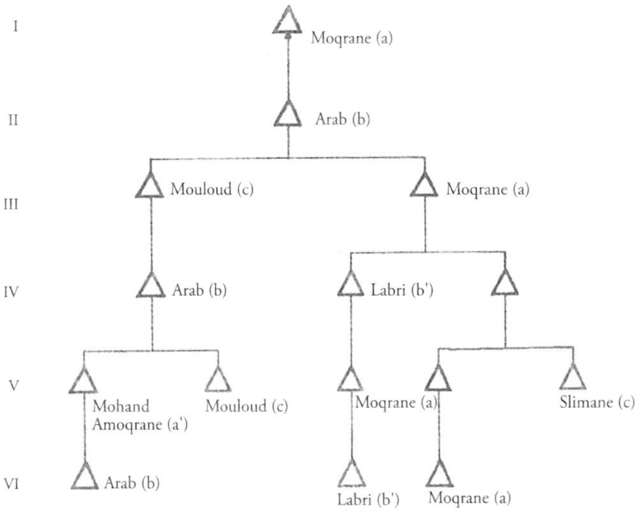

Die Nachkommen von Mouloud ($_{IIIc}$) haben den Namen des Vorfahren Arab II_b behalten, um ihn IV_b und VI_b zu geben; sie haben sich für den Namen des ersten Vorfahren I_a eine Variante *Mohand Amoqrane* (V_a) ausgewählt; die Nachkommen von Moqrane (III_a) haben eine symmetrische und komplementäre Wahl getroffen, indem sie den Namen Moqrane wörtlich wieder aufnahmen (I_a – III_a – V_a und VI_a) und dazu den Vornahmen Larbi, Variante von Arab (IV_b und VI_b) aussuchten.

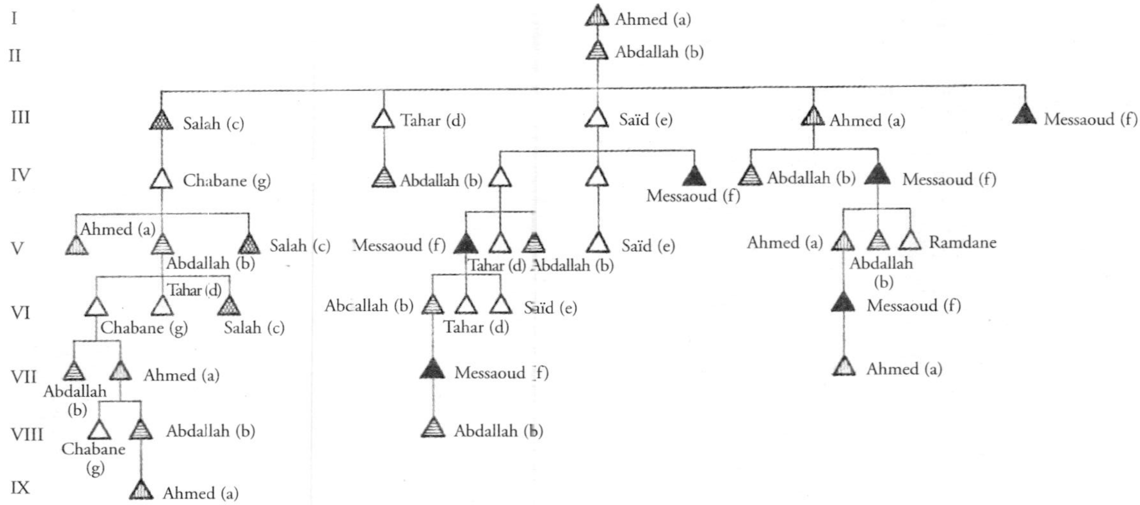
I
II
III
IV
V
VI
VII
VIII
IX
Ahmed (a)
Abdallah (b)
Salah (c)
Tahar (d)
Saïd (e)
Ahmed (a)
Messaoud (f)
Chabane (g)
Abdallah (b)
Messaoud (f)
Abdallah (b)
Messaoud (f)
Ahmed (a)
Abdallah (b)
Salah (c)
Messaoud (f)
Tahar (d)
Abdallah (b)
Saïd (e)
Ahmed (a)
Abdallah (b)
Ramdane
Tahar (d)
Chabane (g)
Salah (c)
Abcallah (b)
Tahar (d)
Saïd (e)
Messaoud (f)
Abdallah (b)
Ahmed (a)
Messaoud (f)
Ahmed (a)
Abdallah (b)
Chabane (g)
Abdallah (b)
Abdallah (b)
Ahmed (a)

Da das Feld der von der momentanen Vergabe ausgeschlossenen Vornamen desto größer ist, je stärker der Familienzusammenhalt ist, kann man in der Vergabe der Vornamen eine Art »Stimmungsmesser« für die »Gefühle« innerhalb der Sippe sehen. In ein und derselben Genealogie kann man oft den gleichen Namen oder ganze aus den gleichen Namen zusammengesetzte Reihen in parallelen Linien verfolgen: Je weiter der gemeinsame Ursprung zurückliegt (oder je mehr die Einheit zwischen den Untergruppen geschwächt ist), desto legitimer erscheint es, die gleichen Namen zu benutzen, sodass die Erinnerung an dieselben Personen in immer selbstständiger werdenden Linien weiterlebt.

Die Nachkommenschaft von Abdallah (II_b), Sohn von Ahmed (I_a), hat sich in drei Zweige unterteilt, der erste von Salah (III_c), der zweite von Saïd (III_e) und der dritte von Ahmed (III_a) ausgehend. Jeder dieser Zweige nimmt natürlich den Namen seines Ahnherrn auf, sodass man für Salah die Reihe: III_c – Vc – VIc – usw., für Saïd die Reihe: III_e – V_e – VI_e – usw. und für Ahmed die Reihe: III_a – V_a – VII_a – usw. findet.

Abgesehen von diesen Namen, die gewissermaßen das jeder Linie eigene »Kapital« bilden, nehmen alle drei Zweige eine gewisse Anzahl von Namen auf, die zu ihrem gemeinsamen Erbgut zu gehören scheinen, das heißt zuerst einmal die Namen der beiden großen Vorfahren Ahmed und Abdallah, aber auch die Namen von Männern, deren Erinnerung nicht von männlichen Nachkommen fortgesetzt werden konnte. Parallel zu der schon in der dritten Generation von Ahmed (III_a) begonnenen Reihe findet man in der Nachkommenschaft von Salah (IIIc) eine zweite Reihe des Vornamens Ahmed (V_a – VII_a – IX_a). Auch den Namen Abdallah, ursprünglich von den Nachkommen Ahmeds (III_a) und Tahars (III_d) wieder aufgenommen, die aber beide in IV_b ausgestorben sind, findet man in allen drei Zweigen wieder: dreimal auf der Stufe V, einmal in VIb und in VIIb und zweimal in VIII_b. Da weder der eine noch der andere Abdallah der Stufe IV einen Sohn hinterlassen hat, kann der Name also nicht in direkter Linie fortgesetzt werden, ebenso wenig wie Tahar (III_d), für den die Gefahr des Aussterbens noch größer ist als für den Namen des gemeinsamen Ahnen Abdallah (II_b); er kann nicht von direkten Nachkommen fortgesetzt werden, die natürlich weit eher als kollaterale Verwandte dafür sorgen, das symbolische Kapital dieses Namens zu erhalten und zu pflegen. In der einen oder der anderen Familie muss es also schon eine große Anzahl männlicher Nachkommen geben, damit der Name Tahar wieder vergeben wird (so bei den Nachkommen von III_c in VI_d und bei den Nachkommen von III_e in V_d und VI_d). Auch der Name Messaoud (III_f) ist mangels eigener Nachkommen auf zwei verschiedene Zweige verstreut: den Zweig Said (III_e) bei IV_f – V_f – VII_f, den Zweig Ahmed (III_a) bei IV_f und VI_f.

Verfolgt man die Vergabe der Vornamen durch die verschiedenen Linien und genealogischen Stufen hindurch, so kann man dadurch sehr gut feststellen, in welchem Maße die Gruppe ihren Zusammenhalt zu wahren und die Gefahr einer Krise, die durch die oft sehr schwierig zu lösenden Probleme der Erbfolge oft heraufbeschworen wird, abzuwehren imstande ist; denn nur eine ans Wunderbare grenzende Reihe von Zufällen könnte ja die Reihenfolge der Todesfälle und der dadurch freiwerdenden Namen auf die Reihenfolge der Geburten und der damit benötigten Namen abstimmen und beide noch so koordinieren, dass die genealogischen Vorrangsrechte respektiert werden. Das Höchstmaß an onomastischer »Sparsamkeit« wird von einer stark endogamen Marabutfamilie aus der Ouarsenis erreicht, die nur 14 männliche und 10 weibliche Vornamen aufweist, um 124 Männer und 84 Frauen beim Namen zu nennen; dadurch wird die Ungeteiltheit ihres symbolischen Patrimoniums deutlich hervorgehoben. Um Verwechslungen auszuschließen, die selbst nahen Verwandten trotz verschiedener Identifizierungstechniken (Filiation, Bezug auf ein Haus, auf eine Untergruppe innerhalb der Verwandtschaft, Spitznamen usw.) unterlaufen, bedient man sich einer ganzen Reihe von »Kunstgriffen«, von denen einige den engsten Verwandten vorbehalten sind (Verkleinerungs- und Koseformen oder andere Abänderungen des Namens: Hand für M'hand oder Aqa für Abdelkader, Hinzufügung des mütterlichen Namens zu dem des Vaters, wobei die Mutter der hohen Endogamiequote halber meist Glied derselben Sippe ist), während die anderen für Fremde bestimmt sind und hauptsächlich in einer vollständigen Aufzählung der genealogischen Beziehung bestehen (zum Beispiel Djelloul M'hand Mohamed Abdelkader Ahmed Amar Ouali).

19 Um die Frage, die in der genealogischen Untersuchung wie in jeder Fragestellung implizit enthalten ist, völlig explizit zu machen, müsste man zuerst eine Sozialgeschichte des Werkzeugs, das die Genealogie ist, und der Genealogen schreiben und sich dabei besonders mit den Funktionen befassen, die in der Tradition, deren Produkt die Ethnologen sind, das Bedürfnis dieses Instruments produziert und reproduziert haben, also mit den Erbschafts- und Nachfolgeproblemen. Diese soziale Genealogie der Genealogie müsste dann in Form einer Sozialgeschichte des Verhältnisses zwischen den Arten »wissenschaftlichen« Gebrauchs und gesellschaftlichen Gebrauchs dieses Instruments weitergeführt werden. Das Wichtigste aber wäre, die Fragestellung, die die Bedingung für die Produktion des genealogischen Diagramms ist, einer epistemologischen Fragestellung zu unterziehen, die das Ziel hätte, die vollständige Bedeutung jener ontologischen Transmutation zu erfassen, die von der gelehrten Fragestellung allein durch die Tatsache vollzogen wird, dass sie nur ein quasi theoretisches Verhältnis zur Verwandtschaft gelten lässt, also implizit mit dem praktischen, direkt auf Funktionen ausgerichteten Verhältnis bricht. Ist man sich über die

Produktionsbedingungen des genealogischen Schemas als eines Produkts besonderer Art nicht im Klaren (das Gleiche könnte auch für ein Corpus der politischen Meinungen gelten), so läuft man Gefahr, die Tatsache zu vergessen, dass dieses genealogische Schema in der Praxis nicht so existiert, wie es auf dem Papier steht, das heißt in der expliziten Form des vollständigen und systematischen Diskurses oder Schemas, das gleichsam in sich seinen Selbstzweck findet. Diese epistemologische Analyse gewinnt ihre volle Bedeutung in dem Moment, wo man bemerkt, dass sie sich auf alle Konstruktionen anwenden lässt, die wie die Landkarte, der Plan oder der Kalender jeder in seinem Bereich die gleichen epistemologischen Folgen nach sich ziehen wie die Genealogie: So wie die Genealogie an die Stelle des räumlich und zeitlich diskontinuierlichen Gefüges von vereinzelten Verwandtschaftsgruppen, die je nach den momentanen Bedürfnissen gegliedert und eingestuft werden und nur sporadisch zur vollen Existenz gelangen, ein räumliches Netz eindeutiger, homogener, ein für alle Mal feststehender Beziehungen setzt, so ersetzt ja auch die Landkarte durch den homogenen und kontinuierlichen Raum der Geometrie den diskontinuierlichen, lückenhaften Raum der tatsächlich in der Praxis begangenen Wege, und schließlich setzt auch der Kalender einen linearen, homogenen und kontinuierlichen Zeitablauf an die Stelle der praktischen, erlebten Zeit, die aus vereinzelten, in ihrer Dauer unmessbaren Momenten besteht und einen sehr unterschiedlichen Rhythmus haben kann, je nachdem, ob die Zeit drängt oder stockt, je nachdem, was man aus ihr *macht*, das heißt je nach den *Funktionen*, die ihr objektiv von der in dieser Zeit vollzogenen Handlung zugeteilt werden. Man könnte dann sehen, dass durch eine scheinbar so harmlose Frage wie »Und danach?«, mit der man einen Informanten dazu auffordert, einen »Zeitraum« im Verhältnis zu einem anderen zeitlich festzulegen (und die ja nichts anderes tut, als explizit auszudrücken, was das genealogische oder chronologische Schema implizit machen), ein Verhältnis zur Temporalität eingeführt wird, das sich der dem gewöhnlichen Gebrauch der Zeittermini eigenen praktischen Zeitbeziehung radikal entgegensetzt: Denn diese Zeittermini bezeichnen ja die Höhepunkte des Agrarjahres und stellen gleichsam *Anhaltspunkte* in ihm dar, und nicht jene *Trennungspunkte*, die man unbewusst aus ihnen macht, sobald man sie in die kontinuierliche Reihe eines Kalenders einschließt und damit alle möglichen unlösbaren Fragen aufwirft. So ist *liali* eigentlich nicht eine Zeitspanne von vierzig Tagen, sondern ein »Stück Zeit«, eine Zeitdauer, in der nichts geschieht, eine in sich geschlossene Einheit, die sich an andere Einheiten reihen lässt, ohne dass man sie als Segment einer kontinuierlichen Linie begreifen würde. Man sagt einfach: »Wir sind jetzt in *liali.*« Ebenso bedeutet *Awdjev* den feierlichen Beginn der Feldarbeit, manchmal auch den letzten Tag, immer aber die Feldarbeit selbst. In der Tat stimmen diese gelehrten Konstruktionen, wie es die Karte, die Genealogie oder der Kalender sind, alle darin überein, dass sie die *praktischen Funktionen* ausklammern; das kann man zum Beispiel daran sehen, dass jede gesellschaftliche Einheit in Wirklichkeit vielmehr *durch den Gegensatz* zu anderen Einheiten des gleichen Niveaus funktioniert als im Verhältnis zu den Einheiten höheren Niveaus; ebenso funktioniert jeder zeitliche Terminus im Gegensatz zu einem anderen, der aber nicht in die serielle Logik des »Vorher« und »Nachher« eingeschlossen ist: für *el liali*, die »Nächte« des tiefsten Winters, wäre das *es-smain*, die heißesten Tage des Hochsommers (man findet hier eine besondere Anwendung des Gegensatzes zwischen trocken und feucht). Man braucht nur die Funktionen wieder einzuführen, um festzustellen, dass die zeitliche Terminologie ebenso viele praktische Gebrauchsformen hat, wie es Tätigkeiten gibt, dass man also außer dem Agrarkalender einen Kalender des Schäfers, des Schmieds, des Gebildeten und natürlich auch einen weiblichen oder sogar einen kindlichen Kalender aufstellen könnte, wobei aber gesagt werden muss, dass der Kalender des Bauern, der sich zu den anderen »Kalendern« ebenso verhält wie die männliche, offizielle Lesart der Verwandtschaft zur weiblichen, seine fundamentalen Anhaltspunkte allen anderen aufdrängt.

20 L. Dumont, *Introduction à deux théories d'anthropologie sociale,* S. 122 f.

21 Obwohl man damit immer noch innerhalb der genealogischen Sprache bleibt, könnte man sagen, dass sich der Gegensatz zwischen den Beziehungen der offiziellen Verwandtschaft und denen der usuellen Verwandtschaft in dem Gegensatz zwischen *thaymats* (von *ayma*, Bruder), das sind alle diejenigen, die dieselben Eltern haben, und *thadjadith* (von *djedd*, Großvater), das sind alle Vorfahren derjenigen, die sich auf denselben, realen oder mythischen Ahnherrn berufen, wiederfinden lässt: »*Thaymats*«, sagt man, »ist von heute, *thadjadith* ist von gestern.« Auf *thaymats*, das heißt auf die aktuelle und aktive Solidarität, die auf tatsächlich gefühlten und aktuell anerkannten, da ständig erneuerten Verwandtschaftsbeziehungen beruht, beruft man sich, wenn es darum geht, einer anderen Gruppe entgegenzutreten, zum Beispiel wenn der Clan angegriffen wird; daraus ergibt sich, dass die von *thaymats* gebildete Gruppe nur einen Abschnitt (dessen Ausmaß von vielen verschiedenen Faktoren abhängt, die einerseits auf die Struktur der Gruppe zurückgehen, andererseits auch auf die Umstände, die die Gruppe mobilisieren können) der auf *thadjadith* beruhenden Einheit darstellt, wobei *thadjadith*, der gemeinsame Ursprung, zur ideologischen Rechtfertigung einer *offiziellen Einheit* herangezogen wird.

22 Es kann hier keine wirkliche logische Analyse der ethnologischen Sprache und ihres Verfahrens durchgeführt werden, obwohl das in diesem Falle die wohl radikalste Form der epistemologischen Kritik wäre; wir begnügen uns damit, einen Text zu zitieren, auf den wir bei der Vorbereitung

dieser Arbeit gestoßen sind und der, wenn er sicherlich auch nicht mehr als andere mit den typischen Zügen des legalistischen Formalismus gespickt ist, so unverhohlen die offizielle Regel zu dem der Praxis zugrunde liegenden Prinzip erhebt, dass er dann nicht anders kann, als die – ganz am Ende doch eingeführten – Interessen zum Prinzip der Ausnahmen zu machen. »*In den Augen der Tiyâha* ist die Heirat mit der parallelen Kusine zugleich ein *Recht* und eine *Pflicht*, und sie ist *Recht* ebendeshalb, weil sie *Pflicht* ist. In der Tat fällt es dem *ibn'amm* zu, seine Kusine zu verteidigen, ihr zu Hilfe zu kommen, als ob sie seine Schwester wäre, im Fall einer Witwenschaft oder einer Scheidung für ihren Unterhalt zu sorgen und sich um ihre Kinder zu kümmern. Sie ist mein *'ar*, sagte mir ein Informant, und dieses Wort bedeutet wörtlich ›Schande‹, ›Schandfleck‹, ist aber in Wirklichkeit ein zweischneidiges Schwert, denn dieses *'ar* kann in den Augen der Nomaden zugleich Gegenstand der Unehre oder der Ehre sein, je nachdem, wie die Kusine sich beträgt. Entspricht ihr Betragen nicht der üblichen Sitte, so ist es Aufgabe des Sohns des Bruders des Vaters, sie zu beraten und sogar Zwang anzuwenden, um sie nachdrücklicher zu überzeugen. Wenn sie trotzdem in ihrem Betragen verharrt und ihre Verfehlungen die Ehre der Familie verletzen, so *obliegt* es ihm oft, die Unehre blutig zu rächen. Wenn sie mit einem Fremden verheiratet ist, *muss* er ihr helfen, wenn sie unterdrückt wird. So hat er um seiner eigenen Gemütsruhe willen nichts Besseres zu tun, als sie zur Frau zu nehmen. Die *bint'amm* ihrerseits erweist sich weniger anspruchsvoll mit ihrem Vetter als mit einem Fremden und begnügt sich, wenn es sein muss, mit dem Allernotwendigsten. Indem er alles das zusammenfasste, rief ein sechzigjähriger Nomade aus: ›Wäre es möglich, dass ein Mann eine Fremde heiratet, wenn er eine Kusine aus seinem Fleisch und Blut hat, die sein Geheimnis wahrt und seine Ehre schützt?‹ Heißt das, dass die Verhaltensweise des Mannes immer von so edlen Gefühlen bestimmt wird? Das Verhalten des *ibn'amm* scheint zu beweisen, dass er die Sache eher von der Seite betrachtet, die für seine Interessen am vorteilhaftesten ist.« (J. Chelhod, Le mariage avec la cousine parallèle dans le système arabe, *L'homme*, Juli-Dez. 1965, Nr. 3 und 4, S. 113-173)

23 In den rituellen Spielen und Kämpfen (in denen Gruppen miteinander streiten, die sich auf rein onomastischer und mythischer Basis gebildet haben, wie zum Beispiel die »Ligen« oder *ṣfuf*, Plural von *ṣuff*) findet eine Ritualisierung der Gewalt statt, die wohl am besten die Dialektik von Strategie und Ritual augenfällig macht: Obwohl die Kämpfe fast immer eine Verletzung der ökonomischen oder symbolischen Interessen zum Anlass hatten – Viehdiebstahl oder Beleidigung von Mitgliedern der Gruppe, den Hirten zum Beispiel –, fanden sie doch immer ihre Grenzen in dem ritualisierten Modell, das in noch strengerer Weise auf die jahreszeitlich bedingten Spiele mit ebenfalls ritueller Funktion angewendet wurde, zum

Beispiel auf die *kura* oder *qochra* (Ain Aghbel) genannten Ballspiele, die am Tag des Frühlingsanfangs gespielt wurden (die Spieler teilten sich in zwei Lager – Osten und Westen –, und es galt, mit Holzschlägern einen Ball, die *kura*, in das gegnerische Feld zu schießen). In der gleichen Logik, das heißt als symbolische Manipulation der Gewalt, die darauf abzielt, die durch den Kontakt zwischen fremden Gruppen – deren Feindschaft eine alte Tradition sein kann – entstehenden Spannungen zu lösen, kann man auch alle besonders strengen Riten verstehen, zu denen eine Heirat zwischen entfernten Gruppen Anlass gibt: Vorschrift und Ritual werden immer nötiger, je weniger man in der Praxis auf das automatische Zusammenspiel der einzelnen Handlungsformen, das nur durch die Homogenität von Habitus und Interessen garantiert wird, rechnen kann (dadurch lässt sich erklären, dass im Allgemeinen die Ritualisierung der Interaktionen mit zunehmendem Abstand zwischen den Individuen oder Gruppen, also mit zunehmender Größe der Gruppen, ebenfalls ein größeres Ausmaß annimmt).

24 Daraus geht hervor, dass man immer dann, wenn die Beziehung zu einem Individuum genealogisch zweideutig ist, auch den entferntesten Verwandten näher an sich heranziehen beziehungsweise sich ihm nähern kann, indem man die Betonung auf das einende Element legt, nämlich die Beziehung über die Männer (genau das ist die Funktion von *'am* als Höflichkeitsanrede); dagegen kann man auch den nächsten Verwandten in gebührendem Abstand halten, indem man das trennende Element in den Vordergrund rückt, nämlich die zweitrangige Beziehung über die Frauen. Es geht bei diesen Manipulationen – die nur ein naiver Geist als fiktiv betrachten könnte mit der Begründung, dass sie ja niemanden täuschen – in allen Fällen um nichts anderes als um die Definition der praktischen Grenzen der Gruppe, die man also, wie wir gesehen haben, je nach Bedarf erweitern oder verengen kann, um den Betreffenden in sie einzugliedern oder von ihr auszuschließen. Der verschiedenartige Gebrauch der Bezeichnung *khal* (im engen Sinn: Bruder der Mutter) illustriert diese Geschicklichkeitsleistungen besonders gut: Gebraucht ein Marabut diese Bezeichnung gegenüber einem Bauern ohne Adel oder religiöses Amt, so drückt er damit den Wunsch aus, sich von ihm zu distinguieren, und betont – im Rahmen der Höflichkeit –, dass keinerlei legitime Verwandtschaftsbeziehung zwischen ihnen besteht; zwischen zwei Bauern dagegen bedeutet die gleiche Anrede die Absicht, ein Mindestmaß an familiären Beziehungen herzustellen, indem man sich auf eine entfernte und hypothetische Verschwägerungsbeziehung beruft.

25 So bieten die anscheinend am stärksten ritualisierten Akte der Heiratsverhandlungen und die Zeremonien, die die Hochzeit selbst begleiten und die durch ihre mehr oder weniger große Feierlichkeit auch die Funktion haben, die gesellschaftliche Bedeutung der Heirat zu verkünden

(im Großen und Ganzen ist die Zeremonie desto förmlicher, je höher der gesellschaftliche Rang der durch die Heirat vereinigten Familien ist und je entfernter sie im genealogischen Raum voneinander stehen), in Wirklichkeit jedes Mal die Gelegenheit, Strategien zu entwickeln, die den objektiven Sinn einer ja niemals ganz eindeutigen Beziehung manipulieren sollen, indem man zum Beispiel das Unvermeidbare wählt und, aus der Not eine Tugend machend, sich strikt an Anstand und Schicklichkeit hält, oder aber, indem man die objektive Bedeutung der Heirat hinter dem Ritual der Hochzeit versteckt.

26 J. Chelhod berichtet, dass »in der Trivialsprache von Alep die Prostituierten als ›Töchter der mütterlichen Tante‹ bezeichnet werden«, und zitiert außerdem ein syrisches Sprichwort, in dem die gleiche Missbilligung der Heirat mit der Tochter der Schwester der Mutter zum Ausdruck kommt: »Wegen seines unreinen Charakters hat er die Tochter seiner mütterlichen Tante geheiratet« (J. Chelhod, Le mariage avec la cousine parallèle).

27 Eine indirekte Bestätigung der Bedeutung, die der Heirat mit der parallelen Kusine zugeschrieben wird, kann man darin sehen, dass die Persönlichkeit, die eine der »Eröffnungsheirat« gleiche Funktion hat – im Krieg wie bei der Feldarbeit Glück zu bringen –, *keinerlei politische Rolle* spielt und dass ihre Aufgabe rein *ehrenamtlich* oder, wenn man so will, *symbolisch* ist, das heißt gering, aber geachtet. Diese mit *baraka* begabte Person wird *amezwar* (der Erste), *aneflus* (der Vertrauensmann), *aqdhim* (der Vorfahr), *amghar* (der Alte), *amas'ud* (der, der Glück hat) oder, genauer, *amezwar, aneflus, amghar nat-yuga* (der Erste, der Vertrauensmann, der Alte mit dem Ochsengespann oder Pflug) genannt; der Name, der am bezeichnendsten ist, weil er ausdrücklich die durch tausend andere Zeichen angedeutete Homologie zwischen Feldbestellung und Heirat ausspricht, ist unbestreitbar *boula'ras* (der Mann der Hochzeit), und in diesem Sinne ist auch die Bezeichnung *mefthaḥ n ss'ad* (der Schlüssel zum Glück, der, der *öffnet*) zu lesen. Emile Laoust erinnert daran, dass, noch allgemeiner gesehen, »die Berber keinen kollektiven Akt, keine Expedition ohne die Gegenwart eines *aneflus* unternehmen, das heißt einer Person mit *baraka* … Wenn zum Beispiel eine Karawane zusammengestellt wird, scharen sich die Kaufleute und Reisenden um einen *aneflus n-umuddu*, der zugleich ihr Führer und ihr Glücksbringer ist. Er gibt das Zeichen zum Aufbruch und zur Rast; er ist der Erste, der seine Tiere belädt oder ablädt. Mit ihm ist man sicher, das Land ohne Gefahr zu durchqueren und wohlbehalten ans Ziel zu gelangen. In unruhigen Zeiten zieht der Stamm hinter seinem *aneflus elbarud* in den Kampf. Man glaubt, dass er eine *baraka* besitzt, die ihn für die Hiebe der Feinde unverwundbar macht und die Kämpfenden schützt. Er trägt *la'lam*, die Standarte, und gibt die ersten Gewehrschüsse ab, seine Gegenwart im Gemenge ist ein Pfand für den Sieg. *Aneflus elhadert* dagegen gibt mit sei-

nem Tamburin das Zeichen zum Gesang bei großen Zusammenkünften (*tinubga*, die Einladungen) befreundeter Stämme, bei denen Barden ihre Heldenlieder vortragen« (vgl. E. Laoust, *Mots et choses berbères. Notes de linguistique et d'ethnographie*, Paris 1920). Zur Eröffnung der Feldarbeit beginnt man mit dem edelsten Stück Land, das für die edelste Saat (Weizen oder dicke Bohnen) bestimmt ist und das als das beste für intensive Bebauung nach den Regeln der Dreifelderwirtschaft ohne Brache ausersehen ist, das jedes Jahr gedüngt wird, nahe dem Dorf, manchmal sogar hinter dem Haus liegt, zum ältesten Teil des Patrimoniums gehört usw. Ist der »Glücksbringer« behindert, muss er wenigstens gegenwärtig sein; auf jeden Fall wird die erste Furche niemals von einem jungen Mann, einem Knecht oder sonst jemandem gezogen, der nicht Herr über den Boden ist, auf dem die Feldarbeit beginnt.

28 Körperliche und geistige Mängel und Gebrechen stellen ein äußerst schwieriges Problem dar für eine Gesellschaft, die in ihrem Rigorismus der Frau ohne Mann und selbst dem Mann ohne Frau nicht die geringste soziale Stellung einräumt (sogar der Witwer muss sich beeilen, eine neue Heirat zu schließen). Und dies umso mehr, als diese Mängel in mythisch-rituellen Kategorien wahrgenommen und interpretiert werden: Man kann sich vorstellen, welche Aufopferung es in einem solchen Kontext bedeutet, eine linkshändige, einäugige, hinkende oder bucklige (wobei der Buckel das negative Pendant zur Schwangerschaft darstellt) oder auch nur kränkelnde, schwächliche Frau zu heiraten – alle diese Eigenschaften sagen Unfruchtbarkeit oder Bosheit voraus. Es kommt vor, dass ein Mann seine Frau verstößt, weil sie den Ruf hat, Unglück zu bringen.

29 »Man gibt Weizen aus und bringt Gerste zurück.« »Man gibt Weizen schlechten Zähnen.« »Forme deine Nachkommen aus deinem Ton, kommt dir auch kein Fleischtopf, so kommt dir doch ein Couscous-Topf.« Unter den von uns zusammengetragenen Lobreden auf die Heirat mit der parallelen Kusine sind einige besonders typisch: »Sie wird keine großen Ansprüche für sich selbst stellen, und du wirst keine großen Ausgaben für die Heirat haben.« »Mit der Tochter seines Bruders kann er machen, was er will, und von ihr kommt nichts Böses. Dann verstärkt sich die Einigkeit mit seinem Bruder, wie ihr Vater es ihnen in seiner Ermahnung zur Brüderlichkeit (*thaymats*) geboten hatte: ›Hört nicht auf eure Frauen!‹« »Die Fremde wird dich verachten; sie wird ein Schimpf für deine Vorfahren sein, die sie als weniger edel als die Ihren betrachten wird. Mit der Tochter deines *'amm* dagegen sind ihr Großvater und der deine eins, und niemals wird sie dir sagen: ›Verflucht sei der Vater deines Vaters!‹ Die Tochter deines *'amm* wird dich nicht verlassen. Wenn du keinen Tee hast, wird sie dich nicht darum bitten, und sollte sie auch Hungers sterben bei dir, so würde sie auch das ertragen und sich nie über dich beklagen.«

30 A. Hanoteau, *Poésies populaires de la Kabylie du Djurdjura*, Paris 1867, S. 475.

31 Dieses »Haus« verdankt seinen Wohlstand einer besonders günstigen Erbschaft, wobei die Geschichte daran erinnert, dass die Verteilung des materiellen Patrimoniums unter die Erben eher von dem Kräfteverhältnis zwischen den Legatoren oder Prätendenten bestimmt wird als von der genauen Anwendung einer juristischen Norm. Zweimal hatte Belaid (V_I) den Bruch der Ungeteiltheit innerhalb seiner Familie durchgesetzt: das erste Mal um 1875, als er sich weigerte, die Autorität seines Onkels Hadj Belqacem (IV_2) anzuerkennen, und seinen Vater Ahmed (IV_I) zwang, sich von seinem jüngeren Bruder zu trennen, das zweite Mal einige Jahre später, als er sich mit seinen eigenen Brüdern (Mouloud, Tahar und Achour) überwarf; dadurch gelang es ihm, gewisse Privilegien schlicht und einfach zu usurpieren: Anstatt seinen Vater mit einem Viertel des gemeinsamen Patrimoniums aus der Ungeteiltheit ausscheiden zu lassen, wie es ihm von Rechts wegen zustand, forderte er ein Drittel des Erbguts für ihn (bei einer gerechten Teilung hätten natürlich sein Vater Ahmed wie dessen Bruder Hadj Belqacem je ein Viertel bekommen); seinen Brüdern gegenüber gab Belaid vor, dass der Anteil, den er bei der ersten Teilung erhalten hatte, nur der »Preis« gewesen sei, um ihn auszuschließen und den Frieden zu erkaufen, und trotz des Drucks, den seine Brüder mehrfach auf ihn ausübten und durch den sie ihm mit Müh und Not einige magere Parzellen Land entrissen, eignete er sich einen Anteil am Erbe an, der weit über dem lag, was ihm bei gerechter Teilung zugestanden hätte. Dadurch also, dass diese Linie von Anfang an über ein weit größeres Patrimonium verfügte als die anderen verwandten Familien, hat sie sich im Laufe der Generationen unaufhörlich vergrößert und durch Anschaffungen bereichert, die nur durch die Arbeit zahlreicher Männer ermöglicht werden konnten: Jedes Jahr zur Zeit der Aussaat pflügten sie mehr als vierzig Tage lang, meist mit zwei Pflügen und zwei Ochsengespannen. Diese Familie ist eine der letzten im Dorf, die noch alle traditionellen Symbole bäuerlichen Reichtums und bäuerlicher Größe aufweisen kann: Sie hält darauf, ihr Ochsenpaar und ihr Maultier zu haben, eine Schafherde, die, so klein sie auch sein mag, die letzte in der ganzen Gegend ist, und vor allem eine Kuh, die ausschließlich für die Milchproduktion gehalten wird; die Familie hält auch die beiden letzten Wassermühlen der Gegend in Gang (eine Wintermühle, die von einem Wildbach angetrieben wird, und eine Sommermühle, die an eine das ganze Jahr über sprudelnde Quelle angeschlossen ist). Ihr außergewöhnliches Prestige verdankt die Familie jedoch hauptsächlich der Tatsache, dass sie es verstanden hat, neben diesem traditionellen Reichtum, den sie als letzte aufrechterhält – sicherlich des symbolischen Profits wegen, aber auch wegen des nicht unbeachtlichen ökonomischen Gewinns, den sie aus ihm

ziehen kann –, eine ganze Reihe von nicht minder angesehenen Produktionsmitteln der modernen Technik anzuschaffen (einen Traktor, einen Lastwagen, ein Taxi, eine maschinell betriebene Mühle und eine moderne Olivenpresse, die sie mit anderen Teilhabern unterhält), und sie besitzt auch ein Geschäft und ein modernes Wohnhaus.

32 Das leidenschaftliche Interesse der Juristen für die Traditionen, in denen die matrilineare Verwandtschaft *weiterlebt*, hat sie dazu geführt, sich für den *awrith* zu interessieren, den sie – mit ihren eigenen Worten – als einen »Adoptionsvertrag für einen männlichen Volljährigen« betrachten (vgl. zu Algerien: G. H. Bousquet, Note sur le mariage mechrouth dans la région de Gouraya, *Revue algérienne*, Jan.-Febr. 1934, S. 9-11, und L. Lefèvre, *Recherches sur la condition de la femme kabyle*, Algier 1939; zu Marokko: G. Marcy, Le mariage en droit coutumier zemmoûr, *Revue algérienne, tunisienne et marocaine de législation et de jurisprudence*, Juli 1930; Les vestiges de la parenté maternelle en droit coutumier berbère, *Revue africaine* Nr. 85, 1941, S. 187-211; Capitaine Bendaoud, L'adoption des adultes par contrat mixte de mariage et de travail chez les Beni Mguild, *Revue marocaine de législation, doctrine, jurisprudence chérifiennes* Nr. 2, 1935, S. 34-40; Capitaine Turbet, L'adoption des adultes chez les Ighezrane, ebd., S. 40, und Nr. 3, 1935, S. 41).

33 Es ist bezeichnend, dass das Volksmärchen (*conte*), das ja nichts anderes ist als eine in Parabelform gegebene Paraphrase eines Sprichworts oder einer Spruchweisheit, die ihm als »Moral von der Geschichte« dienen, und das wir als halb ritualisierten Diskurs mit didaktischer Funktion definieren können, ausschließlich die markanten und markierenden Heiraten festhält: zunächst natürlich die verschiedenen Typen der Heirat mit der parallelen Kusine (egal, ob sie bezwecken, ein politisches Erbe zu bewahren oder, falls es sich um die einzige Tochter handelt, das Aussterben einer Linie zu verhindern). Weiterhin die am stärksten empfundenen Mesalliancen, wie die Heirat des Waldkauzes mit der Tochter des Adlers, die als reinstes Beispiel der Heirat von unten nach oben (zunächst im gesellschaftlichen Sinn gesehen, aber auch im mythischen Sinne, wo sich Oben und Unten gegenüberstehen wie Tag, Licht, Glück, Reinheit, Ehre einerseits und Nacht, Dunkelheit, Unglück, Unreinheit und Unehre andererseits) zwischen einem Mann niedrigen gesellschaftlichen Ranges, einem *awrith*, und einer Frau aus höherstehender Familie angesehen wird; in einer solchen Heirat findet sich die traditionelle Hilfsbeziehung, dadurch dass die jeweilige Stellung der Ehepartner in der sozialen und in der sexuellen Hierarchie nicht übereinstimmt, auf den Kopf gestellt. Derjenige, der gibt – in diesem Fall der Höhere – muss demjenigen helfen, der genommen hat – hier dem Niedrigeren: Der Adler muss seinen Schwiegersohn, den Waldkauz, auf den Rücken nehmen, um ihm eine schmähliche Niederlage im Wettkampf

mit den jungen Adlern zu ersparen; diese Situation aber ist ein Skandal, der von dem Sprichwort angeprangert wird: »Man gibt ihm seine Tochter und muss noch Weizen dazugeben.«

34 Aus der Statistik aller Heiraten, die in einer großen Familie des Dorfes Aghbala (2000 Einwohner) in Kleinkabylien erfasst wurden, geht hervor, dass von 218 männlichen Heiraten (und zwar für jede Person die erste Heirat) 34 Prozent mit Familien außerhalb der Stammesgrenzen geschlossen wurden; nur 8 Prozent dieser Heiraten, die nämlich, die mit den zugleich räumlich und gesellschaftlich entferntesten Gruppen geschlossen wurden, besitzen alle Merkmale der Prestigeheirat: Sie sind von einer einzigen Familie geschlossen worden, die sich durch ihre originelle Heiratspraxis von den anderen Linien abheben will; die anderen entfernten Heiraten dagegen erneuern nur schon existierende Beziehungen (Beziehungen »über die Frauen« oder die »mütterlichen Onkel«, die durch verschiedene Begebenheiten wie Heiraten, Abreise oder Rückkehr, Todesfälle und manchmal auch große Feldarbeiten ständig in Gang gehalten werden). Zwei Drittel der Heiraten wurden im Kreis des Stammes (der neun Dörfer umfasst) geschlossen: Wenn man von den sehr selten vorkommenden (4 Prozent) Verbindungen mit dem feindlichen Clan absieht, die immer, besonders für die älteren Generationen, eine politische Bedeutung haben wegen des traditionellen Antagonismus, der die beiden Gruppen entzweit, kann man alle anderen Verbindungen in die Kategorie der gewöhnlichen Heiraten einordnen.

35 Ein besonders typisches Beispiel: »Sobald sie ihren ersten Sohn bekommen hatte, ging Fatima daran, ihm seine zukünftige Frau zu suchen, sie versuchte verschiedene Möglichkeiten, hielt das Auge bei allen Gelegenheiten offen, bei den Nachbarinnen, in ihrer eigenen Familie, im Dorf, bei den Freunden, auf Hochzeiten und Pilgerfahrten, am Brunnen, im Ausland und sogar bei Trauerfällen, bei denen sie anwesend sein musste; so hat sie alle ihre Kinder problemlos und fast ohne es zu merken verheiratet.« (Yamina Ait Amar Ou Said, *Le mariage en Kabylie*, Fichier de documentation berbère, 1960, S. 10).

36 Wenn man von der mythischen Idealisierung (Blut, Reinheit, Innen usw.) und von der ethischen Verherrlichung (Ehre, Tugend usw.) absieht, die die rein agnatische Heirat umgeben, wird letzten Endes von den gewöhnlichen Heiraten das Gleiche gesagt wie von der Heirat mit der parallelen Kusine. So teilt man zum Beispiel der Heirat mit der Tochter der Schwester des Vaters im selben Maß wie der Heirat mit der parallelen Kusine die Funktion zu, die Eintracht zwischen den Frauen und den Respekt der jungen Gattin vor den Eltern ihres Mannes (ihrem *khal* und ihrer *khalt*) zu garantieren, und das mit dem geringsten Kostenaufwand, da es ja innerhalb des familiären Kreises gar nicht zu jener Spannung kommen kann, die sonst bei jeder Heirat zwischen fremden Gruppen von der implizit vor-

handenen Rivalität zwischen den beiden Gruppen ausgelöst wird, sowie es um die Stellung und die Existenzbedingungen der jungen Ehefrau geht.

37 Die außergewöhnlichen Heiraten entgehen dem Zwang und den Anforderungen von Anstand und Schicklichkeit, die auf den gewöhnlichen Heiraten lasten (unter anderem dadurch, dass sie keine »Folge« haben): Abgesehen von den Fällen, wo die besiegte Gruppe (Clan oder Stamm) der Siegergruppe eine Frau gab und beide Gruppen einen Frauentausch vornahmen, um damit anzuzeigen, dass es weder Sieger noch Besiegte gab, kam es auch vor, dass die Siegergruppe der anderen eine Frau ohne jegliche Gegenleistung gab, aber die Heirat fand dann nicht zwischen den mächtigsten Familien statt, sondern zwischen Familien in disproportionierten Stellungen: So gab eine kleine Familie der Siegergruppe einer großen Familie der Besiegten eine Frau; eben durch die Ungleichheit der Verbindung wollte die Siegergruppe zu verstehen geben, dass noch der kleinste unter den Ihren größer sei als der größte unter den Gegnern.

38 Innerhalb jener spezifischen und privilegierten Unterkategorie des Marktes (des *akham*), die durch die Autorität des Alten und die Solidarität der Agnaten zu einer Art »Freizone« wird, aus der von vornherein jegliche Konkurrenz, jegliche Preisüberbietung ausgeschlossen ist, sind die Heiraten natürlich, was den materiellen wie auch den symbolischen Aufwand angeht, unvergleichlich weniger kostspielig als die außergewöhnlichen Heiraten. Meistens drängt sich die Verbindung als selbstverständlich geradezu auf, und wenn das nicht der Fall ist, reicht das diskrete Eingreifen der Frauen der Familie aus, um die Heirat zu realisieren. Der Hochzeitsaufwand ist auf das strikt Notwendige reduziert. An erster Stelle sind die Ausgaben (*thaqufats*), die der Empfang des Hochzeitszuges in der Familie der Braut mit sich bringt, sehr niedrig (im Großen und Ganzen handelt es sich um zwanzig Liter Weizengrieß, einen halben Liter Butter, Kaffee und Zucker, zehn Kilo Fleisch, das man auf dem Markt kauft, wenn nicht das Opfertier dazu verwendet wird); die *imensi* Feier, bei der das Wittum übergeben wird, versammelt (zumindest für die innerhalb der praktischen Verwandtschaft geschlossenen Heiraten) nur die bedeutendsten Vertreter der beiden Familien (das heißt rund zwanzig Männer); der Brautstaat (*ladjaz*, für den die Familie des Bräutigams aufkommt) umfasst nur drei Kleider, zwei Kopftücher und einige andere, oft nur für die Hochzeit ausgeborgte Sachen (ein Paar Schuhe, ein *haik*, Schleier); das Wittum, dessen Höhe im Voraus festgelegt ist und davon abhängt, was die Eltern der Braut auf dem Markt kaufen müssen, um ihre Tochter auszusteuern (eine Matratze, ein Kopfkissen, eine Truhe, dazu kommen noch die Decken, die von der Familie selbst gewebt und von der Mutter an die Tochter weitergegeben werden), wird ohne große Feierlichkeit und auch ohne Bluff oder Verschleierungsmanöver übergeben (zurzeit zwischen 15000 und 20000 alten

Franes). Die Ausgaben für die Hochzeit kann man dadurch auf ein Minimum einschränken, dass man sie auf den Tag des Aid (religiöses Fest, bei dem zur Erinnerung an Isaaks Opferung ein Schaf geschlachtet wird) legt: Das zu diesem Fest geopferte Schaf reicht für das Hochzeitsmahl aus, und zahlreiche eingeladene Gäste entschuldigen sich, weil sie des Aid wegen zu Hause bleiben. Diese gewöhnlichen Heiraten, die die alte Bauernmoral mit Lobreden bedeckt (im Gegensatz zu denen, die wie die »Heirat der Witwentöchter« – *thudjal* – die jeder Familie von der Gesellschaft gesteckten Grenzen überschreiten), sind in jeder Hinsicht völlig verschieden von den außergewöhnlichen Heiraten. Um den Ehrgeiz hegen zu können, eine Gattin in der Ferne zu suchen, muss man schon seit langer Zeit daran gewöhnt sein, außerhalb des Gewöhnlichen stehende Beziehungen zu pflegen, und Fähigkeiten, besonders rhetorische, besitzen, die bei solchen Gelegenheiten absolut notwendig sind; man muss über ein bedeutendes Kapital an entfernten Bekannten – also besonders kostspielige Beziehungen – verfügen, die die einzige Quelle für sichere Informationen sind und die für die Verwirklichung des Plans notwendigen Vermittler darstellen können. Kurz, um dieses Kapital zum gegebenen Zeitpunkt einsetzen zu können, muss man viel und seit langer Zeit darein investiert haben. So werden, um nur einen Fall zu zitieren, zum Beispiel die Oberhäupter der Marabutfamilie, die man um ihre Vermittlung gebeten hat, auf vielfache Art für diesen Dienst entschädigt: Der Taleb des Dorfes, und erst recht natürlich der über ihm stehende religiöse Würdenträger, wenn er am Zug der *iqafafen* teilnimmt, wird vom »Hochzeitszeremonienmeister« von Kopf bis Fuß neu eingekleidet; die Geschenke, die man ihm traditionsgemäß überreicht, in Form von Geld bei religiösen Festen, in Form von Lebensmitteln nach der Ernte, sind gewissermaßen proportionell von der Bedeutung der geleisteten Dienste abhängig; das Aid-Schaf, das man ihm im Jahr der Hochzeit überreicht, ist nur eine Entschädigung für die »Schande« (*iḥachem udhmis*, er hat sein Gesicht mit Schande bedeckt), die er auf sich genommen hat, indem er mit einem Laien (der, so mächtig er sein mag, doch nicht das koranische Wissen »in seinem Herzen trägt«) verhandelt und die Heirat durch seinen Glauben und sein Wissen geweiht hat. Nachdem das Abkommen getroffen ist (und vorausgesetzt, dass danach keine *thaj'alts* an irgendeinen nahen Verwandten des Mädchens gezahlt wurde), wird die Zeremonie des »Verlöbnisses« (*asarus*, die Überreichung des Pfandes, *thimristh*), die die Funktion eines Aneignungsritus trägt (*a'ayam*, die Bezeichnung, oder *a'allam*, die Kennzeichnung, die der Kennzeichnung der ersten gepflügten Landparzelle gleicht, oder besser noch *amlak*, Aneignung wie die des Bodens), allein schon gefeiert wie eine Hochzeit. Man kommt mit Geschenken beladen, und nicht nur für die Braut (die das ihr bestimmte »Pfand« erhält, meist einen wertvollen Schmuck, aber auch

Geld von allen Männern, die sie an diesem Tag sehen – *tizri*), sondern auch für alle anderen Frauen des Hauses; man bringt auch Lebensmittel mit (Grieß, Honig, Butter usw.), zudem mehrere Stück Vieh, die entweder geschlachtet und von den Gästen verzehrt werden oder zu dem der Braut gehörenden Kapital hinzugefügt werden. Man kommt in Scharen, und die Männer verkünden durch Gewehrschüsse ihre Kraft wie am Tage der Hochzeit. Alle Feste, die man zwischen *asarus* und der Hochzeit feiert, werden zu Gelegenheiten, der *thislith* ihren »Teil« (*el ḥaq*) zu bringen. Große, weit voneinander entfernt wohnende Familien können sich natürlich nicht damit begnügen, einige Couscousgerichte auszutauschen; man legt Geschenke bei, die der gesellschaftlichen Höhe der Personen entsprechen, die sie vereinigen sollen. Zwar ist das junge Mädchen versprochen, »gegeben« worden (*athnafka*, »sie ist gegeben worden«), »angeeignet« (*malkants*, »sie haben sie sich angeeignet«) und »ins Gedächtnis gerufen« (*thatswafkar*, »man erinnert sich an sie«) durch die zahlreichen »Teile«, die man ihr reserviert hat, aber damit hat man sie noch nicht definitiv erworben; man legt seine Ehre darein, ihrer Familie so viel Zeit zuzugestehen, wie sie selber warten und die anderen warten lassen will. Die Hochzeitsfeier selbst stellt natürlich den Höhepunkt des symbolischen Wettkampfs zwischen den beiden Gruppen und auch den Moment der höchsten Ausgaben dar. In die Familie der Braut werden *thaqufats* geschickt: zwei Zentner Grieß und mindestens ein halber Zentner Mehl, Fleisch (lebendes Vieh) in Hülle und Fülle – obwohl man weiß, dass bestimmt nicht alles aufgegessen wird –, Honig (zwanzig Liter), Butter (zehn Liter). Man spricht von einer Heirat, wo in die Familie der Braut ein Kalb, fünf lebende Schafe und ein Hammelrumpf (*ameslukh*) gebracht worden sind. Man muss allerdings dazusagen, dass die Abordnung der *iqafafen* aus vierzig gewehrtragenden Männern bestand, zu denen noch alle Verwandten und Notabeln gerechnet werden müssen, die ihres Alters wegen kein Gewehr tragen, also noch rund fünfzig Männer. Zu dem Brautstaat, der in diesem Fall bis zu dreißig Stück umfassen kann, kommen noch ebenso viele, für die anderen Frauen der Familie bestimmte Dinge. Und wenn man oft den Spruch hört, unter Großen gebe es kein *chrut* (Bedingungen, die der Vater für seine Tochter fordert, bevor er in die Heirat einwilligt), so deshalb, weil die Stellung der Familien allein schon eine Garantie dafür ist, dass die anderswo ausdrücklich formulierten »Bedingungen« hier sowieso überboten werden. Obwohl die Höhe des Wittums immer einer strengen sozialen Kontrolle unterliegt, können die außerordentlichen Heiraten die von der Gruppe stillschweigend festgesetzten Grenzen ignorieren. Als Beweis dafür einige Formeln, die heute wie Herausforderungen ausgesprochen werden: »Für wen hältst du dich denn? Für die von den 14 vielleicht? (*am arba'tach*)«, Anspielung auf die *14 réaux* (*réal*, alte spanische Währung), mit denen das Wittum für die »teuerste« Frau bezahlt worden war, für die nämlich, die es verstanden hat, Hausherrin der reichsten, an Männern zahlreichsten Familie zu werden. Denjenigen Frauen, die um 1900 bis 1910 geheiratet haben, gesteht der gleiche Ausdruck ein Wittum von *40 duros* (*duro*, ebenfalls alte spanische Währung) zu: Diese Summe entsprach nach den volkstümlichen Vergleichen – »Wir haben sie für den Gegenwert von zwei Ochsenpaaren bekommen«, *elḥaq nasnath natsazwijin* – dem Preis von zwei Ochsengespannen; kurz vor dem Zweiten Weltkrieg erreichte die übliche Höhe des Wittums ungefähr 2000 Francs. Eine Prestigeheirat, die 1936 mit sehr viel Pomp gefeiert wurde und bei der praktisch alle Männer des Stammes anwesend waren (mit einer *tbal*-Truppe, die drei Tage und zwei Nächte lang gespielt hat), hat den für sie Verantwortlichen außer allem, was er an Geld flüssig hatte, sein bestes Stück Land gekostet (vier Tagewerke). Um seine Gäste zu bewirten, hat er zwei Ochsen, ein Kalb und sechs Hammel schlachten müssen. In Wirklichkeit aber sind die materiellen Kosten sicherlich gering im Vergleich zu den symbolischen Kosten des *imensi*. Bei diesem Ritual, das die feierliche Übergabe des Wittums darstellt, kommt es zu einer totalen Konfrontation zwischen beiden Gruppen, bei der der ökonomische Einsatz nur ein Indiz und ein Vorwand ist. Ein hohes Wittum fordern, um seine Tochter zu geben, oder ein hohes Wittum zahlen, um seinen Sohn zu verheiraten, heißt in beiden Fällen, sein Ansehen geltend machen und, ebendadurch, an Ansehen gewinnen: Beide Parteien wollen beweisen, was sie »wert« sind, die einen, indem sie zeigen, auf welchen Preis die Ehrenmänner, die dafür kompetent sind, die Heirat mit ihrer Tochter einschätzen, die anderen, indem sie mit Glanz der Öffentlichkeit zeigen, auf welchen Preis sie sich selbst einschätzen durch den Preis, den sie zu zahlen bereit sind, um ihnen ebenbürtige Partner zu bekommen. Durch eine umgekehrte Form des Feilschens, das sich hinter dem Aspekt ganz gewöhnlichen Handelns versteckt, einigen sich die beiden Gruppen stillschweigend darauf, die Höhe des Wittums immer wieder zu überbieten, denn haben sie nicht beide das gleiche Interesse daran, diesen unbestreitbaren Index für den symbolischen Wert ihrer Produkte auf dem Markt des matrimonialen Tausches in die Höhe zu schrauben?

39 »Die entfernte Heirat ist die Verbannung« (*azwaj lab'adh d'anfi*); »Heirat nach außerhalb, Heirat ins Exil« (*azwaj ibarra, azwaj elghurba*), pflegen die Mütter zu sagen, deren Tochter in eine fremde Gruppe verheiratet wurde, wo sie keinerlei Bekannte (*thamusni*), geschweige denn selbst entfernte Verwandte (*arriḥa*, einen Geruch – von Heimaterde) vorfindet; die Braut, die eine solche »Exilheirat« geschlossen hat, singt ebenfalls: »Ihr Berge, öffnet eure Tore der Verbannten, dass sie ihr Heimatland sehe! Die fremde Erde ist die Schwester des Todes. Für den Mann wie für die Frau.«

40 Sicherlich sind die Fälle, in denen der Reproduktionsmechanismus

versagt, nämlich bei einer *Mesalliance* oder bei *Unfruchtbarkeit*, die das Aussterben der Linie nach sich zieht, oder auch bei *Bruch der Ungeteiltheit*, in erster Linie für Veränderungen innerhalb der ökonomischen und sozialen Hierarchie verantwortlich.

41 Wenn man schon um jeden Preis in *thiwizi* (*Hilfe*) eine »Fronarbeit« sehen will (um zum Beispiel die Realität besser in den Rahmen einer realistischen und verdinglichten Definition der Produktionsweisen einzufügen), so muss man wenigstens die Tatsache berücksichtigen, dass diese »Fronarbeit« sich in die Hülle der *gegenseitigen Hilfeleistung* kleidet. *De facto* kommt *thiwizi* vor allem den Reichsten sowie dem *taleb* zugute (dessen Land gemeinsam gepflügt und bestellt wird); die Armen brauchen keine Hilfe bei der Ernte ...; aber *thiwizi* kann im Fall eines Hausbaus auch einem Armen zugutekommen (beim Steine- und Balkentragen). »Eine geachtete Person bittet für einen bestimmten Tag um *thiwizi*. Morgens gibt man allen Beteiligten im Hause zu essen, bevor sie zur Arbeit aufbrechen. Ebenso gibt man ihnen noch Essen für den Arbeitsplatz mit. Manchmal ruft man das ganze Dorf für eine große Olivenernte zu Hilfe, was ziemlich teuer wird [...]. Der Mann, der sich unbeliebt gemacht hat, ist von *thiwizi* ausgeschlossen: Niemand darf ihm helfen, nicht einmal dabei, sein Maultier zu beladen. Die gegenseitige Hilfe (*thiwizi*) ist unentbehrlich. Der beiseitegeschobene Mann kann nichts machen« (Beni Aidel). Diese »Quarantäne«, die über einen Mann verhängt werden kann, ist eine gefürchtete Sanktion und nicht nur symbolischer Art: Aufgrund des niedrigen Entwicklungsstandes der Technik wären zahlreiche Arbeiten ohne Hilfe der Gruppe unmöglich (zum Beispiel der Bau eines Hauses mit dem Transport der Steine oder der Transport der Räder für eine Mühle, der rund vierzig Männer mobilisierte, die sich mehrere Tage lang unaufhörlich abwechselten); darüber hinaus bildet in dieser auf Unsicherheitsfaktoren beruhenden Wirtschaft ein Kapital an (den anderen) geleisteten Diensten und vergebenen Geschenken die beste und einzige Garantie gegen die »tausend Zufälligkeiten«, von denen, wie Marx bemerkt, die Erhaltung oder der Verlust der Arbeitsbedingungen abhängt, von dem Unfall, der ein Tier tötet, bis zu plötzlichen Unwettern, die die Ernte vernichten.

42 Die unzähligen *chikayat*, von denen manche sogar vor Gericht kommen, sind keineswegs von einem »Schikane«gefühl inspiriert, sondern von der Absicht, den Gegner herauszufordern oder eine Herausforderung anzunehmen; das Gleiche gilt auch für die (sehr selten vorkommenden) Prozesse, die angestrengt wurden, um im Namen des Vorkaufsrechts einen Landverkauf rückgängig zu machen.

43 Und tatsächlich bezeugen die Rechtskodizes, die alle ohne Ausnahme Strafen gegen denjenigen vorsehen, der sich zum Mörder des Mannes macht, den er beerben soll, dass offene Konflikte dieser Art häufig waren:

»Wenn jemand einen Verwandten tötet, dessen Erbe er ist, auf ungerechtfertigte Weise und um ihn zu beerben, so soll die *djemaa* (Versammlung) alle Güter des Mörders nehmen« (Qanun des Iouadhien-Stammes, zitiert in A. Hanoteau, E. Letourneux, *La Kabylie et les coutumes kabyles*, Paris 1873, Bd. III, S. 432; vgl. auch S. 356, 358, 368 usw.).

44 Leihen und Borgen unter Frauen wird als das Symbol des ehrlosen Handels betrachtet; in der Tat kommt dieser der ökonomischen Realität wesentlich näher als der Handel unter Männern. Man sagt von dem Mann, der allzu leichtfertig Dinge, besonders Geld, borgt (im Gegensatz zu dem Ehrenmann, der ja nicht sein Kapital an »Kredit« vergeuden will): »Für ihn ist das Borgen (*arrṭal*) wie für die Frauen.« Dieser Mann hat die Ehrenbeziehung zwischen dem, der leiht, und dem, der borgt, entweiht und entzaubert; er ist so oft vor Scham erbleicht, wenn er etwas borgte, dass er »ein gelbes Gesicht« hat. Der Gegensatz zwischen den beiden »Wirtschaftsformen« ist derart ausgeprägt, dass zum Beispiel der Ausdruck *err arrṭal* – der auch »Rache üben« bedeuten kann – in der Sprache der Männer *»ein Geschenk zurückgeben«*, *»Tausch«* bedeutet, während er in der Sprache der Frauen »das Geborgte zurückgeben« bezeichnet. Für die Frauen ist das Ausleihen und -borgen in der Tat ein viel häufigeres und natürlicheres Verfahren: Sie leihen und borgen alles Mögliche und bei jeder Gelegenheit; daraus folgt, dass die ökonomische Realität, wie sie in dem Spruch »Gibst du mir, so geb ich dir« enthalten ist, sehr viel deutlicher in den weiblichen Tauschaktionen zutage kommt, bei denen das Ausgeliehene genau berechnet und die fälligen Rückgabetermine (»bis zur Niederkunft meiner Tochter«) genau vermerkt werden.

45 Die Schwächung der Kohäsionskräfte, Korrelat des »Börsensturzes« der symbolischen Werte, und die Verstärkung der Spaltungskräfte, die mit dem Auftreten von geldlichen Einnahmequellen und der daraus folgenden Krise der bäuerlichen Wirtschaft verbunden ist, führen dazu, dass die Autorität der Alten, das bäuerliche Leben und seine strenge und genügsame Lebensweise abgelehnt werden und dass man den Profit seiner Arbeit jetzt mit dem Argument, man könne mit gutem Recht über ihn verfügen, eher für Gebrauchsgüter ausgibt als für symbolische Güter, die der Familie ein größeres Ansehen oder eine stärkere Ausstrahlungskraft garantieren könnten. Dies ist das Thema der folgenden Aussagen: »Ich weiß, dass das (der Bruch) eines Tages passieren muss. Das ist ganz unvermeidlich. Heutzutage leben nicht einmal mehr zwei Brüder zusammen (*zaddi*), wie sollen wir das also schaffen, wo wir noch nicht einmal aus demselben Schoß stammen! Ich schwöre, dass ich sogar nicht mehr weiß, welches verwandtschaftliche Band mich an *dadda* Braham bindet. Eines Tages muss das ja passieren, und im Grunde wünscht es auch jeder, jeder denkt, dass er sich für die anderen zu viel Mühe gibt. ›Wenn ich meine Frau und meine Kinder nicht

hätte, würde ich mir nicht so viel Mühe geben‹, oder wäre ich schon auf dem ›göttlichen Thron‹ (im siebenten Himmel). Wenn man so was denkt, dann ist es aus. Das ist der Wurm in der Frucht. Gott erbarme sich über dieses Haus! Denn mit solchen Überlegungen stimmen die Männer in das Lied der Frauen ein, sie leisten ihnen Beistand, und dann ist es aus. Alle Frauen wünschen das ja, sie sind Feinde des *zaddi*, weil sie vom Teufel besessen sind; und sie versuchen, die Männer anzustecken. Und in einer solchen Verfassung gelingt es ihnen natürlich schließlich doch. Was uns noch rettet und die Ungeteiltheit aufrechterhält, ist, dass wir uns haben anpassen können; jeder von uns hat eine ›Spezialität‹, daher gibt es keine Übergriffe, die Autorität ist nicht zu starr, jeder ist Herr in seinem Bereich und trägt dafür die Verantwortung. Erfolge werden von allen gelobt, Misserfolge werden von dem geschluckt, der dafür verantwortlich war. Kein Kampf um die Autorität, weder bei den Männern noch bei den Frauen. Bei uns gehen alle Männer auf den Markt, wann sie Lust dazu haben, und keine unserer Frauen trägt den ›Schlüssel zur Vorratskammer an ihrem Gürtel‹. Schließlich sind wir das letzte in Ungeteiltheit lebende Haus (*izdin*) der Ait Amara. Wie könnte man das Risiko der Zersplitterung auch nur annehmen, wo man weiß, dass die Ait Ali noch vereint sind, Ait Ahmed auch und auch Akham Youcef. Man braucht ja nur zu sehen, wie es den Ait Hamana geht und den Ait Chikh: Ihre Felder reichen bis vor die Türen ihrer Häuser (*thamurth arthimira*, Land bis zu den Bärten), aber trotzdem ist es aus mit ihnen; sie sind kein großes Haus (*akham amoqrane*) mehr, das sind keine ›Häuser‹ mehr.« Und die Beschreibung vom Zusammenbruch der alten Werte legt besser als alle Analysen die Fundamente zutage, auf denen diese Werte beruhen: »Wenn man mit Propangas kochen will, muss man vier in der Familie sein. Wenn man für zwanzig Personen Essen macht, kann man sich solch eine Bequemlichkeit natürlich nicht leisten … oder aber man braucht eine Gasflasche pro Mahlzeit. Wenn man zu zwanzigt leben will, muss man auch bereit sein, Holz holen zu gehen, es zu fällen, Stümpfe auszugraben … man muss auch den *kanun* mit seinem Ruß und Rauch akzeptieren. Ist man auf Bequemlichkeiten aus, so muss man auf *zaddi* verzichten. In allem das Gleiche: Kleidung, Seife, Arbeit usw. Habe ich Lust auf ein gebratenes Hammelkotelett, so muss ich allein sein, ich muss es wie in der Stadt in Papier eingewickelt kaufen und es heimlich braten. Sogar das Haus, in dem ich wohne, muss klein sein, gerade für mich. So kann niemand sehen, was ich mache oder was ich esse. Wenn man mit allen zusammen ist, muss man die gemeinsame Küche akzeptieren, in reichen Jahren bedeutet das alle vier oder fünf Monate einen großen Kochkessel, in dem zehn Kilo Fleisch kochen können. Man muss eben wählen. Nimm zum Beispiel Abderrahman, er ist noch ein Kind, sein Vater starb wohl vor 15 Jahren. Weil seine Mutter in die Stadt zu ihrer Schwester ziehen will (das

Leben ist besser dort), weil auch er in der Stadt auf Baustellen arbeiten will und sein Geld für sich behalten, hat er sich geweigert, mit seinem ältesten Bruder zusammenzuleben, der sein Vater sein könnte. Und tatsächlich hat er seinen Anteil am Erbe verlangt und hat ihn bekommen. Niemand war da, um es ihm zu verweigern, niemand, um die Sache anormal zu finden. Vorher hätte es niemand gewagt, den Bruch der Ungeteiltheit zu verlangen. Man hörte noch auf die Alten. Den, der das gewollt hätte, hätte man geschlagen, verjagt, verflucht: ›Er ist schuld am Zusammenbruch‹ (*lakhla ukham*, die Leere, das Brachland im Haus). ›Er sucht Grund zur Teilung‹ (*itsabib ibbatu*), aber man verweigert ihm ›seinen Teil‹. Heutzutage gibt es viele Rechte. Früher: ›Iss dein Stück Fladen und sei still‹; früher bedeutete das noch was, Familienoberhaupt zu sein, auf den Markt zu gehen, in der *thadjama'th* zu sitzen. Heutzutage, das weiß jeder, sind die Häuser der Witwen blühender als die der (Ehren-)Männer. Das Kind von gestern will heute befehlen!«

46 Ohne dazu Stellung zu nehmen, in welchem Sinnzusammenhang das Folgende mit dem hier Gesagten steht, kann man immerhin erwähnen, dass die »Krankheiten akuter Eifersucht« (*aṭan an-tsismin thissamamin*, die Krankheit der sauren Eifersucht) von den Verwandten, besonders aber von den Müttern mit äußerster Aufmerksamkeit verfolgt und mit einem regelrechten Arsenal an heilenden oder vorbeugenden Riten kuriert werden. Ebenso spricht man, um einen unversöhnlichen Hass auszudrücken, von der Verfassung des kleinen Jungen, der, plötzlich der Zuneigung seiner Mutter durch die Geburt eines Jüngeren beraubt, mager und bleich wird wie ein Sterbender (*am'uṭ*) oder ein »Verstopfter« (*bubran*).

47 A. Hanoteau, E. Letourneux, *La Kabylie et les coutumes kabyles*, III, S. 423.

48 J. Chelhod erwähnt zu Recht, dass alle Beobachtungen darin übereinstimmen, dass die Tendenz zur endogamen Heirat, die in Nomadenstämmen, die sich in fortwährendem Kriegszustand befinden, stärker ausgeprägt ist als in sesshaft gewordenen Stämmen, im Fall einer Kriegsdrohung oder eines Konflikts wiederauftaucht oder sich verstärkt (J. Chelhod, Le mariage avec la cousine parallèle).

49 Dieses Axiom hat die Funktion, den müßigen Debatten zwischen Funktionalisten und Antifunktionalisten zu entgehen (die Herrschenden sind Funktionalisten, weil die Funktion – im Sinne der funktionalistischen Schule – nichts anderes ist als das Interesse der Herrschenden, das heißt das Interesse, das die Herrschenden daran haben, ein ihren Interessen entsprechendes System zu perpetuieren): Diejenigen, die die Heiratsstrategien durch ihre Folgen erklären – Spaltung und Fusion bei Murphy und Kasdan sind und bleiben Folgen, auch wenn man sie mit dem Terminus »Funktion« bezeichnet –, sind nicht weniger weit von der Realität der Praxis

entfernt als diejenigen, die sich auf die Wirksamkeit von Norm und Regel berufen. Die Behauptung aufzustellen, dass die Heirat mit der parallelen Kusine eine Spaltungs- und/oder Fusionsfunktion hat, ohne sich zu fragen, *für wen* und *wofür* und in welchem Grad (den man bestimmen müsste) und unter welchen Bedingungen, heißt auf eine Erklärung durch den *Endzweck* zurückgreifen – und zwar auf schamhaft versteckte Weise –, anstatt sich zu fragen, wie die für eine Gesellschaftsformation charakteristischen ökonomischen und sozialen Bedingungen das Streben nach Befriedigung einer bestimmten Art von Interessen durchsetzen, das seinerseits zur Produktion einer bestimmten Art kollektiver Folgen führt.

50 Da die Heiraten ja das Produkt wohlüberlegter Strategien sind und man von ihnen mehr und anderes erwartet als die bloße biologische Reproduktion, nämlich externe oder interne Bündnisse, die die häuslichen und politischen Kräfteverhältnisse reproduzieren sollen; da man insbesondere auf die Wahl der »mütterlichen Onkel« – eine Art von kurz- und langfristiger Kapitalanlage – die größte Sorgfalt verwendet, können die Heiraten auch nicht leichtfertig gelöst werden (die ältesten und prestigevollsten Beziehungen sind dabei natürlich am besten vor einem unbedachten Bruch geschützt), und wenn die Verstoßung unvermeidlich wird, greift man zu allen möglichen Mitteln, um das Bündniskapital nicht zu verschleudern. Es kommt sogar vor, dass man die Familie der Frau »anfleht«, diese doch wieder herauszugeben, und dabei die Schuld an der Trennung auf die Jugend, Unbesonnenheit, verbale Grobheit oder Verantwortungslosigkeit eines Gatten schiebt, der wohl zu jung ist, um den Preis der Bündnisse zu schätzen zu wissen; man beruft sich darauf, dass die Verstoßungsformel nicht dreimal, sondern nur ein einziges Mal und aus Versehen, ohne Zeugen ausgesprochen wurde. Die Scheidung wird zur *thutchḥa* (die Frau hat sich mit ihrem Mann gezankt und ist zu ihren Eltern zurückgekehrt); man geht sogar so weit, eine neue Hochzeitsfeier (mit *imensi* und Aussteuer) vorzuschlagen. Auch wenn die Verstoßung sich als definitiv erweist, gibt es verschiedene Arten, sich voneinander zu »trennen«: Je bedeutender, je förmlicher die Hochzeit war, je mehr man in sie »investiert« hatte, desto größer ist auch das Interesse daran, die Beziehungen mit der anderen Familie aufrechtzuerhalten (aus Gründen verwandtschaftlicher oder nachbarschaftlicher Solidarität wie auch aus Berechnung für den eigenen Vorteil), und desto unauffälliger erfolgt die Trennung; man verlangt das Wittum nicht sofort zurück, weist es aber auch nicht zurück (die *baṭṭal*, das heißt »kostenlose« Verstoßung ist ein schwerer Affront), man wartet sogar, dass die Frau wieder verheiratet ist; man vermeidet jede allzu genaue Abrechnung, wie man es auch vermeidet, Zeugen, vor allem Fremde, bei der Regelung der Scheidung hinzuzuziehen.

51 Die Heirat mit der parallelen Kusine ist Männersache, sie dient den

Interessen der Männer, das heißt den höheren Interessen der Linie, und wird ohne Wissen der Frauen, oft *gegen ihren Willen* zustande gebracht, wenn sich zum Beispieil die Frauen der beiden Brüder schlecht verstehen und weder die eine die Tochter der anderen bei sich aufnehmen will, noch die andere ihre Tochter unter die Autorität ihrer Schwägerin stellen will (was beide natürlich nicht daran hindert, aus der Not eine Tugend zu machen und sich als ehrenhafte Frauen zu erweisen, die dem Vorhaben der Männer in keiner Weise widersprechen würden). Das versteht sich derart von selbst, dass das rituelle Gebot des Vaters an seine Söhne »Hört nicht auf eure Frau, bleibt untereinander vereint!« ganz natürlich als »Verheiratet eure Kinder untereinander!« verstanden wird. »Er hatte noch nicht einmal seine ersten Schritte getan, als sein Vater ihn schon verheiratete. Eines Abends, nach dem Essen, ging Arab zu seinem älteren Bruder (*dadda*). Sie sprachen von diesem und jenem. Die Frau seines Bruders hielt ihr Töchterchen auf dem Schoß; da streckte das kleine Mädchen die Arme nach ihrem Onkel aus, der sie in seine Arme nahm und sagte: ›Möge Gott sie Idir zur Frau geben. Nicht wahr, *dadda*, du wärst doch nicht dagegen?‹ Sein Bruder antwortete ihm: ›Was willst du, Blinder? – Das Licht! Wenn du mich von der Sorge befreist, die sie mir schafft, möge dich Gott von all deinen Sorgen erlösen. Ich gebe sie dir mit ihrem Korn und Stroh, ganz umsonst« (Yamina Ait Amar Ou Said, *Le mariage en Kabylie*).

52 Es kommt vor, dass *thamgarth* sich unter dem Mantel der geheimen Verhandlungen in eine einzig und allein von Männern gestiftete Heirat einzumischen versteht und dann *thislith* das Versprechen ablegen lässt, ihr, der Alten, die volle Autorität im Hause zu lassen, mit der Drohung, sonst die Heirat zu verhindern. Oft verdächtigen die Söhne ihre Mutter, und nicht ohne Grund, ihnen ein Mädchen zur Frau auszuwählen, das sich von ihr leicht gefügig machen lässt.

53 Die Heiraten der (vor allem an symbolischem Kapital) Armen verhalten sich *mutatis mutandis* zu denen der Reichen wie die von Frauen gestifteten Heiraten zu den Männerheiraten. Man weiß, dass die Armen sich in Sachen der Ehre nicht allzu wählerisch zeigen dürfen: »Dem Armen bleibt nichts anderes, als sich eifersüchtig zu zeigen.« Damit ist auch gesagt, dass sie, genau wie die Frauen, die symbolischen und politischen Funktionen der Heirat weniger berücksichtigen als ihre *praktischen* Funktionen; zum Beispiel schenken sie den persönlichen Eigenschaften der Braut und des Bräutigams mehr Beachtung.

54 Ein ganzes Gefüge von Mechanismen sorgt dafür, Heiraten zwischen Gruppen, die an ökonomischem und symbolischem Kapital allzu ungleich sind, auszuschließen: so zum Beispiel die Höhe des Wittums und die Kosten der Hochzeit, die desto höher sind, je prestigevoller die Heirat ist (die häufig auftretenden Fälle, wo die Familie eines der Partner eine Sorte Kapi-

tal – zum Beispiel Männer –, die andere dagegen eine andere Sorte – zum Beispiel Boden – besitzt, sind keine Ausnahme, ganz im Gegenteil). »Man bindet sich«, sagt man, »mit seinesgleichen« (*tsnassaben (naseb) medden widh m'adhalen*).

55 Der Wert, den die Tochter auf dem Heiratsmarkt hat, ist gewissermaßen eine direkte Projektion des sozialen Wertes, den beide Linien, deren Produkt sie ist, besitzen. Das wird besonders deutlich, wenn ein Vater Kinder aus verschiedenen Ehen hat; während der Wert der Söhne von dem Wert der Mutter unabhängig ist, hängt der Wert der Töchter sehr stark davon ab, ob die Mutter aus einer gesellschaftlich hochstehenden Linie stammt und eine wichtige Stellung in der Familie einnimmt oder nicht.

56 Im Gegensatz zu dem ökonomischen Kapital, das relativ stabil ist, ist das symbolische Kapital wesentlich labiler: Der Tod eines angesehenen Familienoberhauptes, ganz zu schweigen von dem Bruch der Ungeteiltheit, reicht in manchen Fällen aus, um es beträchtlich in Mitleidenschaft zu ziehen. Korrelativ dazu sind die ganze Vorstellung, die die Familie von sich selbst geben will, und die Ziele, die sie sich in ihren Heiraten setzt – Bündnisheirat oder Integrationsheirat –, von den Fluktuationen des symbolischen Vermögens der Gruppe abhängig. So ist zum Beispiel eine große Familie innerhalb von zwei Generationen von Männerheiraten, das heißt Verbindungen innerhalb der engsten Verwandtschaft oder aber außergewöhnlichen Verbindungen (von Männern außerhalb der Familiensphäre zu Bündniszwecken geschlossen), auf gewöhnliche Heiraten herabgesunken, die meist von den Frauen, in ihrem eigenen Bekanntenkreis, zustande gebracht wurden – und das, obwohl die wirtschaftliche Lage der Familie sich ständig verbesserte. Dieser Wechsel in der matrimonialen Politik der Familie fiel mit dem Tod der beiden ältesten Brüder zusammen (Hocinc II_2 und Laid II_3) sowie mit einer längeren Abwesenheit der ältesten Männer der Familie (die sich in Frankreich aufhielten); dazu kam, dass die Autorität der *thamgarth* in zunehmendem Maße geschwächt wurde, als diese erblindete, sodass die tatsächliche Macht zunächst an Boudjemâa (III_6) und zeitweise an Athman (IV_5) fiel. Da aber die Nachfolge der *thamgarth* (derjenigen, die Ordnung und Ruhe walten lässt: *ta'a n thamgarth, da-susmi*, der Alten gehorchen ist Ruhe) nicht geregelt worden war, spiegelt die Struktur der Beziehungen zwischen den Frauen die Struktur der Beziehungen zwischen den Männern wider und lässt die Stellung der Hausherrin vakant; unter diesen Bedingungen werden die Heiraten eher mit der jeweiligen Linie der verschiedenen Frauen der Familie geschlossen.

57 Einer der zwingenden Umstände, der, der am meisten die Heiratsstrategien belastet, ist die Dringlichkeit der Heirat, die das Spiel beträchtlich einschränkt. Ein Grund, zur Heirat zu drängen, ist zum Beispiel das hohe Alter der Eltern, die die Hochzeit ihres Sohnes noch erleben wollen und

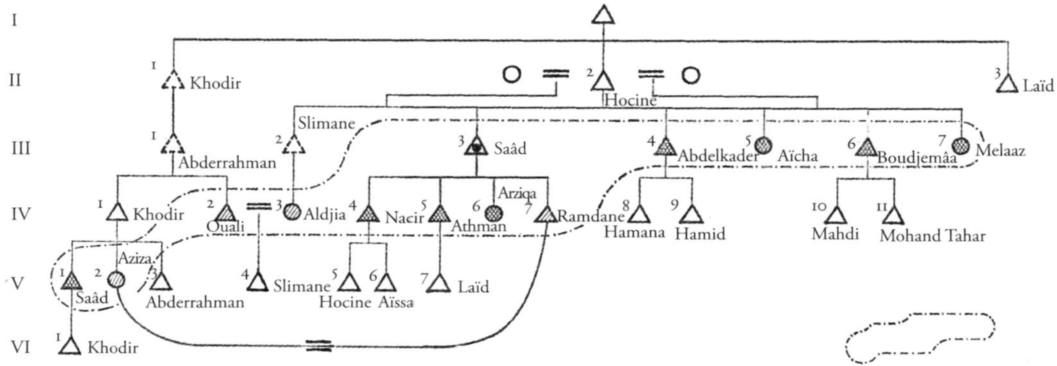

Gesamtheit der von den beiden Brüdern Hocine (II2) und Laïd (II3) zwischen 1940 und 1950 gestifteten Heiraten (die anderen Heiraten wurden von ihren Nachfolgern nach ihrem Tode geschlossen, d. h. nach 1960).

Männer, die vor dem Abschluss der in Betracht kommenden Heiraten gestorben sind.

Männer, die gewöhnliche Heiraten eingegangen sind.

Männer und Frauen, die innerhalb der in Ungeteiltheit lebenden Familie geheiratet haben.

Männer und Frauen des ›Hauses‹, die außergewöhnliche Heiraten eingegangen sind.

Aus Gründen der Hauspolitik in der Familie seiner Mutter verheirateter Mann.

sich eine Schwiegertochter (*thislith*) wünschen, die sich um sie kümmert; ein anderer Grund, die Heirat voranzutreiben, ist die Furcht, das Mädchen, auf das man »ein Auge geworfen hat«, könnte einem anderen gegeben werden (um das zu vermeiden, können die Eltern »einen Schuh überreichen«, womit sie das Mädchen noch im Kindesalter binden, manchmal lassen sie auch die *fatiḥa* beten). Auch der einzige Sohn wird früh verheiratet, damit er die Linie so schnell wie möglich fortsetzt. Der symbolische Profit, den die Wiederverheiratung (und zwar noch vor dem früheren Ehepartner) nach der Scheidung verschafft, treibt die getrennten Ehegatten oft dazu, eine überstürzte Heirat zu schließen (die so geschlossenen Heiraten haben nur geringe Aussicht auf Dauerhaftigkeit, was die Tatsache erklärt, dass manche Männer oder Frauen zu wiederholten Heiraten »vorbestimmt« zu sein scheinen).

58 Das ist nur ein Aspekt der unterschiedlichen Situation, in der sich die Frau und der Mann dem Problem der Heirat gegenüber befinden: »Der Mann«, sagt man, »bleibt immer ein Mann, egal, in welchem Zustand er sich befindet (die Frau dagegen kann sich disqualifizieren und sich in Schande werfen, *'ar*); ihm gebührt die Wahl.« Da er also die Strategie wählen kann, das heißt die Initiative hat, kann er warten; er ist sicher, eine Frau zu finden, selbst wenn er ein längeres Zögern damit bezahlen muss, dass er nur eine schon einmal verheiratet gewesene Frau oder eine Frau niedrigeren Standes oder eine mit irgendeinem Gebrechen behaftete Frau findet. Von dem Mädchen dagegen will die Tradition, dass es umworben und verheiratet *wird*, ein Vater würde sich also lächerlich machen, wenn er offiziell einen Mann für seine Tochter suchte. Dazu kommt, dass zwar »der Mann auf die Frau warten kann (das heißt, bis sie alt genug ist), die Frau aber nicht auf den Mann«: Wer eine Frau zu verheiraten hat, kann zwar eine Zeit lang den konjunkturellen Vorteil verlängern, den er genießt, solange man sich um seine »Ware« bewirbt, aber nur in dem Maße, wie ein Hinauszögern die »Ware« nicht als »unabsetzbar« oder einfach als zu alt verdächtig macht und im Wert herabsetzen kann.

59 Die Situation der Witwe hängt sehr davon ab, ob sie kinderlos ist, ob sie ihre Kinder in der Familie ihres verstorbenen Mannes »gelassen« hat oder ob sie ihre Kinder bei sich behalten hat (in diesem Fall ist sie weniger frei, also nicht leicht zu verheiraten). Wir haben hier ein interessantes Beispiel für verschiedene mögliche Strategien: So kann die Witwe mit einem Mitglied der Familie ihres verstorbenen Mannes verheiratet werden (das ist die *offizielle* Strategie, die sich besonders dann empfiehlt, wenn sie Söhne hat), sie kann von der Familie ihres Vaters verheiratet werden (dieses Verfahren ist häufiger, wenn sie kinderlos ist) oder aber von der Familie ihres Mannes. Es ist schwer, das Feld der Variablen genau zu bestimmen (einige von ihnen sind sicher lokale Traditionen), die die »Wahl« der einen oder anderen jener Strategien bestimmen.

60 Die »spontane Psychologie« beschreibt sehr treffend den »Schwesternsohn« (*aqchich bu thaqchichin*): Von den Frauen der Familie gehätschelt und verwöhnt, fast immer länger unter ihrem Schutz stehend als andere Jungen gleichen Alters, identifiziert er sich schließlich mit dem gesellschaftlichen Schicksal, das für ihn vorgesehen ist, und wird ein weiches und kränkelndes Kind, das »von seinen zahlreichen, allzu langhaarigen Schwestern aufgefressen« wird; und aus den gleichen Gründen, die dazu führen, dieses kostbare und seltene Produkt auf vielfältige Art zu schonen, es vor der geringsten Gefahr zu schützen, ihm die Feldarbeit zu ersparen, eine längere Ausbildung zu geben und ihn gegenüber seinen Kameraden durch eine feinere Sprache, sauberere Kleidung, besseres Essen hervorzuheben, wird er ebenfalls sehr frühzeitig verheiratet.

61 Ein Mädchen hat einen umso höheren Preis, je mehr Brüder sie hat: Diese wachen über ihre Ehre (besonders über ihre Jungfräulichkeit) und stellen potentielle Verbündete für ihren zukünftigen Mann dar. Der Volksmund erzählt von dem vielbeneideten Mädchen mit den sieben Brüdern, das sieben Mal beschützt wird wie die »Feige zwischen ihren Blättern«: »Ein Mädchen, das das Glück hatte, sieben Brüder zu besitzen, konnte stolz sein, und *es fehlte ihr nicht an Bewerbern.* Sie war *sicher, gesucht und geschätzt zu werden.* Als sie verheiratet war, wurde sie von ihrem Mann, den Eltern ihres Mannes, der ganzen Familie und sogar von den Nachbarn und Nachbarinnen *geachtet:* Hatte sie nicht sieben Männer auf ihrer Seite, war sie nicht die Schwester von sieben Brüdern, sieben Beschützern? Bei dem geringsten Streit sorgten sie für Ordnung, und wenn ihre Schwester *im Unrecht* wäre oder gar *verstoßen* werden sollte, würden sie sie in ihr Haus zurücknehmen und sie umhegen. Keine Schande konnte ihnen anhaften. *Niemand würde sich in die* Höhle des Löwen wagen.«

62 Dabei ist zu bemerken, dass besonders geschickte Strategien aus einem bestimmten Kapital das Beste »herausholen« können, und sei es durch Bluff (schwieriger, wenn man innerhalb der vertrauten Alltagsbeziehung bleibt) oder auch nur, indem sie die Vieldeutigkeit des symbolischen Patrimoniums oder Diskrepanzen zwischen den verschiedenen Komponenten des Patrimoniums geschickt auszunutzen verstehen. Die strategische Kompetenz, die es erlaubt, das Beste aus einem Patrimonium zu machen und es durch geschickte Investitionen, wie zum Beispiel vorteilhafte Heiraten, zur Geltung zu bringen, kann zwar als Teil des symbolischen Kapitals, das selbst wiederum relativ autonom im Verhältnis zu dem eigentlich ökonomischen Kapital ist, betrachtet werden, ist aber in Wirklichkeit relativ unabhängig davon: So können arme Familien, die nichts als ihre Tugend anzubieten haben, aus der Heirat ihrer Tochter immerhin den Nutzen ziehen, sich prestigevolle Verbündete oder wenigstens nützliche Beschützer zu verschaffen, indem sie »gutgestellten Käufern« ihre Ehre verkaufen.

63 Insofern als die matrimonialen Strategien zur Klasse der Reproduktionsstrategien gehören, unterscheiden sie sich in ihrer Logik in keiner Weise von den zur Bewahrung oder Vermehrung des symbolischen Kapitals angewandten Strategien, die auf der Dialektik der Ehre beruhen und die ebenso gut für die Wiedererlangung eines Stücks Land wie für die Vergeltung von Beleidigung, Vergewaltigung und Gewalt (Mord) eingesetzt werden: In allen Fällen kann man die gleiche dialektische Beziehung zwischen Gefährdung (durch den Boden, die Frau, das Haus – *kurz, die ḥurma*) und Beschützung (durch die Männer, die Gewehre, das Ehrgefühl – kurz, den *nif*) feststellen, die das symbolische Kapital (Prestige, Ehre, kurz, die *ḥurma*) bewahrt oder vermehrt.

Der praktische Sinn

Der Objektivismus entwirft die soziale Welt gleich einem Schauspiel, das einem Zuschauer geboten wird, der gegenüber dem Handeln einen »Standort« einnimmt, sich, um es in Augenschein zu nehmen, zurücklehnt und, indem er am Gegenstand den Prinzipien, die seinem eigenen Verhältnis zum Gegenstand zugrunde liegen, die größte Wichtigkeit beimisst, diesen wie ein Gefüge begreift, das allein einer solchen Erkenntnis offenstehen soll, worin alle Interaktionen sich auf symbolische Tauschbeziehungen reduzieren. Dieser Gesichtspunkt verdankt sich höheren Positionen innerhalb der Sozialstruktur, von denen aus die soziale Welt sich wie eine – im Sinne der idealistischen Philosophie, aber auch der Malerei und des Theaters – Vorstellung/Repräsentation darbietet, sodass die Handlungen und Praxisformen allenfalls wie »Ausübungen«, wie Theaterrollen, wie Ausführungen einer Partitur oder wie Anwendungen eines Plans in den Blick geraten. Man kann jedoch auch, wie Marx es in den *Thesen über Feuerbach* formuliert, den souveränen Standort verlassen, von dem aus der Objektivismus die Welt ordnet, ohne damit gezwungen zu sein, ihm die »tätige Seite« der Weltaneignung zu überlassen und Erkenntnis auf eine passive Bestandsaufnahme einzuschränken. Es genügt hierzu, sich *in* »die wirkliche, sinnliche Tätigkeit als solche«, das heißt *in* ein praktisches Verhältnis zur Welt, zu versetzen, jene gleichsam körperliche Sicht, die keinerlei Repräsentation – weder des Körpers noch der Welt, nicht einmal deren Beziehung – voraussetzt, jene aktive Präsenz in der Welt, kraft deren die Welt ihre Präsenz aufzwingt, mit ihren Dringlichkeiten und ihren Nötigungen, Dinge zu tun und zu sagen, Dinge, gemacht, damit sie gesagt werden, und gesagt, damit sie gemacht werden, die unmittelbar Gesten und Reden anleiten, ohne sich doch je wie ein Schauspiel zu entfalten.

Den bei den Ethnologen (Ethnologie) wie den Soziologen (Ethnomethodologie) gleichermaßen ausgebrochenen heißen Diskussionen um Klassifikationen und Klassifikationssysteme ist gemeinsam das Vergessen der Tatsache, dass diese Erkenntniswerkzeuge als solche Funktionen zu erfüllen haben, die in bloßer Erkenntnis nicht aufgehen: Zwar kann konzediert werden, dass jede Praxis ein

Erkenntnisverfahren impliziert, also ein mehr oder weniger komplexes Klassifikationsverfahren, das nichts mit passiver Bestandsaufnahme gemein hat, ohne damit jenes in eine intellektuelle Konstruktion verwandeln zu müssen. Die praktische Erkenntnis stellt ein praktisches Konstruktionsverfahren dar, das, durch den Bezug auf praktische Funktionen, Klassifikationssysteme (Taxonomien) ins Werk setzt, die die Wahrnehmung und das Denken organisieren und der Praxis eine Struktur aufprägen. Durch die Praxis aufeinanderfolgender Generationen innerhalb eines bestimmten Typs von Existenzbedingungen geschaffen, funktionieren diese Wahrnehmungs-, Denk- und Handlungsschemata, die durch die Praxis erworben und in praktischem Zustand ins Werk gesetzt werden, gewissermaßen wie praktische Operatoren, vermittels deren die objektiven Strukturen, deren Produkte sie sind, sich zu reproduzieren trachten. Die praktischen Taxonomien, Werkzeuge der Erkenntnis und der Kommunikation, die die Hervorbringung des Sinns und die Herstellung des Konsensus über ihn bedingen, können nur *strukturbildend* werden, insofern sie selbst *strukturiert* sind. Was indessen nicht heißt, dass sie eine streng *interne* (»strukturale« oder Faktoren-)Analyse rechtfertigen, die, indem sie sie künstlich von ihren Produktions- und Anwendungsbedingungen abschneidet, es sich versagt, deren soziale Funktionen zu verstehen.[1]

Die Kohärenz, die in allen Produkten der Anwendung eines gleichen Habitus aufweisbar ist, findet ihre Grundlage wiederum in der Kohärenz, die die für diesen Habitus konstitutiven generativen Prinzipien den gesellschaftlichen Strukturen (Struktur der Beziehungen zwischen Gruppen, Geschlechtern, Altersgruppen oder sozialen Klassen) verdanken, deren Produkt sie sind und die sie gleichzeitig, wie schon Durkheim und Mauss gezeigt haben,[2]

1 Dieser Text führt die Analyse der spezifischen Logik der Praxis fort, wie sie in Pierre Bourdieu, *Esquisse d'une théorie de la pratique*, Genf: Droz, 1972, vorgestellt wurde.

2 Die von Panofsky vorgeschlagene Geschichte der Perspektive (E. Panofsky, »Die Perspektive als ›Symbolische Form‹«, *Vorträge der Bibliothek Warburg*, Leipzig, Berlin, 1924-1925, S. 258-330) stellt einen exemplarischen Beitrag zu einer Sozialgeschichte der konventionellen Erkenntnis- und Ausdrucksweisen dar: dies, sofern man radikal mit der idealistischen Tradition der »symbolischen Formen« bricht und sich bemüht, die historischen Wahrnehmungs- und Vorstellungsformen (durch eine ausdrückliche oder diffuse Bildung) systematisch auf die gesellschaftlichen Bedingungen ihrer Produktion und Reproduktion zu beziehen, das heißt

ihrer Tendenz nach reproduzieren. Die für den Habitus konstitutiven praktischen Operatoren, die praktisch in der Geste oder im Sprechen funktionieren, reproduzieren in *verwandelter Form* – indem sie sie in die Struktur eines Systems symbolischer Beziehungen einfügen – die Gegensätze und Hierarchien, die effektiv die sozialen Gruppen organisieren und zu deren Legitimation jene Operatoren beitragen, indem sie sie in einer als solche unkenntlichen Form wiedergeben. Reißt man sie aus ihren Hervorbringungs- und Anwendungsbedingungen heraus, bringt man sich um das Verständnis ihrer gesellschaftlichen Funktionen.

Der Kalender und die synoptische Illusion

Die Analyse des Agrarkalenders soll uns erlauben, den Irrtum, zu dem die intellektualistische Theorie sozialer Klassifikationssysteme verleitet, bloßzustellen, indem wir ihn sozusagen *ad absurdum* führen. Zweifellos stellt der Kalender, seiner äußerst wichtigen Funktion wegen, die Aktivitäten der Gruppe aufeinander abzustimmen, einen der kodifiziertesten Aspekte des gesellschaftlichen Daseins dar. Die Organisation der praktischen Handlungen ist in diesem Bereich nicht allein den praktischen Schemata des Habitus überantwortet, sondern gerät zum Gegenstand ausdrücklicher Aufforderungen und absichtlicher Empfehlungen, von Sprichwörtern und Verboten, deren Funktion analog ist jener der Gewohnheitsrechte oder Genealogien auf einer anderen Ebene. Wenngleich diese mehr oder minder kodifizierten Objektivierungen nichts anderes als einer halbgelehrten Intention entsprungene *Rationalisierungen* darstellen, sind sie doch von allen Produkten der verschiedenen, gemäß dem geltenden Klassifikationssystem strukturierten Habitusformen diejenigen, welche gesellschaftlich als die konformsten und erfolgreichsten, als die würdigsten, vom Kollektivgedächtnis bewahrt zu werden, anerkannt werden, und sind folglich ihrerseits nach den konstitutiven Strukturen dieses Klassifikationssystems aufgebaut. Sie weisen demgemäß alle eine ihnen gemeinsame »Physiognomie« auf, die sie einem jeden Subjekt, das mit dem

auf die Struktur der sie produzierenden und reproduzierenden Gruppen und auf deren Stellung in der Gesellschaftsstruktur.

»Sinn« für linguistische und/oder mythische Wurzeln versehen ist, unmittelbar »intelligibel« und also dazu verwendbar machen, die Schwächen und Unsicherheiten des Habitus durch die Vorgabe kodifizierter Bezugspunkte und strenger Hinweise auszugleichen.

Dieses Kapital an Wissen ist nicht auf alle Mitglieder gleich verteilt – ohne dass diese Disparitäten je solche Ausmaße annehmen würden wie in den Gesellschaften, die über die Schrift und ein Unterrichtssystem verfügen: Tatsächlich führt die Arbeitsteilung zwischen den Geschlechtern oder Altersgruppen, sowie – freilich hier rudimentär bleibend – zwischen Berufen (mit dem Gegensatz zwischen Landwirt, Gebildetem und Schmied oder Fleischer) zu einer sehr ungleichen Akkumulation der von der kulturellen Tradition überlieferten Mittel seitens der verschiedenen Kategorien von Individuen (deren praktische Kalender, wiewohl verschieden, objektiv übereinstimmen). Diese Arbeitsteilung ist des Weiteren dafür verantwortlich, dass die verschiedenen Kategorien jeweils unterschiedlich darauf vorbereitet und prädisponiert sind, jene Mittel, die in Form kodifizierten (und zuweilen schriftlich niedergelegten) Wissens vergegenständlicht sind, im Gedächtnis zu behalten: So lässt sich am häufigsten unter den alten Frauen und den Schmieden, denen zumindest eine spezifische Außenseiterposition innerhalb der Gruppe gemeinsam ist, die größte Kompetenz in Sachen *privater Magie* ausmachen, jener zweitrangigen und beliebigen, zur Befriedigung von Privatzwecken bestimmten Riten, wie die Heilungs- oder Liebesmagien, die oft nur eine ziemlich durchsichtige Symbolik und einfache rituelle Strategien – etwa die Übertragung des Guten und Bösen/Schlechten auf Personen oder Gegenstände – ins Werk setzen. Demgegenüber liegt das Wissen über die Riten der kollektiven Magie – die verbindlichen, offiziellen Riten, die, wie die Agrarriten, die gesamte Gruppe einspannen, da sie für alle Mitglieder dieselbe Funktion erfüllen – im Allgemeinen in den Händen der einflussreichsten Männer der Gruppe, meist der ältesten Männer der geachtetsten Familien.[3] Desgleichen, während die Mehrzahl der Bauern keinen an-

3 Die Demonstration weist an dieser Stelle, wie an so manch anderer auch, nicht die durchschlagende Wirkung auf, die sie hätte haben können, hätte ich zum Zeitpunkt, da ich die Fakten sammelte, alles das schon gewusst, was mir die Analyse erst im Nachhinein zu entdecken erlaubte. So hätte ich die abweichenden Informationen, die mit den von den Informanten in der Sozialstruktur eingenommenen Positionen korrespondieren, sowie die unterschiedlichen Formen, die in jedem einzelnen Fall die Kombination der berberischen und islamischen Beiträge annehmen kann, statt als ein Hindernis als Objekt der Untersuchung begriffen und damit auch systematischer und methodischer registriert.

deren Agrarkalender ihr Eigen nennen als nur die praktische Beherrschung, die sie benötigen, um ihre Praxis den kollektiven Rhythmen anzupassen, sind die Gebildeten gehalten, ihrem Status Ehre zu erweisen und sich eine halbgelehrte Meisterschaft in den traditionellen Wissensbeständen zu sichern, die sie allerdings häufig im Licht islamischer Überlieferungen neu interpretieren, auf diese Weise zur Islamisierung des alten agrarischen Erbes beitragend.[4]

Tatsächlich liegt in den fixierten und als solchen gelehrten Kenntnissen eine je nach den Bereichen wechselnde ungleiche Objektivierung der Prinzipien des Habitus vor; zweifellos, weil sie von der Wichtigkeit des jeweiligen Bereiches abhängig ist: Ein grober Überschlag lässt erkennen, dass die relative Häufigkeit von klar kodifizierten Sprichwörtern und Riten abnimmt, sobald man vom Agrarkalender (einschließlich der, allerdings auf einer minderen Objektivierungsstufe stehenden, eng mit ihm verbundenen Kalender wie der weiblichen Web-, Töpfer- und Küchenkalender) zu den Tageseinteilungen und den Abschnitten des menschlichen Lebens übergeht – nicht zu sprechen von all den scheinbar der Willkür überlassenen Bereichen wie der inneren Raumanordnung des Hauses, der Farben und Tiere. Als äußerst signifikanter Beweis des stillschweigenden Einverständnisses, das innerhalb des legalistischen Formalismus den Anthropologen und den Informanten eint, hat die – ungefähre – Übereinstimmung zu gelten, die herrscht zwischen der Rangfolge der Bereiche im Hinblick auf ihren Objektivierungsgrad und der Wichtigkeit, die ihnen in den Aufzeichnungen des Anthropologen jeweils zugewiesen wird.[5]

4 Es ist an dieser Stelle unmöglich, in ein tiefer gehendes Studium der Überschneidungen zwischen Berber-Erbe und islamischen Zusätzen zu treten – Überschneidungen, die gerade beim Agrarkalender sehr viel klarer hervortreten als in jedem anderen Bereich, so in der Vermischung von berberischer und muselmanischer Festtradition (erster Tag des *ennayer* und *achura* usw.), die durch die doppelte Referenz auf den Berberkalender und den Hedschra-Kalender begünstigt wird, oder auch in der Neuinterpretation der traditionellen Riten (Regenriten usw.) im Rahmen der Logik und Sprache des muselmanischen Gebetes.

5 Die weiter unten vorgelegten Analysen stützen sich auf eine nahezu erschöpfende Durchsicht und Auswertung der in den Schriften von professionellen oder Amateurethnographen zusammengetragenen Ritenbestände sowie auf Informationen, die im Zuge einer direkten Enquete in einigen Gebieten der Kabylei gesammelt wurden, vgl. im Einzelnen Pierre Bourdieu, »The Sentiment of Honour in Kabyle Society«, in J. Peristiany (Hg.), *Honour and Shame*, London: Weidenfeld & Nicholson, 1965, S. 191-241, mit dem Ziel, die schriftlichen Quellen zu vervollständigen und gegebenenfalls zu korrigieren (die denn auch nur zitiert werden, wenn sie durch die direkte Untersuchung nicht verifiziert wurden). Um das Ritual einer

Aufgrund der Tatsache, dass seine soziale Funktion ihn in Konkurrenz treten ließ zum muselmanischen Kalender und den mit diesem verbundenen gelehrten oder halbgelehrten Traditionen – jene, die von den Ephemeriden und den Almanachen weitergetragen werden und seit Langem schon durch Vermittlung der Gebildeten Verbreitung finden[6] –, stellt der Agrarkalender von allen Bereichen der Tradition denjenigen dar, der am nachdrücklichsten das Mal der islamischen Zusätze trägt.[7] Was bei einer gemeinhin als

erschöpfenden Bibliographie zu umgehen, hätte man eine Sozialgeschichte der ethnographischen Arbeiten vorstellen müssen, hätte Studien über das Ritual mit ihren sozialen Produktionsbedingungen in Beziehung setzen müssen und insbesondere zu erklären gehabt, weshalb die (auf diesem Gebiet sehr wenigen) Professionellen, die sich lange auf das positivistische Aufzeichnen beschränkt hatten, sich heute eher an besonders mechanischen Formen der Semiologie orientieren. Um die Lektüre des Textes zu erleichtern, haben wir uns für die gängigste (und für die Berberophonen am ehesten lesbare) Transkriptionsweise des kabylischen Vokabulars entschieden.

6 Das Beispiel eines solchen halbgelehrten Kalenders findet sich in A. Joly, Un calendrier agricole marocain, Archives marocaines, 3, 1905, S. 301 ff.

7 Es versteht sich von selbst, dass, zumindest bei den Männern, die traditionellen Kalender der Konkurrenz des gregorianischen Kalenders immer heftiger ausgesetzt sind: Die Kenntnis des Agrarkalenders nimmt in dem Maße ab, wie die Voraussetzungen für seinen Gebrauch seltener werden (mit der Entwurzelung aus der bäuerlichen Tradition, die direkt oder indirekt aus der Abwanderung in die Städte oder nach Frankreich resultierte), während die Gelegenheiten zur Benutzung des anderen Bezugssystems wachsen. (Man höre etwa: »Als ich nach Frankreich zog, war gerade ›Heuernte‹, und ich habe bis zum ›Ausgang‹ des Monats August, das sind fast vier Monate, keine Arbeit gefunden.«) Zweifellos vollzieht sich die Wirkung neuer Existenzbedingungen in der Hauptsache vermittels des Zusammenbruchs der kollektiven Rhythmen, die bis dato um die landwirtschaftliche Tätigkeit, die der Agrarkalender sowohl zum Ausdruck wie zur Übereinstimmung brachte, organisiert waren: Wie der Vergleich zwischen der Kabylei von Collo, das zum Zeitpunkt der Untersuchung (1960) auf der Basis von *zeribat* (Clans) mit beträchtlicher Integration aufgebaut war, mit den großen Kolonisationsgebieten in diesem Punkt deutlich macht, bewahrt das kollektive Gedächtnis desto stärker seine Erinnerungen an die kulturelle Tradition (und insbesondere an die Kalender), je integrierter es ist (vgl. dazu P. Bourdieu, A. Sayad, *Le déracinement. La crise de l'agriculture traditionelle en Algérie*, Paris: Minuit, 1964). Das Auseinanderfallen der kollektiven Rhythmen geht Hand in Hand mit der Desintegration der Gruppe und dem Schwund des sozialen Gedächtnisses: Bei den Bauern der großen Kolonisationsgebiete (Matmatas) und mehr noch bei den Landarbeitern dieser Gebiete findet sich der Kalender auf seine einfachste Form reduziert, gleichsam als ob das kollektive Gedächtnis davon nur die *starken Zeiten* – Feldarbeit, Ernte (auch die Regenriten) – zurückbehielte, wohingegen, ähnlich den nicht ausgesprochenen Silben im Rahmen der Sprachentwicklung, die schwachen Zeiten im Verschwinden begriffen sind.

Einnehmen einer gelehrten Haltung bezeichneten Befragung gesammelt wird, ist ein Gemisch aus in wechselnder Dosierung vorhandenen Wissensbeständen, die der einen oder anderen zur Verfügung stehenden Tradition entlehnt werden – die, sofern sie nicht mechanisch reproduziert werden, abhängig von den Schemata des Habitus ausgewählt und, zuweilen, neu interpretiert werden –, und aus ad hoc mittels dieser gleichen Schemata hervorgebrachten Vorstellungen. Die Versuchung ist groß, diese unterschiedlichen Erzeugnisse auf einen Haufen zu werfen und auf diese Weise ein lückenloses und widerspruchsloses Ganzes zu erstellen, eine Art *nicht niedergeschriebene Partitur*, deren bei Informanten gesammelte Kalender gleichsam nur unvollständige und ärmer gewordene *Ausführungen* darstellten.[8]

Die Schwierigkeit liegt hier darin, dass man den Kalender nur begreifen kann, wenn man ihn auf Papier bringt; und dass man nur dann einige Aussicht hat zu begreifen, wie er geschaffen wurde, wenn man sich dessen voll bewusst ist, dass er auch nur auf dem Papier existiert (vgl. Schema 1).

Sobald man damit beginnt, einen synoptischen Kalender zu erstellen, der die im kabylischen Raum am häufigsten bestätigten Merkmale aufweist und der – statt nur einen einzigen seiner besonderen »Qualität« wegen zurückbehaltenen Kalender oder mehrere besondere Kalender wiederzugeben – die bedeutendsten Varianten kenntlich macht, stößt man auf eine erste Schwierigkeit:[9] Gleiche

8 Ein solches Homogenisierungs- und Vereinheitlichungsunternehmen führten die großen Priesterorganisationen der Antike durch, da sie über die notwendige *Autorität* verfügten, um einen wirklichen *religiösen Code* durchzusetzen – einschließlich seiner zu *festgelegten Zeiten* vollzogenen und von den klimatischen Schwankungen und der Verschiedenartigkeit der ökonomischen und sozialen Bedingungen abstrahierenden Riten.

9 Der willkürliche Darstellungsmodus, der hier übernommen wurde, um die den Repräsentationen und Praxisformen immanente Logik zu restituieren (und der durch den Polythetie-Effekt des synoptischen Schemas Gefahr läuft, einer »strukturalistischen« Lektüre Vorschub zu leisten), verdeutlicht die Punkte der Rückkehr oder, wenn man dies vorzieht, die *Schwellen* (Frühling, Herbst), so gestattet er außerdem, die ausgeprägten Momente des Landwirtschaftsjahres als angeordnete Punkte einer linearen und (ziel)gerichteten Sequenz (vom Herbst zum Sommer, das heißt vom Westen zum Osten, vom Abend zum Morgen usw.) oder als Punkte eines Kreislaufs zu fassen (die man sich veranschaulichen kann, indem man die Figur auf dem X-Y-Koordinatensystem umschlägt): Es ist vorstellbar, dass dieses Schema zwei nacheinander vollzogene Halbdrehungen wiedergibt (etwa zwei Halbdrehungen des Körpers), die, da sie sich gegenseitig ausgleichen, entweder zu einer horizontalen Übersetzung führen – wenn sie um

Zeiträume erhalten unterschiedliche Bezeichnungen, und, was noch öfter geschieht, gleiche Bezeichnungen umfassen Zeiträume, deren Umfang je nach Region, Stamm, Dorf und sogar Informant variiert und deren Daten unterschiedlich festgelegt werden. Überdies kann es vorkommen, dass ein und derselbe Informant an zwei verschiedenen Zeitpunkten des Gesprächs für ein und denselben Augenblick im Jahr zwei verschiedene Bezeichnungen vorträgt, eine der Berbertradition, die andere der islamischen Tradition entlehnt.[10]

Die Mehrzahl der Informanten lässt das Jahr spontan mit dem Herbst (*lakhrif*) beginnen. Einige unter ihnen legen den Anfang dieser Jahreszeit um den ersten September (des julianischen Kalenders) herum fest, andere um den 15. August, den »Pforte des Jahres« (*thabburth usugas*) genannten Tag, der den Eintritt in die feuchte Jahreszeit, nach dem Hundstag von *smaïm* und zu Beginn des *lakhrif*, bezeichnet: An diesem Tag bringt jede Familie einen Hahn als Opfer dar und werden die Verträge und Bündnisse erneuert. Tatsächlich setzen andere Informanten die »Pforte des Jahres« mit der Eröffnung der Feldarbeiten fest (*laḥlal natsḥarats* oder *laḥlal n thagersa*), die die entscheidendste Wende in der Übergangsperiode markiert.

Die den Feldarbeiten gewidmete Periode – am häufigsten *laḥlal*, aber auch *ḥartadem* genannt, beginnt mit der Eröffnung der Feldarbeit (*awdjeb*), der das Schlachtopfer eines gemeinsam gekauften Ochsen (*timechret*), dessen Fleisch an alle Mitglieder der Gemeinschaft (*adhrum* oder Dorf) verteilt wird, vorangeht. Die Feldbestellung und die Aussaat, die sogleich einsetzen, wenn die Eröffnungszeremonie (die zugleich ein Regenritus ist) beendet und die Erde ausreichend feucht ist, können sich bis Mitte Dezember

verschiedene Achsen (die senkrecht verlaufend auf der Schemazeichnung) ausgeführt werden – oder, sofern sie sich (ohne Verlagerung der Achse) »auf der Stelle« vollziehen, ihren Endpunkt auch als Anfangspunkt haben: In dieser strukturell stillstehenden Bewegung schlägt sich sehr deutlich jene Weitsicht und jene Vorstellung der Dauer nieder, die im Gefühl der periodischen Unveränderlichkeit ebenso die Anerkennung zeitlicher Veränderungen wie das Gefühl eines ewigen Kreislaufes einschließt.

10 Die mehr oder minder bewusste Suche nach einem »reinen« und, wenn man so sagen darf, »ursprünglichen« Modell hat mich häufig dazu verleitet, die islamischen Entlehnungen und die am offenkundigsten islamisierten Überlieferungen aus meiner Sammlung zu entfernen.

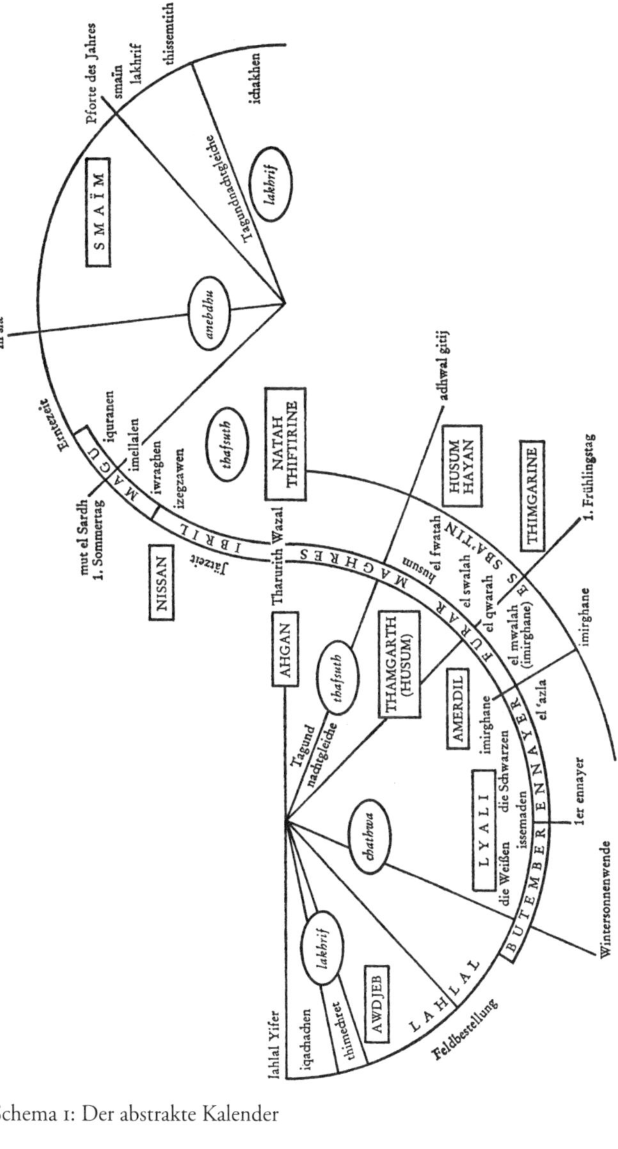

Schema 1: Der abstrakte Kalender

– in anderen Gegenden oder Jahren sogar darüber hinaus – hinziehen.

Zweifellos ist es ein missbräuchlicher Sprachgebrauch, bei *laḥlal* von einem bestimmten Zeitabschnitt, einer Periode, zu sprechen. Der Begriff und die entsprechende Zeiteinheit definieren sich praktisch innerhalb des Zeitraumes der feuchten Jahreszeit durch ihren Gegensatz zu *lakhrif* (Feldbestellung und Aussaat heben sich somit vom Pflücken der Feigen, von den Gartenarbeiten im *thabbirth*, dem Sommergarten, und von *laʿlaf* ab, den Spezialbehandlungen, die die vom Dreschen müden und geschwächten Ochsen erhalten, um sie auf die Feldarbeit vorzubereiten); jener Terminus kann sich allerdings auch, noch innerhalb des gleichen Zeitraumes, in Abhebung zu *elyali* definieren, dem Tiefpunkt des Winters, also dem Moment, wo nichts zu tun ist; er kann sich darüber hinaus innerhalb eines anderen logischen Rahmens von all den Perioden absetzen, in deren Zeitraum eine bestimmte Art von Arbeit statthaft ist, die während anderer Zeiten unstatthaft (*ḥaram*, das Unstatthafte) wäre: etwa *laḥlal lafth*, die Periode, in der weiße Rüben zu säen statthaft ist (vom 17. Herbsttag an, dem 3. September im julianischen Kalender), oder *lalḥlal yifer*, die Periode, in der das Abblatten der Feigenbäume gestattet ist (Ende September) usw.

Der Winter (*chathwa*) beginnt, den Informanten zufolge, am 15. November oder 1. Dezember, ohne Vollzug eines besonderen Ritus – was darauf hinweisen könnte, dass der Gegensatz zwischen Herbst und Winter wenig ausgeprägt ist.[11] Das Zentrum (Herz) des Winters heißt *elyali*, die Nächte, ein Zeitraum von vierzig Tagen, der in zwei gleiche Hälften geteilt wird: *elyali thimellaline*, die weißen Nächte, und *elyali thiberkanine*, die schwarzen Nächte (eine Unterscheidung, die, wie der Umfang ihrer Anwendung beweist, aus einem völlig abstrakten und formalen Teilungsprinzip resultiert, wenngleich die Informanten klimatische Abweichungen zu ihrer Rechtfertigung anführen). Sind die Feldarbeiten beendet, beschäftigen sich die Bauern, sofern sie im Haus festgehalten sind, mit der Reparatur ihrer Werkzeuge, sammeln Gras oder Blätter für das Vieh oder kehren bei starkem Schneefall die Wege. Es ist die tote Jahreszeit, als solche im Gegensatz stehend zu *esmaïm*, der

11 Andere Informanten erklären sogar, dass man den ersten Tag des Winters nicht kennen könne.

toten Zeit während der Trockenperiode, oder auch, wie gesehen, zu *laḥlal*, der mit Tätigkeit ausgefüllten Zeit, die sich allerdings in anderer Hinsicht auch von der Übergangszeit zwischen Winter und Frühling absetzt (*es-sbaʿt* oder *essubuʿ*, die »Sieben«); unter einem anderen Gesichtspunkt sind es die »großen Nächte« (*elyali kbira*) im Gegensatz zu den »kleinen Nächten« (*elyali esghira*) des Februar und März, den »Nächten des Schäfers« und den »Nächten von Hayan«. Der erste Tag des *ennayer* (Januar), in der Wintermitte gelegen, wird von einer Gesamtheit von Erneuerungs- und Verbotsriten (vor allem Kehren und Weben) markiert, die einige Informanten sogar auf die gesamte Periode der *issemaden* (der Kalten), die sich zwischen Dezember und Januar erstreckt, ausdehnen.

Das Ende von *elyali* wird durch die rituelle Feier von *elʿazla gennayer*, die Abtrennung von *ennayer*, markiert (*azl*, abtrennen, absondern): Leben zeigt sich auf der Erdoberfläche, erste Triebe sprießen an den Bäumen, es ist die Eröffnung (*el ftuth*). Auf den Feldern werden vom Landwirt Zweige des Oleanders, der Macht hat, *marras*, die Engerlinge zu vertreiben, mit den Worten aufgepflanzt: »Komm heraus, Engerling! Der *khammès* wird dir das Kreuz brechen!« Am selben Tag begibt man sich, so heißt es, vor Sonnenaufgang in den Stall und schreit dem Ochsen ins Ohr: »Eine gute Nachricht, *ennayer* ist vorbei!« Einem Wortspiel gemäß, das mit Sicherheit auf dem Spiel mit mythischen Wurzeln beruht, sagen einige Informanten für *ʿazla* auch *ʿazri*, der Junggeselle (»Weil man sich von diesem Tag an dem Frühling nähert und dann die Heiraten gefeiert werden«). Es ist der Beginn einer Zeit des Übergangs und des Wartens, die mit einer ebenso reichen wie konfusen Terminologie bedacht ist: Ist der Herbst, wie ein Informant sagt, »ein Ganzes«, so ist der Übergang vom Winter zum Frühling ein Mosaik aus mangelhaft definierten und fast gänzlich unheilbringenden Momenten, deren Bezeichnungen wechseln.

Arbeitsteilung zwischen den Geschlechtern (Aït Hichem)

So bezeichnet der Terminus *thimgharine*, die Alten, oder *thamgarth*, die Alte,[12] in der Großen Kabylei auch unter dem Namen *amerdil* (die Leihgabe) bekannt, entweder den Augenblick, da ein Monat in den anderen übergeht (der Dezember in den Januar, der Januar in den Februar, der Februar in den März, in Aïn Aghbel sogar der März in den April), oder den Augenblick, da der Winter in den Frühling übergeht. *Ḥusum*, eine gelehrte Benennung arabischen Ursprungs, die sich auf eine Sure im Koran bezieht, wird alternativ zu *ḥayan* oder *aḥgan* zur Bezeichnung des Übergangs von *furar* zu *maghres* verwendet.[13] Die magische Logik aber, die bestimmt, dass niemals genau der ungünstigste Zeitpunkt einer insgesamt ungewissen Periode festgelegt werden kann,[14] bewirkt, dass die Termini *thimgharine* oder *ḥusum*, zwei extrem ungünstige Zeitabschnitte, manchmal zur Bezeichnung der gesamten

12 Diese Benennungen erinnern an die Legende von den entliehenen Tagen, worin erzählt wird, wie der Winter (oder der Januar oder der Februar usw.) eine alte Frau (oder eine Ziege oder einen Schwarzen), die ihn herausgefordert hatte, züchtigen konnte, indem er sich von der folgenden Periode einige Tage auslieh.

13 Ohne zu vergessen, dass eine Sammlung von Merkmalen, die in einer bestimmten Region in Form einer Folge bestehen, schon eine vollkommen künstliche synkretistische Operation bedeutet, haben wir auf das Schema die folgenden drei Hauptserien aufgetragen: – *imirghane, amerdil, thamgarth, aḥgan* oder *thiftirine, nisan – thimgarine, ḥayan, nisan – el mwalaḥ, el qwaraḥ, el swalaḥ, el fwataḥ ḥusum, nataḥ, nisan*, die, grob vereinfacht, der Kabylei des Djurdjura, der Kleinen Kabylei und den am stärksten islamisierten Regionen oder den gebildeten Informanten jeweils entsprechen würden.

14 Ein Informant erwähnt zum Beispiel *la 'dilal*, eine Periode schrecklicher Kälte, deren Daten unbekannt sind und die übrigens auch in einem Lied angesprochen wird, das die Frauen bei der Arbeit an der Tretmühle singen: »Wenn für mich *laʿdidal* wie die Nächte von *ḥayan* sind, dann sagt dem Hirten, dass er sich ins Dorf flüchte.« Informanten aus Djurdjura zufolge kommt es während des Monats *jember* in einer Nacht, die unbekannt ist, vor, dass sich Wasser in Blut verwandelt.

Übergangsperiode von Ende Januar bis Mitte März herangezogen werden: In diesem Fall umfassen sie noch die vier »Wochen«, die den Februar zerlegen und zusammen *es-sba^ct* heißen (»die Sieben«), nämlich *el mwalaḥ*, zuweilen *imirghane*, die Salzigen, genannt, *el qwaraḥ*, die Scharfen, *el swalaḥ*, die Günstigen, und *el fwataḥ*, die Offenen.[15] Wie es die Benennungen dieser Serie geradezu bezeugen, stehen wir vor einer jener halbgelehrten Dichotomien, analog zu der der Nächte im Januar, die ohne ein Moment von Rationalisierung nicht funktionieren: Fallen die beiden ersten, die unheilvollen Perioden in das Winterende, so die beiden letzten, die günstigen, in den Frühling. Desgleichen unterscheiden die Informanten, die *ḥusum* auf die beiden auf Januar und Februar übergreifenden Wochen legen – einschließlich aller Merkmale, die für die gesamte Periode charakteristisch sind –, eine unheilvolle und eine günstigere Woche. Weiterhin unterscheiden zahlreiche Informanten (vor allem in der Kabylei des Djurdjura) zweierlei *aḥgan* (oder *ḥayan*), *aḥgan bu akli, ḥayan* des Schwarzen, sieben Tage starker Kälte, in denen alle Arbeit ruht, und *aḥgan u hari, ḥayan* des freien Mannes, sieben Tage, in denen »alles auf Erden auflebt«.

Während der »Woche des *ḥayan*« (erste Märzwoche) vollzieht das Leben sein Werk. Um es in seiner Arbeit nicht zu stören, dürfen weder die Felder noch die Obstgärten betreten werden.[16] Auch bei den Tieren scheint das Wachstum sein Ende gefunden zu haben: So werden sie am Ende der Woche des *ḥayan*, am Tag der Tagundnachtgleiche des Frühlings (*adhwal gitij*, das Längerwerden der Sonne), abgebunden (*el ḥiyaz*). Dabei wird mit einer Kanne Lärm geschlagen, um die Ochsen, die an diesem Tag die Sprache der Menschen verstehen, nicht hören zu lassen, was über das »Längerwerden der Sonne« gesprochen wird, da sie sonst Angst bekommen könnten, länger

15 Diese halbgelehrte Serie lautet zuweilen *ma, qa, sa, fin* und kommt mittels eines mnemotechnischen Verfahrens zustande, das die Marabuts anwenden und das darin besteht, jede der Benennungen durch ihren Anfangsbuchstaben zu bezeichnen; die Folge der Einteilungen des Sommeranfangs (*izegzawen, iwragen, imellalen, iquranen*), die manchmal auch durch den ersten Konsonanten der Wurzel ihrer berberischen Namen bezeichnet werden, nämlich *za, ra, ma, qin*, dürften ihrer mnemotechnischen Vorteile wegen so oft von den Informanten genannt werden.

16 Andere Verbote zu *ḥayan* und *ḥusum*: Feldarbeiten, Heiraten, Geschlechtsverkehr; nachts arbeiten, Töpfern und Brennen, Wolle bearbeiten, Weben. In *Aïn Aghbel* ist es während *el ḥusum* strengstens untersagt, den Boden zu bestellen, es ist *el faragh* (das Leere); es bringt Unheil, »einen Bau anzufangen, eine Heirat zu feiern, ein Fest zu geben, ein Tier zu kaufen«. Allgemein kann gesagt werden, dass man sich jeder Tätigkeit enthält, die Zukünftiges einleitet.

arbeiten zu müssen. Seiner Stellung wegen wird *ḥusum* (oder auch *ḥayan*) mit prophetischen und Einweihungseigenschaften belegt, ähnlich jenen, die beim Tag dem Morgen zugeschrieben werden (zum Beispiel: Wenn es nicht regnet, werden sich die Brunnen das Jahr über nicht füllen; wenn es regnet, wird Überfluss angezeigt; schneit es am Anfang, wird es viele Wachteleier geben); aus diesem Grunde ist *ḥusum* auch Anlass für Beschwichtigungshandlungen (Verteilung von Almosen) bei Wahrsagereien.

Mit dem Ende von *ḥusum* und der Tage der Alten glaubt man, dass die Herde gerettet ist: Es ist *el fwatah*, die Zeit des Austreibens und des Werfens, bei der bestellten Erde ebenso wie bei der Herde, eine Zeit, in der die Jungen nicht mehr die Strenge des Winters zu fürchten brauchen. Der erste Frühlingstag (*thafsuth*), das Fest des Grünen und der Kindheit, ist schon gefeiert.[17] Das ganze Ritual dieses Tages, der eine mit prophetischen Kräften ausgestattete Periode eröffnet, steht unter dem Zeichen der Freude und aller Gegenstände, die Glück und Wohlstand tragen. Die Kinder ziehen hinaus auf die Felder, um den Frühling zu treffen, und essen dort mit Butter bestrichenen gerösteten Grieß. Der an diesem Tag servierte Couscous wird über dem Dampf einer Brühe (*seksu wadhris*) zubereitet, die *adhris* enthält, also Thapsia, das aufbläht. Die Gebote, nicht zu arbeiten, überschreitend, beschmieren die Frauen ihre Hände mit Henna und begeben sich grüppchenweise auf die Suche nach Heidekraut, aus dem Besen gemacht werden (ihre euphemistische Bezeichnung lautet *thafaraḥth*, von *faraḥ*, die Freude), die, mit Freude hergestellt, Freude und Glück bringen.

Die Tage werden länger. Abgesehen vom Bestellen der Feigenhaine bleibt keine größere Arbeit mehr zu verrichten; nun heißt es darauf warten, bis das Leben sein Werk tut: »Achte im März«, sagt man in der Großen Kabylei, »auf deine Ernte und beobachte gut«; und woanders: »Die Sonne der Blütezeit (vor allem der Hülsenfrüchte und der so heiß erwarteten Saubohnen) leert das Zeltdorf.« Da die Vorräte erschöpft sind, wird das Längerwerden der Tage umso drückender empfunden, als es untersagt ist, auf die Felder zu gehen (*nataḥ* ist noch nicht vorüber), und weiterhin, sich von Saubohnen oder essbaren Gräsern zu ernähren. Diese Lage geben

17 *Thafsuth*, der Frühling, gehört zur Familie von *efsu*, auflösen, aufknoten, die Wolle strecken und, im Passiv, aufblühen, Knospen treiben, reifen.

die Sprichwörter wieder: »Der März (*maghres*) steigt wie ein steiler Hang an«; »Die Märztage sind Tage der sieben Happen.«

Mit *nataḥ* oder *thiftirine* findet die Übergangszeit ihren Abschluss. Diese Termini, die bis auf wenige Tage genau den gleichen Zeitraum bezeichnen, sind arabischen Ursprungs und den Bauern der Kabylei von Djurdjura – wo *ḥayan* oder vielmehr, in der lokalen Sprechweise, *aḥgan* diesen Zeitabschnitt einnehmen – kaum bekannt. Während *nataḥ* »bewegen sich die Bäume hin und her und stoßen aneinander«; man hat Angst vor zu starken Regenfällen, und es ist so kalt, dass »das Wildschwein auf seinem Lager zittert«. Wie zu *ḥusum* dürfen die bestellten Felder und Obstgärten nicht betreten werden – bei Strafe, den Tod eines Menschen oder eines Tieres zu provozieren. Tatsächlich ist *nataḥ* auch die Zeit des Erwachens der Natur, des Aufblühens der Kulturen, des Lebens und des Heiratens. Es ist die Zeit der Hochzeiten und der Feste im Freien.[18] Mittels eines ihnen vertrauten Verfahrens unterteilen einige Informanten also *thiftirine* oder *nataḥ* in eine unvorteilhafte Periode im März (»die Schwierigen«) und eine vorteilhafte im April (»die Leichten«).

Der Übergang von der trockenen zur feuchten Jahreszeit wird während *nataḥ* am Tag von *tharurith wazal* (die Rückkehr von *azal*), dessen genaues Datum je nach den klimatischen Bedingungen schwankt – entweder im März nach dem Absetzen der Jungtiere (*el biyaz*) oder etwas später im April während der Schur, oder kurz danach, oder schließlich Anfang Mai –, mit einem kollektiven Ritus vollzogen:[19] Von dem Tag an wird die Herde, die bisher am späten Morgen ins Freie geführt und schon relativ früh wieder in den Stall gebracht wurde, sehr früh am Morgen hinausgeführt, kurz vor Mittag wieder zurückgeholt, um zu Beginn des Nachmittags abermals auf die Weide geführt und bei Sonnenuntergang heimgebracht zu werden.

18 Heiraten werden entweder, wie die Vermählung von Erde und Himmel, im Herbst gefeiert oder im Frühling, Mitte Mai, zu dem Zeitpunkt, da sich, der Überlieferung der Gebildeten zufolge, alle lebenden Wesen auf der Erde vermählen. Unfruchtbaren Frauen wird empfohlen, Brühe aus während *nataḥ* gepflückten Kräutern zu sich zu nehmen.

19 *Azal* bedeutet, im Gegensatz zur Nacht und zum Morgen, den lichten Tag, das volle Tageslicht und, genauer: den der Rast gewidmeten Zeitraum größter Hitze während der Sommertage. Die Rückkehr von *azal* ist im Wesentlichen durch einen Wandel im Rhythmus der täglichen Aktivitäten markiert. Wir werden ihn später näher untersuchen.

Die Schlechtwetterzeit ist endgültig vorbei; die grünen Felder und die Gärten sind nunmehr bereit, die Sonnenstrahlen aufzunehmen. Der Kreislauf von Trockenheit und Reifung beginnt: Mit *ibril*, einem äußerst günstigen Monat (»Der April«, so heißt es, »ist ein sanfter Abhang«), setzt eine Periode der Leichtigkeit und des relativen Überflusses ein. Überall werden die Arbeiten wieder aufgenommen: auf den Feldern, wo nach Beendigung der kritischen Wachstumsperiode gejätet werden darf, die einzige wichtige Tätigkeit (die früher durch die Entführung von Mata, der »Verlobten« des Feldes, eingeweiht wurde, ein Ritus, der den für die Heranbildung der Ähren notwendigen Regen rufen soll), ebenso wie in den Gärten, wo die ersten Saubohnen gepflückt werden. Während des *nisan*, dessen günstiger Regen, dem die Macht eignet, allem, was lebt, Fruchtbarkeit und Wohlstand zu bringen, mit allen möglichen Riten herbeizitiert wird, geht man daran, die Schafe zu scheren und den neu geborenen Lämmern das Brandzeichen einzubrennen. Die Tatsache, dass *nisan* – wie alle Übergangsperioden, etwa *nataḥ* – eine unbestimmte, nämlich hinsichtlich des Gegensatzes zwischen dem Trockenen und dem Feuchten unausgemachte Periode darstellt, drückt sich hier nicht in der Unterscheidung zweier Zeitabschnitte, eines vorteilhaften und eines unheilvollen, aus, sondern durch das Vorhandensein unheilvoller Momente (*eddbagh*, der erste Mai, eine allen unbekannte mysteriöse Stunde), die von Verboten gekennzeichnet sind (zum Beispiel die Bäume zu beschneiden oder zu pfropfen, Hochzeiten zu feiern, die Häuser zu weißen, den Webstuhl aufzustellen, Eier ausbrüten zu lassen usw.).

Wenn die *izegzawen*, »die Grünen« genannte Periode, zu Ende geht, verschwinden nach und nach auch die letzten Spuren von Grün in der Landschaft; das Getreide, bis dahin »weich« (*thaleqaqth*) wie der gerade geborene Säugling, wird gelb. Es ist dieser sich wandelnde Anblick der Getreidefelder, den die Dekaden oder Wochen, die den Monat *magu* (oder *mayu*) unterteilen, bezeichnen: Nach *izegzawen* kommen *iwraghen*, die Gelben, *immellalen*, die Weißen, *iquranen*, die Trockenen. Der Sommer (*anebdhu*) hat faktisch seinen Einzug gehalten. Werden die für die feuchte Periode charakteristischen Tätigkeiten, wie das Bestellen (der Feigenhaine) und die Aussaat, während der »Grünen« noch toleriert, so sind sie aus dem »die Gelben« genannten Zeitraum vollkommen verbannt. Man kümmert sich ausschließlich um die heranreifende Ernte und schützt sie vor drohenden Gefahren: Hagel, Vögel, Heuschrecken usw. Die gegen die Plünderer aufgewendeten Techniken wie Steine werfen, Schreien (*aḥaḥi*), das Aufstellen von Vogelscheuchen, wie auch die kollektiven Austreibungsriten (*aṣifedh*), deren Ziel es ist, die unheilbringenden Kräfte von dem zu schützenden Territorium auf ein anderes, eine Grotte, einen Strauch oder einen Steinhaufen, zu verlagern – nachdem sie zuvor auf Objekte (Puppen) oder zum Opfer bestimmte Tiere (etwa ein Vogelpaar) »fixiert« wurden –, stellen alle nur Anwendungen des Schemas der »Übertragung des Bösen« dar, das ebenso bei der Heilung zahlreicher Krankheiten (Fieber, Wahnsinn wie das »Besessensein« durch einen *djin* oder Unfruchtbarkeit) wie in den zu festgelegten Zeiten praktizierten Riten in den Dörfern zum Tragen kommt.

Der Mehrheit der Informanten zufolge fällt der erste Tag des Sommers, auch *elmut el ardh*, »der Tod der Erde«, genannt, auf den 17. des Monats *magu*.[20] Am letzten Tag der *iquranen*, der »Kohleglut ist ins Wasser gefallen«, heißt (*thagli thirgith egwaman*) – ein Ausdruck, der die hervorstechendste Handlung des Schmieds, das Eisenhärten, evoziert –, muss alle Welt die Ernte (*essaïf*) in Angriff genommen haben. Sie findet ihren Abschluss etwa zu *insla*, dem Tag der Sommersonnenwende (24. Juni).[21] Nach dem Ausstampfen und dem Schwingen des Getreides beginnen die vierzig Tage des *smaïm*, die Hundstage, ein Zeitraum, in dem alle Arbeiten unter-

20 Wie im Mai die Befruchtungsakte, so wird am ersten Sommertag der Schlaf gemieden: Bei Strafe von Krankheit, Mutlosigkeit oder Verlust des Ehrgefühls (dessen Sitz die Leber ist, Ort des *ruḥ*, die männliche Seele) hütet man sich, tagsüber zu schlafen. Wahrscheinlich aus demselben Grunde wird die an diesem Tag vom Feld genommene Erde in den magischen Riten benutzt, die die Schwächung oder die Vernichtung des Ehrgefühls (*nif*) bei den Männern oder der Unabhängigkeit bei den Tieren, die diese gegen die Zähmung aufbegehren lässt, herbeizuführen trachten.

21 Dem Rauch werden bisweilen fruchtbringende Kräfte zugeschrieben, die sich zur Zeit von *insla* hauptsächlich auf die Feigenbäume auswirken (deren Zyklus von dem des Getreides relativ unabhängig verläuft und der, weil er keine Eingriffe »gegen die Natur« beinhaltet, von wenigen Riten begleitet ist). Dem Raum dieser Vereinigung des Trockenen mit dem Feuchten, die sich ergibt, wenn man Feuchtes (grüne Pflanzen, grünes Gezweig und grüne Gräser, die an feuchten Plätzen wie denen der Pappeln oder des Oleanders zusammengetragen werden) anzündet, wird die Macht zugesprochen, die Feigenbäume zu »befruchten«, wobei hier eine Identifizierung des Räucherns mit der Beschleunigung der Feigenreife im Spiel ist.

brochen werden (wie während *elyali*, dem er immer entgegengestellt wird).[22]

Im Gegensatz zur Ernte und zum Dreschen des Getreides erscheint *lakhrif* wie eine tote Zeit des Ackerbaujahres oder vielmehr des Getreidezyklus. Es ist auch eine Periode der Erholung und der Freuden, die der Überfluss möglich macht:[23] Zu dem gerade geernteten Korn kommen Feigen, Trauben, Melonen, Kürbisse, verschiedene frische Gemüse wie Tomaten, Pfefferschoten usw. hinzu. Bisweilen lässt man *lakhrif* schon Mitte August, an *thissemtith* (von *semti*, anfangen zu reifen) beginnen, ein Zeitpunkt, wo die ersten reifen Feigen auftreten und an dem *el ḥaq*, »das Recht«, erlassen wird, ein Verbot, das noch den straft, der auf den eigenen Bäumen Feigen pflückt. Mit Erreichen von *ichakhen* (*ichakh lakhrif*, *lakhrif* ist allgemeiner geworden) ist die Ernte, Männer, Frauen und Kinder mobilisierend, voll im Schwange; auf den ersten Oktober fällt *laḥlal yifer* (Blätter), mit dem die Erlaubnis gegeben ist, die Feigenbäume (*achraw*, von *chrew*, abblatten) zu entlauben, um damit die Ochsen zu füttern. Dieses Datum gibt das Signal für den »Rückzug des Lebens« während der *iqachachen* (der »Letzten«), die mit *thaqachacht lakhrif* (von den Bäumen werden die letzten Früchte und Blätter entfernt) und dem »Ausroden des Gartens« der umfassenden Säuberung der Gemüse- und Obstgärten sowie der Felder vorbehalten sind. Jetzt, wo auf den Feldern alle Lebenszeichen, die sich über die Erntezeit hinaus gezeigt hatten, verschwunden sind, ist der Boden für die Bestellung bereit.

Die Schwierigkeiten, auf die man bei dem Versuch stößt, die praktischen Analogie- und Homologiebeziehungen, die man zunächst einzeln oder paarweise und sukzessive genommen hatte, einmal simultan festzulegen, um sie systematisch zu sammeln, verdienten gewiss nicht, erwähnt zu werden (trotz der Mühen und der Zeit, die sie zweifellos gekostet haben), hätten sie nicht, wie auf einer anderen Ebene die statistische Analyse der Genealogien,

22 Zahlreiche Sprichwörter verbinden explizit beide Perioden, zum Beispiel sagt man oft, dass, wenn während *esmaïm* sehr häufig der Schirokko bläst, es im *elyali* Schnee und Kälte geben wird.

23 Das Wort *lakhrif* gehört zur Familie des Verbs *kherref*, frische Feigen pflücken und essen und auch Späße machen, lustige, oft obszöne Geschichten nach Art der umherziehenden Sänger erzählen, manchmal auch dummes Zeug daherreden (*itskherrif*, er faselt; *akherraf*, der Witzbold, der Spaßmacher).

dazu geführt, die Verfahren, kraft deren sie selbst erst kenntlich werden, infrage zu stellen. Wissenschaftliche Strenge nun verlangt nicht, diese Widersprüche mittels rhetorischer oder mathematischer Kniffe zu verdunkeln, um damit den Regeln der Profession oder den Vorstellungen, die sich die Profession von jener Strenge macht, Genüge zu tun, sondern sie zum Gegenstand einer Reflexion zu machen, die fähig ist, sowohl die ihnen zugrunde liegende Logik des praktischen Gebrauchs der temporalen Gegensätze wie, untrennbar damit verbunden, das Prinzip der Umwandlung, zu der die theoretische Konstruktion die Logik zwingt, ans Licht zu ziehen.

Wie die Genealogie, die einen Raum linearer, homogener, ein für alle Mal gebildeter Beziehungen an die Stelle eines räumlich und zeitlich diskontinuierlichen Gefüges von Verwandtschaftsinseln setzt, die je nach augenblicklichem Bedarf hierarchisiert und organisiert sind und die je nach Gelegenheit wirksam werden, oder auch wie der Plan, der den unstetigen und lückenhaften Raum der praktischen Verläufe und Wegstrecken durch den homogenen und stetigen Raum der Geometrie ersetzt, so ersetzt der Kalender die praktische Zeit, die aus unvergleichbaren und einen jeweils eigenen Rhythmus aufweisenden Einheiten der Dauer gebildet ist – eine Zeit, die drückend sein kann oder auf der Stelle zu stehen scheint, je nachdem, was man in ihr *macht*, das heißt je nach den *Funktionen*, die ihr die Handlung, die sich in ihr vollzieht, zuweist –, durch eine lineare, homogene und stete Zeit. Indem man auf einer steten Linie *Bezugspunkte* wie Zeremonien oder Arbeiten verteilt, verwandelt man sie in durch eine Beziehung bloßer Aufeinanderfolge verbundene Trennungspunkte und löst so allenthalben die Frage aus nach den Intervallen und den Entsprechungen zwischen metrisch und nicht nur topologisch äquivalenten Punkten.

Als Beweis, dass *elyali*, den alle Informanten erwähnen, keinen »Zeitraum von vierzig Tagen« bezeichnet (es heißt nur: »Wir treten in *elyali* ein«), sondern das einfache Skandieren von Dauer wiedergibt, hat zu gelten, dass die verschiedenen Informanten ihm eine jeweils andere Dauer zumessen und ihn auf unterschiedliche Daten festlegen, wobei der eine den ersten Tag von *ennayer* zugleich in die Wintermitte wie in die Mitte von *elyali* verlegt, obwohl er *elyali* nicht in die (geometrische) Mitte des Winters fallen lässt, was beweist, dass das praktische Erkennen der Struktur, das ihn *elyali* wie den Winter des Winters denken lässt, über den kalkulierenden Verstand den Sieg davonträgt. Zahlreiche mangelhaft definierte Angaben (wie »die Alten«) verschieben sich je nach Region und Informant – freilich nie über die Grenzen des Winters hinaus. Diese Logik findet sich auch in den Glaubensüberzeugungen wieder, wonach man den Augenblick, an dem es angebracht wäre, eine Tat nicht auszuführen, nicht kennt: Der Zeitraum stellt in diesem Sinne nur ein Unsicherheitsfeld zwischen zwei Bezugspunkten dar. Eine anscheinend so harmlose Frage wie »und dann?«, durch die man einen Informanten bewegen möchte, auf einer kontinuierlichen Zeitskala zwei »Perioden« in ihrer Aufeinanderfolge zu bestimmen – eine Frage, die doch nur explizit formuliert, was das chronologische Schema immer schon macht –, führt in die Zeitlichkeit ein Verhältnis ein, das in allem in Gegensatz zu dem steht, das im herkömmlichen Gebrauch temporaler Termini praktisch zum Tragen kommt. Über die spezifische Form hinaus, die eine Befragung annehmen muss, um eine geordnete Folge von Antworten auszulösen, verrät schon die gesamte Untersuchungsrelation die »theoretische« (will heißen »nicht praktische«) Einstellung des Fragenden – wie sie auch den Befragten auffordert, eine quasi-theoretische Haltung einzunehmen: Faktisch schließt die Befragungssituation jeden Bezug auf die Verwendung und die Verwendungsbedingungen der zeitlichen Bezugspunkte aus; die Befragung selbst ersetzt stillschweigend die unstetigen und zur Verfolgung praktischer Zwecke vorgesehenen Anhaltspunkte durch den Kalender – begriffen als ein Denkobjekt, das prädisponiert ist, sich in ein Diskursobjekt zu verwandeln und wie eine Totalität, die jenseits ihrer »Applikationen« und unabhängig von den Bedürfnissen und Interessen ihrer Benutzer existiert, entfaltet zu werden. Von daher erklärt sich auch, warum die Informanten, wenn sie aufgefordert sind, den Kalender zu formulieren, solchen gelehrten Serien sukzessiver Einheiten wie *mwalaḥ, swalah*ʿ und *fwataḥ* oder *izegzawen, iwraghen, imellalen und iguranen* häufig Priorität einräumen. Oder dass sie, sofern sie nicht überhaupt den Anthropologen, den sie stets als Gebildeten wahrnehmen – und dessen Fragen als solche eines Gebildeten –, zu anderen Gebildeten schicken, sich bemühen, das Wissen zu präsentieren, das sie als am würdigsten erachten, als Antwort auf eine gelehrte Frage zu dienen, womit sie dann die Bezugspunkte, die ihre Praxis wirklich organisieren, durch das ersetzen, was ihnen von den Serien des konstruierten Kalenders, von den Monaten des muselmanischen Kalenders oder den »Mansionen« noch im Gedächtnis haftet.[24] Kurz, indem man stillschweigend jeglichen

24 Ein solcher Effekt lässt sich in allen Gesellschaftsformationen beobachten, wo Praktiken und Kenntnisse ungleicher Legitimität zur gleichen Zeit bestehen: Da-

Bezug auf das praktische Interesse unterschlägt, das ein gesellschaftliches Individuum – Mann oder Frau, Erwachsener oder Jugendlicher, Landwirt oder Schmied usw. – dazu bringen kann, das Jahr auf die eine oder andere Weise einzuteilen und hierfür diesen oder jenen zeitlichen Bezugsrahmen in Anspruch zu nehmen, konstruiert man, ohne es zu wissen, ein *Objekt*, das Existenz gerade nur kraft dieser unbewussten Konstruktion seiner selbst und seiner Verfahren gewinnt.

Die Neutralisierung der praktischen Funktionen, die die Befragungssituation und die gelehrte Aufzeichnung hervorrufen, stellt die verschleierte Bedingung für die Sammlung und Serialisierung der Gesamtheit der Gegensätze dar, die durch den Bezug auf die verschiedenen, nämlich verschiedene Funktionen erfüllenden, Diskursbereiche erzeugt werden können. Durch die Sammlung der Informationen, die kaum je von einem einzigen Informanten beherrscht werden und nicht beherrschbar sind – vor allem nicht alle auf einmal –, und dank der Mittel zu ihrer *Verewigung*, wie die Schrift und die Registrierungstechniken sie darstellen, dank auch der freien Zeit, über die der Untersuchende verfügt, um jene Informationen zu analysieren, sichert dieser sich das *Privileg der Totalisierung* – womit er zwar über die Mittel verfügt, die Logik des Systems, die einer nur partiellen und diskreten Sicht verwehrt sein muss, zu erkennen, im gleichen Maße aber auch alle Aussichten hat zu übersehen, welchem Wandlungsprozess er die Praxis und ihre Produkte unterzieht, und in einem damit sich in eine Suche nach Antworten auf Fragen zu stürzen, die die Praxis nicht stellt und nicht stellen kann –, statt sich selbst zu fragen, ob das Eigentümliche der Praxis nicht gerade in der Tatsache begründet liegt, dass sie jene Fragen ausschließt.[25]

her wählen die Angehörigen der Volksschichten, über ihre kulturellen Praktiken und Präferenzen befragt, auch diejenigen aus, die ihnen mit der herrschenden Definition von legitimer Praxis am konformsten erscheinen.

25 Die Analyse des Effekts, den die Aufzeichnung und Protokollierung bewirken, führt zum Prinzip der Effekte, die im Gefolge der Erfindung von Techniken zur *Aufbewahrung des Wortes* (Schrift) eingetreten sind (vgl. W. C. Greene, The Spoken and the Written Word, *Harvard Studies in Classical Philology*, IX, 1951, S. 24-59; J. Goode, I. Watt, The Consequences of Literacy, Comparative Studies in Society and History, V, 1962-1963, S. 304-311). Die Polythetie, die Widersprüche zu vermeiden gestattet, hat selbst zur Vorbedingung das Fehlen jeder Aufzeichnung der Vergangenheit, also das Fehlen von Gelehrtheit, das, indem es das

Dieser Effekt einer *theoretischen Neutralisierung*, den die Untersuchungsrelation selbst bewirkt, verstärkt sich durch die Totalisierung, die das *Schema* vollbringt, indem es in der Simultaneität eines Raumes die umfassende Serie der temporalen Gegensätze aneinanderreiht, die im Verlauf unterschiedlicher Situationen von verschiedenen Personen nacheinander ins Werk gesetzt wurden und die niemals alle auf einmal praktisch in Anschlag gebracht werden können (da die Zwänge des Daseins eine solche synoptische Auffassung nicht erforderlich machen, ja deren dringlicher Charakter sie sogar noch zunichtemacht). Das Aufstellen einer Serie erzeugt demnach eine Fülle von Relationen – etwa der Simultaneität, Sukzession oder Symmetrie – zwischen Termini und Bezugspunkten unterschiedlichen Niveaus, die, da in unterschiedlichen Situationen erzeugt und

individuelle wie kollektive Gedächtnis von jeder fixen Spur freihält, die fortwährenden Berichtigungen ermöglicht, die unabdingbar sind, um nicht allseitiger Inkohärenz anheimzufallen. Die Synchronisierung von Vergangenheit und Gegenwart (etwa aufeinanderfolgende Versionen eines Mythos oder Rituals), deren Möglichkeit die Schrift bereitstellt, erlaubt nun die synoptische Wahrnehmung und zugleich das Erfassen der Widersprüche, von dem aus die gebildete Reflexion ihren Anfang nimmt. Der Ehrgeiz des Gebildeten, alle gesammelten Produkte eines Systems generativer Prinzipien zu kumulieren (zum Beispiel durch die Bildung erschöpfender Sammlungen von Texten ein und desselben Autors oder durch enzyklopädische Studien über einen Autor), der allemal noch die Mehrzahl der Arbeiten leitet, die sich philosophischen, literarischen und künstlerischen Werken widmen, steht in Gegensatz zu jener Absicht, die axiomatisch genannt werden mag und die darin besteht, sich eine theoretische oder praktische Meisterschaft der generativen Formeln eines Werkes anzueignen, das heißt, die generativen Prinzipien praktisch funktionieren zu lassen oder aber sie wissenschaftlich zu objektivieren. Zumeist häufen die Arbeiten über die Geschichte der Philosophie die gefälligen Momente der jeweiligen Projekte – gemäß sauberer exklusiver Logik –, ohne indessen deren Beschränktheiten und Zwänge aufzuweisen: Der Schleier enzyklopädischer Bildung gestattet es, der Frage nach der theoretischen Beherrschung der generativen Prinzipien – Voraussetzung einer wirklichen *Wissenschaft* des Denkens wie bei Platon oder Descartes – ebenso aus dem Wege zu gehen wie der nach deren praktischer Beherrschung – Voraussetzung der Hervorbringung eines diesen Prinzipien gemäßen Diskurses, also der Erfindung platonischer und kartesianischer Ideen, die von Platon und Descartes nicht gedacht wurden –, ohne deshalb freilich die mit solchen ehrgeizigen Unternehmen verbundenen Vorteile auszuschließen, da ja die Identifikation mit dem Autor, die bei solchen Vorhaben gang und gäbe ist, die inspirierten Interpreten gleichermaßen ermächtigt, sich den Anschein schöpferischen Denkens (kraft Zeugung) zuzubilligen und sich von der undankbaren Aufgabe eingehender Studien und Kommentare zu dispensieren.

verwendet, in der Praxis nicht gegeneinandergestellt werden und folglich, selbst wenn logisch widersprüchlich, praktisch kompatibel sind. Tatsächlich gestattet das Schema, wenn es alle temporalen Gegensätze, die zusammengetragen und vereinigt werden können, entsprechend den Gesetzen der Sukzession verteilt (nämlich 1. y folgt x schließt aus x folgt y; 2. y folgt x und z folgt y ziehen nach sich z folgt x; 3. entweder y folgt x oder x folgt y), simultan und mit einem Blick – *uno intuitu et tota simul*, wie Descartes, *monothetisch*, wie Husserl formulierte[26] – Bedeutungen zu erfassen, die polythetisch, das heißt nicht nur nacheinander, sondern einzeln, eine nach der anderen, geschaffen und angewendet werden.[27]

Je nach der Genauigkeit, mit der ein Ereignis lokalisiert werden muss, je nach seiner Natur, schließlich je nach der sozialen Qualität des betroffenen Individuums lassen sich unterschiedliche Gegensatzpaare ausmachen: *Elyali* etwa kann – statt sich wie in einer umfassend angeordneten Serie im Hinblick auf den ihr vorhergehenden und ihr folgenden Zeitraum, und auf sie allein, zu definieren – innerhalb der Serie der agrarischen Perioden ebenso im Gegensatz zu *esmaïm* wie zu *el ḥusum* oder *thimgarine* stehen; sie kann aber auch, wie gesehen, als »*elyali* des Dezember« und als »*elyali* des Januar« zu sich in Gegensatz treten oder schließlich, einer anderen Logik gemäß, als »die großen Nächte« sich von den »kleinen Nächten des *furar*« und den »kleinen Nächten des *maghres*« abheben (es ist dies die gleiche Kombina-

26 E. Husserl, *Idées directrices pour une phénoménologie*, Paris: Gallimard, 1950, S. 402-407 [Ideen zu einer reinen Phänomenologie und phänomenologischen Philosophie, *Gesammelte Werke*, Bd. 3, Den Haag: Nijhoff, 1950, S. 409].

27 In einer Art Kommentar des zweiten Grundsatzes von Saussure (»Das Bezeichnende, als etwas Hörbares, verläuft ausschließlich in der Zeit und hat Eigenschaften, die von der Zeit bestimmt sind«; F. de Saussure, *Cours de linguistique générale*, Paris: Payot, S. 82) stellt Cournot die Eigenschaften der gesprochenen oder geschriebenen Rede, »eine wesentlich lineare Folge«, die »aufgrund ihrer Konstruktionsweise uns abverlangt, durch eine lineare Folge von Zeichen nacheinander Verhältnisse zum Ausdruck zu bringen, die der Geist simultan und in einer anderen Ordnung wahrnimmt oder doch wahrnehmen sollte«, den »synoptischen Bildern, Stammbäumen, historischen Atlanten« gegenüber, »einer Art Tafeln, die zweifach angegangen werden können, deren Spur folgend wir einen mehr oder minder großen Nutzen aus dem Flächenhaften ziehen, um Bezüge und systematische Verbindungen bildlich darzustellen, die innerhalb der in sich verschlungenen Rede schwer zu entwirren sind« (Cournot, *Essai sur le fondements de la connaissance et sur les caractères de la critique philosophique*, Paris: Hachette, 1922, S. 364).

tionslogik, nach der »*es-sbaʿt* des Winters« und »*es-sbaʿt* des Frühlings« oder »*es-sbaʿt* des Frühlingsendes« mit »die Grünen« und »die Gelben«, und andrerseits »*es-sbaʿt* des Sommers« mit »die Weißen« und »die Trockenen« konfrontiert werden). Ein und derselbe Informant kann einmal, indem er sich auf die rituellen Praktiken bezieht, den als Ganzes genommenen *lakhrif* (»im Herbst gibt es keine Unterteilungen«) von *laḥlal* abheben, der Zeit, in der Feldarbeiten statthaft sind, um im nächstfolgenden Augenblick auch schon – entsprechend der Logik des Erntezyklus der Feigen – *laḥlal* in Gegensatz zu *achraw* zu stellen, das Ende von *lakhrif* und eine der Tätigkeiten von *thagachachth*, wodurch dieser sich implizit von *thissamtith* (Frühfeigen) oder von *achakh* (die Reife der Feigen) absetzt.[28]

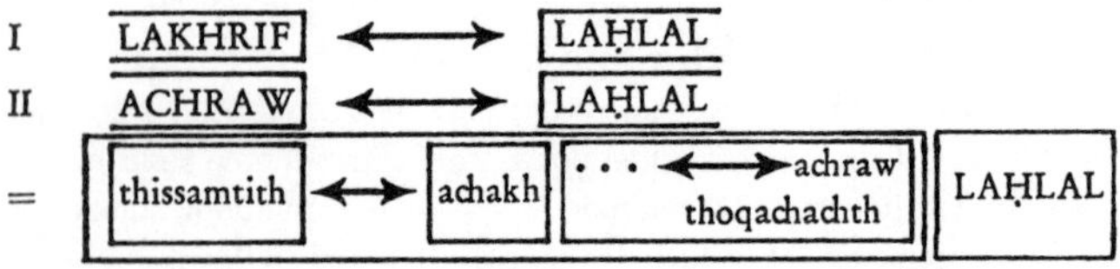

Ist einem erst bewusst, wie viele andere Gegensätze man noch hervorbringen könnte, dann muss einem auch die Künstlichkeit, ja Unwirklichkeit eines Kalenders klar werden, der Einheiten unterschiedlichen Niveaus und ungleicher Bedeutung zusammenbringt und aneinanderreiht. Gesetzt, dass alle Teilungen und Unterteilungen, die der Beobachter registrieren kann, in unterschiedlichen und zeitlich geschiedenen Situationen hervorgebracht und angewendet werden, dann muss jede in praktischer Absicht gestellte Frage nach der Beziehung, die eine jede von ihnen mit der Einheit höheren Niveaus oder gar mit den Teilungen und Unterteilungen der »Perioden«, denen sie entgegensteht, unterhält, als von Grund auf unzulässig erscheinen. Ist noch einmal ein dem Anschein nach ethnozentristischer Vergleich gestattet, dann wagen wir die Vermutung, dass das Verhältnis zwischen der konstruierten Serie der den Gesetzen der Sukzession folgenden Momente und den sukzessive in die Praxis umgesetzten temporalen Gegensätzen homolog der Beziehung ist, die zwischen dem steten und homogenen Raum der politischen Meinungsskalen und den praktisch-politischen Stellungnah-

28 Ebenso vergeblich wäre es, bei dem Versuch, mit aller Macht eine systematische Verbindung zwischen allen Serien, die man (künstlich) bilden kann, herzustellen, sich auf die partiellen Analogien zwischen dem menschlichen Lebenszyklus und dem Kreislauf des Landwirtschaftsjahres oder zwischen der einen und der anderen dieser »Serien« und der Serie der Tagesmomente zu stützen.

men herrscht, die, stets innerhalb einer spezifischen Situation und gegenüber einzelnen Diskutanten oder Gegnern formuliert, Gegensätze wirksam werden lassen, deren Grad je nach politischer Nähe oder Entfernung der Diskutanten variiert (zwischen Rechten und Linken oder linken Linken und rechten Linken oder linksstehenden linken Linken und rechtsstehenden linken Linken usw.), sodass ein und dasselbe Individuum innerhalb des »absoluten« Raumes der Geometrie sich nacheinander bei der Rechten wie bei der Linken vorfinden kann, was ganz offensichtlich dem dritten Gesetz der Sukzession widerspricht.

Die Eigenschaften der praktischen Logik

Der Praxis muss demzufolge eine Logik zugeschrieben werden, die keine der Logik ist, um damit zu vermeiden, ihr mehr Logik abzuverlangen, als sie zu geben in der Lage ist, und sich auf diese Weise dazu zu verurteilen, entweder Inkohärenzen in ihr aufdecken oder ihr eine Kohärenz aufzwingen zu wollen.[29] Die Analyse der verschiedenen, im Übrigen eng zusammenhängenden Aspekte der Wirkung der Theoretisierung (Simultanisierung des Sukzessiven und fiktive Totalisierung; Neutralisierung der Funktionen und Ersetzung des Systems der Produktionsprinzipien durch das System der Produkte usw.) bringt, wenn auch negativ, einige der Eigenschaften der Logik der Praxis ans Licht, die ihrer Definition nach der theoretischen Auffassung entgehen, insofern sie für diese selbst konstitutiv sind. Die – im doppelten Wortsinn – praktische Logik kann alle Gedanken, Wahrnehmungen und Handlungen mittels einiger generativer Prinzipien, die in letzter Instanz selbst auf eine fundamentale Dichotomie reduzibel sind, nur organisieren,

29 Die Logik des Ritus oder des Mythos gehört zur Klasse der natürlichen Logiken, die die Philosophie der Sprache, die Logik und die Linguistik gerade zu erforschen beginnen – mit sehr unterschiedlichen Voraussetzungen und Methoden. George Lakoff, einer der Begründer der »generative semantics«, schlägt zum Beispiel den Begriff der »fuzzy logic« vor, um damit den Alltagsverstand der Alltagssprache mit ihren »fuzzy concepts« und ihren »hedges« zu kennzeichnen, wie »sort of«, »pretty«, »rather«, »loosely speaking« usw., die die Wahrheitswerte auf eine Weise modifizieren, die innerhalb der Grenzen der klassischen Logik nicht mehr adäquat beschrieben werden kann.

weil ihre auf dem *Prinzip* der Ökonomie des Logischen beruhende Ökonomie das Opfer der Strenge zugunsten der Einfachheit und Allgemeinheit fordert und weil sie in der »Polythetie« die Voraussetzungen für den guten Gebrauch der Polysemie vorfindet.

Es ist die »Polythetie«, die, weil sie praktisch folgenlos bleibt, unbemerkt die von den Logikern so genannte »Verschmelzung der Bereiche« geschehen lässt, die das Resultat der höchst ökonomischen, freilich zwangsläufig approximativen Anwendung der gleichen Schemata auf logisch unterschiedene Bereiche bildet. Keiner geht daran, die sukzessiven Produkte, die aus der Anwendung der generativen Schemata hervorgehen, systematisch zu registrieren und gegenüberzustellen: Ihre unmittelbare Transparenz verdanken diese diskreten und selbstgenügsamen Einheiten nicht allein den in ihnen sich realisierenden Schemata, sondern auch der mittels dieser Schemata erfassten *Situation* sowie dem praktischen Verhältnis, in dem das Handlungssubjekt zu dieser steht. Die Ökonomie der Logik, die abverlangt, nicht mehr Logik einzusetzen, als für die Bedürfnisse der Praxis nötig ist, bewirkt, dass das Universum des Diskurses, in Bezug auf welches diese oder jene logische Klasse (also sein Komplementär) gebildet wird, implizit bleiben kann, weil es in jedem einzelnen Fall in und durch das praktische Verhältnis zur Situation implizit definiert wird. Unterstellt, dass die Wahrscheinlichkeit gering ist, dass innerhalb dessen, was eher *Universum der Praxis* – denn des Diskurses – genannt werden muss, zwei sich widersprechende Anwendungen der gleichen Schemata zur Konfrontation geraten, kann demnach ein und dasselbe Ding in verschiedenen Praxisbereichen verschiedene Dinge als Komplementär haben und folglich je nach Bereich unterschiedliche, ja selbst entgegengesetzte Eigenschaften erhalten.[30] Das Haus etwa, global als

30 Die Logik der Praxis verdankt zahlreiche ihrer Eigenschaften dem Faktum, dass das, was in der Logik »Universum des Diskurses« genannt wird, hier in einem praktischen Zustand verbleibt. Man müsste fortgesetzt die Bedingungen angeben, unter denen ein wirkliches Universum des Diskurses allererst in Erscheinung treten kann; nennen wir sie: die für die sukzessiven Verfahren der methodischen Aufzeichnung notwendige materielle und intellektuelle Ausrüstung (zu der in einem nicht geringen Maße die Schrift gehört), die zur Umsetzung der Verfahren und zur Analyse der Produkte unabdingbare freie Zeit, das für solche unterschiedlichen Tätigkeiten notwendige »Interesse«, das, selbst wo es sich als solches nicht wahrnimmt, nicht zu trennen ist von der vernünftigen Erwartung

weiblich, feucht usw. bestimmt, wird dann, wenn es von außen, also von einem männlichen Standpunkt, im Gegensatz zur äußeren Welt gefasst wird, in männlich/weiblich geschieden, dann aber in weiblich/weiblich, wenn es, statt wie vordem auf ein dem Universum koextensives Universum von Handlungen bezogen erfasst zu werden, als ein eigenständiges Universum (der Praxis ebenso wie des Diskurses) behandelt wird, was es ja im Übrigen besonders im Winter für die Frauen ist.[31]

Der Umstand, dass die symbolischen Objekte und Praktiken widerspruchslos in sukzessive, von unterschiedlichen Gesichtspunkten aus errichtete Beziehungen eingehen können, setzt sie der *Überdeterminierung durch Unbestimmtheit* aus: Der Polysemie, die die grundlegenden, immer zugleich mehrfach bestimmten Beziehungen des symbolischen Systems kennzeichnet, liegt die Anwendung unterschiedlicher Schemata (wie öffnen/schließen, eintreten/austreten, aufsteigen/absteigen usw.) – die in dem Grad von Genauigkeit (oder Ungenauigkeit), in dem sie definiert sind, allemal *praktisch* äquivalent sind – auf die gleichen Objekte oder die gleichen Handlungen zugrunde. So umfasst die Beziehung zwischen dem Haus und der *thajma'th* (die durch den Markt oder die Felder ersetzt werden könnte) einen großen Teil der grundlegenden Gegensätze des Systems, wie das Volle und das Leere, das Weibliche und das Männliche, Nacht und Tag usw., die sich auch bis auf winzige Unterschiede in solch scheinbar nebensächlichen Beziehungen wie der zwischen dem Topf und der Platte zum Backen des Fladens oder der zwischen dem Stall und dem *kanun* wiederfinden ließen.

Die *sympathein ton holon*, ein Ausdruck der Stoiker, also die Affinität aller Objekte eines Universums, wo der Sinn überall und im Überfluss herrscht, gründet in der oder hat als ihre Kehrseite die Verschwommenheit und Ungewissheit eines jeden Elements und

auf materiellen und/oder symbolischen Gewinn, das heißt vom Bestehen eines Marktes für den Diskurs und den Diskurs über den Diskurs usw.

31 Nebenbei ist zu erkennen, dass sich die Gesichtspunkte, die in Bezug auf das Haus eingenommen werden, gemäß der Logik, die sie auf es anwenden (männlich/weiblich), selbst noch einmal voneinander absetzen: Zweifellos ist es diese Verdoppelung, die in der Entsprechung zwischen sozialen und logischen Unterteilungen gründet, sowie die daraus resultierende Verstärkung, die wesentlich dazu beiträgt, die Individuen in einer geschlossenen und endlichen Welt und in der doxischen Erfahrung dieser Welt zu belassen.

einer jeden sie zusammenführenden Verbindung: Überall kann die Logik nur sein, weil sie in Wahrheit nirgendwo ist. Kommt den rituellen Praktiken und Vorstellungen objektiv eine partielle und approximative Systematik zu, so deshalb, weil sie das Produkt einer kleinen Anzahl generativer Schemata sind, die durch Beziehungen *praktischer Substituierbarkeit* verbunden sind und damit fähig, unter dem Gesichtspunkt »logischer« Erfordernisse gleichwertige Ergebnisse hervorzubringen. Eignet ihnen stets nur eine partielle und approximative Systematik, so deshalb, weil die Schemata, deren Produkt sie sind, die ihnen gegebene Fähigkeit zu einer gleichsam universellen Anwendung nur verwirklichen können, insofern sie *praktisch* funktionieren, das heißt jenseits des Explizitmachens und folglich außerhalb logischer Kontrolle und in Bezug auf praktische Zwecke, die ihnen einen *zwangsläufigen Charakter* aufprägen und zuschreiben, der keiner der Logik ist.

Es stellt praktisches Wissen dar, wenn man beispielsweise weiß, dass dieser oder jener Akt oder Gegenstand diesen besonderen Platz im Hausinnern erheischt; dass diese Arbeit oder jener Ritus dieser Periode des Jahres angemessen und von jener anderen ausgeschlossen ist. So genügt es, eine Gesamtheit von Schemata, die implizit und ohne jede präzise Begrenzung des Universums des Diskurses funktionieren, praktisch zu besitzen, um eine solche symbolische Serie wie die schon erwähnte folgende erzeugen oder auch verstehen zu können: Betritt eine Katze mit einer Feder oder einem weißen Wollfädchen auf dem Rücken das Haus und geht auf die Feuerstelle zu, dann kündigt sie die Ankunft von Gästen an, denen man eine Fleischspeise anbieten wird; geht sie auf den Stall zu, bedeutet das, dass man, wenn gerade Frühling ist, eine Kuh, und wenn gerade Herbst ist, einen Ochsen anschaffen wird. Alle Voraussetzungen und Approximationen, die sich in dieser Sequenz verbergen, werden sogleich sichtbar: Die Katze, ein zufälliger Eindringling, den man verjagt, ist nur als ein Träger, die Feder wird implizit als Äquivalent für die Wolle genommen, gewiss deshalb, weil beide Materialien aufgerufen sind, als bloße Träger einer glückbringenden Qualität, »Weiß«, zu fungieren; der das Zentrum des Ritus ausmachende Gegensatz zwischen Feuerstelle und Stall wird vom strukturierenden Raumschema des Hauses aus erzeugt, das Oben und das Unten, das Trockene und das Feuchte, das Männliche und Weibliche, der vornehme Teil, wo das Fleisch, die Empfangsspeise schlechthin, gebraten wird und die Gäste empfangen werden, und der minderwertigere Teil, der den Tieren vorbehalten ist, gegenüberstellt; so muss schließlich nur noch dieses Schema mit dem anderen verbunden werden, das den Gegensatz zwischen zwei Jahreszeiten konstituiert: der Herbst als die Zeit der kollektiven Opferung des Ochsen und der Feldbestellung, der Frühling als der Zeitraum der Milch, um den Ochsen und die Kuh zu erhalten.[32]

Nehmen wir ein weiteres Beispiel, die sehr bekannte Erzählung von Heḅ-Heḅ-er-Remman. Ein junges Mädchen, das sieben Brüder hat, wird Opfer der Eifersucht ihrer Schwägerinnen, die ihr sieben in Leberknödel versteckte Schlangeneier zu essen geben. Daraufhin bläht sich ihr Bauch auf, man wähnt sie schwanger und verjagt sie. Ein Weiser deckt den Ursprung des Übels auf; um das junge Mädchen von diesem zu befreien, muss ein Schaf getötet, sein Fleisch stark gesalzen und gebraten und dem Mädchen als Speise vorgesetzt werden, das dann, Kopf nach unten und mit offenem Mund, über ein voll mit Wasser gefülltes Becken gebeugt wird: Die Schlangen entweichen und werden getötet. Das junge Mädchen heiratet und bekommt ein Kind, das sie Heḅ-Heḅ-er-Remman – »die Samen der Granatäpfel« – nennt. Sie kehrt zu ihren Brüdern zurück, die sie wiedererkennen, als sie die Geschichte erzählt und dabei die sieben Schlangen zeigt, die sie gesalzen und getrocknet hatte. Es wird auf Anhieb sichtbar, dass man, um diese Erzählung hervorzubringen oder – wenn auch konfus – den ihr unterliegenden Sinn zu entschlüsseln, im Besitz aller der Schemata sein muss, die in der Hervorbringung eines jeden Fruchtbarkeitsritus am Werk sind. Befruchten, fruchtbar machen heißt eindringen, etwas einführen, was aufbläht oder anschwellen lässt: die Aufnahme von Nahrung und gerade solcher, die aufbläht (*ufthyen*), stellt das Homolog zum Geschlechtsakt oder zur Feldbestellung dar. In einer anderen Erzählung sieht sich Schlange [im Arabischen und Französischen männlich], der eine sterile Frau wie seinen Sohn großgezogen hatte, von seiner ersten Gemahlin zurückgestoßen: Er richtet sich auf, *schwillt an* und speit ihr eine *vergiftete Stichflamme* entgegen (*asqi*, Eisenhärten, bedeutet auch Vergiftung), die sie aufzehrt und zu Asche werden lässt. In diesem Fall handelt es sich allerdings um eine falsche Befruchtung: Die Schlangen, Symbol des männlichen Lebensprinzips, des Samenkeims, des Vorfahren, der sterben muss, um zu neuem Leben zu erwachen, also des Trockenen, werden in Form von Eiern, also im weiblichen Zustand, eingeführt und kehren zur Unzeit im Bauch des jungen Mädchens in den männlichen Zustand zurück (in einem von Westermarck berichteten Fruchtbarkeitsritus wird das

32 Einige Informanten verfahren nicht anders, wenn sie, unter Vermeidung der einfachen Wiederholung halbgelehrter Serien, eine Rekonstruktion des Kalenders durch aufeinanderfolgende Dichotomien betreiben.

Herz – der männliche Teil der Schlangen – verzehrt). Die Aufblähung, die aus dieser verkehrten Zeugung resultiert, ist steril und unheilvoll – so drängt sich zwangsläufig die Kur auf. Das Trockene muss dazu gebracht werden, eine Bewegung in umgekehrter Richtung: von oben nach unten (die einfache Umkehrung von unten und oben reicht hier aus) und von innen nach außen (was durch eine einfache mechanische Operation nicht ausgeführt werden kann) zu vollziehen – es geht darum, das Trockene auszutrocknen, es durstig zu machen, indem ihm das Trockene schlechthin, Salz, beigefügt wird, und derart die Neigung zum Feuchten hin zu verstärken, die das Trockene bei normaler Befruchtung, Zeugung oder Aussaat nach innen, zum feuchten Schoß der Frau oder zu der von der Pflugschar geöffneten Erde hinträgt. Am Schluss der Geschichte ist die Fruchtbarkeit des jungen Mädchens durch die Geburt von Heḅ-Heḅ-er-Remman, »die Samen der Granatäpfel« (Symbol schlechthin für die mit dem Bauch der Frau identifizierte weibliche Fruchtbarkeit), bestätigt, das heißt durch die zahlreichen, aus dem fruchtbaren Bauch der Frau mit den sieben Brüdern, die ihrerseits (als Männer) aus einem fruchtbaren Bauch hervorgegangen sind, hervorgegangenen (oder künftig hervorgehenden) Jungen. Die Schlangen endlich werden gesalzen und getrocknet, also in den Zustand zurückgeführt, der ihnen als Symbolen des männlichen Samens, der durch den Kreislauf des Eintauchens in das Feuchte und der folgenden Hinwendung zum Trockenen wachsen und sich vermehren kann, strukturell zukommt.

Geometrischer Korpus und kosmogonische Praxis

Die rituelle Praxis verstehen heißt nicht, die immanente Logik einer Symbolik zu entziffern; es heißt, ihre praktische Notwendigkeit und Zwangsläufigkeit zu restituieren, indem sie auf die realen Bedingungen ihrer Entstehung, mithin auf die Bedingungen bezogen wird, in denen gleichermaßen die Funktionen, die sie erfüllt, wie die Mittel, die sie anwendet, um jene zu erbringen, ihre Bestimmung erhalten. Es heißt zum Beispiel, dank eines logischen Rekonstruktionsverfahrens, das nichts mit einem emphatischen Projektionsakt gemein hat, die Bedeutung und die Funktionen erneut zu konstituieren, die die Individuen einer bestimmten Gesellschaftsformation unter Voraussetzung der praktischen Taxonomien, die ihre Perzeption organisieren, einer jeweiligen Praxis oder Erfahrung zuschreiben können – und müssen.

Angesichts von Mythos und Ritus hat die Gesellschaftstheorie stets zwischen hochmütiger Distanz, die die verständigste Wissenschaft zu den elementaren Formen der Vernunft allerdings zu wahren gedenkt, und mystischer Partizipation seitens der erhabenen Initiierten der gnostischen Tradition geschwankt. Die objektivistische Reduktion, die die sogenannten objektiven Funktionen, die von den Mythen und Riten geleistet werden (Funktionen moralischer Integration für Durkheim, Funktionen logischer Integration für Lévi-Strauss), aufzudecken gestattet, unterbindet allerdings zugleich das Verständnis ihrer Funktionsweise, indem sie die Vorstellungen, die sich die Handlungssubjekte von ihrer Welt und ihrer Praxis machen, ausklammert. Die »teilnehmende« Anthropologie hingegen macht anthropologische Konstanten und die Gemeinsamkeit letzter Erfahrungen geltend – wenn es denn nicht nur die Sehnsucht nach agrarischen Paradiesen ist, diesem Prinzip aller konservativen Ideologien –, um auf die ewigen Fragen der Kosmologien ewige Antworten und Kosmogonien in den praktischen Antworten zu finden, die die Bauern in Kabylien und anderswo auf die historisch-praktischen Fragen gaben, die sich ihnen unter Bedingung eines bestimmten Standes ihrer zur materiellen und symbolischen Aneignung der Welt ins Werk gesetzten Instrumente aufdrängten: Abgesehen davon, dass diese von einer solchen Einstellung genährten und begünstigten Interpretationen zur wissenschaftlichen Wahrheit asymptotisch verlaufen, bilden sie darüber hinaus nur die Umkehrung der falschen Objektivierung, die die koloniale Anthropologie vollzog. Indem die Exaltation der Ursprünglichkeit und Einfachheit die genannten Praktiken von ihren realen Existenzbedingungen abschneidet, um ihnen dafür, kraft einer trügerischen Generosität, die die Wirkungen des Stils begünstigt, fremde Intentionen zu unterschieben, nimmt sie – so gewiss wie ihr Gegenstück – ihr all das weg, was ihre Grundlage und *raison d'être* ausmacht, um sie in der ewigen Essenz einer »Mentalität« einzuschließen. Die kabylische Hausfrau, die ihren Webstuhl aufbaut, vollzieht damit keinen kosmogonischen Akt: Sie baut ihn schlicht und einfach deshalb auf, um etwas zu weben, was eine technische Funktion zu erbringen hat. Freilich kann es sein, dass sie, setzt man die symbolische Ausrüstung voraus, über die sie verfügt, um ihre Tätigkeit zu denken – und im Besonderen die Sprache, die sie fortwährend auf die Logik der Feldarbeiten verweist –, das, was sie tut, nur in verzauberter, also mystifizierter Form denken kann, an der wiederum der nach ewigen Mysterien gierende Spiritualismus seine helle Freude hat.

Riten finden statt und finden nur deshalb statt, weil ihre Daseinsberechtigung in den Existenzbedingungen und in den Dispositionen der Individuen gründen, die sich den Luxus logischer Spekulation, mystischer Ausstrahlung oder metaphysischer Unruhe nicht leisten können. Es reicht nicht aus, die naiven Formen des Funktionalismus lächerlich zu machen, um dann zu meinen, sich der Frage nach den praktischen Funktionen der Praxis entledigt zu haben. Sicherlich bliebe einem das Ritual der kabylischen Heirat unverständlich, ginge man aus von einer universellen Definition der Funktionen der Heirat, verstanden als ein Verfahren, das die Reproduktion der Gruppe in den durch sie gebilligten Formen gewährleistet. Aber wir würden allem Anschein zuwider noch weniger verstehen, gingen wir von einer strukturalen Analyse aus, die von den spezifischen Funktionen der rituellen Praktiken absieht oder die es unterlässt, nach den ökonomischen und gesellschaftlichen Produktionsbedingungen der generativen Dispositionen und jener Praktiken sowie nach der kollektiven Definition der praktischen Funktionen, in deren Diensten diese funktionieren, zu fragen. Der kabylische Bauer reagiert auf keine »objektiven Bedingungen«, sondern auf die von ihm erzeugte praktische Interpretation dieser Bedingungen, der die gesellschaftlich konstituierten Schemata seines Habitus zugrunde liegen: Diese Interpretation gilt es in jedem einzelnen Fall zu konstruieren, wenn von den rituellen Praktiken Rechenschaft abgelegt und wenn zudem deren Daseinsgrund, das heißt ihre zugleich logische wie praktische Notwendigkeit, begründet werden soll.

Demgemäß sind die technischen oder rituellen Praktiken durch die materiellen Existenzbedingungen (und in diesem besonderen Fall durch ein bestimmtes Verhältnis zwischen klimatischen und ökologischen Bedingungen und Techniken) bestimmt – durch Bedingungen, wie sie von Individuen praktisch erfasst werden, die mit einer bestimmten Art von Wahrnehmungsschemata ausgestattet sind, die wiederum selbst, wenigstens negativ, durch die materiellen Existenzbedingungen determiniert werden (die relative Autonomie des Rituals wird über die Veränderungen der klimatischen und ökologischen Bedingungen hinweg durch seine Konstanten im gesamten Maghreb bestätigt): In der Tat definiert sich der *spezifische Widerspruch* der landwirtschaftlichen Tätigkeit, verstanden als waghalsige, gar ruchlose Konfrontation antagonistischer Prinzipien, und darin der rituelle Apparat, dessen Funktion in der Lösung dieses Widerspruchs beruht, innerhalb eines bestimmten Verhältnisses zwischen Produktions- und Wahrnehmungsweise. Dieses Verhältnis zwischen ökonomischem und mythisch-rituellem System stellt sich mittels der Funktion praktisch her, die der technischen oder rituellen Praxis zugeschrieben wird.[33]

Sicher gibt es wenige Praktiken, die, wie die Riten, förmlich dafür gemacht scheinen, daran zu erinnern, wie falsch es wäre, eine Logik, die gerade gemacht ist, um sich Begriffen zu entziehen, erneut in Begriffe zu pressen; praktische Handgriffe und Körperbewegungen wie reine logische Relationen und Verfahren zu behandeln; dort, wo es sich ausschließlich um praktische Übertragungen einverleibter und quasi-posturaler Schemata handelt, von Analogien oder Homologien zu sprechen (wozu wir freilich zuweilen gezwungen sind, um uns und andere zu verstehen).[34] Tat-

33 Der Agrarkalender beispielsweise reproduziert in verwandelter Form die Rhythmen des Landwirtschaftsjahres, genauer die klimatischen Rhythmen, so wie sie sich im Wechsel von Arbeitszeit und Produktionszeit, der auf diese Weise dem Landwirtschaftsjahr seine ihm eigene Struktur aufträgt, niederschlagen. (Im Hinblick auf die Regenmenge zeichnet sich das Jahr durch den Gegensatz aus zwischen kalter und regnerischer Jahreszeit von November bis April – wobei dem Höchststand an Niederschlägen im November und Dezember eine Abnahme im Januar und eine neuerliche Zunahme im Februar und März folgt – und warmer und trockener Jahreszeit von Mai bis Oktober – mit den geringsten Niederschlägen im Juni, Juli und August.) Die starke Abhängigkeit von klimatischen Bedingungen gründet offenkundig in der für die Feldarbeiten zur Verfügung stehenden schwachen Zugkraft und in der prekären Verfassung der benutzten Techniken (räderloser Pflug, Sichel); offensichtlich ist die symbolische Ausrüstung, die bei Riten Verwendung findet, abhängig von den spezifischen Erzeugnissen der jeweiligen Jahreszeit (obwohl in bestimmten Fällen auch für die Bedürfnisse des Rituals extra Vorräte angelegt werden); allerdings ermöglichen es die generativen Schemata, innerhalb der Logik des Ritus selbst Ersatzobjekte ausfindig zu machen und noch aus den externen Notwendigkeiten und Zwängen größtmögliche Vorteile zu schlagen (woraus sich die vollkommene Konkordanz zwischen magischer und mythischer Vernunft erklären lässt, die in mehr als einem Fall, so bei der Ausrichtung des Hauses, zu beobachten ist).

34 Diese Schemata können nur im Rahmen der objektiven Kohärenz der rituellen Handlungen, die sie hervorbringen, begriffen werden – wenngleich man sie zu-

sächlich stellt der Ritus in mehr als einem Fall nichts anderes dar als eine praktische *Mimesis* des natürlichen Prozesses, den es zu erleichtern gilt: Im Gegensatz zur expliziten Metapher und Analogie stellt die *mimetische Repräsentation* (*apomimema*) zwischen derart unterschiedlichen Phänomenen wie dem Aufgehen der Samenkörner im Topf, dem Anschwellen des Bauches der schwangeren Frau und dem Hervorkommen des Getreides aus der Erde keine solche Beziehung her, die ein Explizitmachen der Eigenschaften der aufeinander bezogenen Termini oder der Prinzipien ihrer Beziehung implizierte. Die ihre »Logik« charakterisierenden Verfahren – umkehren, versetzen, vereinigen, trennen usw. – nehmen hier die Form körperlicher Bewegungen an, wie nach rechts oder links drehen, »das Unterste nach oben kehren«, eintreten oder austreten, verbinden oder trennen usw.

Die Körpersprache, mag es sich hier um Gesten oder, mit noch größerer Berechtigung, um das handeln, was die psychosomatische Medizin als »Organsprache« bezeichnet, ist um ein vieles mehrdeutiger und überdeterminierter als der überdeterminierteste Gebrauch der Alltagssprache. Darin ist begründet, warum die rituellen »Wurzeln« stets sehr viel umfassender und unbestimmter sind als die linguistischen Wurzeln und warum die rituelle Gymnastik, gleich dem Traum, immer weitaus reicher erscheint als deren zugleich einbahnige wie beliebige verbale Übersetzungen. Wie bedeutungsträchtig Worte auch immer sein mögen, sie verengen den Kreis der Wahlmöglichkeiten und machen die Beziehungen, die die Körpersprache nahelegt, wenn nicht unmöglich, so doch schwierig und in jedem Fall explizit – folglich kontrollierbar. Dies bedeutet, dass allein dadurch, dass man eine Praxis, die zahlreiche ihrer Eigenschaften dem Faktum verdankt, jenseits des Diskurses – was nicht heißen soll: jenseits der Logik – angesiedelt zu sein, auf die Ebene des Diskurses verlagert (was man freilich nicht verhindern kann, wenn man überhaupt Wissenschaft treiben will), sie darin einem faktischen Wandel in Bezug auf ihren ontologischen

weilen auch, und dann nahezu handgreiflich, in der Rede erfassen kann, wenn etwa ein Informant ohne ersichtlichen Grund zwei rituelle Praktiken, die nichts weiter gemein haben als ein Schema, miteinander »assoziiert« (zum Beispiel das der Aufblähung/des Anschwellens in jenem Fall, wo ein Informant die Mahlzeit vom ersten Frühlingstag mit *adhris* als Zutat und die Hochzeitsspeise mit *ufthyen* »zusammenbrachte«, indem er sie nacheinander erwähnte).

Status unterzieht, der desto folgenreicher sein muss, je mehr dafür spricht, dass er unbemerkt abläuft.[35]

Die rituelle Praxis, die immer darauf aus ist, zwischen den gegensätzlichen Ordnungen *Übergänge* zu begünstigen und/oder deren Aufeinandertreffen zu ermächtigen, definiert die Wesen oder Dinge niemals anders als in und durch die Beziehung, die sie zwischen ihnen herstellt, wobei sie größtmöglichen Nutzen aus der Polysemie der fundamentalen Aktionen zieht, den mythischen »Wurzeln«, deren linguistische Wurzeln partiell die Polysemie reproduzieren: Die Wurzel FTH kann unterschiedslos und im wörtlichen wie im übertragenen Sinne ebenso *er/öffnen* bedeuten, wenn es sich um eine Tür oder einen Weg (bei rituellen und außergewöhnlichen Anwendungen), um das Herz (vgl. sein Herz »öffnen«), um einen Diskurs/eine Rede (etwa durch eine rituelle Formel), um eine Ratssitzung, um eine Aktion oder den Tagesablauf handelt, wie *offen sein*, wenn es sich um eine »Pforte«, verstanden als Beginn einer beliebigen Serie, um das Herz (um das Verlangen), um eine Knospe, um den Himmel oder um einen Knoten handelt, und sie kann letztlich auch *sich öffnen* bedeuten, wenn es sich um eine Knospe, ein Gesicht, einen Sprössling oder um ein Ei handelt, also weiter gefasst, wo von eröffnen (inaugurieren), segnen, erleichtern, unter gute Vorzeichen stellen (»möge Gott die Pforten öffnen«) die Rede ist, folglich dort, wo all die Bedeutungen in etwa zu Wort kommen, die auf den Frühling verweisen. Da umfassender und vager als die linguistische Wurzel, bietet nun allerdings die mythische Wurzel Stoff zu noch reicheren und mannigfaltigeren Spielen, worin das Schema er/öffnen – sich öffnen – offen sein die Möglichkeit bietet, zwischen einer Fülle von Verben und Worten assoziative Verbindungen, die auf Beziehungen bloßer morphologischer Affinität nicht zurückführbar sind, herzustellen: Auf diese Weise kann jene Wurzel die folgenden anderen evozieren – FSU, entbinden, auflösen, aufknoten, auftrennen, sich öffnen, in

35 Deshalb lässt sich auch ein gewisses Unbehagen nicht unterdrücken, wenn man von dem schreibt, was in Worten wiedergibt, was man selbst doch erst am Ende eines dem der Einheimischen analogen Lernprozesses (mutatis mutandis) praktisch beherrscht hat: Der Begriff der »Wiedergeburt« ist es, den man sich vorgeben muss, sofern man über die praktische Beherrschung solcher Schemata wie »öffnen« und »anschwellen« und über die objektive Intention von »Wiedergeburt«, der sie sich unterordnen, nicht verfügt, aber die von diesen Schemata aus praktisch erzeugten Riten »verstehen« will – womit man sich indessen auch einem falschen Verstehen sowohl des »Verstehens« der Praktiken, das ein solcher Begriff ermöglicht, wie des praktischen »Verstehens«, das von einem solchen Begriff nichts weiß, aussetzt.

Erscheinung treten (wenn es sich um junge Sprösslinge handelt, von daher stammt die Bezeichnung *thafsuth* für den Frühling); FRKh, aufblühen, entstehen lassen, gebären (von daher *asafrurakh,* das Aufblühen oder Sprießen, oder *lafrakh,* die Baumableger, die im Frühling sprießen, und, weiter gehend, die Nachkommenschaft, die Fortsetzung einer jeden Angelegenheit), sich vermehren, anwachsen; FRY, sich bilden, gestalten, gebildet, gestaltet werden (wenn von Feigen die Rede ist), zu wachsen beginnen (in Bezug auf Getreide und den Säugling), sich vermehren (wenn von der Vogelbrut gesprochen wird: *ifruri elʿach,* das Nest ist voller zum Fortfliegen bereiter junger Vögel), enthülsen, enthülst werden (in Bezug auf Saubohnen, Erbsen) und, daran anschließend, in die Jahreszeit eintreten, in der die Saubohnen frisch gepflückt werden können (*laḥlal usafruri*), auslesen und ausgelesen werden (wenn von Getreide die Rede ist, das gemahlen werden soll), trennen und getrennt werden (in Bezug auf Antagonisten) und, daran anschließend, versöhnen, in Einklang bringen, beruhigen, anbrechen (wenn vom Tag die Rede ist, der mit der Nacht »ringt« und sich von ihr »trennt«, *ifruri was*), aufhellen, aufklaren (wenn von der Zeit gesprochen wird, *ifruri elḥal*); schließlich und endlich, qua Gegensatz, die Wurzel FLQ, brechen, zerbrechen, zerschlagen und platzen, spalten und wie das Ei oder der Granatapfel zerspringen, die anlässlich der Feldbestellung oder bei Hochzeiten zerschlagen werden.[36]

Ausstampfen des Getreides mit Pferden (Djebabra, Chelif)

36 Die Sprichwörter sind die vollkommensten, denen es gelingt, in sich die Notwendigkeit einer linguistischen Beziehung (die von einfacher Assonanz bis zu einer gemeinsamen Wurzel reichen kann) mit der Notwendigkeit einer mythischen Beziehung zu vereinigen (die Wortspiele und im Besonderen die edelsten unter ihnen, die der Philosophie, sind nicht anders begründet).

Ausschwingen des Getreides (Djebabra, Chelif)

Es reichte hin, sich von der Logik der Assoziationen treiben zu lassen, um das umfassende Netz der Synonyme und Antonyme, der Synonyme der Synonyme und der Antonyme der Antonyme und so weiter und so fort rekonstruieren zu können. Es wäre zum einen möglich, zu den Wurzeln ᶜMR, füllen, gefüllt sein, oder FTH, anwachsen, sich vermehren, oder auch UFF, aufblühen, fortzuschreiten und von dort aus überzugehen zu der Wurzel ZDY, vereinigen, vereinigt sein, sich vereinigen (das Haus voller »Männer« und Güter ist ein kinderreiches und vereintes Haus); es wäre auf der anderen Seite möglich, durch Vermittlung der Antonyme auf leeren, leer sein oder ruinieren, ruiniert sein (KHL), auftrennen, getrennt sein, sich trennen (FRQ), abschneiden, abgeschnitten sein (QDᶜ), löschen, gelöscht sein (ṬᶜF), niedermachen usw. zu stoßen.[37] Desgleichen könnte man von der mythischen Wurzel »aufsteigen« her auf Folgendes treffen: nach Osten gehen oder gekehrt sein, zum Licht hin, in die Weite gehen, nach rechts, nach vorne gehen, der Zukunft entgegengehen, entstehen, sprießen, wachsen (hier die Brücke zu den vorhergehenden Wurzeln), stehen, aufgewacht sein, oben sein usw., oder in der Serie der Antonyme: absteigen, der Finsternis entgegengehen, nach links gehen, sich neigen, fallen, liegen, schlafen, unten sein usw.

37 Die Mehrzahl dieser Bedeutungen wird durch Euphemismen wiedergegeben, für auslöschen/vernichten sagt man zum Beispiel *ferraḥ*, erfreuen.

Es gibt gewiss keine genauere Entsprechung dieses Systems generativer Schemata, die durch Relationen praktischer Äquivalenz verbunden sind, als das System der Adjektive (schwer/leicht, warm/kalt, matt/glänzend usw.), das die französische Sprache zum Ausdrücken letzter Geschmackswerte vorgibt – Adjektive, die sich gleichermaßen auf eine Speise wie eine Schulübung, ein Theaterstück wie ein Bild, einen Scherz wie eine Haltung, einen Akzent wie ein Kleidungsstück usw. anwenden lassen. Ihre Wirksamkeit verdankt diese praktische Taxonomie dem Umstand, dass, wie es die in den Wörterbüchern gesammelten mannigfachen Bedeutungen bezeugen, der Sinn eines jeden Adjektivs und der der Beziehung, die es an seine Antonyme bindet, sich in jedem einzelnen Fall entsprechend der einem jeden seiner Anwendungsfelder eigentümlichen Logik spezifiziert: *Kalt* kann derart synonym sein mit ruhig oder gleichgültig, aber auch mit frigide oder ernsthaft, oder mit streng und abweisend, hart und trocken, fade und matt usw. – je nachdem, ob es bei einem Mann oder einer Frau, beim Kopf oder beim Herzen, bei einem Gesichtsausdruck oder einem Tonfall, einer Farbe oder einem Kunstwerk, einem berechnenden Verhalten oder einem Wutausbruch usw. seine Anwendung findet; und es wird ebenso viele Antonyme wie mögliche Bedeutungen aufweisen: natürlich heiß, aber auch heftig und hitzig, sinnlich oder herzlich, sprühend oder ausdrucksvoll, auffallend und anregend usw. Daraus folgt, dass, auf ihre jeweilige Anwendung hin besehen, die adjektivischen Begriffswortpaare, deren System die Apparatur des Geschmacksurteils erstellt, zugleich äußerst ärmlich, gleichsam unbestimmt und extrem reich sind, nahezu unbegrenzt überdeterminiert, wobei diese Unbegrenztheit sie dazu prädisponiert, das Gefühl des Undefinierbaren hervorzurufen oder auszudrücken: Einerseits erhält der einzelne Gebrauch eines dieser Paare Sinn nur in Verbindung mit einem fortwährend differenten, häufig impliziten und immer selbstgenügsamen Praxisbereich, der die Konfrontation mit anderen Bereichen ausschließt; andererseits schwingen in dem Sinn, den die Paare in einem jeweiligen Feld erhalten, all die anderen Sinngehalte mit, die sie selbst oder die Paare, die bis auf winzige Unterschiede für sie substituierbar sind, in anderen Feldern, also auch in leicht veränderten Kontexten, erhalten können.

Das bisher Gesagte gilt auch für die Art und Weise, in der zum Beispiel der Gegensatz zwischen »vorn« und »hinten« innerhalb der rituellen Praxis funktioniert: Hinten ist die Stelle, der Ort, wohin all das befördert wird, dessen man sich entledigen will[38] (zum Beispiel heißt es in einem Ritus des Webstuhls: »Mögen die Engel vor mir und der Teufel hinter mir stehen«, und in einem anderen reibt man, zum Schutz gegen den bösen Blick, das Kind hinter dem Ohr, damit es das Übel »hinter sein Ohr« bekommt); hinten ist der Ort, von wo das böse Geschick herkommt (die Frau, die auf den Markt geht, um Erzeugnisse, die sie hergestellt hat, wie Decken, Wolle usw., oder Produkte ihrer Aufzucht, Hühner, Eier usw., zu verkaufen, darf, will sie keinen schlechten Verkauf provozieren, nicht nach hinten schauen; der Wirbelwind – *thimsiwray* – greift den von hinten an, der beim Gebet sein Gesicht der *qibla* zuwendet). Verständlich, dass hinten in Verbindung steht zu innen, zum Weiblichen (die Vordertür, die nach Osten geht, ist männlich, die Hintertür, die nach Westen geht, weiblich), in Verbindung weiter zur Intimität, zum Verborgenen, zum Geheimnis; desgleichen aber auch, daran anschließend, zu dem, was folgt, was auf dem Boden, Quelle der Fruchtbarkeit, dahinschleift, *abruᶜ*, die Schleppe, der Glücksträger, das Glück: Die Neuvermählte, die das neue Haus betritt, vermehrt das vom Überfluss Gemachte, indem sie Früchte, Eier, Getreide hinter sich wirft. Diese Bedeutungen vereinigen sich mit jenen, die zu vorn, nach vorne gehen, gegenübertreten (*qabel*), der Zukunft entgegengehen, nach Osten, ins Licht gehen in Verbindung stehen, und so hätte man denn, ausgehend von diesem einzigen Schema, keine große Mühe, neuerlich die Quasi-Totalität der rituellen Praktiken zu erzeugen.

Die Mannigfaltigkeit solcher gleichermaßen unterschiedenen wie eng verwandten Sinngehalte ist ein Ergebnis gelehrten Sammelns. Praktisch existiert jede dieser gesammelten Bedeutungen allerdings nur innerhalb der Relation zwischen einem Schema (oder dessen Produkt, einem Wort etwa) und einer spezifischen Situation. Deshalb dürfen wir von verschiedenen Bedeutungen eines Symbols nur dann sprechen, wenn uns bewusst bleibt, dass die Zusammenfassung dieser Bedeutungen in der Simultaneität (oder, so es sich um Worte handelt, auf einer Seite des Wörterbuches) ein wissenschaftliches Artefakt darstellt, insofern jene in der Praxis niemals simultan existieren. Denn ein Wort kann einerseits, wie Vendryès

38 Nach hinten werfen bedeutet auf einer mehr oberflächlichen Ebene auch vernachlässigen oder, noch einfacher, nicht gegenübertreten.

anmerkte, sich nicht fortgesetzt mit allen seinen Bedeutungen zugleich präsentieren, ohne damit die Rede zu einem steten Wortspiel werden zu lassen; andererseits wären, gesetzt, alle Bedeutungen, die ein Wort annehmen kann, wären vom grundlegenden Sinn gänzlich unabhängig, auch keine Wortspiele mehr möglich. Gleiches kann von den Symbolen des Rituals gesagt werden. Unter all den Formen, die ein grundlegender Gegensatz annehmen kann, existieren stets solche, die, gleich *switchers* funktionierend, die Verbindung zwischen den Praxisbereichen konkret herstellen: in diesem Zusammenhang etwa die Verbindung zwischen hinten und innen, die den Übergang von »hinten« zum weiblichen Wohlstand, das heißt zur Fruchtbarkeit, gewährleistet – wogegen der männliche Wohlstand, über den Zusammenhang zwischen vorn, der Zukunft und dem Licht, an »vorne« gebunden ist. Die objektivierte Spur dieser Übergänge ist zuweilen in den Sprichwörtern erkennbar, die die Analogien zwischen den verschiedenen Serien benennen (»das junge Mädchen ist die Mauer der Dunkelheit«, oder »die Frau ist (der) Mond« [im Arabischen weiblich]).

Die Sinnbereiche, die den verschiedenen Praxisbereichen korrespondieren, sind in sich geschlossen – folglich vor der Kontrolle durch die logische Systematisierung geschützt – und zugleich, als mäßig systematische Produkte eines Systems von mehr oder minder umfassend integrierten generativen Prinzipien, die innerhalb der unterschiedlichsten Praxisfelder strukturell invariant funktionieren, auch *objektiv* in Einklang mit allen anderen. In der *Logik des Ungefähren und Unbestimmten*, die ohne Umschweife »flach«, »farblos« und »fade«, diese vom ästhetischen Urteil oder vom Sprachlehrer favorisierten Adjektive, oder, im Rahmen der kabylischen Tradition, Worte wie »voll«, »geschlossen«, »innen« und »unten« als Äquivalente akzeptiert, sind die generativen Schemata, wiewohl bei näherem Hinschauen vollkommen unvergleichbar, praktisch doch austauschbar; weshalb sie auch nur systematische Produkte hervorbringen können – freilich Produkte mit einer unbestimmten, verschwommenen Systematik und einer approximativen Logik, die der Überprüfung durch eine rationale Systematik und der logischen Kritik nicht standhalten. Ohne die symbolische Beherrschung der Schemata, die sie *sind*, und ihrer Produkte, die sie *machen*, können die Individuen den Produktionsapparat, der ihnen die korrekt gebildeten rituellen Praktiken hervorzubringen gestattet, adäquat nur beherrschen, indem sie ihn in Gang setzen.[39] Das zu vergessen ist der Beobachter mehr als einmal versucht, da er die Logik, die den registrierten Produkten des Apparates innewohnt, nur so erfassen kann, dass er ein Modell konstruiert, das gerade einen Ersatz dafür darstellt, dass man den Apparat unmittelbar nicht – oder nicht mehr – beherrscht. Die Verfahren, die die Wissenschaft zum Verstehen der Praxis erarbeiten muss, prädisponieren diese keineswegs zu der notwendigen Einsicht, dass das Modell wahr sein kann, ohne die Wahrheit der Herstellungs- und Verstehensbedingungen dessen, was es zu verstehen gestattet, mit einzuschließen.

Dergestalt besitzt jedes richtig vergesellschaftete Individuum, einverleibt, die Instrumente, die es die Welt zu ordnen befähigen, also ein System von Klassifikationsschemata, die alle Praxisformen organisieren und wovon die linguistischen Schemata (denen der Neukantianismus – und die ethnomethodologische Strömung heutzutage – gleichermaßen ungerechtfertigte Autonomie wie Vorrang einräumen) nur ein Moment darstellen. Über den Mythos als konstituierte Realität den mythopoetischen Akt als konstituierendes Moment zu fassen bedeutet nicht, wie der Idealismus wähnt, im Bewusstsein nach den universellen Strukturen einer »mythopoetischen Subjektivität« und nach der Einheit des geistigen Prinzips zu forschen, das unabhängig von den gesellschaftlichen Bedingungen alle empirisch realisierten Konfigurationen bedingen soll. Vielmehr bedeutet es, das vereinigende generative Prinzip aller Praxisformen, das System der ebenso kognitiven wie evaluativen Strukturen zu rekonstruieren, das gemäß den objektiven Strukturen eines spezifischen Standes der gesellschaftlichen Welt die Weltsicht organisiert: Dieses Prinzip ist nichts anderes als der *gesellschaftlich geformte Körper*, mit all seinen Neigungen und Abneigungen, seinen Verpflichtungen und Repulsionen, in einem Wort: mit all *seinen Sinnen*, also nicht nur seinen ihm zugebilligten fünf Sinnen, die ja doch der strukturierenden Aktion der sozialen Determinationen nicht entgehen, sondern auch dem Sinn für die Verpflichtung und die Pflicht, dem Orientierungs- und Wirklichkeitssinn, dem Gleichgewichts- und Schönheitssinn, dem Sinn für das Sakrale, dem Sinn

39 Das wirft Platon den Mythologen und Dichtern vor: Sie seien unfähig, eine Praxis anders wiederzugeben als in Stimme und Gestalt, *dia mimesoos*, »sich einem anderen ähnlich machen«, vgl. etwa Platon, *République*, 392d [*Der Staat*, ebd.].

für Wirkung, dem politischen Sinn und dem Sinn für Verantwortung, für Rangfolgen, für Humor und für das Lächerliche, dem praktischen Sinn, dem Sinn für Moral und dem Sinn fürs Geschäft und so weiter und so fort.

Vereinigung und Trennung

An dieser Stelle wäre noch hinzuzufügen, was als *Sinn für die Grenzen und die legitime Überschreitung der Grenzen* bezeichnet werden kann, ein »Sinn«, der sowohl dem Akt des Ordnens der Welt (seit Parmenides *diakosmesis* genannt[40]) wie den rituellen Handlungen zugrunde liegt, die die unabwendbaren und notwendigen Verfehlungen gegenüber dieser Ordnung begünstigen oder ermächtigen sollen. »Es ist die Grenze«, so ein alter Kabyle, »auf der die Welt ruht. Es ist die Grenze, die Himmel und Erde scheidet. Die Augen haben eine Einfriedung (*zerb*). Der Mund hat eine Grenze. Alles hat eine Grenze.« Ordnung einführen heißt die Teilung einführen, heißt das Universum in gegensätzliche Entitäten aufteilen, die schon die ursprüngliche Spekulation der Pythagoräer in Gestalt zweier »Gegensatzreihen« (*sustoichiai*) präsentierte.[41] Nun nötigen die Zwänge der Praxis allerdings dazu, das zu vereinen, was die praktische Logik getrennt hat – etwa bei den Feldarbeiten oder der Heirat –, und zu trennen, was die Logik vereint hat – bei der Ernte etwa: Tatsächlich besteht eine der Funktionen des Rituals gerade darin, jene unabwendbaren Übertretungen der Grenze statthaft zu machen, indem sie nämlich euphemisiert werden. Nicht zufällig kostet es einige Mühe, in jene Gegensatzreihen eine solch nutzbringende Opposition wie *gerade* und *ungerade* und, weitergehend, all die symbolischen Objekte und Handlungen einzubringen, die vom Schema *vereinigen/sich vereinigen/vereinigt sein* (Wurzel ZDY) und seinem Gegenteil *trennen/sich trennen/getrennt sein* (Wurzel FRQ oder QDᶜ, abschneiden, schneidend sein) und allen unter dem Gesichtspunkt rituellen Sinns verbundenen Schemata (schließen/geschlossen sein, auslöschen/erloschen sein, töten, schlachten, ernten usw.) aus erzeugt werden können. Das Unterscheidungsprinzip

40 8 B8, 60 Diels-Kranz (*diakosmos*).

41 Aristoteles, *Métaphysique*, A, 5, 986a [*Metaphysik*, ebd.].

lässt sich nur unter Anstrengung innerhalb der Dinge, die es zu klassifizieren erlaubt, selbst klassifizieren. Empedokles war auf diese Schwierigkeit gestoßen, die aus *Philia* und *Neikos*, Liebe und Hass, zwei Prinzipien hatte werden lassen, die auf die Gegensätze, die sie zu verbinden und in eine dialektische Beziehung zu bringen gestatten, nicht zurückführbar waren.[42] Indem er für *Diakrisis* und *Synkrisis* – ein Gegensatz, der innerhalb der Logik seinen Ort zu haben scheint, wo man, freilich in äußerst gereinigter Form, auch von Vereinigung und Trennung spricht – derart befrachtete Begriffe wie *phthora*, Verfall, Verderben, oder *genesis*, Zeugung, und für den zweiten Terminus *mixis*, das auch als Vereinigung, allerdings im Hinblick auf die Heirat, übersetzt werden könnte, als Synonym ansetzt, führt er zum Prinzip der praktischen Logik des Ritus, dessen Operationen – wie die natürlichen Prozesse selbst, die er wiedergibt, wenn sie entsprechend den Schemata des magischen Denkens gedacht werden – gleichermaßen und untrennbar logisch wie biologisch sind.[43]

Das gesamte System der rituellen Symbole und Handlungen kann folglich unter Zuhilfenahme einer kleinen Zahl *antagonistischer Symbole* (deren Paradigma im Gegensatz zwischen den Geschlechtern vorliegt und die von einer beschränkten Zahl von Schemata aus hervorgebracht werden können) und einer kleinen Anzahl *praktischer Operatoren* (sowohl logischer wie biologischer Natur) beschrieben werden, die nichts anderes sind als durch die und in der rituellen Praxis kulturell konstituierte natürliche Prozesse, nämlich Heirat und Feldarbeit als *Vereinigung der Gegensätze* und Mord oder Ernte als *Trennung der Gegensätze* (Prozesse, die die Logik der rituellen *Mimesis* als solche wiederholt). Da die Vereinigung der Gegensätze den Gegensatz nicht aufhebt, ihn vielmehr voraussetzt, stehen die Gegensätze auch nach ihrer Vereinigung, wenn auch auf gänzlich andere Weise, in Gegensatz zueinander – worin sie die doppelte Wahrheit der Relation, die sie verbindet,

42 Es ist bezeichnend, dass Empedokles, der von allen Vorsokratikern der *Wahrheit* des Ritus am nächsten, folglich am fernsten ist, zur Benennung dieser beiden Prinzipien der rituellen Handlung derart offensichtlich gesellschaftliche Termini wie *Philia* und *Neikos* verwendet.

43 Zur Identifizierung des Gegensatzes zwischen *Synkrisis* und *Diakrisis* zum einen und *Genesis* und *Phthora* zum anderen vgl. J. Bollack, *Empédocle*, I, Paris: Minuit, 1965, S. 19, Anm. 1, und S. 15, Anm. 3.

nämlich antagonistisch wie komplementär, *Neikos* und *Philia*, zu sein, dokumentieren, was ebenfalls, würden sie außerhalb dieser Relation gedacht, als ihre »Doppelnatur« in Erscheinung treten könnte: Das Haus zum Beispiel, das alle negativen Eigenschaften der dunklen, nächtlichen und weiblichen Welt aufweist und in dieser Hinsicht dem Grab und dem jungen Mädchen gleichwertig ist, ändert seine Bestimmungen, wenn es zu dem wird, was es auch ist, nämlich die Stätte *par excellence* des Zusammenlebens und der Vermählung der Gegensätze, die, wie die Braut, »die Lampe, die innen scheint«, ihr eigenes Licht in sich birgt: Ist der Dachstuhl eines neuen Hauses angebracht, wird die *Heiratslampe* gebeten, das erste Licht herbeizuführen. Auf diese Weise erhält jedes Ding, je nachdem, ob es im Zustand der Vereinigung oder der Trennung erfasst wird, und ohne dass jeweils nur der eine als alleinige Wahrheit, der andere aber als deren verfälschte oder verstümmelte Form angesehen werden könnte, verschiedene Eigenschaften. So geschieht es, dass die kultivierte Natur, das linke Sakrale, das männlich oder vermännlicht Weibliche, also zum Beispiel die vermählte Frau oder Erde, nicht nur zum Männlichen insgesamt – im Zustand der Vereinigung oder der Trennung – in Gegensatz steht, sondern auch und vor allem zur noch wilden und ungezügelten, natürlichen Natur – das junge Mädchen und das brachliegende Land – und zu der zur schiefen und unheilvollen Natürlichkeit zurückgekehrten Natur, die ihr außerhalb der Vermählung eigen ist: das abgeerntete Feld oder die alte Hexe, mit ihren Listen und Heimtücken, die sie dem Schakal verwandt machen.[44]

44 Die Dominanz, die dem männlichen Prinzip eingeräumt wird und die es ihm erlaubt, jeder Vereinigung seine spezifische Wirkung aufzuprägen, bewirkt, dass der Gegensatz zwischen dem durch die Vereinigung gemilderten männlich Weiblichen und dem männlich Männlichen nie freimütig anerkannt und geäußert wird, trotz der Missbilligung, die auf gewissen exzessiven Formen männlicher Tugenden, wie dem »Ehrgefühl (*nif*) des Teufels«, lastet. Zu dieser Klasse kann gleichwohl *amengur* gerechnet werden, der Mann ohne männliche Nachkommen, der Fuchs (*azegway*), der überall Zwietracht sät, der keinen Bart trägt, den man nicht als Gefährten mit sich auf dem Markt wünscht und der, nach dem endgültigen Urteil, wenn alle Welt die Beleidigungen verzeiht, es an Nachsicht fehlen lässt usw.

Dieser Gegensatz zwischen dem weiblich Weiblichen und dem männlich Weiblichen ist mannigfach bezeugt. Die ist eine weibliche Frau schlechthin, die von keinem Mann abhängig ist, die sich der Autorität ihrer Eltern, ihres Mannes und dem Umfeld ihres Mannes entzogen hat, die keine Kinder besitzt: Sie ist ohne *ḥurma*, »sie ist aus schlechtem Holz«, »sie ist aus gebogenem Holz«. Sie ist Teil des brachliegenden Landes, der wilden Welt, sie weist Verbindungen auf zu okkulten, ungesitteten Kräften, zur ungezügelten Natur. Ihre Sache ist die Magie (*thamgharth thazemnith*, die alte Hexe, *settuth*, die »Hexe« aus den Erzählungen). Die sterile Frau darf weder im Garten pflanzen noch die Saat tragen. An der diabolischen Natur der weiblichen Frau hat jede teil, vor allem während ihrer Menstruationsperiode, während deren sie nicht Speisen kochen, nicht im Garten arbeiten, nicht pflanzen und nicht beten und fasten darf (*elkhalath*, der Kollektivname für das »weibliche Geschlecht«, ist auch das Leere, das Nichts, die Ruine, die Wüste). Umgekehrt treibt die ledige und sterile alte Frau, die keinen »Rückhalt« mehr hat, die allen Frauen eingegebenen Möglichkeiten zu ihrer vollen Entfaltung. Dem jungen Sprössling gleich, der, einmal für sich allein gelassen, nach links treibt und nach rechts (oder zum Recht) nur um den Preis einer Verrenkung, eines »Knotens« zurückgeführt werden kann, »ist (auch) die Frau ein Knoten im Holz« (*thamattuth d ʿiriz*). Die »Alte« steht im Bunde mit allem, was verbogen (*aʿwaj*, verbiegen) und links, verdreht, ist, und mit allem, was verdreht: Ihr wird *thiʿiwji*, die unheilvolle, suspekte Gewandtheit und Fertigkeit, zugeschrieben, die auch den Schmied auszeichnet; sie ist Spezialistin für Magie, die die linke Hand, die grausame Hand, gebraucht (der »Schlag eines Linkshänders« ist tödlich) und sich *von rechts nach links dreht* (im Gegensatz zum Mann, der die rechte Hand gebraucht, die Hand des Schwurs, und der sich von links nach rechts dreht); sie ist in der Kunst bewandert, auf heimtückische Weise den »Blick zu verdrehen« (*abran walan*), entgegen der Richtung, in der sich die Person befindet, der sie ihre Missbilligung und Unzufriedenheit bekunden will (*abran*, von links nach rechts wenden, sich versprechen, nach hinten zurückgehen, kurz, sich in die falsche Richtung drehen, steht in Gegensatz zu *qeleb* – den Rücken – drehen, umstürzen, wie eine diskrete, flüchtige, passive Bewegung, ein weibliches Ausweichen, ein »ungeschickter« Schlag, ein magisches Verfahren zu einer offenen, eindeutigen, rechten, männlichen Aggression).[45]

Die fundamentalen Operatoren *vereinigen* und *trennen* bilden das praktische Äquivalent zu füllen und leeren (*Plerosis* und *Kenosis*): sich vermählen heißt *ʿammar*, voll sein. Dadurch können sie sich sogar auf die Grundgegensätze: trocknen und nass/feucht werden, Vermännlichen und Verweiblichen reduzieren. Das wird überdeutlich in der Bedeutung, die allem zugeschrieben wird, was die Vereinigung der Gegensätze symbolisiert. So ist die Kreuzung, die sich von der Weggabelung abhebt wie der Ort, »wo die Wege aufeinandertreffen« (*anidha itsamyagaran ibardhan*), zu dem Ort, »wo die Wege sich scheiden« (*anidha itsamfaraqen ibardhan*), der Schnittpunkt der vier Himmelsrichtungen und derer, die in diese vier Richtungen gehen oder von ihnen herkommen: Als solche ist die Kreuzung Symbol des Vollen (*iʿmar ubridh*, der Weg ist bevölkert, voll) oder, genauer, des männlichen Vollen, das sich einerseits vom Leeren des Feldes und des Waldes (*laklah*), andererseits vom weiblichen Vollen (*laʿmara*), dem Haus oder dem Dorf, absetzt:[46]

45 Der Doppelcharakter der Frau findet sich innerhalb der Logik der Verwandtschaftsbeziehungen wieder in Form des Gegensatzes zwischen der patrilinearen und der matrilinearen Parallelkusine.

46 Der Weg (*abridh*), die »Begleitung« (*elwans*) stehen dem Leeren/der Leere (*lakhla*), der »Einsamkeit, Menschenleere« (*elwaḥch*) entgegen. *Thajmaʿth* ist das, was im Vollen leer sein kann; der Weg (sowie die Kreuzung) ist das Volle im Leeren.

Es geschieht an der *Kreuzung*, dem vollen und von Männern bevölkerten Ort, dass die sterile Frau oder das junge Mädchen, die keinen Mann finden, vor Sonnenaufgang, also zur Stunde des Kampfes zwischen Tag und Nacht, und mit dem Wasser des Trogs, worin Eisen gehärtet wird, nackt baden; es geschieht an einer von Herden (Bürgschaft für Fruchtbarkeit) frequentierten Kreuzung, dass ihr Badewasser ausgeschüttet wird.[47] Der furchterregende Charakter einer jeden Vereinigung von Gegensätzen wird in einzigartiger Weise beim Eisenhärten in Erinnerung gebracht (*asqi*, auch Bouillon, Soße und Giftmischerei), das gegenüber dem Geschlechtsakt dasjenige ist, was die Kreuzung, das Volle im Leeren, das männliche Volle, gegenüber dem Haus ist: *seqi*, das bedeutet beim Übergießen des Couscous mit Brühe das Trockene und das Nasse vereinigen, bedeutet beim Eisenhärten das Warme und das Kalte, Feuer und Wasser, das Trockene und das Nasse vereinigen, bedeutet das kochende Wasser, Gift, ausgießen. Eisenhärten ist ein schrecklicher Akt, worin sich Gewalt und List vermengen, vollzogen von einem schrecklichen Wesen, dem Schmied, dessen Ahne, Sidi-Daoud, imstande war, das glühende Eisen in bloßen Händen zu halten, und der die säumigen Zahler damit bestrafte, dass er ihnen unschuldigen Blickes eines seiner weißglühenden Erzeugnisse entgegenstreckte.

Vereinigung oder Trennung: Das ist in allen Fällen ein und dieselbe frevelhafte Gewalttat, die die natürliche Ordnung der Dinge bricht, um ihnen die Ordnung der Gegen-Natur, die die Kultur definiert, aufzuzwingen. Als Beweis hat die Tatsache zu gelten, dass die Akte des Mischens oder Schneidens, des Vereinigens oder Trennens faktisch den gleichen, gleichermaßen gefürchteten wie verachteten Personen, dem Schmied, dem Fleischer, dem Saatabmesser, zugewiesen werden:[48] Es ist fast immer der Schmied, der mit den

47 Um Butter im Übermaß zu bekommen, begibt man sich unbemerkt an die Kreuzung, die von Herden frequentiert wird, nimmt dort einen kleinen Stein und einige Stöcke, legt den Stein in die Milchschüssel und brennt die Stöcke an, damit der Rauch in die Schüssel dringt (Westermarck).

48 Die Messverfahren, die die Beschränkung, die Endlichkeit und den Abbruch aufzwingen, sind bekanntermaßen alle von Euphemismen und magischen Vorsichtsmaßregeln umgeben: Der Herr des Feldes vermeidet es, eigenhändig das Abmessen der Ernte vorzunehmen, und vertraut es einem *khammes* oder einem Nachbarn an (die es auch während seiner Abwesenheit tun); um bestimmte Zah-

frevlerischen und sakralen Akten des Schneidens, des Schlachtens des Opferochsen oder der Beschneidung beauftragt wird (obgleich er keinen Sitz in der Versammlung innehat, wird bei Kriegsfall oder bei Gewalttaten seine Meinung immer berücksichtigt); es kommt, wenn man einigen Zeugen glauben darf, zuweilen sogar vor, dass ihm die Eröffnung der Feldarbeiten anvertraut wird; im Gegensatz dazu muss in einem anderen Dorf die Person, die die Feldarbeiten zu eröffnen hat – ein letzter Nachkomme desjenigen, der dort, wo der Blitz eingeschlagen war, ein Stück Eisen gefunden und es zu einer Pflugschar verarbeitet hatte –, auch alle mittels Eisen und Feuer auszuführenden Gewaltakte (Beschneidung, Skarifizierung, Tätowierung usw.) vollziehen.[49] Geschieht es auf diese Weise, so, weil in all diesen Fällen der Eingriff des Mannes, seine eigene Präsenz auf der Kreuzung der antagonistischen Kräfte, die er zusammenbringen muss, um das Überleben der Gruppe zu gewährleisten, eine höchst gefährliche Operation darstellt: Wie der Mann der Frau nur gegenübertreten kann, wenn ihm der magische Schutz, den ihm die Beschneidung gewährt, sicher ist, so setzt sich auch der das Feld Bestellende das Käppchen aus weißer Wolle auf und zieht sich die *arkasen* an, Ledersandalen, die nicht in das Haus treten dürfen, will man vermeiden, dass es zur Stätte des Zusammentreffens von Himmel und Erde und ihrer antagonistischen Kräfte wird (wohingegen die Frauen, die an irdischen Mächten partizipieren, beim Jäten und Ährenauflesen bloßen Fußes auf die Felder gehen).[50]

len zu meiden, werden rituelle Ausdrücke benutzt; man spricht rituelle Formeln aus (auch stets beim Messen oder Wiegen) wie: »Möge Gott uns nicht seine Geschenke messen!« Da die Lobeshymnen an die Schönheit, an die Gesundheit (etwa eines Kindes) oder an den Reichtum implizite Zählverfahren, also Operationen des Abbrechens und des Einschnitts, darstellen, müssen auch sie vermieden und durch Euphemismen ersetzt oder durch rituelle Formeln neutralisiert werden. Die Operationen des Abbrechens (auslöschen/vernichten, schließen, weggehen, beenden, Schluss machen, brechen, umkehren) werden durch Euphemismen bezeichnet: Man verwendet zum Beispiel, um zu sagen, dass die Vorräte, die Ernte, die Milch verbraucht sind, einen überdeutlichen Ausdruck: »Es gibt im Überfluss.«

49 Bekanntlich tragen auch die Schnitter eine Lederschürze, die der des Schmieds ähnelt (*thabanda*).

50 Die Beschneidung (*khatna* oder *ṯhara* – häufig ersetzt durch Euphemismen, durch *dher*, sauber, rein sein) – stellt einen reinigenden Einschnitt dar, der, wie Durkheim annahm, die notwendige Unverletzbarkeit verleihen soll, um den fruchtbaren Kräften, die dem Geschlecht der Frauen innewohnen, entgegen-

Die Verteilung der Arbeiten und Riten auf bestimmte Zeiten, mithin die chronologische Struktur des Landwirtschaftsjahres und des Lebenszyklus, ist das Produkt gleichermaßen der *diakritischen Intention* (Trennung), die kraft Gegensatzes ordnet, wie der *synthetischen Intention* (Vereinigung), die mittels *Riten* (des Übergangs), die ihre umfassende Intensität im Akt der Vereinigung oder Trennung der antagonistischen Kräfte durch die menschliche Aktion gewinnen, zwischen den Gegensätzen *Übergänge* schafft. Auf der einen Seite steht der immer von allen Informanten erwähnte, dem Jahr seine Struktur aufprägende fundamentale Gegensatz der beiden starken Zeiten, *elyali*, die »Nächte«, und *esmaïm*, die »Hundstage«, die die jeweiligen Eigenschaften der trockenen und der feuchten Jahreszeit zu höchster Intensität treiben; auf der anderen Seite stehen die allzeit gefährdeten Übergänge zwischen den gegensätzlichen Prinzipien und den Übergangsriten einer besonderen Art, deren Bestimmung es ist, die Elemente und Menschen Respekt vor der »Ordnung der Zeit« (*chronou taxis*), vor der Weltordnung, zu lehren: Verweiblichung des Männlichen im Herbst mit der Feldbestellung, der Aussaat und den damit einhergehenden Regenriten; Vermännlichung des Weiblichen im Frühling mit der fortschreitenden Trennung des Samenkorns von der Erde, die mit der Ernte ihren Abschluss findet.

Wird die *elyali*, »die Nächte«, genannte Periode von allen Informanten stets in Verbindung mit *esmaïm* erwähnt, so zunächst deshalb, weil der Winter des Winters und der Sommer des Sommers in gewisser Weise jeweils alle Gegensätze, die die Welt und das Landwirtschaftsjahr strukturieren, in sich zusammenfassen. Die Periode von vierzig Tagen, dazu ausersehen, den Zeitraum zu repräsentieren, den die im Herbst gesäte Saat braucht, um hervorzukommen, stellt ein ausgezeichnetes Beispiel für jene leeren, toten Zeiten dar, in denen nichts passiert, in denen alle Arbeiten ruhen und die durch das Fehlen jedes wichtigen Ritus (ausgenommen ei-

treten zu können (vgl. den Gebrauch der Kaurimuschel, des Symbols der Vulva, als magischen Schutz; die dem Menstruationsblut zugeschriebene destruktive Macht und die während der wichtigen Anlässe vorgeschriebene sexuelle Enthaltsamkeit) – und im Besonderen auch jenen Kräften entgegentreten zu können, die der Geschlechtsakt, wenn er die Gegensätze vereint, entfesselt; vgl. Durkheim, *Les formes élémentaires de la vie religieuse*, Paris: Alcan, 1912, S. 450 [*Die elementaren Formen des religiösen Lebens*, Frankfurt/M.: Suhrkamp, 1981, S. 426 f.].

niger Vorhersageriten) gekennzeichnet sind:[51] Das befruchtete Feld, nach Art einer Frau ordnungsgemäß durch eine mit Dornen versehene Einfriedung (*zerb*) geschützt, bildet die Stätte einer mysteriösen und unvorhersehbaren Arbeit, die durch nichts nach außen dringt – darin verwandt dem Kochen der Getreidekörner und Saubohnen im Topf oder der Arbeit, die sich im Bauch der Frau vollzieht. Diese Zeit ist allerdings der Winter des Winters, die Nacht der Nacht, in der die Wildschweine sich paaren, der Moment, da die natürliche Welt den weiblichen Kräften der Fruchtbarkeit, den natürlichen, wilden Kräften, von denen man nie genau weiß, ob sie gezähmt sind, überantwortet wird.[52] Das wiederholte offensive Einfallen des Winters, der Kälte und der Nacht ist da, um an diese verborgene Gewalt der weiblichen Natur zu erinnern. In der »Auseinandersetzung zwischen dem Winter und dem Menschen«[53] wird der Winter wie eine Frau (der Name der Jahreszeit *chatwa* wird wie ein weiblicher Personenname behandelt) und ganz gewiss wie eine *alte Frau* dargestellt, diese Verkörperung der unheilvollen Kräfte der Vernichtung und des Todes, der Unordnung und der Teilung, die nach ihrer Niederlage im Wettkampf mit dem Mann

51 Die Wahrsagepraktiken treten am häufigsten in Erscheinung während des ersten Tags von *ennayer* (in der Mitte von *elyali*, im Übergang von den »schwarzen« zu den »weißen« Nächten gelegen) und bei Gelegenheit der Erneuerungsriten, die den Beginn des neuen Jahres markieren (Ersetzung der drei Steine des Herdes, Weißen des Hauses) und die um das Haus – und den *kanun* – zentriert sind: Zum Beispiel ruft man schon bei Tagesanbruch die Schafe und Ziegen – und nimmt es als schlechtes Vorzeichen, wenn eine Ziege als Erste erscheint (und umgekehrt; vgl. auch die Tage der Ziege oder der Alten); die Herdsteine werden mit nassem Ton eingeschmiert – ist er am Morgen noch feucht, dann glaubt man, dass das Jahr feucht wird, und umgekehrt. Dies alles versteht sich nicht nur wegen der inaugurierenden Rolle des ersten Tags von *ennayer*, sondern auch, weil man sich in dieser Zeit in einer Periode der *Erwartung* und der Ungewissheit befindet, in der nichts anderes getan werden kann als der Versuch, die Zukunft vorwegzunehmen. Daher müssen die Vorhersageriten, die das Familienleben und vor allem die Ernte des laufenden Jahres betreffen, mit jenen zusammengebracht werden, deren Objekt die schwangere Frau ist.

52 Mit der Nacht homolog, ist der Winter die Zeit des Schlafs des Ochsen im *Stall* (Nacht und Norden des Hauses); der Geschlechtsbeziehungen (die Perlhühner, deren Eier Fruchtbarkeitssymbole sind, paaren sich während *elyali*).

53 »Chatwa telsemlaqab netsat d yiwen werǧaz«, *Fichier d'archives berbères*, Nr. 9, Januar 1947. »Dein Vieh werde ich töten, sagt der Winter. Sobald ich mich erhebe, gehen die Messer ans Werk.«

ihrem Verlangen nach Gewalt entsagen und Mäßigung und Milde an den Tag legen muss. Diese Art Ursprungsmythos erinnert daran, dass der Winter – wie die Frau – von doppelter Natur ist: Es gibt in ihr die rein weibliche, ungemischte, ungezähmte Frau, in deren Verkörperung die alte Frau die leere, trockene, sterile Frau darstellt, das wilde Prinzip, das kraft des Alters auf seine rein negative Wahrheit zurückgeschraubt wird;[54] es gibt in ihr aber auch die gezähmte und unterworfene Frau, die volle Frau, die vollkommen Frau ist, die Fruchtbarkeit, die Schwangerschafts- und Keimarbeit, die die vom Mann befruchtete Natur ausführt. Bezogen auf diese Logik müssen die berühmten »Tage der Alten« und andere Momente des Übergangs und des Bruchs verstanden werden. Die gesamte Natur, sowohl die Erde, worin die Saat vergraben wird, wie der Bauch der Frau, bildet die Stätte eines Kampfes, vergleichbar dem, der die Kälte und Finsternis des Winters, eine bösartige und sterile Alte, mit den Lichtkräften des Frühlings, mit denen der Mann im Bunde steht, aufeinanderprallen lässt. In allen Legenden von den »entliehenen Tagen« (*amerdil*, die Leihgabe), die mehr als nur ein Versuch sein mögen, die unerwartete Rückkehr der schlechten Zeit zu erklären, ist es ein am Winter selbst partizipierendes Wesen, am häufigsten eine alte Frau (wie der Winter selbst), eine Ziege oder ein Schwarzer (der Sklave Hayan), zuweilen sogar ein Schakal, Verkörperung der natürlichen Unordnung,[55] das vom Winter oder, gewiss entsprechend der Logik des Sündenbocks, *dem Winter geopfert* wird: Vielleicht muss dieses Opfer dargebracht werden, damit die alte Hexe Winter, gerade dadurch, dass man der folgenden Periode einige Tage als Leihgabe abbittet, darin einwilligt, die *Grenzen*, die ihr zugewiesen sind, auch zu respektieren.

Esmaïm ist in der trockenen Periode exakt das, was *elyali* in der feuchten Periode ist: Diese tote Zeit, die sich von *essaïf*, der Ernte, auf ähnliche Weise abhebt wie innerhalb der feuchten Jahreszeit

54 Die Wiederkehr schlechten Wetters wird zuweilen ausdrücklich der unheilvollen Tat von »Alten« dieses oder jenes Dorfes des Stammes oder eines benachbarten Stammes, das heißt Hexen, zugeschrieben, von der eine jede ihren Tag in der Woche hat.

55 In der Erzählung »Die Heirat des Schakals« begeht der Schakal eine widernatürliche Heirat außerhalb seiner Art, nämlich mit einer Kamelstute; schließlich feiert er noch nicht einmal Hochzeit; der Himmel ist darüber erbost und schickt Hagel und Sturm.

elyali, diese andere tote Zeit, von *laḥlal*, der Feldbestellung, präsentiert alle Eigenschaften der trockenen Jahreszeit. Man betritt das reine und sterile Reich des Sommers mit dem Monat Mai, der für alle Zeugungsakte (also auch für Heiraten) für ungünstig erachtet wird.[56] Die Riten, die den »ersten Tag des Sommers«, auch »der Tod der Erde« genannt, markieren, und mehr noch die der Sommersonnenwende, *insla*, am Anfang von *esmaïm* gelegen, setzen Feuer und Eisen und alle mit Feuer bearbeiteten Werkzeuge ein, wie Pflugschar, Sichel, Kardätsche und auch den Dolch, mit dem die Gurgel des Opfertieres durchschnitten wird (und die Männer beschnitten werden) – sie alle sind Instrumente, die beim Schneiden, Abtrennen, Durchbohren, beim Aderlass und beim Abstechen Gebrauch finden (Tätowierung, heilende oder vorbeugende Skarifikation, die mit dem Stachel eines Oleanders, der aus dem Strauß von *azal* verbannt ist, vollzogen wird, vorbeugendes Ansetzen eines glühenden Eisens an den Kopf, Durchstechen der Ohren junger Mädchen, Aderlass bei Tieren und Menschen usw).[57] Die Nacht von *insla*, in der überall – im Haus, inmitten der Herden, in den Obstgärten, auf den Feldern, nahe den Bienenstöcken,, auf dem Dreschplatz usw. – das sterile und reinigende Feuer angezündet wird, ist selbst zur Sterilität verdammt: Die Frau kann, so heißt es, nicht schwanger werden, und die an diesem Tage geborenen Kinder (wie die an diesem Tage gefeierten Hochzeiten) fallen selbst der Unfruchtbarkeit anheim. Die Zeit des Trockenen ist ebenso die des Salzes, der gebratenen und gewürzten Speise, die männlich ist und männliche Kraft verleiht wie die getrockneten Kräuter, die ihr beigegeben werden; ist die Zeit des Fladens und des Öls, das für die Sommerspeise ist, was die Butter für die Frühlingsspeise ist.[58] Destaing zufolge

56 Die Heiraten im Mai sind zum Abbruch und zu allen möglichen Kalamitäten verdammt. »Der verfluchte Besen des Mai« ist das genaue Gegenstück zum gesegneten Besen vom »ersten Frühlingstag«: Jener trägt den Ruin, die Leere und Sterilität in das Haus oder den Stall, wo er benutzt wird.

57 Diese verschiedenen Geräte – vor allem die Sichel – kommen in den prophylaktischen Riten gegen die unheilvollen Mächte des Feuchten, wie die *djnun*, zur Anwendung.

58 Salz wird in starkem Maße mit dem Trockenen und der Sterilität assoziiert (Bezeichnungen wie »verzehrend sein« weisen auch den Sinn von gewürzt, stark (männlich) sein auf, im Gegensatz zu fade (schmeckend), reizlos, unintelligent sein (die Kleinkinder werden eingesalzen, um zu vermeiden, dass sie »farblos« werden, uncharmant, schwachsinnig). Von dem, der leichthin handelt, heißt es:

stellten einem Brauch gemäß die Beni Snous zur Zeit von *insla* einen *umgestülpten* Topf (Symbol des Feuchten und Schwarzen des Winters), dessen Boden mit Kalk eingeschmiert war (Weißmachen des Schwarzen), in die Gemüsegärten (Ort der weiblichen Kultur). *Esmaïm* präsentiert in reinem, also unvermischtem und ungemildertem Zustand alle Eigenschaften des Sommers: Bezogen auf das Jahr ist er, was *azal* (der wärmste Augenblick des Tages) und, präziser, die Mitte von *azal* (*thalmasth azal*) im Hinblick auf den Tag ist. Wie *azal* ist *esma'im*, die Öde (*lakhla*) der abgeernteten Felder, die Zeit von Eisen und Feuer, der Gewalt und des Todes (durch die Schwertspitze, *semm*), die männliche Zeit par excellence.

Schwellen und Übergangsriten

Die Übergangsriten weisen alle Charakteristika der *Schwelle* auf, eine Art sakraler Grenze zwischen zwei Räumen, wo die antagonistischen Kräfte aufeinanderprallen und die Welt sich verkehrt; auch die Riten dieser Zeitspanne gehorchen dem schon erwähnten Prinzip der Maximierung des magischen Gewinns: Ihre Tendenz ist es, die Übereinstimmung zwischen dem mythischen Kalender, der den Regen *wie gerufen* zur Zeit der Feldarbeiten wünscht, und dem Klimakalender mit seinen Sprüngen und Unbeständigkeiten zu gewährleisten, indem sie Übergänge favorisieren, den Übergang vom Trockenen zum Feuchten im Herbst, den vom Feuchten zum Trockenen im Frühling begleiten oder gar beschleunigen, wobei sie aber immer auch versuchen, die mit einer zur Neige gehenden Jahreszeit verbundenen Vorteile so lange wie möglich zu erhalten. Es sind offensichtlich alle die Riten, die den Regen günstig stimmen sollen: Nicht allein rituelle Spiele, die in jeder Jahreszeit praktiziert werden, wenn Regen gewünscht wird, wie die *kura* (ein Ballspiel, bei dem die auf zwei Lager, des Ostens und des Westens, verteilten Spieler, ausgerüstet mit einem Holzschläger, den Ball, eben die *kura*, ins gegnerische Feld treiben müssen), sondern auch die *thimechret*, die Opferung eines Ochsen (der seines Fells wegen, das die Farben der Regenwolken – *azegzaw* – trägt, und dessen Brüllen auch

»Er glaubt, Salz zu säen«, er wähnt, dass seine Taten folgenlos bleiben. Das Öl weist dieselben Konnotationen auf: »Die Sonne ist glühend wie das Öl.«

an den Donner gemahnt, ausgewählt wird), oder die Einweihung/Eröffnung der Feldarbeiten (*awdjeb*), die, insoweit sie die furchterregende Vereinigung der Gegensätze rituell nachahmt, an sich schon einen Ruf nach Regen darstellt. Es ist zudem Zusammensetzung und Vorbereitung der bei gewöhnlichen wie außergewöhnlichen Anlässen zu sich genommenen Speisen, die, praktisch als ein *Partizipationsritual* behandelt, die Bedeutung dokumentieren, die dem Übergang einer Jahreszeit in eine andere beigemessen wird: Dem Schema des Eisenhärtens folgend, besteht die Nahrung im Herbst aus trockenen Lebensmitteln (Getreide, trockenes Gemüse, getrocknetes Fleisch), die gewürzlos im Wassertopf gekocht oder, was auf dasselbe hinausläuft, über Dampf gekocht werden oder die man in Sauerteig aufgehen lässt. Indessen bildet der Herbst auch die Stätte, wo der Lauf der Welt sich umkehrt, wo alles drunter und drüber geht: das Männliche in das Weibliche, der Same ins Innere der Erde eingeführt wird, Menschen und Tiere ins Haus geholt werden, (mit der Lampe) Licht in die Finsternis gebracht wird – bis zu jener neuerlichen Wende im Frühling, die diese eine Zeitlang der Herrschaft des weiblichen Prinzips, Bauch, Frau, Haus, Nacht, überlassene verkehrte Welt wieder auf die Füße stellen wird.[59]

Tatsächlich ist der Frühling, mehr noch als der Herbst, der vom Bruch, den die Feldarbeiten markieren, und von der eigentümlichen Logik der Befruchtung beherrscht wird, die sich mit der rituellen Arbeit des Feuchtmachens des Trockenen verbindet, ein endloser, allzeit schwankender und gefährdeter Übergang vom Feuchten zum Trockenen, der bald nach *elyali* beginnt – oder genauer, ein Kampf um die fortwährende Wiederkehr und Umkehrung der beiden Prinzipien. Angesichts dieses Gefechtes, dem vergleichbar, das sich des Morgens die Finsternis und das Licht liefern, sind die Menschen zur Ängstlichkeit des ohnmächtigen Zuschauers verurteilt: Vielleicht lässt sich, neben anderen Hinweisen,

59 Das Schema der Rückwendung, der Umkehr kommt in allen Riten zum Einsatz, die einen radikalen Wechsel und im Besonderen einen plötzlichen Übergang vom Trockenen zum Feuchten, hier wiederum noch stärker einen vom Feuchten zum Trockenen, zu erwirken suchen: Die Schwelle, die an sich schon Umkehr anzeigt, bildet eine bevorzugte Stätte für solche Riten. Jenes Schema gestattet des Weiteren, jede Umkehrung des »Pro und Contra«, jede Inversion, zu denken: So heißt es von einem, der dreist lügt: »Er hat mir den Osten für den Westen vorgemacht.«

von hier aus erklären, warum derart viele kalendarische Termini im Schwange sind, die alle Zustände der Zeit und der Kulturen beschreiben. In den Zeiten des Wartens, wo das Schicksal der Saat von einer weiblichen und zwiespältigen Natur abhängt, in die der Mann nicht ohne Gefahr eingreifen kann, ist die Aktivität eingeschränkt – eben auf das Maß der Macht des Mannes über Prozesse, die, wie etwa Keimung und Schwangerschaft, sich ihm entziehen: Es obliegt der Frau, die zur Rolle der Geburtshelferin prädestiniert ist, der in Arbeit begriffenen Natur eine Art rituellen und technischen Beistands – so durch das Jäten – anzutragen.

Diese Zeit des Bruchs und der Trennung ist, bezogen auf den Kreislauf des Samenkorns, was gegenüber dem Lebenszyklus jene Riten sind, die die fortschreitende Vermännlichung des Knaben, eines im Ursprung weiblichen Dings, zu gewährleisten suchen und die gleich nach der Geburt beginnen – unter Einsatz von Feuer und/oder von mit Feuer hergestellten Instrumenten.[60] Die für diesen schwierigen Übergang charakteristischsten Merkmale konzentrieren sich gleichsam alle innerhalb der Serie der *kritischen Zeitspannen*, wie *ḥusum* und *nataḥ*, beides Krisenzeiten, in denen alle bösen Kräfte des Winters sich nochmals aufzubäumen scheinen, um das Wachstum des Lebens ein letztes Mal zu gefährden, oder auch *nisan*, eine für günstig erachtete Zeit, die freilich nicht ohne Gefahren ist – dies alles zwiespältige Perioden, wo noch die schlimmsten die Hoffnung auf Besseres und noch die besten die Drohung des Schlimmsten mit einschließen. Es hat alles den Anschein, als ob eine jede von ihnen den Konflikt in sich trüge, der die Jahreszeit insgesamt heimsucht; aber auch Ungewissheit hinsichtlich der Zukunft, die bewirkt, dass diese Eröffnungsperioden (vor allem *ḥusum* und der erste Frühlingstag) – gleich dem Morgen – zum Gegenstand von Vorhersageriten und Einweihungspraktiken werden.

Jene Zwieschlächtigkeit ist im Frühling selbst vorhanden – als

60 Auch der entsprechende Zeitabschnitt im Lebenszyklus, die Kindheit, ist durch eine Serie ritueller Verfahren gekennzeichnet mit dem Ziel, den Knaben von seiner Mutter und von der Welt der Frauen zu trennen und ihn zugleich in seinem Vater und in seinen männlichen Verwandten wiederauferstehen zu lassen: Es sind all die Zeremonien, die den erstmaligen Eintritt in die Welt der Männer – das erste Auftreten auf dem Markt oder das erste Haareschneiden – markieren und die ihren krönenden Abschluss in der Beschneidung erfahren.

Wachstum und Kindheit, weshalb er, wie der Eröffnungstag einer jeweiligen Jahreszeit, der *Freude* gewidmet ist, aber auch als Verwundbarkeit und Zerbrechlichkeit alles dessen, was in den Anfängen steckt: Der Frühling ist gegenüber dem Winter, was das Grüne und Rohe (*azegzaw*), das Weiche/Zarte (*thalaqaqth*), das noch grüne Korn oder der Säugling und was die grünen Produkte, deren Verzehr als vorzeitige Vernichtung – *a'dham* – gilt, gegenüber den vollendeten, gelben (*iwraghen*), reifen, trockenen und gehärteten Produkten sind.[61] Logischerweise wird die Frau mit all den Aufgaben betraut, die den Schutz dessen, was »sprießt«, was grün und weich ist, betreffen; ihr obliegt es, über dem Wachstum der ebenso menschlichen wie tierischen kleinen Wesen, dem Morgen des Lebens, zu wachen. Bekanntermaßen ist ihr, neben dem Jäten mit einer Hacke, auch die Ernte der Kräuter und des Gartengemüses sowie die Pflege der Kuh, Melken und Stampfen der Butter zugewiesen – Letztere ein weibliches Erzeugnis, das sich, wie das Innen und das Feuchte vom Außen und vom Trockenen absetzt.[62]

Der genaue Ort der Schwelle, wo die Ordnung der Dinge sich umkehrt (*aqlab*) »wie der Fladen auf der Platte«, wird klar durch die »Rückkehr des *azal*« (*tharurith wazal*) bezeichnet, den Scheidepunkt der trockenen und der feuchten Jahreszeit, an dem das Jahr umkippt – und der Rhythmus des Arbeitstages (durch das Ausführen der Herde definiert) und damit das umfassende Dasein der

61 *Azegzaw* bezeichnet das Blaue, Grüne und Graue; es kann eine Frucht (grün), Fleisch (roh), das in Blüte stehende Korn, einen Regenhimmel (grau, wie der zum Opfer bestimmte Ochse im Herbst) qualifizieren. *Azegzaw* bringt Glück: Etwas Grünes anbieten, vor allem am Morgen, gibt Glück. Der Frühling ist der Moment von *asafruri*, die Zeit der Hülsenfrüchte, insbesondere der Saubohnen, von denen ein Teil zurückgelegt wird, um ihn grün zu essen; der Zeitpunkt der wilden Kräuter, die die Frauen auf den bestellten Feldern beim Jäten sammeln und die roh gegessen werden (*waghzaz*, das grüne und rohe Kraut, wie der Löwenzahn, *thizagzawth*, die essbaren Kräuter), ist die Zeit der Milch, die das mit grünem Futter im Stall oder in der Nähe des Hauses gefütterte Vieh reichlich produziert und die mannigfaltig verarbeitet zu sich genommen wird (Molke, Dickmilch., Butter, Käse usw.).

62 Das Jäten, die einzige landwirtschaftliche Tätigkeit, worin die Frau das Monopol besitzt, steht ebenso im Gegensatz zur Feldbestellung wie zur Ernte, beides Verrichtungen, die einer Frau nur in Fällen höherer Gewalt und um den Preis einer Unmenge ritueller Vorkehrungen anvertraut werden dürfen: Sie muss einen Dolch im Gürtel tragen, die *arkasen* anziehen usw. (vgl. weiter unten den Mythos von der Gerste).

Gruppe sich ändern. Es ist der Augenblick, wo das *Feuer hinausgetragen* und der *kanun* im Hof installiert wird. Die Herde mit ihrem Hirten, die für ihren Empfang, für das Melken und die Weiterverarbeitung der Milch in Anspruch genommenen Einrichtungen lassen in die Riten Elemente eingehen, die eher am Trockenen denn am Feuchten partizipieren. Die Herde erhält keine weichen und grünen Gräser von den bestellten Feldern mehr, sondern grast die wild wachsenden und trockenen Pflanzen ab. Die Gräser, Blumen und das Gezweig, die der Hirte bei seiner ersten Heimkehr zur Stunde des *azal* mit sich bringt und die zu dem Gebinde geflochten werden, das, *azal* geheißen, rituell oberhalb der Türschwelle angebracht wird (Farnkraut, Brombeersträucher, Thymian, Mastixzweige, Äste des männlichen Feigenbaums, Spargelkraut, Zweige der jungen Ulme, Doldengewächse, Myrte, Tamarinde, Heidekraut, Ginster, kurz »alles, was der Wind in der Landschaft bewegt«), sind allesamt wilde Produkte der brachliegenden Erde (und keine sei es auch parasitären Erzeugnisse der kultivierten Erde wie die Pflanzen, die die Frauen beim Jäten sammeln). Noch deutlicher zeigt sich der Wandel bei der Nahrung: In den speziellen Platten von *tharurith wazal* wird, wie in der vorhergehenden Periode, der Milch ein großer Platz eingeräumt, allerdings wird die Speise hier eher in gekochtem oder gesottenem Zustand verzehrt.

Vereinigung der Gegensätze und Verneinung

Die zueinander in Gegensatz stehenden Zeitspannen, worin sich die Vereinigung und die Trennung jenseits aller – es sei denn symbolischen – Beteiligung des Menschen vollziehen – also die Zeiten der Trennung, in denen die gegensätzlichen Prinzipien gleichsam im Reinzustand vorkommen, wie der Sommer oder der Winter, und in diesen zurückzufallen drohen, und die Zeiten der Vereinigung, wo das Trockene zum Feuchten zurückkehrt, wie im Herbst, oder das Feuchte zum Trockenen, wie im Frühling –, heben sich ebenfalls, wenn auch auf andere Weise, von den Zeiten ab, in denen die Vereinigung und die Trennurig eine kritische Gestalt annehmen, da sie dem Menschen selbst anheimgegeben sind. Hier genau liegt der Punkt, wo sich die Struktur der rituellen Praxis in die Struktur der landwirtschaftlichen Tätigkeit einfügt: In der Tat erscheint der Gegensatz zwischen den Sühneriten während der Übergangsperioden und den Zulassungsriten, die Phänomene statthaft machen und die sich der ganzen Gruppe, angefangen bei den Männern während der Periode des Eingriffs, Ernte und Feldarbeit, imperativisch aufnötigen, wie der in die spezifische Logik des Rituals übersetzte, das Landwirtschaftsjahr strukturierende Gegensatz zwischen der Arbeitszeit und der sehr viel längeren Produktionszeit, in der das Samenkorn – gleich den dem Trocknen überlassenen Töpferwaren – einem rein natürlichen Umwandlungsprozess ausgesetzt ist. Die großen Momente des Landwirtschaftsjahres, von Marx *Arbeitsperioden* genannt, sind durch Riten gekennzeichnet, die kraft ihrer Gewichtigkeit, ihres förmlichen und imperativen Charakters sich von den Riten der *Produktionsperioden* abheben, deren Funktion darin besteht, der *in Arbeit begriffenen Natur* beizustehen (vgl. Schema 2).[63]

Den Riten, die mit der Feldbestellung und der Heirat einhergehen, kommt die Funktion zu, qua Verschleierung den unabwendbaren Zusammenprall der beiden gegensätzlichen Prinzipien statthaft zu machen, den die Aktion des Bauern zwangsläufig herbeiführt, insofern dieser genötigt ist, der Natur Gewalt anzutun, sie zu vergewaltigen, wenn er solche an sich schon furchtbaren, weil vom Schmied, dem Herrn des Feuers, hergestellten Instrumente wie Pflugschar, Messer, Sichel und Webstuhl zum Einsatz bringt; jener Ritus wiederum, mit dem und in dem der Herr des Feldes das Niedermähen der letzten Garbe simuliert, kann nur als eine Transfiguration des unausweichlichen Mordes in das dem Kreislauf der Jahreszeiten eingeschriebene und folglich durch die Gewissheit der ewigen Wiedergeburt aufgehobene Opfer verstanden werden.

Es geht demnach darum, jene objektiv frevlerischen Aktionen, die – mit dem Ernten, dem Abschneiden des Wollfadens, dem Schlachten des Opferochsen – zu trennen, abzuschneiden und zu unterteilen haben, was die Natur (also die Taxonomie) vereinigt hat;[64] oder umgekehrt, die – mit dem Eisenhärten, der Heirat oder

63 K. Marx, *Le Capital*, II, zweiter Abschnitt, Kap. XII und XIII, »Temps de travail«, und »Temps de production«, Paris: Gallimard, S. 655 [*Das Kapital*, II, zweiter Abschnitt, Kap. 12 und 13, Frankfurt/M.: Ullstein, 1970, S. 222].

64 Die Beschneidung, auch das Beschneiden der Bäume, die Skarifizierungen und Tätowierungen partizipieren eher an der Logik der Reinigung, in der die durch Feuer hergestellten Geräte eine wohltätige Funktion erfüllen, denn an der Logik der Mordtat.

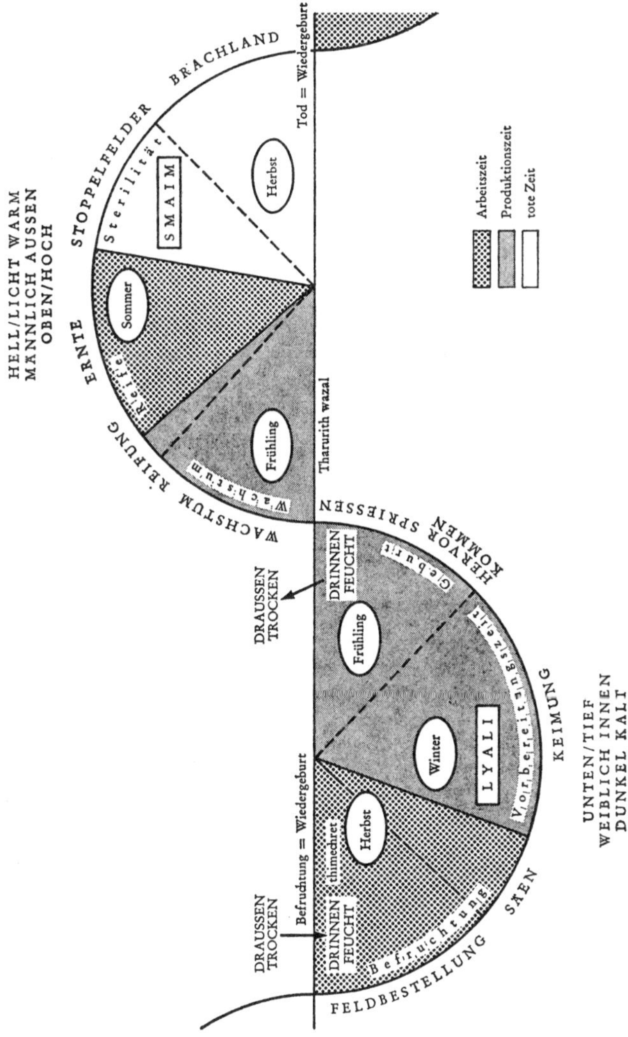

2. Das Landwirtschaftsjahr und das mythische Jahr

der Feldbestellung – wieder zu vereinigen haben, was die Natur (also die Taxonomie) getrennt hat, in intentional vollzogene, also bewusst euphemisierte rituelle Handlungen zu verwandeln. Können die objektiv frevlerischen Akte nicht an eine minderwertige Person übertragen werden, der es dann, gleichsam als Opferpriester und Sündenbock agierend, obliegt, »das Übel zu beseitigen«[65] – etwa das Schlachten des Ochsen anlässlich eines kollektiven Opfers einem Schwarzen oder, so wie das Eisenhärten, dem gleichermaßen gefürchteten wie respektierten Schmied, der in einigen Gegenden auch für die Beschneidung, ja sogar, wollen wir bestimmten Zeugen Glauben schenken, für die Eröffnung der Feldarbeiten verantwortlich ist, dann müssen jene Akte zwangsläufig von denen übernommen werden, die, wie bei der Defloration der Braut, dem erstmaligen Ziehen der Furche, dem Abschneiden des Webfadens und dem Ernten der letzten Garbe, dafür Verantwortung tragen und deren Nutznießer sind. Diese Akte müssen folglich in einer kollektiven Inszenierung umgestaltet werden, die ihnen einen kollektiv proklamierten symbolischen Wert, das genaue Gegenteil ihrer sozial anerkannten Wahrheit, aber damit nicht minder objektiv, aufzuprägen trachtet. Die Wahrheit der Magie und des Kollektivglaubens liegt gänzlich in diesem Spiel der objektiven Doppelwahrheit beschlossen, in diesem Doppelspiel mit der Wahrheit, durch das die Gruppe, für alle Objektivität verantwortlich, sich gleichsam selbst belügt und eine Wahrheit schafft, deren Sinn und Funktion allein darin besteht, eine allen bekannte und von allen anerkannte Wahrheit zu verneinen: eine Lüge, die niemanden täuschen würde, wäre nicht alle Welt entschlossen, *sich selbst* zu täuschen.

Im Fall der Ernte ist die gesellschaftliche Wahrheit, die kollektiv verneint werden muss, ohne jede Zweideutigkeit: Die Ernte (*thamegra*) stellt einen Mord dar (*thamgert*, die Gurgel, der gewaltsame Tod, die Rache; *amgar*, die Sichel), da, wenn er begangen ist, die durch die Feldarbeiten befruchtete Erde der Produkte beraubt wird, die sie zur Reife gebracht hat.

65 Daher können der Schwarze und der Schmied, beide bekanntlich das genaue Gegenteil von Glücksbringern (*elfal*), eine wohltätige Funktion zumindest als »Unglücks-Entferner« erfüllen. Eine nicht weniger ambivalente Position als der Schmied nimmt die Familie ein, die mit der Eröffnung der Feldarbeiten betraut ist: Ihre Rolle als magischer »Blitzableiter« sichert ihr keineswegs schon einen höheren Platz innerhalb der Hierarchien von Prestige und Ehre.

Das Ritual der letzten Garbe, von dem wir – gewiss, weil es durch die Frazer'schen Analysen die Aufmerksamkeit auf sich zog[66] – zahllose Beschreibungen und damit nicht minder viele Varianten in Händen halten, besteht seinem Prinzip nach immer darin, den Mord am Feld oder am Prinzip seiner Fruchtbarkeit, dem »Geist des Samenkorns« oder dem »Geist des Feldes«, durch Verkündigung seiner Wiedergeburt symbolisch zu verneinen.[67] Es scheint, dass über die der letzten Garbe zugeschriebenen Benennungen der »Geist des Feldes, dessen Fortbestehen es zu behaupten gilt, praktisch je nach Variante entweder mit einem *Tier* (man spricht von der »Mähne eines Feldes«, von seinem »Schwanz«) oder mit einer *Jungvermählten*, *thislith*, identifiziert wird, die nach Abgabe ihrer Frucht zum Sterben verurteilt ist (man spricht von den »Löckchen des Feldes«, von seinem »Geflecht«). Diesen verschiedenen Vorstellungen entsprechen unterschiedliche Rituale: Die einen, die es für eine Sünde erachten, die letzte Garbe abzuschneiden, lassen sie in der Mitte des Feldes für die Armen, für die Ochsen oder die Vögel stehen; bei anderen wird sie mit der Sichel abgemäht – oder mit der Hand abgerissen, um ihr den Kontakt mit der Sichel zu ersparen, stets aber entsprechend einem besonderen Ritus. Der rituelle Mord am Feld kann vermittels eines Tieres vollzogen werden, das sowohl dessen Verkörperung wie seinen Ersatz darstellt.[68] Er kann weiterhin an der Garbe selbst vollzogen werden, die in diesem Fall wie ein Opfertier behandelt wird: Einer von Jean Servier in der Mittleren Kabylei beobachteten Tradition gemäß wendet sich der Herr des Feldes gen Osten, legt, ähnlich wie bei einem Ochsen, dessen Kopf nach Osten gerichtet ist, die letzte Garbe auf die Erde und simuliert das Schlachten der Ähren, indem er aus der linken Hand eine Handvoll Erde in die Mitte der Wunde rieseln lässt, um derart das herausströmende Blut darzustellen. In der Gegend von Soummam schließlich wird zuweilen die letzte Garbe wie ein Toter behandelt und in ein nach Osten gerichtetes Grab gelegt, begleitet von Gebeten (*chahada*) und Gesängen, die ihre Wiedergeburt verkünden (ein Beispiel: »Stirb, stirb, o Feld, unser Herr kann dich zu neu-

66 J. G. Frazer, *The Golden Bough*, Teil V, Bd. I (*The Spirits of the Corn and the Wild*), Kap. VII, S. 214-269.

67 Hier offenbart sich eine Mehrdeutigkeit, der wir im Folgenden nachzugehen versuchen.

68 Die wundersamen Tugenden, die das Fleisch des Opfertieres enthält, werden durch ein Gemeinschaftsessen angeeignet. Es gibt Fälle, wo der »Schwanz« des Tieres einer besonderen Behandlung unterzogen wird (man hängt ihn in der Moschee auf), als ob, ähnlich wie bei der letzten Garbe, die bisweilen »der Schwanz des Feldes« heißt, in ihm die Lebenskraft konzentriert wäre.

em Leben erwecken!«). Selbst wo die ursprüngliche Form des Rituals verschwunden sein mag, wie in der Großen Kabylei, ist es doch immer noch der Herr des Feldes, der die Garbe abschneidet und der sie ins Haus trägt, wo sie am Hauptbalken befestigt wird. Die Wiedergeburt selbst kann nur eintreten durch die uranfängliche Vermählung zwischen Himmel und Erde: Deshalb finden die Ernteriten zur Logik der Regenriten in einem Zeitpunkt zurück, da der Regen seiner (niemals autonomisierten) rein technischen Funktion wegen nicht gewünscht wird und sein Zweck nur darin bestehen kann, die heilige Kraft des Samenkorns oder des Feldes zu neuem Leben zu erwecken. So tritt der gesamte Apparat der Regenriten wieder auf: einschließlich der Personen (*Anzar*, der Gemahl von *Ghonja*, wobei der eine den Regen und den Himmel, die andere die junge und jungfräuliche Erde, die Braut usw. symbolisiert) und der Objekte (Puppen, Banner), die jener in Szene setzt. Bisweilen findet man sogar die Heirat durch Raub der Jätinstrumente.

Um jenes andere Ritual, das die Vereinigung der Gegensätze statthaft zu machen trachtet, die Zeremonie der Feldbestellung, voll und ganz zu verstehen, muss man wissen, dass die Periode, die auf die Ernte und ihre auf das Fortbestehen des befruchtenden Prinzips zielenden Riten folgt, eine *Zeit der Trennung* ist – gewidmet den männlichen Tugenden, dem Ehrgefühl und den Kämpfen.[69] *Lakhrif*, eine außergewöhnliche Periode des Überflusses und der Ruhe und Erholung, die weder, nach Art der Feldarbeiten und der Ernte, als Arbeitszeit noch wie Winter und Frühling als Produktionszeit bestimmt werden kann, bildet die männliche Zeit schlechthin, in der die Gruppe – bei Festen und Kriegen – sich nach außen hin öffnet und den *Fremden* entgegentreten muss, um neue Bündnisse zu knüpfen, die freilich, wie die außergewöhnlichen Heiraten, die Herausforderung keineswegs ausschließen. Ähnlich wie die für die Aussaat reservierten Samenkörner, die getrennt von

69 Die mehr oder minder häufigen Kämpfe während der Zeit der Feigen hat die Beobachter – ermutigt unter anderem auch durch die Äußerungen der Einheimischen (so heißt es von einer exaltierten Person, dass sie »zu viele Feigen gegessen« habe) – dazu geführt, sich zu fragen, ob die Feigen vielleicht Kräfte in sich bergen, die die während dieser Zeitspanne auftretende Erregung erklären könnten: »Vor allem eine Jahreszeit gibt es, in der die Gehirne tatsächlich sehr viel mehr erregt zu sein scheinen als zu jeder anderen Zeit: die der Feigen (...). Wird von der Zeit der Feigen gesprochen, die sie *kherif*, der Herbst, nennen, dann scheint es zu dieser Zeit geradezu zu passen, erregt zu sein, wie es üblich ist, in der Karnevalszeit fröhlich zu sein« (C. Devaux, *Les Kebailes de Djerdjera*, 1859, S. 85 f.).

den anderen gelagert werden, findet sich der Knabe durch die Beschneidung, eine Zeremonie, aus der die Frauen rigoros verbannt sind und deren Funktion darin besteht, kraft einer Operation, die als eine zweite, rein männliche Geburt angesehen wird, die, wie es heißt, »die Männer macht«, den Knaben der Welt der Männer einzugliedern, symbolisch der Welt der Frauen entrissen: In einer bestimmten Variante des Rituals etwa sind die Jungbeschnittenen von zwei oder drei Reihen von Männern eingekreist, die auf Pflugscharen sitzend ihre Gewehre in den Händen halten.[70] Das Feld selbst findet sich mit dem Entlauben der Bäume, dem Auflesen der letzten Früchte und dem Ausreißen der letzten pflanzlichen Überreste auf den Äckern und in den Gärten jeder Spur von Leben entblößt. Für die natürliche Welt endet der Zustand der Trennung mit *awdjeb*, der feierlichen Eröffnung der Feldarbeiten, die die Vermählung von Himmel und Erde, Pflugschar und Furche durch die kollektive Inszenierung einer Gesamtheit mimetischer Praktiken, darunter auch der Heirat zwischen Menschen, zelebriert.

Markiert wird die Rückkehr zur normalen Ordnung überdies durch die neuerliche Bekräftigung des Vorrangs der auf Blutsverwandtschaft gegründeten Einheit gegenüber der Suche nach weiter entfernten Heiratsverbindungen, mittels der *thimechret*, des Opfers der Pforte des Jahres, der Schlachtung eines Ochsen, dessen Blut die Erde tränkt und somit nach Regen ruft und dessen geweihtes Fleisch unter den Mitgliedern der Gemeinschaft aufgeteilt wird. Das Opfer, dazu bestimmt, die Errichtung der menschlichen Ordnung innerhalb der fruchtbaren, aber wilden Natur (symbolisiert im Schakal, »der kein Haus besitzt« und der sich von rohem Fleisch – *azegzaw* – und Blut ernährt) statthaft zu machen, ist ein Bündnismahl: Indem dieser Akt sakraler Tischgemeinschaft feierlich die wirklichen oder offiziellen Blutsbande bestätigt, die alle lebenden Mitglieder des *adhrum* (*thaymath*) in der und durch die Ursprungs-

70 Die einen Kreis bildenden Männer sind Angehörige des Clans und des Unterclans, weiterhin die männlichen Verwandten mütterlicherseits und deren Gäste (die *Verbündeten*, denen man in der Woche vor der Zeremonie den jungen Knaben, eskortiert von einer Gewehre tragenden Männerdelegation des Unterclans, präsentiert hatte – dies ein Ritus, *aghrum* genannt, der Fladen, die trockene, also männliche Nahrung schlechthin, der auch vor der Heirat praktiziert wird). Die rein männliche Symbolik der zweiten Geburt untersteht der gleichen Logik wie die Heirat mit der Parallelkusine, der männlichsten der Frauen.

gemeinschaft (*thadjadith*), die Beziehung zu denselben Vorfahren, Quelle aller Fruchtbarkeit, vereinen, proklamiert er zugleich die eigentlich humane, also männliche Ordnung des Treuegelöbnisses wider die Sehnsucht nach dem Kampf aller gegen alle, der wiederum im Schakal (oder in der Frau, Quelle der Teilung) und dessen frevelhafter List (*thaḥraymith*) seine Verkörperung findet. Wie die natürliche Welt, deren gezähmte Fruchtbarkeit die mangelhaft gebändigten Kräfte einer wilden Natur verbirgt (jene, die die alte Hexe verkörpert und in Aktion treten lässt), so unterliegt auch die soziale Ordnung, die aus dem Eid hervorgeht, der die Männerversammlung dem Chaos partikularer Interessen entreißt, weiterhin der Heimsuchung durch die verdrängte Sehnsucht nach dem Naturzustand.

Es ist diese im gesamten rituellen Kalender implizit enthaltene Geschichtsphilosophie, die in folgender Erzählung zum Ausdruck kommt: »Einst *schworen* die in einer *Versammlung* vereinten Tiere, sich nicht mehr gegenseitig aufzufressen und fortan auf Erden in Frieden zu leben. Sie ernannten den Löwen zum König (…), arbeiteten Gesetze aus und sahen Sanktionen vor (…). Die Tiere lebten in Frieden (…). Das schönste Leben hätten sie führen können, hätte nicht der Schakal, der Berater des Königs, dies alles zerstört. Mit allen *Tücken* vertraut, sehnte er sich nach dem alten Zustand der Dinge zurück und erinnerte sich wehmütig an das *frische Fleisch* und das *warme Blut*, die ihm nun untersagt waren, und fühlte sich wie wahnsinnig (…). Er beschloss, eine *List* anzuwenden (*taḥraymith*) und heimlich die Höflinge, einen nach dem anderen, zum Ungehorsam aufzustacheln – wahrhaftig ein Werk des bösen Geistes« (Brahim Zellal, Le roman de Chacal. Contes d'animaux, *Fichier d'Archives Berbères*, Nr. 81, 1964). In dieser Erzählung verspeist der Schakal die Tiere, die zu begraben er beauftragt war. Die ihm auferlegte Strafe lautet, Wasser herbeizuschleppen. Der Schakal weist aber noch eine weitere Gemeinsamkeit mit der Frau auf: Er ist *schief, verbogen*: »Man steckte den Schwanz eines Schakals vierzig Tage lang in einen Gewehrlauf, und als man ihn herausnahm, war er wie vordem.« Wie die Frau schließlich *teilt* (entzweit) er – und zwar durch List.

Dem Ritus ist aufgegeben, kraft einer sozial gebilligten und kollektiv angenommenen Operation, das heißt gemäß der Logik der Taxonomie, den von ihr zum Vorschein gebrachten spezifischen Widerspruch, den die ursprüngliche Dichotomie unumgänglich macht, dadurch einer Lösung zuzuführen, dass er Prinzipien als autonome und antagonistische konstituiert, die vereinigt werden müssen, damit das Weiterbestehen der Gruppe gesichert ist: Vermittels einer praktischen Verneinung, die keineswegs wie die von Freud geltend gemachte individuell und nichtgesellschaftlich, sondern kollektiv und öffentlich ist (wie in jedem Glauben), neutralisiert er die gefährlichen Kräfte, die in der wilden und ungezähmten natürlichen Natur, der Frau und der Erde, eingeschlossen sind, sowie jene, die durch Vergewaltigung seines *ḥaram*, die Überschreitung der geheiligten Grenze, entbunden werden.[71] Derart kollektiv und öffentlich, durch Vermittlung eines autorisierten Beauftragten und entsprechend den willkürlich niedergelegten Regeln eines Rituals vollzogen, wird das Sakrileg gerade im Akt seiner Verwirklichung symbolisch verneint. Zugleich als Sachwalter der Gruppe und deren Sündenbock agierend, dem aufgegeben ist, dem Fluch der Erde entgegenzutreten, wiederholt derjenige, der die Eröffnung der Feldarbeiten zu vollziehen hat, »der Mann der Hochzeit«, wie er bisweilen genannt wird,[72] feierlich mit seiner aus dem Blitz hervorgegangenen Pflugschar die Vermählung des Himmels mit der Erde, jene archetypische Befruchtung also, die den Erfolg aller menschlichen Befruchtungsakte bedingt.[73] Das Männliche und

71 Der Verstoß gegen das Verbot von *laḥlal* ist ein *ḥaram* – (ein frevlerischer) Akt, der ein *h'aram*-Produkt erzeugen wird; vgl. die Legende von *yum chendul*, dem 18. September, in der ein weiser Feldbesteller trotz starken Regenfalls an diesem Tage sich weigerte, vor *luḥlal* das Feld zu bestellen. Auch in dem, was *el ḥaq* genannt wird (zum Beispiel *el ḥaq lakhrif*, die Achtung der Feigenernte), fehlt nicht die magische Dimension, da die Versammlung, die sie ausspricht, die Zuwiderhandelnden mit einem Fluch belegt; allerdings zeigt sich der Charakter des Verbots als einer gesellschaftlichen Übereinkunft darin, dass die Übertretung mit einer Buße geahndet wird (die ebenfalls *el ḥaq* heißt). Obgleich man bei der Heirat von *laḥlal* nur spricht, um die Geldsumme anzuzeigen, die (über das Wittum und die Geschenke hinaus) der Verlobte vor dem Vollzug der Heirat der Verlobten gibt, bringt sich die statthaft machende Funktion der Heiratszeremonien durch zahlreiche Hinweise in Erinnerung (wie *imensi laḥlal*). So wurde, wie gesehen, die Heiratssaison häufig durch eine Heirat zwischen Parallelkusine und -vetter eingeleitet, deren Konformität mit den Prinzipien der mythischen Weltsicht sie zu dieser Inauguralrolle förmlich prädisponierte.

72 Oder der »Schlüssel zum Glück«.

73 Bekanntlich wird die ursprüngliche Vereinigung an der Stätte der Zeugung selbst in Form der Vereinigung von *asalas*, dem Hauptbalken, mit *thigejdith*, dem Mit-

das Weibliche, das Trockene und das Feuchte sind gleichsam nur getrennt, um vereinigt werden zu können, da ausschließlich ihre Vereinigung – in der Feldarbeit wie der Heirat – sie von den, allerdings nur auf die Fruchtbarkeit bezogenen, negativen Eigenschaften freimachen kann, die ihnen so lange zugeschrieben werden, wie sie in einem isolierten, *ungleichen* und *unvollendeten* Zustand fortbestehen.[74] Die Pflugschar, dieses Gerät, das kraft jener anderen Vereinigung der Gegensätze – des *Eisenhärtens* – hergestellt wurde und das denselben Namen wie der Blitz, *thagursa*, trägt, ist an sich trocken und steril, wie das Samenkorn, das sie in die Erde einführt – Quelle von Fruchtbarkeit kann sie nur durch die Gewalt, die sie zufügt, werden. Die Erde wiederum, sich selbst überlassen, kehrt zur Sterilität oder zur wilden Fruchtbarkeit des Brachfeldes zurück, das, ähnlich verbogen und ungeschickt wie das junge Mädchen, alle seine Wohltaten nur vollbringen kann, wenn ihm Zwang und Gewalt angetan, wenn es dressiert und wieder gerade gebogen wird.

Die Riten anlässlich der Feldarbeit verdanken ihre Komplexität dem Umstand, dass sie nicht nur die Vereinigung der Gegensätze statthaft machen, sondern auch jenen Zustand der Vereinigung des Gegensätzlichen fördern müssen, worin das weibliche Prinzip provisorisch die *Oberhand* gewinnt: Der Same, der für einige Zeit zur Sterilität und Trockenheit verdammt war, kann nur durch sein Eintauchen in die fruchtbare Feuchtigkeit zum Leben zurückkehren;[75]

telpfeiler, Symbol der Vermählung von Himmel und Erde, zurückgerufen, vgl. P. Bourdieu, Esquisse d'une théorie de la pratique, S. 49.

74 Die Zeremonie der Feldbestellung – wie die der Heirat –, Zusammenführung dessen, was getrennt und geteilt ist, *synkrisis*, steht unter dem Zeichen der Zahl Zwei: Alles, was paarweise geht – angefangen mit dem Ochsengespann (*thayuga* oder *thazwijth*, auf dem Arabischen *zwidja* fußend), dem Symbol schlechthin –, ist geeignet, die Paarung zu fördern (der die Feldarbeiten eröffnet, wird zuweilen, wie gesehen, »der Alte des Ochsengespanns« geheißen, *amghar nat-yuga*). Davon systematisch ausgeschlossen ist dagegen der Einzelne und Einsame, der Junggeselle zum Beispiel, Symbol des Einschnitts, des Bruchs und der Trennung.

75 Die Saat, die immer Samenkörner der abgeschnittenen letzten Garbe enthält (manchmal Samenkörner der schon gedroschenen letzten Garbe oder von der letzten abgeernteten Parzelle oder vom Dreschplatz der letzten Garbe entnommener Staub oder auch vom Mausoleum eines Heiligen entwendeter Staub oder Salz usw.), wird in Schalen oder Behältern im feuchten Teil des Hauses und manchmal sogar unter dem Lager des Herrn des Feldes gespeichert und unter

die Zukunft des Samenkorns aber hängt von weiblichen Kräften ab, die der männliche Befruchtungsakt erst bezwingen musste (die Erde, wie das Mutterschaf, mag einmal auch nicht tragen – *thamazgults*, von *zgel*, versagen). Die »Pforte des Jahres« ist nicht der Zeitpunkt, an dem das Jahr beginnt (das im Übrigen keinen Anfang kennt, da es ewiges Wiederbeginnen ist); sie ist vielmehr jener Augenblick, da das Jahr, dem Hause gleich, das für das befruchtende Sonnenlicht offen sein muss, sich dem männlichen Prinzip öffnet, das es befruchtet und erfüllt. Die Feldbestellung und die Aussaat markieren den Abschluss der Bewegung von außen nach innen, des Leeren zum Vollen, des Trockenen zum Feuchten, des Sonnenlichts zur irdischen Finsternis, des befruchtenden Männlichen zum fruchtbaren Weiblichen.

Die anlässlich der Heirat und der Feldbestellung vollzogenen Riten verdanken ihre mannigfachen Ähnlichkeiten dem Faktum, dass ihre *objektive Intention* im Statthaftmachen der Vereinigung der Gegensätze, Bedingung der Wiedergeburt des Samenkorns und des Fortbestehens der Gruppe, beruht. Es ist diese Dialektik von Tod und Wiedergeburt, die im folgenden Sprichwort ihren Ausdruck findet (das heute in einem davon abweichenden Sinne im Hinblick auf den Generationskonflikt zitiert wird): »Aus dem Leben ziehen sie den Tod, aus dem Tod das Leben« (ein Schema, das sich im folgenden kleinen Rätsel wiederfindet: »Aus einem Lebenden geht ein Totes hervor« – das Ei. »Aus einem Toten geht ein Lebendes hervor« – das Küken). Opferung und kollektiver Verzehr des Ochsen bilden eine mimetische Darstellung des Kreislaufs des Samenkorns, das sterben muss, um die Gemeinschaft zu ernähren – und derart, symbolisiert im Opfermahl, zu neuem Leben erwacht. Das Gemeinschaftsmahl, das die gesamte Gemeinschaft zusammenführt, ist an und für sich ein Akt der Wiedererinnerung, des Zurückrufens der Toten: Wie der Status des Fremden erweist, der keinen Ahnen »zitieren« kann und der von keinem Nachkommen »zitiert« werden kann (*asker*, anrufen und zu neuem Leben erwecken), impliziert die Zugehörigkeit zur Gruppe, die im Sich-Versammeln und in der Tischgenossenschaft Bestätigung erfährt, das Vermögen, Ahnen anzurufen und zu beschwören, wie zugleich

Zuhilfenahme von Riten und Verboten präpariert, die seine Eigenschaften bewahren sollen.

die Sicherheit, von Nachkommen angerufen und beschworen zu werden. Die Rückkehr der Toten, das heißt ein Zu-neuem-Leben-Erwachen, wird durch die gesamte Symbolik, insbesondere die kulinarische, beschworen: Die Saubohne etwa – der männliche und trockene Same schlechthin –, die den Knochen ähnelt, dem Refugium der Seele in Erwartung ihrer Wiedergeburt, wird mit dem Couscous serviert, der den Toten während der ersten Feldbestellung (oder am Vorabend von Festen und speziell dem von *Achura*) dargereicht wird; sie gehört zu den Dingen, die in die erste Furche geworfen werden; sie ist Bestandteil der bei solchen Gelegenheiten unerlässlichen Kochspeisen: Als ein gleichsam transparentes Symbol für die Toten (»Ich hatte eine Saubohne in die Erde getan, und sie ist nicht aufgegangen«, heißt es in einem Rätsel – der Tote), deren Nahrung sie bildet (»Ich habe die Toten Saubohnen knabbern sehen« – ich bin fast gestorben), ist die Saubohne, in ihrer Eigenschaft als ausgetrockneter Same, der, einmal dem Ritus gemäß in das feuchte Innere der Natur gelegt, anschwillt, um im Frühling vermehrt wiederaufzutauchen (das erste Auftreten pflanzlichen Lebens), dazu prädisponiert, die Symbolik von Tod und Wiederauferstehung zu tragen.[76]

Als Akte der Zeugung, das heißt der Wiederbelebung, werden sowohl die Heirat wie die Feldbestellung als männliche Akte der Öffnung und des Einsäens begriffen, die eine weibliche Aktion des Anschwellens zu provozieren bestimmt sind. Es ist mithin nur logisch, dass die rituelle Inszenierung zum einen alles mobilisiert, was öffnet (Schlüssel, Loch) und was offen ist (aufgelöste Haare und lose Gürtel, Schleppe), was weich, leicht und weiß ist (Zucker, Honig, Datteln, Milch); und zum anderen auch, was sich aufbläht, anschwillt, aufgeht (Pfannkuchen, Körner, die beim Kochen dicker werden – *ufthyen*), was vielfältig und in Haufen vorkommt (Körner von *seksu*, Couscous, oder von *berkukes*, grober Couscous, Kerne des Granatapfels oder der Feige), was voll ist (Eier, Nüsse, Mandeln, Granatäpfel, Feigen) – wobei der größte Nutzertrag bei den

76 Die *Schlange*, jenes andere Symbol der Wiedergeburt, ist häufig auf den Krügen abgebildet, in denen die für den Verzehr oder für die Aussaat vorgesehenen Samenkörner gelagert werden. Wie wir in der Erzählung von *Ḥeb-Ḥeb-er-hemman* erkennen konnten, stellt die Schlange ein Symbol der männlichen Fruchtbarkeit dar: Westermarck zufolge verschlingt eine Frau, die einen Jungen gebären will, die Herzen von Schlangen (deren männlichen Teil).

Objekten und Aktionen liegt, die die meisten der verschiedenen Eigenschaften in sich vereinigen.[77] Dazu gehört das Ei, dieses Symbol für das Lebensvolle und Lebensstarke schlechthin, und auch der Granatapfel, der zugleich voll, angeschwollen und vielfältig ist und von dem ein Rätsel berichtet: »Speicher für Speicher, worin das Korn rot ist«, sowie ein weiteres: »Nicht dicker als ein Stößelstein, und seine Kinder überschreiten die Hundert«. In der Geste schließlich, mit der der Landwirt auf seiner Pflugschar einen Granatapfel oder ein Ei zerschlägt (*felleq*, zerschlagen, spalten, deflorieren), ist gleichsam der gesamte Aspekt der multifunktionalen Aktion verdichtet, die in der Feldarbeit oder der Heirat vollzogen wird.

Der erste Ausgang des Ochsengespanns und des Pfluges, das erste Hervortreten des Keimes und die Ankunft der Braut in ihrem neuen Heim werden allesamt durch die gleichen Riten markiert. Die Braut wird an der Türschwelle von der »Alten« empfangen, die in den Händen »das Sieb der Traditionen« hält – darin Krapfen, Eier, Getreide, Saubohnen, Datteln, Nüsse, trockene Feigen, Granatäpfel usw. Die Braut zerschlägt die Eier über dem Haupt des Maultieres, das sie hertrug, wischt sich die Hände an dessen Mähne ab und wirft schließlich das Sieb hinter sich – die Kinder, die ihr gefolgt sind (Anzahl = Überfluss), stürzen sich auf die Leckereien. Desgleichen enthält »das Sieb der Feldarbeit«, das je nach Ort von unterschiedlichen Personen (dem Landwirt, seiner Frau usw.) und zu wechselnden Augenblicken getragen werden kann (am Morgen, wenn der Bauer das Haus verlässt, bei seiner Ankunft auf dem Feld, wenn er die Ochsen anschirrt, um die Mittagszeit, wenn gegessen wird), stets Krapfen, trockene Saubohnen, Getreide sowie einen Granatapfel, den der Landwirt über die Ochsen und den Pflug hinweg in die gezogene Furche wirft und den die sich darauf stürzenden Kinder auflesen. (Dazu finden sich unzählige Varianten, so die folgenden: Der Landwirt zerbricht zwei Granatäpfel, bricht einige Fladen und Krapfen über der Pflugschar und verteilt den Rest unter den Helfern; die Opfergaben werden in der ersten Furche vergraben.) Es ließen sich Beispiele für das Aufeinandertreffen der

77 Die Verbote, die die Feldbestellung (oder das Weben, deren weibliches Pendant) und die Heirat umgeben, beziehen sich ausschließlich auf Akte des *Schneidens* (sich rasieren, sich die Haare oder die Nägel schneiden), des *Schließens* (sich die Haare knoten), des *Reinigens* (kehren, das Haus weißen), sowie auf Kontakte mit trockenen Dingen oder mit dem *Trockenen* in Verbindung stehenden Dingen (die Augen mit Kajal schminken, die Hände mit Henna einreiben oder, auf der Ebene der Nahrung, Gewürze benutzen).

beiden Rituale zuhauf finden: Die Braut (und ihr Gefolge), die beim Betreten des neuen Hauses häufig Wasser und Milch versprengt, wird auf die gleiche Weise mit Milch besprengt, wie es die Hausfrau tut, wenn sie den Pflug, kurz bevor er auf das Feld gebracht wird, mit Wasser oder Milch benetzt. Der Braut wird ein Schlüssel gereicht, mit dem sie an den Türsturz schlägt (woanders wird ihr beim Ankleiden der Schlüssel unter dem Kleid befestigt); in das Sätuch wird ein Schlüssel gelegt, der bisweilen in die Furche geworfen wird.

Weise Frau, Spezialistin für Liebesriten
(Djebabra, Chelif)

Dem Hochzeitszug geht eine Frau voraus, eine Lampe tragend (*mesbah*), die eine Paarung darstellt und deren Bestandteile, Ton, Öl und Flamme, die konstitutiven Teile des menschlichen Wesens symbolisieren: den Leib, die weibliche und feuchte, vegetative Seele, *nefs* (eine manchmal euphemistisch für das Geschlecht, Sitz »schlechter Instinkte« – *thinefsith* –, verwendete Bezeichnung) und die trockene und männliche, subtile Seele, *ruḥ* (euphemistischer Ausdruck für das männliche Glied);[78] am ersten Tag der Feldbestellung wird eine Lampe auf das Feld gebracht, die so lange am Brennen gehalten wird, bis die erste abgesteckte Parzelle gesät ist (*thamtirth*). Sieben Tage lang darf die Braut keinen Gürtel tragen, am siebten Tag wird sie von einer Frau gegürtet, die zahlreiche Söhne hat; die Frau, die die Saat trägt, muss darauf achten, dass ihr Gürtel nicht zu eng geschnürt ist, sie muss überdies ein lan-

78 Der bauchige Teil der Lampe, der den Bauch der Frau wiedergibt, wird »der Granatapfel« genannt.

ges Kleid anziehen, das hinten *schleppen*artig ausläuft (*abru*ʿ, Glücksträger). Die ersten sieben Tage über dürfen die Haare der Braut nicht gelöst werden; die Frau, die die Saat trägt, lässt ihr Haar offen fallen. Beiden Ritualen ist weiterhin gemeinsam: das Gewehrschießen (in gerader Zahl), Steinewerfen und Scheibenschießen, die, als Symbole des männlichen Besprengens, das lösen können, was gebunden war, und häufig bei den Regenriten zur Anwendung kommen.[79] Derart wird sich das Leben der Braut unter dem Zeichen der Fruchtbarkeit weiter entfalten: Am siebten Tag, wenn sie zum ersten Mal zum Brunnen geht, wirft sie die Getreidekörner und die Saubohnenkeimlinge, die unter ihrer Decke lagen, in die Wasserquelle, aus der sie dann Wasser schöpft; ihre erste Arbeit wird darin bestehen, das Getreide zu sieben, eine schlechthin edle Aufgabe.

Vom richtigen Gebrauch der Unbestimmtheit

Die auf Versöhnung zielende Inszenierung, mittels deren die rituelle Aktion die Bedingungen zu schaffen trachtet, die für das Gelingen dieses Wunders der Wiedergeburt des Samenkorns günstig sind – indem sie diese Wiedergeburt nämlich symbolisch wiedergibt –, lässt indessen, schaut man sich etwa das Ritual der letzten Garbe an, sogleich einige Mehrdeutigkeiten sichtbar werden: Je

79 Ein typisches Beispiel der Mehrdeutigkeiten, die die Wirkung der praktischen Logik ausmachen, ist im *Verknüpfen/Binden* gegeben: Es ist gleichsam zweifach untersagt, insofern es ebenso zum männlichen *Öffnen* wie zum weiblichen *Anschwellen/Aufblähen* in Gegensatz steht. Zum Zeitpunkt der Niederkunft sind alle Formen des *Verbindens* (Arme oder Beine überkreuzen; Schleifen, Gürtel oder Ringe tragen usw.) und des *Schließens* (Türen, Truhen, Behälter usw.) verboten, dagegen alle dem entgegenstehende Handlungen empfohlen. Die Riten, die den Mann wie die Frau außerstande setzen sollen, Geschlechtsverkehr zu treiben, operieren alle mit dem Schema des Schließens (oder seinem Äquivalent, dem des Schneidens/Abbrechens), wobei sie überdies noch mit der Übereinstimmung (die sehr gut die Zustandsverben in ihrer Mehrdeutigkeit zum Ausdruck bringen) zwischen *öffnen* und *sich öffnen* spielen. Es ist nur allzu verständlich, dass der Ritus, der stets danach trachtet, das Glück ganz auf seine Seite zu ziehen, gleichsam zwei Fliegen mit einer Klappe schlägt und die Handlungen empfiehlt, denen eigen ist, das *Öffnen*, das in seiner aktiven Form männlich und in seiner passiven Form weiblich ist, zu begünstigen (oder zumindest nicht zu hintertreiben).

nach Gegend wird die letzte Garbe »praktisch behandelt«[80] entweder wie eine weibliche Personifikation des Feldes (»Die Kraft der Erde«, die »Verlobte«), auf die der männliche Regen (bisweilen als *Anzar* personifiziert[81]) beschworen wird, oder aber wie ein männliches (phallisches) Symbol des »Geistes des Samenkorns«, dem aufgegeben ist, eine Zeitlang zu Trockenheit und Sterilität zurückzukehren, ehe er einen neuen Lebenszyklus eröffnet und als Regen sich über die dürstende Erde ergießt. Mehrdeutigkeiten ähnlicher Art finden sich im Ritual der Feldbestellung wieder, wenn auch die Akte, die die Rückkehr der Welt in den feuchten Zustand zu begünstigen suchen (vor allem die Riten, die im eigentlichen Sinne dafür vorgesehen sind, Regen zu bewirken, und die ebenfalls im Frühling praktiziert werden), sich auf den ersten Blick sehr logisch mit den Aktionen zu verbinden scheinen, die den Akt der Befruchtung, Feldbestellung oder Heirat, als Einführung des Trockenen in das Feuchte, des himmlischen Samens in die fruchtbare Erde, zu fördern bestimmt sind. Gegenüber dem Regen, trockenem Wasser, das kraft seines himmlischen Ursprungs an der solaren Männlichkeit, aber zugleich auch an der irdischen und feuchten Weiblichkeit partizipiert, dokumentiert das Klassifikationssystem ein Zaudern. Gleiches gilt für die Tränen, den Urin oder das Blut, die in den homöopathischen Strategien der Regenriten überreich Verwendung finden, wie auch für den Keim, der, wie der Regen, sowohl die Erde wie die Frau neu belebt und von dem unterschiedslos behauptet werden kann, dass er anschwellen lässt und selbst anschwillt – so die Saubohne oder das Getreide im Topf.[82] Von daher lässt sich

80 Ich sage »praktisch behandelt wie«, da ich vermeiden möchte, die Repräsentation, die erstellt werden muss, um die Handlungen, die objektiv durch das Schema der »Wiedergeburt« angeleitet werden, wissenschaftlich verstehen und dieses Verstehen kommunizieren zu können, in das Bewusstsein der Handlungssubjekte selbst zu verlagern (und dann etwa zu formulieren: »gelebt als« oder »erfasst als«).

81 In aller Deutlichkeit dokumentiert sich der Sinn dieses Ritus in jenem von Laoust berichteten Seilspiel, wo die Frauen und Männer, jeweils an einem Ende des Seils ziehend, einander gegenüberstehen und wo die Frauen, wenn das Seil dann überraschend durchgeschnitten wird, auf den Hintern fallen und dem Himmel ihr Geschlecht zeigen (um den befruchtenden Samen bittend).

82 Die Schlange, Symbol der Macht, die dem männlichen Prinzip eignet, sich und andere(s) wieder zu neuem Leben zu erwecken, ist ohne Zweifel das Trockene, das Trockenes schleudert: In der oben berichteten mythischen Erzählung richtet

auch das Schwanken der magischen Praxis erklären, die, weit entfernt davon, sich dieser Mehrdeutigkeiten entledigen zu wollen, aus ihnen noch Nutzen schlägt.[83] Gerade durch ihren minutiösen und strengen Charakter ermöglicht es die systematische Sammlung der zahllosen Varianten der Regenriten, an deren Ende Laoust (der als Einziger den Widerspruch in aller Klarheit wahrgenommen hat) auf die weibliche Natur von *thislith*, der Verlobten (oder *thlonja*, der Kelle), geschlossen hat – einer Puppe, die aus einer wie mit Brautkleidern geschmückten Kelle besteht, die man, den Regen beschwörend, in einem Umzug herumträgt –, jene Eigentümlichkeiten zu fassen, die aus der »Puppe« der Regenriten, den Riten des Jätens (es ist »Mata«, deren Entführung simuliert wird) und den Ernteriten ein gerade unter dem Gesichtspunkt des Klassifikationssystems, dessen Produkte sie sind, unklassifizierbares Phänomen machen: Zunächst der Name, *thislith*, der nur eine euphemistische Bezeichnung für das phallische Symbol sein könnte und der, wenn er eine weibliche »Lesart« ermutigt, den rituellen Handlungen eine Orientierung vorgibt, insoweit die Kelle spritzt, wenn sie männlich ist, und selbst bespritzt wird, wenn sie weiblich ist; des Weiteren eine Form, die für die Taxonomie selbst ambigu ist, da die Kelle wie ein hohler und mit Flüssigkeit gefüllter Gegenstand angesehen werden kann, der etwas begießt, oder wie etwas Hohles und Leeres, das erheischt, begossen zu werden; schließlich eine Funktion, die der Kelle selbst, jenes Geräts, das zum Gießen oder zum Schöpfen aus dem (weiblichen) Topf gemacht ist.

Im Folgenden nun einige vereinzelte und widersprüchliche Aufzeichnungen, die, einmal gesammelt, um die Mehrdeutigkeit des Phänomens »Kelle« aufzuheben, sie am Ende nur bestätigen könnten: 1. Am Tage ihrer Hochzeit taucht die Braut im Haus ihrer Eltern die Kelle in einen Topf: Ihr werden so

sich die beleidigte Schlange auf, schwillt an und speit eine vergiftete Feuerflamme.

83 Alles drängt zu der Annahme, dass der *fast bedeutungsleere Begriff* »*baraka*« (dem in den Schriften vor allem der angelsächsischen Anthropologen, von Westermarck bis in unsere Tage, ein unverhältnismäßig großer Platz eingeräumt wird) seinen hohen Nutzeffekt der Tatsache verdankt, dass er unterschiedslos sowohl das männliche Prinzip der Befruchtung wie das weibliche Prinzip der Fruchtbarkeit zu bezeichnen erlaubt. Das heißt des Weiteren, dass er innerhalb der sozialen Praxis wohl höchst nützlich ist, aber im Rahmen der Ökonomie des symbolischen Systems keine bedeutende Rolle spielt.

viele Kinder beschert, wie sie Fleischstücke schöpft; 2. ein Sprichwort: »Was im Topf ist, wird die Kelle wieder herausholen«; 3. vor einem Stück Fladen wird die Kelle in ihrem Gleichgewichtspunkt an der Spitze einer Sichel angebracht: Neigt sie sich zum Fladen, tritt das erhoffte Ereignis ein; 4. der mit seinen Händen nichts anzufangen weiß: »Er ist wie die Kelle!«; 5. niemals darf man jemanden mit der Kelle schlagen: Entweder geht dabei sie selbst zu Bruch (im Hause ist nur eine Kelle!) oder der, den man schlägt; 6. niemals darf ein Mann mit der Kelle essen (um die Soße zu schmecken, wie es die Frauen tun): Er würde sich der Gefahr aussetzen, am Tag seiner Hochzeit Sturm und Regen zu ernten; 7. kratzt ein Mann mit der Kelle den Topfboden aus, wird es am Tage seiner Hochzeit sicherlich regnen; 8. »Solltest du etwa mit der Kelle gegessen haben?«, ein Ausdruck, an den Ungeschickten gerichtet, der das Werkzeug unbeholfen handhabt; mit der Kelle essen heißt, sich dem Betrug auszusetzen. Solche »Schwankungen« der Taxonomie sind beileibe nicht selten, sie lassen sich auch, wie gesehen, in Bezug auf den Mondschein (*tiziri*), das unerhoffte Licht, beobachten oder in Bezug auf die Kohlenglut (*times*, ein Wort, das in Gegenwart von Männern tabu ist und durch Euphemismen ersetzt wird), ein weibliches Feuer, das wie die Leidenschaft (*thinefsith*, schon erwähnter Diminutiv von *nefs*) heimtückisch und scheinheilig unter der Asche aufzehrt und sich verzehrt und im Übrigen das weibliche Geschlecht evoziert (im Gegensatz zur Flamme, *ahajaju*, die reinigt und in Brand setzt), oder sogar noch in Bezug auf solche mit deutlichen Attributen versehenen Objekte wie das Ei, schlechthinniges Symbol der weiblichen Fruchtbarkeit, das durch seine Farbe (weiß) und seinen Namen (*thamellalts*, Plural *thimellalin*, das Ei; *imellalen*, die Weißen [männl. Form], die Hoden des Erwachsenen; *thimellalin*, die Weißen [weibl. Form], die Eier, die Hoden des Kindes) ebenfalls am Männlichen partizipiert. Allerdings geraten in diesem Fall die Gegensätzlichkeiten, da die fundamentalen Schemata im Großen und Ganzen kongruent sind, nicht zum Widerspruch.

Die Unsicherheit hinsichtlich der Anwendungen verstärkt die Unsicherheit hinsichtlich der Bedeutungen: Da der rituelle Gebrauch eines Objekts vom Sinn abhängt, den ihm die Taxonomie zuweist, wird verständlich, warum die Individuen, wenn sie mit Objekten wie den hier erwähnten zu tun haben, deren Eigenschaften für das Klassifikationssystem eine Herausforderung darstellen, diese auf solche Arten anwenden können (insbesondere in Situationen wie der Trockenheit, wo die Dringlichkeit des Phänomens dazu zwingt, die Anforderungen an die Logik noch weiter herunterzuschrauben, um derart »alle Hebel in Bewegung setzen« zu können), die mit einigen der Bedeutungen, die sie außerhalb dieser Relation sonst noch aufweisen, vollkommen inkompatibel sind. Und weil die Bedeutung eines Symbols ihre volle Bestimmung nur in und durch die Aktionen erhält, die es ausführt oder deren Objekt es ist (der Rabe zum Beispiel ist weniger unheilvoll, wenn er von Westen nach Osten fliegt), können auch die Ungewissheiten und Unsicherheiten der Interpretation nur die Ungewissheiten reflektieren, die in der Anwendung eines Symbols auftreten können, das derart überdeterminiert ist, dass es selbst von den Schemata her, die es determinieren, undeterminiert (unbestimmt) ist (wobei in einem solchen Fall der Irrtum darin bestünde, das Unentscheidbare entscheiden zu wollen und einem Symbol entweder Männlichkeit oder Weiblichkeit zu dekretieren, das die Praktiken unterschiedslos als trocken und feucht, befruchtend und fruchtbar behandeln). Das kulturelle Artefakt, die für die eigentlich kulturellen Bedürfnisse des Ritus erdachte und gestaltete *thislith*, findet sich auf diese Weise so lange mit einer die Objekte der Welt selbst wiedergebenden *Pluralität von Aspekten* (unterschiedlichen wie sogar widersprüchlichen) versehen, bis genau das kulturelle Klassifikationssystem kraft seiner willkürlichen Auswahl es davon befreit.

Mit dem erwähnten Beispiel stoßen wir zum Prinzip der praktischen Logik vor, die praktisch eben nur funktionieren kann, soweit sie sich gegenüber den elementaren Grundsätzen der logischen Logik so umfassende Freiheiten wie möglich herausnimmt: So geschieht es, dass ein und dasselbe Symbol sich auf gerade von der Axiomatik des Systems her gesehen gegensätzliche Realitäten beziehen kann, anders gesagt, dass innerhalb dieser Axiomatik das Faktum gehen gelassen werden muss, dass dieses System den Widerspruch nicht ausschließt. Ist es auch nicht *a priori* undenkbar, dass eine Algebra der praktischen Logiken geschrieben werden könnte, so doch nur, wie gesehen, wenn die Einsicht klar festgehalten wird, dass die logische Logik in den Verfahren, kraft deren sie sich, jene negierend, konstituiert, von jenen auch nur *negativ* spricht und damit nicht vorbereitet ist, sie zu beschreiben, ohne sie im gleichen Akt auch zu vernichten. Es kann nur darum gehen, ein Modell dieses *partiell integrierten* Systems von generativen Schemata zu konstruieren, das, je nach der besonderen Situation *partiell mobilisiert*, in jedem einzelnen Fall und jenseits von Diskurs und logischer Kontrolle, die von jenem ermöglicht wird, eine praktische »Definition« der Situation und der – fast immer vielfältigen und ineinander verschachtelten – Funktionen des Handelns entwickelt und das, entsprechend einer zugleich einfachen wie unerschöpflichen Kombinatorik, die Handlungen hervorbringt, die unter Voraussetzung der verfügbaren Mittel jene Funktionen erfüllen. Um es genauer zu sagen: Es genügt der Vergleich der Schemata, die den jeweiligen Praxisbereichen – Landwirtschaftsjahr, Küche, Frauenarbeiten, Tagesverlauf – entsprechen, um erkennen zu können, dass diesen verschiedenen Serien unterschiedliche Schemata zugrunde liegen – nämlich die Gegensätze zwischen feucht und trocken, kalt und warm, voll und leer beim Landwirtschaftsjahr; zwischen dem Feuchten und dem Trockenen (in Form des Gekochten/Gesottenen und des Gebratenen, den zwei Varianten des Gekochten), dem fade Schmeckenden und dem Gewürzten bei der Küche; zwischen dem Dunklen und dem Hellen, dem Kalten und dem Warmen, dem Drinnen (oder Geschlossenen) und dem Draußen beim Tagesverlauf; zwischen dem Weiblichen und dem Männlichen, dem Zarten/Weichen (Grünen) und dem Harten (Trockenen) beim Lebenszyklus. Wir müssten nur andere strukturierte Bereiche, wie den Raum des Hauses oder die Körperteile, hinzufügen, um weitere Prinzipien am Werk zu sehen: Oben und Unten, Ost und West usw. Diese verschiedenen Schemata sind zugleich partiell unabhängig und mehr oder minder eng verbunden: Es können auf diese Weise, ausgehend vom Gegensatz trocken/feucht (oder trocknen/nass machen) Handlungen und Symbole erzeugt werden, die der Gegensatz drinnen/draußen oder Finsternis/Licht unmittelbar nicht zu schaffen gestattet – und umgekehrt; andererseits wird von kalt/warm direkt zu trocken/feucht übergegangen, wohingegen warm/kalt mit drinnen/draußen nur über Licht/Finsternis verbunden ist; noch länger schließlich ist der Weg zu jenen anderen Gegensätzen wie stehend/liegend, leer/voll oder unterhalb/oberhalb. Anders gesagt: Die konstitutiven Gegensätze des Systems sind mit allen anderen nur über einen mehr oder minder langen Weg (der reversibel wie irreversibel sein kann) zu vereinen, also am Ende einer Serie von Äquivalenzen, die die Relation fortschreitend ihres Inhalts beraubt (wie etwa wach sein/schlafen – draußen/drinnen – stehend/liegend – Ost/West – Licht/Finsternis – warm/kalt – gewürzt/fade); überdies kann jeder Gegensatz in vielerlei Hinsicht und nach unterschiedlichen Intensitätsrelationen und Sinnbeziehungen mit zahlreichen anderen in Verbindung gebracht werden (zum Beispiel kann gewürzt/fade direkt an männlich/weiblich und an warm/kalt und indirekter an stark/schwach und durch Vermittlung von männlich/weiblich und trocken/feucht, die selbst untereinander verbunden sind, an leer/voll geschlossen werden). Daraus ist der Schluss zu ziehen, dass innerhalb des Systems nicht allen Gegensätzen das gleiche Gewicht beigemessen wird, dass darin vielmehr sekundäre Gegensätze, die die Hauptgegensätze in einem besonderen Verhältnis spezifizieren und deshalb einen nur relativen Nutzen aufweisen (gelb/grün, einfache Spezifizierung von trocken/nass), und zentrale Gegensätze zu unterscheiden sind (männlich/weiblich, trocken/feucht), die untereinander durch logisch sehr divergente Beziehungen in Verbindung stehen und für eine jeweilige kulturelle Willkür konstitutiv sind (etwa die Beziehungen zwischen weiblich/männlich und drinnen/draußen, oder links/rechts, gebogen/gerade, unterhalb/oberhalb). Gehen wir davon aus, dass in der Praxis jeweils nur ein bestimmter Sektor des Systems der Schemata mobilisiert wird (ohne dass damit jemals alle Verbindungen zu den anderen Gegensätzen vollkommen unterbrochen wären) und dass die in den verschiedenen Situationen eingesetzten unterschiedlichen Schemata partiell autonom und ebenso partiell mit allen anderen verbunden sind, so ist es nur normal, dass alle Produkte der zum Einsatz gebrachten Schemata – sei es dieser besondere Ritus oder jene Sequenz ritueller Handlungen, wie die Übergangsriten – eine partielle Übereinstimmung aufweisen und dass sie sich für jeden, der das System der Schemata praktisch beherrscht, als in groben Zügen, was nichts anderes heißt denn: praktisch äquivalent erweisen.[84]

84 Die Vertrautheit mit einer solchen Denkweise, die innerhalb der wissenschaftlichen Praxis selbst gewonnen wird, gestattet nun, eine (wenn auch noch abstrakte) Vorstellung von jenem subjektiven Gefühl der Notwendigkeit zu haben, das sie denen vermittelt, die sie gefangen hält: Es kann ausgeschlossen werden, dass diese laxe Logik überdeterminierter und verschwommener Relationen, deren Schwäche gerade vor dem Widerspruch oder dem Irrtum schützt, in sich selbst auf das Hindernis oder den Widerstand stößt, die in der Lage wären, in ihr eine reflexive Rückwendung oder eine Problematisierung in Gang zu setzen. Geschichte kann sie folglich nur von außen ereilen, über Widersprüche, die durch die (von der Schrift begünstigte) Synchronisation und die von dieser zum Ausdruck gebrachte und möglich gemachte systematische Intention erzeugt werden.

Der Habitus und die Homologien

Das Vorkommen identischer symbolischer Objekte oder Akte in Ritualen, die mit solch unterschiedlichen Ereignissen im Dasein des Menschen oder des Feldes – Begräbnis, Feldbestellung, Ernte, Beschneidung oder Heirat – einhergehen, lässt sich nur auf folgende Weise erklären: Der partiellen Koinzidenz der Bedeutungen, die die praktischen Taxonomien jenen Ereignissen verleihen, entspricht die partielle Koinzidenz der rituellen Akte und Symbole, deren Polysemie zu den wesentlich »multifunktionalen« Praktiken perfekt passt. Begriffe wie *Aufblähung* (oder dauerhaftes Anschwellen) und *Wiedergeburt* müssen nicht symbolisch beherrscht werden, damit man die *ufthyen* genannte Speise – ein Gemisch aus Getreide und Saubohnen, das beim Kochen aufquillt – durch Vermittlung dessen, was sich hier der Funktion der »Wiedergeburt« unterordnet, mit Zeremonien der Heirat, der Feldbestellung oder des Begräbnisses assoziiert, oder im Gegenteil den Verzehr dieser Speise (»weil das Zahnfleisch geschwollen bliebe«) ausschließt bei Anlässen wie dem Kommen der Zähne (wo stattdessen *thibuʿjajin* gegessen wird, eine Art Krapfen, die beim Backen schnell wieder zerplatzende Blasen bilden), der Beschneidung, einem Ritus der Reinigung und Vermännlichung, des Bruchs mit der Welt der Frauen, der in einer synkretistischen Sicht mit dem Trockenen, dem Feuer und der Gewalttätigkeit assoziiert wird und in dem, gemeinsam mit dem Verzehr gebratenen Fleisches, das Scheibenschießen einen beherrschenden Platz einnimmt. Dies schließt allerdings nicht aus, dass in bestimmten Varianten des Rituals einer solch multifunktionalen Zeremonie wie der Heirat, die »Intentionen« der Vermännlichung (öffnen) und des Fruchtbarmachens (anschwellen) kombiniert, jene *ufthyen* genannte Speise mit dem Scheibenschießen in Verbindung gebracht wird.

Den Homologien, die die Analyse in den Praktiken und Werken (*opus operatum*) aufdeckt, liegt die Anwendung der gleichen Schemata (*modus operandi*) auf derart unterschiedliche Bereiche wie die »Kalender« der Küche oder der Frauenarbeiten und die Serie der Tageszeiten oder der Momente des Lebenszyklus zugrunde. Um beispielsweise die Serie der gewöhnlichen und außergewöhnlichen Speisen, die, da dem Verzehr von Nahrung die Funktion eines Partizipationsritus zugeschrieben wird,[85] mit den verschiedenen Perioden des Landwirtschaftsjahres in Verbindung stehen (vgl. Schema 3), wenigstens in groben Zügen zu verstehen, genügt es schon, sich den Gegensatz zweier Klassen von Lebensmitteln und zweier Klassen von Operationen vorgeben zu lassen: zum einen die *trockenen* Nahrungsmittel (Getreide – Korn und Gerste –, trockene Gemüse – Saubohnen, Kichererbsen, Erbsen, Linsen usw. –, getrocknetes Fleisch), die im Innern des Hauses, *im Topf, ohne Gewürze und mit Wasser gekocht* werden oder die, was auf dasselbe hinausläuft, mit Dampf gekocht oder durch Hefe zum Aufgehen gebracht werden (Krapfen) – alles Verfahren, denen gemeinsam ist, dass sie *aufgehen* lassen; und zum anderen die grünen und frischen Nahrungsmittel, diejenigen (ebenso viele Bedeutungen des Wortes *azegzaw*, das mit dem Frühling und dem blühenden Korn assoziiert wird), die (wie es vor allem im Frühling geschieht) *roh* und/oder in der Schüssel (*bufraḥ*) *gebraten* oder *gegrillt* und stark gewürzt gegessen werden (so im Sommer).[86] Sollen alle Varianten berücksichtigt werden, genügt im Übrigen der weitere Hinweis, dass die erste Kombination für das Herbstende und den Winter charakteristisch ist, den Zeitraum des Feuchtwerdens des Trockenen, in dem von der befruchteten Erde wie der Frau gleichermaßen erwartet wird, dass sie anschwellen, während die zweite Kombination an den Frühling, eine Übergangszeit, und den Sommer, die Zeit des Austrocknens des Feuchten und des Bruchs mit dem Weiblichen, gebunden ist, in der alles, was sich im Innern entwickelt hatte, wie die Keime der Saubohnen und die Getreidekörner (*ufthyen*), sich nach außen hin öffnen und bei Tageslicht reifen muss.[87]

85 Diese Funktion wird manchmal explizit formuliert. Zum Beispiel sagt man, wenn Getreide gesät wird, ein zartes/weiches Nahrungsmittel müsse man »zart essen«.

86 Der Gegensatz zwischen dem Topf (*achukth*) und der Fladenschüssel (*bufraḥ*) resümiert die Serie der Gegensätze zwischen den beiden Jahreszeiten und den entsprechenden Küchen: Die Küche des Hauses, Gekochtes (Brei), Abendessen, gewürzlos; die Küche im Freien, draußen, Gebratenes, Morgenspeise, gewürzt. Von einigen wenigen Ausnahmen abgesehen (wenn ein Tier geschlachtet wurde oder man Kranke hat zum Beispiel), wird das allzu rare und allzu kostbare Fleisch nicht auf Holzkohle zubereitet. Im Sommer werden auf dem *kanun* Pfefferschoten und Tomaten gekocht. Wird das Fleisch im Herbst immer gekocht, so darf es im Frühling gebraten werden.

87 Die Nahrung des Winters ist, aufs Ganze gesehen, weiblicher, die des Som-

Ohne hier in eine der unzähligen Varianten wegen schlicht unendliche Beschreibung der Festmähler treten zu wollen, die jeweils die charakteristischen Eigenschaften der mit einer bestimmten Periode verbundenen Küche vereinigen, soll doch in aller Kürze an die Hauptmerkmale erinnert werden, ohne freilich vergessen zu wollen, dass die Speisen weniger durch ihre jeweiligen Zutaten als durch die *Behandlungsformen*, denen sie unterliegen – und die im eigentlichen Sinne die Küche definieren –, sich unterscheiden (so lassen sich gewisse »polysemische« Produkte zu recht verschiedenen Zeitpunkten des Jahres und in Verbindung mit den unterschiedlichsten Riten wiederfinden: darunter natürlich Korn, aber auch die Saubohne, die in den Speisen für die Feldbestellung, für den ersten Januartag, für die Ernte, für Begräbnisse usw. enthalten ist, oder das Ei, Symbol weiblicher Fruchtbarkeit, das aber auch in den Männlichkeitsriten am ersten Frühlingstag Verwendung findet). Ist das am Tag der Feldbestellung auf dem Feld eingenommene Mahl wie immer insgesamt männlicher, nämlich trockener, als die Nahrung im Herbst und Winter, die über Dampf *gekocht* wird, wie die anlässlich von Heiraten und Begräbnissen eingenommene, so besteht doch die Abendmahlzeit am ersten Tag der Feldbestellung entweder aus einem – variantenreichen – Brei oder einem grobkörnigen Couscous, jeweils ohne Gewürze, der dagegen manchmal ausdrücklich aus der Mahlzeit am ersten Frühlingstag verbannt ist, »weil die Ameisen sich wie die Grießkörner vermehren würden«, oder aus *ufthyen*, bestehend aus in Wasser oder über Dampf gekochten Getrei-

mers männlicher. Es versteht sich von selbst, dass in jeder Jahreszeit die weibliche Nahrung nur die feuchte »Ausführung« der entsprechenden männlichen Nahrung darstellt: Grundlage der Männernahrung bildet der Fladen (*aghrum*) und der Couscous; dem Gast, dem man Ehre erweisen möchte, dies Männliche schlechthin, wird wenigstens ein Couscous, etwa aus Gerste, serviert und wenn möglich mit Fleisch; niemals Suppe, und sei sie auch aus Weizen gemacht, oder gekochter Grieß. Die Frauennahrung, die flüssiger, weniger nahrhaft und geringer gewürzt ist, besteht aus Brei, Brühe, aus Soßen (*asqi*, das auch Eisenhärten und Vergiften bedeutet); ihr Couscous ist aus Gerste oder sogar Kleie und Mehl zubereitet (*abulbul*). Der Knabe isst von dem Augenblick an mit den Männern, wo er laufen und auf die Felder gehen kann. Hat er das Alter erreicht, wo er Ziegen hüten darf, ist ihm auch zu vespern erlaubt (eine Handvoll Feigen, ein viertel Liter Milch). In der Tat ist nichts einfacher als das: Die Grießklöße, die, da in Wasser gekocht, als weiblich erscheinen könnten, bilden zugleich das männlichste der weiblichen Nahrungsmittel und werden also, da sie zusammen mit Fleisch gegessen werden können, auch von Männern verzehrt; umgekehrt kann *berkukes*, eine männliche Nahrung, auch von Frauen gegessen werden, da er, im Gegensatz zum Couscous, der nur einfach mit Brühe übergossen wird, gekocht wird.

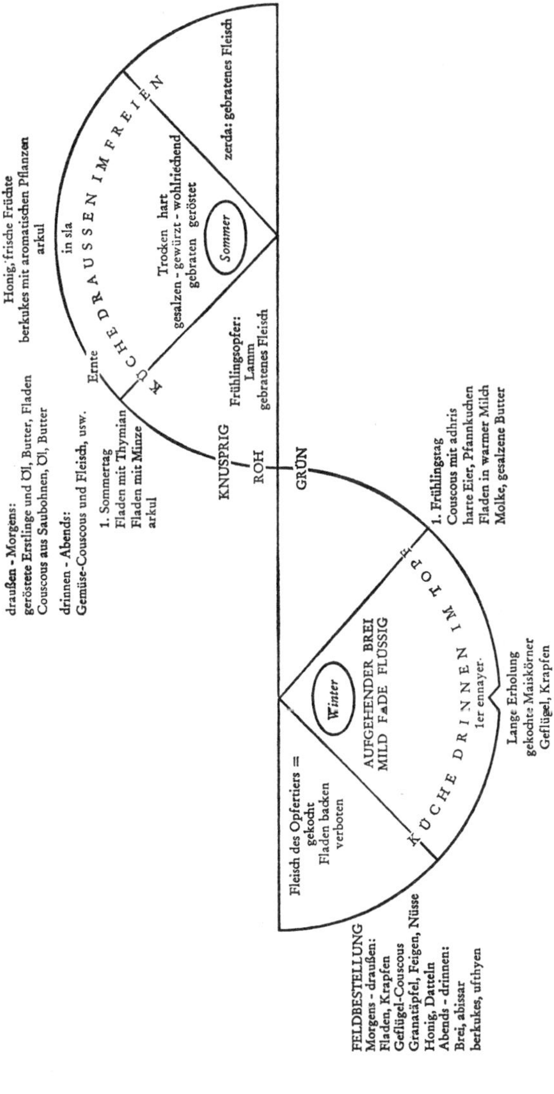

Schema 3: Der Kreislauf der Küche

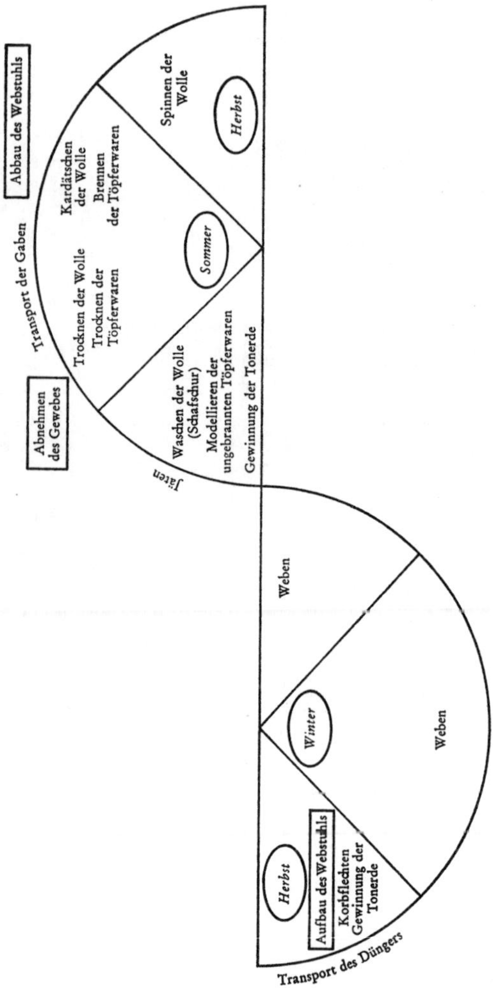

Schema 4: Der Kreislauf der Frauenarbeit

dekörnern und Saubohnen, dem Fruchtbarkeitssymbol schlechthin, oder schließlich aus *abisar*, einer Art dickflüssigem Püree aus Saubohnen, Speise des Todes und der Wiedergeburt (diese Speisen werden stets mit mehrkernigen Früchten serviert – Granatäpfel, Trauben, Nüsse – oder mit gezuckerten Produkten – Honig, Datteln usw., Symbole der »Leichtigkeit«). Während der ersten drei Tage der Feldbestellung ist die Zubereitung von Fladen, der trockenen und männlichen Nahrung schlechthin, untersagt; es heißt sogar, dass, wollte man gebratenes Fleisch essen (das des Ochsen von *thimechret* wird gekocht verspeist), die Ochsen sich das Genick brechen. Das typisch weibliche Geflügelfleisch ist im Couscous am ersten Tag des *ennayer* enthalten. Doch ohne Zweifel am deutlichsten zeigt sich das generative Schema der Winternahrung – das Trockene feucht/nass machen – am Vorabend des ersten Tags von *ennayer* (manchmal auch die »Alten« von *ennayer* geheißen): Bei dieser Gelegenheit ist es untersagt, etwas anderes als gekochte trockene Körner (vereinzelt mit Krapfen) zu essen, und das, bis man satt ist; man darf kein Fleisch (»um nicht die Knochen zu brechen«) und keine Datteln essen (»um nicht die Kerne aufzudecken«). Die Mahlzeit am ersten Tag des *ennayer* (*Achura*) ähnelt sehr stark derjenigen anlässlich der Eröffnung der Feldarbeiten: Immer sehr reichhaltig (Vorhersageritus), besteht sie aus *abisar* oder *berkukes* und Krapfen oder aus Brei.

Vom ersten Frühlingstag an treten neben die traditionellen Zutaten der Fruchtbarkeitsnahrung – über dem Dampf von *adhris*, Thapsia, gekochter Couscous, der aufbläht, harte Eier, mit denen der Hunger gestillt werden muss – geröstetes Getreide, das die Kinder im *Freien* (draußen) essen, rohe und grüne Erzeugnisse (Saubohnen und anderes Gemüse) sowie warme und gekochte Milch. Mit der Rückkehr des *azal* künden die in Milch getunkten trockenen Pfannkuchen und der mit Butter bestrichene Grieß von der trockenen und männlichen Nahrung des Sommers. Eine für die Festspeisen während der trockenen Jahreszeit charakteristische Zusammenstellung besteht aus Fladen und gegrilltem Fleisch, die mit oder ohne Couscous eingenommen werden können (je nachdem, ob auf dem Feld oder im Haus gespeist wird), während die normalen Speisen aus in Öl – trockenes und männliches Nahrungsmittel im Gegensatz zur feuchten und weiblichen Butter – getunkten Fladen und trockenen Feigen sowie, wenn im Haus gespeist wird, frischen Gemüsen, die geröstet gegessen werden, bestehen.

Die gleiche Struktur weist der »Kalender« der Frauenarbeiten auf, der den Kalender der landwirtschaftlichen Arbeiten ergänzt und ihm unmittelbar untergeordnet ist (vgl. Schema 4). Homolog der Feldbestellung und der Heirat, wird der Webstuhl, dessen zwei Streben und Kettenbäume – »vom

Himmel« und »von der Erde« oder vom Osten und vom Westen genannt – die Begrenzungen des Gewebes festlegen, so wie auch die zuerst gezogene Furche (*laʿlam*) das Feld begrenzt, im Herbst aufgebaut (»Die Feigen und die Brombeeren sind schon reif, und wir haben keine Decken«): Dem am Haus Vorübergehenden werden Feigen, Datteln und Mandeln angeboten; es wird eine Speise aus feuchter und aufblähender Nahrung (*tighrifin*, Krapfen) zubereitet.[88] Wie die Feldarbeit stellt das Weben die Vermählung von Himmel und Erde und das Gewebte ein Produkt der Geburt dar: *thanslith*, die Fruchtbarkeit (Wurzel NSL, beginnen, erzeugen); während die jungen Mädchen nicht über den Faden gehen dürfen, ist dies den verheirateten Frauen gestattet; das Überkreuzen der Fäden wird *erruḥ*, die Seele, genannt.[89] Das Weben ist eine Tätigkeit des Winters, die mit der trockenen Jahreszeit im Mai ihr Ende findet. Wie die letzte Garbe häufig vom Herrn des Feldes mit der Hand abgetrennt wird, so kommt es der Hausfrau zu, das Gewebe ohne Gebrauch von Eisen (Klinge, Dolch) und indem sie es vorher mit Wasser besprengt hat, abzunehmen. Es wird vermieden, diese gefährliche Operation im Beisein eines Mannes vorzunehmen: Da jede Geburt eine Wiedergeburt ist, könnte das Gesetz der Gleichwertigkeit des Lebens – eine »Seele« gegen eine andere – es bewirken, dass die Geburt des Gewebes mit dem Tod eines Menschenwesens bezahlt werden muss.[90] Ist das Gewebe einmal abgehängt, wird der Webstuhl abmontiert und bleibt für die Dauer »des Todes des Feldes« »brach« liegen.

Wolle und Töpferwaren, natürliche Produkte, weisen einen in etwa ähnlichen Kreislauf auf. Da aus der Erde hervorgegangen, partizipiert die Töpferware am Leben des Feldes: Der Ton wird im Herbst gesammelt, wird aber weder in dieser Jahreszeit noch im Winter, wenn die Erde befruchtet und gefüllt ist, sondern im Frühling bearbeitet. Die rohe Töpferware (*azegzaw*) trocknet langsam im Schatten (feucht/trocken), während die Ähren heranreifen (feucht-trockene Periode). Solange der Boden noch Ähren trägt, darf

88 Andere direkte Hinweise auf die Homologie: Das Weben geschieht von unten nach oben, das heißt von Westen nach Osten. Der Einschlag heißt *thadrafth*, die Kette *laʿlam; ʿalam* bedeutet die Kettenfäden in zwei Pelze trennen und das Feld durch den ersten Streifen/Furche, der/die es in Parzellen aufteilt, markieren, wobei die einen gerade und nach Osten, die anderen ungerade und nach Westen ausgerichtet sind.

89 Einen Faden so verknoten, dass er nicht mehr aufzubinden ist, bedeutet, ihm »die Seele verknoten«.

90 Aus demselben Grunde bringt man nie ein angefangenes Gewebe ins Haus (es sei denn, man opfert ein Hühnchen). Dieser Glaube wird auch angeführt, um zur Erntezeit ein Tieropfer zu rechtfertigen.

er nicht abgebrannt werden: Erst nach dem Einbringen der Ernte; wenn die nackte Erde nicht mehr arbeitet und das Feuer die Ähren nicht auszutrocknen droht (trocken-trockene Periode), kann man darangehen, bei offenem Himmel Feuer anzumachen (trocken/trocken).

Die Wolle, die seit dem Ende der Kälteperiode gerupft wurde, wird in dem Augenblick in Wasser und mit Seife gewaschen, da alles sich öffnet und aufgeht (*thafsuth*), schließlich in einem Topf gekocht, dem Korn und Saubohnen (*ufthyen*) beigegeben wurden, damit die Wollflocken wie die Ähren sich öffnen. Gleich der Töpferware trocknet die Wolle während der feucht-trockenen Periode. Gekrempelt wird sie in der Mitte der trockenen Periode, unter Zuhilfenahme eines solch typisch »trockenen« und männlichen Gerätes wie der Kardätsche, Symbol der Abtrennung und männlicher Rauheit, und ein Erzeugnis des Schmiedes, das auch bei den Männlichkeitsriten und den prophylaktischen Riten zur Vermeidung von Krankheiten des Abends und des Feuchten zur Anwendung kommt.[91]

Die Struktur des Tages (die natürlich die fünf muselmanischen Gebete mit einschließt) bildet ein weiteres, in ausgezeichneter Weise lesbares Produkt der Anwendung der gleichen Strukturierungsschemata. Die Tageszeit während der feuchten Jahreszeit gilt als nächtlich bis in den hellen Tag hinein,[92] sie erscheint wie die unvollendete Form der wahrhaft vollkommenen Tageszeit in der trockenen Jahreszeit, mit ihrem *azal*, dem typischsten Zeitraum des Tages, der der feuchten Jahreszeit fehlt (vgl. Schema 5).[93] In der

91 Diese verschiedenen Tätigkeiten bilden nur einen Teil der weiblichen Aktivitäten, die an allen mehr oder weniger abstrakten Serien, die man konstruieren kann, partizipieren: Damit erinnern sie daran, dass die praktische Einheit nicht die Serie (der landwirtschaftlichen Arbeiten oder der Übergangsriten zum Beispiel) darstellt, sondern eine Praxis, die in allen Bereichen ähnlich strukturierte Verhaltensweisen hervorbringt.

92 Während des Winters wird die Herde nur einmal am Tage auf die Weide geführt – am Morgen, nach dem Frühstück (*leftar*), beim *doḥa*, der Mitte zwischen dem Sonnenaufgang und der Tagesmitte – und dann am ausgehenden Nachmittag, beim *ʿasar*, dem dritten Gebet, wieder heimgeführt.

93 Die Jahreseinteilungen, und besonders »die Rückkehr von *azal*«, die die Trennung von trockener und feuchter Periode markiert, sind von klimatischen Bedingungen (relativ) unabhängig: Daher wird der den Wintertag auszeichnende Rhythmus sowohl in den kältesten Zeiten wie noch in den wärmsten und

trockenen Jahreszeit, von dem als »Rückkehr von *azal*« genannten Tage an, der die Schwelle zur trockenen Jahreszeit markiert und an dem die Hausfrau das Feuer auf den Hof holt und den *kanun* im *thimetbakhth* anzündet, wird abrupt in einen komplexeren Rhythmus übergegangen, der sich durch das zweifache Kommen und Gehen der Herde definiert:[94] Ein erstes Mal wird sie bei Tagesanbruch ausgeführt und in den Stall zurückgebracht, wenn die Hitze drückender wird, ungefähr um *doḥa* herum; sie wird ein zweites Mal hinausgeführt, wenn das Gebet zur Tagesmitte ertönt, *dohor*, und dann mit dem Anbruch der Nacht wieder zurückgeführt.

Wie das Jahr vom Herbst zum Sommer verläuft und von West nach Ost fortschreitet, geht der Tag (*as*) vom Abend zum Mittag: Obgleich sich das gesamte System auf den vollendeten Kreislauf einer ewigen Wiederkehr hin ausrichtet und der Abend wie der Herbst, das Alter wie der Tod auch eine Stätte der Zeugung und der Aussaat bilden, ist die Zeit doch auf einen Kulminationspunkt hin orientiert, den der Mittag, der Sommer oder das reife Alter repräsentieren (vgl. Schema 6). Die Nacht (*it*) in ihrem dunkelsten Abschnitt, die »Finsternis« in der »Mitte der Nacht«, die die Männer, Frauen und Kinder im heimlichsten Teil des Hauses nahe den Tieren, im geschlossenen und feuchten, kalten Ort der Geschlechtsbeziehungen, der mit dem Grab und dem Tod assoziiert wird, versammelt, steht dem Tag gegenüber und genauer dem, was

schon »frühlingshaften« Perioden der feuchten Jahreszeit aufrechterhalten. Noch deutlicher manifestiert sich die Autonomie der Logik des Rituals gegenüber den objektiven Bedingungen in der Kleidung, die, als ein *soziales Statussymbol*, nicht den Veränderungen der Jahreszeit unterworfen sein darf: Warum auch im Sommer seinen Burnus abnehmen, wenn ein Mann ohne ihn entehrt ist? Warum auch seine Wintersandalen nicht zum Mähen oder für eine Reise in die Berge anziehen, wenn man weiß, dass diese Sandalen den authentischen Bauern oder den guten Wanderer auszeichnen? Warum sollte die Hausfrau auf ihr traditionelles Deckenpaar verzichten, das, vorne zugehakt getragen, ihre Autorität und ihren Einfluss auf die Schwiegertöchter und ihre Herrschaft über die Hausführung symbolisiert – wie auch der Gürtel, an dem die Schlüssel für die Vorratsräume hängen?

94 Um eine Verspätung am Morgen anzuzeigen, sagt man: »Alle Schäfer sind gegangen.« Oder eine fortgeschrittene Stunde des Nachmittags: »Alle Schäfer haben *azal* schon zurückgebracht.« Faktisch ist die Heimkehr ins Dorf zu *azal* nicht mit absoluter Notwendigkeit geboten: Manche Schäfer verbringen diese Stunde im Schatten auf der Weide.

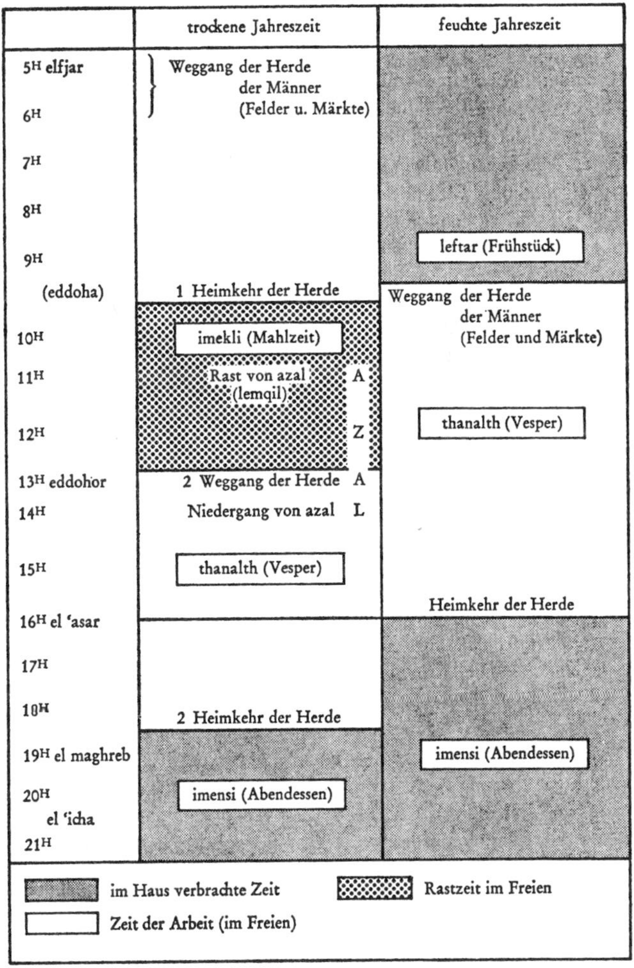

Schema 5: Die Tagesrhythmen im Winter und im Sommer

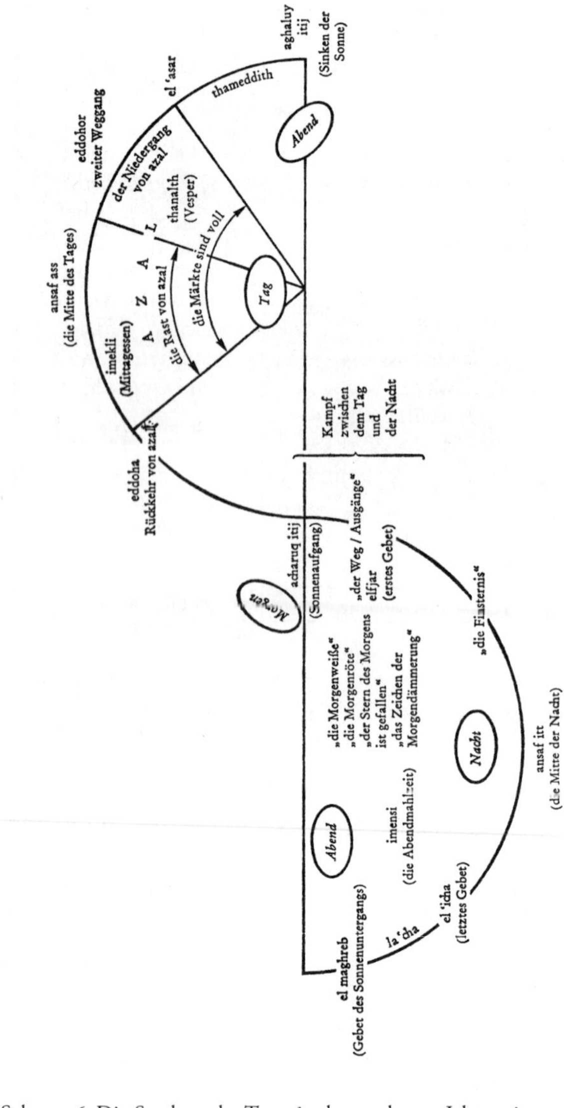

Schema 6: Die Struktur des Tages in der trockenen Jahreszeit

dessen Gipfelpunkt bildet, *azal*, dem Augenblick, da das Licht und die Wärme der im Zenit stehenden Sonne am stärksten ist. Das Band zwischen der Nacht und dem Tod, das sich in den nächtlichen Geräuschen – dem Heulen des Hundes oder Schakals ebenso wie dem Zähneknirschen der Schläfer, das dem der Toten ähnelt – in Erinnerung bringt, kommt in allen Verboten des Abends zum Ausdruck: Die untersagten Praktiken, wie sich zu baden oder einfach in Wasser herumzuplanschen – besonders in stehendem, dunklem, schlammigem und Übelkeit erregendem –, sich im Spiegel zu betrachten, sich über das Haar zu streichen, Asche zu berühren, könnten gleichsam die unheilvolle Last der nächtlichen Dunkelheit noch verstärken, wenn sie mit Substanzen, die alle die gleichen Eigenschaften aufweisen (und von denen einige, wie Haar, Spiegel, dunkles Gewässer, wechselseitig nahezu austauschbar sind) in Kontakt gebracht würden.

Der Morgen stellt einen Zeitraum des *Übergangs* und des *Bruchs* dar, eine *Schwelle*, der Sonnenaufgang einen Kampf zwischen Nacht und Tag: Es sind die Stunden vor Tagesanbruch, am Ende der Herrschaft der Nacht, in denen die Austreibungs- (*asfal*) und Reinigungsriten vollzogen werden und in denen mit der Nacht, dem Bösen/Schlechten und dem Tod gebrochen wird, um so »am Morgen aller Dinge (zu) stehen«, also offen zu sein für das Licht, das Gute und das Glück, die mit ihm verbunden sind (zum Beispiel wird zu dieser Stunde dem neidischen oder Opfer einer Übertragung – *aqlab* – gewordenen Säugling der Grieß übergeschüttet, den man am Vorabend in der Nähe seines Kopfes hingelegt hatte). Jeder Morgen ist eine *Geburt*. Der Morgen ist Ausgehen, ist *Eröffnung* und Öffnung zum Licht hin (*fataḥ*, öffnen, aufgehen, ist synonym mit *sebaḥ*, am Morgen aller Dinge stehen). Dies zunächst in einer ersten Bedeutung: Es ist der Augenblick, da der Tag geboren wird (*thallalith wass*, die Geburt des Tages), da das »Auge des Lichts« (*thit antafath*) sich öffnet und aus dem Haus und dem Dorf, die während der Nacht abgekapselt waren, Männer und Herden sich über die Felder ergießen. In der Bedeutung auch von Anfang/Beginn: Der Morgen ist Inauguralmoment, dem gegenüber die eines solchen Namens würdigen Männer es sich schuldig sind, präsent zu sein, an ihm teilzunehmen (*eṣbaḥ*, am Morgen präsent, am Leben sein). »Der Morgen«, so heißt es, »ist die Leichtigkeit«. Früh am Morgen aufstehen bedeutet, sich unter einen günstigen Stern zu stellen (*leftaḥ* die Eröffnung, das gute Vorzeichen). Wer früh aufsteht, ist vor Begegnungen geschützt, die Unglück bringen; wer sich dagegen als Letzter auf den Weg macht, trifft als Begleiter nur noch den – mit der Nacht assoziierten – Einäugigen (wie den Blinden), der das volle Tageslicht abwartet, um aufzubrechen, oder den Lahmen, der sich dahinschleppt. Sich beim ersten Hahnenschrei erheben heißt, sich unter den Schutz des Morgenengels zu stellen und ihm Dank abzustatten, heißt, wenn man so sagen darf, sich in den Stand der Gnade zu stellen, heißt gleichsam, zu erreichen, dass die »Engel an seiner Statt und für ihn entscheiden«. Tatsächlich stellt der Morgen, diese durch die Rückkehr des Lichts und des Lebens gesegnete Inauguralzeit, den günstigsten Zeitpunkt dar, um etwas zu entscheiden und *anzugehen*: Die Eröffnungsriten, die die Tage des Übergangs markieren, werden bei Tagesanbruch praktiziert – also ebenso das Wecken der Ochsen in der Wintersonnenwende wie die Erneuerungsriten am Ersten des Jahres (*ennayer*), der Aufbruch des Schäfers, um am ersten Frühlingstag Pflanzen zu suchen, oder das Herausführen der Herde zur Rückkehr von *azal* usw.

Der Morgen – ebenso wie die im Landwirtschaftsjahr oder im Leben des Menschen homologen Perioden, Frühling und Kindheit – wäre, da er doch den Sieg des Lichts, des Lebens, der Zukunft über die Nacht, den Tod und die Vergangenheit markiert, ein im umfassendsten Sinne vorteilhafter Zeitraum, wäre ihm nicht, kraft seiner Position, die furchtbare Macht verliehen, die Zukunft, an der er teilhat und, mehr: die er als das die Serie eröffnende Glied anführt, auch determinieren zu können:[95] Eigentlich wohltätig, ist er doch auch – weil in der Lage, das sowohl gute wie böse Geschick des Tages zu bestimmen – als Virtualität von Unglück gefährlich. Verweilen wir kurz bei dieser Logik der Magie: Denn ohne Zweifel ist sie nie vollkommen begriffen, dafür nur allzu gut zur Hälfte, ausgehend nämlich von jener gleichsam magischen Welterfahrung, die, etwa unter der Wirkung einer emotionalen Stresssituation, selbst noch den Individuen sich aufdrängt, die dank ihren materiellen Existenzbedingungen und einer institutionellen Sphäre, die jene abzuhalten vermag, gegen eine solche »Regression« am um-

95 Zum Beispiel riskiert der, der am ersten Frühlingstag nicht frühzeitig aufsteht, während des Jahres zu sterben; wer sich am ersten Sommertag früh erhebt, wird das ganze Jahr über früh aufstehen.

fassendsten gefeit zu sein scheinen. Wird die Welt gleich einem Schicksalssystem[96] wahrgenommen und dessen Initialpunkt als Ursache, dann leitet das gegenwärtige Tun und Geschehen zwangsläufig das zukünftige Tun und Geschehen. In Form von Ahnungen und Vorzeichen ist das Zukünftige je schon im Gegenwärtigen beschlossen.[97] Diese Vorankündigungen dürfen nun paradoxerweise nicht nach Art eines Verhängnisses entziffert werden, um sich ihm schließlich zu unterwerfen (wie die Gefühlsregung, die sich der in der Gegenwart sich ankündigenden Zukunft beugt), sondern als Zeichen, die es zu verändern gilt – ein nur scheinbarer Widerspruch, da gerade im Namen der Annahme des Schicksalssystems der Versuch unternommen wird, die durch die Gegenwart sich ankündigende Zukunft derart *neu zu gestalten*, dass darin eine neue Gegenwart Form gewinnt. Man schlägt die Magie mit der Magie, das magische Wirken der Gegenwartsahnung durch ein Verhalten, das den Initialpunkt zu verändern trachtet: im Namen des die Tugend der Vorahnung ausmachenden Glaubens, dass das System seinen Initialpunkt als Ursache anerkennt.

Der Morgen ist jener Zeitpunkt, da alles zu einem Zeichen, einem Hinweis und einer Ankündigung wird. Wer eine Person trifft, die Milch trägt, sieht darin ein gutes Vorzeichen; wer, noch im Bett liegend, das Gekreische von Streitenden hört, sieht Unheil herannahen. Die Zeichen (*esbuḥ*, das erste Treffen am Morgen, mit gutem oder schlechtem Vorzeichen), vermittels deren sich die bösen Kräfte ankündigen, werden eingehend geprüft; man bemüht sich, ihr Wirken kraft Beschwörung abzuwehren: Wer bei Tagesanbruch einem Schmied, einem Lahmen oder Einäugigen, einer Frau mit einem leeren Schlauch oder einer schwarzen Katze über den Weg läuft, »muss seinen Morgen noch einmal begehen«, muss in die Nacht zurückkehren, indem er in umgekehrter Richtung über die Schwelle tritt, muss noch einmal schlafen und neuerlich seinen »Ausgang« vollziehen. Auf dem Spiel steht der ganze

96 Zu diesem Begriff vgl. T. Vogel, *Théorie des systèmes évolutifs*, Paris: Gautier-Villars, 1965, S. 8-10.

97 Diese schon gegenwärtige Zukunft ist die der Gemütsbewegung, die das Zukünftige gegenwärtig ausspricht (»Ich bin tot«, »Ich bin erledigt« usw.), da sie die Zukunft in der Gegenwart abliest – in Form von Potentialitäten, die der unmittelbar wahrgenommenen Gegenwart objektiv eingeschrieben sind (und nicht, wie Sartre möchte, in Form des Möglichen, das explizit in einem Entwurf, das heißt in einem Akt der Freiheit, gesetzt wird – womit die Gemütsbewegung zwangsläufig zu einem unredlichen Verhalten gestempelt wird).

Spiele der Schäfer zur Stunde des Azal
(Aïn Aghbel)

Tag (zuweilen sogar das ganze Jahr oder das ganze Leben, wenn es sich um den Morgen eines Eröffnungstages handelt), wenn es einem nicht gelingt, die unheilvollen Züge des Zufalls zu vereiteln. Da die magische Wirksamkeit der Worte und Dinge sich hier mit ungeheurer Intensität kundtut, drängt sich auch zwanghafter und stärker als sonst der Gebrauch von Euphemismen auf, durch die die unheilvollen Worte vermieden werden sollen: Von allen tabuisierten Wörtern sind am Morgen jene die furchtbarsten, die Akte des Abschließens und Momente des Beendens zum Ausdruck bringen, wie schließen, auslöschen, abschneiden; etwas schwächer: beenden, ausschöpfen, weggehen, ausgießen, denen eigentümlich ist, eine vorzeitige Unterbrechung oder Zerstörung zu »evozieren«; desgleichen wird man alles vermeiden, was die Leere (wie »im Vorratsraum sind keine trockenen Feigen mehr« oder schlicht und einfach das Wörtchen »nichts«) oder die Sterilität evozieren könnte.[98]

Azal, und im Besonderen *thalmaṣth uzal*, die Mitte von *azal*, der Zeitpunkt, wo die Sonne im Zenit steht, Mittag, der Augenblick, wo »*azal* am wärmsten ist« (*iḥma uzal*), der helle, lichte Tag, hebt sich von der Nacht gleichermaßen wie vom Morgen ab, dem Morgengrauen, dem nächtlichen Teil des Tages.[99] Der wärmsten, trockensten und hellsten Jahreszeit homolog, ist er der Tag des Tages, das Trockene des Trockenen, der die charakteristischsten Merkmale der trockenen Jahreszeit gleichsam zu höchster Blüte und Macht führt. Die männliche Zeit schlechthin, ist er der Zeitraum, wo die Märkte, Wege und/oder Felder voll (von Männern) sind, wo die Männer draußen, im Freien sind, ihren Aufgaben als Männer nachgehend.[100] Nicht selten, dass die Männer bis zum Schlaf von *azal* (*lamqil*) schlummern, die ideale Grenze männlicher Rast, wie die Felder die Grenze der üblichen Schlafplätze darstellen, so der Dreschplatz, trockenste und männlichste Region des dem Haus benachbarten Raumes; es wird verständlich, warum *azal*, der an sich am Trockenen und Sterilen partizipiert, in starkem Maße mit der Öde (*lakhla*) der abgeernteten Felder assoziiert wird.

Eddohor, das zweite Gebet, fällt in etwa mit dem Ende der Rast von *azal* zusammen: Es beginnt der »Niedergang von *azal*«, das Abnehmen der starken Hitze (*azghal*) und der Zeitpunkt, da die Herde ein zweites Mal auf die Weiden geführt, die Arbeit neuerlich in Angriff genommen wird. Mit dem dritten Gebet, *el 'asar*, kommt *azal* zum Abschluss und fängt *thameddith* (oder *thadugwath*) an: Die Stunde, wo »die Märkte sich geleert haben«, auch der Zeit-

98 Man weiß, dass man in Gegenwart von jüngeren Kindern, kürzlich beschnittenen Knaben oder jüngst Verheirateten – alles Kategorien, deren Zukunft, also Wachstum, Männlichkeit und Fruchtbarkeit noch ungewiss ist – seine Zunge hüten muss; auf die gleiche Weise können zahlreiche Tabus und Verbote des Frühlings als praktische Euphemismen verstanden werden, die darauf abzielen, jegliche Gefährdung der Fruchtbarkeit der arbeitenden Natur zu unterbinden.

99 Für das *tarurit wazal* (die Rückkehr von *azal*) genannte Fest unterscheidet man den kleinen *azal*, die Stunde, in der die Frauen und Kinder von den Feldern heimkehren (gegen zehn Uhr), und den großen *azal* gegen elf Uhr, wenn die Männer zurückkehren.

100 So geschieht es, dass bei dem Ritus, der die Heirat eines jungen Mädchens begünstigen soll, die Zauberin die Lampe (*mesbaḥ*), Symbol für den gesuchten Mann, zur Stunde von *azal* anzündet.

punkt, wo die Verbote des Abends in Kraft treten. Das Untergehen der Sonne (*aghaluy itij*), die »sich nach Westen neigt«, gibt in gewisser Weise das Paradigma ab für alle Formen des Untergangs und Verfalls, im Besonderen die des Alters, und aller Arten politischen Niedergangs (*yeghli itij-is*, seine Sonne [sein Stern] ist gefallen) sowie des physischen Verfalls (*yeghli lwerg-is*): Gen Westen, gen Abend ziehen (*ghereb*, im Gegensatz zu *cherraq*, dem Morgen zugehen) bedeutet der Dunkelheit, der Nacht, dem Tod entgegengehen, vergleichbar dem Haus, das, gehen seine Türen nach Westen, nur die Finsternis empfangen kann. Wie wir freilich noch sehen werden, fällt in der zirkulären Zeit des Mythos der Okzident mit dem Orient zusammen – und ist der Tod zugleich Wiedergeburt.

Man könnte, in einer Fortführung der Analyse der Anwendungsfelder des Systems der generativen Schemata, eine Art synoptisches Schema des Lebenszyklus erstellen, wie er durch die Übergangsriten strukturiert wird: die Geburt (einschließlich der mit der Durchschneidung der Nabelschnur mittels der *qabla* verbundenen Praktiken und der Riten zum Schutz des Neugeborenen vor Behexung); die Namensgebung am dritten oder siebten Tag; der erste Ausgang der Mutter mit dem Kind am vierzigsten Tag (mit, beim Vorübergehen, allen Riten des sogenannten »Bruchs der Verbindung des Monats«, *thuksa an-tsucherka wayur*, vollzogen am dritten, siebten, vierzehnten, dreißigsten und vierzigsten Tag, um »die Verbindung zum Monat abzubrechen«, das Böse auszutreiben und fortschreitend das Kind von der Welt der Frauen zu trennen); die »ersten Ausgänge« (im Hof, außerhalb der Familie); das erste Haareschneiden, ein Reinigungsritus, der häufig mit dem ersten Besuch des Marktes verbunden ist; schließlich die Beschneidung, die Heirat und das Begräbnis. Faktisch ist der Kreislauf der Übergangsriten in mehr als einer Hinsicht dem Agrarkalender, der freilich, wie wir sahen, selbst nur eine Folge von Übergangsriten wiedergibt, untergeordnet.

Zunächst einmal deshalb, weil die Übergangsriten in zahlreichen Fällen mehr oder weniger explizit mit einem Moment des Jahres verbunden sind – der Homologie wegen, die sie mit dem jeweiligen Zeitpunkt aufweisen: Die Geburt etwa steht unter guten Vorzeichen, wenn sie zu *lalḥlal* (oder am Morgen) eintritt, unter bösen, wenn sie auf *ḥusum* oder *insla* (oder in den Nachmittag zwischen *'asar* und *el maghreb*) fällt; die Beschneidung ist zum

Herbstanfang, nicht aber im Winter angebracht; und *el ʿazla gennayer* ist der für das erste Haareschneiden günstige Zeitpunkt; für die Heirat ist der Herbst und der Frühling (nach *el ʿazla*) angemessen, sie ist ausgeschlossen am ersten Tag des Jahres, an *ḥusum*, *nisan* und während der Monate Mai und Juni. In den Frühlingsriten (vor allem denen des ersten Frühlingstages und der »Rückkehr von *azal*«) kommt eine Symbolik zum Tragen, die gleichermaßen auf das noch »gebundene, gefesselte, geknebelte« unreife Korn (*iqan*) wie auf die Glieder des Säuglings, der noch nicht gehen kann (*aqnan ifadnis*) und gewissermaßen noch der Erde verhaftet bleibt, anwendbar ist.[101] Was diejenigen Übergangsriten betrifft, die an keine bestimmte Periode des Jahres gebunden sind, so verdanken sie ihre Eigenschaften zum Teil den rituellen Besonderheiten der Periode, in der sie praktiziert werden – womit das Wesentliche der beobachteten Varianten erklärt wäre. So taucht etwa das wohltätige Wasser von *nisan*, ein notwendiges Element in den Riten dieser Periode (wie die Milch des ersten Melkens im Frühling oder die Ähren der letzten Garbe im Sommer usw.), als supplementärer Teil auch in den Übergangsriten auf, die in diese Periode fallen.

In einem tieferen Sinne ist es jedoch die gesamte menschliche Existenz, die, als Produkt des gleichen Systems von Schemata, sich homolog zum Landwirtschaftsjahr und zu den anderen großen temporalen »Serien« aufbaut. So steht die Zeugung (*akhlag*, Erschaffung) offenkundig mit dem Abend, dem Herbst und dem nächtlichen und feuchten Teil des Hauses in Verbindung. Desgleichen korrespondiert die Schwangerschaft dem Leben des Samenkorns unter der Erde, also den »Nächten« (*elyali*): Die Tabus der Dickheit (Schwangerschaft) und der Fruchtbarkeit sind jene des Abends und der Trauer(zeit) – sich bei Anbruch der Nacht in einem Spiegel zu betrachten; gleich der im Frühling aufgegangenen Erde partizipiert die schwangere Frau an der Welt der Toten (*juf*, das den Bauch der schwangeren Frau bezeichnet, bedeutet des Weiteren auch den Norden, der der Nacht und dem Winter homolog ist). Die Schwangerschaft wird wie die Keimung dem Kochen im Topf gleichsetzt: Die Wöchnerin bekommt die gekochte Nahrung

101 Man könnte derart fortfahren und prophylaktische Riten wie die »Trennung des Monats« und die Trennung von *ennayer* oder das erste Haareschneiden und die Austreibung von *maras* zusammenbringen, oder auch all die Heilpraktiken, deren Objekt das Kind ist (*asfel*), angefangen mit dem während *asifedh* vollzogenen Opfer von Spatzen usw.

des Winters, der Toten und der Feldarbeiten, speziell *abisar*, serviert (die Speise für die Toten und bei den Begräbniszeremonien), die, außer bei dieser Gelegenheit, von den Frauen sonst nie zu sich genommen wird, nämlich in Wasser gekochter grober Couscous (*abazin*), Pfannkuchen, Krapfen und Eier. Die Entbindung weist Assoziationen auf zur »Eröffnung« des Winterendes, und man findet auch die Verbote des Abschließens wieder, die während dieser Jahreszeit in Kraft sind (die Beine übereinanderschlagen, die Hände oder Arme überkreuzen, Armreifen, Ringe usw. tragen). Die Homologie zwischen dem Frühling, der Geburt und dem Morgen, diesen Inauguralperioden der Ungewissheit und des Wartens, manifestiert sich unter anderem im Übermaß der zu dieser Zeit praktizierten prognostischen Riten. Die Ernte, wenn auch als vorzeitige Vernichtung (*anʿadam*) beschrieben, stellt doch keinen Tod ohne Nachkommenschaft dar (*maʿdum*, der ohne Nachkommen gestorbene Junggeselle), und man erwartet von der Magie, die widerspruchsfrei die Vorteile widersprüchlicher Handlungen zu kumulieren gestattet, das Wiederaufleben, die Wiedergeburt durch einen und in einem neuen Befruchtungsakt. Desgleichen ist das Alter, dem Westen (*el gharb*), der Dunkelheit, dem Sonnenuntergang und dem Tod – der schlechthin unheilvollen Richtung – zugekehrt, aber auch nach Osten, auf ein Wiederaufleben in einer neuen Geburt, ausgerichtet. Seinen Abschluss findet der Kreislauf mit dem Tod, also im Westen, allein für den Fremden (*aghrib*), den Mann des Westens, den Exilierten, der keine Nachkommen hat (*anger*) und dessen Grab, gleichsam als exemplarische Verwirklichung gänzlichen Vergessens und totalen Verschwindens, in den Riten der Austreibung des Bösen sehr oft zum Gegenstand gerät: Innerhalb eines Universums, worin die Zugehörigkeit zur Gruppe impliziert, dass man kraft seiner Vorfahren mit den Ahnen in Verbindung steht und kraft seiner Nachkommen »zitiert« oder »zu neuem Leben gerufen« (*asker*) wird, stellt der Tod des Fremden die einzigartige Form absoluten Todes dar.[102]

102 Auf dem Friedhof eines jeden Dorfes findet sich ein Grab, das mit Tonscherben übersät ist und dessen euphemistischer Name bisweilen »das letzte Grab« lautet (selbst wenn es sehr alt sein sollte). Es ist das Grab des Fremden, auf das man das Übel überträgt, von dem die Säuglinge oder die Kinder befallen sind: Dorthin begeben sich die Frauen mit einem vollen Wasserkrug und einem Ei, das sie verspeisen, und nachdem sie den geopferten Gegenstand oder das Opfer

Die verschiedenen Generationen nehmen in dem vorerwähnten Zyklus unterschiedliche Positionen ein – sie sind diametral entgegengesetzt bei den aufeinanderfolgenden Generationen, so bei Vater und Sohn (da der Erste zeugt, während der Zweite gezeugt wird, oder der Vater ins Alter kommt, wenn der Sohn in die Kinderjahre kommt), und identisch bei den alternierenden Generationen, so beim Großvater und dem Enkel (vgl. Schema 7). Dergestalt sieht eine Logik aus, die, indem sie aus der Geburt eine Wiedergeburt macht, den Vater dazu bringt, seinem ersten Sohn, wann immer möglich, den Namen seines eigenen Vaters zu geben (benennen heißt auch *asker*, wieder auf die Beine bringen, »zu neuem Leben erwecken«). Einen derartigen homologen Zyklus kennt auch das Feld – den zweijährigen Fruchtwechsel: Wie der *Generationszyklus* mit dem Tode und dem Wiederaufleben von A endet, wenn B dann C zeugt, so schließt sich auch der Zyklus des Feldes, wenn das Feld A, das während der Zeitspanne, die das Leben des befruchteten Feldes dauert, auf seine Wiedergeburt harrend brachgelegen hat, durch die Feldbestellung und die Aussaat »zu neuem Leben erweckt« wird, also in dem Augenblick, wo das Feld B wieder zu Brachland wird.

Es ist kein Zufall, dass für die griechischen oder chinesischen Exegeten die Schwierigkeiten dann beginnen, wenn diese sich bemühen, »Serien« – im Sinne einer asymmetrischen, transitiven und »zusammenhängenden« Beziehung, wie Russell sie in seiner *Introduction to Mathematical Philosophy* genannt hat[103] – zu konstruieren

(ebenfalls *asfel* genannt), worauf das Übel »fixiert« wurde, verbrannt oder vergraben haben, lassen sie die Eierschalen und den Krug liegen. Um den Säugling im Mutterleib »einzuschläfern«, nimmt man einen Dreifuß (*elkanun wuzal*, der *kanun* aus Eisen), dreht ihn sieben Mal in die eine und weitere sieben Mal in die andere Richtung um die Hüfte der schwangeren Frau und vergräbt ihn dann im Grab des Fremden, dieses einen, der wirklich tot ist.

103 Zum Beispiel kann die Geburt, entsprechend ihrer Geltung als Eröffnung und Beginn, je nach Gelegenheit und Bedarf der rituellen Praxis entweder mit der Geburt des Jahres – die wiederum entsprechend dem Anlass auf verschiedene Zeiten fallen kann – oder mit der Geburt des Frühlings innerhalb der Ordnung des Jahres, mit der Morgendämmerung, wenn es um den Tag geht, oder mit dem Erscheinen des Neumondes, wenn es sich um den Monat handelt, und schließlich mit dem Aufgehen des Samenkorns verknüpft werden, wenn es um dessen Zyklus geht; alle diese Beziehungen schließen allein den Tod aus, zu dem sie in Gegensatz stehen, und werden, sei es mit der Ernte, wie beim Lebenszyklus des Feldes, sei es mit der Befruchtung als Wiedergeburt, das heißt mit der Geburt des Jahres, wie beim Samenkornzyklus, identifiziert usw.

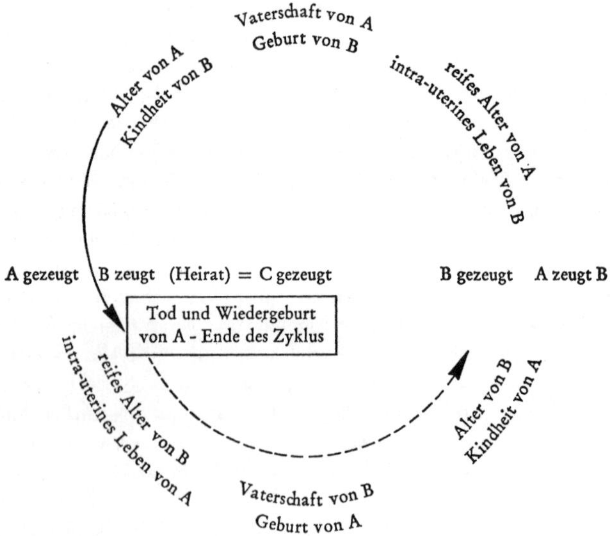

Schema 7: Der Reproduktionszyklus

und übereinanderzulegen: Wird versucht, die Identifizierung der verschiedenen Serien über einen spezifischen Feinheitsgrad hinaus weiterzutreiben, das heißt noch hinter die fundamentalen Homologien (in Schema 8 erfasst), dann nehmen die Schwierigkeiten systematisch zu – daran erinnernd, dass die wirkliche Strenge nicht aufseiten jener Analyse liegt, die dieses System über seine Grenzen hinaustreiben will, und dies kraft des Missbrauchs der eigentümlichen Macht des Diskurses, das Schweigen der Praxis zum Reden zu bringen, und mit der Magie der Schrift spielend, die die Praxis und die Rede der Dauer entreißt. Die rituelle Mimesis vollzieht sich allein dank der Anwendung gleicher Schemata des Denkens und Handelns auf derart unterschiedliche Bereiche wie die Momente des Tages und die Raumfelder, den Landwirtschaftskreislauf und den biologischen Reproduktionszyklus: Erst wenn die praktische Metapher – ein Vorgang der Übertragung von Schemata, der jenseits des Diskurses stattfindet – zur Metapher oder Analogie geworden ist, kann man sich so mit Platon fragen, »ob das Land es dem

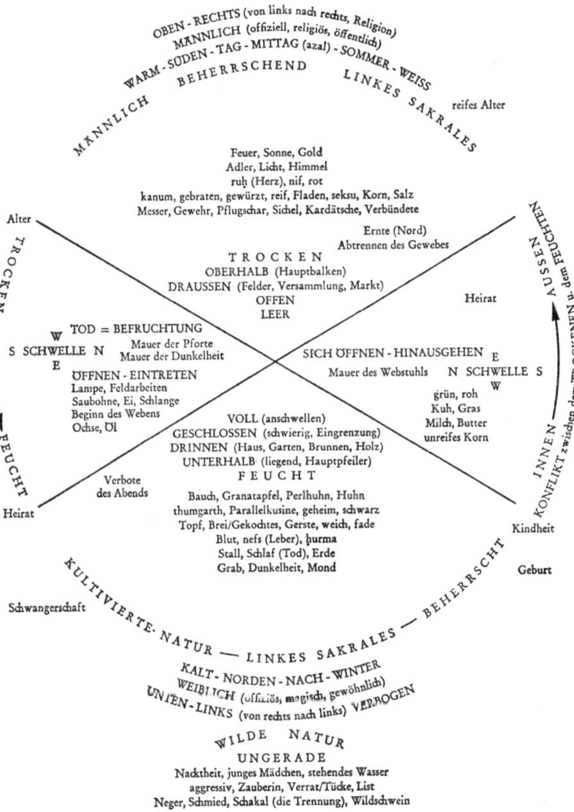

Schema 8: Synoptisches Schema der wesentlichen Gegensätze

Weibe nachgetan in Schwangerschaft und Erzeugung (oder) das Weib dem Lande« (*Menexenos*, 238 a).

Das Ignorieren der Wahrheit der Praxis als gelehrte Ignoranz liegt unzähligen theoretischen Irrtümern zugrunde, von denen gewiss nicht der am geringsten ist, welcher am Ursprung der okzidentalen Philosophie liegt – und den noch die anthropologische

Wissenschaft endlos wiederholt.[104] Ritus und Mythos, die einst im Modus des Glaubens »praktiziert« wurden und die, als kollektive Instrumente eines symbolischen Handelns gegenüber der natürlichen wie sozialen Welt, eine praktische Funktion zu erfüllen hatten, wird nun von der gelehrten Reflexion eine Funktion zugewiesen, die nicht mehr die ihre, wohl aber die der Gebildeten ist. Die langwierige Entwicklung, die, wie Cornford und die Schule von Cambridge lakonisch formulierten, »from Religion to Philosophy« führte, das heißt von der Analogie als praktischem Schema rituellen Handelns zur Analogie als Reflexionsgegenstand und rationaler Denkmethode – eine Entwicklung, die im Übrigen schon vor Hesiod einsetzte, da schon bei Homer einige esoterische Neuinterpretationen ursprünglicher Mythen und Riten zu finden sind –, geht Hand in Hand mit einer Transformation der Funktion, die ihnen innerhalb ihrer Praxis die interessierten Gruppen zuweisen.[105] Gegenstand einer gelehrten Reflexion wird der My-

104 Die Anthropologie, unfähig, in der mythisch-rituellen Logik einen speziellen Fall der praktischen Logik zu erkennen, über die die archaischen Gesellschaften keineswegs als einzige verfügen und die als solche analysiert werden müsste, außerhalb des normativen Rahmens der logischen Logik, *die gemacht ist, um jene zu zerstören und nicht zu beschreiben*, ist in einer unüberschreitbaren Antinomie von Andersheit und Identität, »primitiver Mentalität« und »wildem Denken« gefangen, deren Modell freilich schon Kant in seinem *Anhang zur transzendentalen Dialektik* vorgegeben hat: Je nach Interesse, das sie vorwärtstreibt, gehorcht die »Vernunft« entweder dem »Prinzip der Spezifikation«, das sie dazu führt, die Unterschiede zu suchen und hervorzuheben, oder dem der »Kontinuität« oder schließlich dem der »Homogenität«, das sie dazu bringt, die Ähnlichkeiten festzuhalten; und kraft einer Illusion, die ihr eigentümlich ist, situiert sie das Prinzip ihrer Urteile nicht in sich selbst, sondern in der *Natur* ihrer Gegenstände.

105 Eine immanente Analyse der Struktur eines Systems symbolischer Relationen ist dann erst fundiert, wenn sie sich einer soziologischen Strukturanalyse des Systems der gesellschaftlichen Beziehungen der symbolischen Produktion, Zirkulation und Konsumtion unterordnet, das heißt der Analyse des Systems, in dem jene Beziehungen erzeugt und die gesellschaftlichen Funktionen bestimmt werden, die sie in einem jeweiligen Zeitpunkt objektiv erfüllen: Die tradierten Riten und Mythen erhalten ihrer Tendenz nach vollkommen differente Funktionen, je nachdem, ob sie zum Objekt rationalisierender oder routinisierender »Lektüren« bei den Gebildeten, zum Stoff von Neuinterpretationen, oder besser, von »inspirierten Reaktivierungen« bei den Magiern und deren Initiationslehren oder endlich zum Objekt rhetorischer Übungen bei den ersten professionellen Professoren, den Sophisten nämlich, werden. Daraus folgt, dass jeder

thos erst dann, wenn er keine andere Funktion mehr erfüllt als die, welche er in den Konkurrenzbeziehungen zwischen den Gelehrten erhält, die ihn allemal nur in Bezug auf Fragestellungen und »Lesarten« früherer oder zeitgenössischer Interpretatoren examinieren und deuten: Dann erst weist er in der Tat die Tendenz auf, das zu werden, was er – freilich implizit oder praktisch – je schon war: ein System von Lösungen für kosmologische und anthropologische Probleme, wie es die gebildete Reflexion darin zu enthüllen wähnt und das sie in Wirklichkeit voll und ganz erst durch einen *Irrtum der Lektüre*, der einem jeden, der von ihrer Wahrheit als gebildete *Lektüre* absieht, innewohnt, existent werden lässt.[106]

Die Probleme, die die sich entfaltende Philosophie selbst und eigenmächtig zu stellen wähnt, werden ihr in Wahrheit durch das unanalysierte Verhältnis zu einem Gegenstand aufgezwungen, der

methodisch korrekte Versuch zur Rekonstruktion des primären Sinns einer mythischen oder rituellen Tradition die Analyse der Deformationen umfassen muss, denen sie von Beginn an durch die aufeinanderfolgenden Interpretationen ausgesetzt war: Die alten wie die jüngeren literarischen Zeugnisse vermitteln uns nur eine mythologische Legende ähnlich so vielen anderen, worin die menschlichen Leidenschaften und die Launen der Götter den Platz der antiken rituellen Voreingenommenheiten besetzt halten. Die allzu schwer zu »humanisierenden«, zu »rationalisierenden«, auch zu »stilisierenden« Einzelheiten sind schlicht und einfach verschwunden: Weder Appolonios, Ovid, Valerius Flaccus noch Statius sprechen noch von der *Dysosmie*, deren Erinnerung sich nur dank der Scholastiker und anderer Gelehrter bis in unsere Tage erhalten hat. Kurz, wir spüren, dass für all diese Dichter das Interesse für die Legende woanders ansetzt denn in ihrer Entsprechung mit den obskuren Riten eines »jahreszeitlichen Festes« (G. Dumézil, *Le crime de Lemniennes. Rites et légendes du monde Egéen*, Paris: Gouthner, 1924, S. 63-71).

106 Wie Bateson zeigt, vgl. *Naven*, Stanford: Stanford University Press, 1958, 1. Aufl. 1936, kann die mythologische Bildung zu einem Hilfsmittel und in gewissen Fällen auch zum Einsatz extrem komplexer Strategien werden (was neben anderem erklärt, warum man sich die ungeheure Anstrengung der Memorisierung auferlegt, die notwendig ist, um jene zu beherrschen) – und dies selbst noch in Gesellschaften, die über keinen hochentwickelten und differenzierten Religionsapparat verfügen. Daraus folgt, dass man von der Struktur des mythischen Corpus (mögen es stereotype Formeln oder Verkettungsgesetze von Eigennamen sein) und von den Transformationen, die ihn im Laufe der Zeit erschüttert haben, nicht durch eine strikt immanente Analyse angemessen Rechenschaft ablegen kann, insofern diese von den Funktionen absieht, die jener im Rahmen von Konkurrenz- oder Konfliktverhältnissen für die ökonomische oder symbolische Macht leistet.

jene niemals als solche aufgeworfen hat. Nichts anderes gilt von ihren spezifischen Denkweisen: Die Vorsokratiker vermöchten sicherlich nicht solch eine Faszination auf gewisse Philosophen auszuüben – die auf praktische Weise nie über die Mittel verfügen, sie wirklich zu verstehen –, gäben sie nicht jene Modelle an die Hand, die am vollkommensten angepasst scheinen der (durch Heidegger »illustrierten«) Tradition des Spiels mit den Worten gleichen Ursprungs, das eine *doppelt determinierte* Beziehung zwischen der linguistischen und der mythologischen (oder ideologischen) Wurzel herstellt, oder jener anderen eher Hegel'schen Tradition der Etymologie, die als ein Mittel erachtet wird, sich die durch die Arbeit der historischen Vernunft akkumulierten Schätze der Vergangenheit wieder anzueignen.[107] In der Tat besteht die Eigentümlichkeit der gebildeten Reflexion darin, das Prinzip der konfus in der sinnlichen Ordnung gespürten Beziehungen in die Beziehungen hineinzuverlagern, die sich auf der Ebene des *Buchstabens* manifestieren (Homophonie, Homographie, Homonymie, Paronymie, etymologische Verwandtschaft usw.). Keinem entginge die Nichtigkeit der Metaphysik, bildeten diese »Scheinsätze«, wie Carnap formuliert, nicht auch ein freilich »inadäquates Ausdrucksmittel für das Lebensgefühl«.[108] Den Ausspruch Platons »Der Philosoph ist ein Mythologe« heißt es beim Wort zu nehmen. Die logische Kritik verfehlt zwangsläufig ihr Ziel: Weil sie es nicht versteht, sich an anderes als nur die bewusst zwischen Worten hergestellten Beziehungen zu halten, vermag sie auch nicht die inkohärente Kohärenz eines Diskurses aufzudecken, der, sein Prinzip in den sowohl mythischen wie ideologischen Schemata vorfindend, dazu gemacht ist, trotz aller Beweise ad absurdum weiterzubestehen.

107 Der *regressive* Gebrauch, den Heidegger und die gnostische Tradition, der er in die akademische Philosophie Einlass verschafft hat, von den »archaischen« Verfahren der Sprache macht, kraft eines Hangs zum *Ursprünglichen*, der eine Rekonversion der konservativen Absicht in die Logik des philosophischen Feldes darstellt, hat selbstredend nichts mit der Praxis der Vorsokratiker gemein, die alle Reserven der mit mythischen Anklängen überreichen Sprache mobilisierten, um im Rahmen ihres Diskurses die objektive Systematik der mythischen Praxis wiederzugeben oder die aus diesem Unterfangen hervorgehenden logischen Widersprüche zu lösen.

108 R. Carnap, *La science et la métaphysique devant l'analyse logique du langage*, Paris: Herman, 1934 [Überwindung der Metaphysik durch logische Analyse der Sprache, *Erkenntnis* 2, 1931, S. 219-241].

Die männliche Herrschaft

Der Verdacht, den die feministische Kritik häufig von vornherein gegen die Beiträge männlicher Autoren zum Geschlechterunterschied richtet, ist begründet. Denn der Analytiker, der in dem gefangen ist, was er zu verstehen glaubt, gibt, da er, ohne es zu wissen, Rechtfertigungsabsichten gehorcht, nur allzu leicht für Enthüllungen über die Voranahmen und Vorurteile der Akteure die Vorurteile und Voranahmen aus, die er selbst an den Gegenstand seiner Überlegungen herangetragen hat. Und da er es mit einer Institution zu tun hat, die seit Jahrtausenden in die Objektivität der sozialen Strukturen und in die Subjektivität der mentalen Strukturen eingeschrieben ist, neigt er vor allem dazu, Wahrnehmungs- und Denkkategorien als Erkenntnismittel zu verwenden, die er als Erkenntnisgegenstände zu behandeln hätte. Ich möchte hier ein Beispiel anführen, das, in Anbetracht des Autors, *a fortiori* zu argumentieren erlaubt: »Man kann sagen, dass dieser Signifikant (der Phallus) gewählt wird, weil er von dem, was sich am Sachverhalt der Kopulation erfassen lässt, das am meisten Hervorstechende und zugleich das im buchstäblichen (typographischen) Sinne des Wortes Allersymbolischste ist, da er hier gleichbedeutend ist mit der (logischen) Kopula. Man kann auch sagen, dass er in seiner Schwellfähigkeit das Sinnbild des Lebensstroms ist, wie er sich in die Zeugung ergießt«.[1] Man muss kein Anhänger jener Auffassung sein, die die Texte als Symptome lesen will, um hinter dem »Hervorstechenden« (*Le saillant*) das Bespringen (*La saillie*), den gebieterischen und tierischen Sexualakt, zu gewahren und hinter dem »Erfassen« den naiven männlichen Stolz angesichts der Unterwerfungsgeste, mit der die Frau nach dem Attribut, dem Objekt der Begierde und nicht eines bloßen Wunschs greift. Der Ausdruck Attribut ist hier ganz bewusst gewählt, um daran zu erinnern, wozu die Wortspiele – hier *Kopulation*, *Kopula* – gut sind, an denen die Wissenschaftsmythen oft zu erkennen sind. Diese geistreich-witzigen Worte, die, wie Freud gezeigt hat, immer auch Worte des Unbewussten sind, verleihen den sozialen Phantasmen jene sublimierte Form der logischen Notwendigkeit, ja der Wissenschaftlichkeit, in der allein sie an die Oberfläche treten können.[2] Bemerkenswerterweise wird die Intuition des mit den Merkmalen der mediterranen Ultramaskulinität vertrauten Anthropologen durch die eines Analytikers bekräftigt, der sich in der Tradition des von Sandor Ferenczi und Michael Balint eingeführten Verfahrens der Selbstreflexion dafür entschieden hat, die Techniken der Psychoanalyse auf die Praxis des Analytikers selbst anzuwenden: Roberto Speziale-Bagliaca sieht in Lacan eine beispielhafte Verkörperung der »phallisch-narzisstischen« Persönlichkeit, für die die Neigung charakteristisch ist, »ihre männlichen Aspekte auf Kosten

1 J. Lacan, *Écrits*, Paris: Seuil, 1966, S. 692 [*Schriften II*, Olten: Quadriga, 1975, S. 128].

2 Die Verbindung zwischen dem Phallus und dem Logos ist in diesem für die Logik des wissenschaftlichen Mythos ganz typischen Wortspiel in der Tat verdichtet (gemäß einer Logik, die die des Traumes ist). (Die berühmte Beschreibung des Gegensatzes zwischen dem Norden und dem Süden, in dem der erste Ausdruck des geographischen Determinismus zu sehen ist, erschien mir als ein paradigmatisches Beispiel des wissenschaftlichen Mythos, der dazu bestimmt ist, jenen »Wissenschaftseffekt« zu erzeugen, den ich Montesquieu-Effekt genannt habe – vgl. P. Bourdieu, Le Nord et le Midi: contribution a une analyse de l'effet Montesquieu, *Actes de la recherche en sciences sociales*, 35, 1980, S. 21-25 [»Die Wissenschaftlichkeitsrhetorik: Beitrag zu einer Analyse des Montesquieu-Effekts«, in: *Was heißt Sprechen?*, Wien: Braumüller, 1990, S. 189-198]. Und ebenfalls im Wortspiel und insbesondere mittels der mit Anspielungen befrachteten Doppeldeutigkeiten konnten die sozialen Phantasmen des Philosophen zum Ausdruck kommen, ohne sich bekennen zu müssen, vgl. P. Bourdieu, *L'ontologie politique de Martin Heidegger*, Paris: Minuit, 1988 [*Die politische Ontologie Martin Heideggers*, Frankfurt/M.: Suhrkamp, 1988].

der abhängigen, kindlichen oder weiblichen Aspekte zu betonen« und sich »zum Gegenstand der Anbetung machen zu lassen«.[3] Man mag sich demnach die Frage stellen, ob nicht der Diskurs des Psychoanalytikers bis in seine Konzepte und seine Problematik hinein von einem nicht analysierten Unbewussten durchzogen ist, das, ganz wie bei den Analysanden, sein Spiel mit ihm treibt, und zwar gerade mittels seiner theoretischen Wortspiele. Und ob er folglich nicht – *ohne es zu wissen* – aus den unerkannten Regionen seines Unbewussten die Erkenntnismittel schöpft, die er benutzt, um das Unbewusste zu erkennen.

Offensichtlich müsste man die *anthropologische* Lektüre der psychoanalytischen Texte, ihrer stillschweigenden Voraussetzungen, ihrer Vorannahmen und ihrer Fehlleistungen viel weiter treiben. Ich führe nur zwei Stellen eines wohlbekannten Textes von Freud als Indiz an, an denen sofort ersichtlich wird, wie aus dem biologischen Unterschied ein *Mangel*, ja eine *ethische Minderwertigkeit* gemacht wird: »Es [das kleine Mädchen] bemerkt den auffällig sichtbaren, groß angelegten Penis eines Bruders oder Gespielen, erkennt ihn sofort als überlegenes Gegenstück seines eigenen, kleinen und versteckten Organs und ist von da an dem Penisneid verfallen«, vgl. S. Freud, »Quelques conséquences psychiques de la différence anatomique entre les sexes«, *La vie sexuelle*, Paris: PUF, 1977, S. 126 (»Einige psychische Folgen des anatomischen Geschlechtsunterschieds«, *Gesammelte Werke*, Bd. V, Frankfurt/M.: Fischer, 1972, S. 260). »Man zögert es auszusprechen, kann sich aber doch der Idee nicht erwehren, dass das Niveau des sittlich Normalen für das Weib ein anderes wird. Das Über-Ich wird niemals so unerbittlich, so unpersönlich, so unabhängig von seinen affektiven Ursprüngen, wie wir es vom Manne fordern«, S. Freud, ebd., S. 131 (S. 265). Die theoretische Mehrdeutigkeit der psychoanalytischen Theorie, die die grundlegenden Postulate der männlichen Weltsicht ungeprüft übernimmt und damit Gefahr läuft, unwissentlich als Rechtfertigungsideologie zu dienen, ist nicht geeignet, den von ihr (und sei es negativ) beeinflussten feministischen Theorien die Arbeit zu erleichtern. Da auch sie es ja mit dem in ihnen selbst und ihren Analyseinstrumenten

3 R. Speziale-Bagliaca, *Sulle spalle di Freud. Psicoanalysis e ideologia fallica*, Rom 1982, S. 43 ff. (Ich danke Annina Viacava Migone, der scharfsichtigen Leserin einer ersten Version meines Textes, mich in dieses Werk eingeführt zu haben und mir dabei behilflich gewesen zu sein, die Beziehung zwischen der anthropologischen Analyse der sozialen Ausgestaltung der männlichen und weiblichen Dimensionen der Persönlichkeit und der psychoanalytischen Analyse herzustellen.)

präsenten männlichen Unbewussten zu tun haben, schwanken sie zwischen zwei entgegengesetzten Sicht- und Gebrauchsweisen dieser ungewissen Botschaft. Man hat Mühe zu unterscheiden, ob sie die Botschaft selbst verwerfen und deren essentialistische Sicht des weiblichen Lebenszusammenhangs, die Naturalisierung einer gesellschaftlichen Konstruktion, oder das, was die Botschaft trotz allem von der benachteiligten Stellung enthüllt, die die soziale Welt objektiv den Frauen zuweist.[4]

Um dem Zirkel möglichst zu entgehen, kann man mit einer Art methodologischem Kunstgriff die anthropologische Analyse auf Strukturen der kollektiven Mythologie anwenden, die uns, nahezu frei von jeder halbwissenschaftlichen Reinterpretation, durch eine fremde und gleichwohl vertraute Tradition, die der Berber des kabylischen Berglandes, zugänglich ist, welche über alle Eroberungen und Bekehrungen hinweg und zweifellos in Reaktion auf diese aus ihrer Kultur den Speicher eines alten Fundus mediterraner, um den Kult der Männlichkeit zentrierter Überzeugungen gemacht haben.[5]

4 Bemerkenswert ist, dass der feministische Diskurs sehr oft in ebenden Essentialismus verfällt, den er der »männlichen Erkenntnis« zu Recht vorwirft (vgl. J. Foral, Towards a Theory of Displacement, *Substance*, 32, 1981, S. 51-64): Man käme gar nicht nach mit dem Aufzählen der ununterscheidbar konstatierenden und performativen Aussagen (der Art: Die Frau ist Plural, unbestimmt usw.), die tief durchherrscht sind von der Logik der Mythologie, gegen die sie Position beziehen, vgl. unter anderem L. Irigaray, *Speculum. De l'autre femme*, Paris: Minuit, 1975, und *Ce sexe qui n'en est pas un*, Paris: Minuit, 1977 [*Speculum. Spiegel des anderen Geschlechts*, Frankfurt/M.: Suhrkamp, 1980, und *Das Geschlecht, das nicht eins ist*, Berlin: Merve, 1979]; J. Kristeva, La femme, ce n'est jamais ça, *Tel Quel*, 59, Herbst 1974, S. 19-25).

5 Die vergleichende Anthropologie, auf die man gleichfalls Bezug nehmen kann (vgl. F. Héritier-Augé, Le sang du guerrier et le sang des femmes. Notes anthropologiques sur le rapport des sexes, *Cahiers du Grif*, Paris: Tierce, Winter 1984/85, S. 7-21), läuft Gefahr, die Logik des Systems der wesentlichen Gegensätze zu verfehlen, das sich nur in den geschichtlichen Grenzen einer kulturellen Tradition vollendet und vollständig zu erkennen gibt. Dafür bietet sie die Möglichkeit, das Willkürliche der homologen Gegensätze, in die der Gegensatz von männlich und weiblich eingesenkt (und durch den Effekt der Systemkohärenz *naturalisiert*) ist, in *Erschei*nung treten zu lassen: So ist bei den Inuit der Mond ein Mann und die Sonne seine Schwester; Eigenschaften, die die mediterrane Tradition der Frau zuschreibt, wie das Kalte, das Rohe und die Natur, werden dem Mann zugesprochen, während das Warme, das Gekochte und die Kultur mit der Frau verknüpft werden – was die Inuit nicht daran hindert, die Frauen in den häuslichen Bereich

Dieses Universum ritueller Reden und Handlungen – allesamt auf die Reproduktion einer sozialen und kosmischen Ordnung gerichtet, die auf einer ultrakonsequenten Affirmation des Primats der Männlichkeit fußt – bietet dem Interpreten ein vergrößertes und systematisches Bild der »phallisch-narzisstischen« Kosmologie, die auch unser Unbewusstes beherrscht. In der Tat lebt die Vergangenheit in der langen Dauer der kollektiven Mythologie fort, die von den Intermittenzen des individuellen Gedächtnisses[6] relativ unbeeinträchtigt bleibt, da sie sich in den sozialisierten Körpern, also den Habitus, und in den rituellen Praktiken niedergeschlagen hat, die aufgrund der Stereotypisierung und der unendlichen Wiederholung der Zeit partiell enthoben sind. Daher gibt sich dieses Prinzip der Di-Vision, das diese Vision der Welt strukturiert, nirgends auf so evidente und kohärente Weise zu erkennen wie in diesem extremen und deshalb paradigmatischen Fall eines sozialen Universums, in dem es durch die objektiven Strukturen und durch einen *kollektiven und öffentlichen Ausdruck* in einem fort verstärkt wird. Der freie und wohlgeordnete Ausdruck, den die Rechtfertigungsmythologie in den großen rituellen Zeremonien findet, ist in der Tat weit entfernt von den engumgrenzten und flüchtigen Gelegenheiten, bei denen unsere Gesellschaften ihr, sei es in der dichterischen Freiheit, sei es in der halbprivaten Erfahrung der psychoanalytischen Kur, Raum geben.

Man kann sich von der kulturellen Einheit der mediterranen Gesellschaften (der Gegenwart oder der Vergangenheit – wie dem alten Griechenland) und dem besonderen Platz, den die kabylische Gesellschaft einnimmt, durch Heranziehen der Untersuchungen überzeugen, die dem Problem der Ehre und der Scham in verschiedenen mediterranen Gesellschaften, Griechenland, Italien, Spanien, Ägypten, Türkei, Kabylei usw., gewidmet sind (vgl. J. Peristiany [Hg.], *Honour and Shame: The Values of Mediterranean Society*, Chicago: University of Chicago Press, 1974, und J. Pitt-Rivers, *Mediterranean Countrymen. Essays in the Social Anthropology of the Mediterranean*, Paris,

zu verweisen und ihre Rolle bei der Zeugung bis zum Äußersten zu bagatellisieren (vgl. Saladin d'Anglure, zitiert nach F. Héritier-Augé, Le sang du guerrier).

6 Über den Körper und die rituelle Praxis als Speicher (und nicht als Gedächtnis), mittels deren die Vergangenheit sich forterbt und erhält, vgl. P. Bourdieu, *Le sens pratique*, Paris: Minuit, 1980 [*Sozialer Sinn*, Frankfurt/M.: Suhrkamp, 1987], insbesondere Erster Teil, Kapitel 4.

Den Haag: Mouton, 1963). Und die Zugehörigkeit der traditionellen europäischen Kultur zu diesem Kulturraum scheint mir evident aus dem Vergleich der in der Kabylei beobachteten Rituale mit den von Arnold van Gennep im Frankreich des beginnenden 20. Jahrhunderts zusammengetragenen (vgl. A. van Gennep, *Manuel de Folklore français contemporain*, 3 Bde., Paris: Picard, 1937-1958). Natürlich hätte man in der griechischen Tradition, der, was man nicht vergessen sollte, die Psychoanalyse im Wesentlichen ihre Interpretationsschemata entnommen hat, Elemente dieses kulturellen Unbewussten wiederfinden können – wenn man vor allem die einschlägigen Untersuchungen von Page du Bois (vgl. P. du Bois, *Sowing the Body. Psychoanalysis and Ancient Representations of Women*, Chicago, London: Chicago University Press, 1988) oder von Jaspers Svenbro (vgl. J. Svenbro, *Phrasikleia: anthropologie de la lecture en Grèce ancienne*, Paris: La Découverte, 1988) oder die Forschungsarbeiten über die antiken Religionen von Historikern wie Jean-Pierre Vernant, Marcel Detienne oder Pierre Vidal-Naquet hinzugezogen hätte. Aber direkten und offenen Ausdruck findet dieses kulturelle Unbewusste, das noch immer das unsere ist, in der Bildungstradition des Okzidents niemals (in der zum Beispiel Michel Foucault verharrt, wenn er sich im zweiten Band seiner *Geschichte der Sexualität* dazu entschließt, seine Untersuchung über die Sexualität und das Subjekt mit Platon einsetzen zu lassen, und damit Autoren wie Homer, Hesiod, Aischylos, Sophokles, Herodot oder Aristophanes, nicht zu reden von den vorsokratischen Philosophen, ignoriert, bei denen der alte mediterrane Sockel klarer zutage tritt).

Wenn die Bezugnahme auf ein System, das noch in Funktion und deshalb als solches direkt zu beobachten ist, und zwar mittels der aktiven Untersuchung, die das ganze Universum von Beziehungen methodisch zu prüfen erlaubt, dem vorzuziehen zu sein scheint, dann auch deshalb, weil, wie ich bereits anderswo vermerkt habe, vgl. P. Bourdieu, »Lecture, Lecteurs, Lettrés, Littérature«, in: *Choses dites*, Paris: Minuit, 1987, 132-143 [»Lektüre, Leser, Gebildete, Literatur«, in: *Rede und Antwort*, Frankfurt/M.: Suhrkamp, 1992, S. 119-131], die Analysen, die einem literarischen Erbe gewidmet sind, dessen Produktion sich über mehrere Jahrhunderte erstreckt, Gefahr laufen, aufeinanderfolgende und unterschiedliche Stadien des Systems zu Zwecken der Analyse künstlich zu *synchronisieren* und vor allem Texten, die den alten mythisch-rituellen Fundus mehr oder minder tiefgehenden Überarbeitungen unterzogen haben, denselben epistemologischen Status zu verleihen: Der Interpret, der beansprucht, als Ethnograph zu verfahren, geht das Risiko ein, Autoren als Informanten zu behandeln, die wie er selbst als Ethnographen verfahren und deren Berichte und Zeugnisse, selbst wenn es sich um die allem Anschein nach archaischsten wie die von Homer und Hesiod handelt, Auslassungen, Umformungen und Umdeutungen beinhalten. Das Hauptverdienst des Werkes von Page du Bois ist es, eine Entwicklung der mythisch-rituellen Themen zu beschreiben, die ihren Sinn erlangt, sobald man sie auf den Prozess der »Literarisierung« bezieht, der mit ihr einhergeht: Man erfasst in dieser Perspektive besser, warum die Frau, die zuerst mittels der wohlbekannten Analogien zwischen dem weiblichen Körper und der (vom männlichen Pflug) bearbeiteten Erde oder dem weiblichen Bauch und dem Ofen gedacht wird, am Schluss mittels der typischen belesenen, wenn nicht literarischen Analogie zwischen dem weiblichen Körper und der Tafel, auf die man schreibt, aufgefasst wird.

Allgemeiner gesagt, was die Benutzung von Dokumenten schwierig macht, die eine mythische Erfahrung des Körpers in eine wissenschaftliche Sichtweise integrieren (wie die chirurgische Abhandlung, die Marie-Christine Pouchelle in *Corps et chirurgie à l'apogée du Moyen Âge*, Paris: Flammarion, 1983, analysiert), ist der Umstand, dass sie in ganz besonderem Maße dem Montesquieu-Effekt ausgesetzt sind: So ist es völlig vergeblich, unterscheiden zu wollen, was Autoritäten entlehnt ist (wie Aristoteles, der in wesentlichen Punkten selbst die alte männliche Mythologie reproduziert) und was, ausgehend von den unbewussten Strukturen, neu erfunden und gegebenenfalls durch die Bürgschaft des entlehnten Wissens sanktioniert und bestätigt wird.

Symbolische Gewalt: ein Zwang durch den Körper

Hinreichend abgesichert, bedarf die männliche Herrschaft keiner Rechtfertigung: Es genügt, wenn sie sich in Praktiken und Diskursen niederschlägt, die das Sein im Modus der Evidenz aussprechen und so daran mitwirken, dass es dem Sagen entspricht.[7] Die herrschen-

7 Es wäre gänzlich unangebracht, hier von *Ideologie* zu sprechen. Wenn die rituellen Praktiken und die mythischen Diskurse unbestreitbar eine Legitimationsfunktion erfüllen, so liegt ihnen doch, im Gegensatz zu den Behauptungen mancher Anthropologen, niemals die Absicht, die soziale Ordnung zu legitimieren, zugrunde. Es ist zum Beispiel bemerkenswert, dass die kabylische Tradition, obschon sie in Gänze der hierarchischen Teilung der Geschlechter gemäß aufgebaut ist, praktisch keine rechtfertigenden Mythen dieses Unterschieds bietet (ausgenommen vielleicht den Mythos von der Geburt der Gerste – vgl. P. Bourdieu, *Le sens pratique*, S. 128 [*Sozialer Sinn*, S. 140] – und den Mythos, der die »normale« Stellung des Mannes und der Frau beim Geschlechtsakt zu rationalisieren sucht, über den

de Sicht(weise) der Geschlechtertrennung drückt sich in Diskursen wie den Redensarten, den Sprichwörtern, den Rätseln, den Liedern, den Gedichten oder auch in graphischen Darstellungen wie dem Wandschmuck, den Verzierungen der Töpferwaren oder der Stoffe aus. Aber sie kommt genauso gut in technischen Gegenständen oder Praktiken zum Ausdruck: beispielsweise in der Struktur des Raumes und insbesondere in den Aufteilungen des Innenraums des Hauses oder im Gegensatz zwischen dem Haus und dem freien Feld oder auch in der Einteilung der Zeit, des Tages oder des Agrarjahres, und im weiteren Sinne in allen Praktiken, die fast immer technisch und rituell zugleich sind, und ganz besonders in den Körpertechniken, den Haltungen, Verhaltensweisen, dem Auftreten.[8]

In der »Natur der Dinge« – wie man bisweilen sagt, wenn man von dem reden will, was normal, natürlich, also auch unvermeidlich ist – scheint diese Einteilung deshalb zu liegen, weil sie, objektiviert, in der sozialen Welt und, inkorporiert, in den Habitus präsent ist, wo sie als ein universelles Prinzip des Sehens und Einteilens, als ein System von Wahrnehmungs-, Denk- und Handlungskategorien wirkt. Diese Übereinstimmung zwischen den objektiven und den kognitiven Strukturen macht jene Beziehung zur Welt möglich, die Husserl unter der Bezeichnung der »natürlichen Einstellung« oder der doxischen Erfahrung beschrieb, ohne indes die sozialen Bedingungen ihrer Möglichkeit zu benennen. Dieser Einklang zwischen der Verfassung des Seins und den Formen des Erkennens, zwischen den inneren Erwartungen und dem äußeren Lauf der Welt begründet die doxische Erfahrung. Jeder häretischen Infragestellung enthoben, ist diese Erfahrung die uneingeschränkteste Form von Anerkennung der Legitimität: Sie fasst die soziale Welt und ihre willkürlichen Einteilungen, angefangen bei der ge-

ich später berichten werde). Bekanntlich hat die Konzeption, die die Legitimationseffekte intentional auf Rechtfertigung der bestehenden Ordnung gerichteten Aktionen zuschreibt, selbst für die differenzierten Gesellschaften keine Gültigkeit, in denen die effizientesten Legitimationshandlungen Institutionen wie dem Schulsystem überlassen werden und Mechanismen wie denen, die die Vererbung des kulturellen Kapitals gewährleisten. Sie ist aber niemals so falsch wie in Bezug auf Universen, wo, wie in der Kabylei, die ganze Sozialordnung wie eine immense symbolische Maschine funktioniert, die auf der männlichen Herrschaft basiert.

8 Zur Struktur des häuslichen Binnenraums vgl. P. Bourdieu, *Le sens pratique*, S. 441-461; zur Einteilung des Tages S. 415-421; des Agrarjahres S. 361-409 [*Sozialer Sinn*, S. 468-489, S. 441-450, S. 390-439].

sellschaftlich konstruierten Einteilung der Geschlechter, als natürlich gegeben, evident und unabwendbar auf.

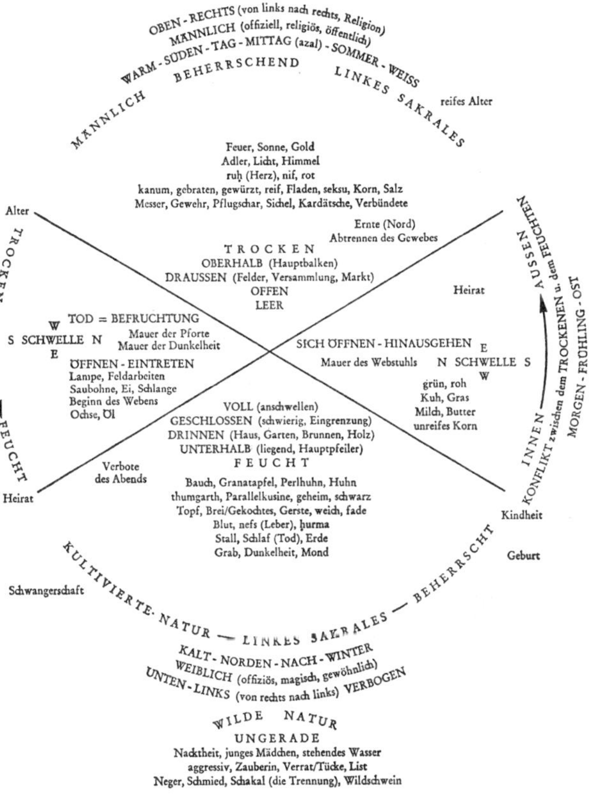

Synoptisches Schema der wesentlichen Gegensätze
Quelle: P. Bourdieu, *Le sens pratique*, S. 354.
Die hier gewählte schematische Darstellung lässt auf der einen Seite die Gegensätze in der vertikalen Dimension (etwa männlich/weiblich, trocken/feucht usw.) erkennen, auf der anderen Seite die Übergänge in den Schrägen zwischen den beiden Polen und den großen Zyklen (des agrarischen Jahres, des Tages, des menschlichen Lebens usw.) innerhalb des Kreises.

Die nicht thetischen »Thesen« der *doxa* sind jenseits oder diesseits der Infragestellung. »Entscheidungen«, die als solche nicht gesehen werden können, werden als selbstverständlich hingestellt und sind vor jedem In-Beziehung-Setzen, das sie infrage stellen könnte, geschützt: Die faktische Universalität der männlichen Herrschaft[9] schließt praktisch die »Entnaturalisierung« oder, wenn man das vorzieht, die Relativierung aus, die das Zusammentreffen mit anderen Lebensweisen historisch fast immer zur Folge hat. Mit diesen konfrontiert, können die traditionsbestimmten eigenen »Wahlen« als willkürliche, geschichtlich instituierte (*ex instituto*), in der Sitte oder dem Gesetz (*nomos, nomo*) und nicht in der Natur (*physis, physei*) begründete erkannt werden. Der Mann (*vir*) ist ein besonderes Wesen, das sich als allgemeines Wesen (*homo*) erlebt, das faktisch und rechtlich das Monopol auf das Menschliche, also das Allgemeine, hat; das gesellschaftlich autorisiert ist, sich als Träger des menschlichen Daseins schlechthin zu fühlen.[10] Um dies zu verifizieren, genügt es, sich zu vergewissern, was in der Kabylei (und anderswo) die vollendete Form des Menschseins ist. Der Mensch von Ehre ist per definitionem ein Mann im Sinne des *vir.* Alle Tugenden, die ihn kennzeichnen und die in unauflöslicher Verknüpfung zugleich Vermögen, Gaben, Fähigkeiten, Pflichten oder Befugnisse sind, sind genuin männliche Attribute (die *virtus* ist die Quiddität des *vir*). Dies ist der Fall des *nif*, des »point d'honneur«, dessen Zusammenhang mit der heroischen Gewalt, dem kriegerischen Mut und ganz unmittelbar mit der sexuellen Potenz evident ist.

Das mythisch-rituelle System wird von ebenden Praktiken, die es selbst bestimmt und legitimiert, unausgesetzt bestätigt und legitimiert. Denn es steckt ebenso in den Einteilungen der sozialen Welt oder, genauer, in den zwischen den Geschlechtern heraus-

9 Obschon nicht alle Gesellschaften untersucht sind und die, die es sind, nicht unbedingt so, dass die Natur der Geschlechterbeziehungen vollständig aufgeklärt wäre, kann man davon ausgehen, dass aller Wahrscheinlichkeit nach die männliche Suprematie weltweit verbreitet ist (vgl. F. Héritier-Augé, Le sang du guerrier).

10 Das ist das, was die Sprache sagt, wenn sie mit »un homme« nicht nur das männliche menschliche Wesen bezeichnet, sondern das menschliche Wesen im Allgemeinen, und wenn sie das Maskulinum benutzt, um vom Menschlichen zu reden. Und die Macht der der *doxa* eigenen Evidenz zeigt sich in der Tatsache, dass diese heute erkannte grammatikalische Monopolisierung des Universellen sich in ihrer Wahrheit erst im Gefolge der feministischen Kritik herausgestellt hat.

gebildeten sozialen Herrschafts- und Ausbeutungsverhältnissen wie, in Form von Prinzipien der Vision und der Division, in den Köpfen; was zur Folge hat, dass alle Gegenstände der Welt und alle Praktiken nach Unterscheidungen klassifiziert werden, die auf den Gegensatz von männlich und weiblich zurückgeführt werden können. Von der offiziellen Einteilung auf die Seite des Drinnen, des Feuchten, des Gekrümmten, des Kontinuierlichen gestellt, sind den Frauen alle häuslichen, mithin privaten und verborgen bleibenden, ja unsichtbaren und schimpflichen Arbeiten zugewiesen, wie die Aufzucht der Kinder und der Tiere, und ein Gutteil der Arbeiten außer Haus, vor allem jene, die mit dem Wasser, dem Gras und dem Grünzeug (wie das Jäten und die Gartenarbeit), der Milch, dem Holz zu tun haben, und ganz besonders die schmutzigsten (wie das Mistkarren), die monotonsten, die mühseligsten und die niedrigsten. Die Männer, die auf der Seite des Draußen, des Offiziellen, des Öffentlichen, des Aufrechten, des Trockenen, des Hohen, des Diskontinuierlichen stehen, beanspruchen alle kurz dauernden, gefährlichen und spektakulären Tätigkeiten für sich. Also alle jene, die wie das Schlachten des Rindes, das Pflügen oder das Ernten, nicht zu reden vom Töten und vom Kriegführen, Unterbrechungen im gewöhnlichen Lauf des Lebens sind und bei denen mit Feuer hergestelltes Werkzeug benutzt wird.

Für sich genommen willkürlich, wird die Einteilung der Dinge und der Tätigkeiten nach dem Gegensatz von männlich und weiblich zur objektiv und subjektiv notwendigen durch ihre Einreihung in ein System homologer Gegensätze: hoch/tief, oben/unten, vorne/hinten, rechts/links, gerade/krumm (und hinterlistig), trocken/feucht, hart/weich, scharf/fade, hell/dunkel usw. Da diese Gegensätze einander ähnlich sind im Unterschied, sind sie konkordant genug, um sich in und durch das unerschöpfliche Spiel von Umschreibungen und Metaphern gegenseitig zu stützen; und divergent genug, um jedem von ihnen eine Art semantischer Dichte zu verleihen, die aus der Überdeterminierung durch die Harmonie, die Konnotationen und die Entsprechungen hervorgeht.[11] Diese auf alles anwendbaren Denkschemata scheinen stets in der Natur der Dinge liegende Unterschiede zu registrieren (das gilt vor allem

11 Zu einer detaillierten Aufstellung der Verteilung der Tätigkeiten zwischen den Geschlechtern vgl. P. Bourdieu, *Le sens pratique*, S. 358 [*Sozialer Sinn*, S. 380], hier nächste Seite.

für den Geschlechtsunterschied); und sie werden durch den Lauf der Welt, insbesondere der biologischen und kosmischen Zyklen, geradeso wie durch die Übereinstimmung aller Köpfe, in denen sie sitzen, unablässig bestätigt. Es ist daher nicht zu sehen, wie das gesellschaftliche Herrschaftsverhältnis je zutage treten sollte, das ihnen zugrunde liegt und das, in einer vollständigen Verkehrung von Ursache und Wirkung, als eine Folge unter anderen eines von Kräfteverhältnissen gänzlich unabhängigen Systems von Sinnbeziehungen erscheint.

Arbeitsteilung zwischen den Geschlechtern
Quelle: P. Bourdieu, *Le sens pratique,* S. 358.

Männliche Arbeiten	Weibliche Arbeiten
DRINNEN	
Tiere nachts füttern	**Einbringen** der Vorräte, Wasser holen, Vorratshaltung / Anbinden von der Weide zurückgekehrter Tiere
	Kochen (Küche, Feuer, Topf, Couscous)
	Kinder und Tiere füttern (Kühe, Hühner), Kinder pflegen
Tabu des Besens	Kehren (Sauberhalten)
	Weben (und Wolle spinnen)
	Mahlen
	Kneten von Ton und Lehm (Töpfern und Wandbewurf)
	Melken der Kuh (Buttern)
DRAUSSEN	
Ausführen der Herde / Auf den Markt gehen	
Bearbeiten des Feldes (fern, offen, gelb, Getreide)	**Bestellen** des Gartens (nah, umfriedet, grün, Gemüse)
Pflügen (Pflugschar, Sandalen) / Säen	
Ernten (Sichel, Schurz) / Dreschen / Worfeln	Tabu des Dreschflegels
Beischaffen und **ausrichten** der Dachbalken (»Fron« der Männer) und Dach aufrichten	**Beischaffen** des Saatguts, fortschaffen des (auf dem Rücken), Wasser, Holz und Steine beibringen (»Fron« der Frauen beim Hausbau)
Mist auf dem Rücken von Tragtieren aufs Feld bringen	
Fällen (auf Bäume steigen und Oliven schütteln, Bäume fällen – für das Haus)	**Auflesen** (Pflücken) von Oliven (Tabu des Abschlagens), von Feigen, Eicheln, und Holz (Zweige, Reisig, Buschwerk), zusammenbinden (Bündeln)
Zersägen von Holz, *diss* (Küchengerät aus Holz mit Beil oder Messer schnitzen)	Ähren lesen
	Jäten (barfuß, mit langem Kleid)
	Stampfen der Oliven mit den Füßen (vgl. Kneten)
Abstechen	(Tabu des Abstechens)
	Kneten des Lehms (für das Haus und für die Tenne – mit Mist) von Hand (und ihn vorher ausheben)

Die fortschreitende Somatisierung der fundamentalen, für die soziale Ordnung konstitutiven Beziehungen führt schließlich zur Institution von zwei unterschiedlichen »Naturen«, also zweier Systeme naturalisierter sozialer Unterschiede. Beide sind gleichermaßen in die körperliche *hexis*, in Form von zwei entgegengesetzten und komplementären Klassen von Körperhaltungen, Gangarten, Weisen des Auftretens, Gesten usw., und in die Köpfe eingelassen. Und diese nehmen sie ihrerseits gemäß einer Reihe von dualistischen Gegensätzen wahr, die auf wundersame Weise auf die von ihnen selber mitproduzierten Unterschiede abgestimmt sind. Wie den Unterschied zwischen dem Geraden oder dem Aufgerichteten und dem Krummen oder dem Gekrümmten, von dem aus sich alle in den Gebrauch des Körpers oder in die ethischen Dispositionen eingespeicherten Unterschiede wieder reproduzieren lassen.

Die symbolische Effizienz des *negativen Vorurteils*, in der sozialen Ordnung gesellschaftlich institutionalisiert, rührt zum großen Teil daher, dass es sich aus eigener Kraft bestätigt. Vermittelt durch den *amor fati*, der die Opfer dazu bringt, sich dem Schicksal, das ihnen gesellschaftlich bestimmt ist, zu weihen und zu opfern, wirkt es als *self-fulfilling prophecy* (und das Gleiche gilt offensichtlich für das positive Vorurteil, bei dem, auf den ersten Blick verständlicher, ein »Noblesse-oblige«-Effekt wirksam wird). Den kabylischen Frauen ist das Kleine, das Alltägliche und das Gebeugte zuteilgeworden. Sie sind es, die, zum Boden gebeugt, die Oliven oder das Reisig aufsammeln, während den Männern, mit der Stange oder der Axt bewaffnet, das Abschneiden und Herunterholen zusteht. Und sie sind es, denen die gewöhnlichen Tätigkeiten der alltäglichen Haushaltsführung obliegen und die daher auch Gefallen zu finden scheinen an den Nichtigkeiten unserer Ökonomie des Kalküls, des Fälligkeitsdatums, des Zinses. Indes der Mann von Ehre für diese Arbeit, deren Früchte er genießt, Geringschätzung zeigen muss.[12] Daher entsprechen die kabylischen Frauen in Verhaltens-

12 Die Gespräche und Beobachtungen im Rahmen unserer Untersuchungen über den Häuser- und Wohnungsmarkt boten uns häufig Gelegenheit zu der Feststellung, dass heute noch und ganz in unserer Nähe die Logik der Aufgabenteilung zwischen den Geschlechtern in noble oder triviale oft zu einer Rollenverteilung führt, die es den Frauen überlässt, die undankbaren Schritte zu unternehmen, wie das Prüfen der Rechnungen, das Erfragen der Preise und Rabatte usw., vgl. P. Bourdieu et al., Un contrat sous contrainte, *Actes de la recherche en sciences so-*

weisen, die die Männer mit Hochmut oder Nachsicht betrachten, dem ihnen durch die männliche Sicht vermittelten Selbstbild. Und sie verleihen damit einer Identität, die ihnen gesellschaftlich aufgezwungen worden ist, den Anschein, in Natur fundiert zu sein. Die Antizipationen des im Zentrum der sozialen Ordnung verankerten negativen Vorurteils und die von ihnen geförderten Praktiken, die jene nur bestätigen können, verstärken sich gegenseitig. Männer und Frauen werden dadurch in einen Zirkel von Spiegeln eingeschlossen, die antagonistische, aber zur wechselseitigen Bestätigung geeignete Bilder unendlich reflektieren. Weil sie den Sockel geteilten Glaubens, der das Fundament des ganzen Spiels bildet, nicht freilegen können, können sie nicht sehen, dass die negativen Eigenschaften, wie die List, aber auch günstigere, wie die Intuition,[13] die die herrschende Sicht den Frauen zuschreibt, ihnen in Wirklichkeit durch ein Gewaltverhältnis aufgezwungen worden sind, das sie eint und entzweit. Das Gleiche trifft auf die – stets negativen – Tugenden zu, die die Moral für sie verbindlich macht. Als ob aus dem Gekrümmten das Listige notwendig folgte, kann die Frau, symbolisch zu Unterwerfung und Resignation verurteilt, in den häuslichen Auseinandersetzungen ein wenig Macht nur dadurch erlangen, dass sie sich einer unterworfenen Kraft, wie der List, bedient, die gegen den Starken dessen eigene Kraft zu wenden vermag. Indem sie zum Beispiel als graue Eminenz handelt, die es hinnehmen muss, sich zurückzunehmen und als Machthaberin zu

ciales, 81/82, 1990, S. 34-51 [»Ein Vertrag unter Zwang«, in: Bourdieu, *Der Einzige und sein Eigenheim*, Hamburg: VSA, 1998 und 2002, S. 107-152].

13 Diese »weibliche Intuition« ist zweifellos nur ein besonderer Fall der speziellen Hellsichtigkeit der Beherrschten, die selber mehr sehen, als man von ihnen sieht; nach Art jener niederländischen Frauen, die sich, wie man es nennt, die Interessen der Herrschenden zu eigen machen und diese besser erfassen als jene selbst und die in der Lage sind, von ihrem Mann mit vielen Detailkenntnissen zu sprechen, während die Männer ihre Frauen nur mittels ganz allgemeiner Stereotype beschreiben können, die auf »die Frauen im Allgemeinen« zutreffen (vgl. A. van Stolk, C. Wouters, Power Changes and Self-respect: A Comparison of Two Cases of Established-outsiders Relations, *Theory, Culture and Society*, 4, 1987, S. 477-488). Dieselben Autoren verweisen darauf, dass die Homosexuellen, die, da als Heterosexuelle aufgezogen, den herrschenden Standpunkt verinnerlicht haben, diesen sich selbst gegenüber einnehmen können (was sie zu einer Art kognitiver und Bewertungs-Dissonanz verurteilt, mit der man ihre spezielle Hellsichtigkeit erklären kann) und die folglich die Sicht der Herrschenden besser verstehen als diese die ihre.

verleugnen, um Macht per Vollmacht auszuüben. Und wie ließe sich übersehen, dass die ihnen zuteilgewordene, gänzlich negative, folglich durch Verbote (mit ebenso vielen Gelegenheiten zur Übertretung) definierte Identität die Frauen vorab dazu verurteilte, beständig den Beweis für ihre Bösartigkeit zu liefern und damit wiederum die Verbote und das symbolische System, das ihnen eine unheilvolle Natur zuschreibt, zu rechtfertigen?[14]

Einsammeln der Oliven

Es ist klar, dass man diese besondere Form von Herrschaft nur unter der Bedingung adäquat zu erfassen vermag, dass die naive Alternative von Nötigung und Einwilligung, von Zwang und Zustimmung überwunden wird. Symbolische Gewalt übt einen Zwang aus, der durch eine abgepresste Anerkennung vermittelt

14 Man mag sich fragen, ob nicht, wie die Definition der Wörterbücher es nahelegt, heute noch die Tugend, sobald es sich um Frauen handelt (»speziell [Frauen]«, sagt der *Robert* ...), mit der »Keuschheit« oder der »Gefühls- bzw. ehelichen Treue« identifiziert wird. Wie immer ist die Beziehung zwischen Herrschenden und Beherrschten nicht symmetrisch: Den Männern wird die Sexualkraft und deren legitime Betätigung umso mehr zuerkannt, je mächtiger sie sozial sind (ausgenommen vielleicht, wie einige neuere Skandale gezeigt haben, in den Vereinigten Staaten); während in den meisten Gesellschaften die Tugend der Frauen faktisch und rechtlich umso stärkeren Kontrollen unterliegt, je höher der soziale Rang ist, den sie einnehmen.

ist, die der Beherrschte dem Herrschenden zu zollen nicht umhinkann. Verfügt er doch, um jenen und sich selbst zu denken, nur über Erkenntnismittel, die er mit ihm teilt und die nichts anderes als die inkorporierte Form des Herrschaftsverhältnisses sind. Daran liegt es, dass die verkappten oder, besser, die (im Freud'schen Sinne) *verleugneten* Formen der Herrschaft und der Ausbeutung für jede Art von Ökonomismus ein unüberwindliches Hindernis darstellen. Das gilt vor allem für diejenigen Formen, die, wie die Beziehung zwischen den Eheleuten oder zwischen dem Ältesten und dem Jüngsten (oder der Jüngsten),[15] aber auch die Beziehung zwischen dem Herrn und dem Knecht oder dem sogenannten paternalistischen Unternehmer und dem Arbeiter, ihre Wirksamkeit zu einem Teil aus der spezifischen Logik der Verwandtschaftsbeziehungen erlangen, das heißt aus der Erfahrung und der Sprache der Verpflichtung und des Gefühls (die oft in der Logik der affektiven Aufopferung vereint sind). In diesen Fällen ist eine andere Art von Ökonomie im Spiel, die der Kraft des Symbolischen, die sich, *wie durch Magie*, jenseits allen physischen Zwangs und – in ihrer scheinbaren Zweckfreiheit – im Widerspruch zu den gewöhnlichen Gesetzen der Ökonomie auswirkt. Dieser Schein löst sich indes auf, sobald man erkennt, dass die Wirkkraft des Symbolischen die Bedingungen ihrer Möglichkeit und ihr (in einem erweiterten Sinne des Wortes) ökonomisches Gegenstück in der immensen vorgängigen Arbeit der Prägung und fortdauernden Transformation der Körper findet, die zur Erzeugung der bleibenden, dauerhaften und übertragbaren Dispositionen notwendig ist, auf die sich die symbolische Aktion tatsächlich stützt und die sie wachruft oder auslöst.

Alle Macht hat eine symbolische Dimension: Sie muss von den Beherrschten eine Form von Zustimmung erhalten, die nicht auf der freiwilligen Entscheidung eines aufgeklärten Bewusstseins beruht, sondern auf der unmittelbaren und vorreflexiven Unterwerfung der sozialisierten Körper. Die Beherrschten wenden auf jeden Sachverhalt der Welt, insbesondere aber auf die Machtverhältnisse, denen sie unterliegen, und auf die Personen, die deren Träger sind, mithin auch auf sich selbst, nichtreflektierte Denkschemata an, die das Produkt der Inkorporierung dieser Machtbeziehun-

15 Zu dieser Beziehung und ihren Funktionsbedingungen vgl. P. Bourdieu, *Le sens pratique*, S. 266-268 [*Sozialer Sinn*, S. 297-301].

gen sind. Unter der verwandelten Form eines Ensembles von als Wahrnehmungskategorien fungierenden Gegensatzpaaren (hoch/niedrig, groß/klein usw.) konstruieren diese Schemata die Machtverhältnisse, indem sie sie vom Standpunkt derjenigen aus als natürliche erscheinen lassen, die in ihnen ihre Herrschaft behaupten. So nimmt zum Beispiel ein Beherrschter jedes Mal, wenn er, um sich zu beurteilen, eine der für die herrschende Einteilung konstitutiven Kategorien (wie brillant/ernsthaft, distinguiert/vulgär, einmalig/gewöhnlich) verwendet, in Bezug auf sich selbst, ohne es zu wissen, den herrschenden Standpunkt ein und übernimmt damit in gewissem Sinne für die Selbstbewertung die Logik des negativen Vorurteils. Und noch die Sprache der Kategorien verbirgt aufgrund ihrer intellektualistischen Konnotationen nur allzu leicht, dass symbolische Herrschaft ihre Wirkung nicht in der reinen Logik des erkennenden Bewusstseins, sondern im Dunkel der praktischen Schemata des Habitus entfaltet, wo, dem Zugriff der Selbstreflexion und der Willenskontrolle oftmals entzogen, die Herrschaftsbeziehung verankert ist.

Die Somatisierung der Herrschaftsverhältnisse

Daher ist es nicht möglich, der symbolischen Gewalt, die eine Dimension aller Herrschaft ist und das Essentielle der männlichen Herrschaft ausmacht, auf die Spur zu kommen, ohne den Habitus einzuführen. Und man muss zugleich nach den sozialen Bedingungen seiner Produktion fragen, da diese, wie die Analyse letztlich erweist, die verborgene Voraussetzung für die reale Wirksamkeit dieses scheinbar magischen Vorgangs sind. Man muss daher die Bildungs- und Formungsarbeit beschreiben, in der, sei es durch Eingewöhnung in eine symbolisch strukturierte Welt, sei es durch einen mehr impliziten als expliziten kollektiven Prägungsprozess (zu dem vor allem die großen kollektiven Rituale gehören), eine dauerhafte Transformation des Körpers und der üblichen Umgangsweise mit ihm erzielt wird. Dieser Vorgang, der in seiner Grundstruktur allen praktischen oder diskursiven Therapieformen sehr ähnlich ist, reduziert sich nicht auf die Einprägung von Wissen und Erinnerungen. Vom Habitus reden heißt einen Modus des Festhaltens und des Hervorrufens der Vergangenheit erfassen, den die alte

Bergson'sche Alternative von Bildgedächtnis und Gewohnheitsgedächtnis, »geistig« das eine, »mechanisch« das andere, schlicht und einfach nicht zu denken erlaubt. Der Boxer, der einem Schlag ausweicht, der Pianist oder der Redner, der improvisiert, oder ganz einfach der Mann oder die Frau, die gehen, sich setzen, die ihr Messer (in der rechten Hand ...) halten, ihren Hut lüften oder den Kopf zum Gruß neigen, rufen nicht eine Erinnerung wach, ein geistiges Bild, in dem etwa die erste Erfahrung der Handlung, die sie soeben ausführen, festgehalten wäre; und genauso wenig setzen sie lediglich materielle Mechanismen, physische oder chemische, in Gang. Es ist ja kein Zufall, dass es heute so große Schwierigkeiten bereitet, einen Sprecher (durch Roboter) nachzuahmen, der *einen* der einfachen, aber wirklich angemessenen Sätze sagt, die in jeder Situation möglich sind – jedenfalls (ganz im Gegensatz zu der von Bergson implizit aufgestellten Hierarchie) größere, als das *Bild* eines selbst so komplexen Ereignisses wie einer Theateraufführung oder einer politischen Kundgebung zu reproduzieren. All diese Akteure verwenden globale Formen, generative Schemata, die, entgegen der Alternative, auf die Mechanizismus und Intellektualismus sie bringen wollen, weder die Summe mechanisch aggregierter lokaler Reflexe noch das kohärente Ergebnis eines rationalen Kalküls sind. Diese Schemata mit einem ganz generellen Anwendungsbereich erlauben es, und zwar durch eine praktische, gleichsam körperliche Antizipationsleistung, die Situation als eine sinnhafte Totalität zu konstruieren und eine adäquate Antwort hervorzubringen, die sich, ohne jemals die einfache Ausführung eines Modells oder Plans zu sein, als ein integriertes und unmittelbar verständliches Ganzes präsentiert.

Dieser Exkurs war notwendig, um missverständlichen Lesarten vorzubeugen, zu denen die Anwendung von Gegensätzen auf meine Analyse führen könnte, die bis heute und wohl noch für lange Zeit im akademischen Gedächtnis und Habitus mitgeschleppt werden. Sicherlich weil sie durch die Bildungsinstitutionen eingeprägt werden, aber auch aufgrund ihrer Affinität zu den Hauptgegensätzen der gesellschaftlichen Arbeitsteilung (Theorie/Praxis, Konzeption/Ausführung, geistig/körperlich usw., sprich vornehm/vulgär). Nun aber kommt es darauf an, die eigentümliche Wirkungsweise des vergeschlechtlichten und vergeschlechtlichenden Habitus und die Bedingungen seiner Ausbildung herauszuarbeiten. Der Habitus erzeugt gesellschaftlich vergeschlechtlichte Konstruktionen der Welt und des Körpers, die zwar keine geistigen Repräsentationen, doch darum nicht weniger aktiv sind. Desgleichen bringt er synthetische und passende Antworten hervor, die, obschon sie keineswegs auf dem expliziten Kalkül eines das Gedächtnis mobilisierenden Bewusstseins basieren, in keiner Weise das Produkt eines blinden Wirkens physischer oder chemischer Mechanismen sind, die den Geist zu beurlauben vermöchten. Durch eine permanente Formierungs-, eine *Bildungs*arbeit, konstruiert die soziale Welt den Körper als vergeschlechtlichte Wirklichkeit und in eins als Speicher von vergeschlechtlichenden Wahrnehmungs- und Bewertungskategorien, die wiederum auf den Körper in seiner biologischen Realität angewendet werden.

Die soziale Welt behandelt den Körper wie eine Gedächtnisstütze.[16] Sie prägt in ihn, vor allem in Form sozialer Einteilungsprinzipien, die die Umgangssprache in Gegensatzpaare verdichtet, die fundamentalen Kategorien einer Weltsicht (oder, wenn man das vorzieht, eines Werte- oder Präferenzsystems) ein. Indem sie ihm auferlegt, zum Tier zu werden, zu »verdummen«, wie Pascal es einschärfte, bietet sie ihm eine gewisse Chance, zum Engel zu werden oder, stets mehr oder weniger gegen die (biologische) Natur, jede kulturelle Identität anzunehmen, die sie ihm abverlangt. Das Tier sozialisieren, die Natur kultivieren in und durch die Unterwerfung des Körpers unter die oft impliziten, weil unsäglichen oder unaussprechlichen Imperative der sozialen Ordnung heißt dem Tier Gelegenheit bieten, seiner eigenen Logik gemäß zu denken. Und die ist nicht diejenige, die wir nach zwei Jahrtausende lang verbreitetem Platonismus mit der Idee des Denkens verbinden. Es bedeutet, ihm die Fähigkeit zu verleihen, *sich* zu denken, den Körper und die Praxis in einer Perspektive, der der Praxis nämlich, zu denken, die zu denken wir Mühe haben. Schon weil es von der Sache her schwierig ist, aber auch weil wir in unseren Köpfen oder unseren

16 Ich habe diesen Punkt bereits in *Esquisse d'une théorie de la pratique*, Genf: Droz, 1972, insbesondere S. 195 f. [*Entwurf einer Theorie der Praxis*, Frankfurt/M.: Suhrkamp, 1979, insbesondere S. 198-202] und *Le sens pratique*, insbesondere S. 115 f. [*Sozialer Sinn*, S. 126-129] entwickelt: »(...) das Erstlernen (...) das den Leib in typisch Pascalscher Logik wie eine Gedächtnisstütze, wie einen Automaten, ›der den Geist mitzieht, ohne dass dieser daran denkt‹, und wie einen Speicher zur Aufbewahrung der kostbaren Werte behandelt ...«.

gebildeten Habitus als Erbteil der von Descartes begründeten Tradition eine ganz spezielle Vorstellung von Reflexion mitschleppen, eine Vorstellung von der Handlung der Reflexion, die die Möglichkeit der Reflexion beim Handeln ausschließt.

Der Gewaltstreich aber, den die soziale Welt gleichwohl gegen jedes ihrer *Subjekte* ausführt, besteht ebendarin, dass sie in seinen Körper ein regelrechtes Wahrnehmungs-, Bewertungs- und Handlungsprogramm prägt (die Metapher des *Charakters*, des Zeichens, wird hier in ihrem ganzen Sinn erhellt). Ein Programm, das in seiner vergeschlechtlichten und vergeschlechtlichenden Dimension, wie in allen anderen auch, wie eine (zweite, kultivierte) Natur funktioniert, das heißt mit der gebieterischen und (scheinbar) blinden Gewalt des (sozial konstruierten) Triebes oder Phantasmas. Indem es auf alle Dinge in der Welt angewendet wird, angefangen bei der biologischen Natur des Körpers (die alten Gascogner sprachen von »Natur« zur Bezeichnung des weiblichen Geschlechts ...), konstruiert – oder instituiert – dieses naturalisierte gesellschaftliche Programm den Unterschied zwischen den biologischen Geschlechtern den Einteilungsprinzipien einer mythischen Weltsicht entsprechend; Prinzipien, die wiederum das Produkt der willkürlichen Beziehung der Herrschaft der Männer über die Frauen sind, die als die fundamentale Struktur der sozialen Ordnung in die Realität der Welt eingeschrieben ist. Dadurch lässt sie den *biologischen* Unterschied zwischen dem männlichen und dem weiblichen Körper und ganz besonders den *anatomischen* Unterschied zwischen den Sexualorganen, der, wie jedes andere Ding in der Welt auch, für mehrere Konstruktionsarten (in bestimmten Grenzen) offen ist, als unanfechtbare Rechtfertigung des gesellschaftlich konstruierten Unterschieds zwischen den Geschlechtern *erscheinen.*

Der Sexismus ist ein Essentialismus: Wie der ethnische oder der Klassenrassismus will er geschichtlich eingesetzte gesellschaftliche Unterschiede einer biologischen Natur zurechnen, die als eine Essenz fungiert, aus der unerbittlich alle Daseinsakte sich ableiten. Und unter allen Formen von Essentialismus ist er vermutlich am schwersten zu überwinden. Denn in diesem Fall findet die Transformation eines willkürlichen Produktes der Geschichte in Natur eine scheinbare Grundlage ebenso in den Erscheinungsformen des Körpers wie in den sehr realen Effekten, die, in den Körpern und in den Köpfen, das heißt in der Wirklichkeit und in den Vorstellungen von der Wirklichkeit, die jahrtausendealte Arbeit an der Vergesellschaftung des Biologischen und der Biologisierung des Gesellschaftlichen erzeugt hat. Diese Arbeit lässt, indem sie die Beziehung zwischen Ursache und Wirkung umkehrt, eine naturalisierte gesellschaftliche Konstruktion (die unterschiedlichen Habitus, produziert durch die gesellschaftlich konstruierten unterschiedlichen gesellschaftlichen Bedingungen) als die natürliche Rechtfertigung der willkürlichen Vorstellung von der Natur erscheinen, die sowohl der Realität wie der Vorstellung von der Realität zugrunde liegt.

Der Wissenschaftler, der darauf bedacht ist, das, was ist, nicht unter dem Anschein wissenschaftlicher Beschreibung zu *bestätigen*, sieht sich hier vor einer ganz großen Schwierigkeit. Im Falle der Frauen und allgemeiner aller ökonomisch und symbolisch beherrschten Gruppen (deren Grenzfall die Ethnien bilden, die aufgrund ihrer ethnischen oder religiösen Herkunft, ob an einem Zug ihrer körperlichen Erscheinung – wie etwa der Hautfarbe – erkennbar oder nicht, stigmatisiert sind) kann er im Namen eines populistischen Humanismus bestimmte gesellschaftlich konstituierte und instituierte Unterschiede mit Schweigen übergehen. So verfahren zum Beispiel einige amerikanische Anthropologen, die solche Unterschiede, mit Bezug auf die Schwarzen, unter den Begriff »Kultur der Armut« subsumierten, und das machen mehr oder minder bewusst auch diejenigen, die aus einem Rehabilitierungsbemühen heraus unbedingt von »Volkskultur« sprechen wollen. Sie befürchten, andernfalls dem Rassismus Waffen zu liefern, der ebendiese kulturellen Unterschiede in der Natur der Akteure (der Armen) festzumachen pflegt, da er die Existenzbedingungen (die Armut), deren Produkt sie sind, ausklammert. Wodurch er dann in der Lage ist, »den Opfern die Schuld zuzuschieben« (wie man es auch beim Sexismus sieht, besonders wenn er, wie im Fall der Kabylei, gesellschaftlich allgegenwärtig ist).

Als Produkte der Einschreibung eines Herrschaftsverhältnisses in den Körper sind die strukturierten und strukturierenden Strukturen des Habitus das Prinzip praktischer Erkenntnis- und Anerkennungsakte der magischen Grenzlinie, die den Unterschied zwischen den Herrschenden und den Beherrschten, mithin ihre soziale Identität erzeugt, die vollständig in dieser Beziehung enthalten ist. Dieses vom Körper vermittelte Wissen bringt die Beherrschten dazu, an ihrer eigenen Unterdrückung mitzuwirken, indem sie, jenseits jeder bewussten Entscheidung und jedes willentlichen Beschlusses, die ihnen auferlegten Grenzen stillschweigend akzeptieren oder gar durch ihre Praxis die in der Rechtsordnung bereits aufgehobenen produzieren und reproduzieren.

Daran liegt es, dass die Befreiung der Opfer symbolischer Gewalt nicht per Dekret geschehen kann. Es ist sogar zu beobachten, dass die inkorporierten Grenzen dann besonders deutlich werden, wenn die äußeren Zwänge beseitigt und die formalen Freiheiten (das Wahlrecht, das Recht auf Bildung, der Zugang zu allen Berufen, die politischen einbegriffen) erworben sind: Der Selbstausschluss und die (negative wie positive) »Berufung« beziehungsweise »Bestimmung« treten dann an die Stelle des ausdrücklichen Ausschlusses. Analoge Vorgänge lassen sich bei allen Opfern symbolischer Herrschaft beobachten. Etwa bei den Kindern ökonomisch und kulturell benachteiligter Familien, denen der Zugang zur Sekundarstufe oder zur höheren Bildung formell und real offensteht, oder bei den Angehörigen der an kulturellem Kapital ärmsten Schichten, wenn sie aufgefordert werden, von ihrem formellen Recht auf Bildung Gebrauch zu machen. Und auch bei so vielen Revolutionen mit der Verheißung eines »neuen Menschen« war zu sehen, dass die Habitus der Beherrschten häufig dazu tendieren, die zeitweilig revolutionierten Strukturen, deren Produkt sie sind, zu reproduzieren.

Das praktische Erkennen-Anerkennen der Grenzen schließt selbst die Möglichkeit der Überschreitung aus; sie wird spontan in den Bereich des Undenkbaren verwiesen. Und die einer starken Zensur unterworfenen Verhaltensweisen, die den Frauen, insbesondere in Gegenwart der Männer und an öffentlichen Plätzen, auferlegt sind, sind keine für die jeweilige Gelegenheit zurechtgelegten und zur Schau gestellten Posen und Haltungen. Es handelt sich vielmehr um habituelle Konstanten, von denen nur schwer auszumachen ist, ob sie die sie begleitenden subjektiven Erlebnisqualitäten, Scham, Bescheidenheit, Schüchternheit, Zurückhaltung, Ängstlichkeit, hervorrufen oder ob sie aus diesen resultieren. Diese körperlichen Emotionen, die auch in Situationen entstehen können, die sie nicht fordern, sind gleichermaßen Formen antizipierter Anerkennung des negativen Vorurteils, der sei es auch unfreiwilligen Unterwerfung unter das herrschende Urteil und der untergründigen, bisweilen zum inneren Konflikt und der Ich-Spaltung führenden Komplizenschaft eines Körpers, der sich den Direktiven des Willens und des Bewusstseins entzieht, mit der gesellschaftlichen Zensur.

Die Beharrungskräfte des Habitus lassen sich nicht durch eine einfache, auf die befreiende Bewusstwerdung gegründete Willensanstrengung aufheben. Wer sich der Schüchternheit nicht erwehren kann, der wird von seinem Körper verraten, der dort hemmende Verbote und Ordnungsrufe anerkennt, wo ein anderer Habitus, Produkt anderer Bedingungen, eher ausdrückliche Aufforderungen oder stimulierende Anregungen sähe. Und der Ausschluss von öffentlichen Plätzen, der, wenn er explizit ist wie bei den Kabylen, die Frauen in separierte Räume verbannt und zu einer unerbittlichen Zensur aller Formen öffentlichen – sei es verbalen, sei es körperlichen – Ausdrucks verurteilt und damit aus der Durchquerung eines den Männern vorbehaltenen Raums, wie der Eingänge zum Versammlungsort (*thajmaâth*), eine schreckliche Prüfung macht, kann auch anderswo beinahe ebenso wirksam sein. Er nimmt dann die Form einer Art von gesellschaftlich aufgezwungener *Agoraphobie* an, die die Aufhebung der sichtbarsten Verbote lange Zeit überdauern kann und die Frauen dazu bringt, sich selbst von der *agora* auszuschließen.

Man weiß, dass Frauen auch heute noch bei Meinungsumfragen zu öffentlichen Angelegenheiten häufiger als Männer die Antwort verweigern (wobei der Abstand mit sinkendem Bildungsgrad wächst). Die einem Akteur gesellschaftlich zuerkannte Kompetenz ist ausschlaggebend für seine Neigung, die entsprechende fachliche Kompetenz zu erwerben, und damit die Chancen, diese tatsächlich zu besitzen. Wobei er vor allem Bereitschaft, sich diese Kompetenz *zuzusprechen*, zeigen muss, die von der offiziellen Anerkennung des Rechts auf deren Besitz hervorgerufen wird. Daher sind die Frauen in der Regel seltener als die Männer geneigt, sich die legitimen Kompetenzen zuzurechnen. So wollten bei den Befragungen zum Museumsbesuch viele Frauen, besonders unter denen mit niedrigerem Bildungsniveau, die Beantwortung der Fragen lieber ihren Männern überlassen. In dieser Selbstüberantwortung spielt immer auch Angst mit, was die Blicke der Frauen bezeugen, die für die Dauer des ganzen Gesprächs zwischen dem eigenen Mann und dem Interviewer hin- und hergingen. Man müsste aber generell all die Verhaltensweisen erfassen, die die gleichsam physischen Schwierigkeiten belegen, die es den Frauen bereitet, in der Öffentlichkeit selbst zu handeln und sich von der Unterwerfung unter den Mann als Beschützer, Entscheidungsbefugten und Richter zu befreien (ich könnte hier, um *a fortiori* argumentieren zu können, an die Beziehung zwischen Simone de Beauvoir und Jean-Paul Sartre erinnern, wie sie Toril Moi in einem unveröffentlichten Text analysiert). Und in der Art der kabylischen Frauen, die die Prinzipien der herrschenden Sicht in ebenden magischen Riten anwenden, die gerade die Umkehrung ihrer Effekte bewirken sollen (wie die Schließungsriten, die beim Mann Impotenz hervorrufen, oder die Riten der Liebesmagie, die den Geliebten ergeben und gefügig machen sollen), verraten noch die von der phallozentrischen Denkweise emanzipiertesten Frauen häufig die Unterwerfung unter deren Prinzipien dadurch, dass sie ihnen bis hinein in die Handlungen und Reden, die deren Auswirkungen bestreiten wollen, gehorchen (indem sie etwa so argumentieren, als ob bestimmte Eigenschaften an und für sich weiblich oder nichtweiblich seien).

Auch im Fall derjenigen, die zur Einnahme der herrschenden Positionen ausersehen sind, ist die Vermittlung der Habitus, die den Erben dazu disponieren, sein Erbe (des Mannes, des Ältesten, des Adligen) anzutreten, sein soziales Schicksal anzunehmen, unerlässlich; und im Gegensatz zur Illusion des gesunden Menschenverstands verstehen sich die Dispositionen, die dazu führen, diese oder jene Form von Herrschaft zu beanspruchen oder auszuüben, wie die männliche *libido dominandi* in einer phallozentrischen Gesellschaft, keineswegs von selbst. Sie müssen vielmehr erst in einer langwierigen Sozialisationsarbeit aufgebaut werden, die ebenso unerlässlich ist wie die, die zur Unterwerfung bereitmacht. Dass »Adel verpflichtet«, besagt nichts anders, als dass der Adel, der in den Körper des Adligen in Form eines Ensembles von Dispositionen mit dem Anschein des Natürlichen (eine Haltung des Kopfes, eine Körperhaltung, eine Art zu gehen, ein aristokratisch genanntes Ethos usw.) eingeschrieben ist, den Adligen jenseits allen äußeren Zwangs beherrscht. Diese übergeordnete Macht, die ihn Akte als unvermeidlich oder selbstverständlich, ohne Überlegung oder Prüfung, hinnehmen lässt, die anderen als unmöglich oder undenkbar erscheinen, ist die Transzendenz des Sozialen, die Körper geworden ist und als *amor fati* wirkt, als körperliche Neigung, eine Identität zu verwirklichen, die als eine soziale Essenz konstituiert und damit in Schicksal verwandelt wurde. Der Adel im Sinne eines Ensembles von Dispositionen, die in einem bestimmten sozialen Universum als adlig gelten (Ehrgefühl, körperlicher und geistiger Mut, Großzügigkeit, Hochherzigkeit usw.), ist das Produkt einer sozialen Benennungs- und Einprägungsarbeit, in deren Verlauf eine soziale

Identität, herausgebildet durch einen dieser allen bekannten und von allen anerkannten magischen Einschnitte, die die soziale Welt vornimmt, sich in eine biologische Natur eingräbt und zum Habitus wird.

Ist erst einmal die willkürliche Grenze gezogen, der *nomos*, der die beiden Klassen in der Objektivität einbürgert, dann läuft alles so ab, als handle es sich darum, die dauerhaften Bedingungen für die Akzeptanz dieses *nomos* zu schaffen. Das heißt, dafür zu sorgen, dass er sowohl in den Köpfen – in Form von Wahrnehmungskategorien, die sich auf jedes Ding in der Welt, angefangen bei den Körpern unter ihrem im eigentlichen Sinne sexuellen Aspekt, anwenden lassen – als auch in den Körpern – in Form von sozial vergeschlechtlichten Dispositionen – eingesetzt wird.[17] Der willkürliche *nomos* nimmt die Erscheinungsformen eines Naturgesetzes (man spricht gemeinhin von einer »widernatürlichen« Sexualität) nur nach der *Somatisierung gesellschaftlicher Herrschaftsverhältnisse* an. Nur mittels einer ungeheuren kollektiven Sozialisationsarbeit gehen die unterschiedlichen Identitäten in Fleisch und Blut über, welche der kulturelle *nomos* einsegnet, in Form von Habitus, die sich dem herrschenden Einteilungsprinzip gemäß klar unterscheiden und die imstande sind, die Welt diesem Einteilungsprinzip entsprechend wahrzunehmen. (In unseren sozialen Universen etwa in Form der »natürlichen Distinktion« und des »Sinnes für Distinktion«.)

Die gesellschaftliche Konstruktion des Geschlechts

Man käme zu keinem Ende, wollte man die geschlechtlich differenzierten Handlungen geschlechtlicher Differenzierung erfassen, die darauf abzielen, an jedem Einzelnen die am unmittelbarsten der gesellschaftlichen Definition seiner Geschlechtsidentität entsprechenden äußeren Merkmale zu betonen oder ihn zu den seinem Geschlecht entsprechenden Praktiken zu ermutigen und zugleich von den insbesondere in der Beziehung zum anderen Geschlecht

17 Zur Einsetzung eines *Schuladels* durch den Einschnitt, den die Prüfung bewirkt, und zur Aufzwingungs- und Einprägungsarbeit, die die Schule leistet, vgl. P. Bourdieu, *La noblesse d'État*, Paris: Minuit, 1989 [*Der Staatsadel*, Konstanz: UVK, 2004].

unpassenden abzuhalten. Selbst wenn sie nur oberflächliche Aspekte der Person berühren, bewirken diese Handlungen durch eine regelrechte *psychosomatische Aktion* den Aufbau der Dispositionen und Schemata, die die unkontrolliertesten Haltungen und Gewohnheiten der körperlichen *Hexis* und die dunkelsten Triebe des Unbewussten, wie die Psychoanalyse sie enthüllt, organisieren. So zeigt sich zum Beispiel die Logik des ganzen sozialen Prozesses, in dem der Fetischismus der Männlichkeit entsteht, in aller Klarheit bei den Institutionsriten. Diese sollen ja nicht, wie ich anderswo gezeigt habe, eine sakralisierende Trennung vornehmen und auf Dauer stellen zwischen denen, die sie *bereits* hinter sich haben, und denen, die ihnen *noch nicht* unterzogen wurden – wie es der Begriff der von einem Vorher zu einem Nachher führenden Übergangsriten nahelegt –, sondern zwischen denen, die sie zu durchlaufen sozial für würdig befunden werden, und denen, die von ihnen auf immer ausgeschlossen sind: den Frauen.[18]

Der männliche und der weibliche Körper und ganz speziell die Geschlechtsorgane, die, weil sie den Geschlechtsunterschied verdichten, prädestiniert sind, ihn zu symbolisieren, werden gemäß den praktischen Schemata des Habitus wahrgenommen und konstruiert. Damit werden sie zu privilegierten symbolischen Stützen derjenigen Bedeutungen und Werte gemacht, die mit den Prinzipien der phallozentrischen Weitsicht in Übereinstimmung stehen. Nicht der Phallus (oder seine Abwesenheit) ist das generative Prinzip dieser Weltsicht. Sondern diese Weltsicht kann umgekehrt, da sie, aus noch zu erhellenden *gesellschaftlichen* Gründen, der Einteilung in *relationale Arten*, männlich und weiblich, gemäß organisiert ist, den zum Symbol der Männlichkeit, des genuin männlichen *nif*, gemachten Phallus als Unterscheidungsgrund zwischen den Geschlechtern (im Sinne von Arten) einführen und den sozi-

18 Über die Gründe, die mich dazu bewogen haben, den Begriff des Übergangsritus, der seinen unmittelbaren Erfolg zweifellos der Tatsache verdankt, dass er nichts als eine in ein Konzept mit wissenschaftlichem Anstrich verwandelte Vorstellung des gesunden Menschenverstandes ist, durch den Begriff des Institutionsritus zu ersetzen (ein Wort, das gleichzeitig im Sinne dessen, was instituiert ist – die Institution der Ehe –, und des Aktes der Instituierung – die Einsetzung des Erben – zu verstehen ist), vgl. P. Bourdieu, »Les rites d'institution«, in: *Ce que parler veut dire*, Paris: Fayard, S. 121-134 [»Die Einsetzungsriten«, in: *Was heißt sprechen?*, Wien: Braumüller, 1990, S. 84-93].

alen Unterschied zwischen zwei hierarchisierten Essenzen auf die Objektivität eines natürlichen Unterschieds zwischen den biologischen Körpern gründen.

Der Vorrang des Männlichen (in der legitimen Definition der Teilung der geschlechtlichen Arbeit und der geschlechtlichen Arbeitsteilung, in denen der Mann beide Male »den oberen Part« einnimmt, während die Frau »unten« ist, wird er offenbar) drängt sich – vermittels des Systems konstitutiver Schemata des Habitus – nahezu unausweichlich auf als Matrix aller Wahrnehmungen, Gedanken und Handlungen sämtlicher Mitglieder der Gesellschaft und als unangefochtenes, weil außerhalb der Bewusstwerdung und der Überprüfung gelegenes Fundament einer androzentrischen Vorstellung von der biologischen und der sozialen Reproduktion. Es ist keineswegs so, dass die Notwendigkeiten der biologischen Reproduktion die symbolische Organisation der geschlechtlichen Arbeitsteilung und nach und nach der ganzen natürlichen und sozialen Ordnung determinieren. Vielmehr liefert eine willkürliche Konstruktion des Biologischen und insbesondere des – männlichen und weiblichen – Körpers, seiner Gebrauchsweisen und seiner Funktionen, namentlich in der biologischen Reproduktion, der männlichen Sicht der Teilung der geschlechtlichen Arbeit und der geschlechtlichen Arbeitsteilung und damit der gesamten männlichen Weltsicht ein scheinbar natürliches Fundament. Ihre besondere Kraft zieht die männliche Soziodizee daraus, dass sie zwei Operationen in eins vollzieht: Sie legitimiert ein Herrschaftsverhältnis, indem sie es in etwas Biologisches einschreibt, das seinerseits eine biologisierte gesellschaftliche Konstruktion ist.

Die Definition des Körpers selbst, der leibhaftigen Stütze der Naturalisierungsarbeit, ist, vor allem was die sexuelle Dimension betrifft, in der Tat das Produkt einer umfassenden gesellschaftlichen Konstruktionsarbeit. Die hohe Bewertung des »point d'honneur«, des Prinzips der Wahrung und Vermehrung der Ehre, das heißt des symbolischen Kapitals, der, zusammen mit dem sozialen Kapital von Verwandtschaftsbeziehungen, in dieser Welt wichtigsten (wenn nicht einzigen) Akkumulationsmöglichkeit, führt bei den Kabylen dazu, dass sie der männlichen Virilität ein unumstrittenes Privileg einräumen. Gerade auch in ihrem ethischen Aspekt bleibt diese nun stets, zumindest stillschweigend, mit der physischen Virilität – über die vom vollendeten Mann erwarteten Kraft-

bzw. Potenzbeweise (Deflorierung der Braut, zahlreiche männliche Nachkommenschaft usw.) – sowie mit dem Phallus verknüpft, der zum Träger der kollektiven Phantasmen von der Zeugungskraft wie gemacht scheint.[19]

Der Phallus mit seiner Lacan so am Herzen liegenden Schwellfähigkeit ist das, was (an)schwillt, und das, was (an)schwellen lässt. Der gebräuchlichste Ausdruck dafür, dass der Penis *abbuch* ist – wovon das Femininum, *thabbuchth*, die weibliche Brust bezeichnet –, während der »angeschwollene« Penis *ambul*, dicke Blutwurst,[20] genannt wird. Das Schema des (*An-*) *Schwellens* ist das generative Prinzip der Fruchtbarkeitsriten, zumal der bei der Zubereitung von Speisen praktizierten. Mithilfe von aufgehenden und auftreibenden Nahrungsmitteln (wie in unserer Tradition den Krapfen) soll das Anschwellen zu all den Anlässen mimetisch erzeugt werden, bei denen die Manneskraft ihre Befruchtungsaktion ausüben muss, wie bei der Heirat etwa und der Aufnahme der Pflugarbeit, einer homologen Aktion des Öffnens und Deflorierens der Erde.[21] Und dieselben Assoziationen, die in der Lacan'schen Rede (Schwellfähigkeit, vitaler Strom) herumgeistern, finden sich in den Wörtern für das Sperma, *zzel* und vor allem *laâmara*, wieder, das mit seiner Wurzel – *aâmmar*, füllen, gedeihen usw. – auf die Fülle hinweist, auf das, was voll Leben und was mit Leben gefüllt ist; wobei sich das Schema des Anfüllens (voll/leer, fruchtbar/steril usw.) bei der mimetischen Aktion der Fruchtbarkeitsriten[22] regelmäßig mit dem Schema des Anschwellens verbindet.

19 Die europäische Tradition, die im zeitgenössischen männlichen Unbewussten lebendig bleibt, verknüpft den physischen oder moralischen Mut mit der Virilität (»en avoir ...« usw.), und wie die Tradition der Berber stellt sie eine ausdrückliche Beziehung zwischen der Größe der Nase (*nif*), Symbol des »point d'honneur«, und der mutmaßlichen des Phallus her.

20 Die auf den ersten Blick überraschende morphologische Verbindung zwischen *abbuch*, dem Penis, und *thabbuchth*, der Brust, mag sich daraus erklären, dass sie beide Ausdrücke der lebendigen Fülle sind, des Lebendigen, das Leben spendet, durch das Sperma und die Milch. (Die gleiche Relation besteht zwischen *thamellalts*, dem Ei, dem Symbol *par excellence* der weiblichen Fruchtbarkeit, und *imellalen*, den Hoden.

21 Siehe P. Bourdieu, *Le sens pratique*, S. 412-415 [*Sozialer Sinn*, S. 437-439] über die Nahrungsmittel, die anschwellen, wie die *ufthyen*, und die anschwellen lassen.

22 Siehe P. Bourdieu, *Le sens pratique*, S. 452 f. [*Sozialer Sinn*, S. 480-484] über die Schemata voll/leer und über das Anfüllen und auch S. 397 [S. 422] über die Schlange.

Die Wahrnehmung der Sexualorgane und mehr noch die der sexuellen Aktivität wird von Wahrnehmungskategorien strukturiert, die um Gegensätze zentriert sind, welche letztlich alle auf die Teilung der geschlechtlichen Arbeit verweisen, die ihrerseits gemäß diesen Gegensätzen organisiert ist. Wie es der soziale Umgang mit dem phallischen »Schwellen« schön zeigt, der den Phallus mit der vitalen, dem ganzen natürlichen Prozess der Fortpflanzung (Keimung, Schwangerschaft usw.) immanenten Dynamik des Schwellens identifiziert, verdanken die kollektiven Vorstellungen ihre symbolische Kraft dem Umstand, dass die gesellschaftliche *Konstruktion* der Wahrnehmung der Sexualorgane und des Sexualaktes die »Trächtigkeit« der objektiven Formen, wie das Anschwellen und die Erektion des Phallus, *registriert* und *ratifiziert.*[23] Der Umstand, dass die kulturelle »Selektion« der semantisch passenden Züge bestimmte gänzlich unanfechtbare natürliche Eigenschaften symbolisch übernimmt, trägt so – zusammen mit anderen Mechanismen, deren wichtigster, wie man gesehen hat, ohne Zweifel das Einfügen jeder Relation (wie voll/leer) in ein System homologer und untereinander verbundener Relationen ist – dazu bei, das Willkürliche des sozialen *nomos* in Notwendigkeit der Natur (*physis*) zu verwandeln. Diese Logik der *symbolischen Konsekration* objektiver, namentlich kosmischer und biologischer Prozesse ist in dem ganzen mythisch-rituellen System am Werk. Etwa wenn das Keimen des Korns zur Auferstehung wird, einem Ereignis, das der Wiedergeburt des Großvaters im Enkel, beglaubigt durch die Wiederkehr des Vornamens, homolog ist. Es ist diese Logik, die diesem Vorstellungssystem und damit dem durch seine Einhelligkeit noch verstärkten Glauben, dessen Gegenstand es ist, ein gleichsam objektives Fundament verleiht.

Es versteht sich von selbst, dass – wie eindeutig die Entsprechung zwischen den Tatsachen oder den Vorgängen der natürlichen Welt und den auf sie angewandten Visions- und Divisionsprinzipien und wie wirksam der zirkuläre Verstärkungsprozess wechselseitiger Bestätigung auch sein mag – immer Raum bleibt für die *kognitive Auseinandersetzung* um die Bedeutung der Dinge und insbesondere der sexuellen Realitäten. Wenn die Beherrschten auf die

23 Man sieht, dass man die alltägliche Wahrnehmung in ihrer Wahrheit nur unter der Bedingung erfasst, dass man die Alternative von idealistischem Konstruktivismus und realistischem Objektivismus überwindet.

Mechanismen oder die Kräfte, von denen sie beherrscht werden, oder ganz einfach auf die Herrschenden Kategorien anwenden, die das Produkt der Herrschaft sind, oder wenn, mit anderen Worten, ihr Bewusstsein und ihr Unbewusstes konform mit den Strukturen der ihnen aufgezwungenen Herrschaftsbeziehung strukturiert sind, dann sind ihre Erkenntnisakte unvermeidlich Akte der Anerkennung der doppelten, objektiven wie subjektiven Aufzwingung von Willkürlichem, deren Objekt sie bilden. Das besagt, dass die partielle Unbestimmtheit gewisser Elemente des mythisch-rituellen Systems, was die seiner Symbolik zugrunde liegende Unterscheidung zwischen dem Männlichen und dem Weiblichen betrifft, als Ansatzpunkt antagonistischer Umdeutungen dienen kann, mit denen die Beherrschten eine Art Revanche für den symbolischen Aufzwingungseffekt üben.[24] Zum Beispiel können so die Frauen die männlichen Attribute, indem sie andere grundlegende Schemata der mythopoetischen Sichtweise (hoch/tief, hart/weich, aufrecht/gekrümmt) auf sie anwenden, in Analogie zu Dingen auffassen, die kraftlos herabhängen (*laâlaleq*, *asaâlaq*, auch für Zwiebeln oder aufgespießtes Fleisch verwendet, oder *acherbub*, bisweilen mit *ajerbub*, Lappen, assoziiert).[25] Und obwohl – und gerade weil – ihr Blick von den herrschenden Wahrnehmungskategorien geprägt bleibt, können sie aus diesem minderen Status Nutzen ziehen, um die Überlegenheit des weiblichen Geschlechts zu behaupten, und damit daran erinnern, dass die sozialen Eigenschaften der beiden Arten ein Produkt von Herrschaft sind und im Kampf der Geschlechter stets ins Spiel gebracht werden können. (Wie in der Redensart: »Du, dein ganzes Gerät – *laâlaleq* – hängt, sagt die Frau zum Mann, aber ich, ich bin ein zugeschweißter Stein.«) Diese Analysen, das sei nebenbei gesagt, gelten für jede Beziehung symbolischer Gewaltverhältnisse. Daher ergibt nichts weniger Sinn, als etwa die symbolische Herrschaft, die die legitime Kultur ausübt, und den *Widerstand* einander entgegenzustellen, den ihr die Beherrschten häufig dadurch entgegenzusetzen vermögen, dass sie

24 Zur Unbestimmtheit und der Logik des Verschwommenen vgl. P. Bourdieu, *Le sens pratique*, insbesondere S. 426 ff. [*Sozialer Sinn*, S. 454 ff.].

25 All diese Worte sind offensichtlich mit einem Tabu belegt, genau wie scheinbar so harmlose Worte wie *duzan*, die Sachen, die Werkzeuge, *laqlul*, das Geschirr, *laḥwahl*, das Zubehör, oder *azaâkuk*, der Schwanz, die ihnen oft als euphemistische Substitute dienen.

sich, wie in der Parodie, dem Spott oder der karnevalesken Umkehrung, oft mit den Kategorien der legitimen Kultur wappnen. Ohne sicher zu sein, ob nicht meine Schlüsse an die Grenzen meiner Information stoßen, glaube ich behaupten zu können, dass das Geschlecht der Frau einer ähnlichen Konstruktionsarbeit unterliegt. Deren Aufgabe besteht darin, aus ihm eine Art negativer Entität zu machen, die wesentlich durch den Mangel an männlichen Eigenschaften bestimmt ist und mit abwertenden Merkmalen, wie dem Klebrigen (*achermid*, eines der Berberworte für die Vagina, übrigens eines der pejorativsten, bedeutet auch klebrig), versehen.

Wie sollte man hier nicht an ein außergewöhnliches *anthropologisches Dokument*, die in der feministischen Literatur häufig angeprangerte Sartre'sche »Analyse« des weiblichen Geschlechts als klebriges Loch, denken: »Die Obszönität des weiblichen Geschlechts ist die alles *Klaffenden*: es ist ein *Ruf nach Sein* wie übrigens alle Löcher; das Weib ruft in sich nach einem anderen Körper, der es durch Auflösung und Durchdringung zur *Seinsfülle* verwandeln soll. Und umgekehrt empfindet die Frau ihre eigene Seinsverfassung wie ein Rufen, eben weil sie ›durchlöchert‹ ist (...). Zugegeben, das Geschlechtsorgan ist ein Mund, ein gefräßiger Mund, der den Penis verschlingt – daraus kann sehr wohl der Gedanke der Kastration entstehen: der Geschlechtsakt ist Kastration des Mannes – jedoch ist das Organ vor allem Loch«, vgl. J.-P. Sartre, *L'être et le néant*, Paris: Gallimard, 1943, S. 706 [*Das Sein und das Nichts*, Hamburg: Rowohlt, 1976, S. 768]. Und diese unbewusste Objektivation des männlichen Unbewussten setzt sich in der Analyse des Klebrigen fort. Diese »weiche«, diese »fügsame« Substanz, die »zunächst den Eindruck eines Seienden (macht), das man *besitzen* kann«, ist eine »zweideutige« Realität, die »besitzt«, die »klebt«, »auspumpt«, »ansaugt«: »Sie ist eine Art weicher, teigiger, weibischer Aktivität des Aufsaugens, es lebt verborgen unter meinen Fingern, und ich fühle eine Art Schwindel, es zieht mich in sich, wie der Grund einer Schlucht mich anziehen könnte. Es gibt eine Art Berührungsfaszination des Klebrigen. Ich vermag es nicht mehr, den Vorgang der Aneignung aufzuhalten. Er setzt sich fort. In einem Sinn ist es wie die höchste Fügsamkeit des Besessenen, wie die Treue eines Hundes, der *sich anbietet*, selbst wenn man nichts von ihm wissen will, und in anderem Sinn gibt es unter dieser Fügsamkeit eine versteckte Aneignung des Besitzenden vom Besessenen« (S. 762 f.; meine Hervorhebung). Und die letzte, zweifellos verräterischste Metapher, die der »Wespe, die in der Marmelade hängenbleibt und erstickt« (S. 763), Symbol für den »süßen Tod des Für-sich« und für die »fade, weibische Rache des An-sich« (ebd.), umschließt auf wunderbare Weise die Vorstellung der grundlegenden Gegensätze der männlichen Mythologie (männlich/weiblich, Penis/Vagina, rein/schmutzig, hart/weich, trocken/feucht, voll/leer, salzig/zuckrig usw.) und der Formen, die sie, transformiert, im philosophischen Diskurs annehmen (Für-sich/An-sich, Bewusstsein/Materie usw.). Und man kann sogar den Punkt sehen, an dem der kollektive Mythos in eine *private Phantasie*, eine sehr sonderbare Vorstellung vom Geschlechtsakt, abdriftet, die unmittelbar sublimiert wird zu einer *Basisintuition* des philosophischen Systems: »Nun ist diese Auflösung schon an sich selbst erschreckend, weil sie ein Aufsaugen des Für-sich vom An-sich darstellt, ebenso wie die Tinte vom Löschblatt aufgesaugt wird. (…) für ein Bewußtsein ist es an sich schrecklich, *klebrig* zu werden« (S. 764).

Am Brunnen

Auch die Vorstellung von der Vagina als umgekehrtem Penis, die Marie-Christine Pouchelle in den Schriften eines Chirurgen aus dem Mittelalter entdeckt, folgt denselben grundlegenden Gegensätzen zwischen dem Positiven und dem Negativen, der Glanzseite und der Kehrseite, die sich aufdrängen, seit das männliche Prinzip zum Maß aller Dinge gemacht worden ist.[26] Weit davon entfernt, eine schlichte Auflistung natürlicher, unmittelbar für die Wahrnehmung vorhandener Eigenschaften zu sein, ist die gesellschaftliche Definition des Geschlechts als Organ das Resultat aus einer Reihe von Akzentuierungen oder Unterschlagungen von Unterschieden oder Ähnlichkeiten, die in Abhängigkeit von dem dem Mann und der Frau zugewiesenen Status, und wie um die herrschende Vorstellung von der weiblichen Natur zu rechtfertigen, vorgenommen werden.[27] Um das bestätigt zu finden, würde es genügen, die Geschichte der »Entdeckung« der Klitoris zu verfolgen, wie sie Thomas Laqueur bis hin zur Freud'schen Theorie der Verlagerung der weiblichen Sexualität von der Klitoris in die Vagina referiert,[28] ein anderes Beispiel für den Montesquieu-Effekt, die mit wissenschaftlichem Gestus auftretende Verklärung eines gesellschaftlichen Mythos.

Der Körper als Ganzes wird gleichfalls mittels der basalen kulturellen Gegensätze wahrgenommen. Er hat sein Oben und sein Unten, deren Grenze vom Gürtel bezeichnet wird, dem Trennungszeichen und der symbolischen Schranke, zumindest bei der Frau, zwischen dem Reinen und dem Unreinen. Er hat sein Vorne, den *Ort des Geschlechtsunterschieds* (der als solcher von einem System logisch privilegiert wird, das stets aufs Unterscheiden abhebt), und

26 M.-C. Pouchelle, *Corps et chirurgie à l'apogée du Moyen Âge*, Paris: Flammarion, 1983. Wie M.-C Pouchelle, die zeigt, dass der Mann und die Frau zwei Varianten, die höhere und die niedere, derselben Physiologie sind, stellt Thomas Laqueur fest, dass man bis zur Renaissance nicht über anatomische Begriffe zur detaillierten Beschreibung des weiblichen Geschlechts verfügt, das man sich als aus denselben Organen zusammengesetzt vorstellt, die aber anders angeordnet sind. (Siehe Th. Laqueur, »Orgasm, Generation and the Politics of Reproductive Biology«, in: C. Gallagher, Th. Laqueur [Hg.], *The Making of the Modern Body: Sexuality and Society in the Nineteenth Century*, Berkeley: University of California Press, 1987.)

27 Yvonne Knibiehler zeigt, wie die Anatomen des 19. Jahrhunderts, namentlich Virey, in Fortsetzung des Diskurses der Moralisten wie Roussel im weiblichen Körper die Rechtfertigung für den sozialen Status der Frau zu finden suchen, den sie ihnen im Namen der traditionellen Gegensätze zwischen Innerem und Äußerem, Sinnlichkeit und Vernunft, Passivität und Aktivität zuweisen (vgl. Y. Knibiehler, Les médecins et la »nature féminine« au temps du Code civil, *Annales*, 31, 1976, S. 824-845).

28 Th. Laqueur, »Amor Veneris, Vel Dulcedo Appeletur«, in: M. Feher, R. Naddaf, N. Tazi (Hg.), *Zone*, Teil III, New York: Zone, 1989.

sein sexuell undifferenziertes Hinten, das potentiell weiblich, das heißt unterworfen ist. Woran, durch Gesten oder Worte, die Verhöhnung der Homosexualität in den Mittelmeerländern erinnert. Aus der Verbindung der beiden Schemata entsteht der Gegensatz zwischen den edlen und öffentlichen Teilen, Stirn, Augen, Schnurrbart, Mund, den Organen der Selbstpräsentation – in denen sich die soziale Identität, die soziale Ehre, der *nif*, kondensiert, der die Stirn zu bieten und den anderen ins Gesicht zu sehen verlangt –, und seinen privaten, verhohlenen oder schimpflichen Teilen, welche die Ehre zu verbergen gebietet.

Die obere, männliche Partie des Körpers und ihre legitimen Gebrauchsweisen: die Stirn bieten, herausfordern (*qabel*), ins Gesicht, in die Augen sehen, *öffentlich* das Wort ergreifen usw., sind das ausschließliche Monopol der Männer. Folglich ist die von den Psychoanalytikern hergestellte Verbindung zwischen dem Phallus und dem Logos durch die geschlechtliche Teilung der legitimen Gebrauchsweisen des Körpers vermittelt. Das belegt etwa der Umstand, dass die Frau, die in der Kabylei, ohne verschleiert zu sein, den Blicken verborgen bleibt, gewissermaßen darauf verzichten muss, von ihrem Blick und ihrer Sprache Gebrauch zu machen (in der Öffentlichkeit senkt sie den Blick zu Boden, und das einzige Wort, das sich für sie schickt, ist *wissen*, ich weiß nicht, die Antithese zur Sprache des Mannes, der entschiedenen, bündigen und zugleich überlegten, besonnenen Rede).

Und wie sollte man nicht sehen, dass der Geschlechtsakt selbst, obschon er wie eine Art Urmatrix unausgesetzt dazu dient, alle Vereinigungsformen der beiden entgegengesetzten Prinzipien Pflugschar und Furche, Himmel und Erde, Feuer und Wasser zu konstruieren, nach dem Prinzip des Primats der Männlichkeit konzipiert ist? Wie die Vagina ihren verderblichen, unheilvollen Charakter ohne Zweifel dem Umstand schuldet, dass sie Loch ist, hohl, unausgefüllt, aber auch *Umkehrung* des Phallus ins Negative, genauso wird die Stellung beim Liebesakt, bei der die Frau sich auf den Mann setzt, womit die als normal betrachtete Beziehung, wo der Mann »den oberen Part« einnimmt, umgekehrt wird, in zahlreichen Zivilisationen explizit verurteilt.[29] Obschon die Kabylen, was Rechtferti-

29 Nach Charles Malamoud verwendet das Sanskrit zu ihrer Qualifizierung das Wort *Viparita*, verkehrt, das auch zur Bezeichnung der verkehrten Welt dient, des Drunter und Drüber, des Durcheinanders (mündliche Mitteilung).

gungsdiskurse betrifft, wenig verschwenderisch sind, beziehen sie sich auf eine Art Ursprungsmythos, um die Positionen zu legitimieren, die den beiden Geschlechtern in der Teilung der geschlechtlichen Arbeit und darüber hinaus, vermittelt durch die geschlechtliche Teilung der biologischen und vor allem der gesellschaftlichen Produktions- und Reproduktionsarbeit, in der gesamten sozialen und darüber hinaus kosmischen Ordnung zugewiesen sind. »Am Brunnen (*tala*) traf der erste Mann auf die erste Frau. Sie schöpfte gerade Wasser, als der Mann, anmaßend, auf sie zutrat und zu trinken begehrte. Aber sie war zuerst angekommen, und auch sie hatte Durst. Ungehalten stieß der Mann sie an. Sie tat einen falschen Schritt und fiel zu Boden, und der Mann sah, dass ihre Schenkel anders waren als seine. Vor Verblüffung regungslos, blieb er stehen. Aber die Frau, gewitzter als er, brachte ihm vieles bei. ›Leg dich hin, ich zeige dir, wozu deine Organe gut sind.‹ Er streckte sich auf dem Boden aus, sie streichelte seinen Penis, der doppelt so groß wurde, und legte sich auf ihn. Der Mann empfand großes Vergnügen. Er folgte der Frau überallhin, um dasselbe wieder zu tun, denn sie wusste mehr als er, wie das Feuer angezündet wird usw. Eines Tages sagte der Mann zur Frau: ›Ich möchte dir auch was zeigen; ich weiß auch etwas. Leg dich hin, und ich lege mich auf dich.‹ Die Frau legte sich auf den Boden, und der Mann legte sich auf sie. Er empfand dasselbe Vergnügen und sagte zur Frau: ›Am Brunnen bist du es (die zu sagen hat), im Haus bin ich es.‹ Im Kopf des Mannes sind es immer die letzten Worte, die zählen, und seither lieben es die Männer, auf die Frauen zu steigen. So kam es, dass sie die Ersten wurden und dass sie regieren müssen.«[30]

Die Absicht der Soziodizee zeigt sich hier ohne Umschweife: Der Gründer-Mythos instituiert den konstitutiven Gegensatz zwischen der Natur und der Kultur, zwischen der natürlichen »Sexualität« und der kulturell geprägten »Sexualität«[31] (der in Wirklichkeit

30 Dieser Mythos wurde 1988 von Tassadit Yacine aufgenommen. (Ich danke ihr nachdrücklich dafür, mich mit ihm bekannt gemacht zu haben.)

31 Der bloße Gebrauch des Wortes Sexualität kann zu einer ethnozentrischen Lesart führen. Es ist in der Tat sicher, dass in dieser Welt, die man als insgesamt sexualisiert bezeichnen könnte, nichts im modernen und säkularisierten Sinne des Wortes sexuell ist: unter anderem, weil die sexuellen Realitäten nicht in separatem Zustand, für sich, konstituiert sind (wie zum Beispiel in der erotischen Intention), sondern mit dem System von Gegensätzen verflochten sind, die den ganzen Kosmos organisieren.

etwa mit dem Gegensatz von Brunnen und Haus schon in den Gründen in Anspruch genommen wird, die zu seiner Rechtfertigung dienen) am Ursprung einer vom männlichen Prinzip beherrschten Sozialordnung. Dem anomischen Akt, am Brunnen, dem weiblichen Ort *par excellence*, und auf Initiative der Frau, der perversen, von Natur aus mit den Angelegenheiten der Liebe vertrauten Lehrmeisterin, vollzogen, wird der mit dem *nomos* konforme Akt, der domestizierte und häusliche, entgegengesetzt. Dieser wird der Ordnung der Dinge, der grundlegenden Hierarchie der sozialen und kosmischen Ordnung entsprechend auf Verlangen des Mannes und im Haus ausgeführt, dem Ort der kultivierten Natur, der legitimen Herrschaft des männlichen Prinzips über das weibliche, symbolisiert durch das Hinausragen des Hauptbalkens (*asalas alemmas*) über den vertikalen Pfeiler (*thigejdith*), die zum Himmel hin offene Gabel.

Was aber die mythischen Diskurse auf letztlich ganz naive Weise eingestehen, das verwirklichen die Institutionsriten, die in Wirklichkeit symbolische Unterscheidungsakte sind, auf schleichendere und symbolisch zweifellos wirksamere Weise. Man braucht nur an die Beschneidung zu denken, den Institutionsritus der Männlichkeit *par excellence*, der den Unterschied zwischen denen bekräftigt, deren Männlichkeit er mit der symbolischen Vorbereitung auf ihre Ausübung bestätigt, und denen, die sich der Initiation nicht unterziehen können und die gar nicht umhinkönnen zu entdecken, dass ihnen fehlt, was den Anlass wie die Stütze des Bekräftigungsritus der Männlichkeit bildet. Und die *psychosomatische Arbeit*, die beständig, insbesondere mittels des Rituals, vonstattengeht, ist nirgends so augenfällig wie in den sogenannten »Ablösungs«-Riten, deren Funktion es ist, den Jungen von der Mutter zu emanzipieren und sein fortschreitendes Mannwerden dadurch zu garantieren, dass sie ihn dazu anhalten und darauf vorbereiten, der äußeren Welt gegenüberzutreten.

Diese objektive »Intention«, den weiblichen Anteil am Männlichen zu leugnen (ebenjenen, den nach Melanie Klein die Analyse in einem umgekehrten Verfahren zu dem des Rituals wiederherzustellen hätte) und die Bindungen und Zuneigungen zur Mutter, zur Erde, zum Feuchten, zur Nacht, zur Natur, in einem Wort: zum Weiblichen, aufzuheben, zeigt sich auf besonders eklatante Weise in den Riten, die im Augenblick der sogenannten »Trennung im *ennayer*« (*el aâzla gennayer*) vollzogen werden, wie das erste Haareschneiden der Jungen. Und bei allen Zeremonien, die das Überschreiten der Schwelle zur Männerwelt markieren und die in der Beschneidung ihren krönenden Abschluss finden. Diese Riten gehören in die lange Reihe von Akten, die darauf abzielen, den Jungen von seiner Mutter zu lösen, indem sie mittels des Feuers hergestellte und zur Symbolisierung des Schneidens geeignete Gegenstände, wie das Messer, den Dolch, die Pflugschar usw., einsetzen. So wird das Kind nach seiner Geburt zur Rechten (männliche Seite) der Mutter gelegt, die selbst auf der rechten Seite liegt, und man platziert zwischen ihnen typisch männliche Gegenstände, wie einen Wollkamm, ein großes Messer, eine Pflugschar, einen der Steine des Herds. Ebenso hängt die Bedeutung des ersten Haareschneidens damit zusammen, dass das Haar, weiblich, eines der symbolischen Bande ist, die den Jungen mit der mütterlichen Welt verbindet. Dem Vater obliegt es, diesen inauguralen Schnitt mit dem Rasiermesser, dem männlichen Werkzeug, am Tag der »Trennung im *ennayer*« kurz vor dem ersten Betreten des Marktes, also zwischen dem 6. und 10. Lebensjahr, vorzunehmen. Und beim ersten Betreten des Marktes, dieser Einführung in die Welt der Männer, des *point d'honneur* und der symbolischen Kämpfe, findet die Arbeit an der Vermännlichung ihre Fortsetzung. Das Kind, neu eingekleidet und mit einem Seidenband im Haar geschmückt, erhält einen Dolch, ein Vorhängeschloss und einen Spiegel, während seine Mutter ein frisches Ei in die Kapuze seines Burnus legt. Am Tor zum Markt zerbricht es das Ei, öffnet das Schloss und schaut sich nach diesen männlichen Deflorationsakten im Spiegel an, einem Operator der Umkehrung, wie die Schwelle. Sein Vater führt ihn zum Markt, dem exklusiv männlichen Ort, und stellt ihn den einen und den anderen vor. Auf dem Rückweg kaufen sie einen Ochsenkopf, wie die Hörner ein mit dem *nif* assoziiertes phallisches Symbol.

Dieselbe psychosomatische Arbeit, die die Jungen dadurch vermännlichen soll, dass sie ihnen alles abstreift, was ihnen, wie den »Söhnen der Witwe«, noch an Weiblichem anhaften sollte, nimmt, auf die Mädchen angewandt, eine radikalere Form an: Da die Frau als ein negatives, einzig durch Privation, durch Mangel bestimmtes Wesen konstituiert ist, können auch ihre Tugenden nur aus einer doppelten Negation resultieren, nur verneinte oder überwundene Laster sein oder das geringere Übel. Folglich kann die ganze Sozialisationsarbeit nur darauf abzielen, dass Grenzen, die vor allem den Körper betreffen – weil das Geheiligte, *ḥaram*, an Gebrauchsweisen des Körpers rührt –, verinnerlicht und in die Körper eingeschrie-

Auf dem Markt

ben werden. Die junge kabylische Frau erlernte die grundlegenden Prinzipien der weiblichen Lebensform, der untrennbar körperlichen und moralischen Haltung, indem sie die ihrem jeweiligen Status – des kleinen Mädchens, der heiratsfähigen Jungfrau, der Ehefrau, der Familienmutter – entsprechenden Kleidungsstücke zu tragen lernte. Und indem sie sich unmerklich, sowohl durch unbewusste Mimesis wie durch ausdrücklichen Gehorsam, die richtige Art zu eigen machte, ihren Gürtel oder ihre Haare zu knüpfen, beim Gang diesen oder jenen Teil des Körpers zu bewegen oder stillzuhalten, ihr Gesicht zu zeigen und den Blick zu richten.[32]

32 Wie Yvette Delsaut in einem unveröffentlichten Text schön zeigt, zielte die schulische Institution durch eine ganz ähnliche Bildungs- oder, besser, Umbildungsarbeit des Körpers und der Gebrauchsweisen des Körpers, der ästhetischen Entscheidungen, vor allem in Sachen Kleidung und Kosmetik, darauf ab, den aus den »einfachen« Klassen stammenden Mädchen, die zum Lehrerinnenberuf bestimmt waren, Ambitionen aufzuzwingen, die zugleich ihre eigene Schranke

Diese Lehrzeit, die im Wesentlichen unhinterfragt verläuft, da die Institutionsriten ihre Wirkung dadurch erzielen, dass sie diejenigen, die sie durchmachen, von denen isolieren, die von ihnen ausgeschlossen sind, dient dazu, die antagonistischen Prinzipien der männlichen und der weiblichen Identität in den Tiefen des Unbewussten zu verankern, diese habituellen Bereitschaften, die heute noch nach Teilungen ähnlich denen der geschlechtlichen Arbeitsteilung bei den Kabylen entscheiden, wozu man sich berufen fühlt.

Unbeschadet der Veränderungen, die es durch die industrielle Revolution erfahren hat und von denen die Frauen je nach ihrer Stellung innerhalb der Arbeitsteilung in unterschiedlicher Weise betroffen waren, hat sich das System der grundlegenden Gegensätze erhalten. So hat die Trennung zwischen männlich und weiblich ihr organisierendes Zentrum weiterhin an dem Gegensatz zwischen dem Inneren und dem Äußeren, zwischen dem Haus, mit der Aufzucht der Kinder, und der Arbeit. Ihre kanonische Form hat sie im Bürgertum gefunden mit der Trennung zwischen dem Universum des Unternehmens, das auf die Produktion und den Profit gerichtet ist, und dem Universum des Hauses, das der biologischen, sozialen sowie symbolischen Reproduktion gewidmet ist, also der scheinbaren Unentgeltlichkeit und Bedeutungslosigkeit des Aufwands an Geld und Zeit, deren Zweck es ist, das symbolische Kapital zur Schau zu stellen und es durch Vorzeigen zu vermehren. Es versteht sich von selbst, dass die Grenze sich mit dem Eintritt der Frauen in den Arbeitsmarkt verschoben hat; ohne dass sie aufgehoben wäre, da sich innerhalb der Arbeitswelt abgeschirmte Segmente herausgebildet haben. Vor allem aber werden die tradierten Prinzipien der Vision und Division in ihrer Geltung ständig bestritten, was zu partiellen Infragestellungen und Revisionen der Verteilung von Attributen und Attributionen führt.

Da die Sexualität eine gesellschaftlich zu bedeutende Angelegenheit ist, um den Zufällen individueller Improvisation überlassen zu werden, schlägt und schreibt die Gruppe eine offizielle Definition der legitimen Verwendungsweisen des Körpers vor. Wobei sie, sowohl was die Vorstellungen als auch was die Handlungen betrifft, all das ausschließt, was, speziell bei den Männern, zur Ausbildung der statusmäßig der anderen Kategorie zugeschriebenen Eigenschaften

enthielten (vgl. auch Y. Delsaut, Carnets de socioanalyse 2: Une photo de classe, *Actes de la recherche en sciences sociales* 75, 1988, S. 83-96).

führen könnte. Die symbolische Konstruktionsarbeit, die sich in einer Arbeit praktischer Konstruktion, einer Arbeit der *Bildung* und Erziehung vollendet, verfährt logisch gesehen durch Unterschiedsbildung in Bezug auf das gesellschaftlich konstruierte andere Geschlecht. Folglich ist sie bestrebt, all das aus dem Bereich des Denkbaren und Machbaren auszuschließen, was die Zugehörigkeit zum entgegengesetzten Geschlecht kennzeichnet – und insbesondere alle biologisch bedingten Virtualitäten der »polymorph perversen Anlage« eines, wenn man Freud glauben will, jeden kleinen Kindes –, um dieses gesellschaftliche Artefakt: einen männlichen Mann oder eine weibliche Frau, zu erzeugen.

Der gesellschaftlich geformte biologische Körper ist also ein politisierter Körper oder, wenn man das vorzieht, eine inkorporierte Politik. Die grundlegenden Prinzipien der androzentrischen Weltsicht werden in Form von Positionen und Dispositionen des Körpers naturalisiert, die als natürliche Ausdrucksformen natürlicher Tendenzen wahrgenommen werden. Die ganze Moral der Ehre kann deshalb in einem Wort, das tausendfach von den Informanten wiederholt wird, *qabel* (der Gefahr ins Auge blicken, ins Gesicht sehen), und in der mit ihm bezeichneten körperlichen Haltung zusammengefasst werden.[33] Die Unterwerfung wiederum scheint eine natürliche Übersetzung in der Handlung des Sichunterwerfens, Sichunterordnens, Sichbeugens, Sicherniedrigens, Sichdemütigens usw. zu finden. Und wenn sich die Rechtschaffenheit mit einer aufrechten Haltung verbindet, die das Monopol des Mannes ist, dann gelten die biegsamen und schmiegsamen Haltungen und die entsprechende Fügsamkeit als schicklich für die Frauen.[34]

Deshalb ist die Grunderziehung grundlegend politisch: Sie zielt auf die Einprägung von Haltungsweisen ab – des Körpers als ganzen oder dieses oder jenes seiner Teile, der rechten, männlichen oder der linken, weiblichen Hand, der Art zu gehen, den Kopf zu halten oder den Blick zu richten, ins Gesicht, in die Augen oder

33 Zu dem Wort *qabel*, das selbst mit den fundamentalsten Orientierungen der ganzen Weltsicht verknüpft ist, vgl. P. Bourdieu, *Le sens pratique*, S. 151 [*Sozialer Sinn*, S. 190].

34 Die ganze Ethik (von der Ästhetik nicht zu reden) enthält insgesamt fundamentale Adjektive (erhaben/niedrig, gerade/gewunden, hart/biegsam usw.), von denen ein Gutteil auch Positionen oder Dispositionen des Körpers oder eines seiner Teile bezeichnet (zum Beispiel »die hohe Stirn«).

im Gegenteil auf die eigenen Füße usw. –, die eine Ethik, eine Politik und eine Kosmologie enthalten. Und das wesentlich deshalb, weil sie fast alle geschlechtlich unterschieden sind und durch diese Unterschiede die grundlegenden Gegensätze der Weltsicht praktisch zum Ausdruck bringen. Die körperliche Hexis, unterstützt und verstärkt durch die ihrerseits geschlechtlich differenzierte Kleidung, ist eine ständige unauslöschliche Gedächtnisstütze, in der sich auf sichtbare und fühlbare Weise all die möglichen Gedanken und Handlungen, all die praktischen Möglichkeiten und Unmöglichkeiten eingeschrieben finden, die einen Habitus definieren. Die Somatisierung des Kulturellen ist Konstruktion des Unbewussten.

Die Illusio und die soziale Genese der Libido dominandi

Wie aber die Frauen einer Sozialisationsarbeit unterworfen werden, die auf ihre Herabsetzung und Verneinung zielt und in deren Verlauf sie die negativen Tugenden der Selbstverleugnung, der Resignation und des Schweigens erwerben, so sind auch die Männer Gefangene und auf versteckte Weise Opfer der herrschenden Vorstellung, die gleichwohl so perfekt ihren Interessen entspricht. Sobald es dem mythisch-rituellen System gelingt, sich in der Objektivität der sozialen Strukturen und in der Subjektivität der mentalen Strukturen, die die Wahrnehmungen, die Gedanken und die Handlungen der ganzen Gruppe organisieren, vollständig zu etablieren, funktioniert es wie eine selbsttätige Vorstellung; und trifft weder in sich noch außerhalb seiner auf das mindeste Dementi. Die fanatische Exaltierung der männlichen Werte findet ihre düstere Ergänzung in den Ängsten, die die Weiblichkeit hervorruft und die der argwöhnischen Behandlung der Frauen, wegen der Gefahr, die sie für den männlichen »point d'honneur« darstellen, zugrunde liegen. Weil sie die Verwundbarkeit der Ehre verkörpert, der *ḥurma*, die verflixte linke Seite (*sacré gauche*), die stets der Beleidigung ausgesetzt ist, und weil ihr die Möglichkeit der diabolischen List, *thaḥraymith*, stets innewohnt, die Waffe der Schwäche, die die Mittel des Verrats und der Magie den Mitteln der Stärke und des Rechts entgegensetzt, stellt die Frau ein Potential an Schande und Unglück dar.[35] Und so findet das Privileg sein Komplement in der permanenten, bisweilen ins Absurde getriebenen Spannung und Anspannung, in denen die Pflicht, seine Männlichkeit zu bestätigen, jeden Mann hält.[36]

Der Mann ist also, wie es der Umstand zeigt, dass es, wenn man ihn loben will, zu sagen genügt: »Das ist ein Mann«[37] – ein Wesen, dessen Sein ein Sein-Sollen impliziert, das im Modus dessen, was sich fraglos von selbst versteht, auferlegt ist: Mann zu sein heißt, von vornherein in eine Position eingesetzt zu sein, die Befugnisse und Privilegien impliziert, aber auch Pflichten und alle Verpflichtungen, die die Männlichkeit als Adel mit sich bringt. Und es heißt nicht, sich von der Absicht leiten zu lassen, die Verantwortlichkeiten umzukehren (wie es eine gewisse oberflächlich feministische Lektüre nahelegen könnte), sondern zu versuchen, sich Klarheit darüber zu verschaffen, was diese besondere Herrschaftsform impliziert, dass man dem Ursprung des männlichen Prinzips nachgeht, das auch eine Falle ist. Die Frau von der Agora und allen öffentlichen Plätzen auszuschließen, wo sich die Spiele abspielen, die, wie die der Politik oder des Krieges, gemeinhin als die ernstesten

35 Wie man es im Ursprungsmythos hat sehen können, wo er mit Verblüffung das Geschlecht der Frau und das Vergnügen (ohne Reziprozität), das es ihm bereitete, entdeckte, verortet sich der Mann in dem System der Gegensätze, die ihn mit der Frau vereinen, auf der Seite der Gutgläubigkeit und der Naivität (*niya*), der vollkommenen Antithesen der diabolischen List (*thaḥraymith*).

36 Und das vor allem, zumindest in den nordafrikanischen Gesellschaften, im physischen Bereich, wie es die von einem Apotheker aus Algier 1962 bezeugte sehr häufige und verbreitete Zuhilfenahme von Aphrodisiaka durch die Männer attestiert – die im Übrigen immer sehr stark im Arzneibuch der traditionellen Pillendreher vertreten sind. Die Männlichkeit ist in der Tat einem mehr oder minder verschleierten Kollektivurteil ausgesetzt, etwa anlässlich der Deflorationsriten der Braut, aber auch in den Gesprächen der Frauen, die, wie es die für mich in den 1960er-Jahren gemachten Aufzeichnungen bezeugen, den sexuellen Angelegenheiten und den männlichen Heldentaten oder Fällen von Versagen großen Platz einräumen. In den differenzierten Gesellschaften, in denen die geschlechtliche Differenzierung mit steigendem Rang in der sozialen Hierarchie (oder zumindest doch in den beherrschten Regionen des Feldes der Macht) an Bedeutung verliert, drückt das Gewicht der männlichen Last vor allem auf die Beherrschten, die sich immer häufiger unmöglichen Anforderungen gegenübersehen.

37 Die ganze Moral der Ehre ist nur die Entfaltung dieser fundamentalen Formel der männlichen *illusio.*

der menschlichen Existenz angesehen werden, bedeutet, ihr in der Tat zu untersagen, sich die Dispositionen anzueignen, die durch die Frequentierung dieser Plätze und Spiele erworben werden, wie den *point d'honneur*, der den Mann dazu treibt, mit seinesgleichen zu rivalisieren.

Das ursprüngliche Teilungsprinzip, das die menschlichen Wesen in Männer und Frauen unterteilt, weist den Ersteren die Spiele zu, die einzig es wert sind, gespielt zu werden, und hält sie zum Erwerb der Disposition an, die sie die Spiele ernst nehmen lässt, die die soziale Welt als ernste konstituiert. Diese Ur-*illusio*, die den Mann wahrhaft zum Mann macht und die als Sinn für die Ehre, als Männlichkeit, *manliness*, oder, im Wortschatz der Kabylen, radikaler als »Kabylität« (*thakbaylith*) bezeichnet werden kann, ist die unumstrittene Basis aller Pflichten gegen sich selbst, der Motor oder die treibende Kraft aller Handlungen, die man *sich schuldig ist*, deren Vollzug man sich also schuldet, um mit sich selbst im Reinen zu sein, um in den eigenen Augen einer (herkömmlichen) Vorstellung des Mannes würdig zu bleiben. Die agonalen Investitionen der Männer und die Tugenden der Frauen, allesamt solche der Enthaltung und der Enthaltsamkeit, definieren sich in der Relation zwischen einem Habitus, der entsprechend der grundlegenden Einteilung in gerade und gekrümmt, aufgerichtet und gebeugt, voll und leer, kurz: männlich und weiblich konstruiert ist – und einem sozialen Raum, der derselben Einteilung unterliegt. Und der in Gänze beherrscht wird von dem Gegensatz zwischen den Männern, darauf präpariert, in die Kämpfe um die Akkumulation des symbolischen Kapitals einzutreten, und den Frauen, darauf präpariert sich von ihnen auszuschließen oder an ihnen nur – anlässlich der Heiraten – als mit einer hohen symbolischen Funktion versehene *Objekte des Austauschs* teilzunehmen.

So ist auch der Herrschende beherrscht, aber durch seine eigene Herrschaft – was offensichtlich einen großen Unterschied macht. Um diese paradoxe Dimension der symbolischen Herrschaft zu untersuchen, die von der feministischen Kritik fast immer übersehen wird, muss man sich in einem bruchlosen Übergang von einem Extrem des kulturellen Raums zum anderen, von den kabylischen Bergbauern zur Bloomsbury-Gruppe, auf Virginia Woolf berufen. Aber weniger auf die Verfasserin der immer wieder zitierten Klassiker des Feminismus, wie *A Room of One's Own* oder *Three Guineas*, als auf die Romanautorin, die zweifellos dank der spezifisch schriftstellerischen Arbeit und der von dieser begünstigten Anamnese Dinge enthüllt, die den Blicken der Angehörigen des herrschenden Geschlechts durch das verborgen geblieben sind, was sie »die hypnotische Macht der Herrschaft« nennt.[38] In *To the Lighthouse* gibt eine Darstellung der Beziehungen zwischen den Geschlechtern, die von allen Klischees und Slogans über den Sex und das Geld, die Kultur oder die Macht frei ist, mit denen die mehr theoretischen Texte noch befrachtet sind. Sie enthält eine unvergleichliche Analyse dessen, was der weibliche Blick vermag, wenn er sich auf die verzweifelte und in ihrer triumphierenden Bewusstlosigkeit reichlich pathetische Anstrengung richtet, die jeder Mann unternehmen muss, um auf der Höhe seiner kindlichen Idee vom Manne zu sein.

Kurz zusammengefasst ist *To the Lighthouse* die Geschichte der Familie Ramsay, die auf einer der Hebrideninseln mit Freunden in der Sommerfrische ist. Mrs. Ramsay hat dem jüngsten ihrer Kinder, dem sechsjährigen James, versprochen, am kommenden Morgen mit ihm eine Spazierfahrt zum Leuchtturm zu machen, den man alle Abende blinken sieht. Mr. Ramsay aber kündigt an, dass am nächsten Tag mit Sicherheit schlechtes Wetter herrschen werde. Es kommt zu einer Auseinandersetzung über dieses Thema. Die Zeit vergeht. Mrs. Ramsay stirbt. Zurückgekehrt in das für lange Zeit verlassene Haus, holt Mr. Ramsay mit James die seinerzeit ausgefallene Spazierfahrt nach.

Es ist wahrscheinlich, dass, im Unterschied zu Mrs. Ramsay, die befürchtet, dass ihr Mann nicht gehört worden ist, der Großteil der Leser, zumal der männlichen, bei der ersten Lektüre die seltsame Situation nicht begreift, die der Anfang des Romans beschreibt: »Plötzlich zwang sie ein lautes Schreien, wie das eines halb geweckten Schlafwandlers, etwas wie *Bomb' und Kartätsche traf*, das ihr mit äußerster Heftigkeit ins Ohr klang, besorgt aufzublicken, um

38 Virginia Woolf hatte ein Bewusstsein von dem Paradox, das nur die erstaunen wird, die von der Literatur und deren eigenen Wegen zur Wahrheit ein simplifiziertes Verständnis haben: »I prefer, where truth is important, to write fiction«, vgl. V. Woolf, *The Pargiters*, New York: Harcourt Brace Jovanovich, 1977, S. 9, oder auch: »Fiction here is likely to contain more truth than fact«, vgl. V. Woolf, *A Room of One's Own*, London: Leonard & Virginia Woolf, 1935, S. 7.

zu sehen, ob jemand ihn hörte.«[39] Und es ist wahrscheinlich, dass sie nicht mehr verstehen, wenn Mr. Ramsay einige Seiten später von anderen Personen, Lily Briscoe und ihrem Freund, überrascht wird: »Zum Beispiel, daß Ramsay jetzt gestikulierend und Verse aus Tennysons *Angriff der Leichten Brigade* grölend einherkam, das verstand Miss Briscoe sicherlich. *Jemand verpfuschte was*« (S. 25). Erst nach und nach, durch die verschiedenen Sichtweisen der verschiedenen Personen auf das Verhalten von Mr. Ramsay, bekommt dieses einen Sinn (auf den Seiten 31-33, 40-47): »Und seine Gewohnheit, laut mit sich selbst zu reden oder sich Gedichte vorzusagen, wurde leider immer stärker; denn manchmal war es peinlich« (S. 88). So wird derselbe Mr. Ramsay, der auf den ersten Seiten des Romans als eine formidable männliche Persönlichkeit, als Vaterfigur, erschienen war, in flagranti bei einer Kinderei ertappt.

Die ganze Logik der Figur liegt in diesem offensichtlichen Widerspruch. Mr. Ramsay ist, wie der archaische König, den Benveniste im Vokabular der *Indo-Europäischen Institutionen* anführt, derjenige, dessen Worte *Verdikte* sind. Derjenige, welcher mit einem Satz die »außerordentliche Freude« seines ganz auf die Spazierfahrt zum Leuchtturm eingestellten Sohnes zunichtemachen kann (»›Aber‹, sagte sein Vater, und blieb draußen, vor der offenen Glastür stehen, ›es wird nicht schön sein.‹«, S. 8). Seine Voraussagen haben die Macht, sich selbst zu bestätigen, zu bewahrheiten, sei es, dass sie wie Befehle, wie Segen oder Flüche wirken, die das auf magische Weise eintreten lassen, was sie zum Ausdruck bringen, sei es, dass sie, mit einem unendlich viel furchtbareren Effekt, einfach das aussprechen, was sich ankündigt, was in den Zeichen geschrieben steht, die einzig der Voraussicht des gleichsam göttlichen Sehers zugänglich sind. Imstande, der Welt Vernunft zu verleihen, die Kraft der Gesetze der natürlichen oder der gesellschaftlichen Natur zu verdoppeln, durch deren Verwandlung in Gesetze der Vernunft und der Erfahrung, in zugleich rationale und vernünftige Aussagen der Wissenschaft und der Weisheit. Voraussage der Wissenschaft, überantwortet die imperative Feststellung der väterlichen Prophetie die Zukunft der Vergangenheit; Vorhersage der Weisheit, trifft sie diese noch irreale Zukunft mit der Sanktion der

39 V. Woolf, *La promenade au phare*, Paris: Stock, 1927, S. 24 [*Die Fahrt zum Leuchtturm*, Frankfurt/M.: Fischer, 1979, S. 23].

Erfahrung und des absoluten Konformismus, den diese impliziert. Bedingungslose Zustimmung zur Ordnung der Dinge und eifrige Ratifizierung des Realitätsprinzips, stellt sie sich dem mütterlichen Verständnis entgegen, das dem Gesetz des Wunsches und der Lust eine auf seine Evidenz gestützte Zustimmung, eingeschränkt aber durch eine zweifache bedingte Konzession an das Realitätsprinzip, entgegenbringt: »Ja, gewiß, wenn es morgen schön ist. Aber du wirst mit den Hühnern auf sein müssen«, fügte sie hinzu.[40] Und es genügt, diesen Satz[41] mit dem väterlichen Verdikt zu vergleichen, um zu sehen, dass das »Nein« des Vaters weder ausgesprochen noch gerechtfertigt zu werden braucht; wobei das »Aber« (»Aber es wird nicht schön sein«) zu verstehen geben soll, dass es für ein vernünftiges Wesen (»Sei vernünftig«, »später wirst du das verstehen«) keine andere Wahl gibt, als sich der höheren Macht der Dinge umstandslos zu beugen. Es ist dieser Realismus, der sich zum Spielverderber und Komplizen des Weltlaufs macht, der den Hass auf den Vater entfesselt. Ein Hass, der, wie in der Jugendrevolte, weniger gegen die Notwendigkeit gerichtet ist, die die väterliche Rede aufzuzeigen beansprucht, als gegen die freiwillige Zustimmung, die der Vater ihr zollt, der damit seine Schwäche beweist. Eine Schwäche der resignierten Komplizenschaft, die ohne Widerstand einwilligt; eine Schwäche der Willfährigkeit, der das grausame Vergnügen, zu *desillusionieren*, den anderen die eigene Desillusionierung, die eigene Resignation, die eigene Niederlage teilen zu lassen, eitle Genugtuung bereitet.[42] Die radikalsten Revolten der Kindheit und der Ju-

40 Das väterliche Wort stellt sich spontan in die Logik der beschwörenden oder prophylaktischen Vorhersage, die die befürchtete Zukunft voraussagt, um sie zu vereiteln, stellt aber auch eine Drohung dar (»mit dir wird es schlecht enden«, »du wirst uns alle entehren«, »du wirst nie dein Abitur machen« usw.), deren Bestätigung durch die Tatsachen Gelegenheit zu einem retrospektiven Triumph bietet (»ich habe es dir immer gesagt«), einer entzauberten Kompensation des Leidens, das aus der Enttäuschung herrührt, nicht eines Besseren belehrt worden zu sein (»ich hatte gehofft, du würdest mich Lügen strafen«).

41 Und ebenso, wenn man will, die Antwort von Mrs. Ramsay, die dem väterlichen Verdikt eine Bestreitung der Notwendigkeit oder eine Behauptung der Kontingenz entgegensetzt, die auf einen bloßen Glaubensakt gegründet sind: »Aber es könnte vielleicht doch – ja, ich glaube, es wird schön sein« (S. 8).

42 »Wenn eine Axt zur Hand gewesen wäre, ein Schüreisen oder irgendeine andere Waffe, die seinem Vater eine klaffende Wunde in die Brust hätte schlagen können und ihn auf der Stelle töten können, James hätte sie ergriffen. So auf die Spitze

gend sind weniger gegen den Vater gerichtet als gegen den unwillkürlichen Gehorsam gegenüber dem Vater, gegen den Umstand, dass die erste Regung des Habitus dahin geht, ihm zu folgen und sich seinen Gründen zu beugen.

An dieser Stelle findet dank der Unbestimmtheit des freien, indirekten Stils ein unmerklicher Übergang vom Standpunkt der Kinder gegenüber dem Vater zum Standpunkt, den der Vater sich selbst gegenüber einnimmt, statt, und an dem in Wirklichkeit nichts Persönliches ist. Ist er doch als herrschender und legitimer Standpunkt nichts anderes als die hohe Meinung von sich, die derjenige zu haben berechtigt und verpflichtet ist, der in seinem Sein das Sein-Sollen realisieren will, das die soziale Welt für ihn bestimmt hat, hier das Ideal des Mannes und des Vaters, das zu verwirklichen er *sich schuldet*: »Was er sagte, war wahr. Es war immer wahr. Der Unwahrheit war er gar nicht fähig; deutelte nie an einer Tatsache herum; änderte nie ein unangenehmes Wort irgendeinem Sterblichen zur Freude oder zu Gefallen, am allerwenigsten seinen eigenen Kindern, die, seinen Lenden entsprossen, sich von Anfang an bewußt sein sollten, daß das Leben schwierig war; Tatsachen keine Zugeständnisse machten; und die Überfahrt in jenes sagenhafte Land, wo unsre strahlendsten Hoffnungen ausgelöscht werden, unsre zerbrechlichen Schiffchen im Dunkel zerschellen (hier *straffte* Mr. Ramsay *den Rücken und richtete* die zusammengekniffenen kleinen blauen Augen *auf den Horizont*), vor allem Mut, Wahrheitsliebe und Ausdauer erforderte« (S. 8, meine Hervorhebungen). Unter diesem Blickwinkel ist die grundlose Härte Mr. Ramsays nicht mehr der Ausdruck einer so egoistischen Triebregung, wie die Lust zu desillusionieren es ist. Sie ist vielmehr die freie Bekundung einer Wahl, der Entscheidung für die Geradheit, die Richtigkeit und auch für die wohlverstandene väterliche Liebe, die sich weigert, in die sträfliche Leichtfertigkeit einer weiblichen und blind mütterlichen Nachsicht zu verfallen, und sich stattdessen dazu verpflichtet, sich zum Ausdruck der Notwendigkeit der

getrieben waren die Gefühle, die Mr. Ramsay durch seine bloße Anwesenheit in den Herzen seiner Kinder erregte; wenn er, so wie jetzt, dastand, messerschmal, dünn wie eine Klinge, und sarkastisch lächelte, nicht nur vor Vergnügen, seinen Sohn aus allen Himmeln zu stürzen und seine Frau lächerlich zu machen, die in jeder Hinsicht zehntausendmal besser war als er (dachte James), sondern sich auch heimlich etwas auf die Richtigkeit seines Urteils einbildete« (S. 8).

Welt noch in deren unerbittlichstem Aspekt zu machen. Zweifellos dafür steht die Metapher des Messers oder der Klinge, die durch eine naiv freudianische Interpretation verflacht würde und die, wie bei den Kabylen, die männliche Rolle – dieses eine Mal drängen sich hier das Wort und die Metapher aus der Welt des Theaters auf – auf die Seite des Bruchs, der Gewalt, des Totschlags stellt, das heißt auf die Seite einer kulturellen Ordnung, die gegen die ursprüngliche Verschmelzung mit der mütterlichen Natur und die Preisgabe an das Laisser-faire, Laisser-aller, an die Triebe und Impulse der weiblichen Natur errichtet wurde. Man beginnt zu ahnen, dass der Henker auch Opfer ist und dass das väterliche Wort gerade aufgrund seiner Macht in Gefahr ist, das Wahrscheinliche in ebendem Bemühen, es durch Benennen zu beschwören und zu bannen, in Schicksal zu verwandeln.

Und dieser Eindruck kann sich nur verstärken, wenn man erfährt, dass der unbeugsame Vater, der eben noch mit einem unwiderruflichen Satz die Träume seines Sohns zerstört hat, dabei überrascht wurde, als er gerade spielte wie ein Kind. Und der damit anderen, Lily Briscoe und ihrem Freund, die sich so »in jemandes Privatbereich hineingezogen« sahen, »etwas, das nicht für sie bestimmt war«, preisgab: die Phantasmen der *libido academica*, die in den Kriegsspielen metaphorisch zum Ausdruck kommen. Indes muss man Mr. Ramsays langen Traum, in dem die Erinnerung an das Kriegsabenteuer, den Angriff im Tal des Todes, die verlorene Schlacht und den Heldenmut des Anführers (»Doch er wollte nicht *liegend* sterben; er würde einen Felszacken finden, und da, dem Sturm *entgegenblickend* …, wollte er *aufrecht sterben*«), mit dem angstvollen Ausblick auf das postume Schicksal des Philosophen (»Z wurde nur einmal in einem Menschenalter von einem einzigen Mann erreicht.« »Er werde niemals bis R gelangen«) aufs Engste verwoben ist, in Gänze zitieren: »Wie viele unter tausend Millionen, fragte er sich, erreichten schließlich Z? Der Anführer einer aussichtslosen Unternehmung durfte sich das doch gewiß fragen und, ohne einen Verrat an den andren Expeditionsteilnehmern hinter sich zu begehen, antworten: ›Einer vielleicht.‹ *Einer in einem Menschenalter.* Konnte man dann ihm einen Vorwurf daraus machen, nicht dieser eine zu sein? Vorausgesetzt, daß er sich redlich bemüht hatte zu geben, was er vermochte, bis ihm nichts mehr zu geben verblieb? Und sein *Ruhm* – wie lange würde der dauern? Sogar einem sterbenden Helden war es erlaubt, sich angesichts des Todes zu fragen, was die Menschen dereinst von ihm halten würden. Sein Ruhm mochte an die zweitausend Jahre dauern. (...) Wer könnte also den Anführer dieses todgeweihten Häufleins tadeln, das immerhin hoch genug hinaufgeklettert ist, um die Wüstenei der Jahre und das Erlöschen von Sternen zu sehn – wer könnte ihn tadeln, wenn er, bevor der Tod seine Glieder erstarren macht und er sie nicht mehr zu bewegen vermag, ein wenig absichtlich seine fühllos gewordenen Finger an die Stirn hebt und *die Schultern strafft*, damit er, wenn die Rettungsmannschaft kommt, auf seinem Posten aufgefunden werde, tot, aber das *Musterbild eines Soldaten*? Mr. Ramsay *straffte die Schultern* und stand *sehr aufrecht* da, neben der steinernen Urne. Wer wollte ihn tadeln, wenn er, einen Augenblick so dastehend, in Gedanken bei *Ruhm* verweilte, bei Rettungsexpeditionen, bei Steinmalen, von *dankbaren Nachfolgern* über seinen Gebeinen aufgehäuften? Letztlich, wer wollte den Führer des dem Untergang geweihten Trupps tadeln ...« (S. 46 f.; meine Hervorhebungen).

Die von Virginia Woolf so geschätzte Technik der Überblendung vollbringt hier ein wahres Wunderwerk. Da das Kriegsabenteuer und der Ruhm, der es krönt, eine Metapher für das intellektuelle Abenteuer und das mit ihm erstrebte symbolische Kapital der Berühmtheit sind, erlaubt die *illusio* des Spiels es, auf einer höheren Ebene der Derealisierung und mithin zu einem geringeren Preis, die *illusio* des Alltagsdaseins mit ihren vitalen Einsätzen und ihren leidenschaftlichen Investitionen zu reproduzieren – all das, was die Streitgespräche von Mr. Ramsay und seinen Schülern entfacht. Sie gestattet die Arbeit der partiellen und kontrollierten Desinvestition, die notwendig ist, um die Desillusionierung auf sich zu nehmen und zu überwinden (»Er war nicht genial; darauf erhob er keinen Anspruch«, S. 45) und dabei doch die Basis-*illusio* zu erhalten, die Investition in das Spiel selbst, die Überzeugung, dass das Spiel es trotz allem verdient, bis zu Ende – und zwar den Regeln gemäß – gespielt zu werden (weil schließlich noch der Letzte derer ohne Rang »aufrecht sterben« kann ...). Diese »aus dem Bauch heraus« getätigte Investition, deren Ausdruck wesentlich einer der *Haltung* ist, verwirklicht sich in körperlichen Posen, Stellungen oder Gesten, die alle in Richtung Rechtschaffenheit, Geradheit, gerade Aufrichtung des Körpers oder seiner symbolischen Substitute, der steinernen Pyramide, der Statue, weisen.

Die *illusio*, die für die Männlichkeit konstitutiv ist, liegt allen Formen der *libido dominandi* zugrunde, also allen spezifischen Formen von *illusio*, die in den verschiedenen Feldern entstehen. Diese ursprüngliche *illusio* bewirkt, dass Männer (im Gegensatz zu Frauen) gesellschaftlich so bestimmt sind, dass sie sich, wie Kinder, von allen Spielen packen lassen, die ihnen gesellschaftlich zugewiesen werden und deren Form *par excellence* der Krieg ist. Wenn er sich bei einem Wachtraum überraschen lässt, der die kindliche Eitelkeit seiner profundesten Investitionen verrät, dann enthüllt Mr. Ramsay plötzlich, dass die Spiele, denen er sich wie die anderen Männer hingibt, Kinderspiele sind, die man deshalb nicht in ihrer Wahrheit erfasst, weil die kollektive *collusio* ihnen die Notwendigkeit und Wirklichkeit allgemein geteilter Evidenzen verleiht. Weil unter den für die soziale Existenz konstitutiven Spielen diejenigen, die für ernst gehalten werden, für die Männer reserviert sind – während die Frauen für die Kinder und die Kinderei[43] bestimmt sind –, vergisst man, dass der Mann auch ein Kind ist, das Mann spielt. Die allgemeine Entfremdung liegt dem spezifischen Privileg zugrunde: Weil der Mann dazu erzogen ist, die gesellschaftlichen Spiele und Einsätze anzuerkennen, bei denen es um Herrschaft geht, hat er hier das Monopol; weil er sehr früh schon, besonders durch die Institutionsriten, zum Herrschenden bestimmt und in dieser Eigenschaft mit der *libido dominandi* ausgestattet wird, hat er das zweischneidige Privileg, dass er sich den Spielen um die Herrschaft hingeben darf und diese Spiele ihm *de facto* vorbehalten bleiben.

Der Scharfblick der Ausgeschlossenen

Die Frauen haben das (gänzlich negative) Privileg, von den Spielen, bei denen um Privilegien gestritten wird, nicht getäuscht zu werden und zumindest nicht unmittelbar, in eigener Person in sie involviert zu sein. Sie vermögen sogar deren Eitelkeit zu durchschauen und, solange sie nicht über andere in sie hineingezogen sind, mit amüsierter Nachsicht die verzweifelten Anstrengungen des »Kind-Mannes«, den Mann zu spielen, und die Anfälle von Verzweiflung,

43 »(…) daß sie wie geblendet und ertaubt den Kopf neigte, als wollte sie den Schauer (…) widerspruchslos über sich ergehen lassen. Es gab da nichts zu sagen« (S. 42).

in die ihn sein Scheitern stürzt, zu betrachten. Noch so ernsten Spielen gegenüber können sie den distanzierten Standpunkt des Betrachters einnehmen, der das Unwetter vom sicheren Ufer aus beobachtet – was sie in den Ruf bringen kann, leichtfertig zu sein und unfähig, sich für die ernsten Dinge wie etwa die Politik zu interessieren. Da aber diese Distanz ein Herrschaftseffekt ist, sind sie zumeist dazu verurteilt, *über andere* teilzunehmen, durch eine emotionale, solidarische Verbundenheit mit dem Spieler, die keine wirkliche intellektuelle und affektive Beteiligung am Spiel impliziert und die aus ihnen oft bedingungslose, aber mit der Realität des Spiels und seiner Einsätze wenig vertraute Anhänger macht.[44]

So begreift Mrs. Ramsay sofort die peinliche Situation, in die sich ihr Mann dadurch gebracht hat, dass er lauthals den »Angriff der Leichten Brigade« sang. Sie fürchtet für ihn den Schmerz, den es ihm bereiten könnte, bei seinem lächerlichen Treiben überrascht worden zu sein, aber auch und vor allem jenen Schmerz, der sein seltsames Benehmen verursacht hat und dessen wahren Grund sie auf der Stelle erfasst. Ihr ganzes Verhalten verrät das, sobald der gestrenge Vater, der eben noch seiner (kompensatorischen) Neigung gefrönt hatte, »seinen Sohn zu desillusionieren und seine Frau lächerlich zu machen«, jetzt, verletzt, und so auf seine Wahrheit, die eines großen Kindes, reduziert, um ihr Mitgefühl (S. 48) für einen aus der *illusio* und der Desillusion entstandenen Schmerz nachsucht: »Sie strich James über den Kopf; sie übertrug auf ihn, was sie für ihren Mann empfand« (S. 40). Durch eine dieser Verdichtungen, die die Logik der Praxis gestattet, identifiziert Mrs. Ramsay mit einer Geste liebevollen Schutzes, zu der ihr ganzes soziales Dasein sie bestimmt und präpariert,[45] den kleinen Mann, der gerade

44 Dies zeigt sich besonders deutlich in der Anteilnahme, die die jungen Frauen der Volksklassen den sportlichen Passionen »ihres« Mannes entgegenbringen – und die aufgrund ihres willkürlichen und gefühlsbetonten Charakters den Männern nur als frivol, ja absurd erscheinen kann; genauso übrigens wie die entgegengesetzte, häufiger nach der Heirat anzutreffende Haltung, nämlich die eifersüchtige Feindseligkeit gegenüber einer Passion für Dinge, zu denen sie keinen Zugang haben.

45 An die Beschützerfunktion von Mrs. Ramsay wird wiederholt erinnert, vor allem durch das Bild der Henne, die mit den Flügeln schlägt, um ihre Küken zu beschützen (S. 28-30): »Sie hatte das ganze andere Geschlecht unter ihren Schutz genommen, aus Gründen, die sie nicht näher hätte erklären können« (S. 10, vgl. auch S. 49).

die unerträgliche Negativität der Realität entdeckt hat, mit dem reifen Mann, der bereit ist, ihr die ganze Wahrheit der scheinbar unangemessenen Verwirrung zu enthüllen, in die ihn sein »Desaster« gestürzt hat (S. 40).[46] Selbst wenn sie sich bemüht, zweifellos um die Würde ihres Mannes zu schützen, ihren Klarblick zu verbergen, weiß Mrs. Ramsay genau, dass das mitleidlos ausgesprochene Urteil von einem bemitleidenswerten Wesen stammt, das selbst ein Opfer der unerbittlichen Urteile der Realität ist und das des Mitleids bedarf.[47] Aber vielleicht erliegt sie einer allerletzten Strategie: der des unglücklichen Mannes, der sicher sein kann, dadurch, dass er das Kind spielt, die Dispositionen mütterlichen Mitgefühls wachzurufen, die den Frauen statusmäßig zugewiesen sind.

Hier müsste man den bemerkenswerten, doppelbödigen Dialog zitieren, in dem Mrs. Ramsay ihren Mann fortwährend schont; zuallererst, indem sie auf den scheinbaren Gegenstand des Ehekrachs eingeht, statt sich etwa das Missverhältnis zwischen Mr. Ramsays Wut und deren erklärtem Grund argumentativ zunutze zu machen. Mit jedem scheinbar harmlosen Satz der beiden Sprecher werden viel weitreichendere, viel grundlegendere Dinge ins Spiel gebracht. Und jeder der beiden Gegner-Partner weiß das aufgrund seiner intimen und quasi perfekten Kenntnis seines Gegenübers, die es um den Preis eines Minimums an Komplizenschaft in der Böswilligkeit erlaubt, sich mit ihm im Streit um *Nichtigkeiten* auf letzte Konflikte ums *Ganze* einzulassen. Diese Logik des Alles *und* Nichts lässt den Sprechern in jedem Augenblick die Freiheit der Wahl zwischen dem absoluten Unverständnis, das die Sätze des Gegners dadurch *ad absurdum* führt, dass es sie auf

46 Indem er explizit auf das Verdikt bezüglich der Fahrt zum Leuchtturm zurückkommt und Mrs. Ramsay um Verzeihung bittet für die Brutalität, mit der er es erteilt hat (er kitzelt neckend, »nicht ohne eine gewisse Schüchternheit, die bloßen Beine seines Sohnes«; er schlägt »sehr unterwürfig« vor, sich bei der Küstenwache zu erkundigen), verrät Mr. Ramsay ganz deutlich, dass diese Abfuhr mit der lächerlichen Szene und mit dem Spiel der *illusio* und der Desillusionierung in Zusammenhang steht.

47 Man wird später sehen, dass sie den wunden Punkt genau kannte, an dem ihr Mann jederzeit getroffen werden konnte: »›Ah, aber wie lange noch, glauben Sie, werden die gelesen werden?‹ fragte jemand. Es war so, als besäße sie zitternd ausgestreckte Fühler, die gewisse Sätze auffingen, sie ihrer Aufmerksamkeit aufzwangen. Dieser war einer von ihnen. Sie witterte Gefahr für ihren Mann. Eine solche Frage müßte fast gewiß dazu führen, daß jemand etwas sagte, was ihn an sein eigenes Versagen erinnern würde. Wie lange werde er selbst gelesen werden? – dächte er sogleich« (S. 132 f.).

den scheinbaren Gegenstand (das Wetter von morgen) bezieht, oder dem gleichfalls absoluten Verständnis, das die stillschweigende Voraussetzung für den Streit in Anspielungen wie die Versöhnung ist. »Es bestehe doch nicht die geringste Aussicht, daß sie morgen zum Leuchtturm fahren könnten, schnauzte Mr. Ramsay sie gereizt an. Wie er das wissen könne? fragte sie. Der Wind drehe sich oft. Das außerordentlich Irrationale ihrer Bemerkung, das Törichte weiblichen Denkens erzürnte ihn. Er war durch das Todestal geritten, war zerschmettert worden und zagte; und da stürmte sie gegen Tatsachen an, entfachte in ihren Kindern die Hoffnung auf etwas, das gar nicht in Betracht kam, *erzählte geradezu Lügen*. Er stampfte auf die Steinstufe. ›Hol dich der Teufel!‹ schnauzte er. *Aber was habe sie denn gesagt? Bloß*, daß es morgen schön sein werde. Und das würde es vielleicht sein. Nicht, wenn das Barometer so falle und der Wind genau aus Westen komme« (S. 41; meine Hervorhebungen).

Woher hat Mrs. Ramsay ihren außergewöhnlichen Scharfblick, der es ihr, beispielsweise wenn sie einem dieser Männergespräche über so belanglos ernste Themen wie Quadrat- oder Kubikwurzeln, Voltaire und Madame de Staël, Napoleons Charakter oder das französische System der Landpacht zuhört, gestattet, »alle diese Menschen zu enthüllen« (S. 132)? Weil ihr die männlichen Spiele und die von ihnen auferlegte Glorifizierung des eigenen Ich und seiner sozialen Triebe fremd sind, sieht sie ganz einfach, dass den nach außen hin so lauter und leidenschaftlich wirkenden Stellungnahmen für oder gegen Walter Scott oft nur der Wunsch zugrunde liegt, »sich in den Vordergrund zu drängen« (noch eine dieser fundamentalen, dem »Die-Stirn-Bieten« der Kabylen verwandten Körperregungen), wie dies bei Tansley, einer weiteren Inkarnation des männlichen Egoismus, der Fall ist: »So würde es immer mit ihm sein, bis er seine Professur bekäme oder eine Frau fände und dann nicht mehr immerzu ›Ich-ich-ich‹ sagen müßte. Denn darauf lief seine Kritik an dem armen Sir Walter, oder war es Jane Austen? hinaus: Ich-ich-ich. Er dachte nur an sich selbst und den Eindruck, den er machte, wie sie am Klang seiner Stimme erkennen konnte und an seiner Nachdrücklichkeit und seiner Unsicherheit. Erfolg zu haben wäre gut für ihn« (S. 132).

Und Virginia Woolf benennt andererseits die krasse Entfremdung, die dieser Herrschaft implizit ist: »Wenn man in einem Beruf Erfolg hat, stehen höchstwahrscheinlich die Worte ›Für Gott und Vaterland‹ auf einem Medaillon, das einem um den Hals baumelt; wie dem Hund die Adresse vom Hundehalsband. Und wenn diese Worte einen Sinn haben sollen, was wohl anzunehmen ist, wird man diesen Sinn akzeptieren müssen und alles tun, um ihn zu verteidigen.«[48] Sie sieht die Falle, die die geregelten Spiele darstellen, in denen sich die männliche *illusio* bildet, die die Männer zwingt, das zu tun, was sie tun müssen; das zu sein, was sie sein müssen. Und sie bringt sogar ausdrücklich die *Segregation der Frauen* und die »mystischen Demarkationslinien«, die für diese verantwortlich sind, mit jenen Institutionsriten in Zusammenhang, von denen die Frauen logischerweise ausgeschlossen sind, weil es deren Funktion ist, sie auszuschließen. »Unweigerlich betrachten wir Gesellschaften als Verschwörungen, die den privaten Bruder, den viele von uns mit Recht schätzen, plötzlich in den Hintergrund treten lassen. Statt dessen bläht sich vor uns ein monströses, lautstarkes männliches Wesen mit harten Fäusten auf, das kindisch darauf beharrt den Boden der Erde mit Kreidezeichen zu markieren, um innerhalb dieser mysteriösen Grenzen die Menschen, voneinander isoliert und künstlich fixiert, festzuhalten; wo er in rotem und goldenem Putz, wie ein Wilder mit Federn dekoriert, die mythischen Riten durchläuft und zweifelhafte Freuden der Macht und der Herrschaft genießt, während wir, ›seine‹ Frauen, im privaten Heim eingesperrt sind, ohne Anteil zu haben an den vielen Gesellschaften aus denen sich seine Gesellschaft zusammensetzt.«[49]

Tatsächlich sind die Frauen, wenn nicht was die Spiele, so doch was die Männer, die diese Spiele spielen, betrifft, nur selten frei genug von jeder Abhängigkeit, um die Entzauberung bis zu dieser Art ein wenig herablassenden Mitleids mit der männlichen *illusio* zu treiben. Ihre ganze Erziehung bereitet sie im Gegenteil darauf vor, am Spiel durch Stellvertretung, das heißt aus einer zugleich außenstehenden und untergeordneten Position, teilzunehmen. Und darauf, dass Sie, wie Mrs. Ramsay, der männlichen *Sorge* zärtliche Aufmerksamkeit und vertrauensvolles Verständnis entgegenbringen, was ihnen *auch* ein tiefes Gefühl der Sicherheit vermittelt. Von den Machtpositionen ausgeschlossen, sind sie darauf vorbereitet, an ihnen über die Männer, die sie innehaben, sei es der Ehemann, sei es, wie bei Mrs. Ramsay, der Sohn, teilzuhaben.[50]

48 V. Woolf, *Trois guinées*, Paris: Edition des Femmes, 1977, S. 142 [*Drei Guineen*, München: Frauenoffensive, 1977, S. 97].

49 Ebd., S. 146 f.

50 »(...) seine Mutter, während sie ihn die Schere säuberlich um den Kühlschrank

Diese affektiven Dispositionen haben ihren Ursprung in dem Status, der den Frauen in der Arbeitsteilung der Herrschaft zugebilligt wird und den Kant in einer fälschlich konstatierenden Sprache beschreibt, die in Wirklichkeit die einer als Wissenschaft von den Sitten verkleideten theoretischen Moral ist: »Können die Frauen doch, so wenig es ihrem Geschlecht zusteht, in den Krieg zu ziehen, eben so wenig ihre Rechte persönlich verteidigen, und staatsbürgerliche Geschäfte für sich selbst, sondern nur vermittelst eines *Stellvertreters* treiben, und diese gesetzliche Unmündigkeit in Ansehung öffentlicher Verhandlungen macht sie in Ansehung der häuslichen Wohlfahrt nur desto vermögender; weil hier das Recht des Schwächeren eintritt, welches zu achten und zu verteidigen sich das männliche Geschlecht durch seine Natur schon berufen fühlt.«[51] Der Verzicht und die Fügsamkeit, die Kant der weiblichen Natur zuschreibt, sind wohl verankert in den Tiefen der für den Habitus konstitutiven Dispositionen, einer zweiten Natur, die niemals so sehr den Anschein von Natur und Instinkt bietet wie in einem Fall, wo sich, wie hier, die gesellschaftlich instituierte *libido* in einer besonderen Form des Wunsches, der *libido* im üblichen Wortsinn, realisiert. Da die auf Geschlechtsdifferenzierung gerichtete Sozialisation die Männer dazu bestimmt, die Machtspiele zu lieben, und die Frauen dazu, die Männer, die sie spielen, zu lieben, ist das männliche Charisma zu einem Teil der Charme der Macht, der verführerische Reiz, den der Besitz der Macht von selbst auf Körper ausübt, deren Sexualität politisch sozialisiert worden ist.[52]

herumführen sah, sich ihn ganz in Rot und Hermelin auf der Richterbank vorstellte oder als Leiter einer ernsten und folgenschweren Maßnahme in einer Staatskrise« (S. 7 f.)

51 I. Kant, *Anthropologie du point de vue pragmatique*, Paris: Vrin, 1964, S. 77 [*Anthropologie in pragmatischer Hinsicht*, in: *Werke*, Bd. VI, Darmstadt: Wissenschaftliche Buchgesellschaft, 1964, S. 522]. Mit einer dieser »Überblendungen«, die die Assoziationen des Unbewussten verraten, leitet Kant dann von den »Frauen« zum »großen Haufen« über, von dem Verzicht, der der Notwendigkeit zu delegieren eingeschrieben ist, zur »Lenksamkeit«, die die Völker dazu bringt, zugunsten von »Landesvätern« abzudanken.

52 Dies gegen die Tendenz, alle sexuellen Beziehungen der Welt des Büros, insbesondere die zwischen Chefs und Sekretärinnen (vgl. R. Pringle, *Secretaries Talk, Sexuality, Power, and Work*, London, New York: Allen & Unwin, 1988, besonders S. 84-103), auf die Alternative von »sexual harassment« (zweifellos noch von den »radikalsten« Anprangerungen unterschätzt) und dem zynischen und instrumentellen Einsatz weiblichen Charmes als Machtinstrument zu reduzieren. Es ist

Weil die Sozialisation politische Dispositionen in Form von körperlichen Dispositionen einschreibt, ist die sexuelle Erfahrung selbst politisch ausgerichtet. Es lässt sich nicht leugnen, dass es eine Verlockung der Macht oder, wenn man das vorzieht, ein Verlangen nach oder eine Liebe zu den Mächtigen gibt, einen naiven und arglosen Effekt, den die Macht ausübt, sobald sie von Körpern wahrgenommen wird, die gesellschaftlich darauf präpariert sind, sie anzuerkennen, sie zu begehren und sie zu lieben, nämlich als Charisma, Charme, Anziehungskraft, Ausstrahlung oder ganz einfach als Schönheit. So findet die männliche Herrschaft eine ihrer stärksten Stützen in der Verkennung, der der Umstand Vorschub leistet, dass auf den Herrschenden aus der Herrschaftsbeziehung selbst stammende Denkkategorien (groß/klein, stark/schwach usw.) angewandt werden. Sie bringt jene Grenzform des *amor fati*, die Liebe zum Herrschenden und seiner Herrschaft, die *libido dominantis* hervor, die den Verzicht impliziert, die *libido dominandi* in der eigenen Person auszuüben.

Kant hat recht, wenn er an einer anderen Stelle des oben zitierten Textes sagt: »Sich selbst unmündig zu machen, so herabwürdigend es auch sein mag, ist doch sehr bequem« (S. 522). Der Herrschende sieht die Interessen der Beherrschten stets sehr gut – was nicht heißt, dass nicht gleichwohl jede Artikulation dieser Interessen diskreditiert oder zurückgewiesen wird. Tatsächlich gewinnt man, wie Virginia Woolf unablässig betont, durch den Ausschluss von der Teilnahme an den Machtspielen, dem Privileg und der Falle, sowohl die Ruhe, die einem die Gleichgültigkeit gegenüber dem Spiel verschafft, als auch die Sicherheit, die durch die Delegation an diejenigen, die an ihm teilnehmen, garantiert wird. Eine im Übrigen sehr trügerische Sicherheit, die stets der schrecklichsten Bedrängnis Platz zu machen droht, weil man die wirkliche Schwäche der großen beschützenden Figur niemals ganz kennt und man, wie der faszinierte Zuschauer einer gefährlichen Übung, durch eine geliebte Person emotional in die Handlung verstrickt ist, ohne dieser wirklich Herr zu sein. Das Männerbild hat immer etwas von der Vaterfigur, deren unwiderrufliche Urteile, auch wenn sie tödlich

gerade der Effekt des der Macht inhärenten Charmes, zu verhindern, dass bei einer emotionalen (oder sexuellen) Beziehung zwischen Personen verschiedenen Statusrangs der Anteil an Zwang und der an Verführung unterschieden werden können.

verletzend sein können, dennoch eine enorm beruhigende Wirkung haben.[53] Mrs. Ramsay weiß zu gut, und die Verwirrung, die sie empfindet, als sie die Verwirrung ihres Mannes entdeckt, macht ihr das noch einmal deutlich bewusst, welche Sicherheit die Delegation an die väterliche Vorsehung bietet und welcher Preis für die Vernichtung der Vaterfigur zu zahlen ist, um zum Mord am unfehlbaren Propheten zu ermutigen: Sie möchte ihren Sohn vor der Gewalt des väterlichen Urteils schützen, jedoch ohne das Bild des allwissenden Vaters zu zerstören.

Die psychosomatische Aktion, die zur Somatisierung des Politischen führt, wird hauptsächlich durch den vollzogen, der das Monopol der legitimen symbolischen Gewalt (und nicht nur der Äußerung der Sexualkraft) innerhalb der Keimzelle der Gesellschaft innehat. Wie *Die Verwandlung* von Kafka zeigt, haben die Worte des Vaters einen magischen Konstitutions-, einen schöpferischen Benennungseffekt, weil sie den Körper unmittelbar ansprechen, der Freud zufolge die Metaphern wörtlich nimmt (»du bist nichts als ein kleines Ungeziefer«). Und wenn die von ihnen bewirkte differentielle Verteilung der sozialen *libido* so erstaunlich den Plätzen angepasst erscheint, die den einen und den anderen (dem Geschlecht, dem Geburtsrang und manch anderen Variablen entsprechend) in den verschiedenen sozialen Spielen zugewiesen werden, dann liegt das zweifellos zu einem Großteil daran, dass die väterlichen Urteile, selbst wenn sie nur der Willkür von Lust und Laune zu gehorchen scheinen, von einer Person ausgehen, die, da sie durch und für die Zensuren der Notwendigkeit der Welt geprägt worden ist, das Realitätsprinzip zum Lustprinzip hat.

Die Frau als Objekt

Konstruiert und vollendet wird der männliche Habitus nur in Verbindung mit dem den Männern vorbehaltenen Raum, in dem sich, *unter Männern*, die ernsten Spiele des Wettbewerbs abspielen. Handle es sich um die Spiele der Ehre, deren Grenzfall der Krieg ist, oder um Spiele, die in den differenzierten Gesellschaf-

53 »Und dann sagte er: ›Hol dich der Teufel!‹ Er sagte: ›Es wird regnen‹; er sagte: ›Es wird nicht regnen‹; und sogleich öffnete sich ein Himmel der Geborgenheit vor ihr. Es gab niemanden, den sie so sehr verehrte« (S. 42).

ten der *libido dominandi* in all ihren Formen, der ökonomischen, politischen, religiösen, künstlerischen, wissenschaftlichen usw., mögliche Handlungsfelder eröffnen. Von diesen Spielen rechtlich oder faktisch ausgeschlossen, sind die Frauen auf die Rolle von Zuschauerinnen oder, wie Virginia Woolf sagt, von *schmeichelnden Spiegeln* verwiesen, die dem Mann das vergrößerte Bild seiner selbst zurückwerfen, dem er sich angleichen soll und will; womit sie seine narzisstische Besetzung eines idealisierten Bildes seiner Identität verstärken.[54] In dem Maße, wie sie sich an die Person in ihrer Einmaligkeit (und gerade auch in ihren Wunderlichkeiten und Unzulänglichkeiten) wendet oder zu wenden scheint oder gar an den Körper, also an die Natur in ihrer Faktizität, den sie dadurch der Kontingenz entreißt, dass sie sie als *Grazie*, Charisma, Freiheit konstituiert, führt die weibliche Unterwerfung zu einer unersetzlichen Form von Anerkennung. Einer Anerkennung, die denjenigen, der ihr Gegenstand ist, in seiner Existenz rechtfertigt und darin, so zu existieren, wie er existiert. Und es ist wahrscheinlich, dass der Vermännlichungsprozess, zu dem die ganze soziale Ordnung sich verschworen hat, nur mit dem insgeheimen Einverständnis der Frauen ganz zu vollenden ist, in und durch die aufopferungsvolle Unterwerfung, bezeugt durch die Opfergabe des Körpers (man spricht vom »Sich-Hingeben«), die zweifellos die höchste Form der Anerkennung bildet, die der männlichen Herrschaft in dem, was sie am spezifischsten ist, zuteilwird.

Nun ist aber das fundamentale Gesetz aller ernsten Spiele, namentlich allen Ehrentauschs, das Isotimieprinzip (*isotimia*), das Prinzip gleicher Ehre. Die Herausforderung, weil sie zur Ehre gereicht, zählt nur, wenn sie sich an einen Mann von Ehre richtet, der imstande ist, eine Erwiderung zu geben, die, insofern sie auch eine Form von Anerkennung einschließt, Ehre macht. Anders gesagt, wirklich Ehre machen kann nur die Anerkennung, die von einem Mann (im Gegensatz zu einer Frau) gezollt wird, und zwar von einem Ehrenmann, also von einem Mann, der als ein Rivale im Kampf um die Ehre akzeptiert werden kann. Die Anerkennung, auf die die Männer in den Spielen Jagd machen, in denen das symbolische Kapital erworben und eingesetzt wird, hat desto größeren

54 »Frauen haben über Jahrhunderte hinweg als Spiegel gedient mit der magischen und köstlichen Kraft, das Bild des Mannes in doppelter Größe wiederzugeben« (V. Woolf, *Ein Zimmer für sich allein*, S. 43).

symbolischen Wert, je reicher derjenige, der sie zollt, selbst an symbolischem Kapital ist.

So sind die Frauen buchstäblich aus dem Spiel.[55] Die magische Grenze, die sie von den Männern trennt, fällt mit der »mystischen Demarkationslinie« zusammen, von der Virginia Woolf spricht und die die Kultur von der Natur, das Öffentliche vom Privaten scheidet, wobei sie den Männern das Monopol auf die Kultur, das heißt die Humanität und das Universelle, verleiht. Auf die Seite des Privaten verwiesen, ausgeschlossen also von allem, was öffentlichen, offiziellen Rang hat, können sie nicht als Subjekte, in der eigenen Person, in die Spiele eingreifen, in denen die Männlichkeit ihre Bestätigung und Vollendung durch die Akte gegenseitiger Anerkennung erfährt, das Implikat aller vom Isotimieprinzip geprägten Akte des Austauschs von Herausforderungen und Erwiderungen, von Geschenken und Gegengeschenken, deren obersten Rang der Austausch von Frauen einnimmt.

Die Grundlage dieses ursprünglichen Ausschlusses, den das mythisch-rituelle System ratifiziert und bis zu dem Punkt erweitert, wo es aus ihm das Teilungsprinzip des ganzen Universums gemacht hat, ist – wie man sieht – nichts anderes als die fundamentale Asymmetrie, die zwischen Mann und Frau auf dem Gebiet des symbolischen Tauschs hergestellt wird: die von Subjekt und Objekt, Akteur und Instrument. Das Feld der Produktions- und Reproduktionsverhältnisse des symbolischen Kapitals – wovon der Heiratsmarkt eine paradigmatische Realisierung ist – basiert auf

55 Es versteht sich von selbst, dass diese Darstellung der weiblichen Sicht der männlichen Rolle in dem Maße, wie sie sich von der Intention leiten lässt, mit den oberflächlichen Impressionen zu brechen, indem sie »den Spieß umdreht«, einem Stand der Arbeitsteilung zwischen den Geschlechtern entspricht, der in vielen Punkten überwunden ist. Namentlich mit der Aufhebung der geschlechtlichen Segregation an der Schule und manch anderem Ort der Öffentlichkeit; und mit dem Zutritt eines immer bedeutenderen Teils der weiblichen Bevölkerung zum höheren Unterrichtswesen und zum Berufsleben (bisweilen auch zu traditionell für männlich erachteten Positionen). Alles Veränderungen, die den Untergang des traditionellen Modells der Frau am häuslichen Herd und des häuslichen Lebens nach sich ziehen. Ganz zu schweigen von dem allerdings sehr stark sozialer Differenzierung ausgesetzten Effekt der feministischen Kämpfe, die ja die naturalisierten Unterschiede der alten Ordnung als politische, also anfechtbare und aufhebbare, konstituieren. In der Übergangssituation überlebt der hier beschriebene archaische Zustand freilich weithin in den Praktiken und den unbewussten Dispositionen.

einer Art ursprünglichem Gewaltstreich. Dessen Folge ist es, dass die Frauen dort nur in Gestalt von Objekten oder, besser, von Symbolen in Erscheinung treten können, deren Sinn außerhalb ihrer selbst konstituiert wird und deren Funktion es ist, zum Fortbestand und zur Mehrung des im Besitz der Männer befindlichen symbolischen Kapitals beizutragen.

Die Frage nach den Fundamenten der Geschlechtertrennung und der männlichen Herrschaft findet so ihre Lösung. Die Erklärung für den Primat, den die kulturellen Taxonomien weltweit der Männlichkeit zusprechen, liegt in der Logik der Ökonomie des symbolischen Tauschs und, genauer, in der gesellschaftlichen Konstruktion der Verwandtschafts- und Heiratsbeziehungen. Sie weist den Frauen *universell* ihren sozialen Status als Tauschobjekte zu, den männlichen Interessen konform (das heißt wesentlich als Töchter oder Schwestern) definiert und dazu bestimmt, zur Reproduktion des symbolischen Kapitals der Männer beizutragen. Das Inzest-Tabu, in dem Lévi-Strauss den Gründungsakt der Gesellschaft sieht, als einen Imperativ des Austauschs, gedacht in der Logik der egalitären Kommunikation unter Männern – was es auch ist –, ist tatsächlich die Kehrseite des Inauguralaktes symbolischer Gewalt, durch den die Frauen als Subjekte des Austauschs und der Heiratspolitik negiert werden, die durch sie zustande kommen, aber nur, indem sie sie auf den Objektstatus reduzieren. Frauen werden als *symbolische Instrumente* behandelt, die, indem sie zirkulieren und treuhänderische Zeichen von sozialer Bedeutung zirkulieren lassen, symbolisches Kapital produzieren und reproduzieren; und die, indem sie Beziehungen herstellen und einsegnen, soziales Kapital produzieren und reproduzieren. Wenn sie von der Politik ausgeschlossen und in die Welt des Privaten verwiesen werden, dann deshalb, weil es so sein muss, damit sie zu Instrumenten der Politik werden können, zu Mitteln, die die Reproduktion des sozialen und symbolischen Kapitals sicherstellen.

Es ist bemerkenswert, dass die bedeutsamen Institutionsriten, mit denen die Gruppen eine oft in einem *Namen* enthaltene *distinktive Identität* zuweisen, fast immer eine Bekräftigung des magischen Einschnitts zwischen den Geschlechtern implizieren. Das gilt für die großen kollektiven und öffentlichen Zeremonien, die, wie die Taufe, zur Zuschreibung eines Eigennamens, also eines Titels dienen, der ein Recht auf Teilhabe am symbolischen Kapital einer

Gruppe verleiht und die Respektierung der Gesamtheit der vom Willen, es zu erhalten und zu vergrößern, diktierten Pflichten erzwingt. Und es gilt für all die von den legitimen Trägern bürokratischer Autorität vollzogenen offiziellen *Nominierungsakte*. (In derselben Logik wäre die Namensänderung zu sehen, die der Frau bei der Heirat fast immer aufgezwungen wird.)

Man versteht so, dass der den Frauen auferlegte Ausschluss niemals so brutal und rigoros ist, wie wenn der Erwerb symbolischen Kapitals die einzig wirkliche Art der Akkumulation bildet – wie das in der Kabylei der Fall ist. Die soziale Ehre, das heißt der Wert, der einer Gruppe durch ein kollektives, gemäß den fundamentalen Kategorien der gemeinsamen Weitsicht gebildetes Urteil gesellschaftlich zuerkannt wird, ist hier in ihrem Fortbestand abhängig von der Fähigkeit der betreffenden Gruppe, Bündnisse zu schließen, die zur Sicherung von sozialem und symbolischem Kapital geeignet sind. In dieser Perspektive sind die Frauen nicht bloß Zeichen; sie sind auch vor Beleidigungen und Verdächtigungen zu schützende Werte. In den Austausch investiert, vermögen sie Bündnisse herzustellen, also soziales Kapital zu produzieren, und Verbündete mit Prestige zu gewinnen, wieder also symbolisches Kapital zu produzieren. In dem Maße, wie der Wert dieser Bündnisse, mithin der aus ihnen erzielbare symbolische Profit, zu einem großen Teil vom symbolischen Wert und der entsprechenden potentiellen symbolischen Profitträchtigkeit der für den Austausch verfügbaren Frauen abhängt, ist das Ehrgefühl der Brüder oder der Väter, das zu einer ebenso *eifersüchtigen*, ja paranoiden Wachsamkeit wie das der Ehemänner führt, eine Form wohlverstandenen Eigeninteresses.

Zweifellos, weil sie ihre Grundlage und ihre gesellschaftlichen Reproduktionsbedingungen in der relativ autonomen Logik der Tauschakte findet, mittels deren die Reproduktion des symbolischen Kapitals sichergestellt wird, ist die männliche Herrschaft imstande, die Veränderungen der ökonomischen Produktionsweisen zu überdauern. Die industrielle Revolution hat deshalb auch die traditionelle Struktur der Arbeitsteilung zwischen den Geschlechtern relativ unberührt gelassen:[56] Der Umstand, dass die großen bürgerlichen Familien zur Behauptung ihrer Position im sozialen

56 Vgl. J. Thomas, Women and Capitalism: Oppression or Emancipation? A Review Article, *Comparative Studies in Society and History*, 30, 1988, S. 543-549.

Raum heute noch stark von ihrem symbolischen und sozialen Kapital abhängen, erklärt, dass sie, mehr, als man es erwarten könnte, die fundamentalen Prinzipien der männlichen Weltsicht aufrechterhalten.[57]

Das entscheidende Gewicht der *Ökonomie der symbolischen Güter*, die durch das fundamentale Di-Visionsprinzip die Wahrnehmung der sozialen Welt in Gänze organisiert, macht sich für das ganze soziale Universum geltend, nicht nur für die Ökonomie der materiellen Produktion, sondern auch für die Ökonomie der *biologischen Reproduktion.* Daraus lässt sich erklären, dass im Fall der Kabylei und noch in manch anderer Tradition das weibliche Werk von Schwangerschaft und Geburt zugunsten der männlichen Befruchtungsarbeit für nichtig erklärt wird. Im Fortpflanzungszyklus wie im agrarischen Zyklus privilegiert die mythisch-rituelle Logik den männlichen Eingriff, der stets – bei der Heirat wie beim Beginn der Bodenbearbeitung – durch öffentliche, offizielle, kollektive Riten hervorgehoben wird, auf Kosten der Schwangerschaftsperioden der Frau wie der winterlichen Erde, die nur für unverbindliche und gleichsam verstohlene Äußerungen Raum bieten. Auf der einen Seite ein diskontinuierlicher und außergewöhnlicher Eingriff in den Lauf des Lebens, eine riskante und gefährliche Eröffnungsaktion, die feierlich und bisweilen, wie bei der ersten Bearbeitung, öffentlich, im Angesicht der Gruppe, ausgeführt wird. Auf der anderen Seite eine Art von natürlichem und passivem Prozess des Anschwellens, für das die Frau oder die Erde den Ort, die Gelegenheit, die Stütze, den Behälter bilden (etwa mit der Metapher des Ofens oder des Kochtopfs). Ein Prozess, der lediglich technische oder rituelle, logisch den Frauen zugeschriebene Begleitpraktiken und »schlichte und einfache« Akte erfordert, wie das Auflesen des Grases für das Vieh oder das Jäten, die der Natur bei ihrer Arbeit nur zu assistieren brauchen und von daher zweifach verurteilt sind, ignoriert zu werden, und zwar vor allem von den Männern. Vertraut, kontinuierlich, gewöhnlich, repetitiv und monoton, werden sie zum Großteil ungesehen in der Verborgenheit des Hauses oder in den toten Zeiten des Agrarjahres verrichtet.[58]

57 Vgl. P. Bourdieu, M. de Saint Martin, Le patronat, *Actes de la recherche en sciences sociales*, 20/21, 1978, S. 3-82.

58 Man sieht, dass die These von Mary O'Brien – der gemäß die männliche Herrschaft aus dem Bemühen der Männer resultiert, ihre Entfremdung von den

Und wie sollte man übersehen, dass die mit der biologischen und sozialen Reproduktion des Familiengeschlechts verknüpften Tätigkeiten auch in unseren Gesellschaften sehr stark abgewertet sind, selbst wenn sie anscheinend anerkannt und manchmal sogar rituell zelebriert werden? Sie können ausschließlich den Frauen zugeteilt werden, weil sie als solche gleichsam verleugnet werden und weil sie den Produktionstätigkeiten untergeordnet bleiben, die allein eine wirkliche ökonomische Bestätigung und soziale Anerkennung zu erlangen vermögen. Man weiß in der Tat, dass der Eintritt der Frauen ins Berufsleben einen eklatanten Tatsachenbeweis dafür geliefert hat, dass die häusliche Tätigkeit gesellschaftlich nicht als eine wirkliche Arbeit anerkannt wird. Denn die Hausarbeit, die gerade aufgrund ihrer Evidenz negiert oder verleugnet wird, muss jetzt von den Frauen, denen sie nach wie vor obliegt, noch obendrein erledigt werden. Großartig analysiert Joan Scott die symbolische Transformationsarbeit, die die »Ideologen«, selbst die der Sache der Frauen gewogensten, wie Jules Simon, das ganze 19. Jahrhundert hindurch zu leisten hatten, um diese undenkbare Tatsache, die die »Arbeiterin« darstellt, in ein erneuertes Vorstellungssystem zu integrieren; und vor allem, um dieser *öffentlichen Frau* den sozialen Wert vorzuenthalten, den ihr die Tätigkeit in der Welt der Ökonomie hätte sichern müssen. Indem man durch eine seltsame *Verschiebung* ihren Wert und ihre Werte auf das Gebiet der Geistigkeit, der Moral und des Gefühls, mithin das außerhalb der Sphäre der Ökonomie und der Macht Gelegene, transferierte, vermochte man sowohl ihrer öffentlichen Arbeit wie ihrer nicht wahrnehmbaren häuslichen Arbeit, der durch Überhöhung ihr

Reproduktionsmitteln der Gattung zu überwinden und den Primat der Vaterschaft dadurch wiederherzustellen, dass sie die wirkliche Arbeit der Frauen beim Gebären verschleiern (vgl. M. O'Brien, *The Politics of Reproduction*, London: Routledge, 1981) – zwar etwas Wesentliches berührt, dass sie indes vergisst, diese »ideologische« Arbeit auf ihre Grundlagen zu beziehen, das heißt auf die Zwänge des Marktes der symbolischen Güter und, genauer, auf die notwendige Unterordnung der biologischen Reproduktion unter die Erfordernisse der Reproduktion des symbolischen Kapitals. (Man kann in dieser Logik die Kunstgriffe analysieren, die die Kabylen zur Auflösung des Widerspruches anwenden, der entsteht, sobald eine Familie ohne männlichen Nachkommen ihre Tochter, um das Aussterben des Geschlechts zu verhindern, einem Mann, dem *awrith*, gibt, der wie eine Frau, also wie ein Objekt zirkuliert: »Er macht die Braut«, sagen die Kabylen, vgl. P. Bourdieu, *Le sens pratique*, S. 298 [*Sozialer Sinn*, S. 316].

Wirklichkeitscharakter genommen wurde, die von nun an einzig wirkliche Anerkennung, die ökonomische Bestätigung, zu verweigern.[59] Um auf die Auswirkungen dieser Verleugnung sozialer Existenz zu treffen, braucht man in der Zeit und im sozialen Raum gar nicht einmal so weit zu gehen. Als ob berufliche Ambitionen den Frauen stillschweigend versagt würden, brauchen Forderungen, die Männern ganz selbstverständlich bewilligt werden – in diesen Zeiten, in denen die männlichen Werte der Selbstbestätigung derart hochgehalten werden – nur von Frauen gestellt zu werden, um sie mit Ironie oder sanft herablassender Freundlichkeit als irreal abzutun. Und nicht selten werden, selbst in den von männlichen Werten am wenigsten dominierten Regionen des sozialen Raumes, die Frauen, die Machtpositionen innehaben, unterschwellig verdächtigt, der Intrige oder der sexuellen Gefälligkeit, mithin männlicher Protektion, Vorteile zu verdanken, die so offensichtlich ungebührlich sind, dass sie doch nur unlauter erworben sein können.

Die Verneinung oder die Verleugnung nicht nur des von den Frauen zur Produktion, sondern auch des zur biologischen Reproduktion geleisteten Beitrags geht einher mit der Verherrlichung der Funktionen, die ihnen eher als Objekten denn als Subjekten in der Produktion und Reproduktion des symbolischen Kapitals zugewiesen sind. Genauso wie sie in den weniger differenzierten Gesellschaften als Tauschmittel behandelt wurden, die es den Männern ermöglichten, soziales Kapital und symbolisches Kapital durch Heirat zu akkumulieren, diese veritablen mehr oder minder riskanten und produktiven Investitionen, die mehr oder minder weitreichende und prestigeträchtige Bündnisse zu schließen gestatten, genauso sind sie auch heute in der Ökonomie der symbolischen Güter zuallererst als symbolische Objekte vertreten, die zur symbolischen Zirkulation prädisponiert und mit ihr betraut sind. Als Symbole, in denen sich das symbolische Kapital einer häuslichen Gruppe (eines Haushalts, einer Familie usw.) manifestiert und zur Schau stellt, sollen sie das symbolische Kapital der Gruppe in allem zur Darstellung bringen, was mit ihrem äußeren Erscheinungsbild zusammenhängt, Kosmetik, Kleidung, Auftreten usw. Aufgrund dessen werden sie – und das noch mehr als in den archaischen Gesellschaf-

59 Vgl. J. W. Scott, L'ouvrière, mot impie, sordide. Le discours de l'économie politique française sur les ouvrières (1840-1890), *Actes de la recherche en sciences sociales*, 83, 1990, S. 2-15, vor allem S. 12).

ten – auf der Seite des Scheinens, des Wahrgenommenwerdens, des Gefallens eingeordnet, und es gehört zu ihren Aufgaben, sich durch kosmetische Arbeit verführerisch zu machen, die in bestimmten Fällen, insbesondere im Repräsentations-Kleinbürgertum, einen bedeutenden Teil ihrer häuslichen Mehrarbeit ausmacht.

Sozial darauf eingestimmt, sich selbst als ästhetische Objekte zu behandeln, die Bewunderung und Verlangen hervorrufen sollen, und dementsprechend allem, was mit der Schönheit, der Eleganz, dem Stil des Körpers, der Kleidung, des Auftretens zu tun hat, eine beständige Aufmerksamkeit entgegenzubringen, übernehmen sie in der häuslichen Arbeitsteilung ganz selbstverständlich alles, was zur Ästhetik gehört, darüber hinaus aber auch alle Tätigkeiten, die mit dem öffentlichen Bild und mit dem gesellschaftlichen Erscheinungsbild der Familienmitglieder zu tun hat, selbstredend der Kinder, aber auch des Ehemanns, der ihnen sehr oft die Entscheidung in seinen Kleidungsangelegenheiten überlässt. Sie sind es auch, die Sorge tragen für die Pflege und Ausschmückung des Alltags, des Hauses und seiner Innenausstattung, den Teil an Zweckfreiheit und Zweckmäßigkeit ohne Zweck, für den dort stets Raum ist, selbst bei den Benachteiligtsten (wie die bäuerlichen Gemüsegärten früher einen für die Zierblumen reservierten Winkel enthielten, haben die ärmlichsten Wohnungen der Arbeitersiedlungen ihre Blumentöpfe, ihre Nippsachen und ihre billigen Farbdrucke). Und schließlich sind sie es, die für die Gestaltung des rituellen und zeremoniellen Familienlebens durch die Organisation der Einladungen, der Feste und Zeremonien sorgen (von der Erstkommunion über die Heirat bis zu Geburtstagsessen und dem Einladen von Freunden), die der Aufrechterhaltung der sozialen Beziehungen dienen und der Familie ihre Ausstrahlung bewahren sollen.

Mit der Verwaltung des symbolischen Kapitals der Familien beauftragt, sind sie ganz folgerichtig dazu berufen, diese Rolle auch in den Unternehmensbereich zu übertragen. Dort werden sie fast immer mit den Tätigkeiten der Präsentation und der Repräsentation, der Aufnahme und des Empfangs betraut, aber auch mit der Gestaltung der großen bürokratischen Rituale, die wie die häuslichen Rituale zur Erhaltung und Vermehrung des sozialen Kapitals an Beziehungen und des symbolischen Kapitals beitragen. Es versteht sich von selbst, dass diese Tätigkeiten symbolischer Ausstellung, die für die Unternehmen dieselbe Bedeutung haben wie die Selbstdarstellungsstrategien für die Individuen, um ihrer angemessenen Ausführung willen eine extreme Aufmerksamkeit für die äußere Erscheinung und Dispositionen zur Verführung verlangen, die der traditionell der Frau zugewiesenen Rolle entsprechen. Und so kann man den Frauen durch einfache Ausdehnung ihrer traditionellen Rolle Funktionen in der Produktion und Konsumtion der symbolischen Güter und Dienstleistungen oder, genauer, der *Distinktionszeichen*, von den kosmetischen Produkten und Dienstleistungen (Friseurinnen, Kosmetikerinnen, Maniküren usw.) bis hin zu den kulturellen Gütern im engeren Sinne, zuweisen. Allerdings sind diese Funktionen zumeist untergeordneter Art, obschon der kulturelle Sektor einer der wenigen ist, wo Frauen Führungspositionen offenstehen.

Die Frauen sind – zumindest innerhalb des Hauses – (mit Tätigkeiten wie der Ausstattung des Hauses, dem Kauf kultureller Güter, Möbel, Bilder usw., der Gestaltung der Riten und Zeremonien, die den sozialen Rang der Familie zum Ausdruck bringen sollen und deren typischste zweifellos *der literarische Salon* ist[60]) die privilegierten Agenten der Umwandlung des ökonomischen Kapitals in symbolisches Kapital. Als solche spielen sie eine entscheidende Rolle in der Dialektik von Prätention und Distinktion, die der Motor des ganzen kulturellen Lebens ist. Es ist kein Zufall, dass durch die Frauen oder, besser, durch den Sinn für Distinktion, der die einen dazu bringt, von den durch Verbreitung entwerteten Kulturgütern Abstand zu nehmen, oder durch die Prätention, die die anderen dazu bringt, sich jeweils die gerade sichtbarsten Distinktionszeichen anzueignen, diese Art infernalischer Maschine in einem fort in Gang gesetzt wird, in welcher es keine Aktion gibt, die nicht Reaktion auf eine andere Aktion wäre, und keinen Akteur, der wirklich das Subjekt der Handlung wäre, die ganz unmittelbar auf die Bestätigung seiner Singularität gerichtet ist. Die Frauen des Kleinbürgertums, von denen man weiß, dass sie die Aufmerksamkeit für die Körperpflege oder die Kosmetik[61] und im weiteren Sinne die

60 Man müsste zumindest in Bezug auf die vornehmsten und vermögendsten Frauen all die Wohltätigkeits- und karitativen Aktivitäten hinzufügen.

61 Vgl. P. Bourdieu, *La distinction. Critique sociale du jugement*, Paris: Minuit, 1979, S. 226-229 [*Die feinen Unterschiede. Kritik der gesellschaftlichen Urteilskraft*, Frankfurt/M.: Suhrkamp, 1982, S. 328-330]; *Ce que parler veut dire*, Paris: Fayard, 1982 [*Was heißt sprechen?*, Wien: Braumüller, 1990].

Sorge um die ethische und ästhetische Respektabilität ins Extrem treiben, sind die auserkorenen Opfer der symbolischen Herrschaft, aber auch die ausersehenen Agenten, um deren Effekte in Richtung beherrschter Klassen zu übertragen. Zutiefst durchdrungen von dem Bestreben, sich mit den herrschenden Mustern zu identifizieren – sie sind es, die, wie man weiß, am meisten zur sprachlichen Überkorrektheit neigen –, sind sie in besonderem Maße bereit, sich um jeden Preis, nämlich zumeist auf Kredit, die distinguierten, weil distinktiven Eigenschaften der Herrschenden anzueignen und sie mit dem Bekehrungseifer des Neukonvertierten und mithilfe der jeweiligen symbolischen, aus ihren Positionen im Produktions- und Zirkulationsapparat der kulturellen Güter resultierenden Macht durchzusetzen.[62] Man müsste hier in ihrer ganzen Detailliertheit die Analyse der symbolischen Herrschaftseffekte, die die unerbittlichen Mechanismen der Ökonomie der kulturellen Güter ausüben, wiederaufnehmen, um sichtbar zu machen, dass die Frauen, die zumeist ihre (mehr oder minder scheinbare) Emanzipation nur von einer mehr oder weniger aktiven Beteiligung an dem Wirken dieser Mechanismen erwarten können, nicht umhinkönnen zu entdecken, dass sie ihre wirkliche Befreiung zweifellos nur von einem Umsturz der grundlegenden Strukturen des Produktions- und Zirkulationsfeldes der symbolischen Güter zu erwarten haben. Denn es sieht ganz danach aus, als ob dieses ihnen die Scheinformen von Freiheit nur gewähren würde, um von ihnen umso sicherer ihre eifrige Unterwerfung und aktive Beteiligung an einem System von Ausbeutung und Unterdrückung zu erlangen, dessen erste Opfer sie sind.[63]

62 Siehe P. Bourdieu et al., Un placement de père de famille. La maison individuelle: Spécificité du produit et logique du champ de production, *Actes de la recherche en sciences sociales*, 81-82, 1990, S. 6-33 [»Eine sichere Geldanlage für die Familie. Das Einfamilienhaus: Produktionsspezifik und Logik des Produktionsfeldes«, in: *Der Einzige und sein Eigenheim*, Hamburg: VSA, 1998 und 2002, S. 49-106].

63 Man könnte zeigen, dass eine ganze Reihe der von der feministischen Bewegung vorgeschlagenen Subversionsstrategien (wie die Verteidigung des *natural look* oder das Anprangern der Benutzung der Frau als symbolisches Ausstellungsmittel vor allem in der Öffentlichkeit) sich auf ein intuitives Erfassen der hier dargestellten Mechanismen stützt. Aber diese partielle Intuition müsste sich auch auf Situationen erstrecken, in denen es ganz so scheinen kann, als ob die Frauen die Verantwortlichkeiten eines handelnden Akteurs besäßen, obschon sie ganz Gefangene einer instrumentellen Beziehung bleiben.

Eine Libido zur Institution

Das Bemühen um die Wahrheit zwingt dazu, zumal bei einem Gegenstand, der, wie die Beziehungen zwischen den Geschlechtern, in besonderem Maße einer mystifizierenden Verklärung ausgesetzt ist, Dinge zu sagen, die oft verschwiegen werden und die alle Aussichten haben, missverstanden zu werden; vor allem wenn sie zum herrschenden Diskurs zurückzufinden oder ihn zu bestätigen scheinen. Und wenn die *Entschleierung* auch denjenigen, die es mit den herrschenden Interessen halten, als parteiische und interessenbedingte *Denunzierung* erscheinen muss und von anderen, die sich als kritisch verstehen, umso leichter als *Ratifizierung der bestehenden Ordnung* zurückgewiesen werden kann, so deshalb, weil die gewöhnlichste Form des Beschreibens oder Registrierens oft von der (subjektiven oder objektiven) Rechtfertigungsabsicht beeinflusst ist und die Anweisungen des konservativen Diskurses oft im Gewand bloßer Feststellungen daherkommen.[64] Die wissenschaftliche Erkenntnis einer politischen Realität hat notwendig politische Effekte, die aber von entgegengesetzter Bedeutung sein können: Das von der Forschung bereitgestellte Wissen über eine Herrschaftsform, hier die männliche Herrschaft, kann einen sie verstärkenden Effekt haben, vor allem in dem Maße, wie die Herrschenden es dazu zu benutzen verstehen, die fortbestandssichernden Mechanismen gewissermaßen zu »rationalisieren«. Es kann aber auch eine destabilisierende Wirkung haben, ein wenig in der Art der Verbreitung eines Staatsgeheimnisses, indem es die Bewusstwerdung und die Mobilisierung der Opfer fördert. Genau wie man, um der Schule eine reale Möglichkeit zur »emanzipatorischen Schule« zu eröffnen, wie man damals sagte, und nicht, um die Dinge im bestehenden Zustand zu erhalten, zu anderen Zeiten den konservativen Charakter der Schule aufdecken musste, genauso muss man heute das Risiko eingehen, den Anschein zu erwecken, man rechtfertige, was die Situation der Frau betrifft, den gegenwärtigen Zustand, indem man zeigt, inwiefern und wie die Frauen, so wie sie sind, und das meint, so wie die soziale Welt sie gemacht hat, zu ihrer eigenen Unterdrückung beitragen können.

64 Der oben zitierte Text von Kant bietet ein bemerkenswertes Beispiel für diesen rhetorischen Effekt.

Man weiß, welchen Gefahren jedes wissenschaftliche Projekt unweigerlich ausgesetzt ist, das sich in Bezug auf einen präkonstruierten Gegenstand definiert. Zumal dann, wenn es sich um eine beherrschte Gruppe und somit um eine »gerechte Sache« handelt, die als solche jede epistemologische Rechtfertigung zu erübrigen und von der eigentlich wissenschaftlichen Arbeit der Gegenstandskonstruktion zu dispensieren scheint. Und die *women's studies, black studies, gay studies*, gegenwärtig im Begriff, unsere populistischen Studien über die »Volksklassen« abzulösen, sind zweifellos umso weniger gegen die Naivität der »wohlwollenden Gefühle« gefeit – die im Übrigen das wohlverstandene Interesse an den mit der »guten Sache« verknüpften Profiten nicht unbedingt ausschließt –, als sie ihre sachliche Berechtigung nicht nachzuweisen brauchen und denen, die sich ihrer bemächtigen, ein faktisches (oft noch als rechtmäßig beanspruchtes) Monopol verleihen; womit sie diese aber dazu bringen, sich in eine Art wissenschaftliches Ghetto einzuschließen. Übersetzt man das durch eine beherrschte soziale Gruppe gestellte soziale Problem umstandslos in eine soziologische Fragestellung, dann verurteilt man sich dazu, von vornherein das zu verfehlen, was gerade die Realität des Gegenstandes ausmacht. Denn man ersetzt in diesem Fall ein soziales Herrschaftsverhältnis durch eine substantielle Entität, eine als an und für sich seiend gedachte Essenz, ganz wie es (und das ist mit den *men's studies* bereits eingetroffen) mit der komplementären Entität geschehen kann. Das bedeutet, einfacher gesagt, auch, sich einem Isolationismus zu überantworten, der nur ganz verhängnisvolle Auswirkungen haben kann, so wenn er zum Beispiel dazu führt, dass in gewissen »militanten« Produktionen den Begründerinnen der feministischen Bewegung »Entdeckungen« zugeschrieben werden, die zum ältesten und unumstrittensten Wissensbestand der Sozialwissenschaften zählen, wie die Tatsache, dass die Geschlechtsunterschiede zu Naturunterschieden hypostasierte gesellschaftliche Unterschiede sind. Wenn es nicht darum geht, aus der Wissenschaft im Namen ich weiß nicht welcher utopischen *Wertfreiheit* die individuelle oder kollektive Motivation auszuschließen, die durch die Existenz einer politischen und intellektuellen Bewegung hervorgerufen wird (und deren Fehlen ausreicht, die relative Dürftigkeit der *men's studies* zu erklären), bleibt festzuhalten, dass die beste politische Bewegung dazu verurteilt ist, schlechte Wissenschaft zu treiben und am Ende schlechte Politik, wenn es ihr nicht gelingt, ihre subversiven Antriebe in kritische Inspiration umzusetzen, und das zuerst in Beziehung auf sich selbst.

Diese Entschleierungsaktion hat umso größere Aussichten auf symbolische und praktische Wirksamkeit, als sie sich auf eine Herrschaftsform bezieht, die fast ausschließlich auf symbolischer Gewalt, also auf dem Verkennen beruht, und die als solche durch die Enttrivialisierungseffekte, die von einer befreienden Sozioanalyse ausgehen, verwundbarer ist als andere Herrschaftsformen, allerdings nur innerhalb bestimmter Grenzen. Einmal, weil diese Dinge Angelegenheit nicht des Bewusstseins, sondern des Körpers sind und die Körper die Sprache des Bewusstseins nicht immer und in keinem Fall sehr schnell verstehen. Und dann auch deshalb, weil es nicht leicht ist, die Kette der kontinuierlichen unbewussten Lernvorgänge zu zerbrechen, die von Körper zu Körper und mit ihren eigentlichen Sinn verdeckenden Worten in der oft sich selber dunklen Beziehung zwischen den aufeinanderfolgenden Generationen verlaufen.

Einzig eine kollektive Aktion zur Organisation eines *symbolischen Kampfes*, der imstande wäre, all die stillschweigenden Voraussetzungen der phallonarzisstischen Weltsicht praktisch *infrage zu stellen*, kann den Bruch der gleichsam unmittelbaren Übereinstimmung zwischen den inkorporierten und den objektivierten Strukturen herbeiführen. Dieser Bruch ist die Bedingung für eine wirkliche kollektive Umkehrung der mentalen Strukturen nicht bloß bei den Angehörigen des beherrschten, sondern auch bei denen des herrschenden Geschlechts, die ihrerseits nur dadurch zur Befreiung beitragen können, dass sie sich vom Privileg, das in eins eine Falle ist, befreien.

Es ist die Größe und das Elend des Mannes, im Sinne von *vir*, dass seine *libido* gesellschaftlich als *libido dominandi* konstituiert ist, als Wunsch, die anderen Männer zu dominieren, und sekundär, als Instrument des symbolischen Kampfes, die Frauen. Dass die symbolische Gewalt die Welt regiert, liegt daran, dass die sozialen Spiele, von den Ehrenkämpfen der kabylischen Bauern über die Kriegsspiele, den exemplarischen Grenzfall aller anderen Spiele, bis zu den wissenschaftlichen, philosophischen und künstlerischen Rivalitäten der Mr. Ramsays aller Zeiten und aller Länder, so angelegt sind, dass man (*der Mann*) an ihnen nicht teilnehmen kann, ohne von diesem Wunsch zu spielen affiziert zu werden, der auch ein Wunsch ist, zu triumphieren oder zumindest auf der Höhe der Idee oder des Ideals des durch das Spiel angesprochenen Spielers zu sein.

Diese *libido* zur Institution, die auch die Gestalt eines Über-Ichs annimmt, kann, und das oft in derselben Bewegung, ebenso zu extremen Gewalttätigkeiten des virilen Egoismus wie zu äußersten Opfern der Hingabe und der Uneigennützigkeit führen: Das *pro patria mori* ist nie etwas anderes als das Extrem aller mehr oder minder edlen und anerkannten Weisen, für Sachen oder Ziele zu sterben oder zu leben, die allgemein als edel, das heißt allgemein anerkannt sind.

Man hat übersehen, dass die Frauen, weil sie gemeinhin von den großen männlichen Spielen und der aus ihnen hervorgehenden sozialen *libido* ausgeschlossen sind, oft zu einer Sicht dieser Spiele neigen, die der entschiedenen Gleichgültigkeit, die alle Weisheitslehren predigen, nicht so fern ist. Aber diese distanzierte Sicht, die sie zumindest schlaglichtartig den illusorischen Charakter der *illusio* und ihrer Einsätze erkennen lässt, hat keine sonderlichen Aussichten, sich gegen die Zustimmung zu behaupten, die zumindest die Identifikation mit Angelegenheiten, die die ihrer Männer sind, von ihnen erheischt. Und der Krieg gegen den Krieg, den ihnen die Lysistrata des Aristophanes empfiehlt und in dem sie die übliche Übereinstimmung von *libido dominandi* (oder *dominantis*) und *libido* schlechthin aufbrechen, ist ein so offensichtlich utopisches Programm, dass es lediglich als Komödienstoff taugt.

Die Bedeutung einer symbolischen Revolution, die darauf zielt, die fundamentalen Prinzipien der männlichen Weltsicht in den Köpfen wie in der Wirklichkeit umzustürzen, sollte man dennoch nicht unterschätzen; denn die männliche Herrschaft ist das Paradigma (und oft das Modell und der Gegenstand) aller Herrschaft. Ultramaskulinität geht fast immer einher mit politischem Autoritarismus, während sich das soziale Ressentiment, das aufs Offensichtlichste mit politischer Gewalt geladen ist, von untrennbar sexuellen und sozialen Phantasmen nährt (wie etwa die sexuellen Konnotationen des Rassenhasses oder die so häufige Denunzierung der »Pornokratie« bei den Anhängern autoritärer Revolutionen bezeugen). Gleichwohl kann man von einer bloßen, selbst kollektiven Sozioanalyse und einer verallgemeinerten Bewusstwerdung eine dauerhafte Umkehrung der mentalen Dispositionen und eine wirkliche Umgestaltung der sozialen Strukturen so lange nicht erwarten, wie die Frauen in der Produktion und Reproduktion des symbolischen Kapitals weiterhin die benachteiligte Stellung einnehmen, die die wirkliche Grundlage der Statusinferiorität ist, die ihnen das symbolische System und über dieses die ganze soziale Organisation zuteilwerden lassen. Alles veranlasst in der Tat zu der Annahme, dass die Befreiung der Frau eine wirkliche kollektive Kontrolle jener gesellschaftlichen Herrschaftsmechanismen zur unabdingbaren Voraussetzung hat, die verhindern, dass die Kultur, also die Askese und die Sublimation, in der und durch die die Humanität sich bildet, anders begriffen wird denn als ein soziales *Distinktionsverhältnis*, behauptet gegen eine Natur, die nie etwas anderes ist als das naturalisierte Schicksal beherrschter Gruppen (Frauen, Arme, Kolonisierte, stigmatisierte Ethnien usw.). Es ist in der Tat klar, dass die Frauen, wenn auch nicht mehr alle und jederzeit gänzlich gleichgesetzt mit der als eine Art Kontrastfolie fungierenden Natur, dem negativen Bezugspunkt aller kulturellen Spiele, in die Dialektik von Prätention und Distinktion eher als Objekte denn als Subjekte eintreten.

Der Habitus als Vermittlung zwischen Struktur und Praxis

Der Gedanke, dass zwischen verschiedenen Aspekten einer historischen Totalität, wie Max Weber sagen würde, eine Wahlverwandtschaft oder, nach dem Ausdruck der Linguisten, eine Strukturaffinität besteht, ist nicht neu.[1] Aber die Suche nach dem geometrischen Ort aller symbolischen Ausdrucksformen, die eine Gesellschaft oder eine Epoche hervorbringt, verdankt sich häufiger einer transzendenten oder mystischen Eingebung als einem wirklich wissenschaftlichen Impuls. Und zweifellos war nicht zufällig die gotische Architektur seit Langem eins der Gebiete, um die sich der Intuitionismus mit Vorliebe so emsig bemühte. Bestrickt von der Vorstellung, dass so etwas wie »die Kathedrale schlechthin« möglich sei, stellt Hans Sedlmayr – um aus zahllosen Untersuchungen über das »geistige Wesen« der gotischen Kathedrale, die ihre Entstehung der Inspiration verdanken, nur dies eine Beispiel aufzugreifen – dem systematischen Studium der architektonischen Elemente und der technischen und visuellen Merkmale der Kathedrale eine »Phänomenologie« gegenüber, die die konkreten Formmerkmale auf ihre bereits unterstellten »Bedeutungen« hin uminterpretiert. Sedlmayr sieht in der gotischen Architektur und den ihr verbundenen Künsten den bildgewordenen Ausdruck einer bestimmten Liturgie, genauer gesagt, den Ausdruck einer ursprünglich »augustinischen« Auffassungsweise der traditionellen Liturgie.[2]

1 Dieser Text wurde ursprünglich als Nachwort der französischen Übersetzung von Erwin Panofskys Werk *Gothic Architecture and Scholasticism* [*Gotische Architektur und Scholastik. Zur Analogie von Kunst, Philosophie und Theologie im Mittelalter*, Köln: DuMont, 1989] verfasst. Da einmal die Natur des von Panofsky untersuchten Gegenstandes den Autor dazu führt und da er andererseits der Tradition, die er untersucht, die Begriffe entnimmt, die er in der Analyse verwendet, vollzieht er in dieser Studie, die man als Applikation der strukturalen Methode lesen kann, einen Bruch mit der neukantianischen Problemstellung, wie sie noch Werke wie »Die Perspektive als ›symbolische Form‹« beherrscht.

2 Zitiert nach Hans Sedlmayr, *Die Entstehung der Kathedrale*, Zürich 1950; siehe auch L. Grodecki, L'interprétation de l'art gothique, *Critique*, Oktober 1952, S. 847-857; *Critique*, Januar 1955, S. 25-35.

Wenn derartige Interpretationsversuche Gefahr laufen, nicht über eine Art von »projektiven Test« hinauszukommen, und daher der Kritiker recht haben sollte mit der Beobachtung, dass Untersuchungen wie diejenige von Hans Sedlmayr sich in einem Circulus vitiosus zu verstricken drohen, da die interpretierten Phänomene – ganz gleich, ob es sich dabei um das »Baldachinsystem«, die »diaphane Wand« oder das sogenannte gotische »Schweben« handelt – sich mit den vom Verfasser entdeckten Bedeutungen nur deshalb decken, weil sie auf ebendiese Bedeutungen hin erfasst und benannt worden sind:[3] Folgt daraus, dass man im Namen einer positivistischen Definition des wissenschaftlichen Faktums und Beweises von jedem Interpretationsversuch absehen muss, der sich nicht bloß an die Oberfläche der Erscheinungen hält?

In der Tat wäre es sinnlos, die Möglichkeit des Vergleichs verschiedener Bereiche der sozialen Wirklichkeit zu postulieren, ohne zugleich die Bedingungen näher zu bestimmen, unter denen ein solcher Vergleich legitim und möglich ist. Um herauszufinden, auf welche Weise die von der Früh- und Hochscholastik ausgebildeten Denkgewohnheiten die früh- und hochscholastische Architektur haben prägen können, hat man den Begriffsinhalt der scholastischen Doktrin in Klammern zu setzen und die Aufmerksamkeit auf deren *modus operandi* zu konzentrieren. Wer einen Vergleich in Angriff nimmt, ohne dabei diesem kuriosen Mischmasch aus Dogmatismus und Empirismus, Mystizismus und Positivismus anheimzufallen, wie er für den Intuitionismus typisch ist, muss darauf verzichten, den vermeintlich intuitiv gewonnenen Daten das Organisationsprinzip zu entnehmen, das ihre Einheit gewährleisten soll.[4] Vielmehr bedürfen die zu vergleichenden Größen einer Behandlung, die sie dem Vergleich allererst zugänglich macht: einer bloß empirischen oder intuitiven Realitätsauffassung sind die zu vergleichenden Größen nämlich nicht vorgegeben, sondern müssen, entgegen

3 L. Grodecki, »L'interprétation de l'art gothique«, in: *Diogène*, Bd. 1, 1952, S. 856.

4 Da der Intuitionismus es allzu eilig hat, das Prinzip zu finden, das die verschiedenen Aspekte der sozialen Totalität vereinigt, überspringt er die einzelnen Stufen und tut so, als könne er sich auf der Stelle – ganz gleich ob es sich darum handelt, verschiedene Gesellschaften oder verschiedene Subsysteme einer Gesellschaft zu vergleichen – kraft eines enormen Sprungs in das Zentrum der verschiedenen Strukturen versetzen, ohne sich vorher zu bemühen, die Strukturen aus den verschiedenen Bereichen allererst zu erarbeiten.

dem Anschein der Unmittelbarkeit, erworben und in methodischer Analyse auf abstraktivem Wege konstruiert werden. Nur wenn man es vermeidet, sich auf oberflächliche, rein formale und bisweilen zufällige Analogien zu verlassen, sind der konkreten Wirklichkeit die Strukturen abzulesen, die sich in ihr sei es ausdrücken, sei es verbergen und die für den Vergleich und die Darstellung der gemeinsamen Eigenschaften der Vergleichsgrößen tauglich sind.

Erwin Panofsky hat in anderem Zusammenhang gezeigt, dass je nach der Beschaffenheit der Schnitte, die die Interpretation am Kunstwerk anlegt, sich verschiedene Bedeutungsschichten freilegen lassen. Er hat weiter gezeigt, dass die Bedeutungen der untersten Schicht, die der Oberfläche des Kunstwerks entsprechen, so lange fragmentarisch, so lange halb – oder falsch – verstanden bleiben müssen, als die Bedeutungen der höheren, sie umfassenden und transfigurierenden Schicht außer Acht bleiben. Die »unmittelbare Daseinserfahrung« trifft zunächst auf die »primäre Sinnschicht«, in die wir »aufgrund unserer vitalen Daseinserfahrung eindringen können«. »Sie trifft«, mit anderen Worten, »auf einen Phänomensinn«, der in einen »Sachsinn« und einen »Ausdruckssinn« unterteilbar ist, beziehungsweise, einer der späteren Veröffentlichungen Panofskys folgend, auf einen »faktuellen« und einen »expressiven« Sinn, die er als »primären oder natürlichen Sinn der Formen« definiert.[5] Diese Erfahrung bedient sich »demonstrativer Begriffe«, die nach Panofskys Beobachtung entweder bloß die sinnlichen Eigenschaften des Kunstwerks (wenn zum Beispiel ein Pfirsich als *samtig* oder eine Spitze als *duftig* beschrieben wird) oder bloß die sinnlichen Vorgänge im Betrachter bezeichnen (wenn man zum Beispiel von *kalten* und *warmen* Farben spricht).[6]

Um zur »sekundären Sinnschicht« vorzudringen, die »sich erst aufgrund eines literarisch übermittelten Wissens erschließt« und als »Region des Bedeutungssinnes«[7] bezeichnet werden kann, be-

5 E. Panofsky, »Zum Problem der Beschreibung und Inhaltsdeutung von Werken der bildenden Kunst«, *Logos*, XXI, 1932, S. 103-119; siehe auch »Iconography and Iconology. An Introduction to the Study of Renaissance Art«, in: *Meaning in the Visual Arts*, New York 1955, S. 28.

6 E. Panofsky, Über das Verhältnis der Kunstgeschichte zur Kunsttheorie, *Zeitschrift für Ästhetik und allgemeine Kunstwissenschaft*, XVIII, 1925, S. 129-161.

7 E. Panofsky, »Zum Problem der Beschreibung und Inhaltsdeutung von Werken der bildenden Kunst«.

darf es »sachgerechter Begriffe«, die über die bloße Bezeichnung sinnlicher Qualitäten hinausgehen und, da sie sich auf die stilistischen Besonderheiten des Werks beziehen, eine »wirkliche Deutung« des Kunstwerks ermöglichen.[8] Innerhalb dieser sekundären Schicht unterscheidet Panofsky einerseits: »die sekundäre oder konventionelle Vorlage«, das heißt Themen und Vorstellungen, die in Bildern, Geschichten und Allegorien ihren Ausdruck finden, deren Entschlüsselung der Ikonographie zufällt – beispielsweise die Darstellung des Abendmahls durch eine Personengruppe, die in festgelegter Weise um einen Tisch herum angeordnet ist –, und andererseits: den »immanenten Sinn oder Gehalt«, der – in einer ikonologischen Interpretation, die sich zur ikonographischen verhält wie die Ethnologie zur Ethnographie – nur dann erfasst werden kann, wenn die ikonographischen Bedeutungen und die Kompositionsverfahren als »kulturelle Symbole«, als Ausdruck der Kultur einer Nation, einer Epoche oder einer bestimmten Klasse aufgefasst werden. Dank einer solchen Verfahrensweise erst wird es möglich, die Gestaltungsprinzipien zu entdecken, »die der Auswahl und der Darstellung der Motive ebenso wie der Hervorbringung und Deutung der Bilder, Geschichten und Allegorien zugrunde liegen und die der formalen Komposition und der technischen Handhabung allererst Sinn verleihen. Denn sie erstellen einen Zusammenhang zwischen dem ›immanenten Sinn des Werks‹ und der größtmöglichen Zahl kultureller Zeugnisse, mit denen das Werk historisch in Verbindung steht«.[9]

Wie man sieht, bedarf es keiner detaillierten Analyse, um zu zeigen, dass ein Verständnis, das sich auf die expressiven und, wenn man so sagen darf, »physiognomischen« Eigenschaften des Werkes stützt – und darauf beschränkt sich das Werkverständnis einer bestimmten romantischen Auffassung von ästhetischer Erfahrung –, allenfalls eine Vorschule der ästhetischen Erfahrung bilden kann, wenn sie nicht, statt es bei einer solchen Verkürzung zu belassen, eine kohärente Auffassung von der Stil- und Typengeschichte und von der Geschichte der kulturellen Zeugnisse gewinnt.

Die Versuche zur Entschlüsselung der unteren Bedeutungsschicht lassen sich wesentlich danach unterscheiden, ob die ästhe-

8 E. Panofsky, Über das Verhältnis der Kunstgeschichte zur Kunsttheorie.

9 E. Panofsky, *Meaning in the Visual Arts*, S. 30 f. und 38 ff.

tische Untersuchung dabei stehen bleibt oder ob sie sich einem umfassenderen Verständnis integriert, dessen Einheit die Untersuchung künstlich durchbricht. Denn erst im Lichte der höheren Schicht, die sie umgreift und in einer angemesseneren und spezifischen Deutung überholt, gewinnt die untere Schicht ihre volle Bedeutung. Erst auf der Grundlage einer vorgängigen ikonologischen Deutung gewinnen die formale Anordnung und die technischen Verfahren ihren Sinn und vermittels ihrer die formalen und expressiven Eigenschaften. Damit werden zugleich die Mängel einer präikonographischen und präikonologischen Interpretation offenbar. »Die traditionelle Darstellung der Geburt Christi, die die Jungfrau Maria auf ein Lager gebettet zeigt, wird im 14. und 15. Jahrhundert durch eine neue Darstellungsweise ersetzt, nach der sie kniend das Kind anbetet.« Im Hinblick auf die Komposition macht sich dieser Wandel durch die Ablösung eines Viereckschemas durch ein Dreieckschema bemerkbar; im Hinblick auf die Ikonographie verrät er die Einführung eines neuen Themas, das in den Schriften des Pseudo-Bonaventura und der heiligen Brigitte erstmals angeklungen ist. Gleichzeitig aber offenbart dieser Wandel eine neue Art von Sensibilität, wie sie den Spätphasen des ausgehenden Mittelalters eigen ist. Eine wirklich erschöpfende Deutung des »immanenten Sinnes (oder Gehalts)« vermöchte sogar zu zeigen, dass die für ein Land, einen Zeitabschnitt oder einen bestimmten Künstler charakteristische Arbeitsweise – man denke nur an Michelangelos Vorliebe für Stein statt Bronze in seiner Bildhauerei oder für seine Vorliebe für Schraffuren in den Zeichnungen – symptomatisch ist für die gleiche grundlegende Haltung, wie sie auch an allen anderen Eigenheiten seines Stils zu sehen ist.[10] Die verschiedenen Bedeutungsschichten fügen sich somit, darin den verschiedenen Sprachschichten vergleichbar, in ein hierarchisches System ein, in welchem das Umfassendere seinerseits umfasst und das Bedeutete seinerseits bedeutend ist. Aufgabe der Analyse ist es, dieses System in auf- oder absteigender Linie zu durchlaufen.

Da sich am Kunstwerk verschiedene Bedeutungsschichten freilegen lassen, je nachdem, wie der Schnitt verläuft, den die Interpretation anlegt, wird ersichtlich, dass ein zu kurzer methodischer Schlüssel zu einer verkürzten Deutung führt. Deshalb wäre

10 E. Panofsky, *Meaning in the Visual Arts*, S. 30 f. und 38 f.

es unzureichend, Emile Mâle beizupflichten, dass »die Kunst des Mittelalters ausgesprochen symbolisch ist«, glaubte man damit, die wirkliche Bedeutung des mittelalterlichen Symbolismus verstanden zu haben. »Die Künstler«, schreibt Emile Mâle, »standen den Theologen nicht nach an Gewandtheit, die Materie zu vergeistigen. So gaben sie z. B. dem großen Kronleuchter von Aachen die Form einer mit Türmen befestigten Stadt. Was ist das für eine Stadt des Lichtes? Die Inschrift lehrt es uns: Es ist das himmlische Jerusalem. Die den Auserwählten nach dem Tode verheißenen himmlischen Freuden sind zwischen den Zinnen dargestellt, in unmittelbarer Nähe von Aposteln und Propheten, die die heilige Stadt beschützen. Handelt es sich hier nicht um eine wunderbare Verwirklichung der Vision des heiligen Johannes? Der Künstler, der ein Weihrauchfass mit dem Bilde der drei jungen Hebräer im Feuerofen krönte, hat es verstanden, einen tiefen Gedanken sichtbar zu machen. Der Duft, der aus der Kohlenglut emporstieg, erschien so, als sei er das Gebet der Märtyrer selbst. Diese frommen Handwerker haben ihren Werken alle Sanftmut ihrer Seele eingesenkt.«[11]

Die Entdeckung der ikonographischen Bedeutung dieser Darstellungen ist nur dann überzeugend, wenn man – da das Bedeutete, statt als Ausdruck von etwas anderem zu fungieren, seinerseits bedeutend ist – die Philosophie der künstlerischen Produktion und die Epistemologie der Kulturwissenschaft einbekennt, die bereits in einer rein ikonographischen Untersuchung objektivermaßen impliziert ist. Solange die Intention des Werkes nicht als Symbol, sondern bloß als *Allegorie* im Sinne der sichtbar gewordenen Übersetzung eines Begriffs oder eines ikonographischen Programms aufgefasst wird, reduziert diese sich auf die bewusste Absicht des Künstlers: als hätte sie nichts mitzuteilen, was ihr Urheber nicht ausdrücklich sagen oder sie hätte sagen lassen wollen. In dem Falle nämlich erschöpfte sich die Bedeutung eines Werkes in der Feststellung des Einflusses, der seiner Entstehung als Inspiration – sei es in Gestalt eines ikonographischen Modells wie zum Beispiel der Miniaturen der Apokalypse des Beatus oder eines bestimmten orientalischen Stoffes, sei es in Gestalt eines literarischen Zeugnisses wie der »Miroirs« des Vincent de Beauvais oder in Form philoso-

11 E. Mâle, *L'art religieux du XIIe au XIIIe siècles*, Paris 1960, S. 53, (1. Aufl. Paris 1896).

phischer und ästhetischer Reflexionen einer bedeutenden Persönlichkeit wie derjenigen Sugers – vorausging. Diese Auffassung von Kunst und künstlerischer Produktion äußert sich beispielsweise in einer Lobrede auf die Allegorie[12] oder der folgenden Überbewertung der schöpferischen Individualität: »Wir sind gerne geneigt anzunehmen, dass die große Kunst des Mittelalters auf kollektivem Wege entstanden ist; und man wird zugeben müssen, dass in dieser Auffassung ein gutes Stück Wahrheit beschlossen liegt. Denn damals war die Kunst Ausdruck dessen, was in der Kirche gedacht wurde. Dieses Denken selbst aber hat in wenigen überragenden Persönlichkeiten Gestalt angenommen. Schöpferisch sind nicht die Massen, sondern die Individuen.«[13]

Wer Individualität und Kollektivität zu Gegensätzen macht, bloß um den Rechtsanspruch des schöpferischen Individuums und das Mysterium des Einzelwerks wahren zu können, begibt sich der Möglichkeit, im Zentrum des Individuellen selber Kollektives zu entdecken; Kollektives in Form von Kultur – im subjektiven Sinne des Wortes »cultivation« oder »Bildung« oder, nach Erwin Panofskys Sprachgebrauch, im Sinn des »*Habitus*«, der den Künstler mit der Kollektivität und seinem Zeitalter verbindet und, ohne dass dieser es merkte, seinen anscheinend noch so einzigartigen Projekten Richtung und Ziel weist.

Auch hier handelt es sich also um ein »künstlerisches Programm«, dessen Spuren der historiographische Positivismus jedoch vergeblich suchen würde, weil es seinem Wesen nach sowohl dem Bewusstsein des Künstlers als auch dem Bewusstsein all derer entgeht, die der gleichen Kultur verhaftet sind. Dieses Programm hat, um Ausdruck zu finden, es nicht nötig, ausdrücklich und mit Absicht realisiert zu werden; gewinnt es doch Ausdruck und Gestalt, auch ohne einen individuellen und bewussten Wunsch nach Ausdruck auszudrücken (ganz im Gegensatz zu dem, was gewisse psychologische Interpretationen des vieldeutigen Begriffs »Kunstwollen« glauben machen wollen). Wer ein Verständnis der Gestaltungsprinzipien gewinnen will, nach denen Auswahl und Darstellung der Motive sowie Produktion und Deutung der Bilder und Allegorien sich richten und die selbst formalen Besonderheiten

12 Vgl. ebd., S. 218-222.
13 Ebd., S. 17.

wie Komposition und Arbeitsweise ihre Bedeutung verleihen, darf allerdings kaum hoffen, dass er jemals auf ein besonderes Schriftstück stößt, das diesen Prinzipien so genau entspräche wie etwa das Johannesevangelium (13,21 ff.) der Ikonographie des Abendmahls. »Um diese Prinzipien zu erfassen, bedarf es einer gedanklichen Leistung, die einer Diagnose vergleichbar ist, und mangels eines besseren Ausdrucks mit dem etwas in Verruf geratenen Begriff der ›synthetischen Intuition‹ bezeichnet werden soll.«[14] Das heißt: Die wissenschaftlich verankerte Intuition der ikonologischen Erkenntnis bildet erst den Abschluss einer methodischen Verfahrensweise und hat mit der übereilten und unkontrollierten Anschauung des »Intuitionismus« nichts gemein. Darum kann diese Wissenschaft auch nicht damit rechnen, jemals ausführliche und handgreifliche Beweise für die Richtigkeit ihrer Entdeckungen beizubringen. Während die Ikonographie beinahe amüsiert das methodische Ideal des Positivismus verwirklicht – denn es kommt vor, dass die Dinge selber, wie der Kronleuchter in Aachen, ihr den Schlüssel in die Hand geben, mit dem sie entschlüsselt werden wollen –, ist die Ikonologie ihrem Wesen nach dazu verurteilt, sich in einem methodischen Zirkel zu bewegen, wobei man es sich allzu leicht machte, wollte man ihm ankreiden, er sei nichts anderes als ein Circulus vitiosus: Da die ikonologische Untersuchung aus methodischen Gründen genötigt ist, jeden einzelnen Gegenstand in seiner Beziehung zu Gegenständen der gleichen Klasse zu betrachten und die Interpretation jedes einzelnen Werkes anhand der »Stilgeschichte«, die nur auf der Basis vieler Einzelwerke geschrieben werden kann, wie Erwin Panofsky sagt, »zu korrigieren«, kann sie, wie jede andere Wissenschaft, die es mit Strukturen zu tun hat, mit keinen anderen Beweisen für die Wahrheit ihrer Ergebnisse rechnen als den Wahrheiten, die mit ihrer Hilfe zu gewinnen sind. »Ganz gleich, ob es sich dabei um geschichtliche oder natürliche Phänomene handelt: Die einzelne Beobachtung wird dem Anspruch, als ›Tatsache‹ zu gelten«, nicht eher gerecht, als sie sich analogen Beobachtungen anschließen lässt, dergestalt, dass die ganze Reihe »Sinn bekommt«. Der so gewonnene »Sinn« ist daher durchaus mit Recht als »Oberinstanz«, wie Panofsky sagt, anzusehen, »wenn es darum geht, eine neue einzelne Beobachtung im Innern der gleichen Gruppe von

14 *Meaning in the Visual Arts*, S. 38.

Phänomenen zu interpretieren. Sollte sich diese neue Beobachtung jedoch auf gar keinen Fall dem »Sinn der Reihe« entsprechend der Interpretation einfügen lassen, muss, sofern jeder mögliche Irrtum ausgeschlossen ist, der »Sinn der Reihe« so umformuliert werden, dass er die neue Beobachtung in sich zu begreifen vermag. Dieser methodische Zirkel gilt offensichtlich nicht nur für die Beziehung zwischen Motivdeutung und Stilgeschichte, sondern auch für die Beziehungen zwischen der Interpretation von Bildern, Geschichten und Allegorien und der Geschichte der Typen, wie auch für die Beziehungen zwischen der Interpretation der immanenten Bedeutung und der Geschichte der kulturellen Zeugnisse im Allgemeinen.«[15] Wo der Positivismus nur die verwegene Unbedenklichkeit einer Methode am Werke zu sehen glaubt, der es an Strenge gebricht, macht Panofsky das Anwachsen von Forderungen deutlich, das sich einem höheren Anspruch verdankt. Weit davon entfernt, sich hinter einem Wall von »petits faits« verschanzen zu können, setzt die strukturalistische Interpretation vielmehr die ganze bereits gewonnene Wahrheit für jede noch zu gewinnende ein. Denn die ganze Wahrheit steht und fällt mit der Wahrheit des Ganzen.

Daran lässt sich die Kühnheit eines Unternehmens ermessen, das aus seinem methodischen Gewissen heraus mit dem oberflächlichen Sinnverständnis bricht und sich damit von vornherein jede Zuflucht zu greifbaren Beweisen abschneidet, mit denen sich die Positivisten, diese »erdverbundenen Leute«, begnügen – denn Dokumente können die Wahrheit einer Deutung nur insoweit bezeugen, als sie sich nach den gleichen Kriterien interpretieren lassen wie das, wofür sie zeugen. Darum ist Panofskys Verfahren jederzeit und in toto den Teil- und Einzelfragen der falschen positivistischen Strenge ausgesetzt. Mit einer Bescheidenheit, die sich ganz erstaunlich von der Selbstgewissheit (*certitudo sui*) des Positivismus abhebt (»die Inschrift lehrt es uns«), legt Erwin Panofsky das vor, was er sein »Beweisstück« nennt, das »inter se disputando« aus dem Musterbuch des Villard de Honnecourt.[16] Nun ist dieser Beweis, der

15 Ebd., S. 35, Nr. 1.

16 Auf der letzten Seite von *Gothic Architecture and Scholasticism* zeigt Panofsky, dass es ein – zweifellos wohlbekanntes, aber niemals in diesem Licht untersuchtes – Beweisstück gibt, das dokumentiert, dass einige der französischen Architekten des 13. Jahrhunderts gemäß einer strikt scholastischen Logik dachten und handelten. In dem »Musterbuch« des Villard de Honnecourt befindet sich der

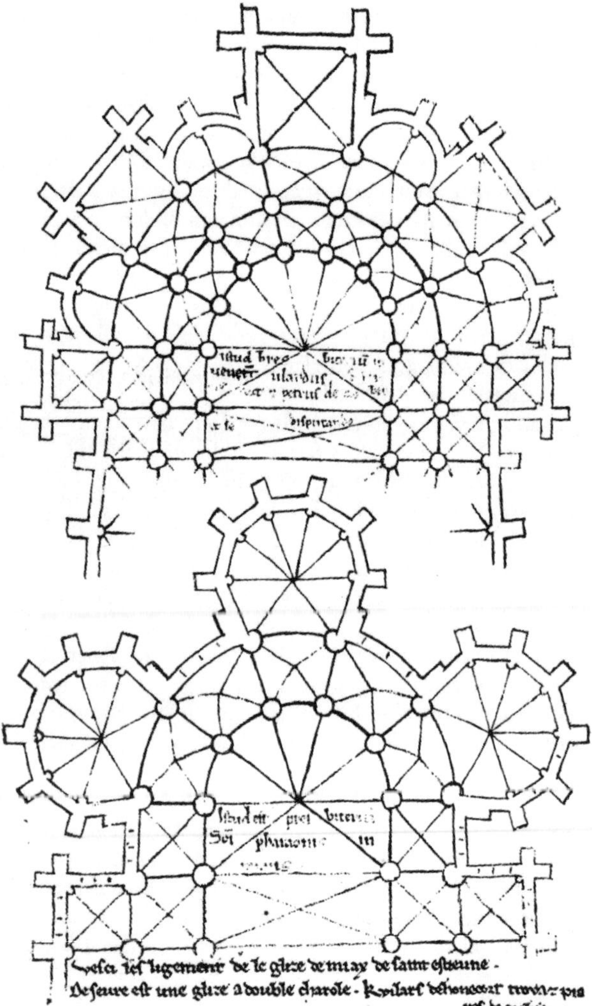

Grundriss des »idealen« Chorraumes aus dem Musterbuch des Villard de Honnecourt (vgl. Anm. 16).

dem positivistischen Ideal der ikonographischen Historiographie entspricht, in der Tat nur dann ganz überzeugend, wenn man die Spielregeln der strukturalistischen Interpretation als ein System anerkennt, das an-und-für-sich-selbst der einzige Beweis und Garant der eigenen Wahrheit ist. Und darum ist es dieser Methode gemäß strikt unzulässig, den einzelnen Beweis von dem Beweissystem abzusondern, das in dem Buch nach und nach aufgestellt wurde und nunmehr seine Gültigkeit seiner Kohärenz verdankt.

1. Fenster im gotischen »Strahlenstil« (»gothique rayonnant«) und gotisches Manuskript (Psalmbuch), 13. Jahrhundert.

Es versteht sich freilich, dass Erwin Panofsky diesem Beweis einen bevorzugten Platz eingeräumt hat. In der Tat vermag der »Sinn der Reihe« in diesem Falle nicht nur die neue Beobachtung einzuschließen; vielmehr macht er sie erst zu einer solchen, erschafft

Grundriss eines »idealen« Chorraumes mit einer Unterschrift, die ein Schüler Villard de Honnecourts später hinzufügte; sie zeigt, dass Villard und ein anderer Baumeister, Pierre de Corbie, ihn als ein »inter se disputando« ersonnen hatten. So benutzt ein Architekt den typisch scholastischen Terminus des »disputando«, um eine Diskussion zwischen zwei Architekten zu bezeichnen, deren Produkt die Skizze eines Chorraums ist, die alle möglichen *Sic* mit allen möglichen *Non* kombiniert, das heißt eine Art verschwenderischer Übung scholastischen Denkens treibt.

er buchstäblich eine neue Realität, der gegenüber der Positivismus blind geblieben war, weil er über keinen Interpretationsschlüssel verfügte.[17]

Da er aber den Beweis, der sich erst der Kohärenz des Beweissystems verdankt, an einem Begriff von Erfahrung überprüft, der sich nur als Ja- oder Nein-Antwort auf eine isolierte Frage versteht, steht es dem Positivismus immer noch frei, in der systematischen Konstruktion der Fakten nichts anderes als das Ergebnis einer Manipulation zu sehen, die, vom Systemgeist inspiriert, letzten Endes auf eine Petitio Principii hinausläuft. Und er hat leichtes Spiel, weil der Wissenschaftler, der mit der positivistischen Auffassung von Tatsache und Beweis gebrochen hat, auch der positivistischen Hoffnung entsagen muss, die Autoren (oder die von ihnen hinterlassenen Dokumente) könnten die Richtigkeit einer Interpretation ihrer Handlungen und ihrer Werke bezeugen, die dem Bewusstsein der Urheber selbst stets entging und die sich nur indirekt ergibt, indem man die Hypothese aufstellt, sie sei ihnen unbewusst gewesen.

Damit hat Erwin Panofsky nur ein Problem *formuliert*, das, wie er selbst sagt, zwar schon früher gesehen worden war, von ihm aber in aller Schärfe aufs Neue gestellt wird. In der Tat hatte die Anschauung der engen Beziehung zwischen Baukunst und Theologie – schon Gottfried Semper sieht in der gotischen Kunst »eine Übersetzung der scholastischen Philosophie in Stein«,[18] und Dehio schreibt: »Gotik ist eine steinerne Scholastik« – die Spezialisten dazu

17 Es scheint bedeutsam, dass Ernest Gall und Robert Branner der »Kritik« an diesem Beweis in ihrer Rezension große Wichtigkeit beimessen. Ernest Gall sieht in der Tatsache, dass die Inschrift später hinzugefügt worden ist (vgl. H. R. Hahnloser, *Villard de Honnecourt*, Wien 1935) – worauf Erwin Panofsky ausdrücklich hingewiesen hat, als er auf der hochst bedeutsamen Tatsache insistierte, dass diese Wendung dem viel geläufigeren *inter se colloquendo* vorgezogen wurde und von einem Architekten im Hinblick auf andere Architekten gebraucht worden ist –, eine förmliche Widerlegung der zentralen These des Buches. Denn, so schließt er, die Erbauer der Kathedralen sind sich ihres Verhaltens nicht klar bewusst gewesen. Erwin Panofsky hatte sich aber zu sagen begnügt, dass »gewisse französische Architekten des 13. Jahrhunderts einer streng scholastischen Logik gemäß geplant und gehandelt haben«, was in gar keiner Weise die Behauptung einschließt, sie hätten über ein reflektiertes Bewusstsein der Denk- und Handlungsschemata verfügt, die diese Logik bestimmen.

18 G. Semper, *Der Stil in den technischen und tektonischen Künsten*, 1. Band, 1860, S. 19.

geführt, nach direkten und, sozusagen, greifbaren Einflüssen zu suchen, die es – mittels »ikonographischer Programme« bei E. Mâle oder vermittels der Symbolik bei J. Sauer[19] – ermöglichen sollten, den Parallelismus zu erklären, der zwischen der Entwicklung der gotischen Kunst und der des scholastischen Denkens beobachtet worden war. Wenn Erwin Panofsky im ersten Kapitel seines Buches an diese Übereinstimmung erinnert und, ganz nebenbei, die Bedeutungseinheit von Früh- und Hochgotik unterstreicht, auf die er später nicht mehr zurückkommt, dann um eine ganz eigenwillige Frage zu stellen: Die chronologischen Übereinstimmungen lassen sich nur als signifikativ und signifikant auffassen, wenn sie zugleich als ein Index logischer oder, genauer gesagt, ikonologischer Übereinstimmungen verstanden werden können, die sich über die einzelnen Stufen der Sinnerschließung darlegen lassen und deren Gründe aufweisbar sind. Unter diesem Gesichtspunkt bildet die Blütezeit innerhalb der Entwicklung der gotischen Kunst und des scholastischen Denkens einen Sonderfall (daher der breite Raum, den sie in Panofskys Abhandlungen einnimmt), da sich hier zugleich die strukturellen Homologien aufweisen lassen, die sich auf wörtliche (und das heißt bewusst aufgeführte) Übersetzungen aus der Sprache der Theologie in die Sprache der Architektur – wie E. Mâle und J. Sauer sie aufzeigten – keineswegs zurückführen lassen. Deren gemeinsames Gestaltungsprinzip findet sich vielmehr in der Institution der Schule als einer »verhaltensnormierenden Instanz«. Dabei geht es um die Aufstellung und Lösung eines Problems, das über den genannten, freilich sehr instruktiven Sonderfall hinaus relevant ist, den Panofsky gerade untersucht. Während sich die strukturalistische Methode im Allgemeinen (und das ist nicht wenig) damit begnügt, Homologien aufzustellen zwischen den verschiedenen Strukturen verschiedener symbolischer Systeme einer Gesellschaft oder Epoche und den Konversionsregeln, die den Übergang von der einen zur anderen bestimmen, wobei jede von ihnen an-und-für-sich in ihrer relativen Autonomie betrachtet wird, geht es Panofsky um die Entdeckung der »konkre-

19 In seiner Abhandlung *Die Symbolik des Kirchengebäudes und seiner Ausstattung in der Auffassung des Mittelalters*, Freiburg i. Br. 1902, 2. Aufl. 1924, hat J. Sauer versucht, den verschiedenen Teilen der gotischen Kirche liturgische und ikonologische Bedeutungen abzulesen, wobei er sich auf die Schriften des Honorius von Autun, des Sicardus von Cremona und des Durand von Mende stützt.

ten Verknüpfung«, die die Logik und Existenz dieser Homologien erschöpfend und greifbar zu erklären vermag. Um dies zu zeigen, beschränkt er sich nicht darauf, von einer »einheitlichen Weltanschauung« oder vom »Zeitgeist« zu reden und so als Erklärung auszugeben, was doch selbst erst der Erklärung bedarf,[20] noch gibt er sich damit zufrieden, eine bestimmte Persönlichkeit – das heißt auf dem besonderen Gebiet der gotischen Architektur diesen oder jenen Baumeister – als Überschneidungs- und Ausgangspunkt von Strukturen anzusehen, der in ähnlichen Fällen oft die Rolle eines *asylum ignorantiae* spielt. Er schlägt die dem Anschein nach einfachste und nächstliegende Erklärung vor (vielleicht nur deshalb, weil sie die Übereinstimmungen zum Teil entmystifiziert): In einer Gesellschaft, in der eine Schule das Monopol der Vermittlung von Bildung innehat, finden die geheimen Verwandtschaften, das einigende Band der menschlichen Werke (und zugleich der Lebensführung und des Denkens) ihren prinzipiellen Nexus in der Institution der Schule, fällt dieser doch die Funktion zu, bewusst (oder zum Teil auch unbewusst) Unbewusstes zu übermitteln oder, genauer gesagt, Individuen hervorzubringen, die mit diesem System der unbewussten (oder tief vergrabenen) Schemata ausgerüstet sind, in dem ihre Bildung beziehungsweise ihr *Habitus* wurzelt. Kurz, die ausdrückliche Funktion der Schule besteht darin, das kollektive Erbe in ein sowohl *individuell* als auch *kollektiv Unbewußtes* zu verwandeln: Bezieht man daher die Werke einer Epoche auf die Praktiken der Schule, so hat man ein Mittel, das nicht nur zu erklären vermag, wozu die Werke sich *ausdrücklich bekennen*, sondern auch, was sie durch ihre bloße Zugehörigkeit zur Symbolik einer Epoche oder Gesellschaft *verraten.* Zweifellos wäre es naiv, die Suche nach Erklärung an diesem Punkte einzustellen, als wäre etwa die Schule eine Art von »innerem Reich« im Imperium der Kultur, mit dem diese ihren absoluten Anfang nähme. Ebenso naiv aber wäre es, wollte man nicht wahrhaben, dass, entsprechend der Logik ihrer Tätigkeit, die Schule den Geist und Inhalt einer Kultur, den sie übermittelt, zugleich auch verwandelt. Diese Feststellung war, wie es scheint, kaum jemals so zutreffend wie im Fall des scholastischen Denkens. Denn das scholastische Denken ist Schuldenken,

20 In der zitierten Rezension will Ernest Gall gleichwohl vom *modus operandi* auf den *Zeitgeist* zurückkommen.

das seine wesentlichen Merkmale jenen Denkschulen verdankt, aus denen es hervorging.[21] Wenn die Beobachtung von Martin Grabmann stimmt, dass selbst diejenigen Werke des Thomas von Aquin, die nicht direkt »aus und in der Schule entstanden« sind, wie die *Summa*, »doch großenteils für die Schule geschrieben worden sind«,[22] so ist anzunehmen, dass die Darstellungs- und Denkmethode, wie sie sich in der *Summa* so meisterhaft ausprägt, ihre typischen Merkmale sowohl der Organisation der Pariser Universität im 13. Jahrhundert als auch deren pädagogischen Traditionen und Zwecken verdankt, die Thomas ihr ausdrücklich zuwies. Warum sollte man im Grundsatz der Deutlichkeit nicht die verwandelte Übernahme eines rein pädagogischen Imperativs sehen, der sich mit besonderem Nachdruck einem Unterricht aufzwängen musste, dem es vor allem darum ging, den in den kanonischen Texten beschlossenen Sinn deutlich herauszustellen? Der »*modus dicendi compendiosus, apertus et facilis*«, wie Wilhelm von Tocco – nach Thomas' Feststellung im Vorwort der *Summa* – den mündlichen Unterricht des Thomas beschreibt,[23] ist eine Form der Darlegung, die der »Einführung für Anfänger (*congruit ad eruditionem incipientium*) entspricht«: Angesichts der Vermehrung unnötiger Fragen, Artikel und Beweismittel legt Thomas Wert darauf, den Mangel an Ordnung und konsequentem Aufbau, wie er typisch für eine dem zufälligen Verlauf einer Gedankenführung ausgelieferte Darlegung ist, durch einen klaren Bauplan zu ersetzen, der freilich eine ständige Vereinfachung erforderlich macht. Dieser Plan, der den »Regeln der Lehre entspricht«, prägt sich im Werk in gewisser Weise selbst aus und vermeidet sowohl überflüssige Längen wie rhetorische Wiederholungen, die dazu führen könnten, im Geiste der Hörer Langeweile oder Verwirrung zu stiften. Mehr noch aber als die Aufmerksamkeit, die Thomas seinem Bauplan zollt und die sich im Wunsch nach Klarheit und Bündigkeit verrät, spiegelt die Struktur der Erörterung selbst – vermittels eines von Schulübungen wie der

21 »Das 13. Jahrhundert«, so schreibt Gordon Leff, »ist das Jahrhundert der miteinander wetteifernden Schulen. Die hervorragendsten Denker lassen sich der Schule des Augustinus, des Aristoteles und des Averroes zuordnen« (Gordon Leff, *Medieval Thought*, Penguin Books, 1958, 2. Aufl. 1962, S. 170).

22 Martin Grabmann, *Einführungen in die Summa Theologiae des Hl. Thomas von Aquin*, Freiburg i. Br. 1919, S. 8.

23 Ebd., S. 64.

Quaestio als »Protokoll« der *Disputatio* geprägten Denkstils – die innere Organisation des Schulbetriebs wider. Diese Denkweise, die zugleich eine pädagogische Fertigkeit ist, hat man, so scheint es, als eine Neuerung zu verstehen, die mit der Entwicklung der Schulen, Kathedralen und Universitäten zusammenhängt (und einem bestimmten Typus städtischen Lebens in weitem Maße entspricht).

Zwischen dem 10. und 12. Jahrhundert verlagert sich der Schwerpunkt des Wissens. Dem korrespondiert ein gleichzeitiger Wandel der Schule und eine tiefgreifende Veränderung der Lehrmeinungen; damit ändert sich auch das geistige Leben. Die Kultur verlässt die Klöster, die auf dem Lande vereinsamen, während die Schule sich als Neugründung in unmittelbarer Nähe der bischöflichen Residenzen in den städtischen Zentren etabliert, neuen Bedürfnissen entspricht, in aktuelle Debatten eintritt, sodass sie in ihrer Organisation und in ihrem Betätigungsfeld alle typischen Merkmale der städtischen Gemeinschaft widerspiegelt.[24] Trotz ihrer zeitlichen Nähe liegt eine ganze Welt zwischen der Schule du Becs in der Normandie und der Schule Abälards in Sainte Geneviève: auf der einen Seite ein Unterricht, der streng organisiert, einer einzigen Regel unterworfen und von den Tugenden der Frömmigkeit beherrscht ist. Im Zentrum des Unterrichts steht die *Lectio* als Lektüre, Kommentar und Meditation der heiligen Texte. Auf der anderen Seite die früheste Gestalt der Pariser Universität. Hier führen die Gegensätze spezialisierter, miteinander konkurrierender, rivalisierender Schulen dazu, dass der *Disputatio* und der Dialektik der erste Platz eingeräumt wird. Ist es da noch verwunderlich, dass diesen so unterschiedlichen äußeren Bedingungen grundverschiedene Arten des geistigen Interesses, des Denkstils und der geistigen Produktion entsprechen? *»Monachi non est docere, sed lugere.«* Der mystischen und antidialektischen Tradition der Klöster steht die scholastische Tendenz einer Aufklärung in Glaubensfragen gegenüber, die – wie Max Weber gezeigt hat – ohne eine routinemäßige Einübung des traditionellen Wissens und der Methoden seiner Vermittlung nicht zu denken ist. Das scholastische Denken hat daher vermutlich eine Reihe typischer Merkmale aus der spezifischen Logik des institutionalisierten Schulbetriebs, innerhalb dessen und für den zugleich es

24 Vgl. G. Paré, A. Brunet, P. Tremblay, *La renaissance du XIIe siècle, les écoles et l'enseignement*, Paris, Ottawa 1933, S. 21.

entstand, vielleicht sogar aus dessen eigener Universalität bezogen. Ganz gleich, ob die *Disputatio* ihren Ursprung dem Prozess des *Sic et Non* verdankt, den Petrus Abälardus in Anknüpfung an die Kanonika in die Universitätspraxis oder die aristotelischen Schriften und insbesondere die *Topica*[25] eingeführt hatte, fest steht, dass die *Disputatio* als eine Methode, die auf Versöhnung der Gegensätze abzielt, zweifellos das typischste Produkt der Schule als Institution ist. Sobald sich nämlich die Schule als Institution konstituiert hat und über besondere Aufgaben und einen auf verschiedene Disziplinen verteilten Lehrkörper verfügt, muss sie ein in sich stimmiges Lehrgebäude errichten, und wäre es auch um den Preis jener Art fiktiver Versöhnungen, wie ihnen die typisch professorale Philosophie und Philosophiegeschichte namens *Philosophia perennis* ihr Plazet gibt.

Wenn diese Untersuchung ihre ganze Tragweite entfalten soll – und Erwin Panofsky legt diese Ausweitung mit der Bemerkung nahe, dass solche »mental habits« wie die der Scholastiker oder der gotischen Baumeister in jeder Zivilisation am Werke sind –, ist zunächst festzustellen, dass die Schemata, die das Denken der Gebildeten in all den Gesellschaften regeln, die über eine Schule als Institution verfügen (zum Beispiel die Organisationsprinzipien der Rede, die als rhetorische und als Denkfiguren in die Lehrbücher der Rhetorik eingegangen sind), zweifellos dieselbe Funktion erfüllen wie die unbewussten Schemata, auf die der Ethnologe in der Untersuchung der Riten oder Mythen bei Mitgliedern von Gesellschaften stößt, die derartige Institutionen nicht kennen. Sie haben die gleiche Funktion wie – nach der Terminologie von Durkheim und Mauss – die »primitiven Formen der Klassifikation«, die kaum je mit Bewusstsein objektiviert und zum Gegenstand einer ausdrücklichen und methodischen Überlieferung gemacht werden können. Indem Panofsky darüber hinaus den von der Schule eingeschärften Bildungsbestand mit dem scholastischen Begriff des *Habitus* bezeichnet, macht er deutlich, dass die Bildung weder ein gemeinsamer Kode noch ein allgemeines Repertoire von Antworten auf gemeinsame Probleme, noch gar eine Anzahl einzelner

25 Vgl. Martin Grabmann, *Geschichte der scholastischen Methode*, Band II, Freiburg 1911, S. 219 f.

und vereinzelter Denkschemata, sondern eher ein Zusammenspiel bereits im Voraus assimilierter Grundmuster ist. Diese bringen, ähnlich wie die Regeln einer *ars inveniendi*, die sich mit der musikalischen Kompositionsweise vergleichen ließe, eine Unzahl einzelner Schemata hervor, die sich ohne Weiteres auf den Einzelfall anwenden lassen. In der Terminologie der generativen Grammatik Noam Chomskys ließe sich der *Habitus* als ein System verinnerlichter Muster definieren, die es erlauben, alle typischen Gedanken, Wahrnehmungen und Handlungen einer Kultur zu erzeugen – und nur diese. Was Erwin Panofsky der je konkreten und besonderen Textur entnehmen möchte, als die er die gotische Kathedrale und die *Summa Theologiae* auffasst, ist letzten Endes vielleicht jene »innere Form«, wie sie Wilhelm von Humboldt genannt hat, das heißt der *modus operandi*, der es ermöglicht, sowohl die Gedanken des Theologen wie die Bauformen des Architekten hervorzubringen, und somit der Zivilisation des 13. Jahrhunderts ihre Einheit verleiht. Es ist daher nur natürlich, dass sich in Bereichen, die auf der Ebene der Erscheinungen zunächst nichts miteinander verbindet, der Ausdruck dieser allgemeinen Disposition beobachten lässt, welche die Einzelmuster erzeugt, die sich dann in den verschiedenen Bereichen des Denkens und Handelns verwenden lassen. Robert Marichal, der sich ausdrücklich auf die von Erwin Panofsky vorgeschlagene Interpretation bezieht, hat eine verblüffende Zusammenstellung von Homologien zwischen der gotischen Schrift und Architektur und ihrer jeweiligen Entwicklung vorgelegt: »Die Brechung des Spitzbogens macht sich frühzeitig, vom 11. Jahrhundert an bemerkbar; im Westen tritt der Spitzbogen um 1075 in Erscheinung; in England und im Herzogtum Normandie sind die Archäologen auf die ersten Beispiele für den Kreuzbogen gestoßen; auf der Ile-de-France hat sie stilbildend gewirkt; in England und in dem Herzogtum Normandie taucht die Brechung erstmalig auf (…) wiederum auf der Ile-de-France und in der Picardie scheint die gotische Schrift zum Kanon erhoben worden zu sein.«[26] Der *modus operandi*, der Erwin Panofsky zufolge in der gotischen Kathedrale am Werke ist, kommt auch in der graphischen Gestaltung der Manuskripte zum Ausdruck:

26 Robert Marichal, »L'écriture latine et la civilisation occidentale«, in: Centre International de Synthèse: *L'écriture et la psychologie des peuples* (XXII. Semaine de Synthèse), Paris 1963, S. 232 f.

2. Fenster im gotischen »Flammenstil« (»gothique flamboyant«) und Manuskript in »Bastardschrift« (um 1432) (entnommen: R. Marichal, *L'ecriture et la Psychologie des Peuples*, Paris 1963).

Es genügt, irgendwann einmal eine beliebige *Summa* aufgeschlagen zu haben, um festzustellen, dass der Verfasser sich immer große Mühe gegeben hat, seinen Leser von Behauptung zu Behauptung zu führen. Es soll ihm damit ermöglicht werden, den Gedankengang immer im Kopf zu behalten. Der heilige Thomas zählt zu Beginn seiner *Summa* die Teile einzeln auf, aus denen sie sich zusammensetzt. Jedem Teil, jedem Abschnitt, jeder Frage geht eine Zusammenfassung voraus. Jeder Absatz hat als Überschrift eine Frage, die mit *utrum* beginnt. Der Absatz beginnt mit der Darlegung der Einwände; der erste Einwand wird mit *videtur quod non* eingeleitet, jeder der nachfolgenden mit *praeterea.* Nach der stereotypen Formel *sed contra* lässt ein im Allgemeinen einziges Gegenargument die Antwort auf die Frage erkennen, die der *Corpus articuli* erklärt und rechtfertigt, der auf diese Weise in den Mittelpunkt der Untersuchung gerückt und durch den nicht minder zum Stereotyp gewordenen Satz *respondeo dicendus* eingeführt wird. Endlich folgen, mit *ad primum, ad secundum* usw. beziffert, die Repliken auf jeden der zu Beginn erhobenen Einwände. Wenn ein Schreiber dieses Schema einige Zehntausend Mal kopiert hat, wie sollte er nicht die Gewohnheit angenommen haben, sein eigenes Denken dementsprechend auszurichten, auch wenn er noch so fahrig und beschränkt wäre, wie man sich ihn nach Lust und Laune vorstellen kann? Ein nicht eingeweihter Leser, der die Handschrift eines Prosawerkes aus dem 9., 10. oder 11. Jahrhundert, selbstverständlich sollte es eine schöne Handschrift sein, mit einer ebenfalls sorgfältig beschriebenen Handschrift der *Summa theologica* vergleicht, wird meiner Meinung nach indessen den Eindruck haben, dass die erste klarer und weniger unzugänglich sei als die zweite. Erst wenn er die beiden Manuskripte näher betrachtet, wird er bemerken, dass das zweite es ungleich erleichtert, dem Gedankengang seines Verfassers zu folgen. In den Manuskripten des 9., 10. und 11. Jahrhunderts findet der Leser bald eine volle Seite, bald zwei dicht beschriebene Spalten ohne Zwischenraum, keine Unterteilungen; die Interpunktion gewissermaßen in den Text eingeschmolzen; hin und wieder Majuskeln, die den Blick nicht aufhalten, selbst wenn sie, bei einigen wenigen wichtigen Einschnitten, am Rand etwas überstehen. Kurz, der Leser findet eine Seitenaufteilung, die ob ihrer Regelmäßigkeit und Dichte bewundernswert, dennoch dank der Feinheit der Schriftzeichen, der Unabhängigkeit jedes Einzelbuchstabens und der Breite der Zeilenabstände anziehend und luftig ist. Die Seite verfügt über die kalte Eleganz, das schöne Äußere der großen blinden Arkaden der Abbaye-aux-Hommes in Caen oder der lombardischen Einfassungen der Fassade von Marmoutier. Sie stellt, wenn man so will, den ›undurchdringlichen Raum‹ dar, wie ihn das romanische Gebäude verkörpert; in keiner Weise unterstreicht sie die Abfolge der Rede.

Sicher besitzen einige weniger zahlreiche Abschriften von Büchern technischen Inhalts, wie etwa die *Partitiones* des Cicero – manchmal sind sie in Dialogform gehalten wie der *De Oratore* des gleichen Verfassers –, eine Seitenaufteilung mit kleinen Absätzen, deren letzte Zeile mehr oder weniger unbeschrieben bleibt, die unseren modernen Büchern vergleichbar ist. Darin zu lesen und selbst darin nachzuschlagen fällt leicht. Aber die Einschnitte sind oft willkürlich, und darüber hinaus finden sich alle Absätze auf der gleichen Ebene. Die logische Abfolge der Gedanken, die Subordinierung der Teile tritt hier nicht in Erscheinung (...), und das mit Grund. Denn bestimmte Bücher wie die *Historia naturalis* des Plinius (Pariser Nationalbibliothek, Nr. 6798) stellen überhaupt nur eine lose Aufeinanderfolge von Notizen dar; und was die anderen betrifft, so haben seine literarischen Neigungen den Verfasser eher dazu geführt, seinen Entwurf zu verheimlichen, als offen kundzutun.

Das gotische Manuskript scholastischer Provenienz ist nicht minder dicht gefügt als die Handschriften des 9., 10. und 11. Jahrhunderts. Im Gegenteil, den Schreibern ist mehr noch als jemals die Leere verhasst. Wenn eine Zeile auf ein Wort ausgeht, das zu kurz ist, um sie als Zeile zu rechtfertigen, dann füllen sie den freien Raum mit einem oder mehreren beliebigen, für ungültig erklärten und das heißt ausgestrichelten Buchstaben aus. Wenn ein Heft, durch Umstände, die in den Arbeitsbedingungen selber angelegt sind, zufällig auf mehrere unbeschriebene Zeilen endete, werden die vorhergehenden Schlusszeilen noch einmal abgeschrieben und mit einem *va ... cat* eingerahmt, das sie für nichtig erklärt. Die Zeilenabstände sind kleiner geworden; die Schriftzeichen gedrängter. Wie den Philosophen ist es den Kopisten aber gelungen, in den beiden einander widersprechenden Anforderungen, die sich ihnen aufdrängen, das *pro* und *contra* miteinander zu versöhnen: das Gefallen am Kompakten und den Zwang, von Stufe zu Stufe, in hierarchischen Gruppen vorzugehen. Betrachten wir einmal die Handschrift der *Summa theologica* (Pariser Nationalbibliothek, Nr. 15 783): Jede ›Frage‹ beginnt mit einem halbseitig blauen, halbseitig roten Großbuchstaben auf rotem Filigran, das ziemlich umfangreich ist. Jeder Absatz beginnt mit einem großen A – dem von *Ad primum, Ad secundum* usw. –, das abwechselnd blau und rot, kleiner und mit einem einfacheren Wasserzeichen versehen ist als dem des Anfangsbuchstabens der ›Frage‹. Um jeden Einschnitt innerhalb des Absatzes genau bezeichnen zu können, haben die Buchhändler das große Verweisungszeichen erfunden, das ebenfalls zwischen roter und blauer Farbe hin- und herwechselt. Im Text selber sind die ›Fragen‹ zwar nicht einzeln nummeriert, dafür aber oben auf der Seite, in der laufenden Überschrift und, selbstverständlich, im Inhaltsverzeichnis. Ganz gleich, auf welcher Seite er das Buch aufschlägt, der erfahrene Leser weiß gleich auf den ersten Blick, wo er sich befindet.[27]

Wir haben es hier also mit einem Ausdruckssystem von ganz anderem Aufbau zu tun, das in den Rahmen der von Erwin Panofsky vorgelegten Interpretation eingefügt wurde. Marichals Untersuchung beschränkt sich indessen nicht darauf, darzustellen, in welcher Form der durch Verinnerlichung der Prinzipien der Deutlichkeit sowie der Versöhnung der Gegensätze bestimmte *Habitus* sich in der täglichen Beschäftigung der Kopisten ausbildet. Vielmehr zeigt sie, auf welche Weise er sich der eigentümlichen Logik dieser besonderen Tätigkeit entsprechend aktualisiert:

Man könnte meinen, dass die ›Meister‹ mit den Buchhändlern bei der Erschaffung einer Art Buch-Architektur zusammengearbeitet haben, die auf so klare Weise die Abfolge ihrer Gedanken ausdrückt. Im Grunde aber sind die Buchhändler und ihre Schreiber bloß auf die gleichen Methoden eingeschliffen: Im Satzinnern haben sie – durch strikte Trennung der Worte voneinander – die ›Unterteilung‹ des Textes bis zur kleinsten logisch-fassbaren Einheit vorgetrieben. (...) Manchmal sind sie sogar so weit gegangen, regelrechte Ideogramme wiederzuerschaffen. Darüber hinaus – und was derlei technische Einzelheiten betrifft, ist es wirklich unwahrscheinlich, dass die

27 Robert Marichal, »L'écriture latine«, S. 236-240.

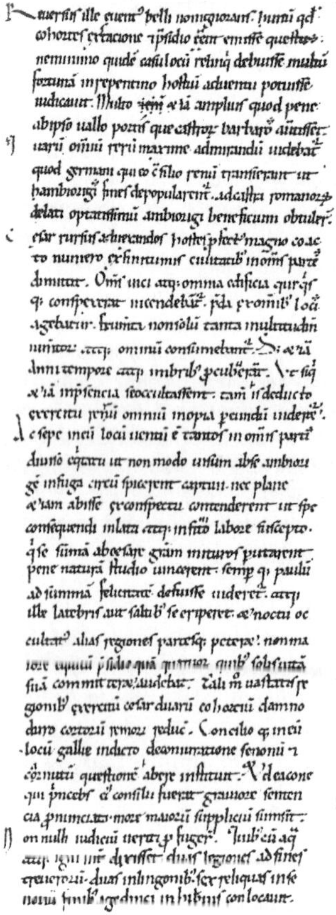

3.

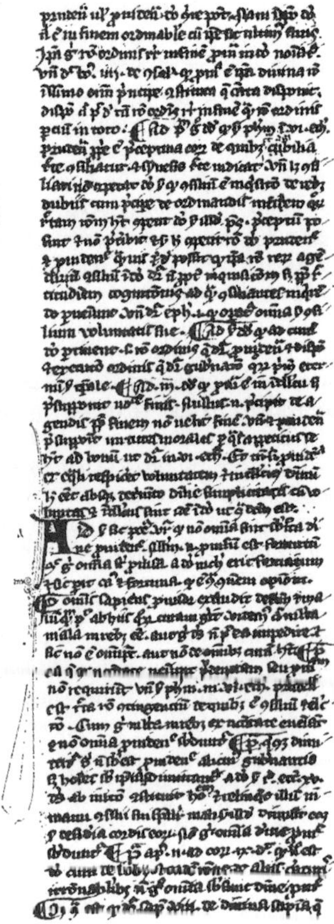

4.

3. Manuskript aus dem 11. Jahrhundert (Paris, B. N., lat. 5056 fo 116ro, col. 2), Caesar, *De bello gallico*, VI, 42-44; in: Marichal, *L'ecriture et la Psychologie des Peuples*, S. 238.

4. Manuskript der Pariser Universität aus dem 13. Jahrhundert (Paris, B. N., lat. 15783, fo 40 Vo, col. 1), Thomas von Aquin, *Summa Theologica*, 1a, q. 22, art. 1 u. 2; in: Marichal, *L'ecriture et la Psychologie des Peuples*, S. 239.

›Meister‹ sich eingemischt haben sollten – haben sie, einem eingefleischten *Habitus* folgend, im Wortinneren und in jedem einzelnen Buchstaben die nicht weiter unterteilbaren Elemente betont: Tatsächlich ›unterteilt‹ die gotische Brechung den Buchstaben, indem sie ihn zugleich ›zusammenfügt‹. Einen oder mehrere spitze Winkel an die Stelle eines Kreisbogens setzen heißt einen Vorgang in seine Grundelemente zerlegen, wie es das Militär-Reglement für die Handhabung der Waffen vorschreibt. Nur durch ein einzigartiges Zusammentreffen von Umständen – ebenso wie der Kreuzbogen, diese Verfestigung des Kreuzgewölbes, den Keim der ganzen Entwicklung der gotischen Architektur bildet – ging, wie mir scheint, die systematische Verwendung der Brechung aus der Verfestigung des Sockels hervor oder wurde, wenn sie schon nicht direkt daraus entstand, doch zumindest durch diese Verfestigung begünstigt. Die Einführung von Winkeln in den Buchstaben, eine Zerlegung des Buchstabenschaftes führte in Symmetrie dazu zu einer analogen Zerlegung der oberen Bögen, die durch den Zufall eines besonderen Zuschnitts der Feder angefangen hatte; als ein Indiz – ich wage nicht zu sagen, als ein Beweis – wäre die Tatsache anzusehen, dass die gotischen Kursivbuchstaben, die gewissermaßen keinerlei Art von Brechung aufweisen, auch niemals einen ›Sockel‹ hatten, und es steht in jedem Falle fest, dass sie es sind, die es ermöglichen, die Wörter definitiv voneinander zu unterscheiden.[28]

Die Befolgung derselben Prinzipien, die den theologischen Gedankengang oder die architektonische Gliederung des Raumes regelten, führt zu Entwürfen und zu Realisierungen, die zwar eigenständig sind, sich aber zugleich auf Muster von größerer Allgemeinheit zurückführen lassen. Darüber hinaus aber bedarf es, um die Prinzipien, die eine jede kulturelle Produktion bestimmen, auf die Schrift zu applizieren, eines weiteren Prinzips, dem diese Applikation unterliegt. Dieses wussten die Scholastiker im Unterschied zu den anderen nicht zu benennen, da es in gewisser Weise das Prinzip ist, das überhaupt den Modus der Befolgung ihrer Prinzipien bestimmt. Dieses Prinzip sieht vor, dass die Verrichtungen, in denen der *Habitus* sich konstituiert, durch eine Art unendlicher Verdoppelung, für die sich auch in der gotischen Architektur Beispiele finden, bis an die Grenzen des Möglichen vorangetrieben werden: als zielte der *Habitus*, diese generative Grammatik der Handlungsmuster, darauf ab, alle Sätze wirklich hervorzubringen, die in ihr virtuell beschlossen sind und die kein vorsätzliches Pro-

28 Robert Marichal, »L'écriture latine«, S. 240 f.

gramm, zumal wenn es sich von außen aufdrängt, jemals gänzlich vorhersehen könnte.

Es ist verständlich, dass Erwin Panofsky im scholastischen *Habitus* das Prinzip hat entdecken können, das nicht nur einen bestimmten Zustand der gotischen Architektur, sondern auch deren »scheinbar erratische, in Wirklichkeit aber vollkommen kohärente« Entwicklung zu erklären erlaubt. Wenn Harry Bober, angesichts der Entwicklung, die der Aufbau der Mauer des Kirchenschiffs erfahren hat, die Richtigkeit des von Erwin Panofsky vorgeschlagenen »dialektischen« Schemas bestreitet und nahelegt, die verschiedenen Stufen dieser Entwicklung seien eher als »eine Aufeinanderfolge von individuellen, einfallsreichen, eigentümlichen, aber voneinander unabhängigen Lösungen anzusehen«,[29] bezeugt er nur, dass er nicht versteht, nach welcher Logik sich der *modus operandi* verwirklicht. Nun waren – darüber gibt es keinen Zweifel – die Lösungen von Pierre de Montereau oder Hugues Libergier phantasievolle und kreative Leistungen und sind in diesem Sinne so originell und einfallsreich ersonnen, wie man nur will. Nichtsdestoweniger aber lässt sich das Prinzip auffinden, das eine Erklärung dessen zu liefern vermag, was als eine schöpferische Leistung von unberechenbarer Neuartigkeit erscheinen musste. Denn dazu genügt schon die Feststellung, dass jede dieser *Quaestiones* oder, genauer gesagt, jede der aufeinanderfolgenden Gestalten, die eine jede *Quaestio* im Verlauf ihrer Geschichte hat annehmen können (man denke nur an die Gegensätze zwischen dem Streben nach Deutlichkeit und der Sorgfalt, die man darauf verwandte, die Manuskriptseite ganz auszufüllen), sich nur solchen Köpfen stellen konnte, die bereits auf eine bestimmte Problematik fixiert waren, das heißt eine bestimmte Gewohnheit angenommen hatten, die Wirklichkeit zu befragen. Darüber hinaus lässt sich jede der aufeinanderfolgenden Lösungen, die zu der endgültigen Lösung führten, im Hinblick auf das Denkschema begreifen, das ihr zugrunde liegt. Denn dieses ließ die Frage erst in dem Augenblick aufkommen, in dem die Suche nach einer vom Schema direkt nicht ableitbaren und von daher unvorhersehbaren Lösung bereits eingeleitet war. Genauso verhält es sich in einem anderen Bereich mit der allergeringfügigsten sprachlichen Äußerung, die *a posteriori* doch den Regeln der Grammatik ent-

29 Harry Bober, *Art Bulletin*, Bd. 35, S. 310-312.

spricht. Von daher wird verständlich, das sich der *modus operandi* im *opus operatum* zu erkennen gibt, und nur da.

Zweifellos ist die Aufhebung der Gegensätze zwischen der »funktionalistischen« und der »illusionistischen« These in der gleichen Richtung zu suchen. Man denke nur an die Homologie zwischen dem Kreuzbogen und der Brechung der gotischen Schrift. Zwischen den beiden technischen Neuerungen besteht keinerlei Zusammenhang, und es war reiner Zufall, dass die eine wie die andere zur Vorherrschaft des gebrochenen Bogens über den vollen Halbkreis führte. So zufällig es gewesen sein mag, dass die englischen Schreiber zur gleichen Zeit, wie die Maurer ihr Gewölbe über einen gekreuzten Spitzbogen errichteten, ihre Feder schrägkantig schnitten, kann es sich um keinen Zufall handeln, dass die Verfahrensweise Schule gemacht und einen Stil aus der Taufe gehoben hat: Denn beide entsprachen einem bestimmten Wohlgefallen an winkligen Formen, einer Vorliebe für ein Streben nach Höhe und sogar für pittoreske Perspektivewirkung, für Schatten- und Lichtspiele, wie man sie sowohl in den Haupt- und Nebenschiffen der Kathedralen als auch auf den Seiten der Handschriften findet.[30]

Die endgültige Wahrheit eines Stils liegt letztlich nicht keimhaft in einer eigentümlichen Eingebung beschlossen, sondern definiert sich und ändert sich fortwährend von Neuem als »Bedeutung im Werden«, die, wenn sie sich realisiert, zugleich mit sich selbst übereinstimmt oder aber auf sich selbst reagiert. Nur im fortwährenden Wechsel von Fragen, wie sie sich nur aus einem Geiste und für einen Geist stellen können, der über einen bestimmten Typus mehr oder weniger einfallsreicher Grundmuster verfügt, die sich ihrerseits der Anwendung der Schemata verdanken, jedoch fähig sind, das Ausgangsschema zu verändern, ergibt sich jene Einheit von Stil und Bedeutung, die nachträglich oft den Eindruck erweckt, als sei sie den Werken vorausgegangen, die das abschließende Gelingen ankündigten. Diese verwandelt die verschiedenen Momente auf der zeitlichen Skala nachträglich in einfache, vorbereitende Entwürfe. Stellt die Entwicklung eines Stils sich somit weder als autonome Entwicklung einer einzigen, unveränderbaren Essenz noch als Schöpfung von unvorhersehbarer Neuheit dar, sondern eher als ein Hin und Her, das weder Vor- noch Rückgriffe ausschließt, so

30 Robert Marichal, »L'écriture latine«, S. 233.

deshalb, weil der *Habitus* des Künstlers, als eine Axiomatik von Schemata, seine Wahl immerzu leitet, die, wenn auch nicht wohlüberlegt, so doch nichtsdestoweniger systematisch erfolgt. Ohne in der Art ihrer Organisation ausdrücklich einem bestimmten Zweck zu gehorchen, ist diese Wahl doch Träger einer Art von Finalität, die sich allerdings erst *post festum* zu erkennen gibt: Wenn daher Werke, die durch eine Kette signifikanter Beziehungen miteinander verbunden sind, sich aus sich selbst heraus zum System konstituieren, vollzieht sich ihre Verkettung in einer Koppelung von Sinn und Zufall. Diese Verbindung stellt sich her, löst sich auf, um schließlich nach Regeln wieder zu erstehen, die umso beständiger sind, je mehr sie sich dem Bewusstsein entziehen. So bildet sich dieses System in einer ständigen Verwandlung, die beiläufige Ereignisse aus der Geschichte der technischen Verfahrensweisen in die Stilgeschichte einbringt und ihnen dadurch Bedeutung verleiht, in der Erfindung von Hindernissen und Schwierigkeiten, die im Namen ebenjener Prinzipien auf den Plan gerufen scheinen, die doch zu ihrer Lösung hinführen und die mitunter, auch wenn sie sich vorübergehend sperren, nichtsdestoweniger im Dienste einer höheren Zweckmäßigkeit stehen.

Es handelt sich hier offenbar um eine Bedeutungsgenese, die, wie zufällig ihr Ausgangspunkt auch sein mag, zum Ursprung eines zielgerichteten Prozesses nur deshalb hat werden können, weil der zufällige Ausgangspunkt im Sinne eines bestimmten Systems von Denk-, Wahrnehmungs- und Handlungsschemata angesehen, befragt und behandelt worden ist. Das zeigt sich deutlich, wenn Panofsky feststellt, dass die Spitzbögen von Caen und Durham bereits etwas sagten, ehe sie etwas taten (ehe sie also ihre spezifische Funktion bekamen), während die Strebebögen bereits etwas taten, ehe sie etwas sagten, während andere Teile des Gebäudes stets zugleich etwas sagten und taten. Erzeugnisse von Menschenhand wie das Spitzbogengewölbe, die Brechung der gotischen Schrift oder der Schwibbogen haben, nach dem Sprachgebrauch der Scholastiker, eine doppeldeutige *Intention.*[31] Doppeldeutig, weil man sie, sei es um ihrer technischen Funktion, sei es um ihrer optischen Qualitäten willen betrachten und beurteilen kann, was ein »vorran-

31 E. Panofsky, »The History of Art as a Humanistic Discipline«, in: *Meaning in the Visual Arts*, S. 11.

giges Forminteresse« voraussetzt.[32] Diese objektive Intention, die sich niemals auf die bewusste Absicht des Künstlers beschränkt, ist eine Funktion der Denk-, Wahrnehmungs- und Handlungsmuster, die der Künstler seiner Zugehörigkeit zu einer bestimmten Gesellschaft oder Klasse verdankt.[33] Folglich müssen die Interpretationskriterien eines Gegenstandes, deren Gültigkeit sich an ihrer heuristischen Fruchtbarkeit und an der Kohärenz des Interpretationssystems bemisst, an der konkreten und systematischen Verkettung signifikanter Beziehungen abgelesen werden, die den Gegenstand bestimmen. Unterlässt man es, einen Stil an den Normen seiner Vollkommenheit zu messen, so verurteilt man sich in der Tat zu sterilen Fragestellungen und fiktiven Debatten. Die Auseinandersetzung zwischen »Funktionalisten« und »Artifizialisten« bietet dafür ein gutes Beispiel. Darüber hinaus legt Erwin Panofskys Vermutung nahe, dass der französische Usus, die Hauptperiode der Gotik als »klassische Gotik« (*gothique classique*) zu bezeichnen, die Interpreten häufig dazu verführt hat, die plastischen Maßstäbe der Griechen und Römer unbewusst auf die gotische Architektur zu übertragen, anstatt sich der Aufgabe zu unterziehen, die spezifischen Normen der gotischen »Klassizität« zu erarbeiten. Zweifellos wäre die gleiche Analyse im Hinblick auf eine Begriffsbestimmung des »Rationalismus« angebracht: Der »mittelalterliche Rationalismus«, von dem Erwin Panofsky spricht, verhält sich zum »Rationalismus« im Sinne von Viollet-le-Duc und zum »Illusionismus« von Pol Abraham so, wie die gotische »Klassizität«, definiert man sie gemäß den Kriterien ihrer eigenen Vollendung, sich zu einem Begriff von »Klassizität« verhält, dem bewusst oder unbewusst eine überhistorische Gültigkeit zugeschrieben wird. Um die architektonische Gliederung der Kathedrale in Hierarchien homologer Elemente zu rechtfertigen, gibt Viollet-le-Duc eine strikt technische Erklärung: Die Wiederkehr gleicher Formen und die Verwendung gleicher Abgüsse machen es seiner Meinung nach in der Tat möglich, die Anzahl der »Einzelentwürfe« und das heißt die Anzahl der den Arbeitern als Modell ausgehändigten Aufrisse zu vermindern. Die Erklärung Panofskys begreift diejenige Viollet-le-Ducs mit ein: Das *»nam et sensus ratio quaedam est«* des Thomas von Aquin ist der

32 Ebd., S. 12.

33 E. Panofsky, Der Begriff des Kunstwollens, *Zeitschrift für Ästhetik und allgemeine Kunstwissenschaft*, XVI, 1920, S. 321-39.

angemessenste Ausdruck einer »visuellen Logik«, die auf der immanenten Zweideutigkeit der objektiven Intention beruht und allen kulturellen Erzeugnissen des 12. und 13. Jahrhunderts innewohnt.

Wird man aber nun nicht sagen müssen, dass die im Begriff des *Habitus* als generativer Grammatik implizierte Philosophie der Kunstgeschichte allzu genau und von daher allzu ausschließlich zu solchen Epochen passt, in denen ein Stil seine eigentümliche Vollendung erreicht? Und wäre von solchen Epochen nicht zu sagen, dass sie eher alle von einer überlieferten *ars inveniendi* bereitgestellten Möglichkeiten bis zur Vollendung vorantreiben und bisweilen bis zur Erschöpfung ausbeuten, als dass sie, genau genommen, eine neue Kunstlehre erfinden? Tatsächlich sieht es so aus, als wäre hier die zeitliche Aufeinanderfolge in gewisser Weise aus der logischen Abfolge ableitbar. Denn die Geschichte erscheint hier nur als ein Schauplatz, auf dem das System, das dazu tendiert, sich aus sich selbst heraus zu entfalten, seine logischen Möglichkeiten, zum Beispiel diejenigen, die stilbildende Kraft haben, voll entwickelt. Wie aber steht es in Zeiten des Übergangs und der Krise, in denen sich eine neue, generative Grammatik herausbildet? Hat man sich gegenüber Neuerern wie dem Abt Suger, die mit der ästhetischen Tradition ihrer Zeit und mit ihrer Umgebung gebrochen haben, der Unmöglichkeit zu beugen, über die nicht weiter ableitbare Individualität des Künstlers hinauszufragen? Tatsächlich hat man sich, um die Entstehung kreativer Grundmuster zu erklären, dem besonderen *Habitus* des Künstlers als solchem zuzuwenden und ihn als das vereinigende und explikative Prinzip für ein dem Anschein nach disparates Zusammenspiel von Verhaltensformen anzusehen, die einer Existenz erst zu ihrer Einzigartigkeit verhelfen. Eine solche systematische Biographie macht es unmittelbar erforderlich, das Verhältnis umzukehren, das die traditionelle Ikonographie zwischen den Werken und den ästhetischen oder philosophischen Lehrmeinungen des Künstlers aufstellt. Wer die ikonographischen Aufschlüsse liest, die Suger dem Historiker im *Liber de Rebus in Administratione Sua Gestis* und im *Libellus Alter de Consecratione Ecclesiae Sancti Dionysii* an die Hand gibt, dem wird deutlich, dass der Neuerer in der »Lichtmetaphysik« des Pseudo-Dionysius und des Duns Scotus Eriugena auf eine Ideologie gestoßen ist, die sein »avantgardistisches« Wohlgefallen an einer Ästhetik von Licht und Leuchten auf wunderbare Weise bestätigt und sanktioniert hat. Es wäre daher falsch, die Auffassungen der Philosophen in diesem Falle als Ursache der künstlerischen Verwirklichungen anzusehen. Vielmehr muss man versuchen, will man nicht auf Erklärung überhaupt verzichten, die Wurzel eines Geschmacks, der sich in der Schreibweise nicht minder als in der Wahl der Stoffe, Gegenstände und Formen ausdrückt, anderswo zu finden. Um die Überzeugungskraft einer Untersuchung zu erweisen, die ihre Evidenz der Entschlossenheit verdankt, alle Aspekte der Wirklichkeit zu erfassen und zu integrieren, genügt es, daran zu erinnern, welche Beziehung in dieser Analyse zwischen den ästhetischen Positionen Sugers und des heiligen Bernhard und zwischen den soziologisch bedeutsamen unterschiedlichen Einzelzügen ihrer Lebensläufe aufgestellt wird: auf der einen Seite der Asket, dessen radikale Ablehnung aller stofflichen Schönheit gerade aufgrund ihre Übertriebenheit eher auf eine »negative Ästhetik« als auf Indifferenz gegenüber der Kunst hinzudeuten scheint; auf der anderen Seite der Ästhet, der sich einem schrankenlosen Wohlgefallen an allem, was irgend glänzt, überlässt. Auf der einen Seite ein Armer-Leute-Kind, das von Kindheit an der Kirche geweiht ist, die es zu dem macht, was es ist; auf der anderen Seite ein junger Adliger, der sich gegen Ende der Adoleszenz dem Kloster verschreibt, dem er seinen absoluten Rigorismus aufzwingt. Das würde zweifellos die systematischen Unterschiede hinreichend erklären, die Suger und den heiligen Bernhard Punkt für Punkt und in allen Bereichen zu Gegensätzen machen: im Stil ihres Glaubens, in ihrer Vorstellung vom religiösen Leben, in ihren weltlichen Handlungen und in ihrem Verhältnis zur Schönheit, das nur Teil einer allgemeineren Einstellung zum Dasein ist – hätte Panofsky es nicht darüber hinaus darauf abgesehen, zu erklären, welche besondere Bewandtnis es mit Sugers Verhältnis zu seiner sozialen Stellung und, davon untrennbar, zur Kirche auf sich hat. Auch wenn Panofsky selbst dies niemals ausdrücklich getan hat, kann man nicht umhin, das Gefallen an Glanz und Pomp, das Suger zu bekunden und gegen alle Widersacher in seiner Umgebung auch durchzusetzen wagt, mit anderen Wesenszügen zusammen zu sehen, wie etwa seiner Vorliebe für Besuche bei den Großen des Reiches oder der etwas prätentiösen Aufwendigkeit seines Stils. Und wenn man schließlich, wie es auch Erwin Panofsky tut, die kleine Statur Sugers in Betracht zieht, wird in der »ungezwungenen« Einstellung zur körperlichen und vor allen Dingen auch »sozialen Kleinheit« die treibende und auf Einheit drängende Kraft dieser auffallenden Persönlichkeit sichtbar und von daher auch das Gesetz, das die einzigartigen Ausmaße von Sugers Neuerungen erklärt und verständlich macht. Es kann daher nicht im Mindesten widersprüchlich anmuten, wenn in einer Studie, die eine Zeit der Umwälzungen und Brüche untersucht und dabei ihr Augenmerk auf einen der an der Ausbildung eines neuen Stils maßgeblich beteiligten Akteure richtet, andere als solche verhaltensnormierenden Kräfte beschworen werden, wie sie die gotische Architektur auf ihrem Höhepunkt bevorzugte. Zweifellos vermöchten systematische Lebensbeschreibungen der großen Künstler und Denker aus der klassischen Zeit, der Architekten und Scholastiker, auch jene einzelnen Variationen zu erklären, die keine noch so eingefleischte Schulindoktrinierung ganz verhindern kann.

Um schließlich das Kausalitätsgeflecht vollständig wiederherzustellen, das den historischen Erfolg der Neuerungen des Abtes Suger erklärt, müsste man zweifellos einige Tatsachen wieder in die Interpretation einführen, auf die Suger sich beruft, um sein Beginnen zu rechtfertigen, und die es aus methodischen Gründen auszuschalten galt. So scheint es zum Beispiel keiner Diskussion zu bedürfen, dass die Verstädterung, die Massenansammlungen im Gefolge der Markte, Jahrmärkte und Pilgerfahrten das Bedürfnis nach größeren Kirchen nur noch verstärken konnten. Darüber hinaus unterliegt es keinem Zweifel, dass Sugers Stellung in der kirchlichen Hierarchie und die besondere Bedeutung seiner Abtei seinen Unternehmungen eine außergewöhnliche *Legitimität* verliehen haben, die sich bis in den ästhetischen Bereich hinein ausgewirkt hat; weshalb die Architekten, zumindest soweit sie, nach Erwin Panofskys Beobachtung, dem König den Lehnseid geleistet hatten, dazu verpflichtet waren, die Schwierigkeiten ernst zu nehmen, die er ihnen testamentarisch auferlegt hatte, und wären sie noch so drückend gewesen, wie beispielsweise an der westlichen Fassade. Die Architekten haben denn auch ein Jahrhundert gebraucht, um diese Schwierigkeiten zu bewältigen. Gleichwohl mussten die von Suger angeführten Gründe einen Augenblick lang als bloße Rationalisierungen verworfen werden, sowohl seine Berufung auf die »Lichtmetaphysik« als auch seine von der steigenden Zahl der Kirchenbesucher hergeleiteten Rechtfertigungsgründe. Denn sie zielten darauf ab, einfache und direkte Abhängigkeitsverhältnisse aufzustellen, wo es, wie Cournot sagt, »voneinander unabhängige, kausale Reihen im Bereich der Kausalität« gibt, deren »Verbindung oder Zusammentreffen« jenen »glücklichen Zufall« herbeigeführt haben, als welchen man den gotischen Stil bewundert.

Zur Genese der Begriffe Habitus und Feld

Indem ich die Erkenntnisse, die ich im Laufe der Jahre durch Anwendung derselben – durch den Begriff des Feldes bestimmten – Denkweise auf unterschiedliche Bereiche gewinnen konnte, hier in einer mehr synthetischen und systematischen Form darstelle, hoffe ich, die offene Vielgestaltigkeit der laufenden Forschung und die verstärkte Kohärenz, die der Rückblick ermöglicht, miteinander zu verbinden. Anders als die theoretische Theorie, ein prophetischer oder programmatischer Diskurs, der sich selbst Zweck ist und der aus der Konfrontation mit anderen Theorien erwächst und von ihr lebt, stellt sich die wissenschaftliche Theorie als ein Wahrnehmungs- und Aktionsprogramm dar, das sich nur aus der empirischen Arbeit, in der es realisiert wird, erschließt. Als vorläufige Konstruktion, die für und durch die empirische Arbeit Gestalt annimmt, gewinnt sie weniger durch die theoretische Auseinandersetzung als durch die Konfrontation mit neuen Gegenständen. Wirklich für die Wissenschaft Partei zu ergreifen bedeutet demnach, die – ziemlich asketische – Wahl zu treffen, mehr Zeit und Anstrengung darauf zu verwenden, die theoretischen Erkenntnisse durch ihr Einbringen in neue Forschungsarbeiten produktiv umzusetzen, als darauf, sie gleichsam für den Verkauf aufzumachen, durch Verpackung in einen Metadiskurs, der weniger zur Überprüfung der Gedanken bestimmt ist als dazu, ihn bei all den Gelegenheiten zirkulieren zu lassen, die das Zeitalter des Jets und der Kolloquien dem Narzissmus des Forschers gibt, und dabei seine Bedeutung und seinen Wert herauszustellen oder die Vorteile, die er bietet, unmittelbar einsichtig zu machen. Sich so zu entscheiden, heißt freilich auch, das Risiko einzugehen, das Bild eines provinziellen oder sektiererischen Isolationismus zu bieten, vor allem wenn das kollektive Ingangsetzen desselben *modus operandi,* obwohl in den fortgeschrittenen Wissenschaften eine ganz banale Angelegenheit, diesen Eindruck eines totalitären Monismus nur noch verstärkt.[1]

1 Einige der Arbeiten, deren Ergebnisse in *Les règles de l'art* vorgestellt werden, sind bereits Gegenstand von Publikationen gewesen und haben über einen Zeitraum

Die Theorie als einen *modus operandi* zu behandeln, der die wissenschaftliche Praxis praktisch anleitet und organisiert, heißt offensichtlich, mit der ein wenig fetischistischen Willfährigkeit zu brechen, mit der ihr die »Theoretiker« gemeinhin begegnen. So erschien es mir nie als unerlässlich, die Genealogie der Begriffe nachzuzeichnen, die, da sie ja nicht aus *einer* theoretischen Parthenogenese hervorgegangen sind, nicht viel gewinnen, wenn sie zu ihren früheren Verwendungsweisen in Beziehung gesetzt werden, und deren Funktion es in erster Linie ist, eine theoretische Haltung, das Prinzip methodologischer Entscheidungen, negativer wie positiver, im Forschungsprozedere in stenographischer Form zu bezeichnen. So bringt etwa der Begriff des Habitus in erster Linie das Verwerfen einer ganzen Reihe von Alternativen zum Ausdruck, in die die Sozialwissenschaft (und allgemeiner die gesamte anthropologische Theorie) sich eingeschlossen hat: die von Bewusstsein (oder Subjekt) und Unbewusstem, von Finalismus und Mechanizismus usw. Eingeführt habe ich diesen Begriff seinerzeit

von zwanzig Jahren als Grundlage von Untersuchungen gedient, auf welche ich mich in diesen auf eine Synthese der Erkenntnisse zielenden Texten stützen werde. Die theoretischen und methodologischen Prinzipien, die für diese Arbeiten richtungsgebend waren, sind ursprünglich im Rahmen eines an der *École normale supérieure* veranstalteten Seminars entwickelt worden. Wiewohl es nur einen begrenzten Kreis von Teilnehmern hatte, Jean-Claude Chamboredon, Christophe Charle und Rémi Ponton insbesondere, war dieses Seminar anfänglich als ein breit angelegtes Kollektivunternehmen konzipiert gewesen, das das gesamte Spektrum der literarischen und künstlerischen Produktion Frankreichs im 19. Jahrhundert abdecken sollte – wobei den Untersuchungen eine eigens zu diesem Zweck erstellte gemeinsame Kartei als Ausgangsbasis dienen sollte. Die Methode wird nur in den Ergebnissen, die mit ihr erzielt werden, ersichtlich; und insofern sie anspruchsvoll ist, erfordert ihre Anwendung neben viel Intelligenz und Einfallsreichtum auch einen großen Arbeitsaufwand. Es ist folglich schwierig, theoretische Prinzipien und Konzepte in gesonderter Form herauszustellen, die im Rahmen von Seminaren oder Arbeitsgruppen in Form einer Fülle von Vorschlägen, Anregungen, Ratschlägen oder Korrekturen praktisch funktioniert haben, ohne Gefahr zu laufen, ungerecht gegen all diejenigen zu sein, die diese Prinzipien und Konzepte angewandt und damit häufig zu deren Vervollkommnung beigetragen haben. Und das umso mehr, als die Übernahme eines Ensembles von *Denkwerkzeugen* im Land der Meisterdenker nur als ein Beweis für die blinde Unterwerfung unter einen totalitären Boss oder die Selbstübergabe an einen charismatischen Führer gelten kann. Eine kollektive Vorstellung von intellektueller Arbeit, die wohl einer der Hauptgründe für das totale oder teilweise Scheitern von kollektiven Unternehmungen ist.

aus Anlass der Veröffentlichung zweier Artikel von Panofsky auf Französisch, die bis dahin nie zusammengebracht worden waren: der eine über gotische Architektur, in dem das Wort *Habitus* als »indigener« Begriff verwendet wurde, um den Einfluss des scholastischen Denkens auf dem Gebiet der Architektur zu erklären, der andere über den Abt Suger, wo man ihn auch anwenden konnte.[2] Der Begriff gestattete es mir damals, mit dem strukturalistischen Paradigma zu brechen, ohne in die alte Philosophie des Subjekts oder des Bewusstseins, die der klassischen Ökonomie und ihres *homo oeconomicus*, zurückzufallen, die heute unter dem Namen des methodologischen Individualismus wiederkehrt. Mit der Wiederaufnahme des alten aristotelischen Begriffs der *Hexis*, von der Scholastik in *Habitus* übersetzt, wollte ich dem Strukturalismus und seiner befremdlichen Philosophie des Handelns entgegnen, die implizit in Lévi-Strauss' Begriff des Unbewussten und in aller Klarheit bei den Althusserianern mit ihrem auf die Rolle eines *Trägers* der Struktur reduzierten Akteur zum Ausdruck kommt. Dabei löste ich Panofsky aus der neukantianischen Philosophie der »symbolischen Formen«, der er verhaftet geblieben war, heraus (auch wenn das hieß, sich den in seinem Werk einmaligen Gebrauch des Habitusbegriffs etwas forciert zunutze zu machen). In diesem Punkt Chomsky nah, der zur selben Zeit und gegen nahezu den gleichen Gegner den Begriff der *generative grammar* entwickelte, wollte ich die »schöpferischen«, aktiven, inventiven Eigenschaften des Habitus (was das Wort *habitude*: Gewohnheit, nicht zum Ausdruck bringt) und des Akteurs herausstellen. Dabei wollte ich freilich darauf hinweisen, dass dieses generative Vermögen nicht das eines universellen Geistes, der menschlichen Natur oder Vernunft überhaupt ist, wie bei Chomsky – der Habitus ist, das Wort sagt es, etwas Erworbenes, auch ein Haben, ein Kapital –, oder das eines transzendentalen Subjekts, wie in der idealistischen Tradition – der Habitus, die Hexis meint die inkorporierte, gleichsam haltungsmäßige Disposition –, sondern die eines aktiv handelnden Akteurs. Hier ging es darum, an den »Primat der praktischen Vernunft«, von dem Fichte sprach, zu erinnern und vom Idealismus, wie Marx es in den *Feuerbachthesen* nahegelegt hat, die »aktive Seite« der prak-

2 Erwin Panofsky, *Abbot Suger on the Abbey Church of Saint-Denis and its Art Treasures*, Princeton: Princeton University Press, 1946; *Gothic Architecture Scholasticism*, Latrobe (Pennsylvania): The Arch Abbey Press, 1951.

tischen Erkenntnis zu übernehmen, die ihm die materialistische Tradition, insbesondere mit der »Widerspiegelungs«theorie, überlassen hatte.

All dies war wohl in den ersten Verwendungen, die ich vom Begriff des Habitus zu machen in der Lage war, enthalten, freilich nur in impliziter Form: Sie waren in der Tat ja nicht Produkt eines theoretischen Kalküls, vergleichbar dem, das ich gerade um den Preis einer systematischen Markierung des theoretischen Raumes durchgeführt habe, sondern einer praktischen Strategie des wissenschaftlichen Habitus, einer Art Sinn für das Spiel, der keine eingehenden Überlegungen anstellen muss, um sich in einem Raum verständig zu orientieren und zu verorten. Doch glaube ich, dass die Wahl dieses alten, ungeachtet eines gelegentlichen Gebrauchs seit Langem dem Vergessen anheimgefallenen Wortes der späteren Ausführung des Begriffs nicht fremd war. Diejenigen, die in der Absicht, zu reduzieren oder zu destruieren, das Wort auf seinen Ursprung zurückführen wollen, werden, wenn sie ihre Forschungsarbeit mit Verstand betreiben, sicherlich entdecken, dass seine theoretische Kraft genau in Richtung der Forschung lag, die es bezeichnete und die dem Fortschritt, den es ermöglicht hat, zugrunde liegt.

Es scheint mir in der Tat, dass die Benutzer des Wortes Habitus sich in allen Fällen von einer der meinigen verwandten theoretischen Intention leiten ließen: den Boden der Bewusstseinsphilosophie zu verlassen, ohne den Akteur in seiner Wahrheit als praktischen Operator der Gegenstandskonstruktion abzuschaffen. Sei es, dass wie bei Hegel, der in derselben Perspektive auch auf Begriffe wie den des Ethos rekurriert, im Begriff der Hexis (der griechischen Entsprechung von Habitus) der Wille zum Ausdruck kommt, mit dem Kantischen Dualismus zu brechen und die dauerhaften Dispositionen wiedereinzuführen, die für die verwirklichte Moral (die *Sittlichkeit*) – im Gegensatz zum abstrakten Moralismus der formalen und reinen Moral der Pflicht – konstitutiv sind; sei es, dass wie bei Husserl, derselbe Begriff und verwandte Begriffe wie der der *Habitualität* das Bemühen kennzeichnen, die Bewusstseinsphilosophie hinter sich zu lassen, indem, wie von Heidegger und Merleau-Ponty, die das Wort nicht verwenden, eine Beziehung ontologischer Komplizenschaft mit der Welt eingeführt wird; oder dass der Begriff schließlich, wie bei Mauss, der die körperliche Dimension der Hexis als Haltung, Verhalten wiederentdeckt, dazu dient, das systematische Funktionieren des sozialisierten Körpers zum Ausdruck zu bringen.

In diametralem Gegensatz zu der Strategie, die in dem Versuch besteht, seinen Namen mit einem Neologismus oder nach dem Modell der Naturwissenschaften mit einem und sei es auch geringfügigen Effekt zu verknüpfen und damit eine höhere Notierung im Zitatenindex zu erzielen,[3] lässt sich das Verfahren, das in der Übernahme eines Wortes aus der Überlieferung mit dem Ziel, es zu reaktivieren, besteht, von der Überzeugung leiten, dass auch die Konzeptualisierungsarbeit kumulativ sein kann. Das Streben nach Originalität um jeden Preis, oft durch Unwissenheit begünstigt, und das religiöse Festhalten an diesem oder jenem kanonischen Autor, das häufig zu rituellem Nachbeten führt, haben miteinander gemein, eine angemessene Haltung gegenüber der theoretischen Tradition zu verhindern, die darin besteht, die Kontinuität und den Bruch, die Bewahrung und die Überwindung in eins zu bejahen, sich, ohne Furcht davor, der bloßen Nachahmung oder des Eklektizismus geziehen zu werden, auf das ganze verfügbare Denken zu stützen, um über die Vorgänger durch eine neue Verwendung der Werkzeuge, zu deren Produktion sie beigetragen haben, hinauszugelangen.[4] Die Fähigkeit, die besten Produkte der Denker der Vergangenheit aktiv zu reproduzieren, indem man die Produktionsinstrumente, die sie hinterlassen haben, in Gang setzt, ist die Zugangsbedingung zu einem wirklich produktiven Denken.

Desgleichen hat die Ausarbeitung und Vermittlung effektiver

3 Diese Strategie, die positivistische kleine Münze für die traditionelle Ambition, seinen Namen mit einer Schule oder einem System und dadurch mit einer Weltsicht zu verknüpfen, hat den Anschein wissenschaftlicher Bescheidenheit für sich.

4 Wiederum sind hier die Sozialwissenschaften in einer der Herstellung solch einer realistischen Beziehung zum theoretischen Erbe wenig günstigen Position. Die Werte der Originalität, die die des literarischen, des künstlerischen und des philosophischen Feldes sind, steuern nach wie vor die Urteile; indem sie den Willen, spezifische Produktionsmittel durch Anschluss an eine Tradition und damit ein kollektives Unternehmen zu erwerben, als knechtisch oder nachahmerisch diskreditieren, favorisieren sie die schnell sich überlebenden Bluffs, mit denen die Kleinunternehmer ohne Kapital ihren Namen mit einer Fabrikmarke zu verknüpfen suchen – wie man es heutzutage auch auf dem Gebiet der Kritik beobachtet, auf dem es keinen Autor gibt, der sich nicht einen auf -ismus, -isch oder -logie endenden Namen einer Schule zulegt.

und fruchtbarer Denkmethoden nichts zu tun mit der Zirkulation der »Ideen«, wie sie gemeinhin verstanden wird: Wenn diese Analogie gestattet ist, gleichen die wissenschaftlichen Werke einer Musik, die nicht für mehr oder minder passives Hören oder selbst Spielen geschaffen würde, sondern dafür, Prinzipien des Komponierens zu liefern. Wissenschaftliche Werke zu verstehen, die anders als theoretische Texte nicht Kontemplation, sondern praktische Umsetzung erheischen, heißt, dass man von der Denkweise, die in ihnen zum Ausdruck kommt, an einem anderen Gegenstand praktischen Gebrauch macht, sie in einem neuen Produktionsakt reaktiviert, der ebenso inventiv und originär ist wie der ursprüngliche und der dem derealisierenden *Kommentar* des *Lector*, einem impotenten und sterilen Metadiskurs, absolut entgegengesetzt ist. Deshalb ist die aktive Aneignung einer wissenschaftlichen Denkweise, obschon häufig als knechtische Nachahmung durch Epigonen oder als mechanische Anwendung einer bereits erfundenen Kunst des Erfindens diskreditiert, ebenso schwierig und selten – und das nicht nur wegen der Erkenntniseffekte, die sie erzielt – wie ihre ursprüngliche Ausarbeitung. Einer der zahlreichen Gründe, warum Sozialwissenschaft besonders schwierig ist, ist der, dass eine große Ambition und extreme Demut zusammenkommen müssen: die Demut, die erforderlich ist, um eine praktische Beherrschung des Gesamtbestandes an verstreuten und *wenig formalisierten* Errungenschaften der Disziplin dadurch zu erlangen, dass man sie in Form eines Habitus inkorporiert (und das angesichts des Umstandes, dass die falsche Originalität der Arroganz oder der Ignoranz weiterhin Kredit findet); die Ambition, die unerlässlich ist für den Versuch, das Ganze an Wissen und Know-how, angehäuft in und durch all die Erkenntnisakte der Besten unter den Vorgängern und Zeitgenossen, in einer wirklich kumulativen Praxis zu vereinen.

Dieselben Dispositionen lagen der Verwendung eines Begriffs wie dem des Feldes zugrunde. Auch hier diente der Begriff zuerst dazu, eine negativ als Zurückweisung der Alternative von interner Deutung und externer Erklärung definierte Forschungsrichtung anzuzeigen. Vor diese Alternative fanden sich die Wissenschaften von den kulturellen Werken, die Religionswissenschaft, die Kunst- oder die Literaturgeschichte gestellt: Der Gegensatz zwischen einem Formalismus, der aus der Theoretisierung einer zu einem hohen Grad an Autonomie gelangten Kunst erwuchs, und einem

Reduktionismus, der es sich angelegen sein ließ, die künstlerischen Formen unmittelbar auf die sozialen zu beziehen – mit Lukács und Goldmann tendierte der Marxismus trotz des Begriffs der relativen Autonomie dazu, sich mit Letzterem zu identifizieren –, verschleierte nur das Gemeinsame beider Strömungen: von dem Produktionsfeld als sozialem Raum objektiver Beziehungen abzusehen. Hier gilt erneut, dass die Erforschung der Genealogie – sie würde zu einander so fernstehenden Autoren wie Trier und Kurt Lewin führen – unendlich viel weniger erbrächte als der Bezug auf die Vorfahren oder die theoretische *Richtung*, in die die Verwendung des Wortes das ganze Unternehmen einreihte: Die *relationale* – eher denn strukturalistische – Denkweise, die, wie Cassirer, indem er sie explizit machte, gezeigt hat,[5] die der gesamten modernen Wissenschaft ist,[6] ist sicherlich das, was scheinbar so verschiedene Arbeiten wie die der russischen Formalisten – insbesondere Tynianows[7] – und Lewins oder Elias' und selbstverständlich auch des linguistischen oder anthropologischen Strukturalismus eint.[8] Die besondere

5 Ernst Cassirer, *Substanzbegriff und Funktionsbegriff*, Darmstadt: Wissenschaftliche Buchgesellschaft, 1969.

6 Ich hatte in einem zur Blütezeit des Strukturalismus verfassten Aufsatz die Bedingungen für die Anwendung der relationalen Denkweise, die sich in den Naturwissenschaften durchgesetzt hat, in den Sozialwissenschaften aufzuzeigen versucht. Denn sie war, *da in ihren Prinzipien* niemals klar durchdacht, in den verschiedenen Formen des Strukturalismus verunstaltet, verzerrt und entstellt worden, vgl. Structuralism and Theory of Sociological Knowledge, *Social Research*, 35, 4, S. 681-706 [»Strukturalismus und soziologische Wissenschaftstheorie«, in: Bourdieu, *Zur Soziologie der symbolischen Formen*, Frankfurt/M.: Suhrkamp, 1970, S. 7-41].

7 Über die Verbindung zwischen den russischen Formalisten und Cassirer kann man sich bei Peter Steiner, *Russian Formalism. A Metapoetics*, Ithaca: Cornell University Press, 1984, S. 101-104, informieren.

8 Diese Einheit der theoretischen Richtung liegt den zunächst vage empfundenen Affinitäten und den erst nachträglich entdeckten Übereinstimmungen zugrunde, die als Anleihen zu qualifizieren man sich hüten muss und die das Produkt voneinander unabhängiger Anwendungen derselben Schemata sind (man wird das weiter unten an den russischen Formalisten sehen). Nichts ist an der intellektuellen Arbeit erfreulicher, als bei verschiedenen Autoren, abgesehen von formalen Unterschieden, auf dieselben Ideen zu treffen; zumal wenn der Grund für diese Übereinstimmung völlig klar ist. Man denke hier an Baudelaire: »Nun gut, man bezichtigt mich, Edgar Poe zu imitieren! Wissen Sie, weshalb ich Poe so geduldig übersetzt habe? *Weil er mir ähnlich ist.* Als ich zum ersten Mal ein Buch von ihm aufschlug, sah ich mit Erschrecken und Entzücken nicht nur Sujets, die

Schwierigkeit, die die Anwendung dieser universalen Denkweise auf soziale Sachverhalte bereitet, rührt daher, dass sie einen Bruch mit der alltäglichen Wahrnehmung der sozialen Welt erforderlich macht. So war es, um den Begriff des Feldes wirklich zu konstruieren, notwendig, über den ersten Versuch, das »intellektuelle Feld«[9] als ein relativ autonomes Universum spezifischer Beziehungen zu untersuchen, hinauszugehen: In der Tat hatten die unmittelbar sichtbaren Beziehungen zwischen den in das Feld involvierten Akteuren, speziell die Interaktionen zwischen den Autoren oder zwischen den Autoren und Verlegern, die objektiven Beziehungen zwischen den von den Akteuren eingenommenen Positionen, die die Form der Interaktionen bestimmten, verdeckt. Und die erste strenge Ausarbeitung des Begriffs ist dann aus der Lektüre des in *Wirtschaft und Gesellschaft* der Religionssoziologie gewidmeten Kapitels hervorgegangen, einer Lektüre, die, beständig auf das intellektuelle Feld bezogen, nichts von einem akademischen Kommentar hatte: Um den Preis einer Kritik von Webers interaktionistischer Sicht der Beziehungen zwischen den religiösen Akteuren, die eine retrospektive Kritik meiner ersten Vorstellung vom intellektuellen Feld einschloss, schlug ich eine Konstruktion des religiösen Feldes als *Struktur objektiver Beziehungen* vor, die die konkrete Form der *Interaktionen* zu erklären erlaubte, die Max Weber in Form einer *realistischen Typologie* beschrieb.[10] Es war dann nur noch nötig, das

ich geträumt hatte, sondern *Sätze*, die ich gedacht und die er geschrieben hatte, zwanzig Jahre zuvor …« (C. Baudelaire, »A Théophile Thoré«, 1863, in: *Baudelaire critique d'art*, Paris, Club des libraires, 1956, S. 179).

9 Vgl. Champ intellectuel et projet créateur, *Les temps modernes*, 22, No. 246, S. 865-906 [»Künstlerische Konzeption und intellektuelles Kräftefeld«, in: Bourdieu, *Zur Soziologie der symbolischen Formen*, Frankfurt/M.: Suhrkamp, 1970, S. 71-124].

10 Vgl. Bourdieu, Une interpretation de la théorie de la religion selon Max Weber, *Archives européennes de sociologie*, 12, 1, 1971, S. 3-21 [»Eine Interpretation der Religion nach Max Weber«, in Bourdieu, *Religion. Schriften zur Kultursoziologie* 5, Berlin: Suhrkamp, 2011, S. 7-29]. Obschon hier wiederum die Absicht, den Eigeneffekt der Lektüre zu reduzieren, ganz gewiss eine Rolle spielt, hat die Ex-post-Evidenz der von mir vorgeschlagenen »strukturalistischen« *Neuinterpretation* zur Folge, dass man, seitdem der erste Band von *Wirtschaft und Gesellschaft* endlich ins Französische übersetzt ist, ganz allgemein (man wird verstehen, dass ich keine Belegstellen zitiere) Weber selbst Begriffe wie die des religiösen Feldes oder des symbolischen Kapitals oder eine ganze Denkweise zuschreibt, die der Logik seines Denkens offensichtlich fremd sind.

so erarbeitete Denkwerkzeug praktisch einzusetzen, um bei seiner Anwendung auf verschiedene Bereiche sowohl die spezifische Eigenschaft jedes einzelnen Feldes, der Haute Couture, der Literatur, der Philosophie, der Politik usw., als auch die Invarianten zu entdecken, die durch den Vergleich der verschiedenen als »besondere Fälle des Möglichen« behandelten Felder zutage traten.[11] Weit davon entfernt, als bloße, rhetorischen Überzeugungsabsichten entstammende Metaphern zu fungieren, eignet den methodischen Modellübertragungen, die auf der Hypothese fußen, dass zwischen den Feldern strukturelle und funktionale Homologien existieren, eine eminente heuristische Kraft, die die gesamte epistemologische Tradition der Analogie zuerkannt hat. Zudem ist die geduldige und wiederholte praktische Anwendung der Methode einer der möglichen Wege (und für mich der gangbarste und akzeptabelste) des »semantischen Aufstiegs« (im Sinne Quines), der es gestattet, die in der empirischen Untersuchung verschiedener Universen enthaltenen theoretischen Prinzipien und die invarianten Gesetze der Struktur und der Geschichte der Felder auf eine höhere Ebene der Generalisierung und Formalisierung zu stellen. An diesen lassen sich aufgrund der Besonderheiten ihrer Funktion und ihrer Funktionsweise (oder, einfacher, der sie betreffenden Informationsquellen) auf mehr oder minder klare Weise Eigenschaften ausmachen, die allen Feldern gemeinsam sind. So hat das Feld der Haute Couture, wohl weil es als kulturell weniger legitimes den »ökonomischen« Aspekt der Praktiken einer weniger starken Zensur unterwirft und weil es gegen die Objektivierung, die stets eine Form von Entsakralisierung impliziert, weniger abgeschirmt ist, unmittelbarer als irgendein anderes Universum eine der grundlegendsten Eigenschaften aller kulturellen Produktionsfelder offengelegt: die eigentümlich magische Logik der Produktion des Produzenten und des Produkts als Fetische.

11 Die wiederholte Anwendung derselben Schemata auf verschiedene Gegenstände ist, wenn auch mit der Wiederholung von bereits Gesagtem verbunden, unter dem Gesichtspunkt der Forschungspädagogik sicherlich insofern gerechtfertigt, als auf diese Weise diese Schemata unmittelbar Eingang finden können in die Praxis des aktiven Lesers, der das wissenschaftliche Protokoll als Einübung in praktisches Arbeiten zu behandeln imstande ist – dies ohne die zweifellos sehr anderen Auswirkungen auszuschließen, die die Umsetzung in Form einer formalisierten Übersetzung der praktischen Schemata des wissenschaftlichen Habitus hat.

Die Lösung eines kanonischen Problems von dieser oder jener Fallstudie zu erwarten, zumal von einer, die wie diese dem frivolsten Universum von allen, dem der Mode, gewidmet war, setzte freilich eine Veränderung der Vorstellung von intellektueller Arbeit voraus, die nicht ohne Bezug ist zu jener, welche Erich Auerbach zufolge die Erfinder des modernen Romans, Virginia Woolf, Joyce und Faulkner, bewerkstelligt haben: »Den großen äußeren Wendepunkten und Schicksalsschlägen wird weniger Bedeutung zugemessen, es wird ihnen weniger Fähigkeit zugetraut, Entscheidendes über den Gegenstand herzugeben; hingegen besteht das Vertrauen, dass in dem beliebig Herausgegriffenen des Lebensverlaufs, jederzeit, der Gesamtbestand des Geschicks enthalten sei und darstellbar gemacht werden könne; man hat mehr Vertrauen zu Synthesen, die durch Ausschöpfung eines alltäglichen Vorgangs gewonnen werden, als zur chronologisch geordneten Gesamtbehandlung, die den Gegenstand von Anfang bis zu Ende verfolgt, nichts äußerlich Wesentliches auszulassen bestrebt ist und die großen Schicksalswendungen gleich Gelenken des Geschehens scharf heraushebt.«[12] »Zu den Dingen selbst zurückkehren«, indem man sich in die Besonderheit des Einzelfalles versenkt (die impressionistische Revolution zum Beispiel), um zu versuchen, an ihm etwas Essentielles zu entdecken, kann man in der Tat nur, wenn man die akademische Hierarchie der Gattungen und Gegenstände verwirft, die, aus der Literatur und der Malerei seit dem 19. Jahrhundert verbannt, in der philosophischen Tradition, etwa mit der hochmütigen Verachtung des »Historizismus«, weiterhin fortbesteht.

Die allgemeine Theorie der Felder, die so allmählich ausgearbeitet wurde,[13] schuldet allem Anschein zum Trotz der mehr oder minder überdachten Übertragung der ökonomischen Denkweise nichts; auch wenn ich mich bei der aus einer relationalen Perspektive vorgenommenen Reinterpretation der Weber'schen Analyse, die auf die Religion eine Reihe der Ökonomie entliehener Begriffe

12 Erich Auerbach, *Mimesis. Dargestellte Wirklichkeit in der abendländischen Literatur*, Bern: Francke, 1964, S. 509.

13 Ich habe die allgemeinen Eigenschaften der Felder herauszukristallisieren versucht, indem ich die verschiedenen Untersuchungen, die ich in den 1983 und 1984 am Collège de France gehaltenen Kursen durchgeführt habe und die Gegenstand einer späteren Veröffentlichung sein werden, auf eine höhere Ebene der Formalisierung gehoben habe.

(wie Konkurrenz, Monopol, Angebot, Nachfrage usw.) anwendet, unmittelbar mit generellen, für die verschiedenen Felder gültigen Eigenschaften konfrontiert sah, die die ökonomische Theorie ans Licht gebracht hatte, ohne freilich das richtige theoretische Fundament dafür zu besitzen. Weit davon entfernt, dass die Übertragung der Gegenstandskonstruktion zugrunde gelegen hätte – wie es wohl der Fall ist, wenn man einem Bereich mit großem Prestige, der Ethnologie, der Linguistik oder der Ökonomie, einen aus dem Kontext herausgelösten Begriff, eine bloße Metapher mit reiner Emblemfunktion entleiht –, ist es die Gegenstandskonstruktion, die die Übertragung hervorruft und sie fundiert: So zwingt, wenn es darum zu tun ist, die sozialen Gebrauchsweisen der Sprache zu analysieren, der Bruch mit dem vagen und leeren Begriff der »Situation« – der seinerseits einen Bruch mit dem Saussure'schen oder Chomsky'schen Modell herbeiführte – dazu, die Beziehungen des sprachlichen Austausches als ebenso viele Märkte zu fassen, die sich gemäß der Struktur der Beziehungen zwischen den Kapitalen der Sprecher oder der Gruppen, denen sie angehören, spezifizieren. Und wie ich eines Tages zeigen zu können hoffe, spricht alles für die Annahme, dass die ökonomische Theorie, weit davon entfernt, das Grundmodell zu sein, wohl als ein besonderer Fall der Feldtheorie gedacht werden muss, die sich nach und nach, von Generalisierung zu Generalisierung, herausbildet und die, während sie die Fruchtbarkeit und die Grenzen der Gültigkeit von Übertragungen, wie der von Weber vorgenommenen, zu beurteilen erlaubt, dazu nötigt, die Voraussetzungen der ökonomischen Theorie, insbesondere im Lichte der aus der Analyse der kulturellen Produktionsfelder gewonnenen Einsichten zu überdenken.[14]

Die allgemeine Theorie der Ökonomie der Felder gestattet es, die spezifische Form, die die allgemeinsten Mechanismen und Be-

14 Die (in Durchführung begriffene) Untersuchung eines ökonomischen Bereiches wie des Feldes des Wohnungsbaus findet zahlreiche, bereits in anderen Feldern wie dem der Haute Couture oder selbst dem der Malerei oder der Literatur beobachtete Merkmale heraus: vornehmlich die Rolle von Investitionen, die dazu bestimmt sind, Vertrauen in den Wert eines zugleich ökonomischen und symbolischen Produkts zu erzeugen; oder der Umstand, dass in diesem Bereich wie anderswo die Strategien der Unternehmen von deren Position im Produktionsfeld, das heißt in der Verteilungsstruktur des *spezifischen Kapitals* (zu dem die »Reputation« des Firmennamens zählt), abhängt.

griffe, wie Kapital, Investition, Interessen, in jedem einzelnen Feld annehmen, zu beschreiben und zu bestimmen und damit alle Formen von Reduktionismus, angefangen beim Ökonomismus, der nur das materielle Interesse und das Streben nach Maximierung des pekuniären Profits kennt, zu vermeiden. Die soziale Genese eines Feldes zu erfassen und zu begreifen, was die spezifische Notwendigkeit des dieses stützenden Glaubens, des in ihm geübten Sprachspiels und der materiellen und symbolischen Einsätze, um die es in ihm geht, ausmacht, bedeutet, die Aktionen der Produzenten und die Werke, die sie schaffen, zu erklären, zu zeigen, warum sie so und nicht anders sind, und sie damit der Absurdität des Willkürlichen und Unmotivierten zu entreißen, und nicht, wie man gemeinhin glaubt, zu reduzieren oder zu destruieren. Sicherlich ist es, wie Wittgenstein in den *Vorlesungen über Ethik* bemerkt, verführerisch, sich dem Vergnügen an der »Destruktion von Vorurteilen« hinzugeben, auch sind »bestimmte Erklärungsformen von einem unwiderstehlichen Reiz (...), besonders eine Erklärung von der Art: ›dies ist bloß das‹«; nichtsdestoweniger muss die Wissenschaft gegen alle Arten von *Eskapismus,* die in der Kunst eine neue Form der Illusion von Metawelten finden wollen, das Kunstwerk in seiner doppelten Notwendigkeit erfassen: der inneren Notwendigkeit dieses wundersamen Gegenstandes, der sich der Kontingenz und dem Zufall zu entwinden, kurz, sich selbst und in eins seinen Referenten zu begründen scheint, wie der äußeren Notwendigkeit des Zusammentreffens einer Laufbahn und eines Feldes, eines Ausdrucksimpulses und eines Raumes von Ausdrucksmöglichkeiten mit dem Effekt, dass das Kunstwerk die beiden Geschichten, deren Produkt es ist, vollendet und sie in eins überschreitet.

Man kommt niemals über die Geschichte hinaus, und die Wissenschaft kann sich kein anderes Ziel setzen, als sich – durch die Bewusstwerdung – die in die Geschichte eingeschriebene Notwendigkeit wieder anzueignen und insbesondere die theoretische Beherrschung der historischen Bedingungen zu erlangen, aus denen überhistorische Notwendigkeiten erwachsen mögen. Man muss beispielsweise die fetischistische Illusion schon sehr weit treiben, um sich darüber hinwegzutäuschen, dass die Lösung für das Problem der den russischen Formalisten teuren »Literarität« nirgendwo anders als in der Geschichte des literarischen Feldes zu finden ist: Alle Wesensanalysen und formalen Definitionen könnten in der

Tat nur verschleiern, dass die Affirmation der Besonderheit des »Literarischen« oder des »Bildnerischen« und deren Irreduzibilität auf irgendeine andere Ausdrucksform untrennbar ist von der Affirmation der Autonomie des Produktionsfeldes, die sie in eins voraussetzt und verstärkt. Die Bewegung des literarischen oder künstlerischen Feldes in Richtung Autonomie lässt sich als ein *Reinigungsprozess* verstehen, in dem jedes Genre sich zunehmend auf das konzentriert, was es, jenseits aller äußeren gesellschaftlich bekannten und anerkannten Merkmale seiner Identität, von anderen unterscheidet und in seiner Eigentümlichkeit bestimmt. Die Formalisten, und hier, mit der Phänomenologie vertraut, besonders Jakobson, haben nur auf methodischere und konsequentere Weise die alten Fragen der Kritik und der akademischen Tradition, was die Natur der Gattungen, Theater, Roman, Poesie, betrifft, wiederaufgenommen und haben sich so, mit der ganzen Denktradition hinsichtlich der »reinen Poesie« und der »Theatralität«, zuschulden kommen lassen, das als überhistorisches Wesen zu konstruieren, was in Wirklichkeit nur eine Art *historischer Quintessenz*, das heißt das Produkt einer langsamen und langwierigen Arbeit der historischen Alchemie, ist, welche den Autonomisierungsprozess der kulturellen Produktionsfelder begleitet. In der Tat haben von Reinigung zu Reinigung die Kämpfe, deren Schauplatz das dichterische Produktionsfeld ist, dazu geführt, das zentrale Prinzip der poetischen Wirkung, das heißt das Wesentliche dessen, was Poesie und Prosa trennt, zu isolieren. Indem sie etwa mit dem freien Vers sekundäre Züge wie den Reim und den Rhythmus beseitigten, haben sie nur einen hochkonzentrierten Extrakt (wie etwa bei Francis Ponge) von Eigenschaften stehen lassen, die am besten dazu geeignet sind, den poetischen Effekt der Entbanalisierung von Worten und Dingen, die *Ostranenje* der russischen Formalisten, zu erzielen, ohne auf gesellschaftlich als »poetisch« qualifizierte Techniken zurückzugreifen. Immer wenn eines dieser relativ autonomen Universen wie das künstlerische Feld, das wissenschaftliche Feld oder eine ihrer Spezifikationen etabliert ist, spielt der historische Prozess, der sich in ihnen instauriert, dieselbe Rolle des *Abstrahens der Quintessenz*, sodass die Analyse der Geschichte des Feldes die einzig legitime Form der Wesensanalyse ist.[15] Aber was, wird man sagen, ist außer

15 Deshalb ist die Analyse der rein ästhetischen Disposition, die von den avancier-

dem ein wenig perversen Vergnügen an der Entzauberung mit dieser historischen Reduktion dessen gewonnen, was sich als absolute, den Kontingenzen geschichtlicher Genese enthobene Erfahrung erleben will? Es gibt eine Geschichte der Vernunft, die nicht die Vernunft zum Prinzip hat; eine Geschichte des Wahren, des Guten, des Schönen, die in der Suche nach der Wahrheit, der Tugend, der Schönheit nicht ihre alleinige Triebkraft hat. Die relative Autonomie des Kunstfeldes als eines Raumes objektiver Beziehungen, in Bezug auf welche die Beziehung zwischen jedem einzelnen Akteur und seinem vergangenen oder gegenwärtigen Werk objektiv definiert ist, ist das, was der Geschichte der Kunst ihre relative Autonomie und damit ihre eigene Logik zu verleihen scheint. Um den Sinn des Umstandes zu erfassen, dass die Kunst das Prinzip und die Norm ihrer Veränderung in sich selbst findet – wie wenn die Geschichte dem System immanent wäre und das Werden der Darstellungs- und Ausdrucksformen nur die innere Logik des Systems zum Ausdruck brächte –, ist es nicht nötig, die Gesetze dieser Entwicklung, wie es oft getan wurde, zu hypostasieren. Wenn es eine eigentümliche Geschichte der Kunst gibt, dann unter anderem deshalb, weil die Künstler und ihre Produkte allein aufgrund ihrer Zugehörigkeit zum Kunstfeld objektiv in Beziehung zu den anderen Künstlern und deren Produkten verortet sind und weil die im ureigensten Sinne ästhetischen Brüche mit der künstlerischen Tradition immer etwas der relativen Position derer im Feld, die an der Tradition festhalten, und derer, die mit ihr zu brechen bestrebt sind, schulden. »Der Einfluss der Werke auf die Werke«, von dem Brunetière sprach, wird stets nur vermittels der Produzenten ausgeübt, deren Strategien ihre Form, ihre Logik und ihren Inhalt auch ihrer relativen Position in der Struktur des intellektuellen Feldes schulden.[16] Der Analytiker, der in den Interessen, die mit

testen Formen der Kunst hervorgerufen wird, untrennbar von der Analyse des Autonomisierungsprozesses des Produktionsfeldes. Und desgleichen kann die Epistemologie weder de facto noch de jure von der Sozialgeschichte der Wissenschaft getrennt werden.

16 Der Widerstand gegen die wissenschaftliche Analyse verfügt über schier unerschöpfliche Ressourcen, wie man an dieser Darstellung meiner Analysen sieht: »Bourdieu vertritt (im Gegensatz zu Adorno) einen funktionalistischen Ansatz. Er analysiert die Handlungen der Subjekte in dem, was er das ›kulturelle Feld‹ nennt, indem er *ausschließlich* die Chancen, Macht und Prestige zu gewinnen, in Betracht zieht, und erachtet die Gegenstände *lediglich* für strategische Mittel

der Zugehörigkeit zu einem Feld der kulturellen Produktion und darüber hinaus dem sozialen Feld in seiner Gesamtheit verbunden sind, das Existenzprinzip des Werkes, seiner geschichtlichen Züge wie seiner geschichtsübergreifenden – »der ewige Reiz der griechischen Kunst« – sucht, behandelt das Werk als ein intentionales Zeichen, durchdrungen und bestimmt von etwas anderem, dessen Symptom es auch ist. Er sucht nach der objektiven Intention, die sich hinter der erklärten Absicht verbirgt, dem Sagen-Wollen, das sich aus dem, was sie erklärtermaßen besagt, verrät. Er unterstellt, dass sich in ihm ein tieferer Sinn, ein biologischer oder sozialer Ausdrucksimpuls bekundet, den die Alchemie der von der sozialen Notwendigkeit des Feldes erheischten Formgebung unkenntlich zu machen strebt; vornehmlich, indem sie den Trieb zwingt, sich zu verleugnen und ins Universelle zu transformieren. Im Gegensatz zu der Auffassung, die ein engelgleiches, reines Interesse für die reine Form geltend macht, bietet die Analyse, die den Trieb, die Zensur und die von der formverleihenden Arbeit bewirkte Sublimierung in eins erfasst, eine realistische, das heißt eine zugleich wahrere und letztlich beruhigendere Sicht der kollektiven Sublimierungsarbeit, der sich die größten Errungenschaften des Unternehmens der Humanität verdanken. Die Geschichte kann die geschichtsübergreifende Universalität nur hervorbringen, indem sie in und

der Produzenten in deren Kampf um die Macht«, vgl. Peter Bürger, On Literary History, *Poetics*, 14, No. 3/4, 1985, S. 199-207; meine Hervorhebung. Mit einer weitverbreiteten Strategie, die darin besteht, *eine zuvor verkürzte Theorie des Reduktionismus zu zeihen,* setzt Peter Bürger von einer Art gattungsmäßigem Machtwillen, dessen Wirkungssphäre ebenso gut das politische oder das ökonomische Feld sein könnte, exklusiv und explizit gesteuerte Strategien an die Stelle von praktischen und überdeterminierten Strategien, die nicht notwendig bewusst und kalkuliert und die Ausdruck der mit einer bestimmten Position im kulturellen Feld verknüpften untrennbar ästhetischen und gesellschaftlichen Interessen sind. Er eskamotiert damit die Spezifität der ästhetischen Kämpfe und der in ihnen involvierten Interessen, kurz, gerade das, was der Begriff des Feldes in Rechnung stellen wollte. In Wirklichkeit geht es in den Kämpfen, deren Schauplatz das intellektuelle Feld ist, um die symbolische Macht über den besonderen Gebrauch einer besonderen Kategorie von Zeichen und dadurch über die Sicht und den Sinn der natürlichen und der sozialen Welt. Ein zu krasses Versehen im Hinblick auf einen zu offensichtlichen Punkt, um nicht in gewisser Weise interessenbestimmt zu sein, strategisch (in dem Sinne, wie ich das Wort verstehe), das heißt in aller Unschuld wie alle Formen der Wissensabwehr, von den mit einer bestimmten Position gekoppelten Interessen gesteuert.

durch die oft erbarmungslosen Kämpfe der partikularen Interessen soziale Universen hervorbringt, die durch den Effekt der sozialen Alchemie ihrer historischen Funktionsgesetze dazu tendieren, aus der Konfrontation der partikularen Interessen die sublimierte Essenz des Universellen zu extrahieren. Hagiographisches Hochhalten und reduktionistisches Herabsetzen haben miteinander gemein, das Prinzip der großen Werke in großen Männern zu suchen und all das zu ignorieren, was an den sublimsten Praktiken und Produktionen der Logik dieser paradoxen Welten geschuldet ist, in denen, unter anderem, weil man in ihnen ein Interesse daran haben kann, sich interesselos zu zeigen, bestimmte Menschen einen Anreiz finden können, über sich selbst hinauszugehen oder zumindest Handlungen oder Werke hervorzubringen, die über ihre Intentionen und Interessen hinausreichen.

Nachweise

Ehre und Ehrgefühl

The Sentiment of Honour in Kabyle Society
in: John Peristiany (Hg.), *Honour and Shame. The Values of Mediterranean Society*, London: Weidenfeld & Nicholson, 1965, S. 191-241.
Auch in: Pierre Bourdieu, *Esquisse d'une théorie de la pratique*, Genf: Droz, 1972, Neuauflage Paris: Seuil, 2000, S. 19-60.
Zuerst deutsch in: Pierre Bourdieu, *Entwurf einer Theorie der Praxis*, Frankfurt/M.: Suhrkamp, 1976, S. 11-47.
Übersetzt von Cordula Pialoux.

Das Haus oder die verkehrte Welt

La maison ou le monde renversé
in: Jean Pouillon, Pal Maranda (Hg.), *Échanges et communications. Mélanges offerts à Claude Lévi-Strauss à l'occasion de son 60ème anniversaire*, Paris, Den Haag: Mouton, 1970, S. 739-758.
Auch in: Pierre Bourdieu, *Esquisse d'une théorie de la pratique*, Genf: Droz, 1972, Neuauflage Paris: Seuil, 2000, S. 61-82.
Zuerst deutsch in: Pierre Bourdieu, *Entwurf einer Theorie der Praxis*, Frankfurt/M.: Suhrkamp, 1976, S. 48-65.
Übersetzt von Cordula Pialoux.

Die Verwandtschaft als Vorstellung und Wille

La parenté comme représentation et comme volonté
in: Bourdieu, *Esquisse d'une théorie de la pratique*, Genf: Droz, 1972, Neuauflage Paris: Seuil, 2000, S. 83-186.
Zuerst deutsch in: Pierre Bourdieu, *Entwurf einer Theorie der Praxis*, Frankfurt/M.: Suhrkamp, 1976, S. 66-136.
Übersetzt von Cordula Pialoux.

Der praktische Sinn

Le sens pratique
Actes de la Recherche en Sciences Sociales 2, Heft 1, 1976, S. 43-86.
Zuerst deutsch in: Pierre Bourdieu, *Entwurf einer Theorie der Praxis*, Frankfurt/M.: Suhrkamp, 1976, S. 228-317 und 456-479.

Übersetzt von Bernds Schwibs.
Deutsche Wiederherstellung der Originalversion von Stephan Egger.

Die männliche Herrschaft
La domination masculine
Actes de la Recherche en Sciences Sociales, 84, 1990, S. 2-31.
Zuerst deutsch in: Irene Dölling, Beate Krais (Hg.), *Ein alltägliches Spiel. Geschlechterkonstruktion in der sozialen Praxis*, Frankfurt/M.: Suhrkamp, 1997, S. 153-218.
Übersetzt von Jürgen Bolder.

Der Habitus als Vermittlung zwischen Struktur und Praxis
»Postface«, in Erwin Panofsky, *Architecture gothique et pensée scolastique,* Paris: Minuit, 1967, zweite erweiterte Auflage 1970, S. 135-167.
Zuerst deutsch in: Pierre Bourdieu, *Zur Soziologie der symbolischen Formen*, Frankfurt/M.: Suhrkamp, 1970, S. 125-158.
Übersetzt von Wolfgang Fietkau.

Zur Genese der Begriffe Habitus und Feld
The Genesis of the Concepts of Habitus and Field, *Sociocriticism* 2, Heft 2, 1985, S. 11-24.
Zuerst deutsch in: Pierre Bourdieu, *Der Tote packt den Lebenden*, Hamburg: VSA, 1997, S. 59-78.
Mit freundlicher Genehmigung.
Übersetzt von Jürgen Bolder.

Editorische Anmerkungen

Die Begriffe »Habitus« und »Praxis« haben, zusammen mit »Kapital«, in den Humanwissenschaften der letzten Jahrzehnte eine rasante Karriere gemacht. Es ist an dieser Stelle müßig, darüber zu urteilen, inwieweit im Zuge ihres geradezu inflationären Gebrauchs der bis ins Anthropologische ausgreifende Bedeutungsgehalt dieser Konzepte und damit auch die Intentionen ihres Schöpfers nicht selten bis auf Schlagworte abgemagert oder aber zum Gegenstand theoretischer Spiele geworden sind. Tatsache bleibt, dass die von Pierre Bourdieu schon Ende der 1950er-Jahre entwickelten Grundzüge dieses begrifflich zusammengehörigen Gedankenkreises, dass der wissenschaftliche Kontext, die Konstruktionsarbeit an diesen Begriffen bis vor nicht allzu langer Zeit bis zur Unkenntlichkeit verblasst waren – erst in den letzten beiden Dekaden, unterstützt auch von internationalen Publikationen aus dem photographischen Archiv der algerischen Erfahrungen Bourdieus, ist diesen »Anfängen« des Werks mehr Aufmerksamkeit zuteilgeworden. Denn schon in seinen frühen Studien zur traditionellen algerischen Gesellschaft arbeitet Bourdieu am Gerüst einer Theorie der praktisch vermittelten Dialektik von »sozialen« und »mentalen« Strukturen, die sämtliche Lebensäußerungen, die den ganzen »Kosmos« der Erscheinungen des *nomos*, *ethos* und *habitus* umgreift, ein Konzept, das den persistenten Gegensatz von Subjektivismus und Objektivismus in den »Wissenschaften vom Menschen« spektakulär aus den Angeln hebt.

Die editorische Sachlage für einen entsprechenden Schriftenband ist allerdings insofern problematisch, weil Bourdieu in verschiedenen, aber meist monographischen Etappen zu seinen »Konstruktionen« gelangt. *Sociologie de l'Algérie*, *Travail et travailleurs en Algérie*, *Le déracinement*, bisher allesamt nicht ins Deutsche übertragen, markieren die Wegstrecke zum ebenfalls monographischen *Entwurf einer Theorie der Praxis* und zu *Sozialer Sinn*. Es existieren demnach nicht viele Schriften, in denen Bourdieu diesen Gedankenkreis gesondert entfaltet hätte. Diese aber sind hier versammelt, neben Studien zur algerischen Kabylei, die dann in den *Entwurf* einführen, vor allem eine große Vorstudie zum späteren *Le sens pra-*

tique, mit »La domination masculine« eine Illustration dieser »kollektiven Anthropologie«, die tief in das Verhältnis der Geschlechter hinabreicht – und zwei Arbeiten zu Genese und Struktur des Habituskonzepts. Notgedrungen nicht mehr, aber schon angesichts ihres sehr weitreichenden theoretischen Gehalts auch nicht weniger, bietet uns diese Schriftensammlung – ohne dass damit eine Lektüre des zweifellos als theoretischen »Markstein« zu behandelnden *Entwurfs einer Theorie der Praxis* überflüssig würde.

Anders als beim komplementären Band *Tradition und Reproduktion*, der in gewisser Weise das Rohmaterial für Bourdieus Habitustheorie und »Praxeologie« bildet, war in diesem Fall die editorische Linie nicht ganz einfach festzulegen. Zunächst ist bei der Anordnung der Texte eine Umkehrung des im Titel aufgeführten Begriffspaars vorgenommen worden – der Bourdieu'sche Praxisbegriff ist zwar sicher der weitere, es wird aber, gerade weil diese Konzepte ständig aufeinander verweisen, ohne die zugehörigen Studien die Genealogie des »Habitus« nicht recht transparent. Das sieht man schon an den einführenden Texten zur Kabylei, die auch deshalb vorangestellt wurden, weil hier der Anschluss an Bourdieus algerische Forschung gewährleistet ist, die im Band *Tradition und Reproduktion* versammelt sind – die drei Studien »Ehre und Ehrgefühl« (1965), »Das Haus oder die verkehrte Welt« (1970) und »Verwandtschaft als Vorstellung und Wille« (1972) bauen schrittweise und in immer stärkerer theoretischer Verdichtung das Gerüst der Bourdieu'schen Praxistheorie auf, wie sie dann zum ersten Mal in *Esquisse d'une théorie de la pratique* monographisch erscheint. Gerade beim letzten Text dieser »Trilogie«, die auch der *Esquisse* voransteht, musste von der editorischen Linie abgewichen werden, nur eigens publizierte Schriften zu versammeln. Für die ersten beiden Studien ist das der Fall, »Verwandtschaft als Vorstellung und Wille« ist aber, als Aufarbeitung des kabylischen Forschungsmaterials, auch – und hier weist sie zurück auf den Zusammenhang von »Tradition« und »Reproduktion« – wesentlicher Bestandteil des monographischen »Entwurfs« einer Praxistheorie. Ohne diesen Text schien uns also die theoretische Leerstelle so groß, dass auf ihn nicht verzichtet werden konnte.

Das zeigt sich dann im darauffolgenden Text, »Le sens pratique«, der Mitte der 1970er-Jahre in Bourdieus hauseigener Zeitschrift *Actes de la Recherche en Sciences Sociales* erscheint. Hier wird, ohne allerdings gerade den »verwandtschaftlichen« Aspekt traditionaler Reproduktionsstrategien aufzugreifen, der Jahre zuvor entstandene *Entwurf* weiter verdichtet – und damit Gussform für die gleichnamige Monographie, mit der Bourdieu ein Jahr nach *La distinction* sein »Programm« endgültig ausgearbeitet hat. Die deutsche Übersetzung dieses Buchs firmiert zwar unter dem sicher nicht falschen Titel *Sozialer Sinn*, für den vorliegenden Schriftenband wurde aber dem originalen Wortlaut als dem »praktischen Sinn« entsprochen. Erwähnenswert ist dabei sicher auch die Tatsache, dass Bourdieu hier ein anschauliches Beispiel seiner Arbeitsweise liefert: Die Studie wiederholt nur vereinzelt Stellen der französischen Ausgabe des *Entwurfs*, wurde aber auf Bourdieus Wunsch in dessen englische und deutsche Übersetzung sehr weitgehend integriert – diese Art der Konstruktionsarbeit, die selten explizite, aber immer wieder offensichtliche »Strategie« des Bourdieu'schen Denkens verläuft weniger »zirkulär« als »spiralförmig«, hebt seine »Theorie« in ständig sich selbst versichernden Rückgriffen auf ein je »höheres« Niveau.

Es mag zunächst verwundern, dass als Abschluss dieser Texte zur gleichwohl untrennbar mit dem Bourdieu'schen Habituskonzept verwobenen »Praxistheorie« eine späte, Anfang der 1990er-Jahre publizierte Studie, »Die männliche Herrschaft«, gewählt wurde. Allerdings sollte bereits bei der Lektüre der kabylischen Arbeiten deutlich geworden sein, dass sich gerade im Verhältnis der Geschlechter jener Tiefengrund der Bourdieu'schen Sozialanthropologie befindet, der wie kaum ein anderer die unhintergehbaren Mächte von »Habitus« und »Praxis« illustriert – ganz abgesehen davon, dass auch in diesem späten Text ausgiebig auf Material aus der Kabylei zurückgegriffen wird. Bourdieu war also schon Ende der 1960er-Jahre ganz auf der Höhe des *gender theme* angelangt, und er legt mit dieser Studie sicher eine der wesentlichen Brücken zurück zum Kern der Habitustheorie.

Dass Bourdieu sein Habituskonzept als »Schrift« nur selten gesondert entfaltet hat, stattdessen fast ausschließlich im Zusammenhang mit seiner monographisch verfassten *Theorie der Praxis*, ist im Hinblick auf den engen Zusammenhang dieser Konzepte durchaus schlüssig, es begrenzt allerdings weiter gehende editorische Ansprüche – eine extrem kondensierte theoretische Fassung des Konzepts, wie sie in *Die feinen Unterschiede* als nur knapp zehnseitiger Abschnitt im Kapitel »Der Habitus und der Raum der Lebensstile« geboten wird, lässt sich kaum in diese Schriftensammlung einreihen. Wenigstens zwei Texte sind aber vorhanden, die hierhingehören. Auf der einen Seite die noch frühe Arbeit »Der Habitus als Vermittlung zwischen Struktur und Praxis«, ein Nachwort für die französische Übersetzung der in Bourdieus Reihe »Le sens commun« bei Minuit erschienenen Studie Erwin Panofskys, *Architecture gothique et pensée scolastique* (1968), in der Bourdieu den Begriff vor allem in Absetzung von den objektivistischen »Regeln« des damals zur intellektuellen Mode gewordenen Strukturalismus einführt. Auf der anderen Seite den Mitte der 1980er-Jahre zuerst in Englisch publizierten, dann mit leichten Abwandlungen als Vorwort zu *Les règles de l'art* aufgenommenen Text »Zur Genese der Begriffe Habitus und Feld«, eine Art Retrospektive, die noch detaillierter die Absetzungsbewegungen dieser Konzepte gegen alle Spielarten sich unversöhnlich gegenüberstehender Dogmen des Subjektivismus und Objektivismus in der Philosophie und den Humanwissenschaften benennt – und dabei den heuristisch außerordentlich fruchtbaren Begriff des »Feldes« als »Ordnung der Praxis« mit den Tiefenstrukturen des Habitus zusammenführt.

Dass Bourdieu gerade in diesem letzten Beitrag ein fast emphatisches Bekenntnis zur Notwendigkeit empirischer Forschung ablegt, an deren Ergebnissen sich »Begriffe« zu bewähren haben, ganz »anders als die theoretische Theorie«, nur »sich selbst Zweck« zu sein, allein als »vorläufige Konstruktion« begriffen werden sollten, »die für und durch die empirische Arbeit Gestalt annimmt«, macht den vorliegenden Band auch in dieser Hinsicht exemplarisch – hier sind Studien zusammengeführt, deren epochemachende theoretische Tragweite in umfangreicher und detailgenauer Forschung zu Hause ist. Bourdieu entwickelt dabei nicht nur ein theoretisch ungemein fruchtbares »Programm«, sondern ein Beispiel dafür, was »Wissenschaft als Beruf« bedeutet.

St. Gallen, im September 2019

Stephan Egger
Franz Schultheis

Stephan Egger

Schwerkräfte der Lebenswelt

Habitus und Praxis bei Pierre Bourdieu – Eine epistemologische Annäherung

Es ist schwer, angesichts der ungeheuren Deutungsgeschichte, die sich über Bourdieus Begriffen von »Habitus« und »Praxis« aufgetürmt hat, einen Ansatz für ihre Erläuterung zu finden, und sicher noch schwerer, ihren wissenschaftshistorischen Stellenwert angemessen zu beurteilen – abschließend könnte ein solches Urteil ohnehin nie sein.[1] Wie dann also beginnen? Vielleicht ist es nicht verkehrt, zunächst von der theoretischen Karriere dieser »Konzepte« Abstand zu gewinnen, von jener Art ihrer Verselbstständigung in den wissenschaftlichen Diskursen, die doch ganz eigenen Gesetzen gehorchen – ein Weg über die »Rezeption« würde mehr über Entwicklung und Zustand der Humanwissenschaften in den letzten Jahrzehnten erzählen als über genealogischen Kontext und »intentionale Form« dieser Konzepte selbst. Vielversprechender scheint mir deshalb ein »Umweg«, auf dem sich die unauflösbare, selbst in einem schweren »Dialog« stehende Verstrickung soziobio-

1 Es liegt hier fernab aller Möglichkeiten, die tausendfache wissenschaftliche Literatur zu diesen beiden zentralen Konzepten auch nur ansatzweise aufzuarbeiten. Wenn man es genau nimmt, ist daraus ein eigener »Wissenschaftszweig« oder besser: Rezeptionsberg geworden. Abgesehen davon, dass in dieser Hinsicht der von Bourdieu immer wieder kritisierte »Scholastizismus«, die akademische Zwanghaftigkeit klassifikatorischer Zurechnungen, eine erhebliche Rolle spielt, kann die ganze Masse der Rezeption in diesem Rahmen ersichtlich nicht bewältigt werden. Ich beschränke mich deshalb auf die nötigsten Hinweise und vor allem auf einen Zugang, der sowohl die »genetische«, die »prozessuale« Seite der Entwicklung jener Konzepte nachzuvollziehen versucht, und gleichzeitig den epistemologisch »offenen« Charakter dieser Begriffsbildungen hervorhebt – Bourdieus »Konzepte« sind »Hilfsmittel«, die nur durch empirische Forschung so etwas wie »Wahrheiten« vermitteln können.

graphischer und wissenschaftshistorischer »Umgebungen« immer mehr »begriffliche« Gestalt zu eigen macht. Es gibt hier nicht den anekdotischen Apfel Newtons, der in die »vorklassische« Mechanik einschlug – Bourdieus epochale Ernte in den noch nicht einmal »klassischen« Humanwissenschaften wird eingebracht durch ein tastendes, versuchendes, ständig sich rückversicherndes Unternehmen, in dem erst langsam, schrittweise, eine mögliche Weitung ihrer theoretischen Horizonte sichtbar wird.

Und das ist es nicht allein. Denn es wäre verfehlt, hier nur von einer soziologischen »Theorie« zu sprechen, an die sich dann allerhand sozialphilosophische Deutungsversuche anknüpfen lassen. Die zunehmende Einebnung ihrer »kategorialen« Gewissheiten beschreibt nur eine Seite dieses Unternehmens, zu dessen charakteristischen Eigenschaften es gehört, eben *nicht* wesentlich in »Begriffen«, jenen »Kategorien« zu denken, aus deren Glaubenssätzen sich der sozialphilosophische Diskurs ständig neu zu erfinden weiß – Bourdieus »Begriffsbildungen« stehen am Ende einer langen Reihe von Forschungen und sind dann nur als eine Art »Hilfsmittel« gedacht, um eine enorm komplexe soziale Wirklichkeit zu verstehen, die ganz ihren eigenen Kategorien verpflichtet ist. Denn dies beschreibt die andere Seite des Bourdieu'schen Unternehmens: nicht nur den gänzlich unorthodoxen Umgang mit den Figuren – und Spielregeln – auf dem Schachbrett humanwissenschaftlicher Diskurse, sondern nicht zuletzt den empirischen Zugang, die Breite und Tiefe des Vorgehens, die Fülle seiner Erkenntnisse, die als Versuch einer Antwort auf ihre entscheidenden Fragen in dieser Art wohl einzigartig dastehen.

Bedenkt man diesen Hintergrund, dann haben wir es hier gleichzeitig mit einer epistemologischen »Formation« und einem epistemologischen »Format« zu tun, die, zunehmend »intentional« und zunehmend explizit, nicht nur quer zu den Koordinaten der damaligen humanwissenschaftlichen Topographie stehen, sondern auch mit ihrer empirischen Dichte eine bis dahin kaum bekannte Verbindung von »Theorie« und »Praxis« in den *sciences humaines* verwirklichen – eine neue und seitdem nie wieder erreichte Form wissenschaftlicher Arbeit, die dort ihre Möglichkeiten an die Grenzen des Machbaren vorantreibt. Lassen wir aber hier dieses ungewöhnliche »Format« der Bourdieu'schen Soziologie beiseite – es wäre eines eigenen Kommentars wert. Sondern versuchen wir ihre epistemologische »Formation«, die Etappen des Weges zu »Habitus« und »Praxis« nachzuvollziehen.

Bourdieu begins – Eine Suchbewegung

Über die »Anfänge« der »Bourdieu'schen« Soziologie, ihre Motivationen und Intentionen, gehen die Meinungen auseinander. Dass sie überhaupt erst ins Blickfeld der Rezeption geraten sind, folgt wiederum einem ganz »klassischen« Muster: Der Tod eines »Klassikers« lenkt den Blick auf das »Werk« – und der Streit um Deutungshoheit setzt ein. Wie viel vom »reifen« Bourdieu steckt im »frühen«, wo liegen die Fundamente dieser außerordentlichen Soziologie – für *Bourdieu begins* liegen verschiedene Drehbücher vor. Das eine betont aus gutem Grund den entscheidenden Stellenwert der algerischen Erfahrung mit all ihren soziobiographischen und »soziotopologischen« Turbulenzen. Aus einfacheren Verhältnissen und einer der abgelegensten Ecken Frankreichs gelangt Bourdieu nach Paris, studiert Philosophie; als vorzüglicher Abgänger der prestigereichen *École normale supérieure* wird er Mitte der 1950er-Jahre zum Wehrdienst in ein unruhiges Algerien eingezogen, landet in den Schreibstuben der Kolonialverwaltung – ein biographisches Moratorium der besonderen Art. Bourdieu nutzt diese Zeit aber als arbeitsbesessener »Beobachter« einer »fremden« Kultur, die mit den Zwängen und Zumutungen einer oktroyierten Moderne kämpft – für die »Statistik« dieser fremden Welt sitzt er an der Quelle, eine »Ethnographie« des Landes mit seinen ganz unterschiedlichen Formen »traditioneller« sozialer Verfassungen, seinen Städten und seinen geographisch verstreuten »Kommunen« geschieht dann aber über unwegsames Gelände, in Begleitung Einheimischer und in einer klapprigen *Dauphine*; zahllose Gespräche werden geführt, Tausende Photographien entstehen – ein Eindruck, der bleiben wird. Es wäre ein Fehler, diese Art der Anschauung als noch »leer« aufzufassen, sie als »Kristallisationskern des Werks« zu bestreiten.[2]

2 Diese algerische Erfahrung hat Bourdieu sehr viel später in seiner »Autobiographie« genauer geschildert, vgl. *Ein soziologischer Selbstversuch*, Frankfurt/M.: Suhrkamp, 2002, S. 45-66. Zu ihrem Stellenwert in der Werkgenese zuerst Franz Schultheis in seinem Nachwort zur deutschen Übersetzung von *Algérie '60*, Paris: Minuit, 1977, vgl. *Die zwei Gesichter der Arbeit*, Konstanz: UVK, 2000, S. 165-184.

Denn die zweite Version des Drehbuchs über den »frühen« Bourdieu versucht genau dies, will, in typisch »klassischer« Manier, stattdessen seine »philosophische Vorbildung« als formatives Moment einer Theorie der sozialen Welt erkennen, die aber doch gerade die Gewissheiten dieser Vorbildung infrage stellt. Auch das, den ausgebildeten Philosophen, seine Auseinandersetzung mit den intellektuellen Strömungen der Zeit, kann gewiss niemand bestreiten. Nur stellt sich die Frage, weshalb diese Auseinandersetzung in eine Richtung verläuft, die dann, darüber besteht immerhin Einigkeit, am Ende »quer« zu den damaligen philosophischen Koordinaten steht – auch hier ist die »Phänomenologie«, sind Husserl und Merleau-Ponty, sind der ganz eigene »Existenzialismus« Sartres und der ebenso eigene »Strukturalismus« bei Lévi-Strauss nur die nötigen »Reibungsflächen«, um die von einem »Philosophen« wahrgenommene intellektuelle Topographie der Zeit in eine neuartige »Anthropologie« des »Soziologen« zu verwandeln. Die »Wahrheit« der intellektuellen Entwicklung der Bourdieu'schen Soziologie liegt aber vielleicht anderswo, nämlich in der »Wirklichkeit« intellektueller Formationsprozesse, einer Wirklichkeit, die jedenfalls nicht unbedingt so verlaufen muss, wie es alle ihre »internalistischen« Deutungsansätze unterstellen – hält man sich an die ebenso »klassischen« wie klassisch ignorierten Versuche einer Nachvollziehbarkeit der Formation wissenschaftlicher Erkenntnisse, wie sie in

Mit dem Band *Images d'Algérie*, Arles: Actes Sud, 2003, einer Zusammenstellung von Textauszügen der algerischen Arbeiten Bourdieus, begleitet von umfangreichem photographischem Material, setzt dann auch die weitere Rezeption ein, vgl. Tassadit Yacine, »L'Algérie: matrice d'un œuvre«, in: Pierre Encrevé, Rose-Marie Lagrave (Hg.), *Travailler avec Bourdieu*, Paris: Flammarion, 2003, S. 333-345, ausführlich wiederum bei Schultheis, *Bourdieus Wege in die Soziologie*, Konstanz: UVK, 2007, dort auch die Rede von einem »Kristallisationskern« der gesamten Theorie Bourdieus. Dass man davon tatsächlich aus gutem Grund sprechen kann, hängt allerdings weniger mit den »begriffsbildenden« Aspekten der algerischen Erfahrung zusammen als vielmehr mit einem »anthropologischen« Erstaunen angesichts der *Persistenz* genau jener Schemata des Wahrnehmens, Denkens, Verhaltens und Handelns, die später in Bourdieus Habitusbegriff zusammenfließen. Das Bild eines »Kristallisationskerns« ist deshalb gut gewählt – wer sich in den Lehrbüchern der Festkörperphysik umsieht, wird darüber in Kenntnis gesetzt, dass, um einen Kristall zu bilden, der auszukristallisierende Stoff erst in eine »Übersättigung« gebracht werden muss, und wenn man sich Bourdieus umfangreiche Produktion in seiner Zeit in Algerien vor Augen führt, kann an dieser »Übersättigung« kaum ein Zweifel aufkommen.

der ihrerseits sehr eigenen französischen »Epistemologie« etwa von Bachelard oder Canguilhem unternommen wurden, dann könnten Zweifel darüber aufkommen, ob eine rein intellektualistische Deutung dieser Wirklichkeit standhält.[3] Dass sich bei Bourdieu, in typischer Weise, in einer Art »Serpentinen« des Rückblicks auf die algerischen Erfahrungen, ein »theoretischer« Formationsprozess vollzieht, ist ebenso plausibel wie der Beitrag, den die Auseinandersetzung mit den intellektuellen Strömungen der Zeit dazu leistet.

Nach allem scheint es, als müsste man die theoretische Entwicklung der Bourdieu'schen Soziologie als etwas begreifen, das, wie der Weg von Magellan, über eine ständig an der Realität gemes-

3 Insofern bleibt es nur die halbe Wahrheit, wenn die algerischen Erfahrungen Bourdieus hinter seine »philosophische Vorbildung« gerückt werden, vgl. etwa Alexander Lenger et al. (Hg.), *Pierre Bourdieus Konzeption des Habitus*, Wiesbaden: Springer, 2013, 15 ff., und schlichtweg falsch ist dort die Behauptung, Bourdieu habe in diesem Zusammenhang nur eine Monographie, nämlich *Sociologie de l'Algérie*, und »drei kürzere Beiträge« veröffentlicht. Richtig ist vielmehr, dass Bourdieu noch während seines Wehrdienstes diese Monographie geschrieben, in der darauffolgenden Zeit als Assistent an der Universität von Algier tatsächlich »nur« drei weitere Texte veröffentlicht hat, aber die algerische Erfahrung zu Beginn der 1960er-Jahre nicht nur in einem halben Dutzend weiterer Schriften verarbeitet wurde, sondern auch in der über 500 Seiten umfassenden Monographie *Travail et travailleurs en Algérie*, Paris, Den Haag: Mouton, 1963, die, in Zusammenarbeit mit Alain Darbel, Jean-Paul Rivet und Claude Seibel, auch eine Masse an statistischem Material bietet, dazu, mit Abdelmalek Sayad, *Le déracinement*, Paris: Minuit, 1964 – in fünf Jahren über 1000 Seiten »Algerien« sind zu viele, um diese Erfahrung als theoretisch »leeres«, erst durch den »philosophischen Hintergrund« gesättigtes Moment der Bourdieu'schen Soziologie zu begreifen, sondern erreichen genau jene »Übersättigung«, die einem »Kristallisationskern« zu seinem Wachstum verhilft. Im Übrigen ist darauf hinzuweisen, dass hier gerade in der deutschen Rezeption selbst eine erhebliche Leerstelle existiert – es genügt schon der Hinweis, dass Bourdieus 1958 veröffentlichte *Sociologie de l'Algérie* nicht allzu lange danach als *The Algerians*, Boston: Beacon Press, 1962, erscheint, eine Studie, die bis heute nicht in deutscher Übersetzung erhältlich ist, und dass die in der deutschen Rezeption scheinbar so »wenigen« algerischen Texte bis Anfang der 1970er-Jahre sämtlich im angloamerikanischen Raum publiziert worden sind. Selbst in Frankreich musste man lange, bis zu den *Esquisses algériennes*, Paris: Seuil, 2008, darauf warten, die immerhin bald danach als *Algerische Skizzen*, Berlin: Suhrkamp, 2010, erschienen sind. Aber schon Bourdieus »Summe« seiner algerischen Studien, *Algérie '60*, Paris: Minuit, 1977, wurde kurz danach in dem von Richard Nice herausgegebenen Band *Algeria 1960. The Disenchantement of the World*, veröffentlicht, Cambridge: Cambridge University Press, 1979 [dt. zuerst als *Die zwei Gesichter der Arbeit*, Konstanz: UVK, 2000].

sene »Suche« verläuft, mit ihren Sackgassen, Untiefen, Versuchen der Positionsbestimmung, für die noch keine ausgereiften »technischen« Instrumente vorhanden sind – Bourdieus Weg ist langwierig, zwischen *Sociologie de l'Algérie* und der endlichen Findung des »Durchgangs« in *Le sens pratique* liegen über zwanzig Jahre, begleitet nicht nur von, sondern geradezu »vollgepackt« mit bildungssoziologischen, klassentheoretischen, »kulturwissenschaftlichen« Studien, die auch empirisch derart eng geflochten sind, dass einer »theoretischen« Verdichtung der Bourdieu'schen Soziologie von dorther zumindest ein Mitspracherecht eingeräumt werden müsste. Wenn man sich also auf den möglichen »Kosmos« ihres begriffsbildenden Hintergrundes konzentriert, kommt man an der algerischen Erfahrung nicht vorbei.[4]

Images d'Algérie – Tradition und Moderne, »Ethos« und ökonomische Praxis

Als Bourdieu Mitte der 1950er-Jahre nach Algerien kommt, verbünden sich eigenwillige Konstellationen, Konstellationen des Widerwillens, des Widerstands, der Widerständigkeit. Alles andere als ein begeisterter »Soldat« im Dienste der französischen Kolonialmacht, ist Bourdieu schon von seiner biographischen Flugbahn her ein ganz »untypischer« *Normalien*, die philosophische »Vorbildung« hat er im Gepäck, doch in Algerien geschieht etwas Besonderes – der widerborstige Südfranzose trifft auf widerborstige Einheimische, auf eine »Kultur«, die sich mit Kräften gegen den Zwang sträubt, eine andere als sie selbst werden zu müssen. Er wird Beobachter nicht nur eines bewaffneten Kampfes um »Unabhän-

4 Es ist und bleibt ein Problem auch der humanwissenschaftlichen Geschichtsschreibung, sich mehr oder weniger ausschließlich auf die Genese von »Konzepten« zu konzentrieren, auf die »Anleihen« und »Weiterentwicklungen« aus und in einem Diskursfeld, das in der Tat den Hintergrund für jeden intellektuellen Formationsprozess abgibt. Nur wird dabei allzu leicht übersehen, wie sehr, gerade in der soziologischen »Abteilung« der *sciences humaines*, auch das eine Rolle spielen kann, was man nicht nur in den *natural sciences*, sondern in jeder »Schulung« menschlicher Wahrnehmung als »Erfahrungswerte« bezeichnet – Bourdieus langjähriger Aufenthalt in Algerien gehört ganz sicher zu dieser Art der Schulung eines Blicks auf soziale Wirklichkeiten.

gigkeit« mit all seinen tiefreichenden Folgen, sondern auch einer völlig anderen, einer »vormodernen« Welt. Wie vielschichtig diese Welt ist, hat Bourdieu schon in seiner ersten Monographie, einer *Sociologie de l'Algérie*, gezeigt. Es geht um die Kabylen, die Chaouïa, um die Mozabiten, um die kaum oder nur »halb« von der arabischen Kultur beeinflussten »Stammeskulturen«, die städtische, vornehmlich arabisch geprägte Kultur, Nomaden, Halbnomaden, und dabei entsteht ein auch geographisches, aber vor allem kulturelles »Panorama«, aus dessen Mitte sich die Frage nach Unterschieden und Gemeinsamkeiten des *Maghreb* stellt, nach den *fonds communs*, einer *identité profonde*, die dieser Welt eigen ist und die durch die Kolonialherrschaft einem radikalen Wandel ausgesetzt wird, einer fremden »Infusion« in das gemeinsame kulturelle Blut, das durch diese Welt strömt, einem Wechselbad von Entfremdung und Anpassungszwängen, einer Art »Dialyse« zwischen Tradition und Moderne – Bourdieu zeigen sich dort, in Algerien, die Transformationen je eigener »traditionaler« Gesellschaften unter dem Druck »moderner« Kolonialherrschaft, er wird Beobachter eines in jeder Hinsicht exemplarischen sozialen »Laboratoriums«.

Wie spezifisch diese Erfahrung gewesen ist, davon geben Bourdieus Studien aus dieser Zeit beredte Auskunft: Sie kreisen allesamt um ebenden »vormodernen« Zusammenhang einer Ökonomie, in der »gewirtschaftet« wird, ohne – im heutigen Sinne – zu »arbeiten«, in der beides eingebettet ist in den großen Zusammenhang einer Lebenspraxis, die von religiösen oder rituellen Maßgaben bestimmt scheint, die mit ihrer seltsamen »Ökonomie der Ehre« aber eine ganz andere Handlungslogik beschreibt, in der die religiöse Komponente nur eine Art »Platzhalter« ist für den unwandelbaren Platz der sozialen und damit auch der symbolischen Ordnungsverhältnisse, und die so das individuelle und kollektive Handeln mit unnachgiebigem Zwang bestimmt. Bourdieu erkennt hier, an dem durch die neue ökonomische Wirklichkeit bedingten Auseinanderfallen von »rational« erwartbarem und dem »irrationalen« Verhalten der Kolonisierten, das eigentümliche, nämlich ganz »unökonomische« Beharrungsvermögen dieser Logik eingelebter Praxis – gerade die »archaische« Ökonomie der algerischen Berber zeigt ihm das untrennbare Miteinander ökonomischer und ethischer Motive des Handelns, einen Zusammenhang, der ohne das Verständnis der gesamten vormodernen Lebensweise und der Struktur ihrer kollektiven Reproduktion des Verhältnisses von »Besitz« und »Ehre« gar nicht zu entschlüsseln war.

Man sollte das im rezeptionsgeschichtlichen Gedächtnis behalten, wenn von der Genese eines »Konzepts« die Rede ist, das sich dann im Begriff des »Habitus« verdichtet. Bourdieu spricht in seinen algerischen Studien nicht davon, sondern von einem »Ethos«, der Notwendigkeit, eine »Kultur« aus ihrer eigenen Logik heraus zu verstehen, *selon les normes et les valeurs qui lui sont propres.*[5] Es sind zunächst also die »Normen und Werte«, ist das ganz eigene »Ethos«, das Bourdieu im »traditionalen« Algerien antrifft, und die enorme Spannung zwischen diesen in allen Fasern der Existenz verankerten »Normen und Werten« und dem völlig anders gearteten, dem »ökonomischen« Weltbild der »modernen« Besatzer gleicht hier einem »anthropologischen Lackmustest«, dessen Streifen sich mit zunehmender Entfernung von »quasi-systematischen« zivilisatorischen Einflüssen, auch der arabischen Kultur, immer mehr mit mythologischer, kosmogonischer, mit einer »archaischen« Welterfahrung einfärbt – selbst wenn hier also noch nicht von einem »Habitus« gesprochen wird, sondern von einem »Ethos«, entsteht dabei doch das Gespür nicht nur für die soziohistorische und sozioökonomische Variabilität des kollektiven menschlichen »Weltverhältnisses«, sondern auch die bis ins Innere des Menschen reichende »Schwerkraft«, die dieses Verhältnis auszeichnet.

Wenn also der »frühe« Bourdieu von einem »Ethos« spricht, dann ist darin zwar noch nicht der spätere »Habitus« ganz enthalten, aber an der spezifischen »Wirtschaftsgesinnung« der aufgrund ihrer Diversität wohl eher im Plural erfahrenen algerischen »Gesellschaften« erkennt Bourdieu eine »Haltung zur Welt«, die ziemlich genau an eine Fragestellung anschließen kann, mit der Max Weber ein halbes Jahrhundert zuvor dem eklatanten Unterschied zwischen

5 Vgl. den Einleitungsabsatz zu »La logique interne de la société algérienne originale«, in: *Le Sous-Développement en Algérie*, Algier: Secrétariat social, 1959, S. 40-51. Im Übrigen ist diese Eröffnung auch deshalb bemerkenswert, weil Bourdieu schon hier nicht mehr als »Philosoph« auftritt, sondern als »Soziologe«, mitsamt einem Bekenntnis, das sich durch das gesamte Werk zieht, Bekenntnis zu einer Wissenschaft, die gerade nicht urteilen will, sondern verstehen – »Le dessein du sociologue n'est pas de juger, mais de comprendre«. In dieser Hinsicht jedenfalls ist Bourdieu schon damals völlig bei sich, seine intellektuelle Formation wird dadurch zwar nicht zur Randnotiz, erscheint aber weniger erstrangig, als es manche Rekonstruktionen des Werks nahelegen.

»Tradition« und »Moderne« nachzugehen versucht hatte. Dass sich Bourdieu während seiner Forschungen in Algerien intensiv mit Max Weber beschäftigt, ist seit Längerem bekannt.[6] Bourdieu liest die *Protestantische Ethik*, fertigt aus *Wirtschaft und Gesellschaft* eigene Übersetzungen an, und er entdeckt dabei einen damals unbekannten, einen »spiritualistischen« Weber – hinter dem orthodoxen Klassiker der *Wissenschaftslehre* lässt sich ein anderer Weber erkennen, ein historischer Beobachter praktischer Lebensentwürfe, in denen geistig-seelische Verhaltensmaßstäbe untrennbar mit einem handgreiflichen, ganz materialistischen Wirtschaftsgebaren verschwistert sind. Vor dem Hintergrund seiner ethnographischen Forschungen fragt Bourdieu nach den Möglichkeitsbedingungen einer spezifisch ökonomischen Rationalität, einem »Geist des Kapitalismus«, dessen »Einverleibung« im *homo oeconomicus*, nach den »Einstellungen«, die eine kapitalistische Wirtschaftsordnung ermöglichen oder ihrer Verwirklichung in den »Köpfen« entgegenstehen – und stößt bei den unterschiedlichen Gruppen gerade auf religiöse Vorstellungen, die mit einer verblüffend unterschiedlichen Anpassungsfähigkeit an die Logik marktwirtschaftlichen Handelns einhergehen, wie sie die Kolonialgesellschaft in Algerien als eine allgegenwärtige Tatsache, als gebieterischer kultureller Verhaltensentwurf und überlegene ökonomische Ordnung erzwingt.

6 Vgl. dazu insbesondere das Gespräch in Bourdieu, *Das religiöse Feld*, Konstanz: UVK, 2000, S. 111-129, und wenn man sich die Verweise auf Weber in seinen algerischen Schriften ansieht, gerade bei der Frage, was eine »traditionale« Gesellschaft in ihrem Umgang mit »Zeit« und »Wirtschaften« kennzeichnet, dann ist diese intellektuelle »Handreichung« kaum zu übersehen – gerade in *Le déracinement* finden sich zahllose begriffliche Umschreibungen des »praktischen« Gehalts dessen, was Weber, zwar nicht zuerst, aber doch wohl am prägnantesten als »Traditionalismus« bezeichnet hatte. Und selbst wenn hier der Begriff des »Habitus« nur sporadisch auftaucht, so ist doch, nimmt man die »philosophische«, und das heißt, der damaligen »Mode« entsprechend, jene phänomenologische »Vorbildung« dazu, die im Übrigen bei Merleau-Ponty in seinen *Aventures de la dialactique* mit unmissverständlichen Hinweisen auf Weber versehen war, dann ist zu erahnen, wie Bourdieu die Rede Webers von einem »Kosmos« interpretieren konnte, in dem sich die Menschen schier unentrinnbar befinden. Dass dabei, auch nicht »zufällig«, Alfred Schütz, mit dem sich Bourdieu gleichzeitig beschäftigt, ständig bei Weber »borgt«, macht die algerische Erfahrung allerdings nicht intellektualistischer, als es die Rezeption der späteren »Einfälle« Bourdieus nahelegt – es ist die Erfahrung, die ungemein »dichte« Erfahrung dieses »Kosmos« selbst, die hier entscheidend wird und entscheidend wirkt.

Doch diese algerische Erfahrung, von der Bourdieu im Rückblick als einer Art »Konversion« spricht, diese *Images d'Algérie*, haben mehr zu bedeuten.[7] Denn hier wird, jenseits des krassen Widerspruchs zwischen »Tradition« und »Moderne« mit allen ihren »ethischen« Gegensätzen, die Frage aufgeworfen, worin eigentlich, und erneut jenseits der auch für Weber selbstverständlichen Tatsache der historischen »Gewordenheit« einer spezifischen »Wirtschaftsgesinnung«, die letztlich kaum überwindbare und gleichzeitig »unsichtbare« Schwelle besteht, die völlig andere »Lebenswelten« voneinander trennt – mit wenigstens einer »Ahnung« von den »anthropologischen« Dimensionen des Verhältnisses zwischen »Lebenshaltung« und »Lebenspraxis«, von einer in »Fleisch und Blut« übergehenden »Ordnung der Praxisformen«, kehrt Bourdieu aus der algerischen Kolonie zurück. Allerdings: Wenn man sieht, was Bourdieu nach seiner Rückkehr betreibt, muss diese Ahnung nicht so sehr oberflächlicher als vielmehr substantieller Natur gewesen sein.

Denn in Frankreich knüpft Bourdieu an die algerischen Forschungen an. Seine Studien zum Heiratsverhalten am Ort der eigenen Kindheit und Jugend, im südwestfranzösischen Béarn, einer ländlichen Gesellschaft, die damals in ähnlicher Weise wie die algerische von massiven Transformationen erfasst wird, zeigt sich der erzwungene »Zölibat« der Hoferben nicht nur als Folge einer kulturhistorisch weitreichenden Veränderung, bei der in die bäuerliche Welt eine Gesellschaft einbricht, deren massiver ökonomischer Strukturwandel einen Wandel der Reproduktionsmöglichkeiten und Reproduktionsnotwendigkeiten des sozialen Erbes erzwingt. Sondern sie ermöglicht es Bourdieu auch, an dieser Nahtstelle der sozialen Welt überhaupt, eben an dieser Weitergabe des »Erbes«, die nicht allein ökonomische, sondern auch symbolische Dimen-

7 Vgl. Bourdieu, *Ein soziologischer Selbstversuch*. Er selbst hat diese *Esquisse pour une auto-analyse*, Paris: Raisons d'agir, 2004, deren »Vorskizze« als bescheidene letzte in seinen Vorlesungen am Collège de France auftaucht, vgl. *Science de la science et réflexivité*, Paris: Raisons d'agir, 2001, S. 184-220, nur auf Drängen seiner Freunde und Kollegen ausführlicher gestaltet, und es ist dieser »Selbsterklärung« auch das Unwohlsein anzumerken, in die Fallen der Retrospektion zu tappen – die »Konversion« des Philosophen zum Soziologen scheint hier nämlich weniger »intellektueller« als vielmehr »soziobiographischer« Art, eine Rückbesinnung auf Herkunft und jenen sozialen »Ortssinn«, dem auch der gesamte Komplex der Beziehungen von »Habitus« und »Praxis« zugrunde liegt.

sion kollektiver Praxis in die wissenschaftliche Reflexion zurückzuholen, einer Praxis, die als solche, als sinnstiftendes Moment einer gesamten Lebensweise in den Blick eines immer mehr »soziologischen« Denkens rückt – in *Le bal des célibataires* hat Bourdieu, kurz vor seinem Tod, die Etappen dieser persönlichen wie intellektuellen Selbstvergewisserung noch einmal anschaulich werden lassen.[8]

Wenn man nun versucht, die theoretischen Entwicklungslinien dieser Erfahrungen freizulegen, dann sind es wohl zwei miteinander in Verbindung stehende Fragen gewesen, die Bourdieu damals vor allem beschäftigt haben. Selbst wenn diese nachträgliche Zuspitzung etwas erzwungen wirkt – es sind letztlich Fragen des Verhältnisses von menschlicher Handlungslogik und sozialer Strukturlogik, einer »Rationalität« menschlichen Handelns, die ohne ihre »praktische Umgebung«, ohne die von ihr verhängten ökonomischen und sozialen Zwänge, ohne die von ihnen »im Menschen« als gebieterisch »notwendig« empfundene Macht nicht auskommt. Und tatsächlich ist dies eine Zeit, sind es die 1960er- und 1970er-Jahre, in der Bourdieus Soziologie ihre wesentlichen Züge entwickelt. Denn selbst wenn erst *La distinction* und *Le sens pratique* ihren Abschluss bilden, die Grundgedanken des Werks zu einem dichten, geschlossenen Ganzen zusammenwachsen – seine entscheidenden Anlagen reifen schon Jahre zuvor heran: Zwischen den algerischen Forschungen, den Studien zum Béarn, zwischen *Les héritiers* und *L'amour de l'art* liegt ein intellektueller Formationsprozess, in dessen Verlauf sich völlig neue Perspektiven des Blicks auf die soziale Welt erschließen. Denn natürlich steht Bourdieu mit seiner ganz

8 Dass die algerischen Studien und die Untersuchungen im Béarn komplementär angelegt sind, verdeutlich schon ein Blick auf die Abfolge der Bourdieu'schen Publikationen zwischen Ende der 1950er- und Mitte der 1960er-Jahre, vgl. Yvette Delsaut, Marie-Christine Rivière, *Bibliographie des travaux de Pierre Bourdieu*, Paris: Le Temps des Cérises, 2002. Mit *Le bal des célibataires*, Paris: Seuil, 2002, ist nun tatsächlich ein »Gelenkstück« zwischen den algerischen Jahren und seiner frühen »Bildungssoziologie« vorhanden, das schon hier das theoretische Problem von »Basis« und »Überbau« zwischen »sozialer Reproduktion« und »symbolischer Ordnung« situiert. Eindeutiger Beleg für diesen dort allerdings weiter gefassten Zusammenhang ist übrigens auch der zweite Teil von *Le sens pratique*, Paris: Minuit, 1980, in dem Bourdieu seinen früheren Arbeiten über die Kabylen eine Studie zu den »Heiratsstrategien« im Béarn vorangestellt hat, vgl. dort »La terre et les stratégies matrimoniales«, S. 249-270 [dt. in: *Sozialer Sinn*, Frankfurt/M.: Suhrkamp, 1987, S. 264-287].

unorthodoxen Art des Forschens, einem damals und bis heute sehr unüblichen epistemologischen »Format« der Annäherung an soziale Wirklichkeit, trotz allem mitten in den Diskursen der Zeit, ihren disziplinären Leitsätzen und intellektuellen »Moden«, in Philosophie und Soziologie, Ethnologie und Anthropologie, einem Feld, konzentriert in Paris, durch das sich der provinzielle Außenseiter seinen eigenen Weg bahnen muss.

Images de Paris – Disziplinäre Dominanz und »intellektueller Totemismus«

Als Bourdieu nach Frankreich zurückkehrt, ist er längst kein Unbekannter mehr. Immerhin zu Beginn der 1960er-Jahre Assistent von Raymond Aron, kommt er an die philosophische Fakultät der Sorbonne, der »Ritterschlag« eines weit über den akademischen Betrieb hinaus renommierten Intellektuellen, wird dann Dozent an der Universität von Lille, seit Mitte der 1960er an der École des Hautes Études en Sciences Sociales, schließlich Leiter des mit Unterstützung Arons an der EHESS neu gegründeten Centre de Sociologie Européenne – Bourdieu war also trotz seiner offensichtlichen »Widerständigkeit« wenn nicht »präsent«, so doch durchaus »involviert« im intellektuellen Milieu eines Paris, das sich damals zwischen dem »Existentialismus« Sartres, der »marxistischen« Strömung um Althusser, dem »Strukturalismus« bei Lévi Strauss und dem sich hinter allem fast majestätisch erhebenden »phänomenologischen« Paradigma bewegte.[9]

9 Zu einer Darstellung der intellektuellen Topographie im Frankreich der Nachkriegszeit mit ihren zunächst zwischen Phänomenologie, Existentialismus und Marxismus, dann auch Strukturalismus verspannten Aufmerksamkeiten vgl. zur phänomenologischen Strömung Hans Spiegelberg, *The Phenomenological Movement. A Historical Introduction*, Den Haag: Nijhoff, 1980, auch Bernhard Waldenfels, *Phänomenologie in Frankreich*, Frankfurt/M.: Suhrkamp, 1984, zum existentialistischen Kristallisationspunkt Anna Boschetti, *Sartre et les Temps modernes*, Paris: Minuit, 1985, zum marxistischen Intellektualismus dieser Zeit unter anderen Frédéric Matonti, *Les intellectuels communistes*, Paris: La Découverte, 2005, zum Strukturalismus François Dosse, *Histoire du structuralisme*, 2 Bde., Paris: La Découverte, 1991/1992. Die Feststellung, dass damals der philosophische Gestus, gleich welcher Provenienz und wenn auch in häufig außeruniversitären Zusammenhängen, auf Kosten des soziologischen Paradigmas »sein« Terrain zu-

Doch gesichert ist hier nur, dass Bourdieu eine an Husserl angelehnte, bei Canguilhem angemeldete Dissertation über die »Zeitstrukturen des Gefühlslebens« plante – jenseits der scholastischen Übungen, die man in der *École normale* ihren »Kandidaten« abverlangte, kommentierten Übersetzungen, bei Foucault Kants *Anthropologie in pragmatischer Hinsicht*, bei Bourdieu die *Animadversiones* von Leibniz – und dann abgebrochen hatte, vor allem aber eine fast obsessive Infragestellung ebenjener »Großtheorien« entwickelte, die das intellektuelle Paris der Nachkriegszeit prägten. Denn nicht nur Bourdieus »Abrechnung« mit dem »totalen Intellektuellen« Sartre ist ein wiederkehrendes Motiv der Selbstverortung, deren Höhepunkt zweifellos *L'ontologie politique de Martin Heidegger* bildet, gnadenlose Sezierung der Heidegger'schen Sprachpolitik einer »Verdunkelung« anthropologischer Sachverhalte, ein Querschuss durch das phänomenologisch-heideggerianisch begeisterte Paris. Und auch nicht die ebenso gnadenlose sprachkritische Abrechnung mit den Ausprägungen des damals modischen »Marxismus« in *Le discours d'importance* – selbst dies sind eigentlich nur »Nebenschauplätze«.[10]

rückeroberte, ist nur schwer von der Hand zu weisen, ebenso wenig wie die von empirischer Seite erfolgten Geländegewinne einer expandierenden neuen »Disziplin«, vgl. zu den institutionellen und epistemologischen Transformationen des Fachs etwa Francis Farrugia, *La reconstruction de la sociologie française (1945-1965)*, Paris: L'Harmattan, 2000, im weiteren historischen Kontext Johan Heilbron, *French Sociology*, Ithaca, London: Cornell University Press, 2015, dort zur Nachkriegszeit S. 124-180.

10 Die Bezüge Bourdieus auf Sartre sind derart zahlreich, dass sich hier eine Aufzählung praktisch von selbst verbietet. Zum modischen, nicht zuletzt durch Sartre initiierten »Heideggerianismus« vgl. nur die erste Arbeit Bourdieus: L'ontologie politique de Martin Heidegger, *Actes de la Recherches en Sciences Sociales*, 1975, S. 109-156, im vielsagend betitelten Themenheft *La critique du discours lettré* [*Die politische Ontologie Martin Heideggers*, Frankfurt/M.: Syndikat, 1976], zum marxistischen Diskurs ebd.: La lecture de Marx: Quelques remarques critiques à propos de »Quelques remarques critiques à propos de *Lire Le Capital*«, S. 65-79 [»Ein Wichtigkeitsdiskurs: Einige soziologische Betrachtungen über ›Einige kritische Betrachtungen zu *Das Kapital lesen*‹«, in: *Was heißt Sprechen?*, Wien: Braumüller, 1990, S. 171-188] – beide Arbeiten übrigens offenbar so wichtig als Distanzierungsversuch, dass der Heidegger-Aufsatz in erweiterter Buchfassung, Paris: Minuit, 1988, erscheint [*Die politische Ontologie Martin Heideggers*, Frankfurt/M.: Suhrkamp, 1988] und »Le discours d'importance«, in: *Ce que parler veut dire*, Paris: Fayard, 1982 [wiederum in *Was heißt Sprechen?*, S. 171-188], aufgenommen wird.

Ganz entscheidend sieht dagegen die Auseinandersetzung mit dem französischen »Strukturalismus« aus. Und zwar aus verschiedenen Gründen. Der eine – und es scheint redundant, dies noch einmal zu erwähnen – ist eine kolossale Abneigung Bourdieus gegen »Großtheorien«, gegen narzisstisch selbstsichere Arten der »Welterklärung«. Dass dabei soziobiographische Aspekte hineinspielen, wird in seinem *Selbstversuch* sehr deutlich. Der andere ist, und hier kommen wir der intellektuellen »Formation« schon etwas näher, dass Bourdieu hier, aufgrund einer »Vorbildung«, die kaum etwas mit »Philosophie« zu tun hatte, sondern viel eher mit einer Wissenschaftstheorie, die nach praktischen »Mustern« von Erkenntnis suchte, mit Bachelard und Canguilhem, eine besondere Art von Struktur des menschlichen Handelns entdeckte, die sich selbst ihre Struktur, ihren »Überbau« zusammenzimmert – Bourdieus Kritik des Strukturalismus ist keine Kritik der Vorstellung von »Strukturen«, sondern der intellektualistischen Verneinung ihrer praktischen »Handhabe«. Bourdieu sieht im Versuch des damals überaus »aktuellen« Lévi-Strauss, des Meisters der damaligen »Paradedisziplin« Ethnologie, eine theoretische »Endgültigkeit«, die in der »Praxis« so gar nicht zu erkennen war. Die »Strukturen« der Praxis erweisen sich innerhalb ihres eigenen »Kosmos« als derart flexibel, dass Bourdieu die apodiktische Form des strukturalistischen Paradigmas der »Regel« infrage zu stellen beginnt.[11] Die

11 Das beginnt spätestens mit der von Bourdieu und Jean-Claude Passeron verfassten topographischen Analyse der französischen Geisteslandschaft nach dem Weltkrieg, vgl. Sociology and Philosophy in France since 1945: Death and Resurrection of a Philosophy without Subject, *Social Research*, 34, 1967, S. 162-212 [»Soziologie und Philosophie in Frankreich seit 1945: Tod und Wiederauferstehung einer Philosophie ohne Subjekt«, in: Wolf Lepenies (Hg.), *Geschichte der Soziologie*, Bd. 3, Frankfurt/M.: Suhrkamp, 1981, S. 496-551], und geht weiter mit Structuralism and Theory of Sociological Knowledge, *Social Research*, 35, 1968, S. 681-706 [»Strukturalismus und soziologische Wissenschaftstheorie«, in: Pierre Bourdieu, *Zur Soziologie der symbolischen Formen*, Frankfurt/M.: Suhrkamp, 1970, S. 7-41], den Bourdieu in seinem *Selbstversuch* als »ziemlich deutlich antistrukturalistischen Text« bezeichnet, vgl. dort S. 88 f., und findet seine konzentrierte Form in Bourdieus Nachwort zur Übersetzung von Panofskys *Gothic Architecture and Scolasticism*, vgl. *Architecture gothique et pensée scolastique*, Paris: Minuit, 1967, S. 135-167 [»Der Habitus als Vermittlung zwischen Struktur und Praxis«, in: *Zur Soziologie der symbolischen Formen*, S. 125-158] – es drängen sich also in diesen beiden Jahren Ende der 1960er die »Anschauungen« aus Algerien,

in Algerien erlernte oder auch erzwungene Praxis der Anschauung führt zu einer anderen Anschauung von »Praxis«.

Aber wenn es ein Dokument des intellektuellen »Hintergrunds« bei Bourdieu gibt, dann ist es sicher kein »strukturalistisches«. Bourdieu hat Ende der 1960er-Jahre zusammen mit Chamboredon und Passeron eine Art »Lehrbuch« publiziert, nur den ersten Teil eines an sich größer angelegten Projekts, *Le métier de sociologue*, eine »Handreichung« für das Verständnis der epistemologischen Grundlagen einer »Disziplin«, die gerade im Begriff war, zu einer solchen zu werden. Und gerade hier wird klar, woher Bourdieus Inspirationen kommen. Sie stammen nicht aus dem intellektuellen Fundus der Zeit, sondern sind gerade gegen ihn gerichtet, ganz anderer Natur. Sieht man sich die Textverweise dieses »Lehrbuchs« an, dann findet man weder Husserl noch Schütz noch irgendeine Art von »philosophischer« Anlehnung, sondern massenhaft: Bachelard, Canguilhem, Durkheim, Mauss, Marx, Weber – wenn es also jemals »Konvertiten« der Philosophie gegeben hat, dann ist Bourdieu einer der radikalsten. Er verflicht so eng das Erbe der französischen Epistemologie und die »Ahnen« der Soziologie, dass man seine philosophische »Vorbildung« nur in den unzähligen Fußnoten nachverfolgen kann, die seine Publikationen begleiten.[12]

dem Béarn und dem intellektuellen Paris in einer Weise zusammen, die entscheidend für die intellektuelle Formation Bourdieus werden.

12 Vgl. Pierre Bourdieu, Jean-Claude Chamboredon, Jean-Claude Passeron, *Le métier de sociologue*, Paris, Den Haag: Mouton, 1968 [*Soziologie als Beruf*, Berlin, New York: de Gruyter, 1991]. Dass diese Publikationen, die Topographie der französischen Geisteslandschaft mit *Sociology and Philosophy in France since 1945*, das »antistrukturalistische« Dokument *Structuralism and Theory of Sociological Knowledge*, das Nachwort zu Panofskys *Architecture gothique et pensée scolastique* und *Le métier de sociologue* innerhalb von nur zwei Jahren erscheinen, gibt ein starkes Argument für den Kulminationspunkt eines intellektuellen Formationsprozesses ab, der eher durch »soziologische« als durch »philosophische« Inspirationen begleitet wird. Und sieht man sich die von Bourdieu bei Minuit seit 1966 herausgegebene Reihe *Le sens commun* an, dann wird vielleicht deutlicher, wie weit gespannt die Interessen des Herausgebers waren, erstens, »philosophische« eher »antik« mit Büchern über Empedokles, Heraklit, Epikur, Lukrez, »moderner« erst mit Spinoza und vor allem, nicht ganz unwichtig, Cassirers *Philosophie der symbolischen Formen*, dann aber, zweitens, viele linguistische, ethnologische, anthropologische Publikationen – und die gesammelten Schriften Durkheims, die gesammelten Werke von Marcel Mauss. Wenn man diese Auswahl als »Be-

Bourdieu scheint, so sieht es jedenfalls nach dieser Lage aus, nicht zuletzt auch im Hinblick auf den soziobiographischen »Kontext«, schon von Beginn an eher »Soziologe« als »Philosoph« gewesen zu sein.

Aber natürlich spielen hier auch »theoretische« Überlegungen eine entscheidende Rolle, und dabei wird Bourdieu zu ebenjenem »Erfinder«, der zwischen einer sich mittlerweile »szientistisch« gebärdenden Soziologie, mit ihrer zwischen Sozialstatistik und Rational Choice verspannten Agenda, die sich immer mehr »disziplinäre« Dominanz erobert, und dem »intellektuellen« Paris, das sich seinen vielen »freigeistigen« Größen hingibt, einem »intellektuellen Totemismus«, ohne von ihnen auch nur die geringste »epistemologische« Disziplin zu erwarten, die nur ein Hauch von »Wissenschaft« durchwehte, seinen Ort findet – einem epistemologisch disziplinierten Freigeist, der die »kategorialen« Grenzen zwischen Ethnologie, Soziologie und Philosophie, nicht ohne genaueste Erklärungen, aber doch doktrinär unbekümmert, weitgehend ignoriert und hier die künstliche, weil intellektualistische Entgegensetzung von »Subjektivismus« und »Objektivismus« völlig »gegenstandslos« werden lässt.[13]

kenntnis« liest, dann wird es schwer, die »philosophische Vorbildung« Bourdieus als Treibstoff seiner Theorie der sozialen Welt zu begreifen, viel eher als Warnung, einen intellektuellen Determinismus von »Praxis« zu vermeiden.

13 Vgl. als wohl beste Beschreibungen der Bourdieu'schen »Haltung« Louis Pinto, *Pierre Bourdieu et la théorie du monde social*, Paris: Michel, 1998, und die sehr dezidierte Einleitung von Loïc Wacquant in *Réponses. Pour une anthropologie réflexive*, Paris: Seuil, 1992, S. 8-37 [*Reflexive Anthropologie*, Frankfurt/M.: Suhrkamp, 1996, S. 17-93]. Wie sich Bourdieu im akademischen Feld selbst verortet hat, wenn auch erst nach seinem Aufstieg ins Collège de France, zeigt eine instruktive Korrespondenzanalyse in *Homo academicus*, Paris: Minuit, 1984, S. 290 [*Homo Academicus*, Frankfurt/M.: Suhrkamp, 1988, S. 350 f.], nämlich in der am wenigsten prestigeträchtigen der akademischen Institutionen, der EPHS, einem Sammelbecken der »Außenseiter«, deren »Stars«, wie Lévi-Strauss, dann wenigstens ins Collège berufen werden, während sich an der Sorbonne die »Etablierten« die Hand reichen. Für einen Überblick zur unkonventionellen Arbeitsweise Bourdieus vgl. auch die Sammelbände *Travailler avec Bourdieu*, Paris: Flammarion, 2003, und *Rencontres avec Pierre Bourdieu*, Bellecombes-en-Bauges: Croquant, 2005, dort auch der Beitrag von Philippe Fritsch, der mit »Contre le totemisme intellectuel«, S. 81-100, sehr schön Bourdieus antiintellektualistischen »Stil« einfängt. Bourdieu ist dort ein »Zweifler« – und bringt damit beste Voraussetzungen für wissenschaftliche Erneuerung mit.

Wenn man also festhalten kann, dass Bourdieus »theoretische Ortsbestimmung« schon Ende der 1960er-Jahre gegen das »kategoriale« Denken des akademischen – und intellektuellen – »Betriebs« versucht, sich genau dem zu entwinden, dann ist dieser Prozess sicher auch einer der intellektuellen »Emanzipation« – schon in *Le métier de sociologue*, aber spätestens seit dem *Entwurf einer Theorie der Praxis* und endgültig mit *Le sens pratique* und seinen langen kritischen Einlassungen zum Problem humanwissenschaftlicher Erkenntnis, dem Problem der Verabsolutierung des »eigenen Blicks«, hat Bourdieu eine »Form« der Auseinandersetzung mit den Voraussetzungen dieser Erkenntnis erreicht, die sich dann wie eine Art »Explosion« in den *humanities* auswirken – auch die Kritik des »strukturalistischen« Paradigmas scheint hier im Nachhinein wie der im Übrigen sehr gelungene Versuch, sich von Dogmen zu lösen, eine Wissenschaft vom »Sozialen« als eine durch ebendieses selbst strukturierte zu begreifen.[14]

Die Bilder also, die Bourdieu aus dem universitären und gleichzeitig »intellektuellen« Paris einfängt, kontrastieren derart radikal mit den algerischen Erfahrungen, dass hier tatsächlich eine nicht nur soziobiographische, sondern vor allem auch eine »theoretische« Irritation entstehen mussten, die, zusammengenommen, einen »generischen Zweifel« zur Grundlage seiner Theorie der sozialen Welt werden lassen – auch wenn wissenschaftliche »Erfindungen« immer die Auseinandersetzung mit dem bestehenden Kanon voraussetzen, scheint doch bei Bourdieu eine solche »Diakrisis« dermaßen ausgeprägt, dass man fast von einer Art »Zwangsläufigkeit« sprechen könnte. »Habitus« und »Praxis« sind nur der begriffliche Ausdruck dieses intellektuellen Zweifels.

14 Bourdieus Auseinandersetzungen mit sämtlichen Ausprägungen der damaligen Philosophie, Ethnologie, Soziologie sind derart prägnant, dass man hier nur auf die *Critique de la raison théorique* verweisen muss, vgl. *Le sens pratique*, S. 43-244, ganz abgesehen von einem enormen »Préface«, S. 7-41, in dem Bourdieu eine komplette »Dekonstruktion« des akademischen »Weltbildes« der »Weltbilder« betreibt [vgl. *Sozialer Sinn*, S. 47-258 und S. 7-45]. Und wenn man diese »Ortsbestimmungen« liest, dann ist der »Strukturalismus« letztlich auch nur einer der Gradmesser für eine Soziologie, die sich, wie Bourdieu und das Centre de Sociologie Européenne mitsamt den *Actes de la Recherche en Sciences Sociales* immer wieder verdeutlicht haben, an sozialen Wirklichkeiten »abarbeiten« muss – ihre eigenen »Weltbilder« und »Lebensformen« eingeschlossen.

Habitus – Wie die Außenwelt ins Innere des Menschen dringt

Es ist weniger »problematisch«, Bourdieus »Konzepte« von »Habitus« und »Praxis« getrennt voneinander zu behandeln, selbst wenn das in der Rezeption, schon der begrifflichen Einfachheit halber, gerne getan wird.[15] Aber wenn man sich schon darauf einlässt, dann sind hier einige Vorbemerkungen nötig. Die erste bezieht sich auf einen ständig wiederholten Verweis zu den philosophischen, den antiken und dann in der Scholastik aufgegriffenen »Quellen«. Es soll hier nicht bestritten werden, dass Bourdieus philosophische »Vorbildung« durchaus eine Rolle gespielt hat bei der »Konzeptualisierung« eines Zusammenhangs, der dann aber bei ihm völlig anders aussieht – die »anthropologische«, mithin »aristotelische« Seite des »Konzepts« lässt nämlich, in typisch »akademischer« Manier, völlig vergessen, wo die konkreten historischen »Wurzeln« des »Soziologen« aufzufinden sind.

Denn die sind dort verankert, wo sich zwischen Durkheims *Formes élémentaires de la vie religieuse* – ursprünglich *de la vie et la pratique religieuse* – und dem Werk von Marcel Mauss, einer »Sozialanthropologie« ganz neuen Maßstabs, die in den »marginalen« Sektionen der EPHE gelehrt wurde, eine Spannung aufbaut, die vor dem Hintergrund der algerischen Erfahrungen geradezu »elektrisierend« wirken musste. Schon Maurice Halbwachs, Freund und Mitstreiter von Marcel Mauss in der »Schule« Durkheims, hatte über dessen kurzen Beitrag zu den »Techniken des Körpers« geschrieben, ein Motiv, das in Bourdieus Begriff der *hexis* als untrennbaren Bestandteils des »Habitus« wiederauftaucht, und das gesamte epistemologische »Arsenal« des »Konzepts« ist, auch wenn man gerne die philosophischen Anklänge unterstreicht, doch wesentlich

15 Es ist hier möglicherweise die richtige Stelle, darauf hinzuweisen, dass in diesem Kommentar nicht auf die Abertausenden Einlassungen zu Bourdieus Begriffen von *Habitus* und *Praxis* eingegangen werden kann und schon gar nicht auf die daran anschließenden »Forschungsperspektiven«. Der hier angestellte Versuch, einen *epistemologischen* Zugang zu Genese und Gehalt dieser »Konzepte« zu gewinnen, widerstrebt zumindest jener Art von Akademisierung, die, »kritisch« oder verabsolutierend, genau dies in den »Konzepten« nicht wahrnehmen wollen: Eine begriffliche »Behelfsmäßigkeit«, die nur dazu dient, echter sozialwissenschaftlicher Forschung auf den Weg zu helfen.

aus der Art bestückt, die damals zwischen »Soziologie« und »Anthropologie« eine feste Verbindung herzustellen versuchte.

Wenn man Schopenhauers »Weltknoten« als Bezeichnung dessen nimmt, was damals, und bis heute, als Leib-Seele-Problematik thematisiert wurde, dann steht Bourdieu mit seiner Verbindung von »Habitus« und »Praxis« inmitten dieser Frage – und löst sie auf ganz eigene Weise. Denn tatsächlich sind bei Bourdieu Leib und Seele derart mit der »praktischen« Welt verbunden, mit dem »Alltag« unentwirrbar »verknotet«, dass diesen Knoten zu durchschlagen weder »theoretisch« noch »konzeptuell« möglich ist. Stattdessen betreibt Bourdieu etwas ganz anderes: Veranschaulichung – seine Studien sind nur zu begreifen als Versuch, die »Einverleibung« sozialer Strukturen »sinnbildlich« zu machen. Das gilt für das »Konzept« des *Habitus* ebenso wie für eine »Theorie« der *Praxis*. Beides ist so eng »verknotet«, dass man die Begriffe nur als »Behelfe« für einen Zusammenhang konzeptualisieren kann, der unsere, die modernen, rationalisierten Maßstäbe der Beschreibung von »Wirklichkeit« bei Weitem übersteigt. Und hier entsteht wohl auch die Faszination, die von Bourdieus Werk ausgeht: Es ist weder doktrinär noch inkonsistent – ein Merkmal, das sich nicht von vielen Versuchen behaupten lässt, soziale Wirklichkeit zu beschreiben.

Habitus und Praxis – zwei »Konzepte«, die sich bei Bourdieu kaum trennen lassen. Die gesamte Problematik nimmt natürlich von jener Konfrontation ihren Ausgang, die Bourdieu in Algerien wahrnimmt als einem *clash of cultures*, die enorme Spannung von »Tradition« und – oktroyierter – »Moderne«. Schon hier geht es um eine grundsätzlich verschiedene Art von »Rationalität«, an die sich anzupassen den algerischen Städten und Dörfern nur unter massiven Verlusten gelingt. Aber die entscheidenden »konzeptuellen« Fragen entstehen wohl in Konfrontation mit der alten Berberkultur der Kabylei. Denn dort sieht man alles, was den »Weltknoten« ausmacht: Ein durchgängiges »Ehrgefühl«, das wie bare Münze behandelt wird, aber ganz selbstverständlich nach sozialem Rang – und das heißt »Besitz« – abgestuft wird, tatsächliche und imaginierte Verwandtschaftsbeziehungen, die diese soziale »Schichtung« bezeugen, eine kosmogonisch-mythologische überformte Arbeitsteilung der Geschlechter, eine ebenso überformte gegenseitige »Inbesitznahme« von »Land« und »Menschen«, von »Natur« und ihrer »Bändigung«, die Anpassung der Menschen an »natürliche« Zyklen – und die vollkommene Inbesitznahme des Menschen durch diesen alltäglich praktisch legitimierten »Kosmos«. Wo sonst als in diesen »archaischen« Formen des gesellschaftlichen Zusammenhalts kann ein Gefühl dafür entstehen, wie sehr der Mensch in seine Welt »verstrickt« ist? Bourdieu jedenfalls nimmt, ohne »Konzept«, diese Eindrücke mit.

Aber konzentrieren wir uns zunächst auf das, was Bourdieu Mitte der 1960er-Jahre als *Habitus* zu beschreiben beginnt. Es ist in der Tat so, dass diese begriffliche »Verdichtung« nicht am Anfang seiner Forschungen steht, In seinem ersten Buch, *Sociologie de l'Algérie*, ist – in Anlehnung an Weber – noch viel von *Ethos* die Rede, wobei schon hier der Einschlag »Klassengesellschaft« ganz spürbar wird. Von einer »späten« Konzeptualisierung kann aber dennoch keine Rede sein. Schon drei Jahre später, in dem 1962 entstandenen großen Aufsatz *Célibat et condition paysanne*, widmet sich ein ganzes Kapitel dem »Bauern und seinem Körper«, und schon hier taucht der Begriffs *hexis* auf. Ein Jahr später, in *Travail et travailleurs en Algérie*, spricht Bourdieu von *attitudes*, von *morale* und *ethos*, von *conduite*. Hier geht es zwar um ökonomisches Verhalten angesichts der Zumutungen der Kolonialherrschaft für eine im Wesentlichen bäuerlich geprägte ökonomische und soziale Struktur, in deren Beschreibung nicht umsonst Sombart und Weber und ihr »Geist des Kapitalismus« angeführt werden, ökonomische Vorstellungen, die im Zusammenhang einer bäuerlichen, gleichwohl sozial strukturierten Subsistenzökonomie praktisch nicht zwischen produktiv und lukrativ, unproduktiv und nicht lukrativ unterscheiden können – das Kapitel über Zeitvorstellungen und ökonomische Verhaltensweisen der algerischen Subproletarier und »Arbeitslosen« erinnert hier stark an das Anfang des Jahrhunderts erschienene *Life and Labour of the People of London* von Charles Booth, und dass am Ende ein *Tableau des classes sociales* angehängt wird, lässt schon die Richtung erahnen, in die Bourdieus spätere Verbindung von Habitus, Klassen und »Lebensstilen« verläuft.

Und wenn wir weitergehen, zu *Le déracinement*, erschienen 1964, in dem der Begriff *Habitus* immerhin fünf Mal auftaucht, zusammen mit einem praktisch-morphologischen Umfeld, das Bourdieu und Sayad unter dem Begriff *Habitat* zwei Dutzend Male verwenden, dann scheint hier der begriffliche Übergang von *ethos* zu *habitus* schon tendenziell vollzogen. Im selben Jahr erscheinen dann nämlich *L'amour de l'art*, in dem »Habitus« wiederum ein halbes Dutzend Mal als Begriff auftaucht, eingerahmt von ebenjenen sozialisatorischen Instanzen, die, auf mehr oder weniger »wortlose«, »unartikulierte« Weise, den Menschen »bilden« – *éducation*, *famille*, *familiarisation*. Und dann, praktisch gleichzeitig, *Les héritiers* über den differenten schulischen und universitäten Erfolg, in dem erneut *familiarité*, und vor allem *conduite*, eine *atmosphère culturelle*, habituelle »Aneignungen«, *hérédites*, und habituelle »Erbschaften«, *héritages*, eine entscheidende Rolle spielen – selbst wenn Bourdieu in dem ein Jahr später erschienenen *Un art moyen* über die sozialen Gebrauchsweisen der Photographie wieder ausführlich von einem *ethos de classe* spricht, bleibt doch der Eindruck, dass um die Mitte der 1960er-Jahre der Zusammenhang von Wahrnehmung, innerem Eindruck, praktischer Vertrautheit und menschlichem Fühlen und Verhalten zu einem »Konzept« zusammenwächst, dass jenseits von Subjektivismus und Objektivismus die »Schwerkräfte der Lebenswelt« das menschliche Leben derart »ausgestaltet« sehen lassen, sodass aus ihm kaum ein Entkommen bleibt.

Aber es ist sicher keine falsche Einschätzung, wenn Bourdieu in seinem von ihm selbst übersetzten Buch Panofskys, *Architecture gothique et pensée scolastique*, zwei Jahre später, 1967, eine Konkretisierung des Habitusbegriffs vornimmt, die als eine Art »Summe« der vorangegangenen Studien zu sehen ist.[16] Gleichzeitig scheint es aber so, als sei diese »Bearbeitung«, begleitet nicht nur von vielen theoretischen, sondern auch »persönlichen« Aversionen innerhalb des intellektuellen Feldes im damaligen Frankreich, eine Art gleichwohl versteckter »Befreiungsschlag« aus seinen zudrängen-

16 Dazu nicht zuletzt Gisèle Sapiro, »Une liberté contrainte. La formation de la théorie de l'habitus«, in: Louis Pinto, Gisèle Sapiro, Patrick Champagne, *Pierre Bourdieu sociologue*, Paris: Fayard, 2004, S. 49-78 [vgl. die deutsche Fassung des Nachworts zu Panofsky, fast umgehend als: »Der Habitus als Vermittlung zwischen Struktur und Praxis«, in Bourdieu, *Zur Soziologie der symbolischen Formen*, S. 125-158]. Dass Bourdieu genau diese Publikation für seine Darstellung ausgewählt hat, ist womöglich kein Zufall: Mitte der 1970er-Jahre erscheint in seiner Reihe *Le sens commun* bei Minuit Panofskys schon Anfang der 1930er-Jahre publizierte Aufsatzsammlung *La perspective comme forme symbolique* – und dass Bourdieu in derselben Reihe Ernst Cassirers dreibändiges Werk *La philosophie des formes symboliques*, Paris: Minuit, 1972, herausgebracht hat, ist ein starker Hinweis auf den »formalen« Aspekt der Habitusgenese [Cassirer, *Philosophie der symbolischen Formen*, Hamburg: Meiner, 2010].

den Dogmen, dem »intellektuellen Totemismus« seiner Zeit, gewesen[17] – nicht umsonst schreibt Bourdieu mit Passeron im selben Jahr »Sociology and Philosophy in France since 1945« und ein Jahr später *Le metier de sociologue.*[18]

Konzentrieren wir uns aber schließlich auf den »Gehalt« dieses »Konzeptes« vom *Habitus* – und auf die Feststellung, dass diese gedankliche Figur praktisch untrennbar ist von einer Vorstellung von Praxis, die in den damaligen Antipoden des Sartre'schen Existentialismus und dem strengen Strukturalismus bei Lévi-Strauss keinen Platz hat. Was also bedeutet die Rede von einem *Habitus*? Bourdieu hatte in seinem Nachwort zu Panofskys *Architecture gothique* die These abgezweigt, dass sich gewisse Stilelemente aus *mental habits* erklären lassen, die durch die scholastische Bildung vorgebahnt werden – wer dabei an die berühmten *représentations collectives* bei Durkheim und Mauss zu denken versucht wäre, läge sicher nicht ganz falsch. Entscheidend bleibt aber, dass Bourdieu sich hier, und das zeugt von der »wissenschaftlichen« Architektur seiner Begrifflichkeit, nicht an »Inhalte« klammert, sondern die *Form* der praktisch vermittelten »Inhalte« untersucht – weil nur sie es ist, die bewerkstelligen kann, dass die Außenwelt, so wie sie »organisiert«, wie sie »formalisiert« ist, in das Innere des Menschen dringt.

Doch Panofsky und der »scholastische Blick«, die »Schule« als verhaltensnormierende Instanz, sind bei Bourdieu nur die überbietenden Ausläufer eines Zusammenhangs, der sehr viel früher beginnt. Nicht umsonst ist für die Tatsache, dass praktisch vermittelte soziale Strukturen »in Fleisch und Blut« übergehen, unhinterfragte und unhinterfragbare Selbstverständlichkeiten bilden, die kosmologisch-mythologisch strukturierte, mehr oder weniger »archaische«, vom Ethos des arabischen Islams kaum berührte Ka-

17 Vgl., neben dem *Selbstversuch*, auch den »Itinéraire« in *Choses dites*, Paris: Minuit, 1987, S. 11-71 [*Rede und Antwort*, Frankfurt/M.: Suhrkamp, 1992, S. 15-75].

18 Erneut ist hier auf den in *Social Research*, 34, 1, S. 162-212, erschienenen Aufsatz hinzuweisen [»Soziologie und Philosophie in Frankreich seit 1945«, in: Lepenies (Hg.), *Geschichte der Soziologie*, Bd. 3, S. 496-551]. Und noch einmal darauf hinzuweisen wäre, dass praktisch zur gleichen Zeit die erste Auflage von *Le métier de sociologue* erscheint, eine Art »Handreichung« für den nichtdogmatischen Umgang mit sozialer Wirklichkeit, an deren erster Stelle nicht Husserl oder Schütz stehen, sondern Durkheim [Bourdieu, Chamboredon, Passeron, *Soziologie als Beruf*].

bylei in Algerien dafür eine Art »Blaupause« – das kollektiv in Szene Gesetzte, als solches aber nicht Erkennbare wird zur »zweiten Natur«, und es ist sicher kein Zufall, dass Bourdieu gerade diesen »Fall« zum Beispiel seines *Entwurfs einer Theorie der Praxis* macht und schließlich in *Le sens pratique* münden lässt – die extreme Verstrickung von »Arbeiten« und »Haushalten« innerhalb eines symbolisch durchgängig überformten »natürlichen« Zyklus, in dessen Gemeinsamkeiten und Trennungen jede noch so geringe Kleinigkeit mit nicht nur übergeordneter, sondern auch »persönlicher« Bedeutung aufgeladen ist, wird für Bourdieu genau jener »Kosmos«, in dem jeder »Habitus« seinen Sitz und Platz kennt.

Dies beginnt schon mit einer »verneinten Ökonomie«, dem genauen Gegensatz zu einer ökonomischen »Rationalität«, die den Kolonisatoren als »Schule« der »unterentwickelten« Bevölkerung dienen soll, einer symbolisch durchtränkten Ökonomie, in der eine – penibel sozial abgestufte – »Ehre« als eine Art »Zahlungsmittel« dient, in dem die Wechselseitigkeit von »Großmut« und »Dienstpflicht« eine untrennbare Verbindung eingehen. Von »Arbeit« und »Freizeit«, von »Verträgen« und »Entgelt« ist hier nirgendwo die Rede, es werden verschiedene Größen der Ehre gegeneinander getauscht, der Tausch von Arbeitskraft und Arbeitsertrag erfolgt nach Prinzipien, die jeder modernen Ökonomie widersprechen – ganz abgesehen von der geschlechtlichen Arbeitsteilung, die eine der wesentlichen kosmogonisch-mythologisch und dabei zyklisch überformten Figuren darstellt, aus denen, auch hier, in der Praxis, ein durchdringender geschlechtlicher »Habitus« erwächst.[19]

Mit dieser realen Fiktion der »Ehre« eng verbunden sind die realen und fiktionalen Verwandtschaftsbeziehungen. Bourdieu sieht in der Kabylei ganz klar, dass die Verbindung von »Ehre« und »Blut« nicht nur einen massiven Untergrund der unterschiedlichen sozialen Stellung des Einzelnen hergibt, sondern, und das ist der

19 Dass gerade die algerische Erfahrung hier ganz entscheidend gewesen sein muss, wird noch einmal deutlich in einem Interview Mitte der 1980er-Jahre, vgl. Der Kampf um die symbolische Ordnung. Pierre Bourdieu im Gespräch mit Axel Honneth, Hermann Kocyba und Bernds Schwibs, *Ästhetik und Kommunikation*, 16, 1986, S. 156: »Ich glaube, daß die umfassenden theoretischen Intentionen, die sich in Habitus, Strategien usw. gleichsam verdichteten, in zwar kaum entfalteter, wenig expliziter Form, aber doch von Anfang an in meinen Arbeiten präsent waren.«

wesentliche Unterschied zur »Regel« und zu den »Verwandtschaftsbeziehungen« bei Lévi-Strauss, wie auch sonst, wo die festgefügte Praxis »fiktiv« unterlaufen werden kann – wir werden auf diese »Flüssigkeit«, die »Unbestimmtheit von Praxis noch zu sprechen kommen.

Bleiben wir aber beim *Habitus*. Denn auch hier ist Bourdieu alles andere als ein »Determinist«. Bei dieser »behelfsmäßigen« Konstruktion handelt es sich um eine *disposition*, die – Bourdieu hat Chomskys *Generative Grammar* aufmerksam gelesen, und nicht nur das: *Ce que parler veut dire* zeugt von einer intensiven Auseinandersetzung mit sprachwissenschaftlichen Thematiken – nicht nur eines, sondern eine Vielzahl einzelner Verhaltensschemata hervorbringen kann, ein System verinnerlichter Muster, die *als Muster*, nicht als »Regel« fungieren. Und gerade weil es diese »Muster« gibt, stehen die Wahrnehmungen, Verhaltensweisen, die praktischen Vollzüge, auch in unseren modernen Klassengesellschaften, in einer Art »prognostizierbarem Einklang«, der nicht »angeborene«, sondern »eingeborene«, praktisch »erworbene« Schemata der Lebensvollzüge eint – und in ihren Ausdrucksformen soziale Äußerungen voneinander trennt.

Es war immer eine Frage, gerade in der Sozialisationsforschung, wie diese Verinnerlichung äußerer Lebensbedingungen, gedrängt in einem *Habitus*, vonstattengeht. Bourdieus Antwort ist derart subtil, dass hier nur mit Beispielen hantiert werden kann, die eigene Erfahrungen aktualisieren – und verweist gleichzeitig auf jenen »praktischen Sinn«, der sich aus Tausenden noch so unscheinbaren Erfahrungen nicht nur »zusammensetzt«, sondern in ihnen ein »Ganzes«, das »Muster« eines *Habitus* wird. Auch wenn wir hier auf eine »späte« Phase des »Konzepts« vorausschauen, das Bourdieu Ende der 1970er-Jahre in seinem epochalen Buch *La distinction*, unseren *Feinen Unterschieden*, entworfenen hat, in dem übrigens das »Konzept« gerade einmal zehn Seiten ausmacht,[20] so ist doch viel eindringlicher, wie Bourdieu die Umgebungswelten verschiedener Klassen beschreibt: Allein die Größe des »Habitats«, seine

20 Vgl. Pierre Bourdieu, *La distinction*, Paris: Minuit, 1979, im Kapitel »L'habitus et l'espace des styles de vie«, S. 189-197 [*Die feinen Unterschiede*, Frankfurt/M.: Suhrkamp, 1982, dort S. 277-288], eine mit Schaubild versehene »Formalisierung« dessen, was Bourdieu vielschichtig beschreibend als »Primärerfahrung« deutet.

Ausstattung, die kleine Küche mit dem Linoleum gegenüber einem Salon mit dem warmen und weichen Flor des Teppichbodens, anstatt an jeder Ecke käuflicher Nippes an den Wänden »Originale«, hier der Kassettenrekorder, dort der Flügel, Sekt bei Feierlichkeiten statt Champagner, all die Unterschiede ließen sich bis ins Endlose fortstricken und sind doch nur eine Dimension der Konstitution des *Habitus*.

Dass sich diese Verinnerlichung der Außenwelt mit all ihren Möglichkeiten und Versagungen nicht in erster Linie über die »Schule« vollzieht, sondern durch ein ganzes Bündel halb formalisierter Gebote und Verbote in die Menschen »schleicht«, Erzählungen mit normativem Charakter, Redewendungen, praktisch erlebbare Gemeinplätze, die ganzen durch nonverbale Regelmäßigkeiten gestützten Beglaubigungen, in denen sich die Welterfahrung abspielt, dies ist die eigentliche Botschaft des »Konzepts«. Dass in dieser »Innenwelt« gleichzeitig mit ihren spezifischen Wahrnehmungs-, Denk- und Handlungsschemata auch eine klassifikatorische Logik entsteht, die dann durch als »Lebensstile« erfahrene »Muster« auch die modernen Klassen vereint und abgrenzt, ist und bleibt die bahnbrechende Konsequenz, mit der Bourdieu und *La distinction* sich in die Geschichte der *humanities* eingeschrieben haben – die Schule und die höheren Bildungsanstalten, die »Sekundärsozialisation«, sind hier, wie Bourdieu und Passeron in *Les héritiers*, bewehrt mit einer Fülle an empirischem Material, Statistiken und Interviews, zeigen, nur ein weiteres »Trennmittel« der Chancen, die ein spezifischer Habitus in der Klassengesellschaft vergibt.

Dass hier für eine »Veränderung« der bestehenden »Verhältnisse« nicht sehr viel Platz vorhanden ist, hat die Kritik an diesem Entwurf immer begleitet.[21] Allerdings wird dabei oft vergessen, dass

21 Auch an dieser Stelle ist es müßig, die durchgängige Kritik an Bourdieus »Determinismus« nur annähernd zu zitieren – wenn sich Fußnoten über Seiten ziehen, ist nur dem akademischen Erwartungszwang, nicht der konzeptuellen Darstellung Genüge getan, bleiben wir also bei einem der wichtigsten französischen »Konkurrenten«, vgl. Bernard Lahire, *L'homme pluriel: Les ressorts de l'action*, Paris: Nathan, 1998, in Deutschland sicher Stefan Hradil, *Sozialstrukturanalyse in einer fortgeschrittenen Gesellschaft*, Opladen: Leske + Budrich, 1997, schließlich Craig Calhoun, Edward LiPuma, Moishe Postone (Hg.), *Bourdieu: Critical Perspectives*, Cambridge: Cambridge University Press, 1993 – obwohl gerade Craig Calhoun zu den ausgesprochen »positiv« verfahrenden »Kritikern« gehört.

Bourdieu das Konzept des »Habitus« nicht nur als *opus operatum*, als Ergebnis von »Geschichte«, verstanden hat, sondern eben auch als *modus operandi*, einen »Modus«, der innerhalb seiner Grenzen durchaus »Freiheiten« besitzt. Nicht umsonst hat Bourdieu gegen den strengen Strukturalismus mit seiner »Regelbefolgung«, der menschlichen »Erfüllung« bestehender »Strukturen, wie sie bei Lévi-Strauss auftauchen, immer wieder opponiert. Dies geschieht schon in *Esquisse d'une theorie de la pratique,* und wird in *Le sens pratique* dann mit einem Vorwort, einer Einleitung und den ersten beiden theoretischen Kapiteln derart umfassend abgehandelt, dass hier kaum Zweifel an der Position jenseits strukturalistischer – und diverser anderer Dogmen – aufkommen können.[22] Bourdieus »Habitus« ist ein generiertes und generatives »Muster«, das in allen seinen durch äußere Lebensbedingungen erzwungenen und symbolisierten »Realitäten« fest genug bleibt, um gerade in Auseinandersetzung mit anderen »Mustern der Lebensführung« klassifikatorisch wirksam zu werden; er ist aber auch offen für »Strategien«, die

22 Diese »Abrechnung« umfasst in *Le sens pratique* exquisite achtzig Seiten, S. 7-86 [*Sozialer Sinn*, S. 7-96]. Sehr viel später hat Bourdieu dies dann im Rahmen von Vorlesungen, vgl. *Raisons pratiques*, Paris: Seuil, 1994, erneut auf den Punkt gebracht [*Praktische Vernunft*, Frankfurt/M.: Suhrkamp, 1998]. Wenn sich Bourdieu schon früh sträubt, »die Dinge der Logik mit der Logik der Dinge zu verwechseln«, dann haben wir es hier sicher mit einem bestimmenden Zug seines Denkens zu tun, nämlich dem ständigen Versuch, die theoretischen Grundlagen der wissenschaftlichen Begriffsbildung zu hinterfragen, dem dort immer wieder auftretenden Hang zur Verdinglichung entgegenzusteuern. Im Laufe der 1960er-Jahre zeigt sich dies in seiner Auseinandersetzung mit den Auffassungen des Strukturalismus – Bourdieu weigert sich, den eben erst entzauberten Marx'schen Objektivismus durch einen neuen zu ersetzen, der das menschliche Handeln als besinnungslose Regelerfüllung begreift. Die Affinitäten Bourdieus zum »Strukturalismus« sind tatsächlich weniger »ideologischer« als »praktischer« Art, auch hier dient der Schlüsselbegriff nur als »Reibungsfläche« für die Ausarbeitung des eigenen Standpunkts. Eine gewisse Sympathie für den »antibehavioristischen« und »antisubjektivistischen« Zug dieser Strömung ist sicher vorhanden, vgl. erneut Bourdieu, Passeron, »Sociology and Philosophy in France since 1945« [»Soziologie und Philosophie in Frankreich seit 1945«, in: Lepenies (Hg.), *Geschichte der Soziologie*], allerdings schon hier mit dem Brückenschlag zu Durkheims Soziologie ganz eigenwillig konnotiert, und in Pierre Bourdieu, »Structuralism and the Theory of Sociological Knowledge«, *Social Research*, 35, 1968, 4, S. 681-706, wird die originäre Position Bourdieus bei der Verarbeitung des neuen »Paradigmas« dann vollends deutlich.

genau diese scheinbar unumstößliche Festlegung zumindest »unbewusst« unterlaufen. Wenn die Außenwelt mit ihren ökonomischen und sozialen Verfassungen in das »Innere« des Menschen dringt, ist dies zwar eine kaum abzustreifende »Geschichte« – eine Geschichte allerdings, die sich durch das, was wir »Geschichte« nennen, wenn auch nur auch in besonderen Fällen, substantiell ändern kann.

Dennoch ist nicht daran zu zweifeln, dass Bourdieu mit seiner theoretischen »Verinnerlichung« der äußeren Daseinsbedingungen einen Weg beschreitet, der in der intellektuellen Landschaft mehr oder weniger einzigartig dasteht – wo der Existentialismus, die Phänomenologie, der Strukturalismus konkurrierende Erklärungsversuche entwickelt haben, die von radikal subjektivistischen über »geistesanthropologische« bis zu strikt objektivistischen Sichtweisen reichen, macht Bourdieus »Habitus« deutlich, dass die ursprüngliche, einfach existierende Welt praktischer Weltaneignung mit all ihren Möglichkeiten und Unmöglichkeiten den Menschen in einer Art prägen, die nicht einmal das Entkommen aus dieser Welt vergessen lassen kann. Bourdieu zeigt im »Habitus« das vorweggenommene und vorwegnehmende soziale »Schicksal«.

Praxis – Das Innere in den praktischen Vollzügen der Außenwelt

Bourdieus »Konzept« der »Praxis« hat, wenn man sich die überbordende Rezeption ansieht, eine fast ebenso steile Karriere gemacht wie der »Habitus«, so weit zumindest, dass es sich in die vielen *turns* einreihen kann, mit denen die Kulturwissenschaften mittlerweile ihre *claims* abstecken – der *practice turn* Bourdieus gehört mittlerweile zu ihrem festen Bestandteil. Dass beide theoretisch aufgeladenen Begriffe nicht ohneeinander zu haben sind, zeigen nicht nur die einschlägigen Arbeiten *Esquisse d'une théorie de la pratique* und *Le sens pratique*, in denen ständig von den habituellen »Homologien«, den »Angepasstheiten« des Habitus an die sozial durchwirkten praktischen Vollzüge des Lebens, der »Lebenswelt« gesprochen wird. Es geht hier also um nicht mehr und nicht weniger als um einen grundsätzlichen Zusammenhang, um die »totale« Verknüpfung miteinander verbundener Praktiken und der in sie eingelassenen Menschen, die nicht umsonst an die »totalen sozialen Tatsachen« bei Marcel Mauss erinnert.[23]

Dass Bourdieu mit diesem »Entwurf« quer zu allen gängigen soziologischen Handlungstheorien steht, ist offensichtlich. Bourdieus »Praxistheorie« wimmelt nicht von »Grundbegriffen«, von Rollen, Gruppen, sozialen Schichten oder sozialen Normen, und sie hangelt sich auch nicht an »Ansätzen« entlang, nicht an Verhaltenstheorie, Systemtheorie oder Handlungstheorie, nicht an Parsons, Merton, Goffman, Mead, dem Neoinstitutionalismus, nicht an Schütz und Garfinkel, Berger und Luckmann, Giddens und Coleman, nicht an Homans, Latour, Callon und Law – ganz abgesehen davon, dass eine ganze Reihe von neueren Korrekturen »klassischer« handlungstheoretischer Ansätze von Bourdieus Praxistheorie keineswegs unbeeindruckt geblieben sind.[24] Trotz all dieser grundsätz-

23 Dass hier immer wieder auf Goffmans *Frame Analysis. An Essay on the Organization of Experience*, New York: Harvard University Press, 1974 [*Rahmen-Analyse. Ein Versuch über die Organisation von Alltagserfahrungen*, Frankfurt/M.: Suhrkamp, 1977], verwiesen wird, ist auch angesichts der Tatsache, dass in Bourdieus Reihe *Le sens commun* praktisch sämtliche Publikationen Goffmans in französischer Übersetzung erschienen sind, sicher nicht völlig ohne Grund. Zwei Einwände sind aber zu überdenken: In *Le métier de sociologue* taucht, auch bei der zweiten Auflage, in der zugegeben die *Frame Analysis* noch nicht publiziert war, diese nicht auf – zunächst also eher ein schwaches Argument. Viel stärker wiegt aber der Einwand, dass Goffmans »situative Aktivität« genau das nicht einfängt, was Bourdieu unter einer »Totalität der Praxisformen« versteht – die »Situation« ist hier nur in der relativen Interpretierbarkeit einer Praxis möglich, die aus tausendfach kodifizierten Verhaltensmustern besteht, einer Praxis, die so »total« ist, dass sie nicht nur wie eine »zweite Haut« wirkt, sondern tief im Innern des Menschen ihren Platz beansprucht. Wenn man so will, ist Bourdieus Konzept der Praxis um einige Grade subtiler, als es Goffmans *Frame Analysis* überhaupt anstrebt.

24 Vgl. etwa Sherry Ortner, Theory in Anthropology since the Sixties, *Comparative Studies in History and Society* 26, 1991, S. 126-166, später auch Ortner, *Anthropology and Society. Culture, Power, and the Acting Subject*, Durham, London: Duke University Press, 2006. Es genügt fast, dieses Beispiel herauszugreifen, um zu sehen, wie Bourdieus subtile Vorstellung von Praxis akademisch »zerlegt« wird: Der relativ schlichten Definition von »Praxis« als »anything what people do« folgt eine Aufgliederung in individuelle *acting units*, eine *temporal organization of action* und schließlich die *kinds of action* – alles Begriffsvehikel, die genau den von Bourdieu gemeinten Zusammenhang preisgeben. Und auch der amerikanische Neoinstitutionalismus, dem der »Habitus« gegenüber der »Rolle« einen Fortschritt markiert, vgl. nur William Powell, Paul Di Maggio (Hg.), *The New*

lich kritisierten Richtungen im Kopf geht Bourdieu einen eigenen Weg – zunächst einen Weg des größten Widerstandes.

Es lässt sich immer wieder nur betonen, dass dieses »Konzept« aus »Anschauungen« herausgewachsen ist, aus der »Immersion« in eine fremde Welt, in der die Rationalitäten und Routinen völlig anders geartet schienen. Michel de Certeau hat das in seinem ersten Buch, der *L'invention du quotidien*, sehr schön gefasst, nämlich dass die Kabylei für Bourdieu eine Art »Trojanisches Pferd« seiner Praxistheorie gewesen sei, deren kabylischer Ursprung in der Rezeption nach und nach verblasst.[25] Der Widerstand, aus dieser Anschauung nicht nur »Ethnologie« zu betreiben, sondern daraus einen theoretischen Anspruch abzuleiten, der alle existierenden Theorien des Sozialen an empfindlicher Stelle infrage stellt, lässt sich heute kaum mehr nachvollziehen. Aber die Herausforderungen an den intellektuellen »Mainstream«, gleich welcher Provenienz, sind damals ohne Frage gewaltig. Und das liegt nicht allein am zunehmenden Hervortreten einer »Theorie« der »Praxis«, die den akademischen Konsens der »theoretischen Theorie« infrage stellt, sondern an der empirisch extrem »gesättigten« und dadurch fast »suggestiven« Art und Weise ihrer Veranschaulichung – Bourdieu schöpft hier aus einem riesigen Fundus von Beobachtungen, die aber allesamt auf einen »Kern« zwar strukturierter, aber nur in seinen praktischen, im *Habitus* verankerten Lebensäußerungen verständlich werden.

Scheinbar erzwungen durch »äußere« Existenzbedingungen, deren Rigorosität allerdings derart fest mit symbolischen Formen verbunden ist, mit einer nicht enden wollenden Fülle mythologisch-kosmologischer »Fakten«, die weder subjektive Intentionen aufrufen noch objektiven Strukturen folgen, sondern im »Habitus« einen Bestand praktisch sedimentierter sozialer Erfahrungen aktualisieren, das »empirische« Wissen einer durch die zyklisch-alltägliche Empirie »geschulten«, einer »kultivierten« Disposition, legt Bourdieu seiner Theorie der Praxis eine mehr oder weniger »unbewusste«, durch sämtliche Formen der Lebensäußerungen be-

Institutionalism in Organizational Analysis, Chicago: Chicago University Press, 1991, bleibt an Begriffen hängen, deren Bedeutung eine Lektüre der praxistheoretischen Fallstudien geradezu obsolet werden lassen.

25 Vgl. Michel de Certeau, *L'invention du quotidien*, Bd. 1, Paris: Gallimard, 1980 [vgl. *Kunst des Handelns*, Berlin: Merve, 1988].

glaubigte potentielle »Harmonie« zwischen subjektiven Strukturen des »Habitus« und den objektiven Strukturen sozioökonomischer Bedingungen zugrunde.

Man könnte selbst diesen unorthodoxen »Entwurf« als »intellektualistisch« begreifen, stünden nicht jahrelange Anschauungen dem entgegen, Erfahrungen, die Bourdieu schon in seinen ersten Büchern über Algerien darstellt, sich aber zunächst anhand eines *clash of cultures* annähert. Denn es sind im Grunde drei »Zufälle« der Erfahrungen, die Bourdieu schließlich in seinen »Konzepten« von *Habitus* und *Praxis* verdichten wird. Schon der erste, ebendie Erfahrungen massiver kultureller Differenzen im Hinblick auf die einheimischen Vorstellungen von Zeit, Arbeit, Geld, »Sparen«, sind allesamt derart fern einer rationalistischen Logik des *homo oeconomicus*, dass hier eine ungeheure Persistenz von Verhaltensmustern deutlich wird, die Bourdieu zunächst als *ethos*, *attitude*, Formen des *conduite* fasst – die kolonisierte Bevölkerung, selbst die städtische, sträubt sich mit allen Gliedern gegen durch »Arbeit« verhängte Zeitschemata, gegen das, was gegen »Arbeit« als »Lohn« empfangen wird, gegen die Verdrängung des Tausches durch das Geld, all das Einbrüche in das Ehrgefühl der Kolonisierten.

Der zweite »Zufall«, sicher nicht mehr ganz zufällig gewählt, ist die Beschreibung der von den Kolonialherren errichteten Umsiedlungslager der bäuerlichen Bevölkerung. In *Le déracinement* beschreibt Bourdieu mit Abdelmalek Sayad nicht nur quasi-militärische Anlagen, oft in Sichtweite der alten Behausungen, die auf der einen Seite ganze Verwandtschaftsgruppen in aneinandergereihten Häusern, eigentlich Baracken, zusammenziehen, bewusst auch Bauern aus anderen Dörfern installieren, um durch diese »Durchmischungen« alte Gewohnheiten als solche zu denunzieren, die »Segnungen« der Beschulung der Kinder, die »Einkaufszeilen«, von denen die Bevölkerung bisher keine Vorstellung hatte, mit denen auch die Einführung des Geldes als Tauschmittel einhergehen sollte, sondern entscheidend wird hier ein anderer Umstand: Dass nämlich die so entwurzelten Bauern Verhaltensweisen an den Tag legen, die, wie ins Gegenteil verkehrt, aus ihrem früheren Leben stammen – festgelegte Wege der Frauen innerhalb der Umsiedlungslager, die geschlechtliche Arbeitsteilung für das Wasserholen am Brunnen, das nun die Männer besorgen, die jetzt in einer fremden »Öffentlichkeit« stehen«, mit vermutlich auch ein

Grund, weshalb angesichts der Anwesenheit der »Fremden« die Frauen beginnen, sich zu verschleiern, überhaupt die Tatsache der »Veröffentlichung« ehemals nicht als »privat«, sondern »kollektiv« wahrgenommener Tätigkeiten, all das zeigt wie unter einem Brennglas die ungeheuren Schwierigkeiten, an die sich eine vorgängige Praxis den neuen, erzwungenen Gegebenheiten und ihren schonungslos eingepflanzten Institutionen anzupassen gezwungen ist. Bourdieu beschreibt hier auch die Veränderungen des Umgangs der »Entwurzelten« miteinander, die Veränderungen der Zeichen der Ehrerbietung, der sprachlichen Begrüßungsformeln, die unter dem Diktat der neuen, völlig fremden Ordnung geradewegs »abgeschliffen« werden, ihren symbolischen Gehalt zunehmend verlieren – nimmt man diese Erfahrungen ernst, dann lässt sich weder von »rationalisierten« Verhaltensweisen ausgehen noch von einer übergeordneten »Struktur«, die sie »regeln«, sondern von tief in das Innere des Menschen reichenden »Soseinsverpflichtungen«, die nur durch konkrete alltagspraktische Verfassungen entstehen können. Dass bei Bourdieu und Sayad, gerade hier, in der Konfrontation des Alten mit dem Neuen auf engstem Raum, eine Ahnung von der symbolischen Gewalt von »Praxis« entsteht, ist schon weniger »Zufall« als Teil einer bewussten ethnologischen Strategie.

Und schließlich die Untersuchungen in der Kabylei. Bourdieu hatte schon in *Sociologie de l'Algérie* die Kabylen als eine besondere Population der algerischen Bevölkerung ausgemacht, kaum berührt von der arabischen Zivilisation, eine fast »archaische« bäuerliche Gesellschaft, weitgehend abgeschieden lebend im Bergland Algeriens. Auch wenn hier wieder der »Zufall« eine Rolle spielt, nämlich mit Sayad eine Art »Türöffner« zur Verfügung steht bei den »Fremden« und schon gar »Franzosen« gegenüber eher feindlich gesinnten Kabylen, bleibt dies doch die wohl einschneidendste Erfahrung – hier eröffnet sich ein ganzer geschlossener »Kosmos« von hochdifferenzierten Praktiken, der im Handeln sinnhaft werdenden symbolischen Überformungen sozialer Differenzen, die rituell minutiös umgebenen Praktiken der bäuerlichen und häuslichen Tätigkeiten, ein Stellwerk der »Ehre«, echte und fiktive Verwandtschaftsbeziehungen, die der sozioökonomischen Struktur ihren symbolischen Rückhalt geben, eine komplette und dabei nicht immer strikte Durchformung eines von Riten eingerahmten bäuerlichen »Kalenders«, in dem es keine »Zukunft« in unserem Sinne gibt, sondern die Vorwegnahme einer Quasi-Gegenwart, die in diesen »Kalender« eingeschrieben ist, der selbst aus einer symbolischen Wendung praktischer Auseinandersetzung mit sozioökonomischen Erfordernissen der »Lebenswelt« entsteht. Passage- und Initiationsriten, dies alles *in der alltäglichen Praxis* derart dicht verflochten, dass Bourdieu schon Ende der 1960er-Jahre in seinem Nachwort zu Panofskys *Architecture scolastique*, allerdings anhand eines ganz »fremden« Gegenstandes, einen Versuch unternahm, diesen Zusammenhang zu überdenken. Dass Bourdieu dann aber in *Esquisse d'une théorie de la pratique* wieder zu den Kabylen zurückkehrt und in seiner ausführlichen, Mitte der 1970er-Jahre in *Actes de la Recherche* erschienenen Arbeit *Le sens pratique* gerade dort seine »Praxistheorie« erneut verdeutlicht, macht in der Tat die kabylische Erfahrung zu einem zentralen Fluchtpunkt der Genese einer »Theorie«.

Es wäre allerdings verfehlt, hier ein »intellektualistisches« Konzept zu vermuten. Genau das Gegenteil ist der Fall. Bourdieu, der gegen alle Dogmen der damaligen *humanities* ein »Weder-noch« ins Spiel bringt, bleibt hier ganz nah bei den existentiellen Erfahrungen seiner Sozialanthropologie. Es ist interessant zu sehen, wie das Konzept der »Praxis« mit Spielräumen spielt, mit dem, was Gisèle Sapiro im Hinblick auf den »Habitus« als *liberté contrainte* bezeichnet hat – sämtliche scheinbar so strikte mythologisch-kosmologischen Gebote und Verbote, die den Alltag bis ins Kleinste zu regeln scheinen, besitzen »Schlupflöcher«, die Möglichkeit zur wenn auch nur in engem Rahmen stattfindenden »Uminterpretation«, und das gerade deshalb, weil sie keine »Regel« verwirklichen, sondern aufgrund ihrer mythologischen Grundlage von »rationaler« Evidenz »befreit« sind. Bourdieu sieht den enormen menschlichen Aufwand, der in die praktische Verwirklichung der bestehenden Praxis fließt, er sieht aber auch die Freiheitsgrade, die eine solch enge Bewirtschaftung von Boden und Seele ermöglicht. Schon allein deshalb kann hier von einer Art »Determinismus« nicht im strengen Sinne die Rede sein.[26]

26 Vgl. zu den entsprechenden Stellen die *Esquisse d'une théorie de la pratique*, S. 285-385 [*Entwurf einer Theorie der Praxis*, S. 137-388, in der deutschen und der englischen Ausgabe eingeschoben »Les sens pratique« aus *Actes de la Recherche en Sciences Sociales*, 1976, 2, S. 43-88, und schließlich das spätere gleichnamige Buch *Le sens pratique*, dort insbesondere S. 245-444 [*Sozialer Sinn*, S. 259-467].

Was Bourdieu allerdings in der Kabylei sieht, ist ein ganz wesentlich »verstrickter« Zusammenhang von *habitus*, *ethos*, *nomos* und *praxis*. Die habituelle »Verinnerlichung« dessen, was nicht nur der bäuerliche Alltag, sondern auch die mit der Durkheim'schen »Efferveszenz« ausgestatteten Übergangszeiten, die jährlichen Feste und Hochzeiten, die Einbrüche des Unvorhergesehenen in ihren praktischen Vollzügen eine Gestalt gewinnen, die nicht allein als »äußerlich« wahrgenommen werden kann, dies scheint der zentrale Aspekt, der Kern einer Theorie, die unser Inneres mit dem Äußeren kaum entrinnbar verschmilzt. Man kann diese Art von »Interiorisierung« der »Exteriorität« als »Fatalismus« begreifen – Bourdieu spricht selbst nicht nur einmal von *amor fati*, von »Schicksalsliebe«. Allerdings zeigen uns viele weitere und spätere Studien Bourdieus, allen voran *La distinction*, dass damit ein Punkt getroffen wird, der uns diesen Zusammenhang bildhaft vor Augen führt. Das mag nicht für alle Schichten der modernen Klassengesellschaft gelten: Weber hatte den Unterschied zwischen dem traditionellen und dem modernen Menschen so gefasst, dass jener »lebenssatt« aus seiner Existenz trete, dieser aber dabei »lebensmüde« sei – eine Figur, die, glaubt man Bourdieu, nicht für alle Schichten der modernen Gesellschaft gilt. Dennoch ist mit Bourdieus »Theorie der Praxis« ganz ohne Zweifel eine Leerstelle vorläufig geschlossen, die den akademischen *sciences humaines* bis dahin nicht aufgefallen war. Bourdieu, auf dem intellektuellen Spielfeld Frankreichs zunächst ein krasser Außenseiter, hat sich damit ins Zentrum allerdings eher einer »zweiten Mannschaft« der akademischen *Équipe tricolore* vorgearbeitet – sein Ruhm, das sollte nicht vergessen werden, wuchs vor allem in Übersee, im angloamerikanischen Raum.

Bourdieu, mit seinem in Algerien geschulten Blick für die praktischen Konjunktionen und Disjunktionen im Handeln bestimmter Gruppen, ihren »eigensinnigen« Umgang mit Zeit, Arbeit, Geld, Ehre, spürt dort Sinnhaftes auf, wo Kopflosigkeit zu herrschen scheint: Das Heiratsverhalten als ein Ensemble von praktischen, nicht immer bewussten, aber mehr oder weniger »zwangsläufigen« Strategien, in denen die materiellen Entstehungsbedingungen und Bestandsvoraussetzungen des Verhältnisses von ökonomischer und sozialer Produktion und Reproduktion eingeschrieben sind, und bei seiner Rückkehr nach Frankreich, die gleichzeitig zu einer Rückkehr in seine Heimat, das Béarn, werden sollte, trifft er auf eine Welt im Übergang wie die algerische Gesellschaft, ausgezehrt von der Abwanderung der Jungen in die Städte, die das traditionelle Gefüge der bäuerlichen Reproduktion infrage stellt, zeigt doch das Heiratsverhalten eine gerade im Angesicht der neuen Verhältnisse jeweils so eigentümliche Logik, dass ihr Sinn nur im Rahmen einer praktischen Geschichte des materiellen und symbolischen Tauschs bei der Weitergabe des Erbes verständlich wird. Die »Regel« ist eine Vorschrift, deren Sinn, deren »Richtung« sich erst in ihrer praktischen Verwirklichung bildet.

Den Weg dorthin ebnen aber nicht zuletzt die handfesten Forschungsarbeiten dieser Jahre, denn sie handeln von der materialen, der sozialen Verfassung des Immateriellen, der symbolischen Formen, von der »Kultur«. Es ist zunächst die Bildungssoziologie, von der das alles seinen Ausgang nimmt, und auch hier wieder der Versuch, das ganz Naheliegende einer »Ethnologie« zu unterziehen. Bourdieu, der Lehrer, nimmt sich die Schüler zum Gegenstand: *Les héritiers*, die »Erben«, zeigt unter der beginnenden Öffnung des damaligen französischen Bildungswesens die Fortdauer tiefreichender Mechanismen der kulturellen Reproduktion sozialer Hegemonie, die Vererbung jenes praktischen Sinns für die »richtige« Wahl der »Erwählten«, durch den die Bildungsaneignung zu einem Vorgang sich gegenseitig verklärender »Spiele« der sozialen Auslese und ihrer kulturellen Verallgemeinerung wird. Ebendiese sozialen Anfangsgründe der Wirksamkeit kultureller »Wahl«, des »Geschmacks«, hat Bourdieu, erneut mit dem Blick des Ethnologen für die Kraft jenes »magischen« Denkens und Handelns, das die Verklärung der Dinge und die Verdinglichung dieser Verklärung so zwingend ineinanderzusetzen imstande ist, in seinen Untersuchungen über die sozialen Hierarchien des Konsums symbolischer Güter, in *Un art moyen* über die »minderwertige« Kunst der Photographie, in *L'amour de l'art* über die Fetischismen der musealen Kunstwahrnehmung freizulegen versucht, die Umrisse einer Theorie der symbolischen Gewalt – die Verdoppelung der sozialen Ordnung in der kulturellen, dort, wo Durkheims Frage aufscheint, wie soziale Ordnung überhaupt möglich sei, deshalb nämlich, weil sie geglaubt wird, weil die Entsprechung gleichursprünglicher sozialer und mentaler Kategorien »notwendig« ist, zeigt sich bei Bourdieu als Praxis einer »wohlbegründeten Illusion«, die den Haltungen des Einzelnen in unterschiedlichsten sozialen Gruppen, dem *Habitus* als ihr Werkzeug und Werkstück eingeschrieben wird.[27]

Dass Bourdieu während dieser Zeit in eine intensive Auseinandersetzung mit den dominanten intellektuellen Diskursen des intellektuell-akademischen Frankreich einschert, und nicht nur mit ihnen, sondern auch mit sämtlichen bedeutsamen theoretischen Strömungen jenseits des Atlantiks, gehört aber fast zu einer Art »Testanordnung« der »fremden« Erfahrungen – Bourdieus extensive Kritik gängiger Anschauungen sämtlicher Spielarten des Subjektivismus und Objektivismus werden schon in der *Esquisse*, später dann aber in *Le sens pratique* einer massiven, fast ausufernden Infragestellung unterzogen, sie füllt letztlich ganze Bücher, eine »Deuxième Partie« in der *Esquisse*, ein »Livre 1« in *Le sens pratique*.[28] Das bedeutet allerdings nicht, dass hier allein akademische Reflexe im Spiel gewesen wären. Denn die minutiöse, an Bachelard und Canguilhem geschulte epistemologische Wachsamkeit gegenüber den Fallstricken der akademischen Abstraktion bildet nur eine Seite eines intellektuellen Formationsprozesses, der, wie viele »Entdeckungen«, unwahrscheinliche, zuletzt auch soziobiographische »Zufälle« in ein Umfeld katapultiert, das »unwahrscheinliche«, gegen jede Orthodoxie stehende »Theorie« aus ebendieser Konstellation heraus »experimentiert«. Bei Bourdieu ist genau dies der Fall.

27 Auch in dieser Phase der Werkentwicklung, mit den »bildungssoziologischen« Studien, sind Bourdieu und seine Mitarbeiter außerordentlich produktiv: Neben *Les héritiers. Les étudiants et la culture*, Paris: Minuit, 1964, *Un art moyen. Essais sur les usages sociaux de la photographie*, Paris: Minuit, 1965, und *L'amour de l'art. Les musées d'art et leur public*, Paris: Minuit, 1966, entsteht eine Fülle von Arbeiten nicht nur im weiteren Umkreis von »Bildungsfragen«, die dann in *La reproduction. Eléments pour une théorie du système d'enseignement*, Paris: Minuit, 1970, ihren vorläufig systematischen Abschluss finden; dazu Beiträge für eine Soziologie der Kunstwahrnehmung, all das schon klar erkennbar im Rahmen des »Dreiecksverhältnisses« von Klasse, kultureller Praxis und sozialer Reproduktion. Sondern es werden auch immer deutlicher die Durchgangsstellen zu einer Konzeption des »Feldes« sichtbar, die Bourdieu, nicht zufällig im selben Jahr wie seine beiden Studien zur Religion, mit: Le marché des biens symboliques, *L'Année sociologique*, 22, 1971, S. 49-126, entworfen hat [»Der Markt symbolischer Güter«, in: Pierre Bourdieu, *Schriften zur Kultursoziologie 4*, Berlin: Suhrkamp, 2015, S. 15-96].

28 In *Le sens pratique*, dem 1980, ein Jahr nach *La distinction* erschienenen Buch, widmet Bourdieu dieser Auseinandersetzung unter dem Titel »Critique de la raison théorique« ganze 200 Seiten, vgl. S. 43-247 [vgl. *Sozialer Sinn*, S. 47-258].

Habitus und Praxis – Unwahrscheinliche »Zufälle« und eine unwahrscheinliche »Theorie«

Es ist müßig, auf Bourdieus soziobiographische Flugbahn einzugehen, auf den Weg aus der tiefsten Ecke Südwestfrankreichs ins auch intellektuell maßgebende Paris. Bourdieu hat diese Erfahrungen spät in seinem *Selbstversuch*, aber auch schon in *Fieldwork in Philosophy* verarbeitet. Beide Texte scheinen hier besonders aufschlussreich. Denn hier wird deutlich, dass ein »Außenseiter« mit seiner inneren »Widerständigkeit« gegen das mondäne intellektuelle Paris und auch mit seiner Widerständigkeit während des Militärdienstes genau dorthin geschickt wird, wo die Wunden des Kolonialismus zu besichtigen sind – eine Art nicht »selbstverschuldeter«, sondern geradewegs »habitueller Zufall«, der die intellektuelle Formation mit einer Formation konfrontiert, die sich anhand der Mittel der zeitgenössischen akademischen Dogmatik gar nicht begreifen lassen.

Bourdieu, zunächst verwirrt, desorientiert, wird aber gerade angesichts dieses soziobiographischen Zufalls, bei dem nicht nur tatsächliche kulturelle Welten aufeinandertreffen, sondern auch Welten der »Welterklärung«, zu einem scharfen Beobachter dieser Diskrepanzen, und er geht mit Abdelmalek Sayad und anderen Einheimischen mitten hinein in eine Welt, die von anderen »Strukturen« und »Regeln« des Wahrnehmens, Denkens und Handels bestimmt ist – eine Erfahrung, die ihn das abstrakte akademische Denken immer mehr infrage stellen lässt. Wir sehen hier eine epistemologische Formierung, die jenseits akademischer Bahnen verläuft und auch deshalb den Anteil an »Unwahrscheinlichkeit« und »Zufälligkeit« wissenschaftlicher »Entdeckungen« bezeugt. Bachelard und vor allem Canguilhem, einer der Lehrer Bourdieus, haben immer wieder auf die Nichtlinearität der Eroberung wissenschaftlicher Erkenntnisse hingewiesen,[29] in einer Weise, die selbst Thomas Kuhns *Structures of Scientific Revolutions* weit hinter sich lässt.

Insofern haben wir es mit Bourdieus »Konzepten« von *Habi-*

29 Vgl. in dieser Hinsicht sehr überzeugend die Entwicklung der aus praktischer Anschauung erwachsenen Erkenntnislogik Bourdieus bei Lahouari Addi, *Sociologie et anthropologie chez Pierre Bourdieu: Le paradigme kabyle et ses conséquences théoriques*, Paris: La Découverte, 2002.

tus und *Praxis* mit »Fundstücken« einer forschenden Tätigkeit zu tun, die deshalb so eindringlich sind, weil sie weder einen apodiktischen Beiklang haben noch in einem Sinne »Kopfgeburten« darstellen, die das Feld der *humanities* bis heute beherrschen. Die akademischen Drehungen und Wendungen dieser Konzepte, die Anschlussversuche an bestehende Dogmen, gegen all dies sperrt sich jene dialektische, offene und flüssige Art, mit diesen Begriffen umzugehen. In epistemologischer Hinsicht sind Bourdieus *Habitus* und *Praxis* nicht nur aus der Forschung herauskristallisierte »Zufälle«, sondern auch »Glücksfälle« wissenschaftlicher Annäherung an Wirklichkeiten, die nur notgedrungen und vorläufig als solche einen Anspruch auf Existenz erheben können. Mit Bachelard und Canguilhem, beide von Bourdieu fast verehrt, war die Wissenschaftstheorie an einen Punkt gelangt, der von »Linearitäten« wissenschaftlicher Erkenntnis so deutlich abweicht, um Bourdieu in genau diesen »Bruch« mit akademischen Gewissheiten zu stellen, die, letztlich weit über sie hinausreichend, eine neue Art des Denkens über den *pré-texte* menschlichen Verhaltens initiiert haben.[30]

Dass Bourdieu in seiner kurzen, rückblickenden Schrift »The Genesis of the Concepts of Habitus and Field« ein unmissverständliches Bekenntnis zur »theoretisch« generativen Bedeutung ablegt, an deren Ergebnissen sich »Begriffe« zu bewähren haben, die nur als »vorläufige Konstruktion« begriffen werden sollten, »die für und durch die empirische Arbeit Gestalt annimmt«, geht in jenen »Theorien«, die sich »nur selbst Zweck« sind, völlig unter. Bourdieu hat deshalb eine derart epochemachende theoretische Tragweite erlangt, weil sie aus dichtester Forschung entstand. Und genau dies müsste der epistemologische »Standard« für jede Art Wissenschaft, nicht nur für die einer »Wissenschaft vom Menschen« sein.

30 Nicht umsonst weist Bourdieu in *Le métier de sociologue* mehrfach auf Gaston Bachelards *La Philosophie du Non*, Paris: PUF, 1940 [*Die Philosophie des Nein*, Frankfurt/M.: Suhrkamp, 1980], hin, und die gesamte epistemologische Zielrichtung, oder vielleicht besser: *posture*, wird klar, wenn man zumindest den ebenfalls ständig zitierten Georges Canguilhem ansieht, vgl. nur *Études d'histoire et de philosophie des sciences*, Paris: PUF, 1968 [vgl. auch *Wissenschaftsgeschichte und Epistemologie*, Frankfurt/M.: Suhrkamp, 1979, dort insbesondere »Die Rolle der Epistemologie in der heutigen Historiographie der Wissenschaften«, S. 38-58].

Pierre Bourdieu
im Suhrkamp Verlag

Algerische Skizzen. Übersetzt von Andreas Pfeuffer, Achim Russer, Bernd Schwibs u. a. 523 Seiten. Gebunden

Ein soziologischer Selbstversuch. Übersetzt von Stephan Egger. Mit einem Nachwort von Franz Schultheis. es 2311. 151 Seiten

Entwurf einer Theorie der Praxis. Übersetzt von Cordula Pialoux und Bernd Schwibs. Mit Abbildungen. stw 291. 493 Seiten

Die feinen Unterschiede. Kritik der gesellschaftlichen Urteilskraft. Übersetzt von Bernd Schwibs und Achim Russer. Gebunden und stw 658. 910 Seiten

Homo academicus. Übersetzt von Bernd Schwibs. Gebunden, kartoniert und stw 1002. 455 Seiten

Die männliche Herrschaft. Übersetzt von Jürgen Bolder. 211 Seiten. Gebunden

Meditationen. Zur Kritik der scholastischen Vernunft. Übersetzt von Achim Russer. Gebunden und stw 1695. 335 Seiten

Praktische Vernunft. Zur Theorie des Handelns. Übersetzt von Hella Beister. es 1985. 226 Seiten

Rede und Antwort. Übersetzt von Bernd Schwibs. es 1547. 237 Seiten

Reflexive Anthropologie. Mit Loïc J. D. Wacquant. Übersetzt von Hella Beister. stw 1793. 351 Seiten

NF 147/1/10.15

Die Regeln der Kunst. Genese und Struktur des literarischen Feldes. Übersetzt von Bernd Schwibs und Achim Russer. stw 1539. 552 Seiten

Sozialer Sinn. Kritik der theoretischen Vernunft. Übersetzt von Günther Seib. stw 1066. 503 Seiten

Soziologische Fragen. Übersetzt von Hella Beister und Bernd Schwibs. es 1872. 256 Seiten

Über den Staat. Vorlesungen am Collège de France 1989-1992. Übersetzt von Horst Brühmann und Petra Willim. 722 Seiten. Gebunden

Zur Soziologie der symbolischen Formen. Übersetzt von Wolfgang Fietkau. stw 107. 201 Seiten

Schriften

Band 7: Politik. Schriften zur Politischen Ökonomie 2. Herausgegeben von Franz Schultheis und Stephan Egger. Übersetzt von Roswitha Schmid, Hella Beister, Eva Kessler, Achim Russer und Bernd Schwibs. stw 2056. 374 Seiten

Band 12.1: Kunst und Kultur. Zur Ökonomie symbolischer Güter. Schriften zur Kultursoziologie 4. Herausgegeben von Franz Schultheis und Stephan Egger. Übersetzt von Hella Beister. stw 2106. 256 Seiten

Band 12.2: Kunst und Kultur. Kunst und künstlerisches Feld. Schriften zur Kultursoziologie 4. Herausgegeben von Franz Schultheis und Stephan Egger. Übersetzt von Michael Tillmann, Bernd Schwibs, Hella Beister, Wolfgang Fietkau und Bernhard Dieckmann. stw 2126. 546 Seiten

NF 147/2/10.15

Band 12.3: Kunst und Kultur. Kultur und kulturelle Praxis. Schriften zur Kultursoziologie 4. Herausgegeben von Franz Schultheis und Stephan Egger. Übersetzt von Bernd Schwibs, Achim Russer, Udo Rennert, Michael Tillmann und Hella Beister. stw 2146. 684 Seiten

Band 13: Religion. Schriften zur Kultursoziologie 5. Herausgegeben von Franz Schultheis und Stephan Egger. Übersetzt von Andreas Pfeuffer, Hella Beister und Bernd Schwibs. stw 1975. 278 Seiten

Zu Pierre Bourdieu

Bourdieu und Luhmann. Ein Theorienvergleich. Herausgegeben von Armin Nassehi und Gerd Nollmann. stw 1696. 350 Seiten

Pierre Bourdieu: Deutsch-französische Perspektiven. Herausgegeben von Catherine Colliot-Thélène, Etienne François und Gunter Gebauer. stw 1752. 329 Seiten

Hans-Peter Müller. Pierre Bourdieu. Eine systematische Einführung. stw 2110. 372 Seiten

Soziologie ist ein Kampfsport. Pierre Bourdieu im Portrait. Von Pierre Carles. fes 5. DVD, OmU, 140 min.

NF 147/3/10.15

Soziologie
im Suhrkamp Verlag
Eine Auswahl

Dirk Baecker

- Beobachter unter sich. Eine Kulturtheorie. Gebunden. 309 Seiten
- Form und Formen der Kommunikation. stw 1828. 285 Seiten
- Neurosoziologie. Ein Versuch. eu 52. 262 Seiten
- Organisation und Management. stw 1614. 348 Seiten
- Organisation und Störung. stw 2012. 336 Seiten
- Studien zur nächsten Gesellschaft. stw 1856. 229 Seiten
- Womit handeln Banken? stw 946. 207 Seiten
- Wozu Theorie? stw 2177. 292 Seiten

Ulrich Beck

- Nachrichten aus der Weltinnenpolitik. es 2619. 150 Seiten
- Reflexive Modernisierung. Eine Kontroverse. Zusammen mit Anthony Giddens und Scott Lash. es 1705. 368 Seiten
- Risikogesellschaft. es 1365. 396 Seiten
- Weltrisikogesellschaft. Auf der Suche nach der verlorenen Sicherheit. st 4038. 439 Seiten

Herbert Blumer. Symbolischer Interaktionismus. Aufsätze zu einer Wissenschaft der Interpretation. Herausgegeben von Heinz Bude und Michael Dellwing. stw 2069. 187 Seiten

Pierre Bourdieu

- Entwurf einer Theorie der Praxis. stw 291. 493 Seiten
- Die feinen Unterschiede. Kritik der gesellschaftlichen Urteilskraft. stw 659. 912 Seiten
- Homo academicus. stw 1002. 455 Seiten
- Die männliche Herrschaft. stw 2031. 211 Seiten

NF 178/1/6.16

- Manet. Eine symbolische Revolution. Gebunden. 921 Seiten
- Sozialer Sinn. Kritik der theoretischen Vernunft. stw 1066. 512 Seiten
- Über den Staat. Gebunden. 722 Seiten

Ulrich Bröckling. Das unternehmerische Selbst. Soziologie einer Subjektivierungsform. stw 1832. 327 Seiten

Eva Illouz
- Die Errettung der modernen Seele. Therapien, Gefühle und die Kultur der Selbsthilfe. stw 1997. 412 Seiten
- Gefühle in Zeiten des Kapitalismus. stw 1857. 170 Seiten
- Israel. Soziologische Essays. es 2683. 229 Seiten
- Der Konsum der Romantik. Liebe und die kulturellen Widersprüche des Kapitalismus. stw 1858. 343 Seiten
- Warum Liebe weh tut. stw 2057. 467 Seiten

Stefan Kühl. Ganz normale Organisationen. Zur Soziologie des Holocaust. stw 2130. 411 Seiten

Jörn Lamla. Verbraucherdemokratie. Politische Soziologie der Konsumgesellschaft. stw 2072. 507 Seiten

Bruno Latour
- Eine neue Soziologie für eine neue Gesellschaft. stw 1967. 488 Seiten
- Existenzweisen. Eine Anthropologie der Modernen. Gebunden. 665 Seiten
- Die Hoffnung der Pandora. Untersuchungen zur Wirklichkeit der Wissenschaft. stw 1595. 386 Seiten
- Jubilieren. Über religiöse Rede. stw 2186. 247 Seiten
- Die Ökonomie als Wissenschaft der leidenschaftlichen Interessen. Eine Einführung in die ökonomische Anthropologie Gabriel Tardes. Zusammen mit Vincent Lépinay. Broschur. 120 Seiten

NF 178/2/6.16

- Das Parlament der Dinge. Für eine politische Ökologie. stw 1954. 364 Seiten
- Wir sind nie modern gewesen. Versuch einer symmetrischen Anthropologie. stw 1861. 205 Seiten

Martina Löw
- Prostitution. Herstellungsweisen einer anderen Welt. Zusammen mit Renate Ruhne. es 2632. 215 Seiten
- Raumsoziologie. stw 1506. 320 Seiten
- Soziologie der Städte. stw 1976. 289 Seiten

Niklas Luhmann
- Die Gesellschaft der Gesellschaft. stw 1360. 1164 Seiten
- Kontingenz und Recht. Gebunden. 348 Seiten
- Die Kunst der Gesellschaft. stw 1303. 517 Seiten
- Liebe als Passion. stw 1124. 231 Seiten
- Liebe. Eine Übung. Gebunden. 94 Seiten
- Macht im System. stw 2089. 156 Seiten
- Die Moral der Gesellschaft. stw 1871. 402 Seiten
- Der neue Chef. Gebunden. 120 Seiten
- Politische Soziologie. stw 2068. 499 Seiten
- Das Recht der Gesellschaft. stw 1183. 598 Seiten
- Soziale Systeme. Grundriß einer allgemeinen Theorie. stw 666. 675 Seiten
- Die Wirtschaft der Gesellschaft. stw 1152. 360 Seiten

Hans-Peter Müller. Pierre Bourdieu. Eine systematische Einführung. stw 2110. 372 Seiten

Armin Nassehi
- Geschlossenheit und Offenheit. Studien zur Theorie der modernen Gesellschaft. stw 1636. 352 Seiten
- Gesellschaft der Gegenwarten. Studien zur Theorie der modernen Gesellschaft II. stw 1996. 362 Seiten
- Der soziologische Diskurs der Moderne. stw 1922. 481 Seiten

NF 178/3/6.16

Andreas Reckwitz. Die Erfindung der Kreativität. Zum Prozess gesellschaftlicher Ästhetisierung. stw 1995. 408 Seiten

Hartmut Rosa
- Beschleunigung. Die Veränderung der Zeitstrukturen in der Moderne. stw 1760. 537 Seiten
- Beschleunigung und Entfremdung. Entwurf einer kritischen Theorie spätmoderner Zeitlichkeit. Broschur. 145 Seiten
- Resonanz. Gebunden. 816 Seiten
- Weltbeziehungen im Zeitalter der Beschleunigung. Umrisse einer neuen Gesellschaftskritik. stw 1977. 446 Seiten

Robert Schmidt. Soziologie der Praktiken. Konzeptionelle Studien und empirische Analysen. stw 2030. 288 Seiten

Georg Simmel. Gesamtausgabe in 24 Bänden. Gebunden oder Broschur.

Silke Steets. Der sinnhafte Aufbau der gebauten Welt. Eine Architektursoziologie. stw 2139. 274 Seiten

Rudolf Stichweh
- Der Fremde. Studien zu Soziologie und Sozialgeschichte. stw 1924. 213 Seiten
- Die Weltgesellschaft. Soziologische Analysen. stw 1500. 274 Seiten

Wolfgang Streeck. Gekaufte Zeit. Die vertagte Krise des demokratischen Kapitalismus. stw 2133. 351 Seiten

Gabriel Tarde
- Die Gesetze der Nachahmung. stw 1883. 400 Seiten
- Monadologie und Soziologie. stw 1884. 153 Seiten

Gunter Weidenhaus. Soziale Raumzeit. stw 2138. 240 Seiten

NF 178/4/6.16

Georg Simmel
im Suhrkamp Verlag

Gesamtausgabe in 24 Bänden. Herausgegeben von Otthein Rammstedt. Die Bände sind auch einzeln lieferbar.

- Band 1: Das Wesen der Materie nach Kant's Physischer Monadologie. Abhandlungen 1882-1884. Rezensionen 1883-1901. Herausgegeben von Klaus Christian Köhnke. Gebunden und stw 801. 527 Seiten
- Band 2: Aufsätze 1887 bis 1890. Über sociale Differenzierung (1890). Die Probleme der Geschichtsphilosophie (1892). Herausgegeben von Heinz-Jürgen Dahme. Gebunden und stw 802. 434 Seiten
- Band 3: Einleitung in die Moralwissenschaft. Eine Kritik der ethischen Grundbegriffe. Erster Band. Herausgegeben von Klaus Christian Köhnke. Gebunden und stw 803. 461 Seiten
- Band 4: Einleitung in die Moralwissenschaft. Eine Kritik der ethischen Grundbegriffe. Zweiter Band. Herausgegeben von Klaus Christian Köhnke. Gebunden und stw 804. 427 Seiten
- Band 5: Aufsätze und Abhandlungen 1894-1900. Herausgegeben von Heinz-Jürgen Dahme und David P. Frisby. Gebunden und stw 805. 690 Seiten
- Band 6: Philosophie des Geldes. Herausgegeben von David P. Frisby und Klaus Christian Köhnke. Gebunden und stw 806. 787 Seiten
- Band 7: Aufsätze und Abhandlungen 1901-1908, Band I. Herausgegeben von Rüdiger Kramme, Angela Rammstedt und Otthein Rammstedt. Gebunden und stw 807. 382 Seiten
- Band 8: Aufsätze und Abhandlungen 1901-1908, Band II. Herausgegeben von Alessandro Cavalli und Volkhard Krech. Gebunden und stw 808. 463 Seiten

NF 137/1/9.16

- Band 9: Kant. Die Probleme der Geschichtsphilosophie (1905/1907). Herausgegeben von Guy Oakes und Kurt Röttgers. Gebunden und stw 809. 485 Seiten
- Band 10: Philosophie der Mode (1905). Die Religion (1906/1912). Kant und Goethe (1906/1916). Schopenhauer und Nietzsche (1907). Herausgegeben von Michael Behr, Volkhard Krech und Gert Schmidt. stw 810. 497 Seiten
- Band 11: Soziologie. Untersuchungen über die Formen der Vergesellschaftung. Herausgegeben von Otthein Rammstedt. stw 811. 1051 Seiten
- Band 12: Aufsätze und Abhandlungen 1909-1918, Band I. Herausgegeben von Rüdiger Kramme und Angela Rammstedt. 586 Seiten. Gebunden. stw 812. 592 Seiten
- Band 13: Aufsätze und Abhandlungen 1909-1918, Band II. Herausgegeben von Klaus Latzel. Gebunden und stw 813. 431 Seiten
- Band 14: Hauptprobleme der Philosophie. Philosophische Kultur. Herausgegeben von Rüdiger Kramme und Otthein Rammstedt. Gebunden und stw 814. 530 Seiten
- Band 15: Goethe. Deutschlands innere Wandlung. Das Problem der historischen Zeit. Rembrandt. Herausgegeben von Uta Kösser, Hans-Martin Kruckis, Otthein Rammstedt. Gebunden und stw 815. 678 Seiten
- Band 16: Der Krieg und die geistigen Entscheidungen. Grundfragen der Soziologie. Vom Wesen des historischen Verstehens. Der Konflikt der modernen Kultur. Lebensanschauung. Herausgegeben von Gregor Fitzi und Otthein Rammstedt. Gebunden und stw 816. 516 Seiten
- Band 17: Miszellen, Glossen, Stellungnahmen, Umfrageantworten, Leserbriefe, Diskussionsbeiträge 1889-1918. Anonyme und pseudonyme Veröffentlichungen 1888-1920. Bearbeitet und herausgegeben von Klaus Christian Köhnke unter Mitarbeit von Cornelia Jaenichen und Erwin Schullerus. Gebunden und stw 817. 626 Seiten

NF 137/2/9.16

- Band 18: Englischsprachige Veröffentlichungen 1893-1910. Herausgegeben von David P. Frisby. Gebunden und stw 818. 548 Seiten
- Band 19: Französisch- und italienischsprachige Veröffentlichungen. Mélanges de philosophie relativiste. Herausgegeben von Christian Papilloud, Angela Rammstedt und Patrick Watier. Gebunden und stw 819. 464 Seiten
- Band 20: Postume Veröffentlichungen, Ungedrucktes, Schulpädagogik. Herausgegeben von Torge Karlsruhen und Otthein Rammstedt. Gebunden und stw 820. 628 Seiten
- Band 21: Kolleghefte und Mitschriften. Herausgegeben von Angela Rammstedt und Cécile Rol. Gebunden und stw 821. 1343 Seiten
- Band 22: Briefe 1880-1911. Herausgegeben von Klaus Christian Köhnke. Gebunden und stw 822. 1094 Seiten
- Band 23: Briefe 1912-1918. Jugendbriefe. Herausgegeben von Otthein und Angela Rammstedt. Gebunden und stw 823. 1200 Seiten

Band 24: Nachträge. Dokumente. Bibliographien. Auflistungen. Indices. Bearbeitet und herausgegeben von Otthein Rammstedt unter Mitarbeit von Angela Rammstedt und Erwin Schullerus. Gebunden und stw 824. 1089 Seiten

Die Großstädte und das Geistesleben. Gebunden. 47 Seiten

Individualismus der modernen Zeit und andere soziologische Abhandlungen. Ausgewählt und mit einem Nachwort von Otthein Rammstedt. stw 1873. 394 Seiten

Das individuelle Gesetz. Philosophische Exkurse. Herausgegeben und eingeleitet von Michael Landmann. Neuausgabe 1987 mit einem Nachwort von Klaus Christian Köhnke. Broschur. 275 Seiten

NF 137/3/9.16

Jenseits der Schönheit. Schriften zur Ästhetik und Kunstphilosophie. Ausgewählt und mit einem Nachwort von Ingo Meyer. stw 1874. 437 Seiten

Schriften zur Soziologie. Eine Auswahl. Herausgegeben und eingeleitet von Heinz-Jürgen Dahme und Otthein Rammstedt. stw 434. 310 Seiten

Zu Georg Simmel

Georg Simmel und die Moderne. Neue Interpretationen und Materialien. Herausgegeben von Heinz-Jürgen Dahme und Otthein Rammstedt. Mit Beiträgen von David P. Frisby, Lewis A. Coser, Birgitta Nedelmann, Bruno Accarino, Michael Landmann, Kurt H. Wolff, Hannes Böhringer, Sibylle Hübner-Funk, Heinz-Jürgen Dahme, Klaus Lichtblau, Peter-Ernst Schnabel, Donald N. Levine, Klaus Christian Köhnke, Heinz-Jürgen Dahme und Otthein Rammstedt. stw 469. 486 Seiten

Georg Simmels ›Philosophie des Geldes‹. Aufsätze und Materialien. Herausgegeben von Otthein Rammstedt unter Mitwirkung von Christian Papilloud, Natàlia Cantó i Milà und Cécile Rol. stw 1584. 350 Seiten

Klaus Christian Köhnke. Der junge Simmel in Theoriebeziehungen und sozialen Bewegungen. Gebunden. 569 Seiten

NF 137/4/9.16